普通高等教育"十一五"国家级规划教材

物理化学

陈启元　刘士军 等　编著

科学出版社
北京

内 容 简 介

本书是“普通高等教育‘十一五’国家级规划教材”，是编者多年教学经验的总结。全书以“理工兼用”为编写原则，重点阐述物理化学的基本概念和基本理论，例题、复习思考题及习题则尽量结合各相关专业的具体实际进行选择。全书尽量采用以国际单位制(SI)为基础的国家法定计量单位和国家标准所规定的符号。

本书共11章，内容涵盖化学热力学、化学反应动力学、电化学及表面化学与胶体化学基础四个方面，包括热力学基本概念和基本定律，热力学势函数和基本方程，溶液热力学及活度，化学反应热力学及化学平衡，相平衡热力学及相图，统计热力学基础，化学反应动力学，电解质溶液，电池反应热力学，电极过程，表面化学与胶体化学基础等。本书在化学热力学方面的内容编排上有别于其他大部分教材，其目的是使内容更紧凑并更具系统逻辑性。

本书可作为高等学校应用化学、化工、冶金、材料、医药等专业物理化学课程的教材或教学参考书。

图书在版编目(CIP)数据

物理化学/陈启元，刘士军等编著. —北京：科学出版社，2011
普通高等教育“十一五”国家级规划教材
ISBN 978-7-03-033165-6

Ⅰ.①物… Ⅱ.①陈… ②刘… Ⅲ.①物理化学-高等学校-教材
Ⅳ.①O64

中国版本图书馆 CIP 数据核字(2011)第 278064 号

责任编辑：陈雅娴 杨向萍 / 责任校对：宋玲玲
责任印制：徐晓晨 / 封面设计：迷底书装

科 学 出 版 社 出版
北京东黄城根北街 16 号
邮政编码：100717
http://www.sciencep.com
涿州市京南印刷厂印刷

科学出版社发行 各地新华书店经销
*
2012年 6 月第 一 版 开本：787×1092 1/16
2019年 12月第二次印刷 印张：24 1/2
字数：616 000

定价：49.00 元
(如有印装质量问题，我社负责调换)

前　　言

化学是现代科学领域的中心科学，物理化学又是化学的理论基础。随着学科本身的发展，化学已不再是纯实验性科学，而是理论与实验并重的科学。当今信息、能源、材料、生命和环境等领域研究工作及创新人才的培养对化学知识的要求越来越高，对物理化学原理的应用与理解也越来越深。因此，这些领域的相关专业被认定为化学类专业或近化学类专业。本书是为适应“厚基础、宽专业”的人才培养要求而编写的，并遵循“理工兼用”的编写原则，可供众多相关专业的物理化学课程教学使用。

物理化学学科本身在结晶化学与量子化学、非平衡热力学、相图计算、非线性动力学、电化学、表面与胶体化学等方面也有很多新发展。因此，本书在内容的取舍、深度与广度，以及教学学时数方面根据大专业(化学类专业和近化学类专业)的要求作了全面的考虑，但不包括结构化学部分。

本书继承和发扬了中南大学物理化学教研室的多位老先生编写及正式出版的多本《物理化学》教材的长处与特点，继续保持了陈新民等编写的《物理化学》学术严谨、内容少而精的风格；继续保留了曾庆衡等编写的《物理化学》紧密联系专业实际的内容；继续表达了张平民等编写的《工科大学化学》中的“理论化学”部分改革力度大的意愿。

考虑到“理工兼用”的目的，本书包含的内容相对较系统，这对某些工科专业的教学来说可能显得内容较多。使用本书的教师可根据相关专业的教学要求酌情选择内容。为方便阅读和自学，书中的理论公式推导比较详细，编者建议教师多引导学生了解理论公式推导的前提，多引导学生理解和掌握由理论公式所得出的结论，不要过多地讲授推导细节。

本书也是中南大学物理化学教研室集体智慧的结晶。参加本书编写的有程新园副教授(第1～2章)、刘士军教授(第3、4章)、向阳副教授(第5、7章)、刘常青教授(第6章)、李洁教授(第8～10章)及刘云清副教授(第11章)。全书由陈启元教授和刘士军教授统稿和定稿。

由于编者学识水平有限，书中难免有不妥及疏漏之处，恳请读者不吝指正。

编　者

2011年11月

目　　录

绪　　论

0.1　物理化学的目的和内容

宏观上，物质的化学变化与物理变化总是相联系的，如化学反应可产生电效应、光效应或热效应等，也常伴随压力或体积的变化，物理因素的作用也会影响化学变化的方向和速率。从微观上看，化学反应本质上就是物质分子结构的“破旧立新”过程，必与物质分子的转动、振动、电子运动及原子和分子的相互作用等微观物理运动密不可分。物理化学就是从物质变化的物理现象和化学现象的联系入手来探求物质的化学变化及相关的物理变化基本规律的一门学科。

我国物理化学家唐有祺院士曾经指出：“物理化学是化学学科中的一个重要学科，它是借助数学、物理学等基础科学的理论及其提供的实验手段，研究化学科学中的原理和方法，研究化学体系行为最一般的宏观、微观规律和理论的学科，是化学的理论基础。”还有一个形象的比喻：化学学科若是一个巨人，则无机化学是巨人赖以站起来的双足，有机化学是其灵巧的双手，分析化学是其敏锐的眼睛，物理化学是其智慧的大脑。作为化学学科的一个分支，现代物理化学是从宏观及微观的角度研究所有物质体系的化学行为及相关物理行为的一般原理、规律和方法的学科，毫无疑问，它是整个化学学科的理论基础，可以说物理化学的发展水平在相当大程度上反映了化学发展的水平。又因为化学已经成为现代科学领域的中心科学，因此，物理化学也是与物质相关并以化学为学科基础的各学科（如化工、冶金、材料、能源、环境、信息、生命科学等）的理论基础，这些学科的深入发展及交叉融合已经离不开物理化学。

物理化学在 19 世纪后期成为独立的学科。和其他学科一样，物理化学的产生和发展的根本原因在于：人们在长期生产实践中积累了大量的经验，同时提出了不少需要解决的问题，因此需要将这种经验上升到理论，再用以解决普遍性的问题。对化学及与物质相关各学科来说，常会面对并需要解决的普遍性问题是：

(1) 物质变化的方向和限度以及能量问题。

某物质变化在指定条件下能否朝着预定方向进行？若能进行，则它将进行到什么限度？外界条件（如温度、压力、浓度等）对变化的方向和限度有何影响？如何控制外界条件使变化按我们所设计的方向进行并达到所希望的限度？变化的能量关系怎样？它能为我们提供多少能量或我们需要给它多少能量？

(2) 物质变化（主要是化学变化）的速率和机理问题。

某物质变化的速率究竟有多快？变化是经过何历程（或机理）进行的？外界条件（如温度、压力、浓度、催化剂等）对变化速率有何影响？怎样才能有效地控制化学反应按我们所需要的速率进行并抑制副反应的发生？

(3) 物质结构和性能之间的关系问题。

物质的化学行为及物理行为本质上是由物质内部的结构所决定的。深入了解物质的内部结构，不仅可以理解物质变化的内因，还可以预见物质变化的方向和限度、能量关系及变化的速率和机理。

所以，以上三个方面的问题往往是相互联系、相互制约的。

作为化学学科的理论基础，物理化学的主要任务就是探讨和解决以上三个问题。

物理化学学科经过一个多世纪的发展，围绕上述三个问题，逐渐形成了完整的基础理论体系。具体来说：围绕第一个问题形成的化学热力学（包括统计热力学），主要从宏观及微观（统计热力学）角度研究物质的相变及化学变化的方向、平衡规律及能量关系；围绕第二个问题形成的化学动力学，主要从宏观及微观角度研究化学反应的速率与机理；围绕第三个问题形成的结构化学（包括量子化学），主要从微观角度研究物质的分子结构与其宏观性能的关系。可以说，化学热力学、化学动力学及结构化学是物理化学理论体系的三大组成部分及其基本内容，其中结构化学的系统内容已有专门的教材介绍，一般不出现在物理化学教材中，但物理化学的其他部分大多包含结构化学的基本知识。

因此，本书的基本内容就是化学热力学（包括统计热力学）和化学动力学两大部分。用这两部分的基本理论及部分结构化学的知识来处理各特殊对象的特殊规律，就构成了物理化学的具体内容：

(1) 热力学的基本理论（第 1 章和第 2 章）。在以经验总结为根据的几个热力学定律的基础上，利用严密推理，发展为一套完整的理论体系。其中热力学第一定律即能量守恒定律研究物质变化过程中能量转化的基本规律；热力学第二定律可用来判断物质变化过程在一定方向上自动进行的可能性，决定平衡的条件，提出自动过程的判断标准。

(2) 将热力学的基本理论及部分结构化学的知识应用于溶液体系，研究其宏观性质与规律，构成了溶液热力学（第 3 章）。

(3) 将热力学的基本理论及部分结构化学的知识应用于化学反应体系，研究化学变化的方向、平衡规律及能量关系，构成了化学反应热力学及化学平衡（第 4 章）。

(4) 将热力学的基本理论应用于相变化体系，研究相变化的平衡条件，以及外界条件对平衡状态的影响，构成了相平衡热力学（第 5 章）。

(5) 采用统计学的方法，从宏观物质体系的微观基本单元着手，研究宏观物质体系的宏观性质，构成了统计热力学（第 6 章）。

(6) 化学动力学的基本理论，结合部分结构化学的知识，研究各种类型化学反应的速率及机理（第 7 章）。

(7) 将热力学的基本理论、化学动力学的基本理论及部分结构化学的知识应用于电化学反应体系，研究电解质溶液的热力学性质和电场作用下的动力学性质、电极反应的平衡规律及电极过程的动力学规律，习惯上称为电化学（第 8 章、第 9 章及第 10 章）。

(8) 将热力学的基本理论及部分结构化学的知识用于研究物质的界面性质，为表面化学（第 11 章）；将热力学的基本理论、化学动力学的基本理论及部分结构化学的知识用于研究特定尺度的分散体系的宏观性质，为胶体化学（第 11 章）。

0.2 物理化学的作用和意义

物理化学揭示了我们对物质世界客观规律的认识，它在与物质相关的学科领域具有重要的作用。掌握物理化学的基本规律，并结合实践，就可能更好地了解物质变化过程的规律，以及各种条件的影响，从而预测可能产生的结果，有意识地调整工艺、强化过程、改进生产，或有目的地进行分子设计。

物理化学原理对物质或材料的制备具有指导作用。例如，中外古人都曾经有过“点石成金”的梦想，并为此而付出过长期而艰苦的努力，尤其在人们认识到石墨与金刚石是同素异构体之后，这种梦想就更加具体，但从石墨制备金刚石的盲目努力无不以失败告终。后来人们运用热力学原理计算表明，只有当压力超过大气压力的 15 000 倍时，石墨才有可能转变成金刚石。现在从石墨制备金刚石已成为重要的工业生产领域，这充分显示了热力学在解决实际问题中的重要作用。又如，对农业生产有重要意义的合成氨反应

$$3H_2+N_2 = 2NH_3$$

根据热力学原理，该反应在常温常压下是有可能进行的，但实际上进行的速率非常慢。通过化学动力学的研究，表明在较高温度和较高压力下，采用合适的催化剂，可使该反应的速率大大加快，这也在工业生产中得以实现。

掌握并运用物理化学知识对改进冶金生产过程也有着重要意义。例如，氧化铁在高炉内的还原反应为

$$Fe_3O_4+4CO = 3Fe+4CO_2$$

若仅从反应方程式看来，应当能利用全部 CO 的还原能力，但实际中发现炉气中含有 22%～27%CO 及 10%～17%CO_2。19 世纪，人们以为这是 CO 与矿石接触不好、接触时间不够等原因所造成，所以 CO 未能全部氧化为 CO_2，为了提高 CO 的利用率，就不断地增加炉的高度，事实证明在不改变炉内操作条件的情况下，CO_2 对 CO 的比例是不能用延长接触时间或类似方法来提高的。物理化学中的化学平衡规律指出，在一定条件下，平衡状态时反应达到最后状态，此时 CO_2 对 CO 的比例是不以人们的意志为转移的。在反应未达到平衡状态时，可以采取各种措施来使反应更完全；但在已经达到或接近平衡时，不改变工作条件是无法使反应再继续进行的。

碳酸镁矿经过焙烧后得到氧化镁，但如何得到金属镁，曾经是冶金主要研究课题之一。可以将氧化镁氯化得到无水氯化镁，然后将氯化镁进行电解得到镁金属，但此过程比较复杂。是否能将氧化镁直接还原得到金属镁，在何种条件下能直接还原，这些都是需要解决的问题。用固体碳在高温下直接还原，可得到下列反应

$$MgO(s)+C(s)\underset{\text{低温}}{\overset{\text{高温}}{\rightleftharpoons}}Mg(g)+CO(g)$$

升高温度和降低压强有利于这一反应由左向右进行。平衡实验和热力学计算可以得出在1780℃左右，Mg 及 CO 的分压将可能达到 1 个大气压左右，为了使反应加速，有必要采取更高的温度，但为了使镁蒸气从反应的气态产物中凝聚，又必须将温度降至镁的沸点(1107℃)以下。化学平衡规律指出在低温时上述反应将由右向左进行，即镁蒸气将重新被 CO 所氧化而成为氧化镁，因此必须采取将气态产物迅速冷却，这是使逆反应不能进行的有效措施。实践证明采用上述措施可能得到金属镁。这是物理化学在设计新的冶金过程中所起的作用，它也说明了理论指导实践的重要意义。

目前，在材料、能源、环境、信息、生命科学等领域都面临着新物质及新材料的需求，因此物理化学在这些领域必将发挥越来越大的作用。

0.3　物理化学研究方法

物理化学的一般研究方法是：

(1) 观察与实验。对自然界和生产实践中发生的各种现象进行观察，积累大量的实际知识。在已有的知识基础上，再进行有计划的科学实验，在人为的条件下，使现象反复重现，有意识地简化条件，以便有可能抓住主要矛盾，通过分析、综合与推理，把个别现象归纳为一定的规律。

(2) 假说与理论。根据积累的大量资料，通过思维推理，提出假说，用以说明现象产生的本质。根据假说可以解释所发生的各种现象，并能进一步推测新的规律和性质。当一种假说能说明许多事实并能正确地预测新的现象时，证明它能够较正确地反映客观现实，它就成了理论。

(3) 再实践。事物总是发展的，人们对客观世界的认识是不断深入的，生产实践是不断提高的，实验技术也是不断改进的。理论必须用来指导实践，同时在实践中通过考验，得到不断发展和充实。新的现象、新的实践常不能为旧理论完美地说明和解释，这就须对旧理论加以充实和发展，必要时还可用新的理论替代旧的理论。科学的研究方法，就是整个认识过程从观察和实验开始，通过推理得到假说与理论，再回到实践，这样循环往复以至无穷，而实践和认识的每一个新循环的内容通常都比上一个循环进到了高一级。

物理化学由于其特殊的研究对象，也就有其特殊的研究方法，按照所处理的问题的性质不同，通常可采用以下三类不同的研究方法。

(1) 热力学方法。它建立在由大量质点构成的宏观物质体系所必须遵循的规律的基础上，以热力学定律为基本内容。在处理问题时，采用宏观的办法，研究在一定的宏观条件(如温度、压强、浓度等)下整个体系所发生的过程的方向和限度。它不考虑体系内部的结构，不考虑个别分子的行为，也不考虑过程的机理和阻力。它能通过外部状态的变化推断体系性质的变化，但不能确定过程进行的速率，也就是不考虑时间因素。物理化学中有关平衡问题的研究(如化学平衡、相平衡、可逆电极电势等)都可以用热力学方法有效地加以处理。模型化方法、理想化方法、标准态方法等都属于热力学方法，这类方法是物理化学中的主要研究方法。

(2) 统计学方法。它也用以研究大量质点的宏观体系，但所采用的是微观方法，即首先由体系的微观结构着手，将概率的定理应用到大量质点所构成的体系。例如，气体分子运动学说首先对气体的结构、分子的运动进行一定的设想，然后利用统计方法来探讨体系对外所表现的宏观物理性质。这一方法与热力学方法常能互相说明、互相补充，对物质聚集状态的各种性质如化学平衡、溶液理论、化学动力学等的研究都有一定的作用。

(3) 量子论方法。它以能量具有一个很小的基本单位为基础，在研究分子低温时的热容、光谱、光电现象、分子结构等方面均有很重要的作用。量子学说有很大的发展，它已成为很复杂的一门学科，本书不拟进行讨论。

上述三类不同的研究方法在讨论同一问题时应给出一致的结论，客观规律是不会因研究方法的不同而改变的。但三类方法各有不同的特点、不同的应用范围，任何一类方法都不能用以处理所有问题。

第 1 章　热力学基本概念和基本定律

1.1　热力学概论

1.1.1　热力学的内容及研究对象

热力学(thermodynamics)是研究热和其他形式能量之间转换关系的科学。热力学的基础是热力学的四个定律:热力学第零定律、热力学第一定律、热力学第二定律、热力学第三定律。热力学第零定律阐明了热平衡的特点,揭示了温度的概念;热力学第一定律研究能量的转换规律,应用于变化过程中的能量转换;热力学第二定律解决一定条件下过程变化的方向和限度问题;热力学第三定律是解决物质熵值的定律。热力学定律是人们经验的总结,不能从逻辑上证明,但它的正确性和可靠性已由无数实验事实所证实。

将热力学的基本原理应用于化学现象及与化学有关的物理现象的研究就称为化学热力学(chemical thermodynamics)。化学热力学在生产实践中具有重大的指导作用。例如,19 世纪末,人们试图用石墨制造金刚石,但无数实验都以失败告终。后来通过热力学计算指出,只有当压力超过大气压力 15 000 倍时,石墨才有可能转变成金刚石。人造金刚石的制造成功,充分显示了热力学在解决实际问题中的重要作用。

1.1.2　热力学的方法及其局限性

热力学的研究方法是一种数学演绎及逻辑推理的方法。热力学方法有以下几个特点:第一,热力学只研究大量质点的集合体,不考虑个别质点,即只研究物质的宏观性质,对物质的微观性质不能解释;第二,热力学只需知道系统的始态、终态及过程的外界条件,对于变化的历程,不考虑也不能说明,却可以进行可靠而简单的计算和判断,这正是热力学在各学科能得到广泛应用的重要原因;第三,热力学只研究系统变化的可能性和限度,不考虑变化的速度问题,即能准确判断过程能否自发进行、进行到什么程度为止,至于何时发生、速度如何,不能预测。以上特点既是热力学方法的优点,又是它的局限性。

热力学的发展已有 100 多年的历史,对平衡态或准平衡态体系已形成了系统的理论和方法。但自然界实际体系多为开放的、非平衡的,所涉及的过程通常是不可逆的。因此热力学也在不断发展之中,经历了从平衡态或准平衡(可逆)过程的研究向非平衡态或远离平衡态的不可逆过程的研究。近几十年来,不可逆过程热力学的研究已成为热点领域,并取得重要成果。例如,昂萨格(L. Onsager)因研究不可逆过程热力学理论,普利高津(I. Prigogine)因创建热力学耗散结构理论而分别获得 1968 年和 1977 年诺贝尔化学奖。

1.2　热力学基本概念

1.2.1　热力学系统和环境

进行热力学研究,首先必须确定研究对象,并将研究的对象与发生密切联系的其余部分分隔开来,这种分隔的界面可以是实际存在的,也可以是虚拟想象的。被确定的研究对象或被研究的物质和空间就称为系统(system),也称为体系。与系统发生密切联系的那部分物质或空间称为环境(surrounding)。

根据系统与环境之间物质交换与能量交换的不同,可将系统分为以下三种。

敞开系统(open system),系统与环境之间既有能量交换、又有物质交换。一切生物体系均是敞开系统,不属于经典热力学研究范围。

封闭系统(closed system),系统与环境之间有物质交换、无能量交换。这类系统在经典热力学中研究最多,不特别说明,就是指封闭系统。

孤立系统(isolated system),系统与环境之间既无物质交换,也无能量交换,也称隔离系统。自然界的一切事物总是相互联系、相互依赖的,因而没有绝对的孤立系统。为了研究问题的需要,热力学常把系统和环境加和在一起,即为孤立系统。

系统是根据研究需要而人为划分的,不是绝对的。划分方式不同,系统的类型不同。

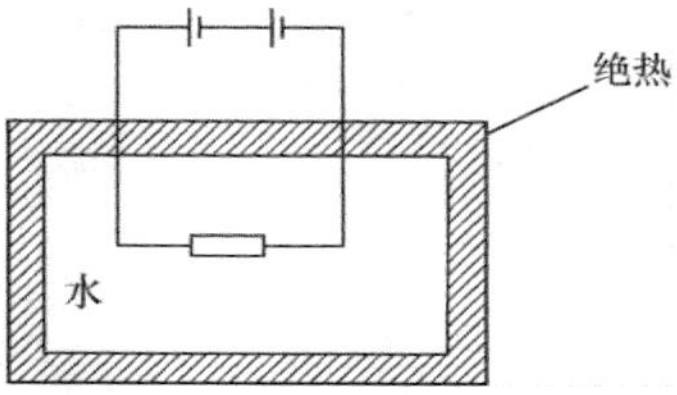

图 1-1　系统和环境的划分

如图 1-1 所示,有一电炉丝浸入大量水中,容器密闭性能很好且绝热,接上电源,通电一段时间。根据研究需要,可分别划分出敞开系统、封闭系统及孤立系统。若以电炉丝为系统,则水、电源及其他一切有影响的部分为环境,电炉丝得到电功(电能)、放出热量,系统和环境只有能量交换,为封闭系统。若以电炉丝和水为系统,则电源及其他一切有影响的部分为环境,系统和环境间没有热交换,但有功的交换,系统和环境间有能量交换,也是封闭系统。若以电炉丝、水、电源为系统,则系统与环境间既无物质交换又无能量交换,为孤立系统。若以电炉丝、水、电源为系统,且容器密闭性不好,有水蒸气逸出,则为敞开系统。

1.2.2　热力学平衡态与宏观性质

1. 热力学状态

系统的宏观状态可分为平衡态与非平衡态。平衡态是指环境条件不变时,系统内各部分的宏观性质不随时间改变,且系统内部及系统与环境之间没有任何宏观的物质流或能量流。具体来说,同时满足以下几个条件者为热力学平衡态。

(1) 热平衡。系统内没有因温度不等而引起的能量传递,系统内各部分的温度均一致。

(2) 力平衡。系统内没有因力的不平衡而引起的位移,系统内各部分的力均相等。

(3) 相平衡。若为多相系统,达平衡后,各相的组成和数量不随时间而变化,各相之间没有净的物质转移。

(4) 化学平衡。系统内发生的化学反应达到平衡后,宏观上反应物和生成物的量及组成不再随时间而变化。

不能完全满足上述条件者为非平衡态。例如,保温管道中稳定流动的流体,尽管系统内各部分的宏观性质不随时间而变,但存在物质流和能量流,所以属于定态而不是平衡态。

自然界总是处于非平衡态,如生命进化、时空有序结构、化学振荡、混沌等。平衡态是非平衡态的一种极限态,具有代表性,能近似概括相当多的现象,也是平衡态热力学的基本内容,所以在平衡态热力学中,系统的状态往往就是指平衡态。

人们在大量的实践中总结出了一个关于平衡态的规律,可称之为平衡态公理:对于一个隔离系统,经足够长时间之后,必将处于唯一的平衡态,且永不能自动离开它。这是热力学系统具有状态函数的理论基础。

2. 系统的宏观性质

表征系统的所有宏观属性称为系统的宏观参量，如质量、体积、熵、温度、压强、黏度等，这些宏观参量也称为系统的热力学性质。按其与物质数量的关系，这些性质可分为下列两大类。

广度性质(extensive property)：如质量、体积、热容、热力学能、熵等性质，也称容量性质，其数值大小与物质的数量成正比，具有加和性，是关于各部分(或各物质)量 n_1、n_2、n_3、…的一次齐次函数。例如，当系统处于平衡态时，总熵等于各部分熵之和。

强度性质(intensive property)：如温度、压强、密度、黏度等性质，其数值大小与物质的数量无关，取决于物质特性，不具有加和性，是关于各部分(或各物质)量 n_1、n_2、n_3、…的零次齐次函数。例如，当系统处于平衡态时，各部分的温度、压强均一致。

两个广度性质相除就得到一个强度性质，如体积除以物质的量得到摩尔体积，摩尔体积是强度性质。

系统的宏观性质可有无限多个，因为任意几种性质的任意组合也都是系统的宏观性质。当系统的状态一定时，系统的各种性质也确定。反之，当系统的各种性质确定，系统状态也确定了。所以系统的性质与系统的状态之间呈现一一对应的单值函数关系。状态是系统各种性质的综合表现，可以用系统的性质来描述系统所处的状态。因为系统的各种性质是相互关联的，所以要足够描述系统的状态，并不需要用到系统全部的宏观性质，只需几个就足够了。通常将用来描述系统状态的宏观性质称为状态变量或热力学变量，由这些变量所决定的系统的其他宏观性质称为状态函数。例如，理想气体有：$pV=nRT$，若状态变量为 n、V、T，则状态函数 $p=nRT/V$；若状态变量为 n、p、T，则状态函数 $V=nRT/p$，所以状态变量和状态函数是相对的，都是系统的宏观性质。

描述系统状态所需的最少状态变量数目称为独立变量数 f。关于一个系统的独立变量数，人们从大量经验事实中也总结出了一个规律，称为状态公理：对于只做体积功的均相系统，$f=2+k$，其中 k 是系统内所含的物种数目。对只做体积功的均相单组分封闭系统，则 $f=2$。状态公理只能告诉我们独立变量数，至于选择哪几个变量，根据需要可自由选择。

状态函数有以下三个特点。

(1) 状态函数是状态的单值函数。状态函数的数值大小与状态一一对应，如状态确定，温度只有一个数值。

(2) 状态函数的变化值只取决于系统的始态和终态，与变化的具体途径无关。例如，加热使系统的温度从 298.15 K 升高到 373.15 K，系统的温度变化值 $\Delta T=75$ K 是一个确定值，只取决于始、终态的温度，与采用什么加热方式无关。

(3) 状态函数具有全微分。若状态函数 $G=G(X,Y,Z,\cdots)$，则全微分为

$$dG=\left(\frac{\partial G}{\partial X}\right)_{Y,Z}dX+\left(\frac{\partial G}{\partial Y}\right)_{X,Z}dY+\cdots$$

由数学知识可知，任何全微分的回线积分等于0，即 $\oint dG=0$。换言之，当系统经历一个循环过程而回到原态时，所有状态函数的变化值都等于零。上述关系的逆定理也成立，即若 $\oint dG=0$，则 dG 必然是全微分，性质 G 必然是状态函数。

1.2.3 热力学过程

在一定的外界条件下，系统从某一个平衡态变到另一个平衡态，称为热力学过程，简称过

程(process)。描述一个过程,要指明始终态、外界条件及变化的具体步骤。变化的具体步骤称为途径(path)。在始终态确定的条件下,途径不同,状态函数的变化值确定,但非状态函数的值与变化的途径有关。为了讨论问题的方便,常将过程进行分类。

1. 按变化类型分类

(1) 简单状态变化:系统只有温度、体积、压力等的变化,而无物质的量或质的变化。

(2) 相态变化:物质的存在形态发生改变,包括液$\rightleftharpoons$固、液$\rightleftharpoons$气、固$\rightleftharpoons$气、固(Ⅰ)$\rightleftharpoons$固(Ⅱ)等。

(3) 化学变化:系统内物质间发生化学反应。

2. 按环境条件分类

(1) 恒温过程(isothermal process):系统发生状态变化时,系统温度等于环境温度,环境的温度恒定不变,并等于系统的始态温度和终态温度。

(2) 恒压过程(isobaric process):系统发生状态变化时,系统压强等于环境压强,环境的压强恒定不变,并等于系统的始态压强和终态压强。

(3) 恒容过程(isochoric process):系统发生状态变化时,系统的体积恒定不变,如在刚性密闭容器中进行的过程一般作为恒容过程处理。

(4) 绝热过程(adiabatic process):系统发生状态变化时,系统与环境之间无热量交换。一般在绝热容器中进行的过程可视为绝热过程。还有一些化学反应进行得很快,系统与环境来不及进行热交换,或者热交换量很少也可视为绝热过程。

(5) 循环过程(cyclic process):系统从始态出发,经历一系列变化后又回到这一始态,这种变化过程称为循环过程。

3. 按过程进行方式分类

过程可分为可逆过程和不可逆过程。

4. 按过程本质分类

过程可分为自动(自发)过程和非自动(非自发)过程。

上述过程有些还可以组合,如恒温恒容过程、恒温恒压过程等。

1.2.4 可逆过程与不可逆过程

1. 可逆过程

一个过程发生后,若再循其逆步骤回去,系统和环境都可以恢复原状,而没有留下任何影响,则这种过程称为可逆过程(reversible process)。可逆过程具有以下三个特点。

(1) 可逆过程由一连串接近平衡状态的准静态过程组成。

(2) 可逆过程逆向进行时,可使系统和环境完全恢复原状,而不留下任何影响。

(3) 在可逆膨胀过程中系统对环境做最大功,在可逆压缩过程中环境对系统做最小功。

可逆过程是理想的过程,实际上并不存在真正的可逆过程。因为一个自然过程一旦发生,必定引起状态的改变,状态改变则一定破坏平衡。但当一个过程进行得非常慢或接近于可逆方式(或条件)时,可作为可逆过程处理,如平衡态下系统的相变过程(沸点下的缓慢蒸发、可逆电池在内外电势差无限小时的充、放电过程等)。可逆过程是热力学中一种重要的概念。许多重要的热力学函数的变化值只有通过可逆过程才能进行计算。

2. 不可逆过程

反之,当一个过程发生后再遵循其逆步骤回去时,若系统和环境发生的变化不能完全复原(系统若复原了,环境必不能复原;环境若复原了,系统必不能复原),则该过程称为不可逆过程。自然界中所发生的实际过程一般都是不可逆过程。

1.3 物态方程

1.3.1 物质的状态

物质的状态也称相态,是指一定条件下物质的聚集状态,如气态、液态、各种晶形的固态、超临界态、超导态等。

在一定条件下物质的状态可以发生转变,即相变。物质状态的变化属于物理变化,但物质的状态对物质的化学性质有很大的影响,化学变化过程中也常伴随着物质的状态变化。因此,对物质凝聚状态内在规律的认识有助于众多化学问题的解决。

某物质均相平衡态宏观参量间存在的函数关系称为物态方程。准确可靠的物态方程都只能由实验确定,由可测量的宏观量得出具体的物态方程,如 p、V、T、n 间的关系方程。

1.3.2 气体物态方程

1. 理想气体物态方程

$$pV_{\mathrm{m}}=RT \tag{1-1}$$

式中,V_{m} 为摩尔体积。理想气体的分子间无相互作用(除碰撞瞬间外),而分子本身的线度(大小)相对于分子间距离而言可忽略,即把分子看成质点。理想气体是实际气体的一种极限,特别是低压或高温下的实际气体,而许多实际气体状态方程是在它基础上建立起来的。

2. 实际气体物态方程

实际气体的分子间存在吸引力,对理想气体定律有一定偏差,但不同实际气体之间往往具有较好的规律性,因此适合实际气体的物态方程非常多,普遍应用的有以下几种。

(1) 范德华(van der Waals)方程是对理想气体物态方程的修正,即

$$\left(p+\frac{n^2a}{V^2}\right)(V-nb)=nRT \tag{1-2}$$

或

$$p=\frac{RT}{V_{\mathrm{m}}-b}-\frac{a}{V_{\mathrm{m}}^2} \tag{1-3}$$

式中,a、b 为与物质本性有关但不依赖于 p、V、T 的经验常数,可从手册上查找。b 又相当于 1 mol气体分子本身体积及由排斥力引起的使分子自由运动空间减少的体积。实际气体分子间存在吸引力,因而有一指向气体内部的压力,称为内聚压力(a/V_{m}^2),与垂直于器壁的动压力[$RT/(V_{\mathrm{m}}-b)$]方向相反。范德华方程是一个应用十分广泛的气体物态方程。

(2) 维里(virial) 方程

$$\frac{pV_{\mathrm{m}}}{RT}=1+\frac{B}{V_{\mathrm{m}}}+\frac{C}{V_{\mathrm{m}}^2}+\frac{D}{V_{\mathrm{m}}^3}+\cdots \quad 或 \quad \frac{pV_{\mathrm{m}}}{RT}=1+B'p+C'p^2+D'p^3+\cdots$$

式中，B、C、D、B'、C'、D'称为维里系数，只是温度的函数。

(3) 贝特洛(Berthelot)方程

$$\left(p+\frac{a}{TV_m^2}\right)(V_m-b)=RT$$

它是对范德华方程的修正，认为内聚压力与温度有关。

3. 压缩因子形式的物态方程

任何纯物质的气-液平衡共存都存在着一个上限，超过此上限则气、液不分，成为超临界状态，此上限称为临界状态。在临界状态时的温度、压力、摩尔体积分别称为临界温度 T_c、临界压力 p_c、临界摩尔体积 $V_{m,c}$。在临界状态时有

$$\left(\frac{\partial p}{\partial V}\right)_{T_c}=0,\qquad \left(\frac{\partial^2 p}{\partial V^2}\right)_{T_c}=0 \tag{1-4}$$

假设在临界状态时范德华方程仍适用，将式(1-4)应用之，可得

$$p_c=\frac{a}{27b^2},\qquad T_c=\frac{8a}{27Rb},\qquad V_{m,c}=3b$$

并定义对比压力 $p_r=p/p_c$，对比温度 $T_r=T/T_c$，对比体积 $V_r=V_m/V_{m,c}$，则可将范德华方程改写为对比态形式的范德华方程，即

$$\left(p_r+\frac{3}{V_r^2}\right)(3V_r-1)=8T_r \tag{1-5}$$

这表明用对比参量可获得具有普遍性的物态方程，而不含随物质而变化的特殊常数。再令1 mol实际气体的物态方程表示为

$$pV_m=ZRT \tag{1-6}$$

式中，Z 称为压缩因子。显然，$Z=1$ 即为理想气体，$Z\neq1$ 即为实际气体。式(1-6)改写为

$$Z=\frac{pV_m}{RT}=\frac{p_cp_rV_{m,c}V_{m,r}}{RT_cT_r}=Z_c\,\frac{p_rV_r}{T_r} \tag{1-7}$$

式中，Z_c 为临界状态下的压缩因子，是常数。对于物质的量一定的气体系统，p_r、T_r、V_r 之间满足式(1-7)，所以只有 2 个独立变量，即

$$Z=f(T_r,p_r) \tag{1-8}$$

式(1-8)说明不同的气体在相同的对比状态下有相同的压缩因子。因此在相同的 T_r 下作 Z-p_r 图，应为一条曲线。实验证明，上述推论基本正确。将 Z-p_r 图称为压缩因子图(图 1-2)，利用该图可以简便地估算实际气体的参数。

4. 膨胀系数和压缩系数

对于纯物质系统，有几个在化工设计等领域经常用到的宏观参量，即体膨胀系数 α、等温压缩系数 κ 及压力系数 β，分别定义为

$$\alpha=\frac{1}{V}\left(\frac{\partial V}{\partial T}\right)_p,\qquad \kappa=-\frac{1}{V}\left(\frac{\partial V}{\partial p}\right)_T,\qquad \beta=\frac{1}{p}\left(\frac{\partial p}{\partial T}\right)_V \tag{1-9}$$

三者都是系统的状态函数，是强度量，也是实验可测量，是系统的热力学基本数据，又称为系统的力学响应函数，可由系统的物态方程求得，反之亦然。

不难证明，三者间存在下列关系

$$\alpha=\kappa\beta p \tag{1-10}$$

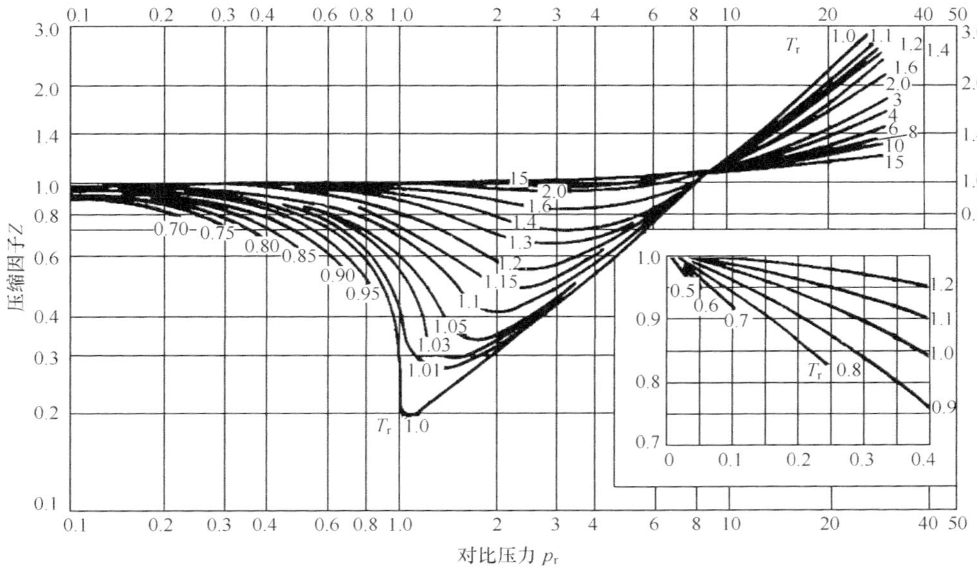

图 1-2　压缩因子图

1.3.3　液体及固体的物态方程

由于液体、固体比较复杂，即使在近似情况下也很难找出它们共同形式的方程，因此关于液体、固体的物态方程比较少。

例如，表征液体的黏度 η 与温度关系的经验方程为

$$\eta=\eta_0\exp(E_a/RT)$$

式中，η_0 为 $E_a/RT=1$ 时的黏度；E_a 为能量参数。

又如，液体摩尔体积与压力关系的经验方程为

$$V_m(p)=V_m(0)(1-\kappa p)$$

此外，还有液体、固体摩尔体积与温度、压力关系的经验方程等。例如

$$V_m(T,p)=V_m(T_0,p_0)[1+\alpha(T-T_0)-\kappa(p-p_0)]$$

1.4　热力学第零定律与温度

温度是系统冷热程度的度量。两个物体通过一个壁接触，在无机械及电磁等作用时，若两个物体的状态能自动发生改变，直到平衡态为止，这种性质的壁称为导热壁。所谓热平衡是指两个或多个物体通过导热壁相接触后所呈现的一种平衡态。

均相系统通过导热壁接触达热平衡的大量实验可概括出一个原理，即热力学第零定律，可表述为“分别与第三个物体达热平衡的两个物体，它们彼此也一定互呈热平衡”。

热力学第零定律揭示出均相系统存在着一种平衡性质，即温度。该定律表明：“任一热力学均相体系在平衡态各自都存在一个状态函数，称为温度(T)；对于一切呈热平衡的均相系统其温度彼此相等。”

热力学第零定律是温度定义的理论基础，也是温度测量的理论依据。

温度的定量测定和表示必须借助于温标。在国际单位制中采用的是热力学温标，用符号 T 表示，其基本单位为 K，定义为水的三相点热力学温度的 1/273.16，即水的三相点温度

273.16 K 规定为热力学温标的基本固定温度。历史上曾使用过许多经验温标，其中普遍使用并沿用至今的有摄氏温标，用符号 t 表示，单位是℃，其与热力学温标的换算关系是

$$t=T-273.15$$

1990 年国际温标(international temperature scale，ITS—90)公布的各种温度区间的固定点(共 16 个)可标定各种温度计的刻度，如 Ne 的三相点(24.5661 K)、Hg 的三相点(234.3158 K)、H_2O 的三相点(273.16 K)、In 的凝固点(429.7485 K)、Sn 的凝固点(505.078 K)、Zn 的凝固点(692.677 K)、Ag 的凝固点(1234.93 K)、Cu 的凝固点(1357.77 K)等，但水的凝固点及沸点已不在列。同时规定摄氏温标现仍可使用。

1.5 热力学第一定律与热力学能

18 世纪以来，人类无数经验和事实证明，任何宏观静止的封闭系统，从相同的始态变化到相同的终态，可通过许多不同的过程来完成，而系统与环境交换的各种形式的能量(热和功)的加和总是相等，这就是能量守恒定律。将能量守恒定律应用于热力学系统，就是热力学第一定律(the first law of thermodynamics)。因此，热力学第一定律表明，封闭系统的能量在任何过程中可以从一种形式转化为另一种形式，在转化过程中总能量是守恒的。热力学第一定律有多种表述，其实质就是：能量可以相互转化，但必须守恒。

热力学第一定律是从实践中总结出来的客观规律，不能从理论上得到证明，但无数实验事实证明了它的正确性。例如，不需消耗任何能量而可以源源不断地对外做功的机器是造不成的。人们称这种违背能量守恒定律的机器为第一类永动机，热力学第一定律也可表述为“第一类永动机是不可能制成的”。

1.5.1 热力学第一定律

1. 热和功

系统的状态发生变化时，必然引起系统和环境之间进行能量的交换，其交换的形式分为两种，即热(heat)和功(work)。

1) 热

系统和环境之间由于存在温度差而交换或传递的能量称为热。这种定义不够严谨，如恒定温度下的相变热就不符合这种定义。因此更广泛的热的定义是：因系统内质点的无序运动而引起的系统与环境之间的能量交换，用符号 Q 表示。根据 IUPAC(国际纯粹与应用化学联合会)的建议，系统吸热为正，$Q>0$；系统放热为负，$Q<0$。热的单位是 J。要注意热不是系统自身的性质，所以不是状态函数。热是系统在具体状态变化过程中与环境所交换的能量，与具体的变化过程有关，因此，不能说系统的某个状态具有多少热，只能说在某一过程中系统与环境交换了多少热。所以热不具有全微分性质，微量的热交换用 δQ 表示。

2) 功

除热以外，系统和环境之间传递的其他各种形式的能量统称为功。与热的广泛定义相对应，功也可定义为：因系统内质点的有序运动而引起的系统与环境之间的能量交换，如体积功、电功、表面功等。用符号 W 表示功，同热的规定一样，系统从环境得到功为正，$W>0$；系统对环境做功为负，$W<0$。功的单位是 J。功与热一样，也不是状态函数，是与过程有关的量。微量的功也不具有全微分的性质，用 δW 表示。

严格地说，热和功本身并不是能量，而是两种能量交换的方式，所以严格意义上我们应称

热交换和功交换，但习惯上仍简称热和功。

2. 热力学能

根据能量守恒定律，系统发生一个状态变化之后，具体过程不同，热和功也可能不同，但无论是什么具体过程，热和功的总和一定是相同的，与变化的具体过程无关，只与始终态有关。这就表明系统存在一种反映内部能量的状态函数，其变化值只取决于始态和终态，与变化途径无关。这个状态函数称为热力学能(thermodynamic energy)，又称内能，用符号 U 表示。

封闭系统的总能量包括系统整体运动的动能 E_T、系统在外力场中的势能 E_V、系统的内部能量(热力学能)。热力学能又包括系统内分子运动的平动能、转动能、振动能、电子及核的能量以及分子间相互作用的势能等能量，是系统内部能量的总和。

化学热力学研究的通常是宏观静止的平衡系统，无整体运动，不考虑特殊外力场存在(如重力场、电磁场、离心力场等)，只考虑系统的热力学能。

热力学能是状态函数，广度性质，其数值大小与物质的数量成正比，具有加和性。系统的状态确定，热力学能是定值；系统状态改变，热力学能改变。热力学能的变化值 ΔU 只取决于始态和终态，与变化的途径无关。系统经历一个循环过程复原后，热力学能不变。

对于均相、组成一定的封闭系统，热力学能是两个变量的函数，如看成是温度和体积的函数，即 $U=f(T,V)$，其全微分则为

$$\mathrm{d}U=\left(\frac{\partial U}{\partial T}\right)_V\mathrm{d}T+\left(\frac{\partial U}{\partial V}\right)_T\mathrm{d}V \tag{1-11}$$

当然也可以看成是温度和压力的函数，即 $U=f(T,p)$。热力学能的绝对值尚不能测定与计算，绝对值的大小与其能量标度的零点选择有关，其变化值可通过过程热和功的大小计算。

封闭系统经历某一过程，从状态 1 变为状态 2，系统从环境吸热 Q，并对环境做功 W_T，则根据能量守恒定律，系统热力学能的变化值为

$$\Delta U=U_2-U_1=Q+W_T \tag{1-12}$$

若系统发生一个微小的状态变化，则热力学能的微量变化值为

$$\mathrm{d}U=\delta Q+\delta W_T \tag{1-13}$$

以上两式是封闭系统热力学第一定律的数学表达式。式中，W_T 为在变化过程中系统与环境所交换的总功。

1.5.2 体积功及其计算

根据系统与环境间相互作用的方式不同，功具有不同的形式。而各种形式的功都可分解为两个因素的乘积，一个因素为系统的某一强度性质，另一因素为系统某一容量性质的变化值。可将强度性质概括为一种广义的力，而容量性质的变量则概括为一种广义的位移，各种形式的功均是广义力与广义位移的乘积。表 1-1 列出了几种常见形式的功。

表 1-1　几种常见形式的功

功的形式	强度因素(广义力)	容量因素的变化(广义位移)	功的计算式
机械功	F(力)	$\mathrm{d}l$(位移)	$\delta W=-F\mathrm{d}l$
体积功	p(外压)	$\mathrm{d}V$(体积的变化)	$\delta W=-p\mathrm{d}V$
电功	E(电势差)	$\mathrm{d}Q$(通过的电量)	$\delta W=-E\mathrm{d}Q$
表面功	σ(表面张力)	$\mathrm{d}A$(表面积的变化)	$\delta W=-\sigma\mathrm{d}A$

在热力学中将功分为体积功和非体积功两种。体积功是系统因体积发生变化而反抗外压所做的功，常用符号 W 表示。除体积功以外的其他形式的功（如电功、表面功等）称为非体积功，用符号 W'表示，其微小变量用 $\delta W'$表示。因此有 $W_T = W + W'$或 $\delta W_T = \delta W + \delta W'$。

体积功的计算对用热力学第一定律处理问题具有重要的作用。

设有一带活塞的气缸，气缸的截面积为 A。将置气缸内压力为 p 的气体作为系统，环境施加在活塞上的压力为 $p_{外}$，则活塞上所受外力为 $p_{外}A$，如图 1-3 所示。

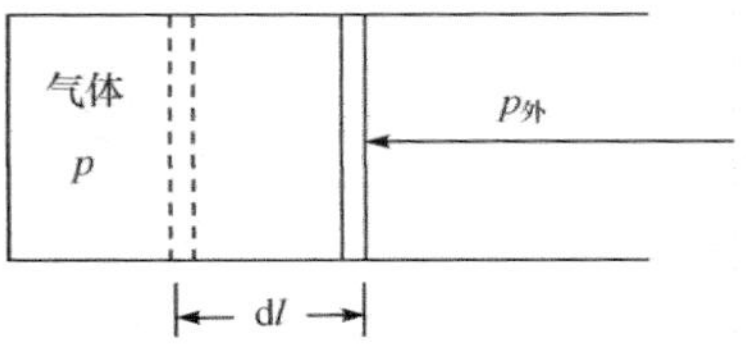

图 1-3　体积功示意图

不考虑活塞与气缸壁的摩擦。当系统压力大于环境压力，即 $p > p_{外}$时，气体反抗外力 F 使活塞向右移动 dl 的距离，则系统对环境所做的微量功为

$$\delta W = -F\mathrm{d}l = -p_{外}\mathrm{d}V \tag{1-14}$$

式(1-14)表明，当 $p > p_{外}$，气体膨胀体积，$\mathrm{d}V > 0$，系统对环境所做的体积功为$-p_{外}\mathrm{d}V$，$\delta W < 0$；当系统压力小于环境压力，即 $p < p_{外}$，气体被压缩，$\mathrm{d}V < 0$，则环境对系统所做的体积功为$-p_{外}\mathrm{d}V$，$\delta W > 0$。

计算体积功时一定要注意，$-p_{外}\mathrm{d}V$ 是体积功，但 $p\mathrm{d}V$ 或 $V\mathrm{d}p$ 均不是体积功。

【例 1-1】 设 1 mol 理想气体经下列三种途径，由 298 K、500 kPa 的始态变成 298 K、100 kPa 的终态。试计算系统在以下三个过程中所做的体积功。

(1) 向真空膨胀。

(2) 在外压恒定为 100 kPa 时膨胀至终态。

(3) 先将外压恒定为 300 kPa，膨胀至中间态，再由此中间态在外压恒定为 100 kPa 时膨胀至终态。

试比较这三个过程的功，比较的结果说明了什么问题？

解　(1) 因为 $p_{外} = 0$，所以 $W = 0$。

(2) 因为 $p_{外} = p_2$，所以

$$W = -p_{外}(V_2 - V_1) = -p_2\left(\frac{nRT}{p_2} - \frac{nRT}{p_1}\right) = -nRT\left(1 - \frac{p_2}{p_1}\right) = -nRT\left(1 - \frac{100\ \mathrm{kPa}}{500\ \mathrm{kPa}}\right) = -1982\ \mathrm{J}$$

(3) 系统分两步进行膨胀，第一步所做的功为

$$W_1 = -p_{外,1}(V_{中} - V_1) = -p_{外,1}\left(\frac{nRT}{p_{外,1}} - \frac{nRT}{p_1}\right) = -nRT\left(1 - \frac{p_{外,1}}{p_1}\right) = -nRT\left(1 - \frac{300\ \mathrm{kPa}}{500\ \mathrm{kPa}}\right) = -991\ \mathrm{J}$$

第二步所做的功为

$$W_2 = -p_{外,2}(V_2 - V_{中}) = -p_{外,2}\left(\frac{nRT}{p_{外,2}} - \frac{nRT}{p_{中}}\right) = -nRT\left(1 - \frac{p_{外,2}}{p_{中}}\right) = -nRT\left(1 - \frac{100\ \mathrm{kPa}}{300\ \mathrm{kPa}}\right) = -1652\ \mathrm{J}$$

两步做功　　$W = W_1 + W_2 = -2643\ \mathrm{J}$

以上结果说明，始终态相同而途径不同时，系统对外所做的功不同；等温膨胀过程中，分步越多，系统反抗的外压越大，对环境所做的体积功越大。

【例 1-2】 在 25 ℃、标准压力下，1 mol H_2 与 0.5 mol O_2 生成 1 mol $H_2O(l)$，放热 285.90 kJ。设 H_2 及 O_2 在此条件下均为理想气体，求 ΔU。若在此条件下将此反应改在原电池中进行，做电功为 187.82 kJ，求 Q、W、ΔU。

解　(1) 反应为 $H_2(g) + 0.5O_2(g) = H_2O(l)$　（恒温恒压）

$Q = 285.9$ kJ，若忽略 $H_2O(l)$的体积，则 $\Delta U = Q + W = Q - p\Delta V = Q - (\Delta n)RT$，$\Delta n = -1.5$，所以

$$\Delta U = Q - (\Delta n)RT = -285.90\ \mathrm{kJ} + 1.5\ \mathrm{mol} \times 8.314\ \mathrm{J \cdot K^{-1} \cdot mol^{-1}} \times 298\ \mathrm{K} \times 10^{-3} = -282.18\ \mathrm{kJ}$$

(2) 始、终态一致，则 ΔU 与(1)相同，总功＝电功＋体积功，即

$$W_T = W' + W = W' - p\Delta V = -187.82\ \mathrm{kJ} + 1.5RT = -184.1\ \mathrm{kJ}$$

$$Q = \Delta U - W = -282.18\ \mathrm{kJ} + 184.1\ \mathrm{kJ} = -98.1\ \mathrm{kJ}$$

此题为热力学第一定律在化学反应中的应用。

【例 1-3】 水的蒸发热为 40.593 $kJ \cdot mol^{-1}$，1 kg 水的体积为 1.043 dm^3，1 kg 水蒸气的体积为 1677 dm^3。若将 373 K、标准压力下的 1 mol 水经下列两个过程达到 373 K、标准压力下的水蒸气，计算过程的 Q、W、ΔU。(1) 等温等压蒸发；(2)真空蒸发。

解 (1) 等温等压蒸发时

$$W=-p\Delta V=-p(V_{气}-V_{液})=-101\ 325\times 18\times(1.677-1.043\times 10^{-3})\times 10^{-3}=-3057(J)$$

$Q=40\ 593$ J，则 $\Delta U=Q+W=40\ 593-3057=37\ 536(J)$

(2) 真空蒸发，所以 $W=0$，与(1)的始、终态相同，所以 ΔU 与(1)相同

$$Q=\Delta U-W=37.536\ kJ$$

此题为热力学第一定律在相变化过程中的应用。

例 1-1 的计算结果表明，系统从同一始态到同一终态，其热力学能的变化值相同，但经历的途径不同，系统所做的功也不同。系统在膨胀过程中分步越多，反抗的外压越大，对外所做的体积功也就越大。那么，在什么情况下系统能对外做最大体积功？

设在定温下，将 n mol 的理想气体置于横截面为 A 的有活塞的气缸中，见图 1-4。

假设活塞的质量及它与气缸壁间的摩擦可以忽略。当气缸内气体的压强为 p_1，体积为 V_1，活塞的外压 $p_{外}=p_1$ 时，活塞处于静止状态。若 $p_{外}<p_1$，则气体膨胀，活塞外移，气体对外做功。从 p_1、V_1 的始态到 p_2、V_2 的终态，可以采用一次膨胀或多次膨胀的方式，则方式不同，所做的功也不同，分别表示在图 1-5 中。

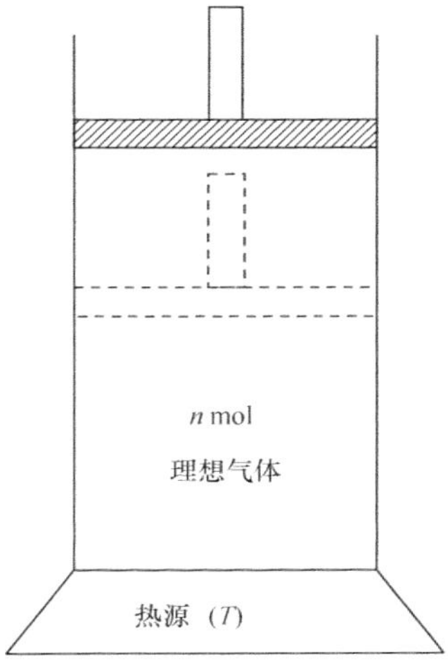

图 1-4 气体恒温膨胀示意图

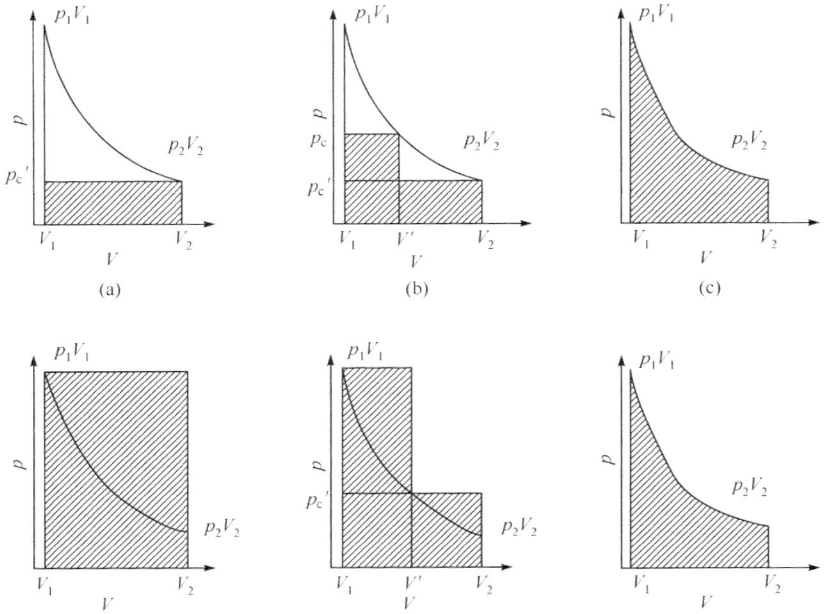

图 1-5 各种膨胀(压缩)方式的体积功

(1) 恒外压一次膨胀至终态。将外压恒定为终态压力,使气体一次膨胀至终态,系统对外所做的功为 $W_1=-p_{外}(V_2-V_1)$(其中 $p_{外}=p_2$,终态压力),则 W_1 相当于图 1-5(a)中阴影部分的面积。

(2) 多次恒外压膨胀。先将外压恒定为 $p'_{外}$($p'_{外}>p_{外}$),使气体体积从 V_1 膨胀至 V',再将外压恒定为终态压力 $p_{外}$,使气体体积从 V'膨胀至终态,系统做功为

$$W_2=-p'_{外}(V'-V_1)-p_{外}(V_2-V')$$

W_2 相当于图 1-5(b)中阴影部分的面积。显然 $W_2>W_1$,分步越多,系统反抗的外压越大,对外所做的功越大。

(3) 准静态膨胀过程。设想一个分成无限多步的膨胀过程,即每次系统进行一个无限小的膨胀,在膨胀过程中始终保持 $p_{内}-p_{外}=\mathrm{d}p$,外压每次减小 $\mathrm{d}p$,则气体每次膨胀 $\mathrm{d}V$,系统无限缓慢地膨胀直至 V_2,则系统对环境所做的功应为各微小步骤所做膨胀功之和

$$W_3=-\sum p_{外}\mathrm{d}V=-\sum(p_{内}-\mathrm{d}p)\mathrm{d}V$$

或
$$W_3=-\int_{V_1}^{V_2}p_{外}\mathrm{d}V=-\int_{V_1}^{V_2}(p_{内}-\mathrm{d}p)\mathrm{d}V$$

略去二级无限小量 $\mathrm{d}p\mathrm{d}V$,则

$$W_3=-\int_{V_1}^{V_2}p_{内}\mathrm{d}V=-\int_{V_1}^{V_2}p\mathrm{d}V \tag{1-15}$$

对于理想气体
$$W_3=-\int_{V_1}^{V_2}p\mathrm{d}V=-\int_{V_1}^{V_2}\frac{nRT}{V}\mathrm{d}V=nRT\ln\frac{V_1}{V_2}$$

W_3 相当于图 1-5(c)中阴影部分的面积。显然 $|W_3|>|W_2|>|W_1|$,而且 W_3 为系统对外做的最大体积功。

在上述过程中,系统经过无限缓慢的膨胀,对环境做了最大功。整个过程是由一系列接近于平衡态的过程所构成,这种接近于平衡态的过程称为准静态过程(quasistatic process)。

若将气体再按上述三种途径压缩回原态,则环境对系统做功。

(1) 恒外压一次压缩。在外压恒定为 $p_{外}$($p_{外}=p_1$),使气体从 p_2V_2 一次压缩回原来的状态 p_1V_1,环境对系统所做的功为

$$W'_1=-\int_{V_2}^{V_1}p_{外}\mathrm{d}V=-p_{外}(V_1-V_2)=p_1(V_2-V_1)$$

W'_1相当于图 1-5(a′)中阴影部分的面积。

(2) 多次恒外压压缩。先将外压恒定为 $p'_{外}$($p'_{外}<p_1$),使气体体积从 V_2 压缩至 V',再将外压恒定为压力 p_1,使气体从 $p'_{外}V'$压缩回原来的状态 p_1V_1,环境对系统所做的功为

$$W'_2=-p'_{外}(V'-V_2)-p_1(V_1-V')$$

W'_2 相当于图 1-5(b′)中阴影部分的面积。

(3) 准静态压缩。每次系统进行一个无限小的压缩,即在压缩过程中始终保持 $p_{外}-p_{内}=\mathrm{d}p$,外压每次增加 $\mathrm{d}p$,气体每次被压缩 $\mathrm{d}V$,系统无限缓慢地从 p_2V_2 被压缩回原来的状态 p_1V_1,则环境对系统所做的功应为各微小步骤所做压缩功之和

$$W'_3=-\int_{V_2}^{V_1}p_{外}\mathrm{d}V=-\int_{V_2}^{V_1}(p_{内}+\mathrm{d}p)\mathrm{d}V$$

略去 $\mathrm{d}p\mathrm{d}V$,则环境对系统所做的功为

$$W_3' = -\int_{V_2}^{V_1} p_{内}\mathrm{d}V = -\int_{V_2}^{V_1} p\mathrm{d}V \tag{1-16}$$

对于理想气体
$$W_3' = -\int_{V_2}^{V_1} \frac{nRT}{V}\mathrm{d}V = nRT\ln\frac{V_2}{V_1}$$

W_3' 相当于图 1-5(c′)中阴影部分的面积。显然，$W_3' < W_2' < W_1'$，一次压缩环境对系统所做的压缩功最大，分步越多，环境所做的压缩功越小。经过无限缓慢的压缩过程，环境对系统做最小功，且 $W_3' = |W_3|$，即系统在准静态膨胀过程中做最大膨胀功，与在准静态压缩过程中环境做的最小压缩功数值相等，符号相反。

因为理想气体的热力学能只是温度的函数，在以上等温过程中气体的热力学能不变。在膨胀过程中系统所吸收的热等于压缩过程中系统所放出的热。若将系统在无限缓慢的膨胀过程中对外所做的功收集起来，用于无限缓慢的压缩过程，则系统和环境均可完全恢复原状，因此理想气体无限缓慢的等温膨胀过程为可逆过程。

1.5.3 过程热的计算与测定

当系统状态发生变化后，其过程热的大小主要通过各种类型的热量仪进行测定。例如，简单状态变化、相变化、化学反应、溶解、混合、稀释等过程的热效应，原则上都可以采用适当的方法进行测定。

过程热也可根据热力学第一定律进行计算。

例如，当封闭系统经历循环过程后，系统恢复原状，$\Delta U=0$，则 $Q=-W$。

对于孤立系统，$Q=0$，$W=0$，$\Delta U=0$，即孤立系统的任何过程都是绝热过程，且其热力学能恒定不变。

若封闭系统在变化过程中没有非体积功，即 $W'=0$，热力学第一定律变为

$$\mathrm{d}U = \delta Q - p_{外}\mathrm{d}V \text{ 或 } \Delta U = Q - \sum p_{外}\mathrm{d}V \tag{1-17}$$

对于恒容过程，$\mathrm{d}V=0$，所以 $W=0$，则

$$\mathrm{d}U_V = \delta Q_V \text{ 或 } \Delta U_V = Q_V \tag{1-18}$$

式(1-18)表明，在没有非体积功的条件下，系统在恒容过程中所吸收的热全部用于热力学能的增加。在密闭刚性容器中所发生的过程就是恒容过程，如实验所测定的氧弹钢瓶中发生的燃烧反应的热效应就是恒容热。

其他一些过程热的计算在后面将会陆续介绍。

1.5.4 焓及焓变的计算

人们为了研究的方便，对系统定义了一个热力学函数——焓(enthalpy)，用 H 表示

$$H = U + pV \tag{1-19}$$

前已述及，系统任意几种性质的任意组合也都是系统的宏观性质，式(1-19)右边各量都是系统的热力学性质，所以 H 也是状态函数，容量性质。因为热力学能的绝对值目前无法求得，所以焓的绝对值也不知道。热力学能有明确的物理意义，而 pV 虽然有能量量纲，但不具有能量的物理意义，所以焓虽然具有能量量纲，却无明确的物理意义。

对于均相、组成一定的封闭系统，焓可以看成是温度和压力的函数，即 $H=f(T,p)$，其全微分为

$$dH=\left(\frac{\partial H}{\partial T}\right)_p dT+\left(\frac{\partial H}{\partial p}\right)_T dp \tag{1-20}$$

定义了焓这个状态函数后，可以使热力学第一定律的应用更方便简洁，同时使其内容更丰富。

根据热力学第一定律有 $\Delta U=Q+W$，$W=-\sum p_{外}dV+W'$。对于不做非体积功的封闭系统，有 $W=-\sum p_{外}dV$，则 $\Delta U=Q-\sum p_{外}dV$。

若系统的变化为恒压过程，即 $p_1=p_2=p_{外}$，则

$$\Delta U=Q_p-p(V_2-V_1)$$

即

$$U_2-U_1=Q_p-pV_2+pV_1$$

$$Q_p=(U_2+p_2V_2)-(U_1+p_1V_1)$$

即

$$Q_p=H_2-H_1=\Delta H_p \text{或} \delta Q_p=dH_p \tag{1-21}$$

式(1-21)表明，在没有非体积功的条件下，封闭系统的恒压过程热等于其焓的变化值。式(1-21)及式(1-18)是通过测定过程热的大小以确定系统相应状态函数变化值的理论依据。

因为大部分过程及化学反应都是在等压条件下进行的，其热效应即为其焓变，所以焓变化比热力学能变化使用更广泛。焓变化值也可根据其定义式求得

$$\Delta H=\Delta U+\Delta(pV) \tag{1-22}$$

注意并非恒压过程才有 ΔH，只是恒压过程的 ΔH 与 Q_p 有特定的关系，可以用恒压过程热来量度 ΔH，而其他非恒压过程的 ΔH 与其热效应间就没有相等的关系。同样也并非恒容过程才有 ΔU，只是恒容过程的 ΔU 与 Q_V 有特定的关系，可以用恒容过程热来量度 ΔU。

【例 1-4】 一均相气体化学反应在容积为 0.25 L 的密闭刚性容器内进行，测得始态压力为 3062.10 kPa，终态压力为 2901.75 kPa，放热 23.81 kJ，试求过程的 ΔU、ΔH、Q 及 W。

解 在密闭刚性容器内进行的反应为恒容过程，$W=0$。由热力学第一定律得

$$\Delta U=Q+W=Q_V=-23.81\ \text{kJ}$$

所以 $\Delta H=\Delta U+\Delta(pV)=\Delta U+V(p_2-p_1)$

$$=-23\,810\ \text{J}+0.25\times10^{-3}\ \text{m}^3\times(2\,901\,750-3\,062\,100)\text{Pa}=-23\,850.09\ \text{J}=-23.85\ \text{kJ}$$

1.5.5 恒压热容及恒容热容

1. 关于热容的定义

我们知道：没有化学变化和相变化、没有非体积功的封闭系统，从环境吸收热量 Q，温度从 T_1 升高到 T_2，则系统在该温度区间的平均热容(heat capacity)为

$$\bar{C}=\frac{Q}{T_2-T_1}=\frac{Q}{\Delta T}$$

当温度变化为微小量时，系统在温度 T 时的真热容为

$$C=\lim_{\Delta T\to0}\frac{Q}{\Delta T}=\frac{\delta Q}{dT} \tag{1-23}$$

其实，按以上定义的热容或真热容并不是系统的性质，而是一种过程量，因为系统吸收的热与过程有关，所以笼统地说系统(或物质)的热容、比热容等是没有意义的。式(1-23)需要进一步限制才能成为系统的性质。

2. 恒容热容与恒压热容

系统恒容热容(C_V)与恒压热容(C_p)的定义分别为

$$C_V=\frac{\delta Q_V}{\mathrm{d}T}=\left(\frac{\partial U}{\partial T}\right)_V \tag{1-24}$$

$$C_p=\frac{\delta Q_p}{\mathrm{d}T}=\left(\frac{\partial H}{\partial T}\right)_p \tag{1-25}$$

由此可见，恒容热容与恒压热容才是系统的性质，是广度性质、状态函数。而摩尔恒压热容 $C_{p,\mathrm{m}}=C_p/n$ 及摩尔恒容热容 $C_{V,\mathrm{m}}=C_V/n$ 为强度性质。

恒容热容与恒压热容是实验上可测的热力学基本数据，与物质的特性、状态及所处温度、压力有关，关系很复杂。手册上通常以经验式表达纯物质的摩尔恒压热容 $C_{p,\mathrm{m}}$ 与温度之间的关系，即

$$C_{p,\mathrm{m}}=a+bT+cT^{-2}+\cdots \tag{1-26}$$

或

$$C_{p,\mathrm{m}}=a+bT+c'T^2+\cdots \tag{1-27}$$

式中，a、b、c 及 c' 均为经验常数，其值与物质的种类、聚集状态及温度区间有关。很多物质的摩尔恒压热容值可从各种物理化学手册查到，本书附录列有一些常见物质的数据。

3. 系统 C_p 与 C_V 的关系

由 C_p 与 C_V 的定义式可得

$$C_p-C_V=\frac{\delta Q_p}{\mathrm{d}T}-\frac{\delta Q_V}{\mathrm{d}T}=\left(\frac{\partial H}{\partial T}\right)_p-\left(\frac{\partial U}{\partial T}\right)_V$$

将 $H=U+pV$ 代入上式，得

$$C_p-C_V=\left(\frac{\partial U}{\partial T}\right)_p+p\left(\frac{\partial V}{\partial T}\right)_p-\left(\frac{\partial U}{\partial T}\right)_V \tag{1-28}$$

因

$$\mathrm{d}U=\left(\frac{\partial U}{\partial T}\right)_V\mathrm{d}T+\left(\frac{\partial U}{\partial V}\right)_T\mathrm{d}V$$

在恒压条件下，将上式两边除以 $\mathrm{d}T$，得

$$\left(\frac{\partial U}{\partial T}\right)_p=\left(\frac{\partial U}{\partial T}\right)_V+\left(\frac{\partial U}{\partial V}\right)_T-\left(\frac{\partial V}{\partial T}\right)_p \tag{1-29}$$

将式(1-29)代入式(1-28)，得

$$C_p-C_V=\left(\frac{\partial U}{\partial V}\right)_T\left(\frac{\partial V}{\partial T}\right)_p+p\left(\frac{\partial V}{\partial T}\right)_p=\left[\left(\frac{\partial U}{\partial V}\right)_T+p\right]\left(\frac{\partial V}{\partial T}\right)_p \tag{1-30}$$

式(1-30)是系统的 C_p 与 C_V 的普遍关系，对于具体的系统，可以进一步具体化。

例如，对于凝聚态系统(固、液系统)，体积随温度变化一般很小，即 $\left(\frac{\partial V}{\partial T}\right)_p$ 近似等于零，则 $C_p\approx C_V$。所以凝聚态系统恒容过程热与恒压过程热也近似相等，$Q_p\approx Q_V$。

4. 系统 C_p 与 C_V 的应用

对于没有非体积功的均相封闭系统，根据式(1-11)则有

$$\mathrm{d}U=\left(\frac{\partial U}{\partial T}\right)_V\mathrm{d}T+\left(\frac{\partial U}{\partial V}\right)_T\mathrm{d}V=C_V\mathrm{d}T+\left(\frac{\partial U}{\partial V}\right)_T\mathrm{d}V \tag{1-31}$$

根据式(1-20)则有

$$\mathrm{d}H=\left(\frac{\partial H}{\partial T}\right)_p\mathrm{d}T+\left(\frac{\partial H}{\partial p}\right)_T\mathrm{d}p=C_p\mathrm{d}T+\left(\frac{\partial H}{\partial p}\right)_T\mathrm{d}p \tag{1-32}$$

当均相封闭系统发生简单状态变化，由状态 1(T_1，p_1，V_1)变化至状态 2(T_2，p_2，V_2)，其热力学能及焓的变化可分别由式(1-31)和式(1-32)积分而得

$$\Delta U = \int_{T_1}^{T_2} C_V \mathrm{d}T + \int_{V_1}^{V_2} \left(\frac{\partial U}{\partial V}\right)_T \mathrm{d}V \tag{1-33}$$

$$\Delta H = \int_{T_1}^{T_2} C_p \mathrm{d}T + \int_{p_1}^{p_2} \left(\frac{\partial H}{\partial p}\right)_T \mathrm{d}p \tag{1-34}$$

因此，只有在恒容过程中才有 $\Delta U = \int_{T_1}^{T_2} C_V \mathrm{d}T = Q_V$，这就是式(1-18)。也只有在恒压过程中才有 $\Delta H = \int_{T_1}^{T_2} C_p \mathrm{d}T = Q_p$，这就是式(1-21)。

若变温过程中有相变，则利用式(1-33)和式(1-34)求状态变量时需分段进行。例如，在标准压力下，将 n mol 50 ℃水变成 120 ℃水蒸气，过程的焓变为

$$\Delta H = Q_p = n\int_{323\ \mathrm{K}}^{373\ \mathrm{K}} C_{p,\mathrm{m(l)}} \mathrm{d}T + n\Delta_{\mathrm{vap}}H_{\mathrm{m}} + n\int_{373\ \mathrm{K}}^{393\ \mathrm{K}} C_{p,\mathrm{m(g)}} \mathrm{d}T$$

【例 1-5】 在标准压力下，将 2 mol 某气体从 298 K 加热至 400 K。已知其 $C_{V,\mathrm{m}} = (32.10 + 8.75 \times 10^{-3}T - 8.22 \times 10^5 T^{-2})\ \mathrm{J \cdot mol^{-1} \cdot K^{-1}}$，求该过程的 W、Q、ΔU 及 ΔH。

解 该过程为恒压加热过程，有 $p_外 = p$，所以

$$W = -p_外(V_2 - V_1) = -p(V_2 - V_1) = -nR(T_2 - T_1)$$
$$= -2\ \mathrm{mol} \times 8.314\ \mathrm{J \cdot mol^{-1} \cdot K^{-1}} \times (400\ \mathrm{K} - 298\ \mathrm{K}) = -1696.1\ \mathrm{J}$$

$$\Delta U = \int_{T_1}^{T_2} n\,C_{V,\mathrm{m}} \mathrm{d}T = \int_{298\ \mathrm{K}}^{400\ \mathrm{K}} 2 \times (32.10 + 8.75 \times 10^{-3}T - 8.22 \times 10^5 T^{-2}) \mathrm{d}T = 5764.6\ \mathrm{J}$$

$$\Delta H = Q_p = \Delta U + \Delta(pV) = \Delta U + p(V_2 - V_1) = 5764.6\ \mathrm{J} + 1696.1\ \mathrm{J} = 7460.7\ \mathrm{J}$$

【例 1-6】 在标准压力下，5 mol 273 K 的冰融化为水，并在此压强下升温至 373 K，蒸发成同温同压下的水蒸气。已知冰在 273 K 的熔化热为 $334.72\ \mathrm{J \cdot g^{-1}}$；水在 273 K 和 373 K 的质量体积分别为 $1.001\ \mathrm{cm^3 \cdot g^{-1}}$ 和 $1.043\ \mathrm{cm^3 \cdot g^{-1}}$；273 K 冰和 373 K 水蒸气的质量体积分别为 $1.0917\ \mathrm{cm^3 \cdot g^{-1}}$ 和 $1677\ \mathrm{cm^3 \cdot g^{-1}}$；水的恒压热容可作为常数，为 $4.18\ \mathrm{J \cdot g^{-1} \cdot K^{-1}}$，在 373 K 时的蒸发热为 $2259\ \mathrm{J \cdot g^{-1}}$。试求各过程及总过程的 W、Q、ΔU 及 ΔH。

解 此变化过程均在恒压下进行的，变化历程为

$$273\ \mathrm{K}, H_2O(s) \xrightarrow{(1)} 273\ \mathrm{K}, H_2O(l) \xrightarrow{(2)} 373\ \mathrm{K}, H_2O(l) \xrightarrow{(3)} 373\ \mathrm{K}, H_2O(g)$$

对于过程(1)，有 $\Delta H_1 = Q_{p,1} = 5\ \mathrm{mol} \times 18\ \mathrm{g \cdot mol^{-1}} \times 334.72\ \mathrm{J \cdot g^{-1}} = 30\,124.8\ \mathrm{J}$

$$W_1 = -p_外(V_l - V_s) = -101\,325\ \mathrm{Pa} \times 5\ \mathrm{mol} \times 18\ \mathrm{g \cdot mol^{-1}} \times (1.001 - 1.0917)\mathrm{cm^3 \cdot g^{-1}} \times \frac{1\ \mathrm{m^3}}{10^6\ \mathrm{cm^3}} = 0.8\ \mathrm{J}$$

$$\Delta U_1 = Q_{p,1} + W_1 = 30\,124.8\ \mathrm{J} + 0.8\ \mathrm{J} = 30\,125.6\ \mathrm{J}$$

对于过程(2)，有 $\Delta H_2 = Q_{p,2} = \int_{T_1}^{T_2} nC_{p,\mathrm{m}}(\mathrm{l})\mathrm{d}T$

$$= 5\ \mathrm{mol} \times 18\ \mathrm{g \cdot mol^{-1}} \times 4.18\ \mathrm{J \cdot g^{-1} \cdot K^{-1}} \times (373\ \mathrm{K} - 273\ \mathrm{K}) = 37\,656\ \mathrm{J}$$

$$W_2 = -p_外(V_l - V_l) \approx 0$$

$$\Delta U_2 = Q_{p,2} + W_2 = 37\,656\ \mathrm{J}$$

对于过程(3)，有 $\Delta H_3 = Q_{p,3} = 5\ \mathrm{mol} \times 18\ \mathrm{g \cdot mol^{-1}} \times 2259\ \mathrm{J \cdot g^{-1}} = 203\,310\ \mathrm{J}$

$$W_3 = -p_外(V_g - V_l) = -101\,325\ \mathrm{Pa} \times 5\ \mathrm{mol} \times 18\ \mathrm{g \cdot mol^{-1}} \times (1677 - 1.043)\mathrm{cm^3 \cdot g^{-1}} \times \frac{1\ \mathrm{m^3}}{10^6\ \mathrm{cm^3}}$$
$$= -15\,283.5\ \mathrm{J}$$

$$\Delta U_3 = Q_{p,3} + W_3 = 203\,310\ \mathrm{J} - 15\,283.5\ \mathrm{J} = 188\,026.5\ \mathrm{J}$$

总过程的 W、Q、ΔU 及 ΔH 为

$$W = W_1 + W_2 + W_3 = -15\,282.7\ \mathrm{J}$$

$$Q = \Delta H = \Delta H_1 + \Delta H_2 + \Delta H_3 = 30\,124.8\ \mathrm{J} + 37\,656\ \mathrm{J} + 203\,310\ \mathrm{J} = 271\,090.8\ \mathrm{J}$$

$$\Delta U = \Delta U_1 + \Delta U_2 + \Delta U_3 = 30\,125.6\ \mathrm{J} + 37\,656\ \mathrm{J} + 188\,026.5\ \mathrm{J} = 255\,808.1\ \mathrm{J}$$

1.5.6 热力学第一定律对理想气体的应用

理想气体虽然是一种虚拟的理想概念，它却是检验热力学原理正确性最好的对象，同时，热力学在处理实际对象时往往以理想气体作为参照系。

1. 焦耳实验和理想气体的热力学能

1843 年，焦耳(Joule)等利用如图 1-6 所示的装置实验研究了气体的热力学能与体积的关系。将两个容量相等且中间有活塞连接的容器置于有绝热壁的水浴中，先在一个容器中装入具有一定压力的气体，另一个容器抽成真空。待热平衡后，打开活塞，气体向真空容器膨胀。达平衡后，测得水浴温度没有变化，表明 $\Delta T=0$。以气体为系统，容器和水浴为环境，则在气体膨胀前后，系统与环境之间没有热交换，$Q=0$。又因气体向真空膨胀，$W=0$，则根据热力学第一定律有 $\Delta U=Q+W=0$，即说明气体向真空膨胀后，热力学能不变。

将焦耳实验的结果应用于式(1-11)，就可得出 $\left(\frac{\partial U}{\partial V}\right)_T=0$，同样也可得出 $\left(\frac{\partial U}{\partial p}\right)_T=0$。这说明对量一定的实验气体，其热力学能只是温度的函数。

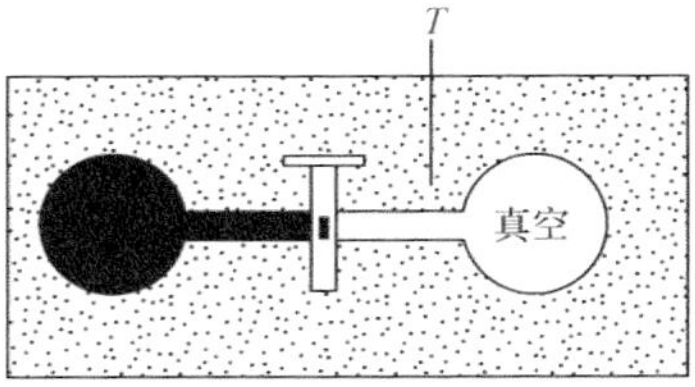

图 1-6 焦耳实验示意图

焦耳实验本身是不够精确的，因为水浴和容器的热容量很大，即使气体膨胀过程中与环境有微量热的交换，水温的变化也未必能够测出来。但实验证明，气体的压力越小，焦耳实验的结论越正确。可以推断，理想气体的热力学能只是温度的函数，与系统的体积、压力无关。由于理想气体分子间无相互作用力，温度不变，改变分子间距离热力学能不会改变。因此，焦耳实验的结论完全适应于理想气体，即对理想气体有

$$\left(\frac{\partial U}{\partial V}\right)_T=0, \qquad \left(\frac{\partial U}{\partial p}\right)_T=0 \tag{1-35}$$

在第 2 章中我们会看到，式(1-35)的结论并不需要从焦耳实验得出，而是从热力学的理论可以得到。

2. 理想气体的焓

焓是状态函数，容量性质。对于理想气体，有 $H=U+pV=U+nRT$，由于理想气体的热力学能只是温度的函数，因此理想气体的焓也只是温度的函数，即对理想气体有

$$\left(\frac{\partial H}{\partial V}\right)_T=0, \qquad \left(\frac{\partial H}{\partial p}\right)_T=0 \tag{1-36}$$

3. 理想气体 C_p 与 C_V 的关系

因对于理想气体有 $\left(\frac{\partial U}{\partial V}\right)_T=0$，代入式(1-30)得

$$C_p-C_V=p\left(\frac{\partial V}{\partial T}\right)_p=p\left(\frac{nR}{p}\right)=nR \text{ 或 } C_{p,\mathrm{m}}=C_{V,\mathrm{m}}+R \tag{1-37}$$

由式(1-37)可知，理想气体的 $C_{p,\mathrm{m}}$ 与 $C_{V,\mathrm{m}}$ 相差 R，因为恒容过程中系统不做体积功，当温度升高时，系统从环境吸收的热全部用来增加热力学能。而恒压过程中，系统升高

温度时，从环境吸收的热除了增加热力学能外，还对外做膨胀功，因此摩尔气体常量 R 也可理解为：1 mol 理想气体温度每升高 1 K 时，对外所做的膨胀功。对于单原子理想气体，$C_{p,\mathrm{m}}=5R/2$，$C_{V,\mathrm{m}}=3R/2$；对于双原子理想气体，$C_{p,\mathrm{m}}=7R/2$，$C_{V,\mathrm{m}}=5R/2$；对于多原子理想气体，$C_{p,\mathrm{m}}\geqslant 4R$。

4. 理想气体绝热过程

绝热过程 $\delta Q=0$，根据热力学第一定律有 $\mathrm{d}U=\delta W$，对于理想气体有 $\mathrm{d}U=C_V\mathrm{d}T$，所以理想气体绝热过程所做功为

$$\delta W=\mathrm{d}U=C_V\mathrm{d}T \text{ 或 } W=\int \mathrm{d}U=\int_{T_1}^{T_2} C_V\mathrm{d}T \tag{1-38}$$

式(1-38)表明，无非体积功时，理想气体绝热过程的功等于系统热力学能的变化，只与始、终态的温度有关。

1) 理想气体绝热可逆过程

对于理想气体，绝热可逆过程，不做非体积功，$W'=0$，则有

$$\delta W=-p_{外}\mathrm{d}V=-p\mathrm{d}V=-\frac{nRT}{V}\mathrm{d}V=C_V\mathrm{d}T$$

将上式变换后积分

$$\int_{V_1}^{V_2}\frac{nR}{V}\mathrm{d}V=\int_{T_1}^{T_2}(-C_V)\frac{\mathrm{d}T}{T}$$

得

$$nR\ln\frac{V_2}{V_1}=-C_V\ln\frac{T_2}{T_1}$$

又因理想气体，$C_p-C_V=nR$，所以

$$(C_p-C_V)\ln\frac{V_2}{V_1}=-C_V\ln\frac{T_2}{T_1}=C_V\ln\frac{T_1}{T_2}$$

若令绝热指数 γ 为

$$C_p/C_V=C_{p,\mathrm{m}}/C_{V,\mathrm{m}}=\gamma \tag{1-39}$$

则有

$$(\gamma-1)\ln\frac{V_2}{V_1}=\ln\frac{T_1}{T_2} \text{ 或 } T_1V_1^{\gamma-1}=T_2V_2^{\gamma-1}$$

即

$$TV^{\gamma-1}=\text{常数} \tag{1-40}$$

因为 $T=\dfrac{pV}{nR}$，所以式(1-40)又可写成

$$pV^{\gamma}=\text{常数} \tag{1-41}$$

若以 $V=\dfrac{nRT}{p}$ 代入式(1-41)又可得

$$T^{\gamma}p^{1-\gamma}=\text{常数} \tag{1-42}$$

式(1-40)、式(1-41)、式(1-42)是理想气体在绝热可逆过程中所遵循的物态方程，称为绝热可逆过程方程(equation of process)。

理想气体绝热可逆过程的功则为

$$W=\int_{V_1}^{V_2}-p\mathrm{d}V=\int_{V_1}^{V_2}-KV^{-\gamma}\mathrm{d}V=\frac{K}{\gamma-1}(V_2^{1-\gamma}-V_1^{1-\gamma})$$

或

$$W=\Delta U=nC_{V,\mathrm{m}}(T_2-T_1)$$

若将理想气体的绝热可逆线 $pV^{\gamma}=$常数及恒温可逆线 $pV^{\gamma}=$常数绘于同一 p-V 图上(图 1-7)，则绝热可逆曲线必比恒温可逆曲线更陡。

因为对式(1-41)微分，可得绝热可逆线的斜率为 $\left(\frac{\partial p}{\partial V}\right)_{绝热}=-\gamma\frac{p}{V}$，而等温可逆线的斜率为 $\left(\frac{\partial p}{\partial V}\right)_T=-\frac{p}{V}$。因为 $\gamma>1$，所以 $\left|\left(\frac{\partial p}{\partial V}\right)_{绝热}\right|>\left|\left(\frac{\partial p}{\partial V}\right)_T\right|$。

也就是说，理想气体从同一始态出发，经绝热可逆膨胀和恒温可逆膨胀过程到达相同的终态体积，系统不能到达相同终态压力，绝热可逆过程压力降低更多，而系统对外做功小于恒温可逆过程。

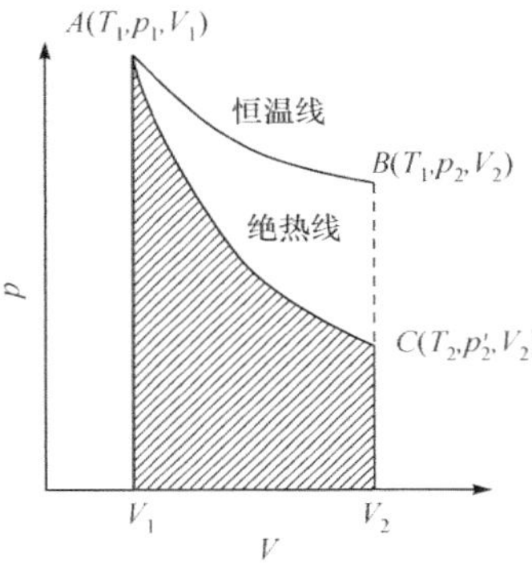

图 1-7　绝热可逆过程(AC)和恒温可逆过程(AB)示意图

2) 理想气体绝热不可逆过程

对于理想气体绝热不可逆过程，式(1-40)、式(1-41)、式(1-42)不能适用，但式(1-38)仍然适用。例如，系统进行恒外压绝热不可逆膨胀，则有

$$-p_{外}(V_2-V_1)=nC_{V,m}(T_2-T_1)$$

$$-p_{外}\left(\frac{nRT_2}{p_2}-\frac{nRT_1}{p_1}\right)=nC_{V,m}(T_2-T_1)$$

求出终态温度 T_2 后，即可求得 W、ΔU 和 ΔH。

【例 1-7】 1 mol 双原子理想气体温度为 298.15 K，压强为 $p^\ominus$，分别经以下两个过程：(1)绝热可逆膨胀至 $0.5p^\ominus$；(2)反抗恒外压 $0.5p^\ominus$ 膨胀至 $0.5p^\ominus$。计算终态体积、温度及所做的功。

解 (1) 绝热可逆过程，由过程方程式 $pV^\gamma=$常数，求 V_2。

$$V_1=\frac{nRT_1}{p_1}=\frac{1\ \text{mol}\times 8.314\ \text{J}\cdot\text{mol}^{-1}\cdot\text{K}^{-1}\times 298.15\ \text{K}}{101\ 325\ \text{Pa}}=2.45\times10^{-2}\ \text{m}^3$$

$$\gamma=\frac{C_{p,m}}{C_{V,m}}=\frac{7R/2}{5R/2}=\frac{7}{5}$$

$$V_2=(p_1/p_2)^{1/\gamma}\cdot V_1=2^{5/7}\times 2.45\times10^{-2}\ \text{m}^3=4.02\times10^{-2}\ \text{m}^3$$

$$T_2=\frac{p_2V_2}{nR}=\frac{0.5\times101\ 325\ \text{Pa}\times4.02\times10^{-2}\ \text{m}^3}{1\ \text{mol}\times8.314\ \text{J}\cdot\text{mol}^{-1}\cdot\text{K}^{-1}}=244.96\ \text{K}$$

$$W=\Delta U=nC_{V,m}(T_2-T_1)=1\ \text{mol}\times\frac{5}{2}\times8.314\ \text{J}\cdot\text{mol}^{-1}\cdot\text{K}^{-1}\times(244.96\ \text{K}-298.15\ \text{K})=-1105.55\ \text{J}$$

(2) 绝热恒外压膨胀为不可逆过程，过程方程式不能用。根据热力学第一定律，求得终态温度

$$-p_{外}(V_2-V_1)=nC_{V,m}(T_2-T_1)$$

$$-p_2\left(\frac{nRT_2}{p_2}-\frac{nRT_1}{p_1}\right)=n\times\frac{5}{2}R(T_2-T_1)$$

$$-\left(T_2-\frac{T_1p_2}{p_1}\right)=\frac{5}{2}(T_2-T_1)$$

$$-\left(T_2-\frac{298.15\ \text{K}\times0.5\times101\ 325\ \text{Pa}}{101\ 325\ \text{Pa}}\right)=\frac{5}{2}(T_2-298.15\ \text{K})$$

$$T_2=255.56\ \text{K}$$

$$V_2=\frac{nRT_2}{p_2}=\frac{1\ \text{mol}\times8.314\ \text{J}\cdot\text{mol}^{-1}\cdot\text{K}^{-1}\times255.56\ \text{K}}{0.5\times101\ 325\ \text{Pa}}=4.19\times10^{-2}\ \text{m}^3$$

$$W=1\ \text{mol}\times\frac{5}{2}\times8.314\ \text{J}\cdot\text{mol}^{-1}\cdot\text{K}^{-1}\times(255.56\ \text{K}-298.15\ \text{K})=-885.23\ \text{J}$$

该例计算结果表明，理想气体从同一始态出发达相同的终态压力，绝热可逆膨胀过程的终

态温度比绝热不可逆膨胀过程的终态温度低，终态体积更小，因为绝热可逆过程气体对外做最大功，温度下降更多。

1.6 热力学第二定律与熵

1.6.1 热力学第二定律的经典表述

1. 自发过程的共同特征

自然界中，存在一类不需外力推动、任其自然就能自动发生的过程，称为自动过程(或自发过程)。例如，热能自动由高温物体传向低温物体；气体总是由高压向低压膨胀；锌片放入稀硫酸溶液中会产生硫酸锌并放出氢气。这些过程无需外力就可自动发生。自发过程虽然各不相同，但都具有以下共同特征。

1) 自动过程具有一定的方向和限度

热传导总是从高温物体传向低温物体，限度是两物体的温度相等。气体总是从高压区向低压区膨胀，直到压力相等。化学反应 $Zn + H_2SO_4(aq) \xlongequal{} ZnSO_4 + H_2$ 的限度是反应达平衡。因此自发过程总是单方向的，限度是该条件下的平衡状态。其逆过程都需要外界的帮助才能发生，不可能自动发生，是非自动过程。

2) 自动过程都是不可逆过程

要将热由低温物体再传回高温物体，使体系复原，必须借助制冷机，可将热从低温物体中取出，传回高温物体。但在这一过程中制冷机消耗了功，而且有一部分功转化为热传到环境。实验证明要将这部分热完全转化为功，是不可能的，即制冷机复原后，环境没有复原。所以，自动过程一定是不可逆的。

在此有必要强调自动过程与不可逆过程的对应关系：自动过程必是不可逆的，而不可逆过程可以是自动发生的，也可以是在外界帮助下发生(非自动)。若排除了外界帮助的可能，则不可逆过程必是自动的。

3) 自发过程方向限度的决定因素

每一自发过程都有各自不同的决定因素，或称为推动力。例如，决定热量传导方向的是温度差 ΔT，决定气体膨胀方向的是压力差 Δp，那么一切自发过程(包括化学反应)方向和限度的决定因素是否具有共同特征？其答案是肯定的，这就是热力学第二定律的核心。

2. 热力学第二定律的经典表述

人类在热机的研究过程中发现，热功的转换具有不对称性：即一定量的功可以全部转化为热而不会引起其他变化，而一定量的热全部转变为功必会引起其他变化。在对自发过程的研究中人们发现：一切自发过程方向和限度的决定因素都可以和热功转换的不对称性相联系。也就是说，热功转换的不对称性可以表达一切自发过程方向和限度的决定因素，这就是热力学第二定律。因此关于热力学第二定律有多种表述方法。比较典型的是 1850 年克劳修斯(Clausius)的表述和 1851 年开尔文(Kelvin)的表述。

克劳修斯表述：不可能将热从低温物体传给高温物体而不引起其他变化。

开尔文表述：不可能从单一热源吸热使之完全转变为功而不发生其他变化。

奥斯特瓦尔德(Ostwald)又将开尔文表述简述为：第二类永动机是不可能制成的。所谓第二类永动机是一种能够从单一热源吸热，并将吸收的热全部变为功而不引起其他变化的机器。为了区别于第一类永动机，称之为第二类永动机。

以上几种说法本质上是等价的。假设可以将热由低温物体传给高温物体而不引起其他变化，则人们可以制造出一种机器，从高温物体吸热放给低温物体同时做功，低温物体又将所得热传给高温物体而不引起其他变化。这相当于从单一热源吸热使之完全转化为功而不引起其他变化。显然，克劳修斯说法不成立，则开尔文说法也不成立。

热力学第二定律是人类经验的总结，是从无数事实和经验(尤其是关于热机的经验)中演绎出的基本规律，它不能由其他定律证明，到目前为止，还没有发现违背热力学第二定律的事例。

1.6.2 卡诺循环与卡诺定理

1. 卡诺循环

自从人类发明了蒸汽机(热机)后，如何提高热机的效率成为人类迫切需要解决的科学问题。年轻的法国工程师卡诺(Carnot)身处蒸汽机迅速发展和广泛应用的时代，他出色地运用了理想模型的研究方法，对热机的工作原理进行了研究，以他富于创造性的想象力，于 1824 年精心构思了理想化的热机，后称为卡诺可逆热机。他提出了作为热力学重要理论基础的卡诺循环和卡诺定理，从理论上解决了提高热机效率的根本途径。

卡诺循环是由两个不同温度下的恒温可逆过程和两个绝热可逆过程组成的可逆循环，如图 1-8 所示。

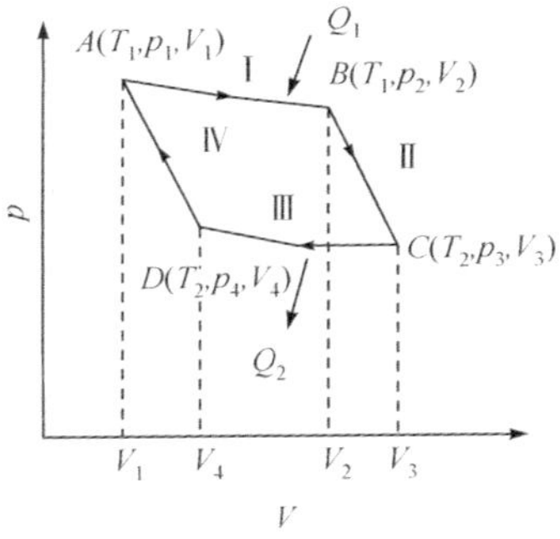

图 1-8　卡诺循环示意图

现以 1 mol 理想气体为工作物质，对卡诺循环进行热、功计算。

过程Ⅰ：等温可逆膨胀，1 mol 理想气体与温度为 T_1 的高温热源接触，吸热 Q_1，对外做功 W_{I}，因为 $\Delta U=0$，所以

$$Q_1=-W_{\mathrm{I}}=\int_{V_1}^{V_2}p\mathrm{d}V=RT_1\ln\frac{V_2}{V_1}$$

过程Ⅱ：绝热可逆膨胀，由于绝热膨胀过程对外做功，系统热力学能下降，气体温度从 T_1 降至 T_2，且 $W_{\mathrm{II}}=\Delta U_{\mathrm{II}}=C_{V,\mathrm{m}}(T_2-T_1)$。

过程Ⅲ：等温可逆压缩，理想气体热力学能不变，环境对气体做功，气体要向低温热源放热 Q_2，$Q_2<0$。

$$Q_2=-W_{\mathrm{III}}=\int_{V_3}^{V_4}p\mathrm{d}V=RT_2\ln\frac{V_4}{V_3}$$

过程Ⅳ：绝热可逆压缩，由于该过程绝热，环境对气体做功，气体热力学能增加，温度从 T_2 升至 T_1，且 $W_{\mathrm{IV}}=\Delta U_{\mathrm{IV}}=C_{V,\mathrm{m}}(T_1-T_2)$。

经过以上循环过程，系统回到原来的状态，其热力学能不变。根据热力学第一定律有

$$Q=Q_1+Q_2=-W_{总}=RT_1\ln\frac{V_2}{V_1}+RT_2\ln\frac{V_4}{V_3} \tag{1-43}$$

由过程Ⅱ可知　　$T_1V_2^{\gamma-1}=T_2V_3^{\gamma-1}$

由过程Ⅳ可知　　$T_2V_4^{\gamma-1}=T_1V_1^{\gamma-1}$

比较这两式得$\dfrac{V_2}{V_1}=\dfrac{V_3}{V_4}$，将其代入式(1-43)得

$$Q=Q_1+Q_2=-W_{总}=RT_1\ln\frac{V_2}{V_1}+RT_2\ln\frac{V_4}{V_3}=R(T_1-T_2)\ln\frac{V_2}{V_1} \tag{1-44}$$

热机的效率 η 定义为

$$\eta=\frac{-W_{总}}{Q_1}=\frac{Q_1+Q_2}{Q_1} \tag{1-45}$$

所以卡诺热机的效率为

$$\eta=\frac{-W_{总}}{Q_1}=\frac{Q_1+Q_2}{Q_1}=\frac{R(T_1-T_2)\ln\dfrac{V_2}{V_1}}{RT_1\ln\dfrac{V_2}{V_1}}=\frac{T_1-T_2}{T_1} \tag{1-46}$$

由此可见，可逆卡诺热机的效率只由两个热源的温度决定，与工作物质无关。两热源温差越大，卡诺热机效率越高。

2. 卡诺定理

卡诺定理的具体内容有以下两点。

(1) 在相同的高温热源和低温热源之间工作的一切不可逆热机，其效率总是小于可逆热机的效率。

(2) 在相同高温热源和低温热源之间工作的一切可逆机效率相等，与工作物质的性质无关。

因此，卡诺定理可表示为

$$\eta_{\mathrm{r}}\geqslant\eta_{\mathrm{ir}} \tag{1-47}$$

卡诺循环中，每一步都是可逆过程。对于可逆膨胀，系统对环境做最大功；对于可逆压缩，环境对体系做最小功。所以，卡诺热机所做的净功最大。

由式(1-46)和式(1-47)得

$$\frac{T_1-T_2}{T_1}\geqslant\frac{Q_1+Q_2}{Q_1} \tag{1-48}$$

式(1-48)具有非常重要的意义。对于热机的可逆与不可逆就与数学上的等号与不等号对应起来了。人们在进一步的经验总结中发现，所有的可逆过程与不可逆过程都可以与相应的等号与不等号对应。卡诺定理也就包含了一个判断过程是否可逆的普遍准则，这是卡诺本人在世时所没有意识到的。

1.6.3 任意可逆循环的热温商与熵函数

由式(1-46)可得

$$\frac{Q_1}{T_1}+\frac{Q_2}{T_2}=0\text{ 或}\sum\frac{Q_i}{T_i}=0 \tag{1-49}$$

即在卡诺循环中，热温商之和为零。这一结果可以推广到任意可逆循环，如图 1-9 所示。

若有一个任意可逆循环，如图 1-9(a)所示，在 p-V 图上的环形曲线可以是任何形状，但全程都是可逆的。若将该环形曲线分割成无数个小卡诺循环[图 1-9(b)]，使相邻两个卡诺循环的绝热可逆膨胀线和绝热可逆压缩线重合，过程正好相反，所做的功恰好彼此抵消。还要使所有小卡诺循环做的净功的加和刚好等于该可逆循环做的功。在 p-V 图上表现为所有小卡诺循环所包围的总面积与该可逆循环包围的面积相等。因此，在这些小卡诺循环分割得无限小时，任意可逆循环与小卡诺循环的加和相当。对于每个小卡诺循环，都有

$$\frac{(\delta Q_1)_{\mathrm{r}}}{T_1}+\frac{(\delta Q_2)_{\mathrm{r}}}{T_2}=0,\frac{(\delta Q_3)_{\mathrm{r}}}{T_3}+\frac{(\delta Q_4)_{\mathrm{r}}}{T_4}=0,\cdots$$

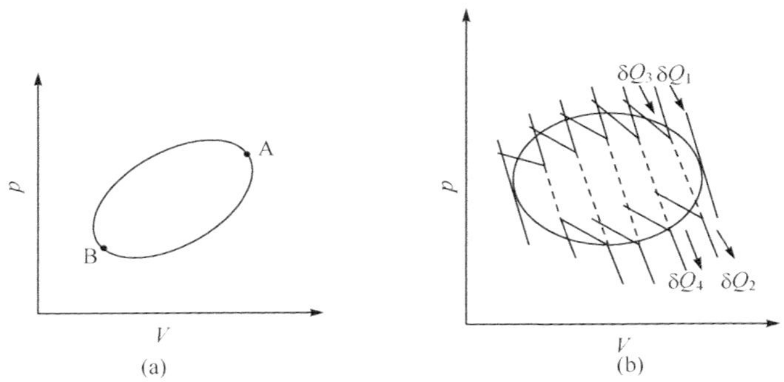

图 1-9　任意可逆循环划分成无限多个小卡诺循环

上述各式相加，得

$$\frac{(\delta Q_1)_r}{T_1}+\frac{(\delta Q_2)_r}{T_2}+\frac{(\delta Q_3)_r}{T_3}+\cdots=0$$

可写成

$$\sum\frac{(\delta Q_i)_r}{T_i}=0\ 或\oint\frac{\delta Q_r}{T}=0 \qquad (1\text{-}50)$$

式中，下标 r 表示可逆；T_i 为各热源的温度，由于过程可逆，T_i 既是环境温度，又是体系温度；$\frac{\delta Q_r}{T}$为可逆过程的热温商，既然$\frac{\delta Q_r}{T}$沿任何可逆循环的积分为零，则它必定是一个状态函数的全微分。

若在图 1-9(a)的任意可逆循环上任取两个状态 A 和 B，则从 A 到 B 可有两条不同的路径Ⅰ和Ⅱ，且式(1-50)可写成

$$\int_A^B\frac{\delta Q_r}{T}+\int_B^A\frac{\delta Q_r}{T}=0$$

即

$$\int_A^B\left(\frac{\delta Q_r}{T}\right)_{\text{I}}=\int_A^B\left(\frac{\delta Q_r}{T}\right)_{\text{II}} \qquad (1\text{-}51)$$

式(1-51)表明，$\int_A^B\frac{\delta Q_r}{T}$ 的数值与从状态 A 到状态 B 的途径无关，只取决于始态 A 和终态 B。这更清楚地表明被积函数$\frac{\delta Q_r}{T}$必定是一个状态函数的全微分。

克劳修斯称这个状态函数为熵，用符号 S 表示，即

$$dS=\frac{\delta Q_r}{T}\ 或\ dS-\frac{\delta Q_r}{T}=0 \qquad (1\text{-}52)$$

式(1-52)表明，当系统状态发生变化后，系统的熵变可用可逆过程的热温商来表达。

熵 S 是状态函数，是系统的容量性质，熵的单位是 $J\cdot K^{-1}$。系统状态发生变化时，熵的变化值与过程可逆与否无关，但可用可逆过程的热温商来表达。

需要注意，式(1-52)严格来说并不是熵 S 的定义式，只是熵变的一种计算方式。

因此，当从状态 A 变化至状态 B 后，系统的熵变化可由式(1-52)积分求得

$$\Delta S=S_B-S_A=\int_A^B\frac{\delta Q_r}{T} \qquad (1\text{-}53)$$

不可逆过程的热温商又与 ΔS 有何关系呢？

1.6.4 熵增原理及过程方向性的判据

1. 不可逆过程的热温商与 ΔS 的关系

由卡诺定理可知，不可逆热机效率 η_{ir} 小于可逆热机效率 η_r。

因为 $\eta_{ir}=\dfrac{Q_2+Q_1}{Q_2}=1+\dfrac{Q_1}{Q_2}$，$\eta_r=\dfrac{T_2-T_1}{T_2}=1-\dfrac{T_1}{T_2}$，所以有

$$1+\frac{Q_1}{Q_2}<1-\frac{T_1}{T_2}\text{或}\frac{Q_1}{T_1}+\frac{Q_2}{T_2}<0 \tag{1-54}$$

式(1-54)表明，不可逆循环过程的热温商之和小于 0。与 1.6.3 节相似，将其推广至任意不可逆循环，有

$$\sum\left(\frac{\delta Q_i}{T_i}\right)_{ir}<0 \tag{1-55}$$

式(1-55)中微小过程的热温商求和不能用环积分代替。若系统从状态 A 经不可逆过程(ir)到状态 B，再从状态 B 经可逆过程(r)返回状态 A，如图 1-10 所示，则整个循环为不可逆循环，于是有

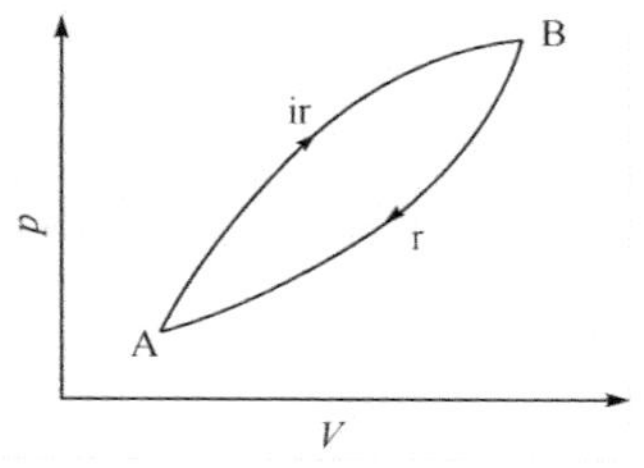

图 1-10　不可逆循环过程

$$\left(\sum_{A}^{B}\frac{\delta Q_i}{T_i}\right)_{ir}+\left(\sum_{B}^{A}\frac{\delta Q_i}{T_i}\right)_{r}<0 \tag{1-56}$$

因 $\left(\sum_{B}^{A}\frac{\delta Q_i}{T_i}\right)_{r}=S_A-S_B$，所以

$$S_B-S_A>\left(\sum_{A}^{B}\frac{\delta Q_i}{T_i}\right)_{ir}\text{或}\Delta S-\left(\sum_{A}^{B}\frac{\delta Q_i}{T_i}\right)_{ir}>0 \tag{1-57}$$

即不可逆过程的热温商之和小于该过程熵变。

也就是说，对于状态 A、B 之间的可逆过程　$\Delta S_{A\to B}=\sum_{A}^{B}\frac{\delta Q}{T}$

对于状态 A、B 之间的不可逆过程　$\Delta S_{A\to B}>\sum_{A}^{B}\frac{\delta Q}{T}$

两式合并得

$$\Delta S-\sum\frac{\delta Q}{T}\geqslant 0 \tag{1-58}$$

对于微小变化为

$$dS\geqslant\frac{\delta Q}{T} \tag{1-59}$$

式(1-58)及式(1-59)中的等号对应可逆过程，不等号对应不可逆过程。这两式也称为克劳修斯不等式，即热力学第二定律的数学表达式，可作为任意封闭系统所发生的过程可逆与否的判据。$\dfrac{\delta Q}{T}$ 比 dS 小得越多，则不可逆程度越大。

2. 熵增加原理与熵判据

对于封闭系统的绝热过程，因为 $\sum\delta Q=0$，克劳修斯不等式变为

$$\Delta S_{绝}\geqslant 0 \tag{1-60}$$

式(1-60)表明对于封闭系统的绝热可逆过程，系统的熵值不变，$\Delta S=0$；对于绝热不可逆过程，系统的熵值增加，$\Delta S>0$。由于在封闭系统的绝热过程中，系统与环境无热交换，但不排

除以功的形式交换能量。因此，式(1-60)只能判别封闭系统的绝热过程的可逆与否，不能用来判别过程方向。

孤立系统中的任何过程必是绝热过程，$\delta Q=0$，所以符合式(1-60)，表示为

$$\Delta S_{孤}\geqslant 0 \tag{1-61}$$

式(1-60)和式(1-61)并不仅仅在下标上的差别，其内涵的差别更是显著。因为孤立系统排除了对系统以任何方式的外界干扰，因此，孤立系统中发生的不可逆过程必然是自发过程。所以式(1-61)就表明：孤立系统中自发过程的方向总是朝着熵值增大的方向进行，直到系统熵值达到最大为止(限度)。简言之，孤立系统的熵永不减少。这就是熵增加原理。

熵增加原理可以判断孤立系统自发过程的方向和限度，这就是所谓的熵判据。

实际系统与环境间总有些联系，不可能完全孤立。但如果把系统和环境加和在一起，可当成一个孤立系统，由于熵的加和性，则式(1-61)变为

$$\Delta S_{孤}=\Delta S_{体}+\Delta S_{环}\geqslant 0 \tag{1-62}$$

所以，当系统不是孤立系统时，我们需要将系统与环境一起考虑，当成一个孤立系统，然后运用式(1-62)来判断原系统自发过程的方向和限度。这就是热力学第二定律的基本应用。

1.6.5 熵变的计算

由式(1-62)可见，运用热力学第二定律解决过程方向和限度这一基本问题的关键是计算系统发生某一变化过程后系统和环境的熵变。因为熵是系统的状态函数，只取决于系统的始、终态，所以，当系统从状态 A 变化至状态 B，无论过程是否可逆，系统的熵变都可用式(1-63)计算

$$\Delta S_{体}=S_{B}-S_{A}=\int_{A}^{B}\frac{\delta Q_{r}}{T} \tag{1-63}$$

只是当系统由状态 A 至状态 B 实际发生的是不可逆过程时，则需设计由状态 A 至状态 B 的可逆途径，再由式(1-63)计算系统熵变。

与系统相比，环境可看成一个巨大的热源，系统发生变化时吸收或放出的热量对它来说是一个无限小的过程，即环境的吸、放热过程可看成可逆过程，且过程中环境的温度和压力不会改变。因此，环境的熵变计算为

$$\Delta S_{环}=-\frac{Q_{体}}{T_{环}} \tag{1-64}$$

式(1-63)只是系统熵变计算的原则性公式，具体对不同的实际过程有不同的计算公式。式(1-64)则相对简单，只要计算出系统实际过程的热，就可以计算环境的熵变。

1. 简单状态变化过程熵变的计算

简单状态变化是指没有相变化、没有化学变化的状态变化过程。

1) 恒温过程熵变的计算

恒温过程是系统的始、终态温度相等，因此只能与一个热源相互作用。对系统的任何实际恒温过程都可设想为无限慢的过程(可逆过程)，所以其熵变直接用式(1-63)计算，但可进一步表示为

$$\Delta S=\frac{\int(\mathrm{d}U+p\mathrm{d}V)}{T} \tag{1-65}$$

例如，对于理想气体的恒温过程，$dU=0$，所以

$$\Delta S=\frac{\int p\mathrm{d}V}{T}=nR\ln\frac{V_2}{V_1}=nR\ln\frac{p_1}{p_2} \tag{1-66}$$

若 $p_1>p_2$，即恒温膨胀，则 $\Delta S>0$。这说明对气体 $S_{低压}>S_{高压}$。

【例 1-8】 1 mol 理想气体，恒温 300 K 下，经 $p_{外}=101.325$ kPa[过程(1)]和 $p_{外}=0$[过程(2)]两种方式由 101.325 kPa 膨胀至 10.1325 kPa。计算两过程的熵变，并判断过程的可逆性。

解 (1) $$\Delta S_{体}=nR\ln\frac{V_2}{V_1}=1\times8.314\ln\frac{101\ 325}{10\ 132.5}=19.14(\mathrm{J\cdot K^{-1}})$$

$$Q=-W=p_{外}(V_2-V_1)=p_{外}\left(\frac{RT}{p_2}-\frac{RT}{p_1}\right)=RTp_{外}\left(\frac{1}{p_2}-\frac{1}{p_1}\right)=2244.8\ \mathrm{J}$$

$$\Delta S_{环}=\frac{-Q}{T_{环}}=\frac{-2244.8}{300}=-7.48(\mathrm{J\cdot K^{-1}})$$

$$\Delta S_{孤}=\Delta S_{体}+\Delta S_{环}=19.14-7.48=11.66(\mathrm{J\cdot K^{-1}})>0$$

(2) ΔS 只取决于始、终态，与过程无关，所以 $\Delta S_{体}=19.14\ \mathrm{J\cdot K^{-1}}$。

由于 $p_{外}=0$，且恒温，因此 $Q=W=0$，$\Delta S_{环}=0$

$$\Delta S_{孤}=\Delta S_{体}+\Delta S_{环}=19.14\ \mathrm{J\cdot K^{-1}}>0$$

上述两个过程都是自动过程(不可逆过程)，且(2)的自动趋势比(1)大。

理想气体的恒温恒压混合过程如图 1-11 所示。

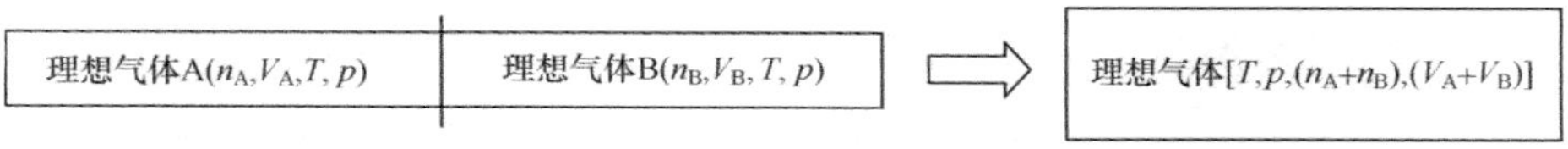

图 1-11 理想气体恒温恒压混合示意图

由于在混合理想气体中，各组分没有相互作用，所以对 A 来说，相当于恒温下从 V_A 膨胀至(V_A+V_B)，根据式(1-65)，则 $\Delta S_A=n_AR\ln\dfrac{V_A+V_B}{V_A}=-n_AR\ln x_A$。同理，对 B 则有 $\Delta S_B=n_BR\ln\dfrac{V_A+V_B}{V_B}=-n_BR\ln x_B$。熵是容量性质，系统的熵变是各部分熵变之和，所以 $\Delta S=\Delta S_A+\Delta S_B=-n_AR\ln x_A-n_BR\ln x_B$。对于多种理想气体的恒温恒压混合，则

$$\Delta S=-R\sum n_i\ln x_i \tag{1-67}$$

另外，因为 $\Delta U=0$，$W=0$，所以 $Q=0$，因此 $\Delta S_{环}=0$。所以对于理想气体的恒温恒压混合过程，$\Delta S_{孤}=\Delta S_{体}+\Delta S_{环}=-R\sum n_i\ln x_i>0$，这是一个自动过程。

读者可自行思考理想气体的恒温恒容混合过程。

2) 变温过程的熵变计算

非绝热的变温过程可以设计用一连串温差为无限小的热源与系统相互作用的可逆过程来计算。若是恒容过程，则

$$\mathrm{d}S=\frac{\delta Q_r}{T}=\frac{C_V\mathrm{d}T}{T},\qquad \Delta S=\int_{T_1}^{T_2}\frac{C_V\mathrm{d}T}{T} \tag{1-68}$$

对于理想气体 $$\Delta S=C_V\ln\frac{T_2}{T_1}$$

若是恒压过程，则

$$dS=\frac{\delta Q_r}{T}=\frac{C_p dT}{T},\qquad \Delta S=\int_{T_1}^{T_2}\frac{C_p dT}{T} \tag{1-69}$$

对于理想气体 $$\Delta S=C_p\ln\frac{T_2}{T_1}$$

当系统温度升高时，由式(1-68)及式(1-69)都可以得出 $\Delta S>0$，这表明系统(或物质)温度越高，熵值越大，即 $S_{高温}>S_{低温}$。

系统的变温过程必是 p、V、T 均变化的过程。当系统从状态 A (p_1,V_1,T_1) 变到状态 B(p_2,V_2,T_2)，其过程的熵变总可按下列两条不同的可逆途径求得。

途径Ⅰ　$A(p_1,V_1,T_1)\xrightarrow{\text{恒容变温}}C(p_2,V_1,T_2)\xrightarrow{\text{恒温变容}}B(p_2,V_2,T_2)$

途径Ⅱ　$A(p_1,V_1,T_1)\xrightarrow{\text{恒压变温}}D(p_1,V_2,T_2)\xrightarrow{\text{恒温变压}}B(p_2,V_2,T_2)$

例如，对于 n mol 理想气体，按途径Ⅰ，则

$$\Delta S=nC_{V,m}\ln\frac{T_2}{T_1}+nR\ln\frac{V_2}{V_1} \tag{1-70}$$

按途径Ⅱ，则

$$\Delta S=nC_{p,m}\ln\frac{T_2}{T_1}+nR\ln\frac{p_1}{p_2} \tag{1-71}$$

式(1-70)与式(1-71)是等效的，是理想气体状态变化时熵变的普遍计算式。

【例 1-9】 1 mol $H_2O(g)$于 101.325 kPa，自 100 ℃升温至 150 ℃，设 $H_2O(g)$的 $C_{p,m}(J\cdot K^{-1}\cdot mol^{-1})=30.36+9.61\times10^{-3}T+1.18\times10^{-6}T^2$，求下列过程熵变及热温商，并判断过程的可逆性。(1) 热源温度为 200 ℃；(2) 热源温度为 700 ℃。

解　(1) $$\Delta S_{体}=\int_{T_1}^{T_2}\frac{C_{p,m}dT}{T}=\int_{373\text{ K}}^{423\text{ K}}\left(\frac{30.36}{T}+9.61\times10^{-3}+1.18\times10^{-6}T\right)dT=4.300\text{ J}\cdot\text{K}^{-1}$$

$$\Delta S_{环}=\frac{-Q}{T_{环}}=\frac{\int_{373\text{ K}}^{423\text{ K}}C_{p,m}dT}{473\text{ K}}=-3.000\text{ J}\cdot\text{K}^{-1}$$

$$\Delta S_{孤}=\Delta S_{体}+\Delta S_{环}=4.300-3.000=1.300(\text{J}\cdot\text{K}^{-1})>0$$

(2) 体系始、终态与(1)相同，$\Delta S_{体}=4.300\text{ J}\cdot\text{K}^{-1}$

$$\Delta S_{环}=\frac{-Q}{T_{环}}=\frac{-\int_{373\text{ K}}^{423\text{ K}}C_{p,m}dT}{973\text{ K}}=-1.766\text{ J}\cdot\text{K}^{-1}$$

$$\Delta S_{孤}=\Delta S_{体}+\Delta S_{环}=4.300-1.766=2.534(\text{J}\cdot\text{K}^{-1})>0$$

过程(1)和过程(2)都是自动过程(不可逆过程)，但过程(2)的自动趋势比过程(1)的大。

3) 绝热过程熵变的计算

绝热过程也是一种变温过程，但这种变温过程中，系统与热源间没有相互作用。对于绝热可逆过程：因为 $\delta Q_r=0$，所以 $\Delta S_{体}=\frac{Q_r}{T}=0$，换言之，系统的绝热可逆过程是一个等熵过程。而 $\delta Q_{环}=0$，所以 $\Delta S_{环}=0$，则 $\Delta S=\Delta S_{体}+\Delta S_{环}=0$。

对于绝热不可逆过程，先求出始、终态的状态参数(T、p、V 等)，然后在相同的始、终态间设计非绝热的可逆过程进行熵变的计算，计算出的结果必有 $\Delta S>0$。因为在相同的始、终态间既然实际的过程是绝热不可逆的，则必不存在绝热的可逆过程，否则就不符合式(1-60)，也就是违反了热力学第二定律。

例如，理想气体的绝热不可逆过程是 p、V、T 均变化的过程，因此，求出始、终态的状态参数

(T、p、V 等)后,可用式(1-70)或式(1-71)计算其熵变。对于理想气体的绝热自由膨胀过程,因为 $\delta Q=0$,$\delta W=0$,所以 $dU=0$,即 $dT=0$,属于恒温过程,因此,可用式(1-66)计算其熵变。

2. 相变过程熵变的计算

实际的相变过程有可逆相变和不可逆相变。

1) 可逆相变过程

两种情况下的相变属于可逆相变:一种是所谓正常相变点时的相变,如 101.3 kPa 及 373.15 K 时水与水蒸气的互变,101.3 kPa 及 273.15 K 时水与冰的互变等;另一种是在温度 T 及与 T 相应的平衡蒸气压(饱和蒸气压)条件下的相变。因此可逆相变都是恒温恒压的可逆过程,所以其熵变为

$$\Delta S=\frac{Q_r}{T}=\frac{Q_p}{T}=\frac{\Delta_{trs}H}{T} \tag{1-72}$$

式中,$\Delta_{trs}H$ 为可逆相变的相变焓。

2) 不可逆相变

除上述两种情况下的相变外,其他条件下的相变都属于不可逆相变。对于不可逆相变,需设计一系列包含上述可逆相变的过程来计算其熵变,这对物理化学初学者来说往往是比较难的地方。

化学反应过程具有特定的规律,其熵变计算将在第 4 章介绍。

【例 1-10】 甲醇在 101.325 kPa 下的沸点(正常沸点)为 64.65 ℃,在此条件下的摩尔蒸发焓为 $\Delta_{vap}H_m=35.32\ kJ\cdot mol^{-1}$。求在上述温度、压力下,1 kg 液态甲醇全部变成甲醇蒸气时的熵变。

解 甲醇的摩尔质量 $M=32.042\ g\cdot mol^{-1}$。甲醇在该条件下的相变为可逆相变,则

$$\Delta S=\frac{\Delta_{vap}H}{T}=\frac{\frac{1000}{32.042}\times 35\ 320}{337.8}=\frac{1102.3\times 10^3}{337.8}=3.27(kJ\cdot K^{-1})$$

$$\Delta S_{环}=\frac{-Q}{T_{环}}=\frac{-\Delta_{vap}H}{T_{环}}=\frac{-1102.3\times 10^3}{337.8}=-3.27\ (kJ\cdot K^{-1})$$

$$\Delta S_{孤}=\Delta S_{体}+\Delta S_{环}=0$$

【例 1-11】 试计算在 298 K、101.325 kPa 的条件下,使 1 mol $H_2O(g)$ 转变成同温同压下的水的 ΔS,并判断过程的可逆性。已知 $C_{p,m}(H_2O,g)=33.18\ J\cdot mol^{-1}\cdot K^{-1}$,$C_{p,m}(H_2O,l)=75.48\ J\cdot mol^{-1}\cdot K$,水的蒸发焓 $\Delta_{vap}H_m(H_2O,373\ K)=40.70\ kJ\cdot mol^{-1}$。

解 在 298 K、101.325 kPa 条件下的 $H_2O(g)$ 变成同温同压下的水是一个不可逆过程,求此过程的熵变需要设计如下可逆过程:

$$\begin{array}{ccc} H_2O(g,298\ K,101.325\ kPa) & \xrightarrow{\Delta S,\Delta H} & H_2O(l,298\ K,101.325\ kPa) \\ \downarrow \Delta S_1,\Delta H_1 & & \uparrow \Delta S_3,\Delta H_3 \\ H_2O(g,373\ K,101.325\ kPa) & \xrightarrow{\Delta S_2,\Delta H_2} & H_2O(l,373\ K,101.325\ kPa) \end{array}$$

所以

$$\Delta S_1=\int_{298\ K}^{373\ K}\frac{C_{p,m}(H_2O,g)}{T}dT=33.18\ln\frac{373}{298}=7.45(J\cdot K^{-1})$$

$$\Delta S_2=\frac{Q_{p,r}}{T}=\frac{\Delta_{vap}H_m}{373}=\frac{-40\ 710}{373}=-109.14(J\cdot K^{-1})$$

$$\Delta S_3=\int_{373\ K}^{298\ K}\frac{C_{p,m}(H_2O,l)}{T}dT=75.48\ln\frac{298}{373}=-16.94(J\cdot K^{-1})$$

$$\Delta S_{体}=\Delta S_1+\Delta S_2+\Delta S_3=7.45-109.14-16.94=-118.63(J\cdot K^{-1})$$

而 $$\Delta H=\Delta H_1+\Delta H_2+\Delta H_3=-40\ 710+\int_{373\text{ K}}^{298\text{ K}}(75.48-33.18)\mathrm{d}T=-43\ 882.5(\text{J})$$

实际过程的热 $$Q=Q_p=\Delta H=-43\ 882.5\text{ J}$$

所以 $$\Delta S_{环}=\frac{-Q}{T_{环}}=\frac{43\ 882.5}{298}=147.26(\text{J}\cdot\text{K}^{-1})$$

因此 $$\Delta S_{孤}=\Delta S_{体}+\Delta S_{环}=28.63\text{ J}\cdot\text{K}^{-1}$$

该过程为不可逆的自发过程。

1.6.6 熵的统计意义

1. 熵是体系混乱度的度量

热力学关于熵的导出并没有严格的数学定义式。如何从微观角度来理解熵这一宏观性质呢？根据熵变计算得出以下结论：同一物质 $S_{气}>S_{液}>S_{固}$，物质从固态经液态到气态，系统有序性减小，分子运动的混乱程度依次增加，熵值增加；相同压力下，同一聚集状态的同种物质 $S_{高温}>S_{低温}$，温度升高，分子运动增强，分子的有序性减小，混乱度增加，熵值增加；温度一定时，同种气体有 $S_{低压}>S_{高压}$，压力降低，体积增加，分子在更大的空间运动，分子的有序性减小，混乱度增加，熵值增加；不同气体在恒温恒压下混合，$\Delta S_{mix}>0$，混合前其中各种气体运动空间较小，混合后，其运动空间增大，混乱度增大，熵值增加。因此熵增加的方向与系统混乱度增加的方向一致。所以，熵是系统混乱度的度量。

热力学第二定律指出，自发过程都是不可逆过程，一切不可逆过程都可以归结为热功转换的不可逆性。功可以完全转变为热，而热不能全部转变为功而不留下任何影响。从微观角度看，功是微观粒子因有序运动而传递的能量，而热则是分子混乱运动而传递的能量。所以由功转变为热的过程是由规则运动转化为无规则运动，是向混乱度增加的方向进行。也就是说，自发过程的方向是从有序运动向无序运动变化，直至在该条件下最混乱的状态，也即熵值最大的状态。

2. 熵与热力学概率

概率就是某种事物出现的可能性。孤立系统自发过程熵增方向与系统混乱程度增加方向一致。但系统有序和无序只是定性描述，而概率是一种定量概念，因此需找出熵函数与概率间的函数关系。

由大量分子构成的孤立系统处于热力学平衡的宏观状态，而确定的热力学平衡态可出现许多的微观状态。与某宏观状态所对应的微观状态数称为热力学概率(probalility of thermodynamics)，以 Ω 表示。某宏观状态所对应的微观状态数(Ω)越多，该宏观状态出现的可能性也越大。

有一长方形容器，先以假设隔板分为体积相等的左右两部分，其中放入理想气体，气体分子可在容器左右两侧分布，现考察 a、b、c、d 四个分子的分布，见表 1-2。

表 1-2　4 个分子的空间分布状态

分配方式	盒 1	盒 2	分配的微态数	出现概率
(4,0)	a b c d	0	$\Omega(4,0)=1$	1/16
(3,1)	a b c	d	$\Omega(3,1)=4$	4/16
	a b d	c		
	a c d	b		
	b c d	a		

续表

分配方式	盒 1	盒 2	分配的微态数	出现概率
(2,2)	a b	c d	$\Omega(2,2)=6$	6/16
	a c	b d		
	a d	b c		
	b c	a d		
	b d	a c		
	c d	a b		
(1,3)	a	b c d	$\Omega(1,3)=4$	4/16
	b	a c d		
	c	a b d		
	d	a b c		
(0,4)	0	a b c d	$\Omega(0,4)=1$	1/16
总微观状态数 Ω(总)=16				

由表 1-2 可见，四个分子总微观状态数是 $2^4=16$，每种微观状态出现的概率相等，均为 1/16。16 种微观状态所对应的宏观状态有 5 种。在 5 种宏观状态中，以均匀分布(2/2)的宏观状态所具有的微观状态数最多，共有 6 种，即热力学概率 $\Omega=6$。这种均匀分布的宏观状态出现的数学概率最大，为 6/16。

若系统中含有 1 mol 气体，其总的微观状态数有 2^N 种，其中 N 个分子全部集中于一侧的微观状态数为 1，出现的概率只有 $(1/2)^N$，接近于零。而在容器两侧均匀分布的微观状态数最大，占 2^N 的绝大部分，其出现的概念接近于 1，所以均匀分布的状态可以代表热力学平衡态。

在孤立系统中，自发过程总是由热力学概率小的状态，朝向热力学概率较大的状态变化，直至热力学概率最大为止，系统就达到平衡。这一结论与孤立系统中熵增原理是一致的，系统的热力学概率 Ω 和系统的熵 S 有相同的变化方向，都趋向于增加，系统的 S 与 Ω 之间必定有某种函数关系：$S=f(\Omega)$。

设一系统由 A、B 两部分组成，其热力学概率分别为 Ω_A、Ω_B，相应的熵为 $S_A=f(\Omega_A)$、$S_B=f(\Omega_B)$。根据概率定理，系统的总概率应等于各个部分概率的乘积，即 $\Omega=\Omega_A\Omega_B$。由于熵是状态函数，广度性质，整个系统的熵等于各部分熵之和，即

$$S=S_A+S_B=f(\Omega_A)+f(\Omega_B)=f(\Omega_A\Omega_B)=f(\Omega)$$

能够满足上述关系的只有对数函数，因此 S 与 Ω 之间是对数函数关系

$$S\propto\ln\Omega \text{ 或 } S=k\ln\Omega \tag{1-73}$$

式中，k 为玻耳兹曼(Boltzmann)常量，$k=\dfrac{R}{N}=1.3807\times10^{-23}\ \mathrm{J\cdot K^{-1}}$。此式称为玻耳兹曼公式，它是将系统的宏观物理量 S 与微观物理量 Ω 联系起来的重要桥梁。

由此可知，系统的熵值小，表示所处状态的微观状态数小，混乱程度低；系统的熵值大，表示所处状态的微观状态数大，混乱程度高。孤立系统中，从熵值小的状态(混乱度小)向熵值大的状态(混乱度大)变化，直到在该条件下系统熵值最大的状态为止，这就是自发变化方向和限度。

1.7 热力学第三定律与物质的规定熵

1.7.1 热力学第三定律

由热力学第二定律只能求得系统熵的变化值，不能得到系统熵的绝对值。那么系统熵的

绝对值能否得到呢?

对于无非体积功的封闭系统,恒压下变温过程的熵变由式(1-69)计算,即 $\Delta S=\int_{T_1}^{T_2}\frac{C_p\mathrm{d}T}{T}$。若从 0→$T$ 积分,得

$$S_T=S_0+\int_0^T\frac{C_p\mathrm{d}T}{T} \tag{1-74}$$

若能知道系统在 0 K 时的熵 S_0,则系统在任意温度下的熵值 S_T 就可以求得了。

我们知道,熵是系统混乱程度的度量,系统的混乱程序越低,有序程度越高,熵值越小。对于一种物质处于气、液、固三态时,固态的熵值最小。当固态的温度进一步下降时,系统的熵值也进一步下降。当温度降至 0 K 时,系统的熵值 S_0 又是多少呢?就是热力学第三定律所要解决的问题。它是在非常低的温度下研究凝聚系统的熵变所外推出来的结果。

1906 年,能斯特(Nernst)研究了低温下一系列凝聚系统的化学反应,提出了一个外推结论:当温度趋于 0 K 时,在等温过程中凝聚态反应系统的熵不变,即

$$\lim_{T\to 0\ \mathrm{K}}(\Delta S)_T=0 \tag{1-75}$$

式(1-75)通常称为能斯特热定理。

当温度趋于 0 K 时,任何纯物质都已成为凝聚态(各种晶形的固态),因此,式(1-75)也可理解为:当温度趋于 0 K 时,各种凝聚态物质的熵值都相等。因此,普朗克(Planck)在 1912 年把热定理推进了一步,他假定 0 K 时纯凝聚态的熵值等于零,即

$$\lim_{T\to 0\ \mathrm{K}}S=0 \tag{1-76}$$

承认普朗克的假定,则热定理就成为必然的结果了。因为 0 K 时物质已成凝聚态,则内部的质点整齐排列,热力学概率很小,根据玻耳兹曼公式 $S=k\ln\Omega$,其熵值必极小。因此普朗克的假定是有科学依据的。

路易斯(Lewis)和吉布森(Gibson)在 1920 年对式(1-76)重新作了界定,指出式(1-76)的假定适用于完美晶体。所谓完美晶体是指晶体中的原子或分子只有一种有序排列方式,其热力学概率 $\Omega=1$,并不是任何物质在热力学温度 0 K 时都能形成完美晶体,如 NO 在固态时可能有 NO 或 ON 两种排列方式,就不是完美晶体。

至此,热力学第三定律可以表示为:在 0 K 时,任何完美晶体的熵等于零。

1912 年能斯特根据他的热定理提出“绝对零度不能达到原理”,即“不可能用有限手续使一个物体冷却到热力学温度的零度”。这一原理后来被认为是热力学第三定律的另一种表述方法。

能斯特热定理指出,在接近 0 K 时,任何等温过程中的熵值不变,它既是等熵过程,又没有热量交换,所以是绝热过程。因此任何凝聚态物质在接近 0 K 时,无论进行什么热力学过程,都不可能通过释放热量而降低温度;又由于是凝聚态物质,也不能靠节流膨胀而降低温度。所以系统的温度不可能继续降低至绝对零度。热力学第三定律表明了绝对零度不可能达到,但它并不排斥人们想方设法去接近绝度零度,现实情况正是如此,尽可能去接近绝度零度已成为一个科学研究领域,目前达到的最新纪录是 5×10^{-10} K。

1.7.2 物质的规定熵

热力学第三定律解决了式(1-74)中 S_0 的问题,则式(1-74)就变为

$$S_T=\int_0^T\frac{C_p\mathrm{d}T}{T} \tag{1-77}$$

因此只要知道某物质B从0 K至任意温度T的恒压热容，就可根据式(1-77)求得该物质在任意温度下的熵值$S(B,T)$，这样求得的熵值称为该物质在此状态下的规定熵(conventional entropy)，对于1 mol纯物质，就为摩尔规定熵$S_m(B,T)$，简称摩尔熵。又因为恒压热容的值可以通过量热的方法测定，所以物质的规定熵有时又称为量热熵。

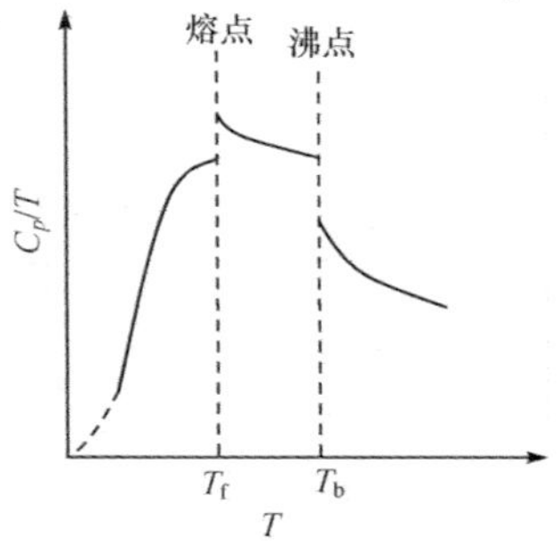

图 1-12　图解积分法求规定熵

已知物质的恒压热容后，计算物质在T下的规定熵可用图解积分法，以$\frac{C_p}{T}$对T作图，得到如图1-12所示的曲线，用图解积分法求得曲线下的面积，即为该物质在T下的规定熵。物质在极低温度范围内的C_p实验数据不易测定，故在极低温度范围内可用如下的德拜(Debye)公式计算：

$$C_V = 1943T^3/\theta^3 \tag{1-78}$$

式中，θ为物质的特征温度，$\theta = h\nu/k$，其中ν为晶体中粒子的简正振动频率。还要注意，在极低温度下，$C_V \approx C_p$。

若该物质在$0 \sim T$温度范围内有相变，还必须考虑相变过程的熵变。

若物质B从0 K升到温度为T的气态，假设中间只有熔化和气化两个可逆相变过程(图1-12)，则B(g)在温度为T时的摩尔熵为

$$S_m(B,g,T) = \int_0^{T_f} \frac{C_{p,m}(B,s)}{T} dT + \frac{\Delta_{fus}H_m(B)}{T_f} + \int_{T_f}^{T_b} \frac{C_{p,m}(B,l)}{T} dT + \frac{\Delta_{vap}H_m(B)}{T_b} + \int_{T_b}^{T} \frac{C_{p,m}(B,g)}{T} dT \tag{1-79}$$

注意，式(1-79)中的三个积分项的和即为图1-12中各部分的面积和，而另两项$\frac{\Delta_{fus}H_m(B)}{T_f}$及$\frac{\Delta_{vap}H_m(B)}{T_b}$在图1-12中是体现不出来的。

纯物质在标准压力$p^\ominus$下的摩尔熵称为标准摩尔熵，即$S_m^\ominus(B,T)$。

一般在热力学手册中列有298.15 K时纯物质的标准摩尔熵$S_m^\ominus(B,298.15K)$，若物质B在298.15 K～T温度范围内无相变，则B在温度T时的标准摩尔熵值为

$$S_m^\ominus(B,T) = S_m^\ominus(B,298.15\ K) + \int_{298.15\ K}^{T} \frac{C_{p,m}(B)}{T} dT \tag{1-80}$$

复习思考题

1. 状态函数有何特点？当体系进行任一循环过程时，其状态函数的变化值是多少？
2. 设有一封闭体系，当其始终态确定之后，判断下列各种物理量是否有确定的值。
   (1) $W(Q=0)$　(2) Q　(3) $Q\ (W=0)$　(4) $Q+W$
3. 试证明在无非体积功的恒容过程中$\Delta U = Q_V$。此过程中的ΔH又是多少(用公式表示)？是否仍可用过程热来度量？
4. 将273 K、1 mol的冰缓缓加热，使其在恒压下蒸发为373 K的水蒸气，此过程热用$\int_{273\ K}^{373\ K} C_{p,m}(H_2O)dT$计算对不对？
5. 对于1 mol理想气体，从同一始态(p,T,V)出发，分别进行恒温可逆膨胀或绝热可逆膨胀至相同体积的终

态，其所做的膨胀功哪一过程大？

6. 1 mol 气体从同一始态出发，分别进行恒温可逆膨胀或恒温不可逆膨胀达到相同的终态，由于恒温可逆膨胀时所做的功 W_r 大于恒温不可逆膨胀时的体积功 W_{ir}，则 $Q_r > Q_{ir}$。对否？为什么？
7. 任一气体从同一始态出发分别经绝热可逆膨胀或绝热不可逆膨胀达到体积相同的终态，而终态的压力相同吗？
8. 如果不断地将理想气体进行恒温膨胀，则所吸收的热全部转变为功，这不就是单一热源也能做功的实例吗？如何解释？
9. 在同一始、终态间，可逆过程的热温商大于不可逆过程的热温商，即“可逆过程的熵变化值大于不可逆过程的熵变化值”。此说法对吗？
10. 在 298 K、$p^\ominus$ 下，1 mol 水蒸发成水蒸气，此过程的 $\Delta S = \frac{\Delta_{vap}H_m}{298\ K}$。此结果对吗？
11. 对于只用两个热力学变量描述的封闭体系，p-V 图上两条绝热可逆线不会相交，两条恒温可逆线也不可能相交，试证明之。

习　题

1. 1 mol 双原子理想气体在 300 K、101 kPa 下，经恒外压恒温压缩至平衡态，并从此状态下恒容升温至 370 K、压强为 1010 kPa。求整个过程的 ΔU、ΔH、W 及 Q。
2. 设有 0.1 kg N_2，温度为 273.15 K，压强为 101 325 Pa，分别进行下列过程，求 ΔU、ΔH、W 及 Q。(1) 恒容加热至压强为 151 987.5 Pa；(2) 恒压膨胀至原体积的 2 倍；(3) 恒温可逆膨胀至原体积的 2 倍；(4) 绝热可逆膨胀至原体积的 2 倍。
3. 在 373.15 K、101 325 Pa 下，1 mol 水缓慢蒸发。水的蒸发热为 40.593 $kJ \cdot mol^{-1}$，1 kg 水的体积为 1.043 dm^3，1 kg 水蒸气的体积为 1667 dm^3。求：(1) 蒸发过程中体系的 ΔU、ΔH、W 及 Q；(2) 如忽略 $V_{液}$，并设水蒸气为理想气体，W 为何值。
4. 在 298.15 K、101 325 Pa 下，1 mol H_2 与 0.5 mol O_2 生成 1 mol $H_2O(l)$，放热 285.90 kJ。设 H_2 及 O_2 在此条件下均为理想气体，求 ΔU。若此反应在相同的始、终态的条件下改在原电池中进行，做电功 187.82 kJ，求 ΔU、Q 及 W。
5. 在绝热密闭容器内装水 1 kg。开动搅拌器使容器中的水由 298.15 K 升温至 303.15 K。已知液体水的 $C_{p,m} \approx C_{V,m} = 75.31\ J \cdot mol^{-1} \cdot K^{-1}$，求 ΔU、ΔH、W 及 Q，结果说明什么？
6. 5 mol 双原子理想气体，从 101 325 Pa、4103 L 的始态出发，经 pT = 常数的可逆过程（体系在变化过程中 pT = 常数）压缩至终态压强为 202 650 Pa。求：(1) 终态的温度；(2) 此过程的 ΔU、ΔH、W 及 Q。
7. 横放的绝热圆筒内装有无摩擦、不导热的活塞。在其两侧均盛有 101 325 Pa、273 K 的理想气体 54 L，并在左侧引入电阻丝使气体缓慢加热，直至活塞将右侧气体压缩至压强为 202 650 Pa 为止。已知气体的 $C_{V,m} = 12.47\ J \cdot mol^{-1} \cdot K^{-1}$。求：(1) 右侧气体最后的温度及所得的功；(2) 左侧气体最后温度及所得的热。
8. 设有绝热硬木箱，原为真空，在箱上刺一极小的细孔，空气缓慢地流入箱内。如箱外空气温度为 T_0，并将空气视为理想气体，证明箱内外压强相等时箱内空气温度为 $T = \gamma T_0$，式中 $\gamma = \frac{C_{p,m}}{C_{V,m}}$。
9. 某礼堂容积为 1000 m^3，室温为 283 K，压强为 101 325 Pa，欲使其温度升至 293 K，需吸热多少？设空气 $C_{p,m} = \frac{7}{2}R$，如室温由 293 K 降至 283 K，当室外温度为 273 K 时，需导出多少热？
10. 求 298.15 K、$p^\ominus$ 下的 $\Delta_{vap}H_m^\ominus(H_2O,l)$。已知 373.15 K、$p^\ominus$ 下，水的蒸发热 $\Delta_{vap}H_m^\ominus(H_2O,l) = 40.71\ kJ \cdot mol^{-1}$，在此温度范围内水和水蒸气的平均恒压热容分别为 75.31 $J \cdot mol^{-1} \cdot K^{-1}$ 和33.18 $J \cdot mol^{-1} \cdot K^{-1}$。
11. 已知无水 $CuSO_4$ 在水中溶解时放热 66.107 $kJ \cdot mol^{-1}$，而 $CuSO_4 \cdot 5H_2O$ 溶解时吸热 11.506 $kJ \cdot mol^{-1}$，求 $CuSO_4 + 5H_2O \Longrightarrow CuSO_4 \cdot 5H_2O$ 的热效应。

12. 量热计内盛水 50 mol，温度为 293. 15 K。加入同温度 50 mol 的固体 KCl，当盐与水混合后温度降低到 288. 26 K。已知量热计的热容为 75. 91 $J\cdot K^{-1}$，此 KCl 水溶液的比热容为 3. 782 $J\cdot g^{-1}\cdot K^{-1}$，固体 KCl 的比热容为 0. 6945 $J\cdot g^{-1}\cdot K^{-1}$。求 KCl 在 293. 15 K 时的溶解热及 288. 26 K 时的溶解热。

13. 1 mol 理想气体，温度为 298. 15 K，压强为 $p^{\ominus}$，经恒温可逆膨胀至体积增加 1 倍，求 ΔS。如改为恒温自由膨胀，其 ΔS 又为多少？

14. 1 mol 双原子理想气体，温度为 298. 15 K，压强为 $p^{\ominus}$，分别进行：(1)绝热可逆膨胀至体积增加 1 倍；(2)绝热自由膨胀至体积增加 1 倍。求这些过程的 ΔS。

15. 1 mol 液体在 0. 1 MPa 压强下由 298. 15 K 升温至 323. 15 K。已知 $C_{p,m}(H_2O,l)=75.31\ J\cdot mol^{-1}\cdot K^{-1}$，求过程的 ΔS。如热源温度为 373. 15 K，判断此过程的可逆性。

16. 设有两种气体，其恒压热容相等，$C_{p,m}=28\ J\cdot mol^{-1}\cdot K^{-1}$，用隔板分开(见下图)，两侧的体积相等，容器是绝热的。试求抽去隔板后的 ΔS。

1 mol A 238 K,V	1 mol B 293 K,V

17. 试计算压强为 $p^{\ominus}$、温度为 373. 15 K 时，1 mol 水向真空蒸发为同温同压的水蒸气的 $\Delta S_{体}$、$\Delta S_{外}$ 及 $\Delta S_{总}$。已知水的蒸发热 ($p^{\ominus}$、373. 15 K)为 40. 710 $J\cdot mol^{-1}$，在此条件下的水蒸气可视为理想气体。

18. 已知苯的熔点为 278. 15 K、$\Delta_{fus}H_m(C_6H_6, 278.15\ K)=9916\ J\cdot mol^{-1}$，液态苯和固态苯的 $C_{p,m}$ 分别为 126. 78 $J\cdot mol^{-1}\cdot K^{-1}$和 122. 59 $J\cdot mol^{-1}\cdot K^{-1}$。试计算 268. 15 K 时，1 mol 过冷液态苯凝固成268. 15 K 固态苯的 $\Delta S_{体}$，并判断过程能否进行。

19. 1 mol 理想气体($C_{V,m}=12.47\ J\cdot mol^{-1}\cdot K^{-1}$)，经历一绝热不可逆过程到达 273. 15 K 、$p^{\ominus}$ 的终态。已知此过程的 $\Delta S=20\ J\cdot K^{-1}$，体系做功为 1200 J，求始态的 p、T、V 及 ΔH。

20. 1 mol 理想气体在一定温度及压强下，绝热自由膨胀至体积增加 1 倍，试计算终态总微观状态数之比Ω_2/Ω_1。已知玻耳兹曼常量为 $1.381\times10^{-23}\ J\cdot K^{-1}$。

第 2 章　热力学势函数和基本方程

第 1 章介绍了热力学的基本原理,即热力学的基本框架。原则上应用这些基本原理就可以解决变化过程中的能量学问题以及变化过程的方向和限度问题,如对纯物质系统的简单状态变化及纯物质的相变过程。但热力学普遍原理更广泛的应用还需要与具体实际相结合,也就是热力学对一些具体系统和过程的应用还需要更方便的方法。因此本章是从应用的角度,通过引进一些势函数,建立热力学的基本方程,丰富热力学的方法,使其能更广泛、更方便地应用于具体系统和过程。

本章仍是热力学的基本内容,但它是通向化学热力学的基础,是普遍的理论与具体问题相结合所建立的更完善的热力学理论和方法。

2.1　自由能函数

熵变作为自发过程方向和限度的判据,只适用于孤立体系。对于任意封闭体系,除了计算体系的熵变外,还需考虑环境的熵变。能否只研究系统的热力学性质的改变就能判断过程的方向和限度?答案是肯定的,但关键是要找到系统某种合适的热力学性质。例如,化学变化及相变化大多是在恒温恒压或恒温恒容这两种特定条件下进行的,而实际上系统也存在两个合适的状态函数:吉布斯(Gibbs)自由能(G)和亥姆霍兹(Helmholtz)自由能(A),用这两个状态函数的变化值就可方便地判断相关过程的方向和限度。

2.1.1　亥姆霍兹自由能 A

亥姆霍兹自由能 A 的定义

$$A \equiv U - TS \tag{2-1}$$

由其定义可知,亥姆霍兹自由能 A 是系统的状态函数,广度性质,具有能量量纲,其物理意义并不明确。但其变化值对恒温及恒温恒容条件下的过程具有判据的作用。

由热力学第一定律知 $\mathrm{d}U = \delta Q + \delta W_T$,其中 $\delta W_T = -p_{外}\mathrm{d}V + W'$

由热力学第二定律知　$\mathrm{d}S \geqslant \dfrac{\delta Q}{T}$,即 $T\mathrm{d}S \geqslant \delta Q$

两式联立得

$$T\mathrm{d}S - \mathrm{d}U \geqslant -\delta W_T \tag{2-2}$$

等号表示可逆,不等号表示不可逆。式(2-2)可应用于封闭体系的任何过程。

对于恒温过程,式(2-2)可写为 $\mathrm{d}(TS) - \mathrm{d}U \geqslant -\delta W_T$ 或 $-\mathrm{d}(U - TS) \geqslant -\delta W_T$

即

$$-(\mathrm{d}A)_T \geqslant -\delta W_T \text{或} -(\Delta A)_T \geqslant -W_T \tag{2-3}$$

式(2-3)表明:封闭系统在恒温不可逆过程中,系统所做的功小于 A 的减少量;在恒温可逆过程中,系统所做的功等于 A 的减少量。简言之,封闭系统在恒温过程中所做的最大功等于其 A 的减少量。

对于恒温恒容过程,因为体积功为零,则从式(2-3)得

$$-(\mathrm{d}A)_{T,V} \geqslant -\delta W' \text{或} -(\Delta A)_{T,V} \geqslant -W' \tag{2-4}$$

式(2-4)表明:封闭系统在恒温恒容的不可逆过程中,系统所做的非体积功小于 A 的减少

量;在恒温恒容的可逆过程中,系统所做的非体积功等于 A 的减少量,即封闭系统在恒温恒容过程中所做的最大非体积功等于其 A 的减少量。

对于恒温恒容且无非体积功的过程,式(2-3)变为

$$-(\mathrm{d}A)_{T,V}\geqslant 0 \text{ 或 } (\Delta A)_{T,V}\leqslant 0 \tag{2-5}$$

式(2-5)表明:封闭系统在恒温恒容且无非体积功的可逆过程中,其 A 保持不变,在不可逆过程中 A 值总是减少。也就是说,在恒温恒容且无非体积功条件下的封闭系统,任其自然时,其 A 值会自动减少直到最小值(对应着平衡态),而不可能自动发生 $\Delta A>0$ 的过程。这就是亥姆霍兹自由能减少原理。

亥姆霍兹自由能减少原理是恒温恒容且无非体积功的封闭系统的过程方向性及限度的判据,是熵增原理在该条件的具体化。只要根据系统在该条件下 A 的改变量就可确定系统在该条件下过程的方向,而不需考虑环境的变化。

2.1.2 吉布斯自由能 G

吉布斯自由能 G 的定义为

$$G\equiv H-TS=U+pV-TS \tag{2-6}$$

由其定义可知,吉布斯自由能 G 也是系统的状态函数,广度性质,具有能量量纲,其物理意义也不明确。但其变化值对恒温恒压条件下的过程具有判据的作用。

在恒温条件下,式(2-2)可写为

$$-\mathrm{d}(U-TS)\geqslant p_{外}\mathrm{d}V-\delta W'$$

进一步在恒温恒压条件下,因 $p=p_{外}$,所以上式转化为

$$-\mathrm{d}(U+pV-TS)\geqslant -\delta W'$$

即

$$-(\mathrm{d}G)_{T,p}\geqslant -\delta W' \text{ 或 } -(\Delta G)_{T,p}\geqslant -W' \tag{2-7}$$

式(2-7)表明:封闭系统在恒温恒压的不可逆过程中,系统所做的非体积功小于其 G 的减少量;在恒温恒压的可逆过程中,系统所做的非体积功等于其 G 的减少量。简言之,封闭系统在恒温恒压过程中所做的最大非体积功等于其 G 的减少量。

对于恒温恒压且无非体积功的过程,式(2-7)变为

$$-(\mathrm{d}G)_{T,p}\geqslant 0 \text{ 或 } (\Delta G)_{T,p}\leqslant 0 \tag{2-8}$$

式(2-8)表明:封闭系统在恒温恒压且无非体积功的可逆过程中,其 G 保持不变,在不可逆过程中 G 值总是减少。也就是说,在恒温恒压且无非体积功条件下的封闭系统,任其自然时,其 G 值会自动减少直到最小值(对应着平衡态),而不可能自动发生 $\Delta G>0$ 的过程。这就是吉布斯自由能减少原理。

同样,吉布斯自由能减少原理是恒温恒压且无非体积功的封闭系统的过程方向性及限度的判据,是熵增原理在该条件的具体化。只要根据系统在该条件下 G 的改变量就可以确定系统在该条件下过程的方向,而不需考虑环境的变化。

2.1.3 状态函数 A 及 G 的特点

根据定义我们已知道:A 和 G 都是系统的状态函数,是广度量,但不是守恒量,其绝对值无法确定。

对处于平衡态的多相系统,若有 Φ 个相,各相均有 A 和 G,各相的 A 或 G 之和为系统的 A 或 G,即

$$A=\sum_{k=1}^{\Phi}A_k=\sum_{k=1}^{\Phi}(U_k-T_kS_k) \tag{2-9}$$

$$G=\sum_{k=1}^{\Phi}G_k=\sum_{k=1}^{\Phi}(U_k-T_kS_k+p_kV_k) \tag{2-10}$$

处于平衡态的多相系统，各相的温度、压力必相等，则式(2-9)变为

$$A=\sum_{k=1}^{\Phi}U_k-T\sum_{k=1}^{\Phi}S_k=U-TS \tag{2-11}$$

式(2-10)变为

$$G=\sum_{k=1}^{\Phi}U_k-T\sum_{k=1}^{\Phi}S_k+p\sum_{k=1}^{\Phi}V_k=U-TS+pV \tag{2-12}$$

式(2-11)及式(2-12)表明：A 和 G 的定义无论对均相系统，还是对多相系统都是相同的。

2.2 封闭系统热力学基本方程及其简单应用

至此，从热力学的角度已定义了五个新的状态函数：U、H、S、A、G，它们与我们所熟知的状态函数（如 p、V、T 等）之间存在一些确定的基本关系。

2.2.1 封闭系统热力学基本方程

对于均相、无化学反应、只做体积功的封闭系统，当系统由平衡态Ⅰ经微小的可逆过程到邻近的平衡态Ⅱ之后，根据热力学第一定律和第二定律的联合式(2-2)可得

$$\mathrm{d}U=T\mathrm{d}S-p\mathrm{d}V \tag{2-13}$$

式(2-13)中各量都是系统自身的性质，所以从平衡态Ⅰ到邻近的平衡态Ⅱ的过程无论是否可逆，都不会影响其结果。

对定义式 $H=U+pV$ 取全微分有：$\mathrm{d}H=\mathrm{d}U+p\mathrm{d}V+V\mathrm{d}p$，代入式(2-13)得

$$\mathrm{d}H=T\mathrm{d}S+V\mathrm{d}p \tag{2-14}$$

同理可得

$$\mathrm{d}A=-S\mathrm{d}T-p\mathrm{d}V \tag{2-15}$$

$$\mathrm{d}G=-S\mathrm{d}T+V\mathrm{d}p \tag{2-16}$$

式(2-13)～式(2-16)是只做体积功、组成不变封闭系统的热力学基本方程。上述基本方程的应用并不受过程是否可逆的条件限制，因为方程中的所有物理量均为状态函数，其变量只与始、终态有关，与过程是否可逆无关。另需说明的是热力学的基本方程可以有很多，只是限于内容及篇幅，我们只重点给出了这四个。

2.2.2 封闭系统的热力学基本关系

由上述四个热力学基本方程又可派生出许多热力学关系式。例如，由式(2-13)在等容下可得 $\left(\frac{\partial U}{\partial S}\right)_V=T$，在等熵下可得 $\left(\frac{\partial U}{\partial V}\right)_S=-p$。

同理从上述四个基本方程可得

$$T=\left(\frac{\partial U}{\partial S}\right)_V=\left(\frac{\partial H}{\partial S}\right)_p \tag{2-17}$$

$$p=-\left(\frac{\partial U}{\partial V}\right)_S=-\left(\frac{\partial A}{\partial V}\right)_T \tag{2-18}$$

$$V=\left(\frac{\partial H}{\partial p}\right)_S=\left(\frac{\partial G}{\partial p}\right)_T \tag{2-19}$$

$$S=-\left(\frac{\partial A}{\partial T}\right)_V=-\left(\frac{\partial G}{\partial T}\right)_p \tag{2-20}$$

上述四式又称系数公式，也可当作 T、p、V、S 的热力学定义。

将四个热力学基本方程和数学上全微分函数的性质结合，可得出一组重要的关系式，称为麦克斯韦(Maxwell)关系式。

设某状态函数：
$$Z=f(x,y)$$

因 $\mathrm{d}Z$ 是全微分，可以表示为

$$\mathrm{d}Z=\left(\frac{\partial Z}{\partial x}\right)_y\mathrm{d}x+\left(\frac{\partial Z}{\partial y}\right)_x\mathrm{d}y=M\mathrm{d}x+N\mathrm{d}y$$

其中 $M=\left(\frac{\partial Z}{\partial x}\right)_y$，$N=\left(\frac{\partial Z}{\partial y}\right)_x$，都是 Z 的一阶偏导数。若对 Z 求二阶偏导数，可得

$$\left(\frac{\partial M}{\partial y}\right)_x=\frac{\partial^2 Z}{\partial y\partial x},\left(\frac{\partial N}{\partial x}\right)_y=\frac{\partial^2 Z}{\partial x\partial y}$$

因全微分的二阶偏导数与求导次序无关，因此

$$\left(\frac{\partial M}{\partial y}\right)_x=\left(\frac{\partial N}{\partial x}\right)_y$$

将上式应用到四个基本方程，可得

$$\left(\frac{\partial T}{\partial V}\right)_S=-\left(\frac{\partial p}{\partial S}\right)_V \tag{2-21}$$

$$\left(\frac{\partial T}{\partial p}\right)_S=\left(\frac{\partial V}{\partial S}\right)_p \tag{2-22}$$

$$\left(\frac{\partial S}{\partial V}\right)_T=\left(\frac{\partial p}{\partial T}\right)_V \tag{2-23}$$

$$\left(\frac{\partial S}{\partial p}\right)_T=-\left(\frac{\partial V}{\partial T}\right)_p \tag{2-24}$$

以上四式称为麦克斯韦关系式。应用这些关系式，可将实验难以测定的偏微商用实验易于测定的偏微商代替，见以下例题。

【例 2-1】 证明 $\left(\frac{\partial C_p}{\partial p}\right)_T=-T\left(\frac{\partial^2 V}{\partial T^2}\right)_p$，并说明理想气体的 C_p 与压力无关。

证明 因为
$$C_p=\left(\frac{\partial H}{\partial T}\right)_p$$

所以
$$\left(\frac{\partial C_p}{\partial p}\right)_T=\left[\frac{\partial}{\partial p}\left(\frac{\partial H}{\partial T}\right)_p\right]_T=\left[\frac{\partial}{\partial T}\left(\frac{\partial H}{\partial p}\right)_T\right]_p$$

又因为
$$\mathrm{d}H=T\mathrm{d}S+V\mathrm{d}p$$

恒温下上式两边除以 $\mathrm{d}p$，得
$$\left(\frac{\partial H}{\partial p}\right)_T=T\left(\frac{\partial S}{\partial p}\right)_T+V$$

根据式(2-24) $\left(\frac{\partial S}{\partial p}\right)_T=-\left(\frac{\partial V}{\partial T}\right)_p$，代入上式得

$$\left(\frac{\partial H}{\partial p}\right)_T=-T\left(\frac{\partial V}{\partial T}\right)_p+V$$

所以 $\left(\frac{\partial C_p}{\partial p}\right)_T=\left\{\frac{\partial}{\partial T}\left[-T\left(\frac{\partial V}{\partial T}\right)_p+V\right]\right\}_p=-\left(\frac{\partial V}{\partial T}\right)_p-T\left(\frac{\partial^2 V}{\partial T^2}\right)+\left(\frac{\partial V}{\partial T}\right)_p=-T\left(\frac{\partial^2 V}{\partial T^2}\right)_p$

对于理想气体，$pV=nRT$，则

$$\left(\frac{\partial C_p}{\partial p}\right)_T=-T\left(\frac{\partial^2 V}{\partial T^2}\right)_p=-T\left[\frac{\partial}{\partial T}\left(\frac{\partial V}{\partial T}\right)_p\right]=-T\left[\frac{\partial}{\partial T}\left(\frac{nR}{p}\right)_V\right]_p=0$$

上式表明：理想气体的恒压热容在恒温条件下不受压力变化的影响。

【例 2-2】 试证明 $dS=\frac{C_V}{T}dT+\left(\frac{\partial p}{\partial T}\right)_V dV$。

证明 设 $S=f(T,V)$，则

$$dS=\left(\frac{\partial S}{\partial T}\right)_V dT+\left(\frac{\partial S}{\partial V}\right)_T dV$$

对热力学基本方程 $dU=TdS-pdV$ 在恒容条件下对 T 求导，得 $\left(\frac{\partial U}{\partial T}\right)_V=T\left(\frac{\partial S}{\partial T}\right)_V$

即
$$C_V=T\left(\frac{\partial S}{\partial T}\right)_V$$

所以
$$dS=\frac{C_V}{T}dT+\left(\frac{\partial S}{\partial V}\right)_T dV$$

根据式(2-23) $\left(\frac{\partial S}{\partial V}\right)_T=\left(\frac{\partial p}{\partial T}\right)_V$，则

$$dS=\frac{C_V}{T}dT+\left(\frac{\partial p}{\partial T}\right)_V dV$$

2.2.3 特性函数

前面已指出，系统的状态可由一组独立的热力学变量来描述，即系统的任一状态函数都可表示成一组独立变量的函数。对于均相系统，在选择适当变量时，只需一个状态函数就可以将均相系统全部的平衡态热力学性质确定下来，具有这种特性的状态函数称为系统的特性函数，相应的合适变量为该特性函数的特征变量。

例如，对只做体积功的均相封闭系统，独立变量为两个，当选择 T、p 为变量时，状态函数 G 就是该系统的特性函数。换言之，G 是以 T、p 为独立变量的特性函数。系统的所有热力学性质都可由仅包含 T、p、G 的函数来表达。例如，由 $dG=-SdT+Vdp$ 可得

$$S=-\left(\frac{\partial G}{\partial T}\right)_p,\ V=\left(\frac{\partial G}{\partial p}\right)_T$$

$$U=G+TS-pV=G-T\left(\frac{\partial G}{\partial T}\right)_p-p\left(\frac{\partial G}{\partial p}\right)_T$$

$$H=G+TS=G-T\left(\frac{\partial G}{\partial T}\right)_p$$

$$A=G-pV=G-p\left(\frac{\partial G}{\partial p}\right)_T$$

$$C_p=\left(\frac{\partial H}{\partial T}\right)_p=-T\left(\frac{\partial^2 G}{\partial T^2}\right)_p$$

其他热力学性质的表达式读者可自证之。

如何选择适当变量才能使某状态函数成为特性函数？最简便的方法就是从热力学基本方程来选择：方程右边以微分形式出现的量为变量时，则方程左边的函数即为特性函数，具体针对

式(2-13)、式(2-14)、式(2-15)、式(2-16)，即U是S、V为独立变量的特性函数；H是S、p为独立变量的特性函数；A是T、V为独立变量的特性函数；G是T、p为独立变量的特性函数等。

特性函数最主要的作用在于：选准系统的热力学特性函数，便可利用它们掌握系统的全部热力学性质。这对建立系统的热力学规律具有重要的意义，特性函数法是研究热力学的基本方法之一。

特性函数另一个重要应用是作为系统过程方向和限度的判据：当以特征变量恒定为条件时，特性函数的变量即可判断过程的方向和限度。针对式(2-13)、式(2-14)、式(2-15)、式(2-16)，即有：$(dU)_{S,V}\leqslant 0$，$(dH)_{S,p}\leqslant 0$，$(dA)_{T,V}\leqslant 0$，$(dG)_{T,p}\leqslant 0$。对于不做非体积功的均相封闭系统，上述各式中的不等号即代表自动过程的方向，等号代表过程的限度。

2.2.4 焦耳-汤姆森效应

前已述及，焦耳在1843年进行的自由膨胀实验是不够精确的。为此，1852年焦耳和汤姆森设计了另一实验(图2-1)，即所谓的焦耳-汤姆森(Joule-Thomson)实验，精确观察了气体由于膨胀而发生的温度变化。

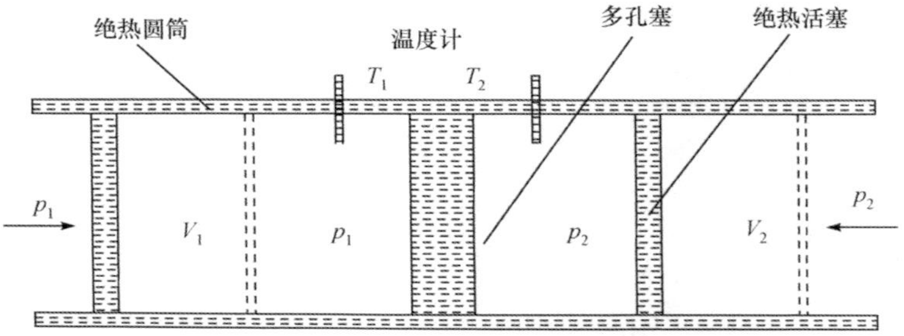

图2-1 焦耳-汤姆森实验示意图

在一个绝热圆筒的中部有一个由棉花或软木塞之类的物质制成的多孔塞，使气体只能缓慢地通过，并且在塞的两边能够使气体保持一定的压力差，使左侧气体的压强p_1大于右侧的压强p_2，从而将左侧的绝热活塞缓慢推进，使V_1体积的气体在恒定压强p_1和恒定温度T_1下通过多孔塞而流入右侧。同时右侧的绝热活塞也将缓慢地向前推进，并在保持压力p_2的条件下，使气体膨胀增加的体积为V_2。当流动达到稳定且热交换达到平衡后，测出右侧的温度T_2。观察到气体经过多孔塞膨胀后，温度发生了变化，这一现象称为焦耳-汤姆森效应，又称为节流效应。气体在绝热条件下通过多孔塞膨胀的过程又称为节流过程。

在多孔塞左侧是环境对气体做功，其值为p_1V_1；而在右侧则是气体对环境做功，其值为p_2V_2。因此，气体对环境所做的净功为

$$W=p_1V_1-p_2V_2$$

圆筒及活塞都是绝热的，所以$Q=0$，根据热力学第一定律可知

$$\Delta U=W$$

即
$$U_2-U_1=p_1V_1-p_2V_2$$

移项后得
$$U_2+p_2V_2=U_1+p_1V_1$$

因此
$$H_2=H_1 \text{ 或 } \Delta H=0 \tag{2-25}$$

也就是说，气体在节流前后的焓值不变，即节流过程是恒焓过程。

在节流膨胀过程中，气体的温度随压强变化而变化，其变化率称为焦耳-汤姆森系数，或节流系数，用μ表示，即

$$\mu=\left(\frac{\partial T}{\partial p}\right)_H \tag{2-26}$$

μ 是系统的强度性质，是 T、p 的函数。在节流过程中 $\mathrm{d}p<0$，若实际气体的 $\mu>0$，则说明经节流膨胀后气体的温度会下降，即 $\mathrm{d}T<0$；若气体的 $\mu<0$，经节流膨胀后气体的温度会升高，即 $\mathrm{d}T>0$。理想气体经节流膨胀后，温度不变，其 $\mu=0$。对于大部分气体而言，在常温下其 μ 为正值，只有少数气体如氢及氦等为负值。某些气体在 273.15 K 及 101 325 Pa 下的 μ 值见表 2-1。

表 2-1 几种气体的 μ 值(273.15 K，101 325 Pa)

气体	CO_2	空气	O_2	N_2	He	H_2
μ/[K·(101 325 Pa)$^{-1}$]	1.30	0.27	0.31	0.266	−0.062	−0.03

对于一定量的气体，其焓是温度及压强的函数，即 $H=H(T,p)$，全微分为

$$\mathrm{d}H=\left(\frac{\partial H}{\partial T}\right)_p \mathrm{d}T+\left(\frac{\partial H}{\partial p}\right)_T \mathrm{d}p$$

已知气体节流膨胀是恒焓过程，由上式得

$$\mu=\left(\frac{\partial T}{\partial p}\right)_H=-\frac{(\partial H/\partial p)_T}{(\partial H/\partial T)_p} \tag{2-27}$$

因 $H=U+pV$，则式(2-27)可变为

$$\mu=\frac{1}{C_p}\left[-\left(\frac{\partial U}{\partial p}\right)_T-\left(\frac{\partial pV}{\partial p}\right)_T\right] \tag{2-28}$$

因此 μ 值的正负与系统的温度及压力有关，这可以从热力学进行分析。

式(2-28)中 C_p 总是正值。因为当压力减小时，必须吸收能量以克服分子间的作用力气体才能膨胀，从而使气体的热力学能增加，即 $\left(\frac{\partial U}{\partial p}\right)_T<0$，所以式中右边的第一项 $-\frac{1}{C_p}\left(\frac{\partial U}{\partial p}\right)_T$ 总是正值。而第二项的符号则由 pV-p 恒温线的斜率的正负决定。现以 CH_4 在 273.15 K 下的恒温线(图 2-2)为例加以说明。

当 CH_4 的压强不大时，相当于 ab 区间内，则 $\left(\frac{\partial pV}{\partial p}\right)_T<0$，所以在此种情况下第二项的值为正，因此 μ 值为正；如 CH_4 的压强较大，即相当于图中 bd 区间，则 $\left(\frac{\partial pV}{\partial p}\right)_T>0$，这样第二项的值为负，此时 μ 值的正负则视第二项的负值大小而定。

恒温线与温度有关，不同温度下的恒温线不一样，如图 2-3 所示。

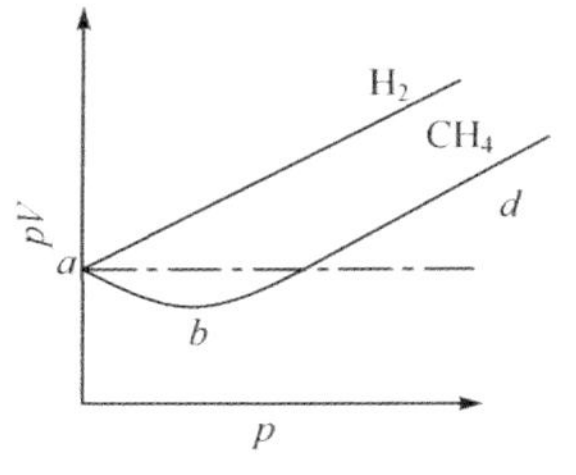

图 2-2 实际气体 pV-p 图

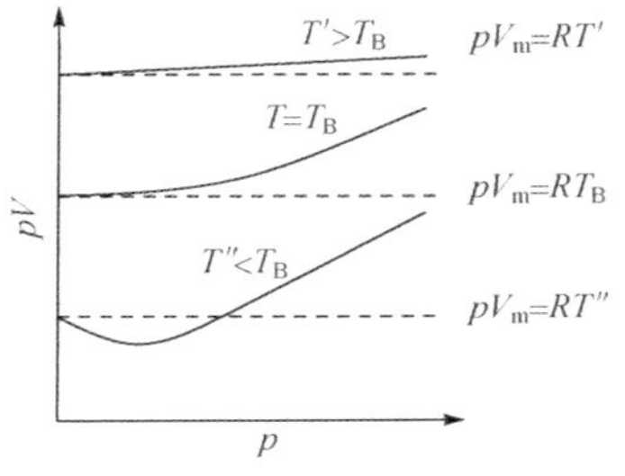

图 2-3 恒温线转换温度示意图

由图 2-3 可以看出，当温度改变时，气体的 pV-p 恒温线的形状都会发生变化。温度降低到足够低时，任何气体的 pV-p 恒温线都会出现斜率为负的情况，从而使其节流系数为正值。如氢气的温度降至 195.15 K 以下，则其恒温线也会出现斜率为负的部分。节流系数从负值变为正值所对应的温度称为气体的特征转换温度。氢气的特征转换温度为 195.15 K，即氢的温度降至 195.15 K 以下，且在较低的压强下，均可利用节流膨胀达到降温的目的。

焦耳-汤姆森效应在工业上的应用就是制冷及气体液化，已广泛应用于工业生产。

2.3 封闭系统 ΔA 和 ΔG 的计算及其应用

2.3.1 自动过程方向和限度的判据

2.2 节中已提到，系统的特性函数的变化量都可作为自动过程方向和限度的判据。至此已介绍的 U、H、S、A 和 G 五个热力学函数，在各自特定条件下，其变化量都可作为过程方向和限度的判据。现将其归纳如表 2-2 所示。其中以 S、A、G 最为常用。

表 2-2 自动过程方向及限度的判据

过程进行的条件	适用状态函数变化值	自动过程进行的方向	平衡状态时的热力学函数值
U、V 恒定	ΔS	$\Delta S>0$（向熵增方向进行）	S 变为最大值
T、p 恒定	ΔG	$\Delta G<0$（向 G 减少方向进行）	G 变为最小值
T、V 恒定	ΔA	$\Delta A<0$（向 A 减少方向进行）	A 变为最小值
S、V 恒定	ΔU	$\Delta U<0$（向 U 减少方向进行）	U 变为最小值
S、p 恒定	ΔH	$\Delta H<0$（向 H 减少方向进行）	H 变为最小值

因此，计算特定条件下特性热力学函数的变化量是判断过程方向和限度的先决步骤。

2.3.2 自由能变量 ΔA 和 ΔG 的计算

与第 1 章中计算 ΔS 一样，分三类过程介绍 ΔA 和 ΔG 的计算，其中对于化学反应过程，将在第 4 章中讨论。

1. 封闭系统简单状态 p、V、T 变化过程

无相变、无化学变化及无非体积功的封闭系统的简单状态变化，其自由能变量的计算一般根据基本方程或相应的定义式进行，但要具体问题具体分析。

1）恒温过程

对于恒温过程 $dT=0$，根据式(2-15)有

$$dA = -p dV \text{ 或 } \Delta A = -\int_{V_1}^{V_2} p dV \tag{2-29}$$

根据基本方程式(2-16)有

$$dG = V dp \text{ 或 } \Delta G = \int_{p_1}^{p_2} V dp \tag{2-30}$$

若知道系统关于 p、V、T 的物态方程，则利用式(2-29)及式(2-30)就可计算系统恒温过程的 ΔA 和 ΔG。

对于液态或固态等凝聚态体系，体积随压力的变化可以忽略，所以恒温过程的 ΔA 和 ΔG 都很小。

对于理想气体，将理想气体状态方程代入式(2-29)及式(2-30)积分可得

$$\Delta A=-\int_{V_1}^{V_2}p\mathrm{d}V=nRT\ln\frac{V_1}{V_2}\ \text{及}\ \Delta G=\int_{p_1}^{p_2}V\mathrm{d}p=nRT\ln\frac{p_2}{p_1}$$

显然，对于理想气体的恒温过程，有 $\mathrm{d}G=\mathrm{d}A$ 或 $\Delta G=\Delta A$。

【例 2-3】 1 mol 理想气体在 300 K 时压力为 500 kPa，在定温下恒定外压为 1000 kPa 时压缩至终态，试计算此过程的 Q、W、ΔU、ΔH、ΔS、ΔA 及 ΔG。

解 因为理想气体的热力学能和焓只与温度有关，温度不变，所以

$$\Delta U=0, \Delta H=0$$

体积功 $W=-p_{外}(V_2-V_1)=-p_2\times\left(\frac{nRT}{p_2}-\frac{nRT}{p_1}\right)=-nRT\times\left(1-\frac{p_2}{p_1}\right)=2494.2\ \mathrm{J}$

所以 $Q=\Delta U-W=-W=-2494.2\ \mathrm{J}$

$$\Delta S=nR\ln\frac{V_2}{V_1}=nR\ln\frac{p_1}{p_2}=1\times8.314\times\ln\frac{5\times10^5}{10^6}=-5.76(\mathrm{J\cdot K^{-1}})$$

$$\Delta G=\Delta A=-\int_{V_1}^{V_2}p\mathrm{d}V=-nRT\ln\frac{V_2}{V_1}=-nRT\ln\frac{p_1}{p_2}=1728.8\ \mathrm{J}$$

2) 理想气体的恒温恒压混合过程

该混合过程后因温度不变，所以有 $\Delta_{\mathrm{mix}}H=0$，$\Delta_{\mathrm{mix}}U=0$，第 1 章中已知其混合熵为

$$\Delta_{\mathrm{mix}}S=-R\sum_{\mathrm{B}}n_{\mathrm{B}}\ln x_{\mathrm{B}}>0$$

所以

$$\Delta_{\mathrm{mix}}G=\Delta_{\mathrm{mix}}H-T\Delta_{\mathrm{mix}}S=RT\sum_{\mathrm{B}}n_{\mathrm{B}}\ln x_{\mathrm{B}} \tag{2-31}$$

$$\Delta_{\mathrm{mix}}A=\Delta_{\mathrm{mix}}U-T\Delta_{\mathrm{mix}}S=RT\sum_{\mathrm{B}}n_{\mathrm{B}}\ln x_{\mathrm{B}} \tag{2-32}$$

因为是恒温恒压且无非体积功的过程，所以 $\Delta_{\mathrm{mix}}G<0$，可以判断该过程为自发过程。

虽然也有 $\Delta_{\mathrm{mix}}A<0$，但不能以此为判据，因为该过程的条件不符合 ΔA 作判据的条件。读者可自行讨论理想气体的恒温恒容混合过程，在这个过程中，就必须用 ΔA 作判据。

3) p、V、T 均变化的过程

对 p、V、T 均变化的过程，一般只能从定义式计算，具体为

$$\Delta A=\Delta U-\Delta(TS)$$

$$\Delta G=\Delta H-\Delta(TS)=\Delta U+\Delta(pV)-\Delta(TS)$$

2. 相变过程的 ΔA 和 ΔG 计算

同样，对可逆相变及不可逆相变，其自由能计算方式不一样。

1) 可逆相变过程

因为可逆相变都属于恒温恒压下的可逆过程，所以用吉布斯自由能判据直接可得 $\Delta G=0$。而根据式(1-77)，$\Delta S=\frac{\Delta_{\mathrm{trs}}H}{T}$，$\Delta G=\Delta_{\mathrm{trs}}H-T\Delta S=\Delta_{\mathrm{trs}}H-T\times\frac{\Delta_{\mathrm{trs}}H}{T}=0$，其结果是完全一致的。

因为 $\Delta_{\mathrm{trs}}U=\Delta_{\mathrm{trs}}H-p\Delta V$，所以

$$\Delta A=\Delta_{\mathrm{trs}}H-p\Delta V-T\Delta S=-p\Delta V \tag{2-33}$$

【例 2-4】 1 mol 苯在其正常沸点 353.35 K 蒸发成气体，若苯蒸气看成理想气体，蒸发焓为 30.84 $\mathrm{kJ\cdot mol^{-1}}$，计算此蒸发过程的 ΔS、ΔA 及 ΔG。

解 该过程为恒温恒压可逆相变过程，所以

$$\Delta S=\frac{\Delta_{\mathrm{trs}}H}{T}=\frac{30\ 840}{353.35}=87.28(\mathrm{J\cdot K^{-1}})$$

而 $\Delta G=0$

$$\Delta A=-p\Delta V=-p(V_g-V_l)\approx -pV_g=-nRT=-2837.75\ \mathrm{J}$$

2）不可逆相变

需设计一系列包含可逆相变的过程来计算 ΔA 和 ΔG。请注意下面两个例题。

【例 2-5】 试计算在 268.2 K、$p^{\ominus}$下，1 mol 过冷苯凝固成同温同压下固态苯的 ΔG。已知 268.2 K 时液态苯和固态苯的饱和蒸气压分别为 2675 Pa 和 2280 Pa。

解 这是一个恒温恒压下的不可逆相变过程，为求此过程的 ΔG，可设计如下的可逆过程。

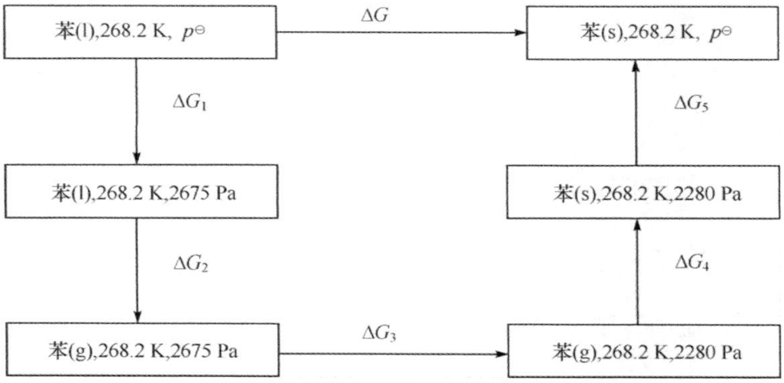

因此

$$\Delta G_1=\int_{p_1}^{p_2}V_{m,l}\,dp=V_{m,l}(2675-p^{\ominus})$$

$$\Delta G_2=0,\ \Delta G_4=0$$

$$\Delta G_3=nRT\ln\frac{p_s}{p_l}=-356.3\ \mathrm{J}$$

$$\Delta G_5=\int_{p_1}^{p_2}V_{m,s}\,dp=V_{m,s}(p^{\ominus}-2280)$$

显然

$$\Delta G_1+\Delta G_5\approx 0$$

所以

$$\Delta G=\Delta G_1+\Delta G_2+\Delta G_3+\Delta G_4+\Delta G_5\approx\Delta G_3=-356.3\ \mathrm{J}$$

因为恒温恒压下 $\Delta G<0$，所以该相变是一个不可逆过程。

【例 2-6】 1 mol $H_2O(l)$在 373 K、$p^{\ominus}$下向真空蒸发为 373 K、$p^{\ominus}$的 $H_2O(g)$。求此过程的 ΔG 和 ΔA，并判断过程的方向。已知该温度下 $H_2O(l)$的摩尔蒸发焓为 40.66 kJ · mol^{-1}，水蒸气可视为理想气体。

解 该过程为恒温不恒压的不可逆相变。需设计下列可逆过程求状态函数变化值

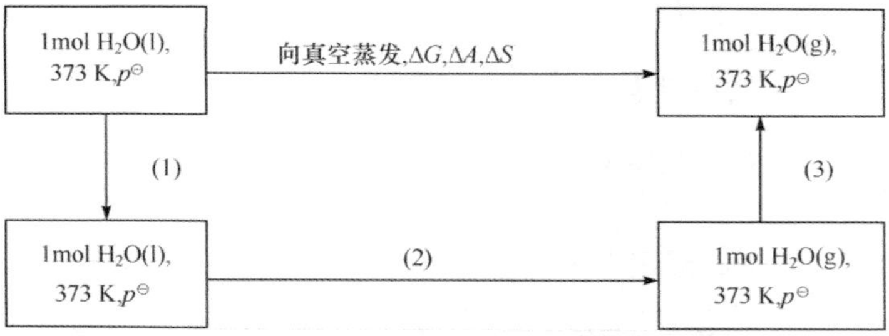

所设计的过程(1)、(3)的各热力学变量为零，因而实际过程的热力学变量就等于过程(2)的各热力学变量。因此

$$\Delta H=\Delta H_2=40.66\ \mathrm{kJ}$$

$$\Delta U=\Delta H-\Delta(pV)_2=\Delta H-p(V_g-V_l)\approx\Delta H-pV_g=\Delta H-nRT=37.57\ \mathrm{kJ}$$

$$\Delta S=\Delta S_2=\frac{\Delta H_2}{T}=\frac{40.66\times10^3}{373.15}=109.0(\mathrm{J\cdot K^{-1}})$$

$$\Delta A=\Delta U-T\Delta S=-nRT=-3103\ \mathrm{J}$$

$$\Delta G=\Delta H-T\Delta S=0$$

但实际过程的热和功只能针对实际过程计算。因为是向真空蒸发，所以 $W=0$，则 $Q=\Delta U=37.57$ J。

虽然该过程 $\Delta G=0$，但是不能用作判据，因为水向真空蒸发的相变不是在恒温恒压条件下进行的。但过程恒温，可用 $\Delta A \leqslant W$ 判断过程的可逆性。$\Delta A=-3103$ J，$W=0$，$\Delta A<W$，所以该过程为不可逆过程。

该过程的自发性方向需用熵判据

$$\Delta S_{环}=\frac{-Q}{T}=\frac{-37.57\times 10^3}{373.15}=-100.7(\mathrm{J\cdot K^{-1}})$$

$$\Delta S_{孤}=\Delta S_{体}-\Delta S_{环}=109.0-100.7=8.3\ (\mathrm{J\cdot K^{-1}})$$

该过程为不可逆自发过程。

3. 变温过程的 ΔG 与 ΔA——吉布斯-亥姆霍兹方程

从数学原理上有

$$\left[\frac{\partial(G/T)}{\partial T}\right]_p=\frac{1}{T}\left(\frac{\partial G}{\partial T}\right)_p-\frac{G}{T^2}$$

对于均相封闭系统，有 $G=H-TS$ 及 $\left(\frac{\partial G}{\partial T}\right)_p=-S$，代入上式得

$$\left[\frac{\partial(G/T)}{\partial T}\right]_p=-\frac{S}{T}-\frac{G}{T^2}=-\frac{TS+G}{T^2}=-\frac{H}{T^2} \tag{2-34}$$

同理可得

$$\left[\frac{\partial(A/T)}{\partial T}\right]_p=-\frac{U}{T^2} \tag{2-35}$$

式(2-34)及式(2-35)即为吉布斯-亥姆霍兹方程，它是系统的状态函数 G/T 在恒压条件下随温度变化的函数关系(或 A/T 在恒容条件下随温度变化的函数关系)。由于 G、A 及 H、U 的值不可得，以上两式使用并不方便。在化学热力学中常需求不同温度下相变、混合、化学反应等过程的 ΔG、ΔA 等，因此，常将式(2-34)及式(2-35)分别转化为

$$\left[\frac{\partial(\Delta G/T)}{\partial T}\right]_p=-\frac{\Delta H}{T^2} \tag{2-36}$$

$$\left[\frac{\partial(\Delta A/T)}{\partial T}\right]_V=-\frac{\Delta U}{T^2} \tag{2-37}$$

将式(2-36)在恒压下积分可得

$$\left(\frac{\Delta G}{T}\right)_2-\left(\frac{\Delta G}{T}\right)_1=-\int_{T_1}^{T_2}\frac{\Delta H}{T^2}\mathrm{d}T \tag{2-38}$$

对于简单状态变化，因为 $\Delta H=\int_{T_0}^{T}C_p\mathrm{d}T$，可得到 ΔH 与 T 的函数关系

$$\Delta H(T)=\Delta H_0+aT+\frac{b}{2}T^2+\frac{c}{3}T^3 \tag{2-39}$$

将式(2-39)代入式(2-38)即可由一个温度 T_0 下过程的 $\Delta G(T_0,p)$，求另一个温度 T 下过程的 $\Delta G(T,p)$。

对于相变化及化学变化，$\Delta H=\int_{T_0}^{T}\Delta C_p\mathrm{d}T$，同样可得 ΔH 与 T 的函数关系

$$\Delta H(T)=\Delta H_0+\Delta aT+\frac{\Delta b}{2}T^2+\frac{\Delta c}{3}T^3 \tag{2-40}$$

将式(2-40)代入式(2-38)即可由一个温度 T_0 下过程的 $\Delta G(T_0,p)$，求另一个温度 T 下过程的 $\Delta G(T,p)$。

【例 2-7】 求相变过程 $H_2O(l, 298\ K, p^\ominus) \longrightarrow H_2O(g, 298\ K, p^\ominus)$的 $\Delta G(298\ K, p^\ominus)$。

已知 $\Delta_l^g H_m^\ominus(298\ K) = 44\ 011\ J \cdot mol^{-1}$，$C_{p,m}(l) = 75.295\ J \cdot K^{-1} \cdot mol^{-1}$（设为常数），$C_{p,m}(g) = \{30.359 + 9.615 \times 10^{-3}(T/K) + 11.84 \times 10^{-7}(T/K)^2\}J \cdot K^{-1} \cdot mol^{-1}$。

解 在 373 K 及 $p^\ominus$ 条件下 $H_2O(l) \longrightarrow H_2O(g)$的 $\Delta G(373\ K, p^\ominus) = 0$。

因为 $\Delta C_{p,m} = C_{p,m}(g) - C_{p,m}(l) = [-44.963 + 9.615 \times 10^{-3}(T/K) + 11.84 \times 10^{-7}(T/K)^2]$

所以 $\Delta_l^g H_m^\ominus(T) = \int_{298\ K}^{T} \Delta C_{p,m} dT + \Delta_l^g H_m^\ominus(298\ K)$

$$= [56\ 965 - 44.936(T/K) + 4.808 \times 10^{-3}(T/K)^2 + 3.95 \times 10^{-7}(T/K)^3]J \cdot mol^{-1}$$

将其代入式(2-37)，积分得

$$\frac{\Delta G(298\ K, p^\ominus)}{298\ K} - \frac{\Delta G(373\ K, p^\ominus)}{373\ K} = \int_{373\ K}^{298\ K} \frac{\Delta_l^g H_m^\ominus(T)}{T^2} dT = 28.75(J \cdot K^{-1} \cdot mol^{-1})$$

所以
$$\Delta G(298\ K, p^\ominus) = (28.75 + 0/373) \times 298 = 8568\ (J \cdot K^{-1} \cdot mol^{-1})$$

计算结果 $\Delta G(298\ K, p^\ominus) > 0$，根据吉布斯自由能减少原理说明在 298 K 及 $p^\ominus$ 的条件下，$H_2O(l) \longrightarrow H_2O(g)$是一个不可逆相变，即与 $H_2O(g, 298\ K, p^\ominus)$相比，$H_2O(l, 298\ K, p^\ominus)$是更稳定的相态。

2.4 偏摩尔量及其性质

2.4.1 偏摩尔量的概念

1. 偏摩尔量的引出

若一个系统由多组分纯物质构成，且各组分间无任何相互作用，则系统的某种容量性质为各组分容量性质的代数和，可表示为 $L = n_i L_{m,i}^*$，其中 $L_{m,i}^*$为某纯组分的某种容量性质的摩尔量。但由多组分物质构成的均相系统（如溶液）中，组分间存在相互作用，体系作为整体的容量性质是各组分共同作用的结果，但一般不是简单加和（除质量外）。例如，在 293 K、$p^\ominus$下，水和乙醇混合形成溶液，其体积变化的实验数据见表 2-3。

表 2-3 298 K 乙醇与水形成溶液前后体积比较

质量分数/%	$V_{H_2O}^*/cm^3$	$V_{C_2H_5OH}^*/cm^3$	$V_{H_2O}^*/cm^3 + V_{C_2H_5OH}^*/cm^3$	$V_{溶液}/cm^3$
20	100.40	31.68	132.08	129.05
40	100.40	84.47	184.87	178.22
60	100.40	190.05	290.45	280.55
80	100.40	506.80	607.20	592.80

从表 2-3 中数据可见，$V_{溶液} \neq V_{H_2O}^* + V_{C_2H_5OH}^*$，且溶液浓度不同，$V_{溶液}$与$V_{H_2O}^* + V_{C_2H_5OH}^*$的差值也不同。

究竟每一组分对整体性质的影响有多大，显然与该组分对整体性质的影响率有关。根据状态公理，对含 k 个组分的均相系统，其独立变量为 $k+2$。因此系统整体任一容量性质可表示为

$$L = L(T, p, n_1, n_2, \cdots, n_k) \tag{2-41}$$

式中，L 代表体系除质量以外的任一容量性质（如 S、U、H、A、G、V、C_p 等）。

由于系统这些容量性质均为状态函数，具有全微分性质，因此有

$$dL = \left(\frac{\partial L}{\partial T}\right)_{p, \sum n_i} dT + \left(\frac{\partial L}{\partial p}\right)_{T, \sum n_i} dp + \sum_{i=1}^{k} \left(\frac{\partial L}{\partial n_i}\right)_{T, p, n_{j \neq i}} dn_i \tag{2-42}$$

令
$$\left(\frac{\partial L}{\partial n_i}\right)_{T, p, n_{j \neq i}} = L_i' \tag{2-43}$$

式中，L_i' 为系统中 i 组分的偏摩尔量，它可以是偏摩尔体积（V_i'）、偏摩尔熵（S_i'）、偏摩尔焓

(H_i')等。从其定义式可知，偏摩尔量是指在恒温恒压条件下，保持除了 i 组分外的其他组分的量不变，体系容量性质 L 随 i 组分量的变化率，也就是 i 组分对整体性质的影响率。

式(2-42)改写为

$$dL = \left(\frac{\partial L}{\partial T}\right)_{p,\sum n_i} dT + \left(\frac{\partial L}{\partial p}\right)_{T,\sum n_i} dp + \sum_{i=1}^{k} L_i' dn_i \tag{2-44}$$

对于整个体系，在恒温恒压条件下，由各组分量的改变(dn_i)所引起的系统容量性质的变化(dL)为

$$dL = \sum_{i=1}^{k} L_i' dn_i \tag{2-45}$$

2. 偏摩尔量的内涵

(1) 偏摩尔量是体系强度性质，是状态函数。因为它是相对单位物质的量定义的，这一点与纯物质体系的摩尔量(如 U_m^*、V_m^*、H_m^* 等)相似。但偏摩尔量的取值可正、可负，也可为零，这与纯物质的摩尔量不一样。

(2) 偏摩尔量是针对溶液体系(或混合物体系)提出的，而且是针对溶液中的各组分，因此，离开溶液体系也就没有偏摩尔量的概念了。溶液作为一个整体时，也无偏摩尔量，只有摩尔量，即

$$L = nL_m \tag{2-46}$$

式中，L 为溶液整体的容量性质；L_m 为溶液整体的摩尔容量性质。

(3) 偏摩尔量是温度、压强、各组分浓度的函数。在恒温恒压条件下，若溶液中各组分的相对含量(x_i)不发生改变，则各组分的偏摩尔量也不会改变。

(4) 各偏摩尔量之间也满足一般热力学函数关系。例如

$$H_B' = U_B' + pV_B', \qquad A_B' = U_B' - TS_B', \qquad G_B' = H_B' - TS_B'$$

$$\left(\frac{\partial G_B'}{\partial T}\right)_p = -S_B', \qquad \left(\frac{\partial G_B'}{\partial p}\right)_T = -V_B', \qquad \cdots$$

(5) 当溶液中组分 B 的量变化为 dn_B 时，溶液中各物质浓度可视为不变。因此偏摩尔量可理解为大量溶液在指定浓度下，1 mol 某物质变化所引起的溶液容量性质的改变。例如，把 1 mol NaCl 加入大海中而引起的海水体积的改变，就是海水中 NaCl 的偏摩尔体积。

2.4.2 偏摩尔量的集合公式和吉布斯-杜亥姆方程

1. 集合公式

偏摩尔量是两个无限小的容量性质之比，因而是强度性质，虽然与体系的温度、压强及浓度等参数有关，但与体系的总量无关。如果在恒温恒压下，各组分按照一定比例增加，即保持溶液浓度不变，使体系量增加，则体系的容量性质相应地由零增加到某定值，而各组分的偏摩尔量保持不变，即有

$$L = \int_0^X dL = \int_0^{n_1} L_1' dn_1 + \int_0^{n_2} L_2' dn_2 + \cdots + \int_0^{n_k} L_k' dn_k = \sum_{i=1}^{k} L_i' n_i \tag{2-47}$$

式(2-47)称为偏摩尔量的集合公式，它给出了均匀多组分体系(溶液)的容量性质与体系中各组分相应偏摩尔量之间的定量关系。集合公式表明体系的容量性质等于各组分的偏摩尔性质与其物质的量的乘积之和。似乎可以把 n_iL_i' 理解为组分 i 对体系容量性质 L 的贡献，然而，

严格地说这是不恰当的。因为 L_i' 是 T、p 及各组分浓度的函数，所以 L_i' 虽是针对各组分的，却是整个溶液性质，并不是组分 i 独有的性质。

需注意的是，虽然推导时用了恒温恒压的条件，实际上式(2-47)并不受恒温恒压条件的限制。因为体系的任一容量性质都是关于 $n_1, n_2, \cdots, n_k$ 的一次齐次函数，根据齐次函数的欧拉(Euler)定理，不需加恒温恒压的条件就可直接得到式(2-47)。

2. 吉布斯-杜亥姆方程

将式(2-47)微分可得

$$\mathrm{d}L = \sum_{i=1}^{k} n_i \mathrm{d}L_i' + \sum_{i=1}^{k} L_i' \mathrm{d}n_i \tag{2-48}$$

在恒温恒压条件下有式(2-45)，将其代入式(2-48)得

$$\sum_{i=1}^{k} n_i \mathrm{d}L_i' = 0 \text{ 或} \sum_{i=1}^{k} x_i \mathrm{d}L_i' = 0 \tag{2-49}$$

式(2-49)称为吉布斯-杜亥姆(Duhem)方程，需在恒温恒压条件下使用，可用于由已知偏摩尔量求未知偏摩尔量。例如，对于二元溶液有 $n_1 \mathrm{d}L_1' + n_2 \mathrm{d}L_2' = 0$，若已知 L_2' 与溶液浓度的关系，就可通过下式的积分求得 L_1'

$$\mathrm{d}L_1' = -\frac{n_2}{n_1}\mathrm{d}L_2' = \frac{x_2}{x_2 - 1}\mathrm{d}L_2' \tag{2-50}$$

【例 2-8】 在 298 K、101 325 Pa 下，NaCl 水溶液的体积与 NaCl 质量摩尔浓度之间的关系，由实验数据处理结果为 $V = (1002.874 + 17.813\,m + 0.873\,91\,m^2 - 0.047\,225\,m^3) \times 10^{-3}\,\mathrm{L}$。求 NaCl 和 H_2O 的偏摩尔体积表示式。

解 若以 1 代表 H_2O，以 2 代表 NaCl，则在本例中，$n_2 = m$ 时，$n_1 = 1000/18.015 = 55.508$ mol

所以 $V_2' = \left(\frac{\partial V}{\partial n_2}\right)_{T,p,n_1} = \left(\frac{\partial V}{\partial m}\right)_{T,p,n_1} = (17.8213 + 1.747\,82\,m - 0.141\,675\,m^2) \times 10^{-3}\,\mathrm{L \cdot mol^{-1}}$

则 $\mathrm{d}V_2' = (1.747\,82 - 0.283\,35\,m) \times 10^{-3}\,\mathrm{L \cdot mol^{-1}}$

所以 $\mathrm{d}V_1' = -\frac{n_2}{n_1}\mathrm{d}V_2' = -\frac{m}{55.508}\mathrm{d}V_2' = -\frac{m}{55.508}(1.747\,82 - 0.283\,35\,m) \times 10^{-3}\,\mathrm{L \cdot mol^{-1}}$

因 $m = 0$ 时水的偏摩尔体积就是纯水的摩尔体积，其值为 18.068×10^{-3} L。故从 0 到 m 积分上式得

$$V_1' - 18.068 \times 10^{-3} = \frac{10^{-3}}{55.508}\left(-\frac{1.747\,82}{2}m^2 + \frac{0.283\,35}{3}m^3\right)$$

所以 $V_1' = (18.068 - 0.015\,743\,9m^2 + 0.001\,701\,6m^3) \times 10^{-3}\,\mathrm{L \cdot mol^{-1}}$

在指定浓度 m 下，即可求出 H_2O 和 NaCl 的偏摩尔体积 V_1' 和 V_2' 的值。

2.4.3 偏摩尔量的实验测定及求算

一般来说，只有对两组分体系可通过实验并结合吉布斯-杜亥姆方程得到每一组分的偏摩尔量，目前也只有偏摩尔体积、偏摩尔(混合)焓以及与体积和焓相关的一些偏摩尔量能直接实验测定。以两组分体系为例来讨论偏摩尔量的实验测定及求算方法。

1. 微分法

在恒温恒压条件下，向溶剂 A 中不断地加入溶质 B，随着 B 物质的加入，溶液浓度随之变化，若能实验测出不同浓度下溶液的容量性质 L，根据这组 L-n_B 数据整理拟合出相应的数学模型(解析式)。只要对此解析式作 $\left(\frac{\partial L}{\partial n_B}\right)_{T,p,n_A}$ 的数学运算，就可得 L_B' 与浓度的关系式。某些

教材上的所谓“切线法”实质上同此，再根据吉布斯-杜亥姆方程求出 L'_A。例 2-8 就是微分法的应用实例。

2. 截距法

由集合公式可知 $$L_m = \sum_{i=1}^{k} x_i L'_i$$

对于 A、B 两组分构成的二元体系有

$$L_m = x_A L'_A + x_B L'_B \tag{2-51}$$

由式(2-49)得

$$x_A dL'_A + x_B dL'_B = 0 \tag{2-52}$$

将式(2-51)对 x_B 求微分

$$\left(\frac{\partial L_m}{\partial x_B}\right)_{T,p} = -L'_A + x_A\left(\frac{\partial L'_A}{\partial x_B}\right)_{T,p} + x_B\left(\frac{\partial L'_B}{\partial x_B}\right)_{T,p} + L'_B \tag{2-53}$$

将 dx_B 除以式(2-52)的两边得

$$x_A\left(\frac{\partial L'_A}{\partial x_B}\right)_{T,p} + x_B\left(\frac{\partial L'_B}{\partial x_B}\right)_{T,p} = 0 \tag{2-54}$$

结合式(2-53)和式(2-54)可得

$$\left(\frac{\partial L_m}{\partial x_B}\right)_{T,p} = -L'_A + L'_B \tag{2-55}$$

将式(2-55)代入式(2-51)，整理可得

$$\left.\begin{aligned} L'_B &= L_m + x_A\left(\frac{\partial L_m}{\partial x_B}\right)_{T,p} \\ L'_A &= L_m - x_B\left(\frac{\partial L_m}{\partial x_B}\right)_{T,p} \end{aligned}\right\} \tag{2-56}$$

因此根据实验数据，作出如图 2-4 所示的 L_m-x_B 曲线。

在指定浓度(x_A)下对应曲线上点 a，过 a 点的切线与$x_B=0$ 和 $x_B=1$ 的两条纵轴相截。由式(2-56)可知，在 $x_B=0$ 轴上的截距为 L'_A，在 $x_B=1$ 轴上的截距为 L'_B。实际上，将图 2-4 应用几何学的原理也直接可得到式(2-56)。这种方法在指定浓度下可一次求出两组分的偏摩尔量。

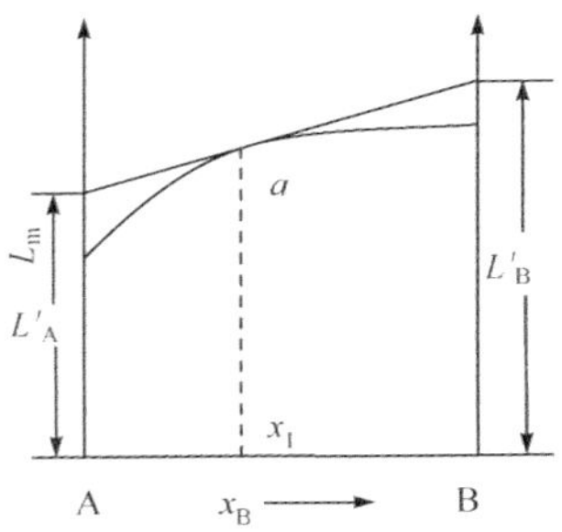

图 2-4 恒温恒压下系统的 L_m-x_B 曲线

2.4.4 混合焓及偏摩尔(混合)焓

二元溶液偏摩尔焓的集合公式为 $H=n_1H'_1+n_2H'_2$，在溶液形成以前，二组分焓值的总和为 $H^*=n_1H^*_{m,1}+n_2H^*_{m,2}$，其中 $H^*_{m,1}$ 和 $H^*_{m,2}$ 分别为二纯组分的摩尔焓。在恒温恒压下，二组分形成溶液前后的焓变化，称为溶液的混合焓，用 $\Delta_{mix}H$ 表示

$$\begin{aligned} \Delta_{mix}H &= H - H^* \\ &= n_1(H'_1 - H^*_{m,1}) + n_2(H'_2 - H^*_{m,2}) \\ &= n_1\Delta_{mix}H'_1 + n_2\Delta_{mix}H'_2 \end{aligned} \tag{2-57}$$

式中，$\Delta_{mix}H'_1$ 和 $\Delta_{mix}H'_2$ 为各组分的偏摩尔焓相对于其纯态摩尔焓的差值，可称为偏摩尔混合焓。

溶液的摩尔混合焓为

$$\Delta_{\mathrm{mix}}H_{\mathrm{m}}=\Delta_{\mathrm{mix}}H/n=x_1\Delta_{\mathrm{mix}}H'_1+x_2\Delta_{\mathrm{mix}}H'_2 \tag{2-58}$$

式中，$n=n_1+n_2$。

采用各种热量仪，很容易实验测定恒温恒压下二组分混合形成不同浓度溶液的 $\Delta_{\mathrm{mix}}H$，进一步得到其 $\Delta_{\mathrm{mix}}H_{\mathrm{m}}$，再用截距法的原理就可求得每组分的偏摩尔混合焓：

$$\Delta_{\mathrm{mix}}H'_1=\Delta_{\mathrm{mix}}H_{\mathrm{m}}-x_2\frac{\partial\Delta_{\mathrm{mix}}H_{\mathrm{m}}}{\partial x_2},\qquad \Delta_{\mathrm{mix}}H'_2=\Delta_{\mathrm{mix}}H_{\mathrm{m}}+x_1\frac{\partial\Delta_{\mathrm{mix}}H_{\mathrm{m}}}{\partial x_2}$$

研究溶液的性质之所以应用混合焓和偏摩尔混合焓的概念，是因为它们都是以纯组分为基准时焓的相对值，且可由实验测定。图 2-5 是甲醇、乙醇、正丙醇及正丁醇分别与磷酸三丁酯(TBP)在 298.15 K 时摩尔混合焓的实验测定结果，由此可得到各组分在相应二元溶液体系中的偏摩尔混合焓①。

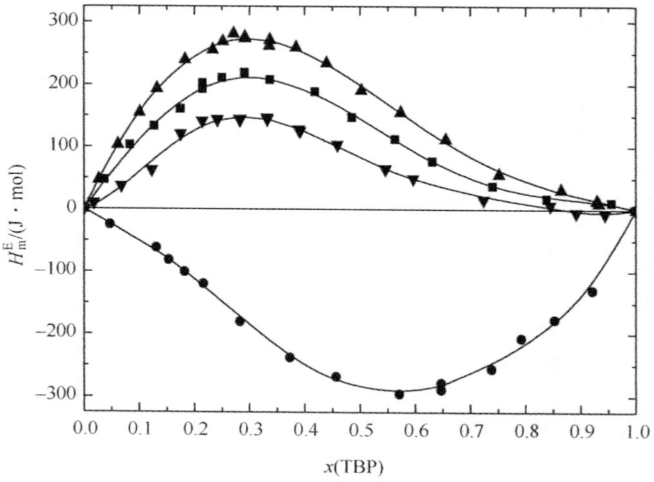

图 2-5　298.15 K 时甲醇、乙醇、正丙醇及正丁醇分别与磷酸三丁酯的摩尔混合焓

2.4.5　偏摩尔量微商的相关性

偏摩尔量是系统的一种状态函数，自然可以求微商。其中偏摩尔量对某组分量的微商间存在相关性

$$\sum_{j=1}^{k}n_j\left(\frac{\partial L'_j}{\partial n_i}\right)_{T,p,n_{k\neq i}}=0 \tag{2-59}$$

式(2-59)可由齐次函数的 Euler 定理得到证明(请读者自证)。将此式应用于二组分均相系统，即为

$$n_1\left(\frac{\partial L'_1}{\partial n_1}\right)_{T,p,n_2}+n_2\left(\frac{\partial L'_2}{\partial n_1}\right)_{T,p,n_2}=0,\ n_1\left(\frac{\partial L'_1}{\partial n_2}\right)_{T,p,n_2}+n_2\left(\frac{\partial L'_2}{\partial n_2}\right)_{T,p,n_2}=0 \tag{2-60}$$

也可写为

$$x_1\left(\frac{\partial L'_1}{\partial x_1}\right)_{T,p}+x_2\left(\frac{\partial L'_2}{\partial x_1}\right)_{T,p}=0,x_1\left(\frac{\partial L'_1}{\partial x_2}\right)_{T,p}+x_2\left(\frac{\partial L'_2}{\partial x_2}\right)_{T,p}=0 \tag{2-61}$$

式(2-61)说明二组分均相系统中两个组分的偏摩尔量的微商总是反号或同时为零。据此

① 引自文献：Liu S J，Liu H L，Chen Q Y，et al. J. Chem. Thermodyn. 2007，39，412-416.

可以判断实验数据的合理性。

2.5 普遍的热力学基本方程与化学势

由 2.4 节我们可以看出，对组成可变的多组分系统，两个变量不足以描述其状态，因此不能直接应用前述基本方程[式(2-13)、式(2-14)、式(2-15)、式(2-16)]。需要根据组成可变多组分系统的特点，建立相应的热力学基本方程。

2.5.1 普遍的热力学基本方程

若一个只做非体积功的均相系统由 k 种物质组成，其特性函数热力学能 U 是变量 S、V、n_i $(i=1,2,\cdots,k)$ 的函数，即

$$U=U(S,V,n_1,n_2,\cdots,n_k) \tag{2-62}$$

当体系有无限小变化发生时，即其全微分为

$$\mathrm{d}U=\left(\frac{\partial U}{\partial S}\right)_{V,n}\mathrm{d}S+\left(\frac{\partial U}{\partial V}\right)_{S,n}\mathrm{d}V+\left(\frac{\partial U}{\partial n_1}\right)_{S,V,n_{j\neq 1}}\mathrm{d}n_1+\cdots+\left(\frac{\partial U}{\partial n_k}\right)_{S,V,n_{j\neq k}}\mathrm{d}n_k \tag{2-63}$$

式(2-63)中下标 n 为 n_i $(i=1,2,\cdots,k)$ 的简写，代表所有物质的量不变，因此有 $T=\left(\frac{\partial U}{\partial S}\right)_{V,n}$ 及 $-p=\left(\frac{\partial U}{\partial V}\right)_{S,n}$。

若令

$$\left(\frac{\partial U}{\partial n_i}\right)_{S,V,n_{j\neq i}}=\mu_i \tag{2-64}$$

则式(2-63)可改写成

$$\mathrm{d}U = T\mathrm{d}S - p\mathrm{d}V + \sum \mu_i \mathrm{d}n_i \tag{2-65}$$

结合定义式 $H=U=pV$, $G=H-TS=U-TS+pV=A+pV$，并利用式(2-65)即得到

$$\mathrm{d}H = T\mathrm{d}S + V\mathrm{d}p + \sum \mu_i \mathrm{d}n_i \tag{2-66}$$

$$\mathrm{d}A = -S\mathrm{d}T - p\mathrm{d}V + \sum \mu_i \mathrm{d}n_i \tag{2-67}$$

$$\mathrm{d}G = -S\mathrm{d}T + V\mathrm{d}p + \sum \mu_i \mathrm{d}n_i \tag{2-68}$$

式(2-65)～式(2-68)是组成可变、只做体积功的均相系统的热力学基本方程，是普遍的基本方程。

对只做体积功的多相系统，若各相温度、压力相等，则热力学基本方程为

$$\left.\begin{aligned}
\mathrm{d}U &= T\mathrm{d}S - p\mathrm{d}V + \sum_k \sum_i \mu_i^k \mathrm{d}n_i^k \\
\mathrm{d}H &= T\mathrm{d}S + V\mathrm{d}p + \sum_k \sum_i \mu_i^k \mathrm{d}n_i^k \\
\mathrm{d}A &= -S\mathrm{d}T - p\mathrm{d}V + \sum_k \sum_i \mu_i^k \mathrm{d}n_i^k \\
\mathrm{d}G &= -S\mathrm{d}T + V\mathrm{d}p + \sum_k \sum_i \mu_i^k \mathrm{d}n_i^k
\end{aligned}\right\} \tag{2-69}$$

2.5.2 化学势的定义及其性质

普遍的热力学基本方程中的 μ_i 无疑是系统一个新的热力学函数，但 μ_i 不仅只有式(2-64)一个定义，因为把上述几个基本方程与函数 $H=H(S;p;n_1,\cdots,n_k)$，$A=A(T;V;n_1,\cdots,n_k)$，

$G=G(T;p;n_1,\cdots,n_k)$的全微分式相比较，即得

$$\mu_i=\left(\frac{\partial U}{\partial n_i}\right)_{S,V,n_{j\neq i}}=\left(\frac{\partial H}{\partial n_i}\right)_{S,p,n_{j\neq i}}=\left(\frac{\partial A}{\partial n_i}\right)_{T,V,n_{j\neq i}}=\left(\frac{\partial G}{\partial n_i}\right)_{T,p,n_{j\neq i}} \tag{2-70}$$

因此μ_i是一种势函数，称为组分i的化学势。其物理意义从第一个等式可表述为：在恒熵恒容条件下，保持除了组分i外的其他组分的量不变，系统整体的热力学能U随组分i物质的量改变的变化率，也就是组分i对系统热力学能U的影响率。从其他等式来表述μ_i的物理意义请读者自行练习。μ_i是系统的状态函数，强度性质，单位为$\mathrm{J\cdot mol^{-1}}$，其绝对值无法确定，因此不同组分的化学势的大小不能比较。

需要特别强调的是化学势是针对均相系统中某组分而言的，但它又是系统的一种强度性质，但系统本身没有化学势的概念；还要注意定义式(2-70)中各偏微分的注脚不同，化学势μ_i也是偏摩尔吉布斯自由能G_i'，但绝不是U_i'、H_i'、A_i'。

由式(2-68)的麦克斯韦关系，即可得出化学势与温度、压力的关系(同时给出G与温度、压力的关系，以便对比)及化学势微商的关系

$$\left(\frac{\partial \mu_i}{\partial T}\right)_{p,n}=-\left(\frac{\partial S}{\partial n_i}\right)_{T,p,n_{j\neq i}}=-S_i',\left(\frac{\partial G}{\partial T}\right)_{p,n}=-S \tag{2-71}$$

$$\left(\frac{\partial \mu_i}{\partial p}\right)_{T,n}=-\left(\frac{\partial V}{\partial n_i}\right)_{T,p,n_{j\neq i}}=V_i',\left(\frac{\partial G}{\partial p}\right)_{T,n}=V \tag{2-72}$$

$$\left(\frac{\partial (\mu_i/T)}{\partial T}\right)_{p,n}=-\frac{H_i'}{T^2},\left(\frac{\partial (G/T)}{\partial T}\right)_{p,n}=-\frac{H}{T^2} \tag{2-73}$$

$$\left(\frac{\partial \mu_i}{\partial n_j}\right)_{T,p,n_{k\neq j}}=\left(\frac{\partial \mu_j}{\partial n_i}\right)_{T,p,n_{k\neq i}} \tag{2-74}$$

因此凡是原式中的G用组分i的化学势代替，同时原式中的其他广度量用其偏摩尔量代替，则公式仍成立。

化学势是一个极为重要的势函数，它在处理相变化及化学变化的问题中十分常见和有效。可以说，化学势是热力学原理通向化学领域起桥梁作用的热力学函数，因此对其概念及相关特性要熟练掌握。

首先简单讨论一下化学势在相平衡中的应用。设系统有α和β两相，两相均为多组分。在等温、等压下，设相β中有极微量的B物质$\mathrm{d}n_\mathrm{B}^\beta$转移到α相中，此时系统吉布斯自由能的总变化根据式(2-68)为

$$\mathrm{d}G=\mathrm{d}G^\alpha+\mathrm{d}G^\beta=\mu_\mathrm{B}^\alpha \mathrm{d}n_\mathrm{B}^\alpha+\mu_\mathrm{B}^\beta \mathrm{d}n_\mathrm{B}^\beta$$

α相所得等于β相所失，即$\mathrm{d}n_\mathrm{B}^\alpha=-\mathrm{d}n_\mathrm{B}^\beta$。如果上述转移是在平衡情况下进行的，则$\mathrm{d}G=0$

所以
$$(\mu_\mathrm{B}^\alpha-\mu_\mathrm{B}^\beta)\mathrm{d}n_\mathrm{B}^\alpha=0 \tag{2-75}$$

因为
$$\mathrm{d}n_\mathrm{B}^\alpha\neq 0,\text{所以 }\mu_\mathrm{B}^\alpha=\mu_\mathrm{B}^\beta \tag{2-76}$$

这表示，组分B在α和β两相中达平衡的条件是该组分在两相中的化学势相等。

如果上述的转移过程是自发进行的，则$(\mathrm{d}G)_{T,p}<0$，因此式(2-75)可写成

$$(\mu_\mathrm{B}^\alpha-\mu_\mathrm{B}^\beta)\mathrm{d}n_\mathrm{B}^\alpha<0$$

又因为已假设是B物质由β相转移到α相，即

$$\mathrm{d}n_\mathrm{B}^\beta>0,\text{所以 }\mu_\mathrm{B}^\alpha<\mu_\mathrm{B}^\beta \tag{2-77}$$

由此可见，自发变化的方向是物质B从其化学势较大的相流向化学势较小的相，直到物质B在两相中的化学势相等为止。所以用化学势处理相变过程可使问题更简单。

2.6 气体的化学势与逸度

化学势是一个偏微分量，难以实验测定或计算，但热力学可以将各种系统内某组分的化学势用公式表达出来。所有表达式又都是以理想气体为基础演化而来，因此本节先讨论气体的化学势。

2.6.1 纯物质理想气体化学势及热力学

从偏摩尔量的角度考虑热力学基本方程有 $dG_i'=-S_i'dT+V_i'dp$，即 $d\mu_i=-S_i'dT+V_i'dp$。对于纯物质系统，偏摩尔量就等于其摩尔量，因此纯物质化学势就等于其摩尔 Gibbs 自由能，即 $d\mu=dG_m=-S_m dT+V_m dp$。将理想气体状态方程 $pV_m=RT$ 代入即得纯物质理想气体化学势的微分形式

$$d\mu=-S_m dT+\frac{RT}{p}dp \tag{2-78}$$

化学势及其他一些热力学状态函数(如 H、G 等)的绝对值无法确定，但其改变量可以确定，因此为了更方便地处理热力学的问题，常采用标准状态方法，即对系统选取(规定)一个标准状态，则系统从标准状态变到任意状态的热力学变量是可以确定的。对于气体系统，其标准态是理想气体在 T、$p^\ominus$ 下的状态。对于纯物质理想气体，当其从标准状态$(T,p^\ominus)$变化到任意状态(T,p)，化学势的变化可将式(2-78)积分得到，即

$$\mu(T,p)-\mu(T,p^\ominus)=RT\ln\left(\frac{p}{p^\ominus}\right) \tag{2-79}$$

把标准状态下的化学势 $\mu(T,p^\ominus)$记为 $\mu^\ominus(T)$，则

$$\mu(T,p)=\mu^\ominus(T)+RT\ln\left(\frac{p}{p^\ominus}\right) \tag{2-80}$$

式(2-80)为纯物质理想气体在任意状态下化学势的表达式。从式中可看出，任一纯物质理想气体在任意状态下的化学势 $\mu(T,p)$与其在标准状态下的化学势 $\mu^\ominus(T)$都相差一项 $RT\ln(p/p^\ominus)$。这是一种相当简洁的函数形式，在以后各章节中可以看到，其他系统中组分化学势的表达式都具有与此相类似的形式。

必须注意到，对于量一定的均相封闭系统，μ 是以 T、p 为独立变量的特性函数。因此根据特性函数法的特点，纯物质理想气体的所有热力学性质都可由此确定出来，部分结果如下：

$$V_m(T,p)=\left(\frac{\partial\mu}{\partial p}\right)_T=\frac{RT}{p}\text{(理想气体物态方程)}$$

$$S_m(T,p)=-\left(\frac{\partial\mu}{\partial T}\right)_p=S_m^\ominus-R\ln\left(\frac{p}{p^\ominus}\right)$$

$$H_m(T,p)=\mu(T,p)+TS_m(T,p)=H_m^\ominus(T)$$

$$U_m(T,p)=H_m(T,p)-pV_m(T,p)=H_m^\ominus(T)-RT=U_m^\ominus(T)$$

$$A_m(T,p)=U_m(T,p)-TS_m(T,p)=A_m^\ominus(T)+RT\ln\left(\frac{p}{p^\ominus}\right)$$

$$C_{p,m}(T,p)=\left(\frac{\partial H_m}{\partial T}\right)_p=C_{p,m}^\ominus(T),C_{V,m}(T,p)=\left(\frac{\partial U_m}{\partial T}\right)_V=C_{V,m}^\ominus(T),\cdots$$

由此可得两点结论：

(1) 纯物质理想气体的热力学能、焓、恒压热容、恒容热容等只是温度的函数，与压力或体积

无关，这一结论在焦耳实验基础上得到的，用热力学的理论同样可以证明。

(2) 纯物质理想气体的熵以及与熵有关的 A 及 G 与压力呈对数关系，由此可知，在恒温、不同压力的两个状态的相关热力学函数之差与两状态的压力比值的对数有关，即

$$\Delta\mu=\Delta G_m=\mu(T,p_2)-\mu(T,p_1)=RT\ln(p_2/p_1)$$

$$\Delta A_m=\mu(T,p_2)-\mu(T,p_1)=RT\ln(p_2/p_1)$$

$$\Delta S_m=S_m(T,p_2)-S_m(T,p_1)=-R\ln(p_2/p_1)$$

2.6.2 混合理想气体中各组分的化学势

对处于 T、p 状态的混合理想气体中的组分 i，可设想与纯理想气体 i 呈膜平衡

混合理想气体	M	纯理想气体 i
$n_1,n_2,\cdots,n_i,\cdots,n_k$		n_i
$p_1,p_2,\cdots,p_i,\cdots,p_k$		p_i^*
$\mu_1,\mu_2,\cdots,\mu_i,\cdots,\mu_k$		μ_i^*

其中，M 为只能让气体 i 互透的半透膜。

根据热力学平衡条件可知，气体 i 在膜两边的分压相等 $p_i=p_i^*$、化学势相等 $\mu_i=\mu_i^*$，即

$$\mu_i(T,p,n_1,n_2,\cdots,n_k)=\mu_i^*(T,p_i^*)=\mu_i^{\ominus}(T)+RT\ln\left(\frac{p_i^*}{p^{\ominus}}\right)$$

$$=\mu_i^{\ominus}(T)+RT\ln\left(\frac{p_i}{p^{\ominus}}\right) \tag{2-81}$$

根据分压定律，$p_i=px_i$，代入式(2-81)，则

$$\mu_i(T,p,n_1,n_2,\cdots,n_k)=\mu_i^{\ominus}(T)+RT\ln\left(\frac{p}{p^{\ominus}}\right)+RT\ln x_i$$

$$=\mu_i^*(T,p)+RT\ln x_i \tag{2-82}$$

式中，$\mu_i^*(T,p)$为纯理想气体 i 在 T、p 状态的化学势，即相当于式(2-80)。式(2-81)及式(2-82)都是混合理想气体中组分 i 的化学势的表达式。由于 $\mu_i(T,p,n_1,n_2,\cdots,n_k)$是以$(T,p,n_1,n_2,\cdots,n_k)$为特征变量的特性函数，因此，混合理想气体中组分 i 的各种偏摩尔量都可由此确定，如

$$V_i'=\left(\frac{\partial\mu_i}{\partial p}\right)_{T,n}=\left(\frac{\partial\mu_i^*}{\partial p}\right)_{T,n}=V_{m,i}$$

$$S_i'=-\left(\frac{\partial\mu_i}{\partial T}\right)_{p,n}=-\left(\frac{\partial\mu_i^*}{\partial T}\right)_{p,n}-R\ln x_i=S_{m,i}-R\ln x_i$$

$$H_i'=\mu_i+TS_i'=H_{m,i}$$

$$U_i'=H_i'-pV_i'=H_{m,i}-pV_{m,i}=U_{m,i}$$

$$A_i'=U_i'-TS_i'=A_{m,i}+RT\ln x_i$$

$$C_{p,i}'=\left(\frac{\partial C_p}{\partial n_i}\right)_{T,p,n_{j\neq i}}=\left[\frac{\partial}{\partial n_i}\left(\frac{\partial H}{\partial T}\right)_{p,n}\right]_{T,p,n_{j\neq i}}=\left(\frac{\partial H_{m,i}}{\partial T}\right)_{p,n}=C_{p,m,i}$$

而混合理想气体系统整体的各热力学容量性质则由偏摩尔量集合公式计算得到，如

$$V=\sum n_iV_i'=\sum n_iV_{m,i},H=\sum n_iH_i'=\sum n_iH_{m,i}$$

$$S=\sum n_iS_i'=\sum n_i[S_{m,i}-R\ln x_i],G=\sum n_iG_i'=\sum n_i\mu_i,\cdots$$

从以上不难看出，只需知道各纯理想气体的性质和组成，就可得出混合理想气体的性质。例如，恒温恒压下由纯理想气体形成混合理想气体的混合规律则为

$$\Delta_{\text{mix}}L = \sum n_i L_i' - \sum n_i L_{\text{m},i} \tag{2-83}$$

将以上结果应用于式(2- 83)，不难得到

$$\Delta_{\text{mix}}V=0, \Delta_{\text{mix}}H=0, \Delta_{\text{mix}}U=0, \Delta_{\text{mix}}C_p=0, \Delta_{\text{mix}}C_V=0$$

$$\Delta_{\text{mix}}S = -\sum(n_i R\ln x_i), \Delta_{\text{mix}}G = \sum(n_i RT\ln x_i), \Delta_{\text{mix}}A = \sum(n_i RT\ln x_i), \cdots$$

2.6.3 纯实际气体的化学势及逸度

实际气体对理想气体有偏差，不符合理想气体物态方程，可以采用不同的物态方程，因而其化学势的表达式必不具有理想气体化学势表达式的简洁形式，且具有多样性，这样就会导致热力学公式的多样性。为了能反映实际气体的性质，而又具有理想气体公式的简洁统一，路易斯提出了逸度的概念，用 f 表示，对纯实际气体定义为

$$f=p^{\ominus}\exp\left[\frac{\mu(T,p)-\mu^{\ominus}(T)}{RT}\right] \tag{2-84}$$

式中，$\mu(T,p)$为纯实际气体在任意状态下的化学势；$\mu^{\ominus}(T)$为具有理想气体性质的纯气体在T、$p^{\ominus}$状态下的化学势，即在标准状态下的化学势。由此可见，实际气体的标准态与理想气体的标准态是相同的，但实际气体在 T、$p^{\ominus}$状态下一般不具有理想气体的行为，因此实际气体的标准态是一种假想的状态。需要注意，f 是实际气体的一种强度性质，因而与其温度、压力有关，其量纲与压力的量纲相同。

式(2-84)实际上也给出了纯实际气体化学势的表达式

$$\mu(T,p)=\mu^{\ominus}(T)+RT\ln\left(\frac{f}{p^{\ominus}}\right) \tag{2-85}$$

式(2-85)也可改写为

$$\mu(T,p)=\mu^{\ominus}(T)+RT\ln\left(\frac{p}{p^{\ominus}}\right)+RT\ln\left(\frac{f}{p}\right) \tag{2-86}$$

式(2-86)右边的前两项就是式(2-80)，也就是纯理想气体的化学势。而第三项也就是实际气体与理想气体化学势差别的大小，若 $f/p=1$，实际气体就是理想气体，于是定义实际气体的逸度因子 γ 为

$$\gamma=\frac{f}{p} \tag{2-87}$$

逸度因子也是实际气体的强度性质，与其温度、压力有关，量纲为一。$\gamma=1$ 就是理想气体，$\gamma\neq1$ 就是实际气体。一般在中等压力下，气体分子间为吸引力控制，$\gamma<1$，$f<p$；在高压力下，气体分子间为排斥力控制，$\gamma>1$，$f>p$。

2.6.4 混合实际气体各组分的化学势

混合实际气体中某组分 B 的化学势同样与系统的温度、压力及各组分的量有关，即 $\mu_{\text{B}}(T,p,n_1,n_2,\cdots,n_k)$，当组分的量用物质的摩尔分数表示时，其变量数要少一个，即 $\mu_{\text{B}}(T,p,x_1,x_2,\cdots,x_{k-1})$，简记为 $\mu_{\text{B}}(T,p,x_{\text{C}})$。混合实际气体中某组分 B 的逸度同样定义为

$$f_{\text{B}}=p^{\ominus}\exp\left[\frac{\mu_{\text{B}}(T,p,x_{\text{C}})-\mu_{\text{B}}^{\ominus}(T)}{RT}\right] \tag{2-88}$$

式中，f_{B} 是混合实际气体系统的一种强度性质，因而与其温度、压力及各组分的量有关，即

$f_B(T,p,x_C)$，其量纲与压力的量纲相同。

式(2- 88)实际上也给出了混合实际气体中某组分 B 的化学势的表达式

$$\mu_B(T,p,x_C)=\mu_B^{\ominus}(T)+RT\ln\left(\frac{f_B}{p^{\ominus}}\right) \tag{2-89}$$

同样，将式(2-89)改写为

$$\mu_B(T,p,x_C)=\mu_B^{\ominus}(T)+RT\ln\left(\frac{x_Bp}{p^{\ominus}}\right)+RT\ln\left(\frac{f_B}{x_Bp}\right) \tag{2-90}$$

式(2-90)中的前两项也就是式(2-82)，相当于是混合理想气体中 B 组分的化学势，第三项就是 B 在混合实际气体中与在混合理想气体中化学势的差别。定义实际气体组分 B 的逸度因子 γ_B 为

$$\gamma_B=\frac{f_B}{x_Bp} \tag{2-91}$$

γ_B 也是系统的强度性质，与其温度、压力及各组分的量有关，即 $\gamma_B(T,p,x_C)$，量纲为一。

2.6.5 逸度的求算

有了逸度及逸度因子的概念，就必须解决其计算问题。

1. 纯气体逸度系数的求算

对于纯实际气体 B，据式(2-84)有 $RT\ln\left(\frac{f_B}{p^{\ominus}}\right)=\mu_B(T,p)-\mu_B^{\ominus}(T)$，为计算纯实际气体 B 化学势 $\mu_B(T,p)$ 与其在标准态下化学势 $\mu_B^{\ominus}(T)$ 之差，可设计如下过程

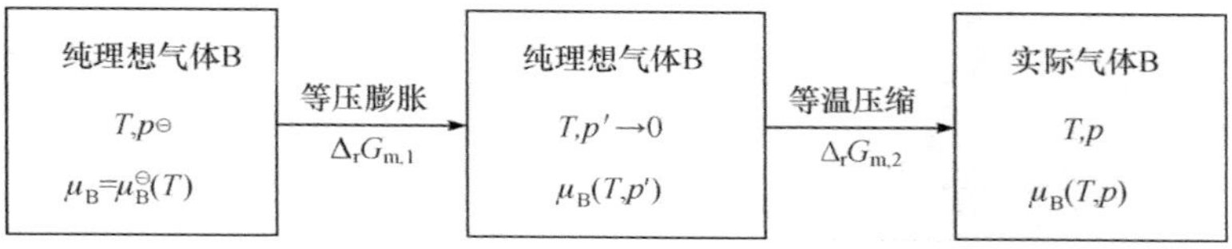

则

$$\begin{aligned}RT\ln\left(\frac{f_B}{p^{\ominus}}\right)&=\mu_B(T,p)-\mu_B^{\ominus}(T)=[\mu_B(T,p)-\mu_B(T,p')]+[\mu_B(T,p')-\mu_B^{\ominus}(T)]\\&=\Delta G_{m,2}+\Delta G_{m,1}=\int_{p'}^{p}V_{m,B}\mathrm{d}p+\int_{p^{\ominus}}^{p'}\frac{RT}{p}\mathrm{d}p\\&=\int_{p'}^{p}V_{m,B}\mathrm{d}p+RT\ln\left(\frac{p'}{p^{\ominus}}\right)\end{aligned} \tag{2-92}$$

式中，$V_{m,B}$为实际气体 B 的摩尔体积，因此通过实际气体的物态方程按式(2-92)就可求算其逸度。式(2- 92)可改写为同时求逸度及逸度因子 γ_B 的形式

$$RT\ln\left(\frac{f_B}{p}\right)=RT\ln\gamma_B=\int_{p'}^{p}V_{m,B}\mathrm{d}p-RT\ln\left(\frac{p}{p'}\right) \tag{2-93}$$

由式(2-93)可有几种方法求纯实际气体 B 的逸度及逸度因子。

1) 解析法

一般将式(2-93)中的 $\mathrm{d}p$ 通过状态方程换元为 $\mathrm{d}V$，从而得出式(2-93)的具体表达式，直接计算逸度或逸度因子。例如，对于范德华气体 $p=\frac{RT}{V_m-b}-\frac{a}{V_m^2}$

所以 $\mathrm{d}p=\left[-\frac{RT}{(V_m-b)^2}+\frac{2a}{V_m^3}\right]\mathrm{d}V_m$，代入式(2-93)得

$$RT\ln\left(\frac{f}{p}\right)=RT\ln\gamma=\int_{V'_m}^{V_m}V_m\left[-\frac{RT}{(V_m-b)^2}+\frac{2a}{V_m^3}\right]\mathrm{d}V_m-RT\ln\left(\frac{p}{p'}\right)$$

$$=-RT\ln\left[\frac{p(V_m-b)}{p'(V'_m-b)}\right]+\left[\frac{bRT}{V_m-b}-\frac{bRT}{V'_m-b}\right]-\left(\frac{2a}{V_m}-\frac{2a}{V'_m}\right)$$

由于 $p'\to0$ 时，$V'_m\to\infty$，$(V'_m-b)\to\infty$，$p'(V'_m-b)\to RT$，所以将上式简化为

$$RT\ln\left(\frac{f}{p}\right)=RT\ln\gamma=RT\ln\left[\frac{RT}{p(V_m-b)}\right]+\frac{bRT}{V_m-b}-\frac{2a}{V_m}$$

$$\ln\left(\frac{f}{p}\right)=\ln\gamma=\ln\left[\frac{RT}{p(V_m-b)}\right]+\frac{b}{V_m-b}-\frac{2a}{RTV_m}$$

例如，对于氨气，$a=0.04253\ \mathrm{Pa\cdot m^6\cdot mol^{-1}}$，$b=37.37\times10^{-6}\ \mathrm{m^3\cdot mol^{-1}}$，则在 473 K 及 10.13 MPa 的压力下，用范德华可求得 $V_m=304.6\times10^{-6}\ \mathrm{m^3\cdot mol^{-1}}$，再代入上述逸度及逸度因子公式，可得

$$f=8.32\ \mathrm{MPa},\qquad \gamma=0.821$$

也就是说，氨气在 473 K 及 10.13 MPa 压力下的化学势与纯理想气体在 473 K 及 8.32 MPa 压力下的化学势相等。

2）图解积分法

若令 $\alpha=\frac{RT}{p}-V_m$，且将 $p'\to0$ 换成 $p'=0$，则式(2-93)可写为

$$\ln\left(\frac{f}{p}\right)=\ln\gamma=-\frac{1}{RT}\int_0^p\alpha\mathrm{d}p \tag{2-94}$$

实验测定一定温度下不同压力时的 V_m，从而换算为 α，作 α-p 图，曲线下所围面积即为 $\int_0^p\alpha\mathrm{d}p$，再用式(2-94)计算就可得到不同压力下的逸度及逸度因子。用此法求得氨气在 473 K 及 10.13 MPa 的压力下 $f=8.35$ MPa，$\gamma=0.824$。

3）对比状态法

根据压缩因子定义 $Z=pV_m/RT$，则 $\alpha=\frac{RT}{p}(1-Z)$，并将压力用对比压力 $p_r=p/p_c$ 代替，所以 $\alpha\mathrm{d}p=\frac{RT}{p_r}(1-Z)\mathrm{d}p_r$，代入式(2-94)得

$$\ln\left(\frac{f}{p}\right)=\ln\gamma=\int_0^{p_r}\frac{Z-1}{p_r}\mathrm{d}p_r \tag{2-95}$$

根据压缩因子图得到气体在不同对比温度和对比压力下的压缩因子，按 $\frac{Z-1}{p_r}$-p_r 作图，求积分(面积)，再按式(2-95)计算逸度及逸度因子。对比状态法实际上也是图解积分法。对比状态法很不精确。例如，用对比状态法求得氨气在 473 K 及 10.13 MPa 的压力下 $f=7.9$ MPa，$\gamma=0.78$。

4）近似法

在压力不太高时，可采用近似的实际气体状态方程 $pV_m=RT+Bp$，式中 B 是与温度有关的系数。代入式(2-94)可得

$$\ln\left(\frac{f}{p}\right)=\ln\gamma=-\frac{1}{RT}\int_0^p\alpha\mathrm{d}p=\frac{Bp}{RT}$$

所以 $$\frac{f}{p}=\gamma=\exp\left(\frac{Bp}{RT}\right)=1+\frac{Bp}{RT}+\frac{1}{2!}\left(\frac{Bp}{RT}\right)^2+\cdots$$

在压力不太高时，忽略高次项，则可得

$$\frac{f}{p}=\gamma=1+\frac{Bp}{RT}=\frac{pV_m}{RT} \tag{2-96}$$

用近似法可求得氨气在 473 K、10.13 MPa 条件下 $f=8.11$ MPa，$\gamma=0.801$。

一般来说，以上几种方法中，解析法和图解积分法较精确，而近似法及对比状态法较粗糙。

2. 混合气体中各物质逸度因子的求算

混合气体中各物质逸度及逸度因子的精确求算涉及各物质的偏摩尔体积，但这方面的数据很少，所以一般采用路易斯-兰德尔(Randall)规则近似计算

$$\gamma_B(T,p,x_C)=\gamma_B^*(T,p), f_B(T,p,x_C)=x_B f_B^*(T,p) \tag{2-97}$$

即混合气体中物质 B 的逸度因子就用与混合气同温同压的纯气体 B 的逸度因子代替，而混合气体中物质 B 的逸度则为与混合气同温同压的纯气体 B 的逸度与其摩尔分数的乘积。

2.7 标准态及凝聚态物质的化学势

2.7.1 标准态

标准态是在热力学研究中对系统所选定(或规定)的一个状态。标准态的作用是与系统的任意状态相比较，以方便求算系统某热力学性质的变化值。热力学所规定的常用标准态有如下。

对于气体：规定任意温度(T)及标准压力($p^\ominus$)下具有理想气体性质的该气态纯物质的状态为标准态。

对于液体：规定任意温度(T)及标准压力($p^\ominus$)下该液态纯物质的状态为标准态。

对于固体：规定任意温度(T)及标准压力($p^\ominus$)下该固态纯物质的状态为标准态。标准压力以前曾规定为 $p^\ominus=101.325$ kPa，现在一般规定为 $p^\ominus=100.000$ kPa。

2.7.2 凝聚态物质的化学势

2.6 节介绍了气体系统内某组分化学势的表达式，那么凝聚态(液态或固态)系统内某组分的化学势能否表达为类似于气体的形式呢？答案是肯定的。因为凝聚态系统都具有饱和蒸气压这种性质，无论凝聚态系统是否与其气相达到平衡，饱和蒸气压这种性质都是存在的，因此我们就可用凝聚态系统的饱和蒸气相来表达其化学势。

对于凝聚态纯物质 B，在某 T、p 下的化学势为 $\mu_B^*(T,p)$，必与其饱和蒸气相(压强为 p^*)的化学势 $\mu_B(g)$ 相等，一般将饱和蒸气相视为理想气体，则

$$\mu_B^*(T,p)=\mu_B(g)=\mu_B^\ominus(T)+RT\ln\left(\frac{p^*}{p^\ominus}\right) \tag{2-98}$$

凝聚态物质若形成溶液，同样根据溶液饱和蒸气相中该物质的分压来表达其化学势，这将在第 3 章中详细讨论。

复习思考题

1. 指出在下列过程中，系统的 ΔU、ΔH、ΔS、ΔA、ΔG 哪个为零。

(1) 非理想气体卡诺循环。

(2) H_2 和 O_2 在绝热的弹式容器中反应生成 H_2O。
(3) 实际气体节流膨胀。
(4) 液态水在 100 ℃及标准压力下蒸发成水蒸气。
(5) 理想气体不可逆等温压缩。
(6) 绝热等容非体积功为 0 时发生的化学反应。
(7) 绝热等压非体积功为 0 时发生的化学反应。
(8) 理想气体的节流膨胀。
(9) 理想气体绝热可逆膨胀。

2. 由公式 $\Delta G_{T,p,W'=0}<0$ 可知恒温恒压下经不可逆变化后，封闭体系的吉布斯能会降低。由公式 $dG=-SdT+Vdp$ 可知，恒温恒压下 $dG=0$。为什么？
3. 试判断下列变化中，系统的 ΔS、ΔA、ΔG 是大于零、等于零、小于零，还是不能确定。
(1) 在 100 ℃和标准压力下，水向真空蒸发为同温同压下的水蒸气。
(2) H_2 和 O_2 在绝热的弹式容器中反应生成 H_2O。
4. 100℃、101 325 Pa 下水向真空蒸发为同温同压下的水蒸气的过程是不可逆过程，$\Delta G<0$。对吗？
5. 常温常压下，反应 $H_2+1/2O_2 \longrightarrow H_2O$ 在光的作用下可瞬时完成，但在常温常压下也可通过电解使上述反应逆向进行。这两种都存在的反应倾向是否说明 $\Delta G_{T,p}<0$ 的判据不能适用于此例？
6. 为什么要引入偏摩尔量的概念？对于同一热力学性质，纯物质 B 的摩尔量与溶液中 B 物质的偏摩尔量有何关系？
7. 如果不断地将理想气体进行恒温膨胀，则所吸收的热全部转变为功，这不就是单一热源也能做功的实例吗？如何解释？
8. 在同一始、终态间，可逆过程的热温商大于不可逆过程的热温商，即"可逆过程的熵变化值大于不可逆过程的熵变化值"。此说法对吗？
9. 理想气体恒温向真空膨胀时，$dU=0$，$pdV=0$，所以由 $dU=TdS-pdV$ 可以得出 $dS=0$(因 $T\neq 0$)，可见理想气体向真空恒温膨胀是恒熵过程。是吗？
10. 有人认为，当体系从某一始态变至另一末态，无论其通过何种途径，而 ΔG 的值总是一定的，而且总是等于 W'。这种说法对吗？
11. 用 ΔG 作为恒温恒压过程的判据时，表明 ΔG 与温度及压强无关。此说法对吗？为什么？
12. 已知 $dG=-SdT+Vdp$，则在 101 325 Pa 的压强下，由 268.15 K 的水变成 268.15 K 的冰时，其$\Delta G=0$。此说法对吗？为什么？
13. 吉布斯自由能变化值 ΔG 是恒温恒压过程方向的判据，而吉布斯-亥姆霍兹恒压方程式是描述 ΔG 随温度变化的关系式。这样由此式求出的 ΔG 值能否再作为自动过程的判据呢？

习　题

1. 将 298 K、$p^\ominus$下的 1 dm^3 O_2(理想气体)绝热不可逆压缩到 $5p^\ominus$，环境消耗功 502 J，求终态的 T_2、S_2 及过程的 ΔH、ΔG。已知 $S_m^\ominus(O_2, 298\ K)=205.14\ J\cdot K^{-1}\cdot mol^{-1}$。
2. 1 mol 单原子理想气体始态为 273 K 和 $p^\ominus$，分别经历下列可逆变化：(1) 恒温下压力加倍；(2) 恒压下体积加倍；(3) 恒容下压力加倍。试计算上述各过程的 Q、W、ΔU、ΔH、ΔS、ΔG、ΔA。已知 273 K、$p^\ominus$ 条件下该气体的摩尔熵为 100 $J\cdot K^{-1}\cdot mol^{-1}$。
3. 将 1 mol O_2 由 298.15 K、$p^\ominus$ 的压强下经恒温可逆压缩增至压强为 607 950 Pa 的终态，试求 W、Q、ΔU、ΔH、ΔA、ΔG、$\Delta S_体$、ΔA 及 $\Delta S_隔$。如改为恒外压 (607 950 Pa)压缩至同一终态，上述各热力学量又为多少？
4. 1 mol 理想气体从同一始态(298.15 K，506 625 Pa)分别经历下列过程达到相同终态(298.15 K，$p^\ominus$)：(1) 绝热可逆膨胀然后恒压可逆膨胀；(2) 恒压可逆膨胀然后经恒容到达终态。试分别计算这两个过程的 ΔU、ΔH、ΔS 及 ΔG。已知此气体的恒压摩尔热容 $C_{V,m}=12.47\ J\cdot mol^{-1}\cdot K^{-1}$。
5. 在 298.15 K 及 506 625 Pa 下，1 dm^3 的氧气经绝热可逆膨胀至 $p^\ominus$，试计算该过程的 ΔU、ΔH、ΔS、ΔA 及 ΔG。已知氧的 $S_m^\ominus(298\ K)=205\ J\cdot mol^{-1}\cdot K^{-1}$，$C_{p,m}(O_2, g)=29.1\ J\cdot mol^{-1}\cdot K^{-1}$，并可将氧视为理想气体。

6. 苯的正常沸点为 353 K，此时 $\Delta_{vap}H_m(C_6H_6, 353\ K)=30.77\ kJ\cdot mol^{-1}$。现将 353 K、$p^{\ominus}$下的 1 mol 液态苯向真空恒温蒸发为同温同压下的苯蒸气(可视为理想气体)，试计算：(1) 此过程的 Q、W、ΔU、ΔH、ΔS、ΔA 和 ΔG；(2) $\Delta_{vap}S_m(C_6H_6)$及 $\Delta_{vap}G_m$；(3) 在 298.15 K 时苯的饱和蒸气压；(4) 应用有关原理，判断此过程是否为不可逆过程．

7. 将 1 mol $H_2O(g)$从 373 K 和标准压力 $p^{\ominus}$下，小心等温压缩，在没有灰尘等凝聚中心存在时，得到了 373 K 和 $2p^{\ominus}$的介稳水蒸气，但不久介稳水蒸气全变成了液态水，即

$$H_2O(g, 373\ K, 2p^{\ominus}) \longrightarrow H_2O(l, 373\ K, 2p^{\ominus})$$

求该过程(介稳水蒸气变成了液态水)的 ΔH、ΔS 和 ΔG。已知在该条件下，水的摩尔气化焓为 $46.02\ kJ\cdot mol^{-1}$，水的密度为 $1000\ kg\cdot m^{-3}$。假设气体为理想气体，液体体积受压力的影响可忽略不计。

8. 试计算 263.15 K、$p^{\ominus}$条件下，1 mol 水凝结成冰时，冰和水的饱和蒸气压之比$\frac{p_{固}}{p_{液}}$。已知冰及水的摩尔恒压热容分别为 $37.65\ J\cdot mol^{-1}\cdot K^{-1}$及 $75.31\ J\cdot mol^{-1}\cdot K^{-1}$；在 273.15 K 时冰的熔化热为 $6\ 025\ J\cdot mol^{-1}$。

9. 试证明$\left(\frac{\partial C_V}{\partial V}\right)_T=-T\left(\frac{\partial^2 p}{\partial T^2}\right)_V$。

10. 试证明$\left(\frac{\partial U}{\partial p}\right)_V=C_V\left(\frac{\partial T}{\partial p}\right)_V$。

11. 已知$\left(\frac{\partial U}{\partial V}\right)_T=0$ 及$\left(\frac{\partial H}{\partial p}\right)_T=0$，则此体系应为理想气体。试证明。

12. 已知某理想气体的熵值为 $S_m^{\ominus}(298\ K)$，恒压摩尔热容为 $C_{p,m}$。当其由始态Ⅰ(T_1, p_1)变至终态Ⅱ(T_2, p_2)后，试证明此过程满足

$$\Delta G=(T_2-T_1)[C_{p,m}-S_m^{\ominus}(298\ K)]+C_{p,m}\left[T_1\ln\left(\frac{T_1}{298}\right)-T_2\ln\left(\frac{T_2}{298}\right)\right]+R\left[T_2\ln\left(\frac{p_2}{p^{\ominus}}\right)-T_1\ln\left(\frac{p_1}{p^{\ominus}}\right)\right]$$

13. 有一绝热筒，其中被一块导热良好的金属板隔开为 A 及 B 两室(如下图)。每室均装有温度为 400 K、压强为 1 013 250 Pa 的单原子理想气体。现使 B 室的气体在恒外压下($p_{外}=101\ 325\ Pa$)绝热膨胀至压强为 101 325 Pa。试计算在 A、B 室内气体达到平衡后两室气体在此过程中的 ΔH、ΔS 及 ΔG。已知该气体始态的熵为 $130\ J\cdot mol^{-1}\cdot K^{-1}$(计算时忽略圆筒及金属板温度变化的影响)。

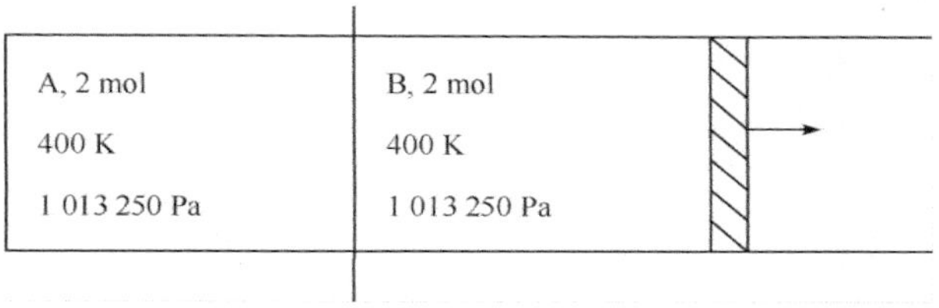

14. 293.15 K 时，质量分数为 60%的甲醇水溶液的密度是 $0.894\ 6\ kg\cdot dm^{-3}$，在此溶液中水的偏摩尔体积为 $1.68\times10^{-2}\ dm^3\cdot mol^{-1}$。求甲醇的偏摩尔体积。

15. 在 298.15 K，NaCl 水溶液的体积 V 与 NaCl 的质量摩尔浓度 m 的关系式如下：

$$V=(1.0014+0.016\ 62m+1.77\times10^{-3}m^{3/2}+1.2\times10^{-4}m^2)dm^3$$

试计算 $1\ mol\cdot kg^{-1}$的 NaCl 溶液中 NaCl 和 H_2O 的偏摩尔体积。

16. 973.15 K 时，Zn-Cd 溶液的摩尔混合焓如下：

x_{Zn}	0.1	0.2	0.3	0.4	0.5	0.6	0.7	0.8	0.9
$\Delta_{mix}H_m/(J\cdot mol^{-1})$	753	1326	1728	1958	2054	2000	1774	1377	787

试计算 Zn-Cd 合金在 973.15 K，$x_{Zn}=0.6$ 时，Zn 和 Cd 的偏摩尔混合热。

17. 在 1653 K 下，Cr-Ti 合金的摩尔混合吉布斯自由能与摩尔分数的数据如下：

x_{Cr}	0.09	0.19	0.27	0.37	0.47	0.62	0.78	0.89
$-\Delta_{mix}G_m/(J\cdot mol^{-1})$	3393	5326	5991	6565	6904	6828	5929	4058

试计算在 1653 K 下 $x_{Cr}=0.47$ 的液体合金中铬和钛的偏摩尔混合自由能。

18. 298 K 时 K_2SO_4 在水溶液中的偏摩尔体积 V_2' 可表示为

$$V_2'=(0.032\ 280+0.018\ 22m^{1/2}+2.22\times10^{-5}m)\mathrm{dm^3\cdot mol^{-1}}$$

m 为 K_2SO_4 溶液的质量摩尔浓度，已知纯水的摩尔体积 $V_{m,H_2O}=0.017\ 96\ \mathrm{dm^3\cdot mol^{-1}}$。试求该溶液中水的偏摩尔体积 V_1' 的表示式。

19. 在 1200 K，Cu-Zn 液体合金的摩尔混合热与摩尔分数的关系式为

$$\Delta_{mix}H_m=-25\ 524x_{Zn}x_{Cu}-10\ 795x_{Zn}^2x_{Cu}^2\ \mathrm{J\cdot mol^{-1}}$$

求黄铜中 Cu 和 Zn 的偏摩尔混合热的表示式。

20. 某气体的状态方程为 $pV(1-\beta p)=nRT$，其中 β 为常数，求其逸度的表示式。

21. 若以25 ℃、101.325 kPa 纯理想气体的状态定为气体的标准状态，则氧气的标准熵 $S_1^{\ominus}=205.03\ \mathrm{J\cdot K^{-1}\cdot mol^{-1}}$，现改为 25 ℃、100 kPa 的纯理想气体作为气体的标准态，氧的标准熵 $S_m^{\ominus}(O_2,g,298\ K)$应为多少？

第 3 章　溶液热力学及活度

溶液在科学研究及工业生产中极为普遍，溶液的热力学性质对物质及材料的制备、分离、提纯等具有重要的指导作用。本章的基本内容就是根据溶液系统的特点，运用前面已介绍的热力学基本原理一般性地描述和讨论溶液的热力学性质。

3.1　溶液及其组成表示方法

两种或两种以上物质混合构成的性质完全均匀一致的单相体系称为溶液。氢氧化钠溶解于水中形成均匀液相，各部分浓度、密度、热容和化学行为都相同，因而是一种溶液。而矿浆是由固体矿粒与性质完全不同的体系组成多相体系，因而不是溶液。溶液的概念不仅局限于液态混合体，某些固态合金也符合溶液的定义，并称为固溶体；不同的气体物质能以任何比例均匀混合，所以气体混合物也是溶液，但习惯上还是称为混合气体。

通常把溶液体系中含量较多的组分称为溶剂，含量较少的组分称为溶质。固体或气体溶解于液体中，习惯上把固体或气体物质称为溶质，液体物质称为溶剂。

在溶液理论研究中，溶剂和溶质这两个概念有时并无严格区分的必要。溶剂和溶质不加区分，各组分均可选用相同的标准态，使用相同的经验定律来讨论，则这种体系又称为混合物，同样也可分为气态混合物、液态混合物和固态混合物等类型。本书仍统称溶液。

本章主要讨论非电解质溶液，而电解质溶液则在第 8 章中专门讨论。

溶液的组成可有多种表示方法。溶液系统的性质不因组成表示方法的不同而改变，但用不同的组成表示方法时，描述体系性质的方式会有所不同。

1. 物质的摩尔分数

溶液中组分 B 的物质的量与总的物质的量之比为物质的摩尔分数(molar fraction)x_B，表达式为

$$x_B = \frac{n_B}{\sum n_B} = \frac{n_B}{n_A + \sum n_B} = \frac{n_B}{n_A + n_B} \tag{3-1}$$

式中，x_B 为纯数，且与温度的变化无关。

2. 质量摩尔浓度

溶质 B 的物质的量与溶剂 A 的质量之比为质量摩尔浓度(molality)m_B(mol · kg^{-1})，表达式为

$$m_B = \frac{n_B}{W_A} \tag{3-2}$$

式中，m_B 也与温度变化无关。其与 x_B 的关系为

$$x_B = \frac{n_B}{n_A + n_B} = \frac{m_B}{1/M_A + m_B} = \frac{m_B M_A}{1 + m_B M_A} \tag{3-3}$$

对于极稀溶液 $x_B \approx m_B M_A$。

3. 物质的量浓度

组分 B 的物质的量与溶液的体积之比为物质的量浓度(molarity)c_B($mol\cdot m^{-3}$),表达式为

$$c_B=\frac{n_B}{V} \tag{3-4}$$

因此 c_B 与温度有关。若溶液密度为 ρ,则 $\rho V=n_AM_A+n_BM_B$,因此有

$$c_B=\frac{\rho n_B}{n_AM_A+n_BM_B} \tag{3-5}$$

式(3-1)和式(3-5)相比可得

$$\frac{c_B}{x_B}=\frac{\rho(n_A+n_B)}{n_AM_A+n_BM_B}$$

因此对极稀溶液有

$$x_B=\frac{c_BM_A}{\rho},\qquad m_B=\frac{c_B}{\rho}$$

4. 物质的质量分数

组分 B 的质量与体系的总质量之比为组分 B 的质量分数 w_B

$$w_B=\frac{W_B}{W_A+W_B} \tag{3-6}$$

式中,w_B 也与温度无关。

在讨论溶液体系的热力学问题时,组分的组成最好选用与温度无关的表示方法,这样可使问题相对简单一些。

3.2 稀溶液的两个经验定律

饱和蒸气压(简称蒸气压)是凝聚相的一种热力学性质,是指在一定温度下,凝聚相与其蒸气相两相平衡时蒸气相的压力。在溶液的蒸气压及其相关性质的研究结果中,有两个非常重要的经验定律:拉乌尔(Raoult)定律和亨利(Henry)定律。这两个经验定律虽然来自于经验总结,却是溶液热力学的理论基础。

3.2.1 拉乌尔定律

1887 年,拉乌尔通过实验测定与总结发现:在一定温度下,稀溶液中溶剂的蒸气压 p_A 与纯溶剂的蒸气压 p_A^* 及溶液中溶剂的摩尔分数 x_A 的关系为

$$p_A=p_A^*x_A \tag{3-7}$$

溶液越稀,这种关系越正确。式(3-7)称为拉乌尔定律。适用于稀溶液中的溶剂或性质相似物质组成的溶液中的各组分,如理想溶液。

因为 $x_A<1$,可见形成溶液后,溶剂的蒸气压都会下降。这可定性解释为:若溶质和溶剂分子间相互作用的差异可以不计,且当溶质和溶剂形成溶液时各自的体积都没有变化($\Delta_{mix}V=0$),则由于在纯溶剂中加入溶质后减少了单位体积和单位表面上溶剂分子的数目,因而也减少了单位时间内可能离开液相表面而进入气相的溶剂分子数目,以致溶剂与其蒸气在较低的蒸气压力下即可达到平衡,所以溶液中溶剂的蒸气压较纯溶剂的蒸气压为低。对于二

组分稀溶液，其下降的幅度可表示为

$$\Delta p_A = p_A^*(1-x_A) = p_A^* x_B \tag{3-8}$$

在使用拉乌尔定律时必须注意，在计算溶剂的物质的量时，其摩尔质量应该用气态时的摩尔质量。例如，水都有缔合现象，但摩尔质量应以 18.01 $g \cdot mol^{-1}$计算。

3.2.2 亨利定律

1803 年，亨利发现：一定温度下，气体在液体中的溶解度(摩尔分数)与该气体的平衡分压成正比

$$p_B = k_{B,x} x_B \tag{3-9}$$

式中，$k_{B,x}$为 亨利常数，其数值取决于温度、压力及溶质和溶剂的性质，与压力有相同的量纲。

换言之，定温条件下，稀溶液中 B 组分在与溶液平衡的蒸气中的分压 p_B 与其在溶液中的浓度成正比。由于浓度的表示形式有多种，因此亨利定律有多种形式

$$p_B = k_{B,x} x_B = k_{B,m} m_B = k_{B,c} c_B = k_{B,w} w_B \tag{3-10}$$

显然，各亨利常数的数值和量纲均不相同。为了将各亨利常数的量纲统一，也为了实际应用的方便，对亨利定律中的浓度项采用去量纲化处理，即将式(3-10)写为

$$p_B = k_{B,x} x_B = k_{B,m} \frac{m_B}{m^\ominus} = k_{B,c} \frac{c_B}{c^\ominus} = k_{B,w} \frac{w_B}{w^\ominus} \tag{3-11}$$

式中，$m^\ominus$、$c^\ominus$、$w^\ominus$可称为参考态浓度。只要各参考态浓度的数值取 1，则式(3-10)和式(3-11)的数值是相同的。式(3-11)有时也简写为

$$p_B = k_c \cdot \frac{c_B}{c^\ominus} \xrightarrow{\text{简记为}} k_c \cdot [B]_c$$

$$p_B = k_m \cdot \frac{m_B}{m^\ominus} \xrightarrow{\text{简记为}} k_m \cdot [B]_m$$

$$p_B = k_w \cdot \frac{w_B}{w^\ominus} \xrightarrow{\text{简记为}} k_w \cdot [B]_w$$

使用亨利定律必须注意以下几点：

(1) 式中的 p_B 是气体 B 在液面上达溶解平衡时的分压力。对于气体混合物，在总压力不大时，亨利定律能分别适用于每一种气体，可以近似认为与其他气体的分压无关。

(2) 溶质在气相和溶液中的分子状态需相同。例如，气体 HCl 溶于苯或其他有机溶剂，在气相和液相中都是呈 HCl 的分子状态，符合亨利定律；但 HCl 溶于水时，由于其电离出 H^+ 和 Cl^-，这时亨利定律就不适用了。所以一般电解质溶液都不符合亨利定律。

(3) 大多数气体溶于水时，溶解度随温度的升高而降低，因此升高温度或降低气体的分压都能使溶液的浓度更稀，更能符合亨利定律。

双原子气体 H_2、N_2、O_2 等溶解于 Fe 或 Cu 等液态金属中一般呈单原子状态，这时亨利定律也不适用。这种情况下气体的平衡分压与溶液中原子态溶质浓度的平方成比例，即

$$p_B = k_c \cdot \left(\frac{c_B}{c^\ominus}\right)^2 = k_c \cdot [B]_c^2 \quad \text{或} \quad [B]_c = k' \sqrt{p_B} \tag{3-12}$$

式(3-12)称为西华特(Sievert)定律，又称溶解度平方根定律，在冶金领域有重要的应用。

【例 3-1】 在 273.15 K 时，100 kPa 的 O_2 在水中的溶解度为 0.0449 $L \cdot kg^{-1}$。试求：(1)273 K 时 O_2 在水中溶解的亨利常数 k_x、k_m；(2)273 K 的空气中，O_2 在水中的溶解度(设忽略水蒸气压的影响)。

解 (1) 在 273 K 的标准状态下，1 mol 气体体积为 22.7 L，所以

$$x_{O_2}=\frac{0.0449\ \text{L}\cdot\text{kg}^{-1}/22.7\ \text{L}\cdot\text{mol}^{-1}}{1/0.018\ \text{kg}\cdot\text{mol}^{-1}+0.0449\ \text{L}\cdot\text{kg}^{-1}/22.7\ \text{L}\cdot\text{mol}^{-1}}=3.56\times10^{-5}$$

$$k_x=\frac{p_{O_2}}{x_{O_2}}=\frac{100\ 000\ \text{Pa}}{3.56\times10^{-5}}=2.81\times10^{9}\ \text{Pa}$$

由于 $m_{O_2}=\frac{0.0449\ \text{L}\cdot\text{kg}^{-1}}{22.7\ \text{L}\cdot\text{mol}^{-1}}=1.98\times10^{-3}\ \text{mol}\cdot\text{kg}^{-1}$，取 $m^{\ominus}=1\ \text{mol}\cdot\text{kg}^{-1}$，则

$$k_m=\frac{p_{O_2}}{[O_2]_m}=\frac{100\ 000\ \text{Pa}}{1.98\times10^{-3}}=5.05\times10^{7}\ \text{Pa}$$

(2) 在空气中 $p'_{O_2}=0.21\times101\ 325\ \text{Pa}$，所以

$$\frac{m'_{O_2}}{m^{\ominus}}=\frac{p'_{O_2}}{k_m}=\frac{0.21\times101\ 325\ \text{Pa}}{5.05\times10^{7}\ \text{Pa}}=4.21\times10^{-4}$$

即在空气中氧气的溶解度为

$$m'_{O_2}=4.21\times10^{-4}\ \text{mol}\cdot\text{kg}^{-1}\text{或}\ m'_{O_2}=4.21\times10^{-4}\times22.7=9.43\times10^{-3}(\text{L}\cdot\text{kg}^{-1})$$

3.3 理想溶液热力学

3.3.1 理想溶液的定义及特征

若各组分能以任意比例互溶，则在全部组成范围内，体系中各组分均符合拉乌尔定律($p_B=p_B^*x_B$)的溶液称为理想溶液。

理想溶液与理想气体的概念不同。理想气体的分子之间无相互作用，$\left(\frac{\partial U}{\partial V}\right)_T=0$，可视每个分子周围无任何其他分子存在。而理想溶液(液态或固态)的分子因间距较小，不能认为分子间无相互作用。因此，理想溶液模型包括三点：①溶液中各组分的分子体积大小非常相近；②不同组分分子间的相互作用力与同一组分分子间的相互作用力基本相等；③与之平衡的气相为理想气体。例如，同位素化合物$^{12}CH_3I$与$^{13}CH_3I$的混合系，同系物 C_6H_6 与 $C_6H_5CH_3$ 的混合系；又如，冶金中某些熔体，Fe-Cr、Nd-Pr、Fe_2SiO_4-Mn_2SiO_4 等体系都可近似当成理想溶液。

按照理想溶液模型，A、D 二元溶液中某 A 分子周围无论是 A 分子还是 D 分子，该中心 A 分子受到的作用力都相同。因此，A 分子从溶液挥发逸出的能力与从纯 A 挥发逸出的能力相同。但由于溶液中 A 分子的浓度 x_A 小于纯 A($x_A=1$)，因此在一定温度下，同一时间内从溶液表面逸出的 A 分子数应少于纯 A 液体。此种逸出能力随着 x_A 的增大而增大，因而 p_A 与 x_A 成正比。同理，p_D 和 x_D 成正比。就是说 A 和 D 的蒸气压均符合拉乌尔定律。

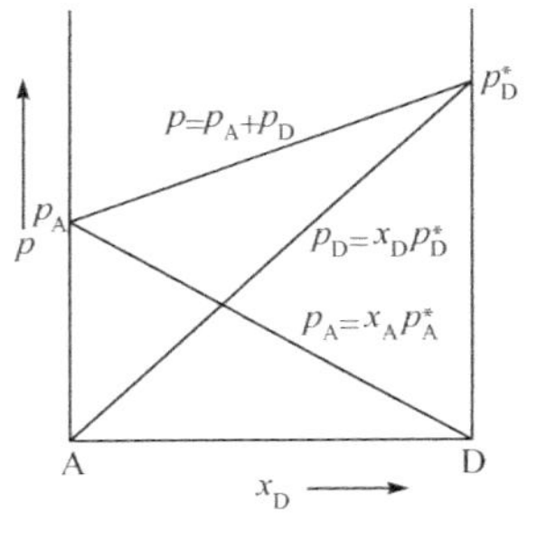

图 3-1 定温下理想溶液各组分的蒸气压与溶液组成的关系

理想溶液各组分的蒸气压与组成的关系因符合拉乌尔定律，所以在一定温度下的 p-x 图上均为直线，如图 3-1 所示。溶液的总蒸气压为

$$p=p_A+p_D=p_A^*x_A+p_D^*x_D=p_A^*+(p_D^*-p_A^*)x_D \tag{3-13}$$

在一定温度下 p_A^* 和 p_D^* 都为定值，所以二元理想溶液的蒸气压(p)与 x_D 的关系也是一条直线。

3.3.2 理想溶液中各组分的化学势

在一定温度和压强下，当理想溶液与其蒸气平衡时，对其中的任一组分有 $\mu_{B,l}=\mu_{B,g}$。由于蒸气为理想气体，则由式(2-81)得

$$\mu_{B,l}=\mu_{B,g}=\mu_B^{\ominus}(T)+RT\ln\frac{p_B}{p^{\ominus}} \tag{3-14}$$

将式 $p_B=p_B^* x_B$ 代入式(3-14)可得

$$\mu_{B,l}=\mu_B^{\ominus}(T)+RT\ln\frac{p_B^*}{p^{\ominus}}+RT\ln x_B \tag{3-15}$$

式(3-15)右边的前两项就是式(2-97)，也就是在 T、p 状态下纯液态 B 的化学势 $\mu_B^*(T,p)$，因此，式(3-15)可写为

$$\mu_B=\mu_B^*(T,p)+RT\ln x_B \tag{3-16}$$

式(3-16)为理想溶液中各组分的化学势表达式，也是理想溶液的热力学定义式。

由于 μ_B 是以$(T,p,n_1,n_2,\cdots,n_k)$为特征变量的特性函数，因此，理想溶液中组分 B 的各种偏摩尔量都可由式(3-16)来确定。然后理想溶液整体的各种容量性质由各组分的偏摩尔量按集合公式求出。其具体方法与第 2 章中关于混合理想气体的讨论完全相似。

对于理想溶液，可以证明，拉乌尔定律与亨利定律没有差别。

在某温度及压力下，理想溶液与其气相达到平衡，则某组分 B 在两相中的化学势相等，$\mu_{B,l}=\mu_{B,g}$。其中 $\mu_{B,l}$由式(3-16)表示，而 $\mu_{B,g}$由(2-81)表示，即

$$\mu_B^*(T,p)+RT\ln x_B=\mu_B^{\ominus}(T)+RT\ln\left(\frac{p_B}{p^{\ominus}}\right)$$

移项后得

$$\frac{p_B}{x_B p^{\ominus}}=\exp\left[\frac{\mu_B^*(T,p)-\mu_B^{\ominus}(T)}{RT}\right]$$

在确定的温度、压力下，等式右边为常数，令其等于 k_B，得 $p_B=x_B p^{\ominus}k_B=k_{B,x}x_B$，这就是亨利定律。因为任意组分 B 在全部浓度范围内都能符合此式，所以当 $x_B=1$ 时，$k_{B,x}=p_B^*$，所以，$p_B=p_B^* x_B$，这就是拉乌尔定律。

因此，也可以说，理想溶液中任一组分既符合拉乌尔定律，也符合亨利定律。

3.3.3 理想溶液混合热力学性质

由纯组分混合形成溶液前后吉布斯自由能的变化，称为溶液的混合吉布斯自由能

$$\Delta_{mix}G=G-G^*=\sum n_i\mu_i-\sum n_i\mu_i^* \tag{3-17}$$

将式(3-16)代入式(3-17)得理想溶液的混合吉布斯自由能

$$\Delta_{mix}G=RT\sum n_i\ln x_i \tag{3-18}$$

对于 1 mol 理想溶液则有

$$\Delta_{mix}G_m=RT\sum x_i\ln x_i \tag{3-19}$$

因 $0<x_i<1$，故 $\Delta_{mix}G_m<0$。可见在温度及压强一定的条件下，由纯组分形成理想溶液是自动过程。式(3-19)还表明：理想溶液的 $\Delta_{mix}G_m$ 是温度和组成的函数，与压强无关。因此

$$\left(\frac{\partial\Delta_{mix}G}{\partial p}\right)_{T,n_i}=\Delta_{mix}V_m=0 \tag{3-20}$$

即由纯组分形成理想溶液时，溶液体积与混合前纯组分的总体积相等。

将式(3-19)代入$\left(\frac{\partial \Delta_{\text{mix}} G}{\partial T}\right)_{p,n_i}=-\Delta_{\text{mix}} S_{\text{m}}$，得

$$\Delta_{\text{mix}} S_{\text{m}}=-R\sum x_i \ln x_i \tag{3-21}$$

由此可见，理想溶液的混合熵与理想气体的混合熵有着相同的计算式。

而恒温恒压下理想溶液的混合焓为

$$\Delta_{\text{mix}} H_{\text{m}}=\Delta_{\text{mix}} G_{\text{m}}+T\Delta_{\text{mix}} S_{\text{m}}=0 \tag{3-22}$$

即恒温恒压下形成的理想溶液没有混合热。

因此，二元理想溶液的混合热力学性质中，$\Delta_{\text{mix}} G_{\text{m}}$ 和 $T\Delta_{\text{mix}} S_{\text{m}}$ 是两条对称的曲线，而 $\Delta_{\text{mix}} H_{\text{m}}$是一条水平线。二元实际溶液的混合热力学性质则必然与此有偏差。图 3-2 是一个二元实际溶液与二元理想溶液的混合热力学性质的比较图。

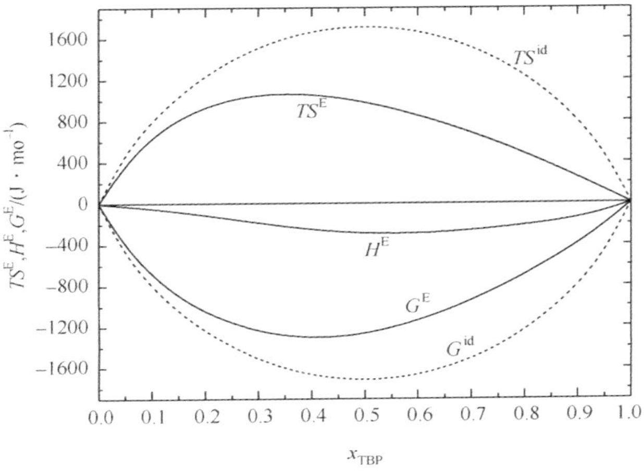

图 3-2　298 K 时(TBP＋甲醇)体系的 TS^{E}、H^{E}、G^{E} 与组成的关系

虚线为理想溶液；引自：物理化学学报，2007，23(1)，124-128

3.4　稀溶液热力学

3.4.1　稀溶液的定义及组分的化学势

溶剂蒸气压与溶液组成的关系符合拉乌尔定律，溶质蒸气压与溶液组成的关系符合亨利定律的溶液称为稀溶液。

运用吉布斯-杜亥姆方程进一步可得到适用于二组分溶液的所谓杜亥姆-Margule 公式(本教材省略)。用杜亥姆-Margule 公式可以证明：对于 A、B 二组分的溶液，若组分 A 在某一浓度区间内符合拉乌尔定律，则在该浓度区间内组分 B 必符合亨利定律，反之亦然。这一结论是人们先从经验事实中总结发现的，但可以得到热力学的证明。

由于稀溶液的溶剂和溶质蒸气压服从不同的定律，因此它们的化学势表达式也不同。溶剂 A 因服从拉乌尔定律，其化学势与理想溶液中组分的化学势表示式相同，即

$$\mu_{\text{A}}=\mu_{\text{A}}^{*}(T,p)+RT\ln x_{\text{A}} \tag{3-23}$$

请注意，式(3-23)与式(3-16)仅是表示形式相同，而公式的含义是不一样的。式(3-16)是理想溶液中任意组分的化学势表达式，其中 x_{B} 的定义域为(0,1)，而式(3-23)是稀溶液中溶剂的化学势表达，其中 x_{A} 的定义范围为 $x_{\text{A}}\to 1$。

稀溶液中的溶质服从亨利定律，则只要将亨利定律的表达式代入式(3-14)，就可得到溶质化学势的表达式。但因亨利常数随浓度表达式不同而不同，所以溶质的化学势表达也有不同的形式。

(1) 若 $p_B = k_{B,x}x_B$，代入式(3-14)得

$$\mu_{B,1} = \mu_B^\ominus(T) + RT\ln\frac{k_{B,x}}{p^\ominus} + RT\ln x_B \tag{3-24}$$

令 $\mu_B^0(T,p) = \mu_B^\ominus(T) + RT\ln\frac{k_{B,x}}{p^\ominus}$，则有

$$\mu_B = \mu_B^0(T,p) + RT\ln x_B \tag{3-25}$$

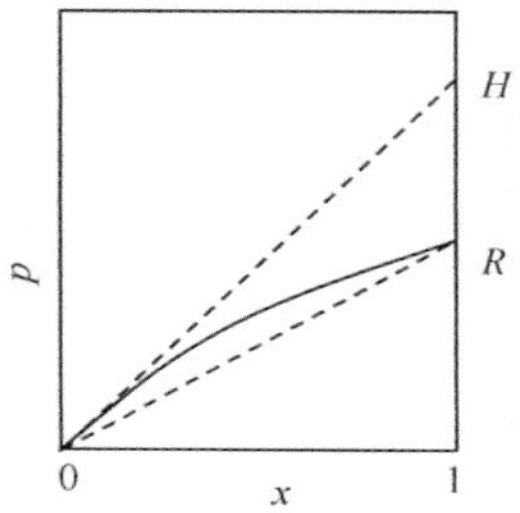

图 3-3 溶质 B 在溶液中的蒸气压

式(3-25)只适用于 $x_A \to 1(x_B \to 0)$ 条件下的溶液。式中，$\mu_B^0(T,p)$ 是温度及压强的函数，不仅与溶质 B 本性有关，而且与溶剂本性有关，因为它与亨利常数 $k_{B,x}$ 有关。当温度及压强一定时，对一定的稀溶液有确定的 $\mu_B^0(T,p)$ 值。但要注意它不是同温度、同压强下、$x_B=1$ 时纯 B 的化学势。因为在 $x_B=1$ 时，溶质 B 的蒸气压不再符合亨利定律。因此，在 $x_B=1$，同时又服从亨利定律的状态，是客观上不存在的假想状态(图 3-3 中点 H)，$\mu_B^0(T,p)$ 就是该假想态的化学势，而纯 B 的化学势 $\mu_B^*(T,p)$ 应是点 R 代表的实际状态的化学势。

(2) 若亨利定律取 $p_B = k_{B,m}\frac{m_B}{m^\ominus}$ 形式，代入式(3-14)得

$$\mu_B = \mu_B^\ominus(T) + RT\ln\left(k_{B,m}\frac{m_B}{m^\ominus p^\ominus}\right) \tag{3-26}$$

令 $\mu_B^\square(T,p) = \mu_B^\ominus(T) + RT\ln(k_{B,m}/p^\ominus)$，则

$$\mu_B = \mu_B^\square(T,p) + RT\ln\frac{m_B}{m^\ominus} \tag{3-27}$$

式中，$\mu_B^\square(T,p)$ 为 $m_B = m^\ominus$ 时溶质的化学势。通常取 $m^\ominus = 1\ \text{mol} \cdot \text{kg}^{-1}$，实际溶液这时不一定符合亨利定律，所以 $\mu_B^\square(T,p)$ 也是假想状态的化学势。

(3) 同理，若以 $p_B = k_{B,c}\frac{c_B}{c^\ominus}$ 代入式(3-14)，得

$$\mu_B = \mu_B^\triangle(T,p) + RT\ln\frac{c_B}{c^\ominus} \tag{3-28}$$

式中，$\mu_B^\triangle(T,p)$ 为 $c_B = c^\ominus = 1\ \text{mol} \cdot \text{L}^{-1}$ 时溶质仍符合亨利定律的那个状态下 B 的化学势，显然这也是假想状态的化学势。

(4) 若以 $p_B = k_{B,w}\frac{w_B}{w^\ominus}$ 代入式(3-14)，得

$$\mu_B = \mu_B^\triangledown(T,p) + RT\ln\frac{w_B}{w^\ominus} \tag{3-29}$$

式中，$\mu_B^\triangledown(T,p)$ 为 $w_B = w^\ominus = 1\%$ 时，溶质仍符合亨利定律的那个假想状态下 B 的化学势。

以上关于稀溶液的溶剂化学势表达式(3-23)中的第一项所对应的状态是纯溶剂的真实存在的状态，而四个关于稀溶液的溶质化学势表达式[式(3-25)、式(3-27)、式(3-28)、式(3-29)]中的第一项所对应的状态都是假想的状态。它们都是系统温度与压力的函数，可称为化学势

的参考态。由于 $p \neq p^{\ominus}$，因此这些参考态都不是标准态。而参考态化学势与标准态化学势的差别可由化学势与压强的关系 $\left(\frac{\partial \mu_B}{\partial p}\right)_{T,n_B} = V'_B$ 得到，如对于纯组分

$$\mu_B^*(T,p) = \mu_B^*(T,p^{\ominus}) + \int_p^{p^{\ominus}} V_{m,B}\,dp$$

式中，$\mu_B^*(T,p^{\ominus})$ 即为 B 在标准态下的化学势。

同理，对 $\mu_B^{\square}(T,p)$ 则有

$$\mu_B^{\square}(T,p) = \mu_B^{\square}(T,p^{\ominus}) + \int_p^{p^{\ominus}} V'_B dp$$

式中，V'_B 为参考态浓度下 B 的偏摩尔体积；$\mu_B^{\square}(T,p^{\ominus})$ 为假想标准态下的化学势。其他参考态化学势与标准态化学势间的关系也可进行类似的处理得到。

由于凝聚相中物质的偏摩尔体积本身就非常小，因此在一般压强（p 与 $p^{\ominus}$ 相差不大）下参考态与标准态的化学势在数值上十分相近。实际应用中（如后面关于活度的测定与计算）常忽略这个差别。

应该指出，当溶液的状态一定时，溶质的化学势 μ_B 必为定值，它不会因溶质浓度的表示方法不同而改变。

有了稀溶液各组分的化学势表达式，则将其代入吉布斯-杜亥姆方程可以证明：对于 A、B 二组分的溶液，若组分 A 在某一浓度区间内符合拉乌尔定律，则在该浓度区间内组分 B 必符合亨利定律，反之亦然。

3.4.2 稀溶液的混合热力学性质

根据稀溶液溶剂和溶质的化学势表示式，我们可以定性讨论稀溶液的混合热力学性质。

将式(3-23)和式(3-25)代入式(3-17)可求得稀溶液的混合吉布斯自由能

$$\Delta_{mix}G_m = x_i[\mu_i^0(T,p) - \mu_i^*(T,p)] + RT\sum x_i \ln x_i \quad (3\text{-}30)$$

由于 $\mu_i^0(T,p) \neq \mu_i^*(T,p)$，且均为 T、p 的函数，因此

$$\Delta_{mix}V_m = \left(\frac{\partial \Delta_{mix}G}{\partial p}\right)_{T,n_i} \neq 0$$

同理

$$\Delta_{mix}S_m = -\left(\frac{\partial \Delta_{mix}G_m}{\partial T}\right)_{p,n_i} = x_i(S'_i - S_{m,i}) - RT\sum x_i \ln x_i$$

$$\Delta_{mix}H_m = \Delta_{mix}G_m + T\Delta_{mix}S_m = x_i(H'_i - H_{m,i}) \neq 0$$

各混合热力学变量难以用具体的公式表达，其中的某些量如混合体积及混合焓等可通过实验测定。

3.4.3 稀溶液的依数性质

在指定了溶剂的种类及其数量后，稀溶液的某些性质只取决于所含溶质质点的数目，而与溶质的本性无关，这些性质称为稀溶液的依数性，包括：①蒸气压降低 $\Delta p_A = p_A^* x_B$［可由拉乌尔定律直接导出，即式(3-8)］；②凝固点下降 $\Delta T_f = K_f m_B$；③沸点升高 $\Delta T_b = K_b m_B$；④渗透压 $\Pi = RTc_B$。现在，利用化学势就可以推导出稀溶液的依数性，使之上升到理论，便于我们更清楚地了解 K_f、K_b 等经验常数的实质。

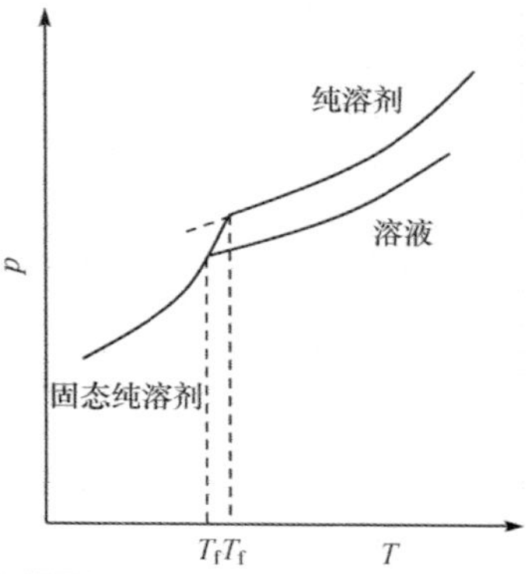

图 3-4 稀溶液凝固点下降示意图

1）凝固点下降

前已指出，在纯物质的正常凝固点温度下，固、液两相平衡共存，纯物质在两相的化学势相等。而对于溶液而言，若溶质只溶解于液态溶剂而不溶于固态溶剂时，少量溶质的存在使溶液的蒸气压降低，且使溶液中溶剂的化学势小于固态纯溶剂的化学势，固态纯溶剂因此熔融将进入溶液中，从而改变溶液的浓度。同时固态溶剂熔融时吸热，使体系的温度下降，直至某一温度时，固态纯溶剂与溶液才达到两相平衡。这个平衡温度称为溶液的凝固点，显然它低于纯溶剂的正常凝固点。图 3-4 示意地说明了上述关于稀溶液凝固点下降的原因。图中 T_f^* 为纯溶剂的正常凝固点，T_f 为溶液的凝固点。

从热力学上很容易导出凝固点降低值 $\Delta T_f = T_f^* - T_f$ 与溶液组成的关系。

假设压强为 p 时，溶液的凝固点为 T，则溶液中溶剂 A 的化学势与固态纯溶剂 A 的化学势相等，即

$$\mu_{A,l}(T,p,x_A)=\mu_{A,s}^*(T,p) \tag{3-31}$$

在恒压下，当溶液浓度 x_A 变化 dx_A 时，凝固点相应地由 T 变为 $T+dT$，所以重新建立两相平衡的条件是

$$d\mu_{A,l}(T,p,x_A)=d\mu_{A,s}^*(T,p) \tag{3-32}$$

因而

$$\left(\frac{\partial \mu_{A,l}}{\partial T}\right)_{p,x_A}dT+\left(\frac{\partial \mu_{A,l}}{\partial x_A}\right)_{p,T}dx_A=\left(\frac{\partial \mu_{A,s}^*}{\partial T}\right)_p dT$$

对于稀溶液的溶剂 $\mu_{A,l}=\mu_{A,l}^*+RT\ln x_A$，且 $\left(\frac{\partial \mu_A}{\partial T}\right)_{p,n_i}=-S'_A$，代入上式得

$$-S'_{A,l}dT+RT\ln x_A=-S_{m,A,s}dT \tag{3-33}$$

式中，$S'_{A,l}$为稀溶液中溶剂 A 的偏摩尔熵，一般近似等于其纯组分的摩尔熵，$S'_{A,l}\approx S_{m,A,l}$。又因为

$$S'_{A,l}-S_{m,A,s}=S_{m,A,l}-S_{m,A,s}=\frac{H_{m,A,l}-H_{m,A,s}}{T}=\frac{\Delta_{fus}H_{m,A}}{T}$$

式中，$\Delta_{fus}H_{m,A}$为纯溶剂的摩尔熔化焓。所以

$$d\ln x_A=\frac{\Delta_{fus}H_{m,A}}{RT^2}dT \tag{3-34}$$

假设温度改变不大时，可以认为 $\Delta_{fus}H_{m,A}$与温度无关，则积分式(3-34)

$$\int_1^{x_A}d\ln x_A=\int_{T_f^*}^{T_f}\frac{\Delta_{fus}H_{m,A}}{RT^2}dT$$

得出

$$\ln x_A=-\frac{\Delta_{fus}H_{m,A}}{R}\left(\frac{1}{T_f}-\frac{1}{T_f^*}\right) \tag{3-35}$$

因为凝固点下降 $\Delta T_f = T_f^* - T_f$ 通常很小，所以 $T_f^*T_f\approx(T_f^*)^2$，式(3-35)可改变写成

$$-\ln x_A=-\frac{\Delta_{fus}H_{m,A}}{R(T_f^*)^2}\Delta T_f \tag{3-36}$$

因为稀溶液中 x_B 很小，所以 $\ln(1-x_B)$ 可做级数展开，并略去高次项

$$\ln(1-x_B)=-x_B-\frac{1}{2}x_B^2-\frac{1}{3}x_B^3-\cdots\approx -x_B$$

这样式(3-36)变成

$$\Delta T_f=\frac{R(T_f^*)^2}{\Delta_{fus}H_{m,A}}x_B \tag{3-37}$$

稀溶液中 $x_B\approx\frac{n_B}{n_A}=m_BM_A$，其中 M_A 为溶剂 A 的摩尔质量。若令

$$K_f=\frac{R(T_f^*)^2M_A}{\Delta_{fus}H_{m,A}} \tag{3-38}$$

式中，K_f 称为凝固点下降常数，可以看出，K_f 仅由纯溶剂的性质决定。例如，水的 $K_f=1.86\ \mathrm{K\cdot kg\cdot mol^{-1}}$。

这样式(3-37)可写成

$$\Delta T_f=K_f\cdot m_B \tag{3-39}$$

一般来说，金属的 K_f 值较大，因此少量杂质也能使金属熔点下降很多。

由式(3-37)和式(3-39)可见，稀溶液的凝固点降低与溶质的浓度成正比，和溶质的本性无关。由于推导时并未涉及溶质能否挥发，因此对于挥发性和非挥发性溶质式(3-37)和式(3-39)均适用，但只限于析出固态纯溶剂的情况。

若析出的固相不是纯溶剂 A，而是含有溶质 B 的固溶体，则推导就从 $\mu_{A,l}(T,p,x_{A,l})=\mu_{A,s}(T,p,x_{A,s})$ 出发，得到的凝固点下降的公式

$$\Delta T_f=T_f^*-T_f=\frac{RT_f^*\cdot T_f}{\Delta_{fus}H_{m,A}}\ln\frac{x_{A,s}}{x_{A,l}}\approx\frac{R(T_f^*)^2}{\Delta_{fus}H_{m,A}}\ln\frac{x_{A,s}}{x_{A,l}} \tag{3-40}$$

式中，$x_{A,l}$ 和 $x_{A,s}$ 分别为溶剂在液相和固相溶体中的摩尔分数。由此可见，溶液中析出的固相为固溶体时，可能出现凝固点上升的现象。若 $x_{A,l}>x_{A,s}$，溶剂在液态溶液中的浓度大于在固溶体中的浓度，则 $\Delta T_f<0$，凝固点上升；反之，若 $x_{A,l}>x_{A,s}$，则 $\Delta T_f>0$，凝固点下降。

式(3-39)可用于测定溶质的摩尔质量。对一定的溶剂其 K_f 为已知，实测 ΔT_f 之后便可求出 m_B。而 $m_B=\frac{W_B}{M_BW_A}$，根据实验中所用的溶剂和溶质的质量 W_A 和 W_B，即可计算 M_B。由于式(3-39)只适用于析出固态溶剂 A 的稀溶液，要准确测定 M_B 时，需要测定几个不同浓度的 ΔT_f，按式(3-39)计算 M_B，然后以 M_B 对 m_B 作图，外推至 $m_B\to 0$ 处即得 M_B。

溶质摩尔质量的实测值与理论值，对于非电解质溶液而言通常比较一致。但对于电解质溶液，电离使质点数增多，实测值常大于式(3-39)的计算值。以熔盐电解质为例，由于在熔盐中电离，每一个溶质分子产生 ν 个与溶剂不相同的离子时，ν 个离子均起独立作用，这样 $\Delta T_f>0$ 应为

$$\Delta T_f=\nu K_f m_B \tag{3-41}$$

例如，以熔融 $NaNO_3$ 为溶剂，分别加入 NaCl（产生一个与溶剂不同的离子 Cl^-，$\nu=1$）和 $BaCl_2$（$\nu=3$），其中 ΔT_f 实测值与按式(3-41)计算值相符合。因而可以断言，NaCl 和 $BaCl_2$ 在 $NaNO_3$ 熔体中都完全电离。若分别加入 $PbCl_2$（$\nu=3$）和 $CdCl_2$（$\nu=3$），在 $x_B>0.01$ 时，实测 ΔT_f 与按式(3-41)计算值不一致，而介于 $\nu=1$ 和 $\nu=3$ 之间的计算值。这说明了 $PbCl_2$ 和 $CdCl_2$ 在 $NaNO_3$ 熔体中没有完全电离，或者可能已电离出的离子又部分发生了缔合。事实上，其他实验也已证明有 $PbCl_4^{2-}$、$CdCl_4^{2-}$ 等配位离子产生。

【例 3-2】 将 0.031 kg $BaSO_4$ 溶解在 0.125 kg NaCl 熔体中，NaCl 的凝固点下降 37.2 K。已知 NaCl 的 $K_f = 19.7\ K \cdot mol^{-1} \cdot kg$，求 $BaSO_4$ 在熔体中的摩尔质量和电离度。

解 按实验测定结果计算有

$$M'_B = \frac{W_B K_f}{W_A \Delta T_f} = \frac{0.031\ kg \times 19.7\ K \cdot mol^{-1} \cdot kg}{0.125\ kg \times 37.2\ K} = 0.131\ kg \cdot mol^{-1}$$

按相对原子质量计算 $BaSO_4$ 的摩尔质量为 $M_B = 0.233\ kg \cdot mol^{-1}$，所以

$$\frac{M_B}{M'_B} = \frac{0.233}{0.131} = 1.78$$

若 $BaSO_4$ 在 NaCl 熔体中完全离解，则 $\nu = 2$。

本题计算结果 $\nu = 1.78$，证明 $BaSO_4$ 没有完全电离。设电离为 α，则 1 mol $BaSO_4$ 电离后剩余 $(1-\alpha)$ mol，产生 Ba^{2+} 和 SO_4^{2-} 各为 α mol，合计 $(1-\alpha)+2\alpha = 1.78$，因此 $\alpha = 0.78$。

2）沸点升高

沸点是指液体的蒸气压等于外压时的温度。在一定温度下，含有非挥发性溶质的溶液的蒸气压低于纯溶剂的蒸气压，只有升高温度相应地使蒸气压增大到等于外压，才能使溶液沸腾，所以溶液的沸点比纯溶液高。

在恒压下的沸点温度时，液-气两相平衡，有

$$\mu_{A,l}(T, p, x_A) = \mu_{A,g}(T, p)$$

由此出发，像推导凝固点下降公式那样，可以导出下列沸点升高公式

$$-\ln x_A = -\frac{\Delta_{vap} H_{m,A}}{R(T_b^*)^2}(T_b - T_b^*) \tag{3-42}$$

$$\Delta T_b = \frac{R(T_b^*)^2 M_A}{\Delta_{vap} H_{m,A}} m_B = K_b m_B \tag{3-43}$$

这两个公式适用于含非挥发性溶质的稀溶液。式中，$\Delta_{vap} H_{m,A}$ 为纯溶剂 A 的摩尔蒸发焓；$\Delta T_b = T_b - T_b^*$ 为溶液的沸点与纯溶剂的沸点之差，称为沸点升高；K_b 为溶剂的沸点升高常数，水的 $K_b = 0.513\ K \cdot mol^{-1} \cdot kg$。

若溶质为挥发性的，则从 $\mu_{A,l}(T, p, x_A) = \mu_{A,g}(T, p, y_A)$ 可推导出沸点升高公式为

$$\Delta T_b = T_b - T_b^* = \frac{R T_b^* \cdot T_b}{\Delta_{vap} H_{m,A}} \ln \frac{y_A}{x_A} \approx \frac{R(T_b^*)^2}{\Delta_{vap} H_{m,A}} \ln \frac{y_A}{x_A} \tag{3-44}$$

式中，x_A 和 y_A 分别为 A 组分在溶液相和气相中的摩尔分数。在式(3-44)中，若 $x_A < y_A$，则溶液沸点升高。若 $x_A > y_A$，则溶液的沸点会下降。这种情况在气-液系相图上就可以反映出来。

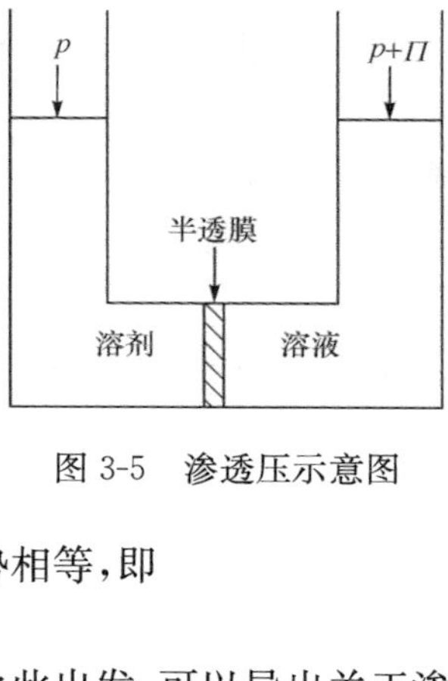

图 3-5 渗透压示意图

3）渗透压

在如图 3-5 所示的装置中，若取相同体积的纯溶剂 A 和溶液置于半透膜两边，半透膜允许溶剂 A 分子通过而不允许溶质分子通过。由于溶液中溶剂的化学势小于纯溶剂的化学势，因此溶剂分子能通过半透膜进入溶液，从而使溶液的体积增大，液面升高，这种现象称为渗透现象。当溶液体积不再改变时就达到了渗透平衡。注意在渗透平衡时，两相的压力不相等。

为了阻止纯溶剂分子渗透，在溶液上需施加额外的压强 Π，称为渗透压。在一定温度下渗透平衡时，半透膜两边溶剂的化学势相等，即

$$\mu_A(T, p+\Pi, x_A) = \mu_A^*(T, p)$$

由此出发，可以导出关于渗透压 Π 的公式

$$\Pi V_A' = -RT\ln x_A \tag{3-45}$$

式中，V_A' 为溶液中溶剂 A 的偏摩尔体积。在稀溶液中 $V_A' \approx V_{m,A}$，溶液体积 $V \approx n_A V_{m,A}$，又 $-\ln x_A \approx x_B \approx n_B/n_A$，所以式(3-45)可近似写成

$$\Pi V = n_B RT \tag{3-46}$$

溶质的浓度越小，即溶液越稀，此式越正确。

渗透现象在生物学中十分重要，植物就是靠根部细胞膜的渗透作用从土壤中吸收水分。

如果把溶液上的压强增至 $p+\Pi$ 以上，则溶液中溶剂的化学势就变得比纯溶剂的化学势大，因而会有溶剂通过半透膜进入纯溶剂一方，这种现象称为反渗透。根据这个原理，采用耐高压的半透膜，就可以用于制作海水淡化装置或用于工业废水的净化装置。

3.5 实际溶液与活度

3.5.1 实际溶液的特点

实际溶液是指在组成上超出了稀溶液的范围，既不符合稀溶液规律，也不符合理想溶液规律的溶液。也就是说，实际溶液中各组分既对拉乌尔定律有偏差，也对亨利定律有偏差。这种偏差要么是正偏差，要么是负偏差，分别如图 3-6(a)和(b)所示。

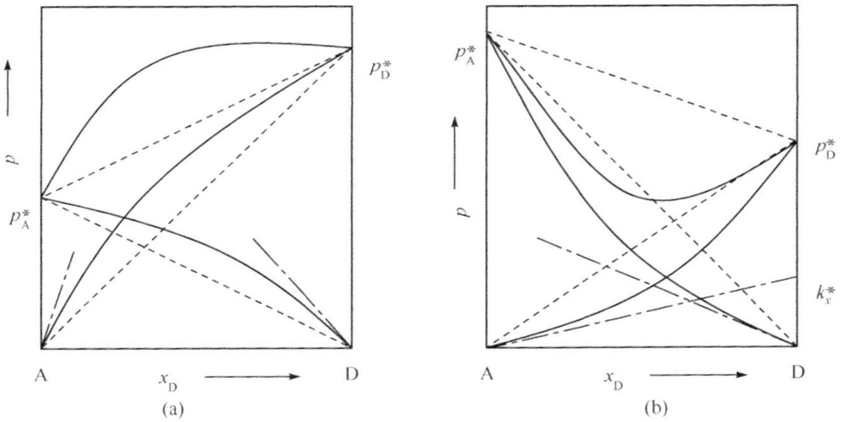

图 3-6 实际溶液对理想溶液的偏差

对拉乌尔定律出现正偏差时，$p_i > p_i^* x_i$，即蒸气压大于计算值。一般当二元溶液中 A 与 D 分子间的吸引力小于同类分子间的吸引力，或形成溶液时伴随有纯组分缔合分子的离解，使分子数增多，从而使溶液中的分子比在纯组分状态下的蒸发趋势更大，就会出现正偏差。出现正偏差的体系常伴随 $\Delta_{mix}V_m > 0$ 及 $\Delta_{mix}H_m > 0$，如 Fe-Cu 系、Sn-Tl 系等。

对拉乌尔定律出现负偏差时，$p_i < p_i^* x_i$，蒸气压小于计算值，一般当二元溶液中 A、D 分子间相互吸引力大于同类分子间的相互吸引力，或溶液形成时伴有缔合度增大或化合物生成而使分子数减小，从而使溶液中分子挥发逸出的能力小于纯物质的挥发逸出能力，就会出现负偏差。负偏差的体系常伴随 $\Delta_{mix}V_m < 0$ 及 $\Delta_{mix}H_m < 0$。具有负偏差的金属二元系有 Fe-Ni、Fe-Si、Al-Sb 等。

图 3-6(a)中是两组分都产生正偏差，溶液整体也是正偏差的情况；图 3-6(b)中是两组分都产生负偏差，溶液整体也是负偏差的情况。热力学理论并不排除一组分产生正偏差，而另一组分产生负偏差的情况，也不排除某组分在一定浓度范围内产生正偏差，而在另外浓度范围内

产生负偏差的情况。有兴趣者可参阅有关文献。

必须指出上述关于实际溶液对理想溶液的偏差的讨论，均是在一定温度条件下进行的。若改变温度，各组分的蒸气压随之而变，但变化的程度将由组分的本性决定。因而实际溶液中，各组分对理想溶液偏差的程度也随着体系温度的改变而改变。

3.5.2 活度的概念

1. 活度及活度因子的定义

实际溶液中某组分 B 既不符合拉乌尔定律，也不符合亨利定律，因而其化学势既不能用理想溶液中 B 的化学势表达，也不能用稀溶液中 B 的化学势表达。为了让实际溶液中某组分 B 的化学势表达式具有与理想溶液或稀溶液相类似的形式，路易斯仿照气体逸度的概念，提出了相对活度(简称活度)的概念。也就是说，提出活度概念的目的是修正实际溶液中某组分 B 的化学势对理想溶液或稀溶液的偏差。因此活度的定义有两种，分别对应于对理想溶液的修正和对稀溶液的修正(本质上分别对应于对拉乌尔定律的修正和对亨利定律的修正)。

活度定义Ⅰ：实际溶液中任一组分 B 的活度 a_B 为

$$a_B=\exp\left[\frac{\mu_B(T,p,x_C)-\mu_B^*(T,p)}{RT}\right] \tag{3-47}$$

式中，$\mu_B(T,p,x_C)$为实际溶液中 B 组分的化学势；$\mu_B^*(T,p)$为理想溶液中 B 组分化学势表达式(3-16)中的第一项，也就是纯 B 的化学势。

按定义(3-47)，则实际溶液中 B 组分的化学势自然就为

$$\mu_B(T,p,x_C)=\mu_B^*(T,p)+RT\ln a_B$$

若定义相应活度因子 $\gamma_B=a_B/x_B$，则有

$$\mu_B(T,p,x_C)=\mu_B^*(T,p)+RT\ln a_B=\mu_B^*(T,p)+RT\ln(\gamma_B x_B) \tag{3-48}$$

显然，活度因子 γ_B 是实际溶液中 B 组分的化学势与理想溶液偏离程度的度量，$\gamma_B=1$ 即为理想溶液，$\gamma_B\neq1$ 为实际溶液。$\gamma_B>1$ 为正偏差，$\gamma_B<1$ 为负偏差。

活度及活度因子都是相对值，因此，要得到溶液某状态下活度及活度因子的具体数值，还需要给它们选定相应的参考态。毫无疑问，选择相应 $a_B=1$ 的状态及 $\gamma_B=1$ 的状态为参考态，可使问题得到简化。

由以上分析可见，一种活度的定义包括两个部分：活度及活度因子的定义式；活度及活度因子参考态的选择。对于定义Ⅰ，显然确定温度和压力下的纯组分 B 即是其活度的参考态，也是其活度因子的参考态，也是化学势的参考态。

若实际溶液的各组分不区分为溶剂和溶质，则其活度用此种定义。若将实际溶液区分为溶剂和溶质，则溶剂的活度采用活度定义Ⅰ，而溶质则需采用活度定义Ⅱ。

活度定义Ⅱ：实际溶液中任一溶质组分 B 的活度 a_B 为

$$a_B=\exp\left[\frac{\mu_B(T,p,x_C)-\mu_B(\text{hyp},T,p)}{RT}\right]，活度因子=\frac{a_B}{无量纲浓度项} \tag{3-49}$$

式中，$\mu_B(\text{hyp},T,p)$为稀溶液中溶质 B 组分采用不同浓度表示方法时其化学势表达式[式(3-25)、式(3-27)、式(3-28)、式(3-29)]中的第一项，也就是 B 在各假想状态下的化学势。具体就是：

1) 当 B 的浓度用 x_B 表示时

$$a_{B,x}=\exp\left[\frac{\mu_B(T,p,x_C)-\mu_B^0(\text{hyp},T,p)}{RT}\right]，\gamma_{B,x}=\frac{a_B}{x_B}，且\lim_{x_B\to0}(\gamma_{B,x})=1 \tag{3-50}$$

式(3-50)表明活度的参考态是 $x_B=1$ 时仍能服从亨利定律的那个假想状态，与相应化学势的参考态相同；而活度因子 $\gamma_{B,x}$ 的参考态是 $x_B\to 0$ 的状态，也就是无限稀薄溶液，这是无限接近于真实存在的状态。组分B的化学势则为

$$\mu_B(T,p,x_C)=\mu_B^0(\text{hyp},T,p)+RT\ln a_{B,x}=\mu_B^0(\text{hyp},T,p)+RT\ln(\gamma_{B,x}x_B) \qquad (3\text{-}51)$$

2）当B的浓度用 m_B 表示时

$$a_{B,m}=\exp\left[\frac{\mu_B(T,p,x_C)-\mu_B^{\square}(\text{hyp},T,p)}{RT}\right],\gamma_{B,m}=\frac{a_B}{m_B/m^{\ominus}},\text{且}\lim_{m_B\to 0}(\gamma_{B,m})=1 \qquad (3\text{-}52)$$

式(3-52)表明活度的参考态是 $m_B=m^{\ominus}=1\ \text{mol}\cdot\text{kg}^{-1}$ 时仍能服从亨利定律的那个假想状态，与相应化学势的参考态相同；而活度因子 $\gamma_{B,m}$ 的参考态是 $m_B\to 0$ 的状态，也就是无限稀薄溶液，这是无限接近于真实存在的状态。组分B的化学势则为

$$\mu_B(T,p,x_C)=\mu_B^{\square}(\text{hyp},T,p)+RT\ln a_{B,m}=\mu_B^{\square}(\text{hyp},T,p)+RT\ln(\gamma_{B,m}m_B/m^{\ominus}) \qquad (3\text{-}53)$$

3）当B的浓度用 c_B 表示时

$$a_{B,c}=\exp\left[\frac{\mu_B(T,p,x_C)-\mu_B^{\triangle}(\text{hyp},T,p)}{RT}\right],\gamma_{B,c}=\frac{a_B}{c_B/c^{\ominus}},\text{且}\lim_{c_B\to 0}(\gamma_{B,c})=1 \qquad (3\text{-}54)$$

式(3-54)表明活度的参考态是 $c_B=c^{\ominus}=1\ \text{mol}\cdot\text{dm}^{-3}$ 时仍能服从亨利定律的那个假想状态，与相应化学势的参考态相同；而活度因子 $\gamma_{B,c}$ 的参考态是 $c_B\to 0$ 的状态，也就是无限稀薄溶液，这是无限接近于真实存在的状态。组分B的化学势则为

$$\mu_B(T,p,x_C)=\mu_B^{\triangle}(\text{hyp},T,p)+RT\ln a_{B,c}=\mu_B^{\triangle}(\text{hyp},T,p)+RT\ln(\gamma_{B,c}c_B/c^{\ominus}) \qquad (3\text{-}55)$$

4）当B的浓度用质量分数 w_B 表示时

$$a_{B,w}=\exp\left[\frac{\mu_B(T,p,x_C)-\mu_B^{\triangledown}(\text{hyp},T,p)}{RT}\right],\gamma_{B,w}=\frac{a_B}{w_B/w^{\ominus}},\text{且}\lim_{w_B\to 0}(\gamma_{B,w})=1 \qquad (3\text{-}56)$$

式(3-56)表明活度的参考态是 $w_B=w^{\ominus}=1\%$ 时仍能服从亨利定律的那个假想状态，与相应化学势的参考态相同；而活度因子 $\gamma_{B,w}$ 的参考态是 $w_B\to 0$ 的状态，也就是无限稀薄溶液，这是无限接近于真实存在的状态。组分B的化学势则为

$$\mu_B(T,p,x_C)=\mu_B^{\triangledown}(\text{hyp},T,p)+RT\ln a_{B,w}=\mu_B^{\triangledown}(\text{hyp},T,p)+RT\ln(\gamma_{B,w}w_B/w^{\ominus}) \qquad (3\text{-}57)$$

因此，实际溶液中B组分的活度及活度因子的数值会因定义的不同而不同，而化学势的绝对值是相同的。

活度及活度因子都是量纲为一的量，是针对实际溶液中某组分而言的，但它们都是系统的强度性质，是与系统的温度、压力、组成有关的函数。

2. 两种活度定义的本质

活度定义Ⅰ的本质是对拉乌尔定律的修正，即用活度代替浓度，仍满足拉乌尔定律，即 $p_A=p_A^*a_A$ 或 $a_A=p_A/p_A^*$。从此意义上说，活度相当于校正浓度。相应的活度因子则为 $\gamma_A=a_A/x_A$，也就是对拉乌尔定律偏差程度的度量。

活度定义Ⅱ的本质是对亨利定律的修正，即用活度代替浓度项，仍满足亨利定律，即 $p_B=k_Ba_B$ 或 $a_B=p_B/k_B$。相应的活度因子则为 $\gamma_B=a_B$/浓度项，也就是对亨利定律偏差程度的度量。因亨利定律随浓度的表示形式不同而不同，所以按定义Ⅱ所得的活度和活度因子也将随之不同。具体依浓度表示法不同分别为

$$a_{B,x}=\frac{p_B}{k_{B,x}}=\gamma_{B,x}x_B \qquad \lim_{x_B\to 0}\gamma_{B,x}=1$$

$$a_{B,m}=\frac{p_B}{k_{B,m}}=\gamma_{B,m}\frac{m_B}{m^{\ominus}}\qquad \lim_{m_B\to 0}\gamma_{B,m}=1$$

$$a_{B,c}=\frac{p_B}{k_{B,c}}=\gamma_{B,c}\frac{c_B}{c^{\ominus}}\qquad \lim_{c_B\to 0}\gamma_{B,c}=1$$

$$a_{B,w}=\frac{p_B}{k_{B,w}}=\gamma_{B,w}\frac{w_B}{w^{\ominus}}\qquad \lim_{w_B\to 0}\gamma_{B,w}=1$$

【例 3-3】 取 Cd-Sn 合金(固态溶液),测得在 955 K 时合金中 Cd 的蒸气压值如下表,求 Cd 在合金中的活度和活度因子。

w_{Cd}	1%	20%	40%	60%	80%	100%
x_{Cd}	0.0106	0.21	0.42	0.61	0.81	1.00
p_{Cd}/kPa	0.800	14.66	24.00	30.66	32.66	33.33

解 (1) 按第一种活度定义,则纯 Cd 为活度及活度因子的参考态,且当 $x_{Cd}=1$ 时,$p_{Cd}^*=33.33$ kPa。所以有 $a_{Cd}=p_{Cd}/p_{Cd}^*$ 及 $\gamma_{Cd}=a_{Cd}/x_{Cd}$。代入相应数据计算得如下结果:

x_{Cd}	0.0106	0.21	0.42	0.61	0.81	1.00
a_{Cd}	0.024	0.44	0.72	0.82	0.98	1.00
γ_{Cd}	2.26	2.09	1.71	1.51	1.21	1.00

(2) 按第二种活度定义,$w_{Cd}=1\%$仍符合亨利定律的那个假想状态为活度参考态,而活度因子的参考态则为 $w_{Cd}\to 0$ 的那个状态。而且

$$a_{Cd,w}=p_{Cd}/k_{Cd,w},\gamma_{Cd,w}=\frac{p_{Cd}}{k_{Cd,w}}\times\frac{w^{\ominus}}{w_{Cd}}$$

因此,关键是要知道亨利常数 $k_{Cd,w}$。可用外推法求 $k_{Cd,w}$:即以 $\frac{p_{Cd}}{w_{Cd}}$ 对 w_{Cd} 作图,外推到 $w_{Cd}\to 0$,则 $\left[\frac{p_{Cd}}{w_{Cd}}\right]_{w_{Cd}\to 0}=k_{Cd,w}$。本例中,稀溶液范围内的数据不多,难以外推。但若粗略外推估算出 $k_{Cd,w}=0.805$ Pa,则可计算活度及活度因子如下:

w_{Cd}	1%	20%	40%	60%	80%	100%
$a_{Cd,w}$	0.99	18.2	29.8	38.1	40.6	41.4
$\gamma_{Cd,w}$	0.99	0.91	0.75	0.64	0.51	0.41

由计算结果可见,在 $w_{Cd}=1\%$的实际状态,其活度及活度因子都不为 1,这是因为它既不是活度的参考态,也不是活度因子的参考态。

以上计算结果也表明,选择不同的活度定义时,活度及活度因子的值不相同。在本例中,溶液中 Cd 组分对拉乌尔定律产生正偏差(按第一种定义,$\gamma_{Cd}>1$),而对亨利定律产生负偏差(按第二种定义,$\gamma_{Cd}<1$)。

3.5.3 实际溶液混合热力学性质

引入活度的概念之后,我们就可以讨论实际溶液的混合热力学性质了。若实际溶液各组分都采用活度定义Ⅰ,则在恒温恒压下由各纯组分混合形成实际溶液,其吉布斯自由能变化为

$$\Delta_{mix}G=RT\sum n_i\ln a_i,\ \Delta_{mix}G_m=RT\sum x_i\ln a_i \tag{3-58}$$

则

$$\Delta_{mix}S_m=-\left(\frac{\partial\Delta_{mix}G_m}{\partial T}\right)_p=-R\sum x_i\ln a_i-RT\sum x_i\ln\left(\frac{\partial\ln a_i}{\partial T}\right)_p \tag{3-59}$$

$$\Delta_{\text{mix}}V_{\text{m}} = \left(\frac{\partial \Delta_{\text{mix}}G_{\text{m}}}{\partial p}\right)_T = RT\sum x_i \ln\left(\frac{\partial \ln a_i}{\partial T}\right)_p \tag{3-60}$$

及

$$\Delta_{\text{mix}}H_{\text{m}} = -RT^2\sum x_i \ln\left(\frac{\partial \ln a_i}{\partial T}\right)_p \tag{3-61}$$

实际溶液同样存在依数性质，只是不符合前述关于稀溶液依数性的各公式。但在推导过程一开始就以活度取代浓度，则可推得

$$\left.\begin{aligned} \Delta p_{\text{A}} &= p_{\text{A}}^{*}(1-a_{\text{A}}) \\ \Delta T_{\text{f}} &= -\frac{RT_{\text{f}}^{*}\cdot T_{\text{f}}}{\Delta_{\text{vap}}H_{\text{m}}(\text{A})}\ln a_{\text{A}} \\ \Delta T_{\text{b}} &= -\frac{RT_{\text{b}}^{*}\cdot T_{\text{b}}}{\Delta_{\text{vap}}H_{\text{m}}(\text{A})}\ln a_{\text{A}} \\ \Pi &= -\frac{RT}{V_{\text{m}}(\text{A})}\ln a_{\text{A}} \end{aligned}\right\} \tag{3-62}$$

此时因 $a_{\text{A}} \neq 1-a_{\text{B}}$，所以上面各式的对数项均不能再简化了。

3.5.4 活度及活度因子的测定与求算

1. 溶剂与溶质活度的相互关系

对于 A 和 B 组成的二元溶液，在 T、p 一定时，吉布斯-杜亥姆方程为 $x_{\text{A}}\text{d}\mu_{\text{A}} + x_{\text{B}}\text{d}\mu_{\text{B}} = 0$ 或 $x_{\text{A}}\text{dln}a_{\text{A}} + x_{\text{B}}\text{dln}a_{\text{B}} = 0$，因此有

$$\text{dln}a_{\text{A}} = -\frac{x_{\text{B}}}{x_{\text{A}}}\text{dln}a_{\text{B}} \tag{3-63}$$

由于 $x_{\text{A}} + x_{\text{B}} = 1$，$\text{d}x_{\text{A}} = -\text{d}x_{\text{B}}$，因此，$\text{dln}x_{\text{A}} = -\frac{x_{\text{B}}}{x_{\text{A}}}\text{dln}x_{\text{B}}$，与式(3-58)联立得

$$\text{dln}\frac{a_{\text{A}}}{x_{\text{A}}} = -\frac{x_{\text{B}}}{x_{\text{A}}}\text{dln}\frac{a_{\text{B}}}{x_{\text{B}}} \text{ 或 } \text{dln}\gamma_{\text{A}} = -\frac{x_{\text{B}}}{x_{\text{A}}}\text{dln}\gamma_{\text{B}} \tag{3-64}$$

若已知二元溶液中 B 组分的活度或活度因子(或它们的函数表达式)，则可根据式(3-63)及式(3-64)求另一个组分 A 的活度或活度因子(或它们的函数表达式)，反之亦然。在运用这两个公式时需要注意的是，A、B 两组分需选用与物质的量分数相对应的活度定义。

式(3-63)及式(3-64)还可以检验热力学数据的一致性。若用实验或模型计算分别得到 A、B 两组分的活度及活度因子的数据，若它们满足这两个公式，则称它们满足了热力学一致性，是合理的；否则就不满足热力学一致性，必定不合理，从而需对实验测定进行检查，或进一步修正计算模型。

2. 活度及活度因子的实验测定

溶液的活度及活度因子是系统重要的热力学函数，在相平衡和化学平衡研究中具有非常重要的作用。准确可靠的活度及活度因子数据只有通过实验测定得到或检验。测量活度及活度因子的方法很多，在此简要列举以下几种。

1) 蒸气压法

通过实验测定在确定温度和压力下与溶液平衡的蒸气相中某组分的分压，是获得活度最直接的一种方法。

对于溶剂 A，实验测出 p_A，则

$$a_A=\frac{p_A}{p_A^*}\text{及 }\gamma_A=\frac{a_A}{x_A}=\frac{p_A}{p_A^* x_A} \tag{3-65}$$

对于溶质 B，若浓度用 x_B 表示，实验测出 p_B，则

$$a_{B,x}=\frac{p_B}{k_{B,x}},\gamma_{B,x}=\frac{a_{B,x}}{x_B}=\frac{p_B}{k_{B,x}x_B} \tag{3-66}$$

式中，亨利常数 $k_{B,x}$ 可用外推法求得，即以 p_B 对 x_B 作图，外推到 $x_B=0$ 处的 $p_B=k_{B,x}$。

若溶质浓度用其他方式（c_B、m_B 及 w_B）表示，其讨论大致与上类似。

例如，冶金领域金属熔融液的活度常采用蒸气压法测定，表 3-1 是 Cu-Zn 合金熔融液蒸气压测定和相应活度及活度因子的计算结果。

表 3-1　1374 K 时 Cu-Zn 合金的蒸气压和活度

x_{Zn}	0.05	0.11	0.31	0.52	0.73	0.82	0.90	1.00
$p_{Zn}/10^{-5}$ Pa	0.033	0.093	0.550	1.65	3.35	4.14	4.79	5.45
a_{Zn}	0.006	0.017	0.10	0.30	0.62	0.76	0.88	1.00
γ_{Zn}	0.120	0.156	0.327	0.582	0.842	0.927	0.977	1.00
$\lg\gamma_{Zn}$	−0.920	−0.807	−0.485	−0.235	−0.074	−0.033	−0.010	0
x_{Zn}/x_{Cu}	0.053	0.124	0.450	1.08	2.70	4.56	9.00	∞
$\lg\gamma_{Cu}$	−0.003	−0.012	−0.098	−0.276	−0.543	−0.685	−0.852	−1.02
a_{Cu}	0.94	0.87	0.55	0.26	0.077	0.037	0.015	0

表 3-1 中第 2 行为不同浓度 Cu-Zn 合金在 1373 K 时，Zn 蒸气压的实测值。已知液态纯 Zn 的蒸气压方程为

$$\lg(p_{Zn}^*/p^\ominus)=-6183/T+5.23(692.7\sim1400\ \text{K})$$

由上式可以算出液态纯锌在 1373 K 的蒸气压为 5.45×10^5 Pa，若以同温同压下液态纯锌为参考态，则 $a_{Zn}=p_{Zn}/p_{Zn}^*=p_{Zn}/5.45\times10^5$ Pa，$\gamma_{Zn}=a_{Zn}/x_{Zn}$，相应计算结果列于表中第 3、4 行。

而合金熔融液中 Cu 的活度及活度因子需用吉布斯-杜亥姆方程[式(3-63)及式(3-64)]计算。式(3-64)的积分式为

$$\lg\gamma_{Cu}=-\int_1^{x_{Cu}}\frac{x_{Zn}}{x_{Cu}}\mathrm{d}\lg\gamma_{Zn} \tag{3-67}$$

若已知 $\lg\gamma_{Zn}$-x_{Zn} 的函数关系式，则代入式(3-67)积分即得 $\lg\gamma_{Cu}$-x_{Zn} 的函数关系式。若以表 3-1 数据作 $\frac{x_{Zn}}{x_{Cu}}$-$\lg\gamma_{Zn}$ 图，则用图解积分法求出曲线下的面积（图 3-7），将得相应浓度 x_{Cu} 时的 $\lg\gamma_{Cu}$ 值，此值与相应的 a_{Cu} 列在表 3-1 的第 7、8 行。图 3-8 为求得 1373 K 下 Cu-Zn 合金中组分的活度与组成的关系。

2）依数性质测定法

根据式(3-62)中的系列公式，通过测量实际溶液的各依数性质，如蒸气压的降低、凝固点降低、沸点升高、渗透压等，都可求得该浓度下溶剂的活度 a_A，然后根据 $a_A=\gamma_A x_A$，即可求得活度因子 γ_A。

电化学的方法将在以后介绍。

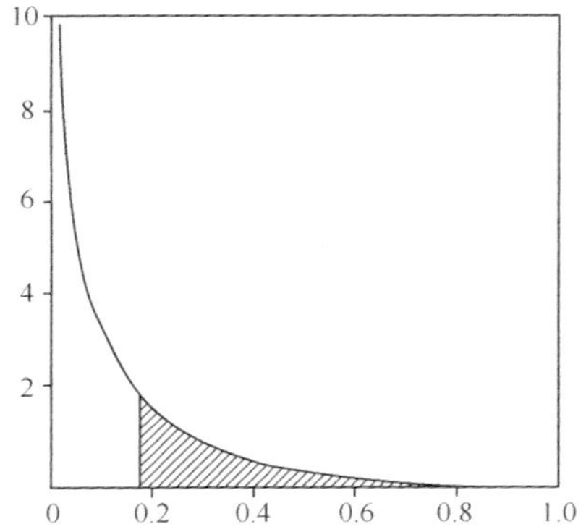

图 3-7　吉布斯-杜亥姆方程积分法计算活度系数

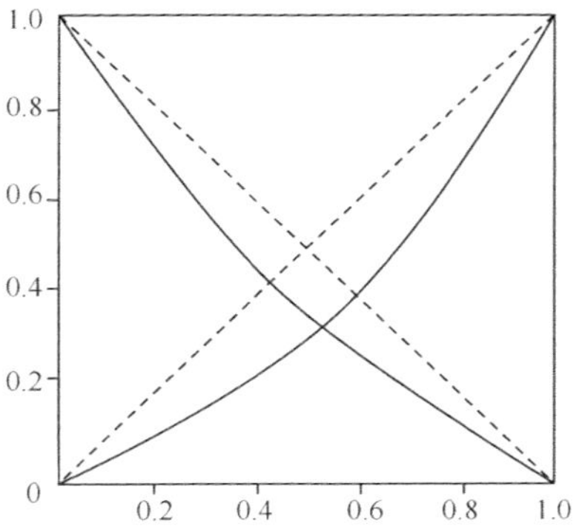

图 3-8　1373 K Cu-Zn 系合金的活度

3.5.5　分配定律

在恒温恒压下，若物质 B 以同一形态溶解于两个同时存在但互不相溶的液体(A、D)中，达到平衡后，该物质在两相(α 和 β)中的浓度之比有定值，这就是分配定律，用公式表示为

$$K=\frac{m_{B,\alpha}}{m_{B,\beta}}\text{或 }K=\frac{c_{B,\alpha}}{c_{B,\beta}} \tag{3-68}$$

式中，K 称为分配系数，与温度、压力、溶质的性质及两种溶剂的性质有关。分配定律最早是由经验总结出来的。当两相中的浓度不大时，该式能很好地与实验结果相符。

这个经验定律也可以从热力学得到证明。当溶质 B 在 α 和 β 两相中达到平衡后，有$\mu_{B,\alpha}=\mu_{B,\beta}$，即

$$\mu^0_{B,\alpha}(T,p)+RT\ln a_{B,\alpha}=\mu^0_{B,\beta}(T,p)+RT\ln a_{B,\beta}$$

所以有

$$\frac{a_{B,\alpha}}{a_{B,\beta}}=\exp\left[\frac{\mu^0_{B,\beta}(T,p)-\mu^0_{B,\alpha}(T,p)}{RT}\right]=K(T,p) \tag{3-69}$$

在恒温恒压下，分配系数 K 即有定值。若 B 在两相中的浓度不大，则活度用浓度代替，就得到式(3-68)。

求分配系数 K 值，可根据一系列分配平衡实验数据，以 $\ln\left(\frac{x_{B,\alpha}}{x_{B,\beta}}\right)$对 $x_{B,\beta}$作图，所得曲线外推至 $x_{B,\beta}=0$ 时的截距，就是 $\ln K$ 值。若已知物质 B 在一个相中的活度，则按式(3-69)即可算出物质 B 在另一相中的活度。一种比较简单的情形是 B 在 α 相中溶解度很小，服从亨利定律，活度用浓度代替，$a_{B,\alpha}=x_{B,\alpha}$，而在另一相中溶解度较大，其活度则为 $a_{B,\beta}=x_{B,\alpha}/K$。根据这个原理人们曾研究了磷在 Fe-Ag 之间的分配平衡，从而求得磷在铁液中的活度。

需要注意，得到式(3-69)时，实际上就是对 B 采用了活度的第二种定义。若对 B 采用活度的第一种定义，则有

$$\frac{a_{B,\alpha}}{a_{B,\beta}}=\exp\left[\frac{\mu^*_B(T,p)-\mu^*_B(T,p)}{RT}\right]=1 \tag{3-70}$$

即 B 在两相中的活度相等，且分配系数为 1。

应用分配定律时应注意，如果溶质在任一溶剂中有缔合或离解现象，则分配定律仅能适用于在溶剂中分子形态相同的部分。

在实际应用中有许多两液相平衡体系分离的过程，如火法冶金中的冰铜与炉渣，精炼过程中的液态金属与精炼渣，有机萃取中的有机相与水相等。分配定律为这些分离过程奠定了理论基础。

萃取在物质及材料的提取、分离、净化等过程中有广泛的应用。工业过程中总是期望用适量的萃取剂，获得最大的萃取效率。分配定律为提高萃取效率提供了理论指导。设体积为 $V_A(dm^3)$ 的水溶液含有某溶质 B 的质量为 $W_0(kg)$，现用体积为 $V_D(dm^3)$ 的萃取剂进行萃取。设一次萃取后水溶液中余下 W_1 的溶质，按分配定律，有

$$K=\frac{c_{B,D}}{c_{B,A}}=\frac{\dfrac{(W_0-W_1)/M_B}{V_D}}{\dfrac{W_1/M_B}{V_A}} \tag{3-71}$$

式中，M_B 为溶质的摩尔质量。整理式(3-71)得

$$W_1=W_0\,\frac{V_A}{KV_D+V_A}$$

若第二次再用 V_D 的新萃取剂萃取，余下 W_2 的溶质留在水相中，则

$$W_2=W_1\,\frac{V_A}{KV_D+V_A}=W_0\left(\frac{V_A}{KV_D+V_A}\right)^2$$

依次类推，若每次均用 V_D 的新萃取剂萃取，则经过 n 次萃取后，水相中剩余的溶质为 $W_n(kg)$，则

$$W_n=W_0\left(\frac{V_A}{KV_D+V_A}\right)^n=W_0\left[\frac{1}{K\dfrac{V_D}{V_A}+1}\right]^n \tag{3-72}$$

显然 W_n 小，且所用萃取剂又少，$W'_1=W_0\left(\dfrac{V_A}{nKV_D+V_A}\right)$效果就好。由式(3-72)可见，$K$ 越大越好，因此应选择 K 大的萃取剂；V_D/V_A 越大越好，但大量使用萃取剂经济上不合算。同时还可以看出，若用一定量的萃取剂分几次萃取，比用同量萃取剂一次萃取的效率要高得多。假设将 $nV_D(dm^3)$ 的有机相进行一次性萃取，则余下溶质 $W'_1(kg)$ 为

$$W'_1=W_0\left(\frac{V_A}{nKV_D+V_A}\right)$$

比较可知 $W_n \ll W'_1$，因此，“少量多次” 萃取也是提高萃取效率的有效途径。

3.6 渗透因子和超额函数

3.6.1 溶剂的渗透因子

如前所述，活度因子是实际溶液中 B 组分与理想溶液的偏差的度量，即非理想性的度量。但对于溶剂，有时用活度因子来度量时，其与 1 的差距并不显著。例如，在 298.15 K 及标准压力下，在水的摩尔分数 $x_A=0.9328$ 的 KCl 溶液中，已知水的活度是 $a_A=0.9364$，所以其活度因子为 $\gamma_A=1.004$。显然其偏差很不显著。为此，Bjerrum 建议用渗透因子 φ 来表示溶剂的非理想程度。渗透因子 φ 的定义是

$$\mu_A=\mu_A^*(T,p)+\varphi RT\ln x_A \qquad (\text{当 } x_A\to 1 \text{ 时}, \varphi\to 1) \tag{3-73}$$

把渗透因子的定义与化学势公式 $\mu_A=\mu_A^*(T,p)+RT\ln(\gamma_A x_A)$ 相比较得 $\ln(\gamma_A x_A)=\varphi\ln x_A$，$\ln\gamma_A=(\varphi-1)\ln x_A$。所以溶剂渗透因子与其活度因子的关系是

$$\varphi=\frac{\ln\gamma_{A}+\ln x_{A}}{\ln x_{A}} \tag{3-74}$$

上例 KCl 溶液中，水的活度因子为 $\gamma_A=1.004$，而 $\varphi=0.996$，这样，用渗透因子表示溶剂的偏差比用活度因子表示显著一些。

在多组分复杂电解质溶液的热力学研究中常用到渗透因子。

3.6.2 超额函数

活度因子及渗透因子可用于衡量实际溶液中各组分(包括溶剂和溶质)的非理想程度，活度因子可用于溶剂和溶质，而渗透因子只用于溶剂。如果要衡量溶液整体的不理想程度，则用超额函数(excess function)比较方便。

超额吉布斯自由能的定义为

$$G^E=\Delta_{mix}G^{re}-\Delta_{mix}G^{id} \tag{3-75}$$

式中，$\Delta_{mix}G^{re}$ 为实际溶液的混合吉布斯自由能；$\Delta_{mix}G^{id}$ 为理想溶液的混合吉布斯自由能。

G^E 就能直观地表明实际溶液与理想溶液的偏差。当 $G^E>0$ 时，表示溶液对理想溶液是正偏差；当 $G^E<0$ 时，表示溶液对理想溶液是负偏差。显然

$$G^E = RT\sum n_i\ln a_i - RT\sum n_i\ln x_i = RT\sum n_i\ln\gamma_i \tag{3-76}$$

所以，G^E 是溶液中各组分非理想性的综合体现。

类似的有其他超额函数。例如

超额体积

$$V^E = \Delta_{mix}V^{re} - \Delta_{mix}V^{id} = \Delta_{mix}V^{re} = \left(\frac{\partial G^E}{\partial p}\right)_T = RT\sum n_i\left(\frac{\partial\ln\gamma_i}{\partial p}\right)_T \tag{3-77}$$

超额熵

$$S^E = \Delta_{mix}S^{re} - \Delta_{mix}S^{id} = -\left(\frac{\partial G^E}{\partial T}\right)_p = -R\sum n_i\ln\gamma_i - RT\sum n_i\left(\frac{\partial\ln\gamma_i}{\partial T}\right)_p \tag{3-78}$$

超额焓

$$H^E = \Delta_{mix}H^{re} - \Delta_{mix}H^{id} = \Delta_{mix}H^{re} = -T^2\left[\frac{\partial(G^E/T)}{\partial p}\right]_T = -RT^2\sum n_i\left(\frac{\partial\ln\gamma_i}{\partial p}\right)_T \tag{3-79}$$

超额化学势

$$\mu_i^E=\left(\frac{\partial G^E}{\partial n_i}\right)_{T,p,n_j\neq i}=RT\ln\gamma_i \tag{3-80}$$

超额函数是系统的热力学性质，各超额函数间的关系满足热力学的一般关系，如 $G^E=H^E-TS^E$、$U^E=H^E-pV^E$。

3.6.3 几种特征溶液体系

1. 正规溶液

若 $H^E\gg TS^E$ 或 $S^E=0$，则 $G^E=H^E$，此时溶液的非理想性完全由混合热效应而引起。此为正规溶液。

因为 $S^E=0$，所以 $\left(\frac{\partial S^E}{\partial n_i}\right)_p=0$，即

$$\left(\frac{\partial^2 G^E}{\partial n_i \partial T}\right)_p=\left(\frac{\partial \mu_i^E}{\partial T}\right)_p=\left[\frac{\partial (RT\ln\gamma_i)}{\partial T}\right]_p=0$$

$$RT\ln\gamma_i=\text{常数},\ln\gamma_i\propto\frac{1}{T}$$

所以，正规溶液中各组分的活度因子的对数与温度成反比。正规溶液模型一般适用于分子大小相近、形状相似的非极性物质构成的溶液体系。

2. 无热溶液

若 $TS^E \gg H^E$ 或 $H^E=0$，则 $G^E=-TS^E$，此时溶液的非理想性完全由熵效应而引起。此为无热溶液。

因为，$H^E=0$，所以 $\left(\frac{\partial H^E}{\partial n_i}\right)_p=0$，即

$$\left[\frac{\partial^2 (G^E/T)}{\partial n_i \partial T}\right]_p=\frac{\partial}{\partial T}\left(\frac{1}{T}\frac{\partial G^E}{\partial n_i}\right)_p=\frac{\partial}{\partial T}(R\ln\gamma_i)_p=0$$

即

$$\left(\frac{\partial \ln\gamma_i}{\partial n_i}\right)_p=0$$

所以无热溶液中各组分的活度因子与温度无关。无热溶液模型一般适用于：分子大小相差较大但极性相差不大的组分构成的溶液体系。

3. 无形变溶液

满足 $V^E=0$ 的溶液为无形变溶液。

因为 $V^E=0$，有 $\left(\frac{\partial V^E}{\partial n_i}\right)_T=0$，即

$$\left(\frac{\partial^2 G^E}{\partial n_i \partial p}\right)_T=\left(\frac{\partial \mu_i^E}{\partial p}\right)_T=\left[\frac{\partial (RT\ln\gamma_i)}{\partial p}\right]_T=0$$

即

$$\left(\frac{\partial \ln\gamma_i}{\partial p}\right)_T=0$$

所以无形变溶液中各组分的活度因子的对数与压强无关。

复习思考题

1. 拉乌尔定律与亨利定律有什么区别？对于理想溶液，它们之间有何关系？
2. 有人说，“理想溶液的 $\Delta_{mix}S_m=-R\sum x_i\ln x_i>0$，形成理想溶液的过程熵增加，因此一定是自动过程”，这种说法对吗？为什么？
3. 什么是稀溶液的依数性？各依数性质之间有何联系？
4. 只要在溶剂中加入溶质，形成的溶液总是凝固点降低，沸点升高，对吗？
5. 为什么要引入活度？活度与浓度有何关系？活度有无量纲？
6. 什么是活度的参考态？活度的参考态有几种？活度的参考态是否都是一定能实现的状态？什么是活度因子的参考态？活度因子的参考态有几种？活度因子的参考态是否都是一定能实现的状态？
7. 溶液中的同一物质在选择不同的参考态时，其化学势是否相同？其活度是否相同？

习　题

1. 0.0225 kg $Na_2CO_3\cdot 10H_2O$ 溶于水中，溶液体积为 0.2 dm^3，溶液密度为 1.04 $kg\cdot dm^{-3}$，求溶质的质量分

数、质量摩尔浓度、物质的量浓度和摩尔分数表示的浓度值。

2. D-糖果 $C_6H_{12}O_6$(B)溶于水(A)中形成某溶液,质量分数 $w_B=0.095$,此溶液在 20 ℃时的密度 $\rho=1.0365\ kg \cdot dm^{-3}$。试计算此溶液中 D-糖果的摩尔分数、物质的量和质量摩尔浓度。
3. 把 200 g 蔗糖($C_{12}H_{22}O_{11}$)溶解在 2 kg 水中,求 373.15 K 时水的蒸气压降低多少。
4. 两液体 A、B 形成理想溶液,在一定温度下,溶液的平衡蒸气压为 53.297 kPa,蒸气中 A 的摩尔分数 $y_A=0.45$,溶液中 A 的摩尔分数 $x_A=0.65$。求该温度下两种纯液体的饱和蒸气压。
5. 苯与甲苯可形成理想溶液。今有一溶液组成为 x(苯)=0.3,x(甲苯)=0.7。求在 25 ℃时 1 mol 该溶液的标准熵、标准生成焓与标准吉布斯函数。所需数据见下表。

物质	$\Delta_f H_m^\ominus/(kJ \cdot mol^{-1})$	$\Delta_f G_m^\ominus/(kJ \cdot mol^{-1})$	$S_m^\ominus/(J \cdot K^{-1} \cdot mol^{-1})$
$C_6H_6(l)$	48.66	123.0	172.8
$C_6H_5CH_3(l)$	12	114.15	219.58

6. 在 298.15 K 下,以等物质的量的 A 和 B 形成理想溶液,试求 $\Delta_{mix}V$、$\Delta_{mix}H$、$\Delta_{mix}U$、$\Delta_{mix}S$ 和 $\Delta_{mix}G$。
7. 某油田向油井注水,对水质量要求之一是其中的含氧量不超过 $1\ mg \cdot dm^{-3}$,若河水温度为 293.15 K,空气中含氧 21%(体积分数),293.15 K 时氧气在水中溶解的亨利常数为 4.063×10^6 kPa,则 293.15 K 时用此河水作油井用水,水质是否合格?
8. 在 298.15 K 时,要从下列理想溶液中分出 1 mol 的纯 A,试计算最少需做多少功。
(1) 大量的 A 和 B 的等物质的量的溶液;(2) 含 A 和 B 物质的量各为 2 mol 的溶液。
9. 10 g 葡萄糖($C_6H_{12}O_6$)溶于 400 g 乙醇中,溶液的沸点较纯乙醇的沸点上升 0.1428 ℃,另外有 2 g 有机物溶于 100 g 乙醇中,溶液的沸点则上升 0.1250 ℃,求此有机物质的相对摩尔质量。
10. 已知镉的熔点为 594.05 K,熔化热为 $5105\ J \cdot mol^{-1}$。某 Cd-Pb 熔体中含 Pb 为 1%(质量分数),假定固态时铅完全不溶于镉中,计算该熔体的凝固点。
11. 已知 0 ℃、101.325 kPa 时,O_2 在水中的溶解度为 $4.49\ cm^3 \cdot (100\ g\ H_2O)^{-1}$;$N_2$ 在水中的溶解度为 $2.35\ cm^3 \cdot (100\ g\ H_2O)^{-1}$,试计算被 101.325 kPa 空气(设含 N_2 79%,O_2 21%,均为体积分数)所饱和了的水的凝固点较纯水的降低了多少。
12. 人的血液(可视为水溶液)在 101.325 kPa 于−0.56 ℃凝固。已知水的 $K_f=1.86\ K \cdot kg \cdot mol^{-1}$。(1) 求血液在 37 ℃时的渗透压;(2) 在同温度下,1 dm^3 蔗糖($C_{12}H_{22}O_{11}$)水溶液中需含有多少克蔗糖时才能与血液有相同的渗透压?
13. 在 25 ℃时,10 g 某溶质溶于 1000 dm^3 溶剂中,测出该溶液的渗透压为 $\Pi=0.4$ kPa,试确定该溶质的摩尔质量。
14. 将 12.2 g 苯甲酸溶于 100 g 乙醇中,乙醇溶液沸点比乙醇升高 1.13 K;将 12.2 g 苯甲酸溶于 100 g 苯中,沸点升高 1.36 K。计算苯甲酸在两种溶剂中的摩尔质量,并估计其分子状态。已知乙醇和苯的沸点升高常数分别为 $1.20\ K \cdot mol^{-1} \cdot kg$ 和 $2.62\ K \cdot mol^{-1} \cdot kg$。
15. 1246.15 K 及 101.325 kPa 纯氧下,10 g 熔融银溶解 $21.35\times10^{-3}\ dm^3$ 的 O_2(已换算为标准状况)。已知溶解的氧为原子状态,真空下纯银的熔点为 1233.65 K,熔融热为 $11\ 674\ J \cdot mol^{-1}$。假设氧的溶解度在此温度范围内不因温度而异,且固相内完全不溶解氧,求:(1) 在 101.325 kPa 氧压下银的熔点;(2) 在空气中 $p_{O_2}=21.198$ kPa 银的熔点。
16. 在 100 g 水中溶解 29 g NaCl,该溶液在 373.15 K 时蒸气压为 82.927 kPa。求 373.15 K 时该溶液的渗透压。已知 373.15 K 时水的质量体积为 $1.043\ dm^3 \cdot kg^{-1}$。
17. 298.15 K 时,将 2 g 某化合物溶于 1 kg 水中的渗透压与在 298.15 K 将 0.8 g 葡萄糖($C_6H_{12}O_6$)和 1.2 g 蔗糖($C_{12}H_{22}O_{11}$)溶于 1 kg H_2O 中的渗透压相同。(1) 求此化合物的摩尔质量;(2) 此化合物溶液的蒸气压降低多少?(3) 此化合物溶液的冰点是多少?(已知 298.15 K 水的饱和蒸气压为 3.168 kPa,水的冰点降低常数 $K_f=1.86\ mol^{-1} \cdot kg \cdot K$)
18. 在稀水溶液含有不挥发性溶质,在−1.5 ℃是凝固,求:(1) 该溶液的正常沸点;(2) 在 298.15 K 时的蒸气压（该温度时纯水的饱和蒸气压为 3.1674 kPa）；(3) 298.15 K 时的渗透压。

19. 在 20 ℃下将 68.4 g 蔗糖（$C_{12}H_{22}O_{11}$）溶于 1 kg 水中，求：(1) 此溶液的蒸气压；(2) 此溶液的渗透压。已知 20 ℃时此溶液的密度为 1.024 $kg \cdot dm^{-3}$。

20. 288.15 K 时，1 mol NaOH 溶在 4.59 mol H_2O 中所形成溶液的蒸气压为 596.5 Pa。在该温度下，纯水的蒸气压为 1705 Pa，求：(1) 溶液中水的活度；(2) 在溶液中，水的化学势与纯水相差多少。

21. 在 300 K 时，液态 A 的蒸气压为 37.33 kPa，液态 B 的蒸气压为 22.66 kPa，当 2 mol A 和 2 mol B 混合后，液面上蒸气的压力为 50.66 kPa，在蒸气中 A 的摩尔分数为 0.60，假定蒸气为理想气体。求：(1) 溶液中 A 和 B 的活度；(2) 在溶液中 A 和 B 的活度因子；(3) $\Delta_{mix}G$。

22. 三氯甲烷（A）和丙酮（B）形成的溶液，液相组成为 $x_B=0.713$ 时，在 301.35 K 下总蒸气压为29.39 kPa，蒸气中 $y_B=0.818$。已知在该温度时，纯三氯甲烷的蒸气压为 29.57 kPa，试求溶液中三氯甲烷的活度和活度因子。

23. 293.15 K 时某有机酸在水和乙醚中的分配系数为 0.4，用该有机酸 5 g 溶于 0.1 dm^3 水中形成溶液。若用 0.04 dm^3 乙醇萃取（所用乙醚已事先被水饱和，因此萃取时不会有水溶于乙醚），则水中还剩有多少有机酸？

24. 288.15 K 时，将碘溶解于含 0.100 $mol \cdot dm^{-3}$ 的 KI 水溶液中，与四氯化碳一起振荡，达平衡后分为两层。经滴定法测定，在水层中碘的平衡浓度为 0.050 $mol \cdot dm^{-3}$，在 CCl_4 层中为 0.085 $mol \cdot dm^{-3}$。碘在四氯化碳和水之间的分配系数$\dfrac{c(I_2/CCl_4)}{c(I_2/H_2O)}=85$。求反应 $I_2+I^- \longrightarrow I_3^-$ 在 288.15 K 的平衡常数。

25. 413.15 K 时，纯 C_6H_5Cl 和纯 C_6H_5Br 的蒸气压分别为 125.238 kPa 和 66.104 kPa，假定两液体形成理想溶液，若有该两者的混合溶液在 413.15 K、101.325 kPa 下沸腾，试求该溶液的组成及液面上蒸气的组成。

26. 已知 293.15 K 时纯苯的蒸气压为 10.011 kPa，当溶解于苯中的 HCl 摩尔分数为 0.0425 时，气相中 HCl 的分压为 101.325 kPa。293.15 K 时，当含 HCl 的苯溶液的总蒸气压为 101.325 kPa 时，100 g 苯中溶解多少克 HCl？

27. 在 300 K 时，液态 A 的蒸气压为 37.33 kPa，液态 B 的蒸气压为 22.66 kPa。当 2 mol A 和 2 mol B 混合后，液面上蒸气压为 50.66 kPa，在蒸气中 A 的摩尔分数为 0.60。假定蒸气为理想气体，求：(1) 溶液中 A 和 B 的活度及活度因子；(2) 该溶液的 $\Delta_{mix}G$，且与组成相同假设为理想溶液的 $\Delta_{mix}G^{id}$相比较。

28. 在 262.45 K 时饱和 KCl 溶液（$m=3.30\ mol \cdot kg^{-1}$）与纯冰平衡共存，已知水的凝固热为 6025 $J \cdot mol^{-1}$，以 273.15 K 纯水为参考态，计算饱和溶液中水的活度。

29. 实验研究铝在铁液与银液之间的分配平衡，在 1873.15 K 测量 Fe-Al 合金中 Al 的活度因子，结果在 $0<x_{Al}<0.25$ 范围内可表示为

$$\ln\gamma_{Al}=2.60x_{Al}-1.51$$

试求 1873.15 K Fe-Al 合金中，$x_{Fe}=0.80$ 时 Fe 的活度。

30. 某化合物 A 在苯中有如下离解平衡：$A \rightleftharpoons 2B$，已知 A 的摩尔分数为 0.2%的苯溶液，其凝固点降低 0.219 ℃，沸点升高 0.135 ℃，试求 A 变为 B 的离解热。已知苯的凝固点降低常数 $K_f=5.12\ K \cdot kg \cdot mol^{-1}$，沸点升高常数 $K_b=5.67\ K \cdot kg \cdot mol^{-1}$；苯的正常凝固点是 5.5 ℃，沸点是 80.5 ℃。

31. 证明若溶剂与溶质形成固溶体时，溶液的凝固点 T_f 遵从下列方程式：

$$\ln\frac{x_A}{x'_A}=\frac{\Delta_{fus}H_m(A)}{R}\left(\frac{1}{T_f^*}-\frac{1}{T_f}\right)$$

式中，x_A 和 x'_A 分别为溶剂 A 在液相和固相中的摩尔分数；T_f 为纯 A 的熔点；$\Delta_{fus}H_m(A)$为 1 mol A 由固溶体熔化进入溶液的熔化热。

第 4 章　化学反应热力学及化学平衡

化学反应必伴随着能量变化，同时化学反应都具有确定的方向，而且也具有一定的限度，限度又决定了平衡组成(理论产率)。怎样定量地确定反应过程的能量变化？怎样确定反应的方向和限度？这些都是化学及相关领域工作者所关心及必须面对的问题。本章的主要内容包括两大部分：一部分是从能量角度讨论化学反应的热力学量变，其基本内容就是热化学；另一部分是从平衡的角度讨论化学反应平衡的规律，即在特定条件下反应的方向与限度及各种因素对它们的影响。

4.1　化学反应系统的状态描述

任何一个化学反应，如 $d\text{D}+e\text{E}+\cdots = g\text{G}+h\text{H}+\cdots$，可将其表示为下述一般形式：

$$0=\sum_{\text{B}}\nu_{\text{B}}\text{B} \tag{4-1}$$

式中，B 为反应物或生成物的化学式；ν_{B} 为物质 B 的化学计量系数，对反应物取负值，对产物取正值。ν_{B} 是量纲为一的纯数，可以是整数或简单的分数，它只是表示反应过程中各物质转化的比例关系，并不是反应过程中各相应物质所转化的物质的量。例如，水的生成反应可表示为

① $H_2(g)+(1/2)O_2(g) = H_2O(l)$

或　② $2H_2(g)+O_2(g) = 2H_2O(l)$

以上两个方程式表示各物质转化的比例关系是相同的，但不能绝对地说反应①是 1 mol $H_2(g)$与 0.5 mol $O_2(g)$生成 1 mol $H_2O(l)$，而反应②是 2 mol $H_2(g)$与 1 mol $O_2(g)$生成 2 mol $H_2O(l)$。

4.1.1　化学反应进度

化学反应系统显然是一个多组分系统，且组成是随时间变化的(化学反应达到平衡后组成不变)，我们自然可用每种物质 B 的量的变化来描述反应量，但这不是最简单的办法，因为各物质是按比例变化的。为此，引入了反应进度的概念，定义反应进度 ξ 为

$$\xi=\frac{n_{\text{B}}-n_{\text{B}}^0}{\nu_{\text{B}}} \tag{4-2}$$

引入反应进度后，可以用参与反应的任何一个物质 B 来表示 ξ，无论反应进行到任何时刻，用任一反应物或产物所计算的反应进度都是相同的。反应进度 ξ 是对化学反应的整体描述，ξ 的单位与物质的量的单位相同。$\xi=0$ 表示反应没有进行，$\xi=1$ mol 表示各物质的量的改变正好在数值上等于各自的化学计量系数。

显然，同一种反应的不同的化学方程式，$\xi=1$ mol 所表示的各物质的量的改变也就不同，即具体的 ξ 必须指明其所对应的反应方程式。这类方程式常称为热化学方程式。以上述反应①及反应②为例，其反应进度分别为

$$\xi_1=\frac{n_{H_2}-n_{H_2}^0}{-1}=\frac{n_{O_2}-n_{O_2}^0}{-0.5}=\frac{n_{H_2O}-n_{H_2O}^0}{1}$$

$$\xi_2=\frac{n_{H_2}-n_{H_2}^0}{-2}=\frac{n_{O_2}-n_{O_2}^0}{-1}=\frac{n_{H_2O}-n_{H_2O}^0}{2}$$

$\xi_2=1$ mol 时，反应①的物质的量改变恰好是反应②的 2 倍。

4.1.2 独立反应数及反应系统的状态描述

描述化学反应系统的状态需要的独立变量数如何确定？化学反应体系有单相体系也有多相体系，有一个反应也可有多个反应发生，可处在完全的热力平衡态(热、力学、相和化学反应平衡)或处在部分平衡甚至是非平衡态。

对于有一个化学反应的封闭系统，每一种物质的状态变量数为 3，即 T_B、p_B、n_B。由于始态的物质量 n_B^0 一定，则 $n_B=n_B^0+v_B\xi$，即体系中各物质的量彼此不是独立的，均可表示为反应进度 ξ 的函数关系式，因此可用 T_B、p_B 及 ξ 来表示 B 物质的热力学状态。当体系已达热平衡和力学平衡时，各物质的压力与温度均相等，于是反应体系的热力学状态只需要用 T、p、ξ 三个热力学变量即可描述，如果反应已达平衡，各物质量不再改变，即 ξ 一定，则体系只需两个独立变量就可完全描述其热力学状态。

对于含有多个反应的封闭系统，各反应之间可能存在一些代数关系，即各反应并不是完全独立的。例如，在水煤气生产系统中，主要包含 CH_4(g)、H_2O(g)、CO(g)、H_2(g)及CO_2(g)这 5 种物质，可推测出可能有如下反应同时发生：

① $CH_4+H_2O═CO+3H_2$

② $CH_4+2H_2O═CO_2+4H_2$

③ $CH_4+CO_2═2H_2+2CO$

④ $CH_4+3CO_2═2H_2O+4CO$

⑤ $CO+H_2O═CO_2+H_2$

但我们注意到以上五个反应之间存在一定关系，如②=①+⑤，③=①−⑤及④=①−3⑤。也就是说该体系中独立的化学反应个数必小于 5。

那么如何确定反应系统中的独立反应数？有如下规律：若系统中的物种数为 N，构成该 N 种物质的元素为 M，当 $N>M$ 时，系统中的独立反应数可按式(4-3)确定

$$R=N-M \tag{4-3}$$

一般来说，独立反应的选择可以是任意的，但独立反应必须包括所有参与反应的物质。例如，对于上述水煤气生产系统，用上述规律可确定其独立反应数为 2，因此我们可以选择反应①和反应⑤作为独立反应。

对于包含 R 个独立反应的封闭系统，如果各处的温度及压力都彼此相等，则系统的状态完全可用 T、p、ξ_1、ξ_2、…、ξ_R 来描述。当所有反应都达到平衡后，ξ_1、ξ_2、…、ξ_R 均不变，此时只需 T、p 两个独立变量即可描述其热力学状态。

4.1.3 摩尔反应量(变)

对含有一个化学反应的均相封闭系统或各相温度及压力彼此相等的多相封闭系统，其状态可由 T、p、ξ 来描述。系统的广度性质 L(如 H、S、U、G、A、V 等)可写为

$$L=L(T,p,\xi) \tag{4-4}$$

其全微分为

$$dL=\left(\frac{\partial L}{\partial T}\right)_p dT+\left(\frac{\partial L}{\partial p}\right)_T dp+\left(\frac{\partial L}{\partial \xi}\right)_{T,p} d\xi \tag{4-5}$$

式(4-5)中的偏微分$\left(\frac{\partial L}{\partial \xi}\right)_{T,p}$是指在恒温恒压下，反应系统的广度性质 L 随反应进度的变化率；也可理解为在大量的反应系统中发生单位反应进度(ξ=1 mol)的化学反应所引起系统广度性质 L 的变化量。因此将该偏微分称为摩尔反应量(变)，简记为 $\Delta_r L_m$，即

$$\Delta_r L_m = \left(\frac{\partial L}{\partial \xi}\right)_{T,p} \tag{4-6}$$

摩尔反应量 $\Delta_r L_m$，如摩尔反应焓 $\Delta_r H_m$、摩尔反应吉布斯自由能 $\Delta_r G_m$、摩尔反应恒压热容 $\Delta_r C_{p,m}$等，相当于在一定的温度和压力下，当反应进度从 $\xi=0$ 变到 $\xi=1$ mol 后，系统的广度性质 L 的变化量，即

$$\Delta_r L_m = L(T,p,\xi=1\ \text{mol}) - L(T,p,\xi=0) \tag{4-7}$$

式中，$T,p,\xi=0$ 所对应的状态可认为是 T、p 下的反应物组分 R 的混合物(溶液)，因此根据偏摩尔量的集合公式，$L(T,p,\xi=0) = \sum \nu_R L'_R = L_{反应物}$；而 $T,p,\xi=1$ mol 所对应的状态可认为是 T、p 下的产物组分 P 的混合物(溶液)，所以有 $L(T,p,\xi=1\ \text{mol}) = \sum \nu_P L'_P = L_{产物}$。因此式(4-7)实际上就是

$$\Delta_r L_m = L_{产物} - L_{反应物} = \sum \nu_B L'_B \tag{4-8}$$

式中，L'_B 为参与反应的各物质的偏摩尔量。式(4-8)类似于偏摩尔量的集合公式。若参与反应的各物质相互间不存在混合，都是以纯态存在，则摩尔反应量可由各物质的摩尔量求出，即 $\Delta_r L_m = \sum \nu_B L^*_{m,B}$。

若参与反应的各物质都处于标准态(任意温度、标准压力、纯态)，则所对应的摩尔反应量称为标准摩尔反应量，记为 $\Delta_r L^\ominus_m = \sum \nu_B L^\ominus_{m,B}$，如标准摩尔反应焓 $\Delta_r H^\ominus_m$、标准摩尔反应吉布斯自由能 $\Delta_r G^\ominus_m$ 等。

应指出，摩尔反应量与化学反应方程式的写法有关。例如

① $H_2(g) + 1/2O_2(g) = H_2O(l)$ $\quad \Delta_r H_{m,1} = H'_B(H_2O) - H'_B(H_2) - 0.5H'_B(O_2)$

② $2H_2(g) + O_2(g) = 2H_2O(l)$ $\quad \Delta_r H_{m,2} = 2H'_B(H_2O) - 2H'_B(H_2) - H'_B(O_2)$

显然，$2\Delta_r H_{m,1} = \Delta_r H_{m,2}$。

4.1.4 偏摩尔反应量

含有 R 个独立化学反应的均相封闭系统或各相温度及压力彼此相等的多相封闭系统，其状态可由 T、p、ξ_1、ξ_2、…、ξ_R 来描述，系统的广度性质 L(如 H、S、U、G、V 等)应为

$$L = L(T,p,\xi_1,\xi_2,\cdots,\xi_R) \tag{4-9}$$

全微分为

$$\mathrm{d}L = \left(\frac{\partial L}{\partial T}\right)_{p,\xi}\mathrm{d}T + \left(\frac{\partial L}{\partial p}\right)_{T,\xi}\mathrm{d}p + \sum \left(\frac{\partial L}{\partial \xi_\rho}\right)_{T,p,\xi_{\rho'}\neq\rho}\mathrm{d}\xi \tag{4-10}$$

定义$\left(\frac{\partial L}{\partial \xi_\rho}\right)_{T,p,\xi_{\rho'}\neq\rho}$为化学反应 ρ 在状态 $T,p,\xi_1,\xi_2\cdots,\xi_R$ 的偏摩尔反应量，用符号 L'_ρ 表示

$$L'_\rho = \left(\frac{\partial L}{\partial \xi_\rho}\right)_{T,p,\xi_{\rho'}\neq\rho} \tag{4-11}$$

它的物理意义是在恒温恒压下保持除了第 ρ 个独立反应之外的其他所有独立反应的进度不变的条件下，系统容量性质随第 ρ 个独立反应进度 ξ_ρ 的变化率。

偏摩尔反应量 $L'_\rho=\left(\frac{\partial L}{\partial \xi_\rho}\right)_{T,p,\xi_{\rho'\neq\rho}}$ 与某一物质的偏摩尔量的定义 $L'_B=\left(\frac{\partial L}{\partial n_B}\right)_{T,p,n_{B'\neq B}}$ 是一致的，前者针对的是某个反应，而后者针对的是某种物质。所以 L'_ρ 也是系统的状态函数、强度量。而且反应的偏摩尔反应量 L'_ρ 与物质的偏摩尔量 L'_B 之间存在确定的关系：

$$L'_\rho=\left(\frac{\partial L}{\partial \xi_\rho}\right)_{T,p,\xi_{\rho'\neq\rho}}=\sum\left(\frac{\partial L}{\partial n_B}\right)_{T,p,n_{B'\neq B}}\left(\frac{\partial n_B}{\partial \xi_\rho}\right)_{\xi_{\rho'\neq\rho}}=\sum \nu_{B,\rho}L'_B \tag{4-12}$$

对于单个化学反应的系统，$L'_\rho=\sum \nu_B L'_B$，与式(4-8)相比较可知，其偏摩尔反应量就是摩尔反应量 $\Delta_r L_m$。

4.2 热 化 学

在化学反应过程中，常伴有气体的产生或消失，所以化学反应常以热和体积功的形式与环境进行能量交换。但一般来说，化学反应过程中的体积功在数量上与热相比是很小的，所以化学反应的能量交换以热为主。测量和研究化学反应过程热的学科称为热化学(thermochemistry)。大量的热化学实验数据为热力学的建立奠定了基础，为化学平衡及其他热力函数的计算提供了大量的数据。因此，热化学的研究具有重要的理论及实践意义。

4.2.1 化学反应热效应

1. 反应热效应

所谓反应热效应是指在只做体积功的条件下，化学反应进行时维持产物温度与反应物温度相等，整个过程中体系与环境所交换的热量。简而言之，反应热效应是化学反应的恒温过程热，原则上都可通过实验进行测定。

对于恒压反应过程，其热效应称为恒压热效应，而恒压过程有 $Q_p=\Delta H$，对化学反应记为 $Q_p=\Delta_r H$。要注意对单一的化学反应：$Q_p=\Delta_r H=\sum H_{产物}-\sum H_{反应物}$。其中产物的总焓 $\sum H_{产物}$ 及反应物的总焓 $\sum H_{反应物}$ 由各组分的偏摩尔量按集合公式表达。若各物质没有任何混合，则产物的总焓 $\sum H_{产物}$ 及反应物的总焓 $\sum H_{反应物}$ 由各组分的摩尔量表达。

同理对恒容反应过程，其热效应称为恒容热效应，有

$$Q_V=\Delta_r U=\sum U_{产物}-\sum U_{反应物}$$

实验测定的 Q_p 及 Q_V 按反应进度 $\xi=1$ mol 的反应进行换算，即可得到反应的摩尔反应焓(变) $\Delta_r H_m$ 及摩尔反应热力学能(变) $\Delta_r U_m$。影响热效应的因素主要有以下几种。

(1) 反应本性：不同的反应，热效应值不同。

(2) 反应温度：因为 U 和 H 都是 T 的函数，所以反应热效应与温度有关。

(3) 物质存在形态：形态不同的同种物质，其热力学能 U 和焓 H 值是不相同的。

(4) 反应方程式的表达(写法)：因为 U 和 H 都是体系的容量性质，物质的量的多少必然影响热效应值。一个化学反应，其配平的化学计量方程式给出了各作用物和产物的比例关系，当改变其中某一物质的量时，其他物质的量也应随之改变，因此热效应值也将改变。所以反应方程式的表达形式将影响反应热效应值。

在讨论某一具体反应的热效应时，首先必须完整、明确地写出相应的化学方程式，再根据热化学反应方程式进行讨论。

2. 热化学方程式

表示化学反应条件及反应热效应的反应方程式称为热化学方程式。要求包括以下几方面。

(1) 写出该反应的化学计量方程式。

(2) 注明反应体系的温度及压强。因为同一化学反应在不同温度下进行时，其热效应是不相同的。压强对热效应也有影响，但其影响不大，所以在一般情况下不一定注明压强大小。

(3) 注明参加反应的物质的聚集状态。通常在反应式中用“g”表示气体，用“l”表示液体，用“s”表示固体。固体若有不同晶形也应注明，如硫有 S(单斜)、S(斜方)等。

以碳的燃烧反应为例，其完整、正确的热化学方程式是

$$C(石墨,p^{\ominus})+O_2(g,p^{\ominus})=\!=\!=CO_2(g,p^{\ominus}) \qquad \Delta_r H_m^{\ominus}(298\ K)=-393.5\ kJ\cdot mol^{-1}$$

由下列两个热化学方程式可以看出注明参加反应的物质的聚集状态的重要性。

① $2H_2(g)+O_2(g)=\!=\!=2H_2O(l) \qquad \Delta_r H_{m,1}^{\ominus}(298\ K)=-571.68\ kJ\cdot mol^{-1}$

② $2H_2(g)+O_2(g)=\!=\!=2H_2O(g) \qquad \Delta_r H_{m,2}^{\ominus}(298\ K)=-563.66\ kJ\cdot mol^{-1}$

3. 恒压热效应与恒容热效应的关系

同一化学反应可在恒压下进行，也可在恒容下进行，但其末态或者说其产物的状态不会相同，所以其热效应也各不相同。它们之间的换算关系如图 4-1 所示。

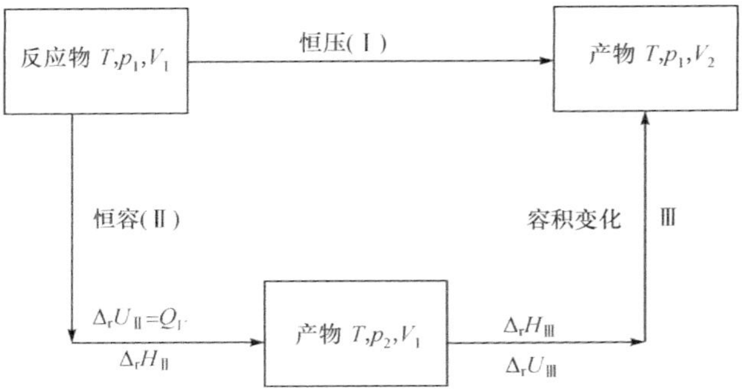

图 4-1 Q_p 与 Q_V 的换算关系

图中 $\Delta_r U_Ⅱ$ 表示体系在恒容下发生化学变化时热力学能的变化值，$\Delta_r H_Ⅱ$ 为其焓变化值，其余类推。根据状态函数的性质得

$$\Delta_r H_Ⅰ=\Delta_r H_Ⅱ+\Delta H_Ⅲ$$

$$\Delta_r H_Ⅱ=\Delta_r U_Ⅱ+\Delta(pV)=\Delta_r U_Ⅱ+p_2V_1-p_1V_1$$

$$\Delta H_Ⅲ=\Delta U_Ⅲ+\Delta(pV)=\Delta U_Ⅲ+p_1V_2-p_2V_1$$

因此

$$\Delta_r H_Ⅰ=\Delta_r U_Ⅱ+\Delta U_Ⅲ+p_1(V_2-V_1) \tag{4-13}$$

在过程Ⅲ中，产物只发生简单的状态变化。如果产物为气体并可视为理想气体，则在恒温下 $\Delta U_Ⅲ=0$。如果产物为凝聚态，虽然 $\Delta H_Ⅲ$（或 $\Delta U_Ⅲ$）不一定为零，但与化学反应的 $\Delta_r H$（或 $\Delta_r U$）相比是很微小的，一般可以略去，所以式(4-13)可写成

$$\Delta_r H=\Delta_r U_Ⅱ+p_1(V_2-V_1)=\Delta_r U_Ⅱ+p\Delta V \tag{4-14}$$

式(4-14)可应用于以下两种反应。

1) 凝聚系反应

因为 $\Delta V\approx 0$，所以有

$$\Delta_r H \approx \Delta_r U \text{ 或 } \Delta_r H_m \approx \Delta_r U_m \quad (4\text{-}15)$$

2）纯气相反应或有气体参与的多相反应

若将参与反应的气体视为理想气体，因为 $V_g \gg V_{凝}$

所以 $$p\Delta V = p(V_2 - V_1) = p[(V_g + V_{凝})_2 - (V_g + V_{凝})_1]$$
$$\approx p(V_{g,2} - V_{g,1}) = RT\Delta n(g)$$

因此 $$\Delta_r H = \Delta_r U + RT\Delta n(g) \quad (4\text{-}16)$$

如反应进度 $\xi = 1$ mol，则式(4-16)变成

$$\Delta_r H_m = \Delta U_m + RT\sum \nu_B(g) \quad (4\text{-}17)$$

式中，$\nu_B(g)$是参与反应的气体物质的化学计量系数，对反应物 ν_B 取负，对生成物 ν_B 取正。

4.2.2 赫斯定律

1840 年，赫斯(Hess)在大量实验基础上总结出了一条规律，称为赫斯定律，即"任何一个化学反应，无论是一步完成还是分几步完成，过程的热效应值是相同的"。此定律先于热力学第一定律提出。它是从化学运动与热运动的关系得出了能量守恒和能量转化的结果，给热力学第一定律的提出奠定了坚实的实验基础。反过来说，热力学第一定律的提出也从理论上解释了赫斯定律，或者说，赫斯定律是热力学第一定律在化学过程中应用的必然结果。

例如，以铅、碳、氧为反应物变为碳酸铅的生成反应可按下列反应一步完成：

$Pb(s) + C(石墨) + (3/2)O_2(g) \xlongequal{} PbCO_3(s)$　　$\Delta_r H_m^{\ominus}(298\ K) = -699.56\ kJ \cdot mol^{-1}$

也可分下列几步完成：

① $Pb(s) + 1/2O_2(g) \xlongequal{} PbO(s)$　　$\Delta_r H_m^{\ominus}(298\ K) = -219.41\ kJ \cdot mol^{-1}$

② $C(石墨) + O_2(g) \xlongequal{} CO_2(g)$　　$\Delta_r H_m^{\ominus}(298\ K) = -393.51\ kJ \cdot mol^{-1}$

③ $PbO(s) + CO_2(g) \xlongequal{} PbCO_3(s)$　　$\Delta_r H_m^{\ominus}(298\ K) = -86.64\ kJ \cdot mol^{-1}$

①+②+③，得

$Pb(s) + C(石墨) + 3/2O_2(g) \xlongequal{} PbCO_3(s)$　　$\Delta_r H_m^{\ominus}(298\ K) = -699.56\ kJ \cdot mol^{-1}$

由两种方式完成的反应的 $\Delta_r H_m^{\ominus}(298\ K)$值是相同的。赫斯定律实际上是热力学第一定律用于化学反应在恒压或恒容及没有非体积功时的直接结论。$\Delta_r H_m$ 及 $\Delta_r U_m$ 只与体系的始态及末态有关，与反应分几步完成无关。但必须指出，如反应在恒压(或恒容)下一步完成，则分几步完成时，各步也必须在恒压(或恒容)下完成，否则这条定律就不适用了。

赫斯定律的重要意义在于，它能使化学方程式像代数方程式一样进行加减消元运算。这样就可根据某些已经测出的反应热效应来计算难于直接测定的另一些化学反应的热效应。

例如，下列两反应的热效应易于实验测定：

① $C(石墨) + O_2(g) \xlongequal{} CO_2(g)$　　$\Delta_r H_m^{\ominus}(298\ K) = -393.51\ kJ \cdot mol^{-1}$

② $CO(g) + 1/2O_2(g) \xlongequal{} CO_2(g)$　　$\Delta_r H_m^{\ominus}(298\ K) = -282.97\ kJ \cdot mol^{-1}$

但反应 $C(石墨) + 1/2O_2(g) \xlongequal{} CO(g)$的 $\Delta_r H_m^{\ominus}(298\ K)$难于测定，则利用 Hess 定律将反应式①减反应式②得 $C(石墨) + 1/2O_2(g) \xlongequal{} CO(g)$，因此

$$\Delta_r H_m^{\ominus}(298\ K) = \Delta_r H_{m,1}^{\ominus}(298\ K) - \Delta_r H_{m,2}^{\ominus}(298\ K) = -110.54\ kJ \cdot mol^{-1}$$

应注意，运算时只有同状态(聚集态、温度及压强相同)的同类物质项才能相加减。此外，测量每一个反应的热效应值时，都可能产生误差，所以设计途径时应尽量选择热效应易测、步骤较少的途径为好。

赫斯定律不仅仅应用于反应的热效应，而是可应用于所有其他热力学容量性质，推广即

为:将各反应代数和所得到的总反应的摩尔热力学量(变)等于各个反应的摩尔热力学量(变)的代数和,即若 R 个反应的代数和得到一总反应 A,则

$$\Delta_r L_{m,A} = \sum_{i=1}^{R} \nu_i \Delta_r L_{m,i} \tag{4-18}$$

4.2.3 标准摩尔生成热力学量

标准摩尔生成热力学量的定义也是热力学标准态方法的具体应用。

1. 标准摩尔生成热力学量

物质 B 的生成反应式规定为

$$0 = \sum_{R} \nu_R R + B \tag{4-19}$$

式中,R 为反应物,且都是在反应条件下元素最稳定单质。例如,在 298 K、$p^{\ominus}$ 下,H_2(g)、O_2(g)、Br_2(l)、S(斜方)、C(石墨)等均为最稳定单质;而 Br_2(g)、S(单斜)、C(金刚石)等在上述条件下就不是最稳定单质。

将反应式(4-19)所对应的摩尔热力学量 $\Delta_r L_m$ 定义为物质 B 的摩尔生成热力学量,用符号 $\Delta_f L_m$(B)表示。若反应式(4-19)中各物质都处于标准态,则所对应的标准摩尔热力学量 $\Delta_r L_m^{\ominus}$ 定义为物质 B 的标准摩尔生成热力学量,用符号 $\Delta_f L_m^{\ominus}$(B)表示。定义的必然结果就是最稳定单质的标准摩尔生成热力学量一定为零,而不稳定单质的标准摩尔生成热力学量一定不为零。

$\Delta_f L_m^{\ominus}$(B)中的 L 可以是反应系统的任何容量性质,但热力学上常用的只有标准摩尔生成焓 $\Delta_f H_m^{\ominus}$(B)和标准摩尔生成吉布斯自由能 $\Delta_f G_m^{\ominus}$(B)。

例如

$$C(\text{石墨}, 298.15\ K, p^{\ominus}) + O_2(g, 298.15\ K, p^{\ominus}) = CO_2(g, 298.15\ K, p^{\ominus})$$

该反应符合反应式(4-19),是 CO_2(g)的生产反应,且已知该反应的 $\Delta_r H_m^{\ominus} = -393.513\ kJ \cdot mol^{-1}$,所以 CO_2(g)的标准摩尔生成焓为

$$\Delta_f H_m^{\ominus}(CO_2, g, 298.15\ K) = \Delta_r H_m^{\ominus}(298.15\ K) = -393.513\ kJ \cdot mol^{-1}$$

又如

$$N_2(g, 298.15\ K, p^{\ominus}) + 1.5H_2(g, 298.15\ K, p^{\ominus}) = NH_3(g, 298.15\ K, p^{\ominus})$$

该反应符合式(4-19),是 NH_3(g)的生产反应,且已知该反应的 $\Delta_r G_m^{\ominus} = -16.636\ kJ \cdot mol^{-1}$,因此 NH_3(g)的标准摩尔生成吉布斯自由能为

$$\Delta_f G_m^{\ominus}(NH_3, g, 298.15\ K) = \Delta_r G_m^{\ominus}(298.15\ K) = -16.636\ kJ \cdot mol^{-1}$$

许多物质在 298.15 K 时的标准摩尔生成焓 $\Delta_f H_m^{\ominus}$(B)和标准摩尔生成吉布斯自由能 $\Delta_f G_m^{\ominus}$(B)的数据可从相关数据手册上查到。

对于任意温度下的某化学反应 $0 = \sum_B \nu_B B$,若参与该反应的各物质在该温度下的 $\Delta_f H_m^{\ominus}$(B)都已知,则该反应的标准摩尔反应焓(变)为

$$\Delta_r H_m^{\ominus}(T) = \sum \nu_B \Delta_f H_m^{\ominus}(B) \tag{4-20}$$

同样若参与该反应的各物质在该温度下的 $\Delta_f G_m^{\ominus}$(B)都已知,则该反应的标准摩尔反应吉布斯自由能(变)为

$$\Delta_r G_m^{\ominus}(T) = \sum \nu_B \Delta_f G_m^{\ominus}(B) \tag{4-21}$$

式(4-20)及式(4-21)也是赫斯定律的必然结果。

2. 标准摩尔燃烧焓

有机化合物绝大部分都可燃烧，因而比较方便测量其燃烧热，从而得到相关反应的摩尔反应焓。因此与定义标准摩尔生成热力学量相类似，也定义了物质的标准摩尔燃烧焓。

首先物质 B 的燃烧反应方程式规定如下：

$$0 = -B + \nu_{O_2} O_2(g) + \sum_R \nu_R P \tag{4-22}$$

式中，B 与 $O_2(g)$ 为反应物；P 为产物，且都是在反应条件下最稳定的氧化物，即可燃物中的碳、硫、磷、氢及氮等分别氧化成 $CO_2(g)$、$SO_2(g)$、$P_2O_5(s)$、$H_2O(l)$ 及 $N_2(g)$；可燃物中的金属则被氧化成正常价态的氧化物。

标准状态下反应式(4-22)所对应的标准摩尔反应焓 $\Delta_r H_m^{\ominus}$ 定义为物质 B 的标准摩尔燃烧焓，用符号 $\Delta_c H_m^{\ominus}(B)$ 表示。定义的必然结果是最稳定的氧化物的标准摩尔燃烧焓一定为零。

例如

$$C(石墨, 298.15\ K,\ p^{\ominus}) + O_2(g,\ 298.15\ K,\ p^{\ominus}) = CO_2(g,\ 298.15\ K,\ p^{\ominus})$$

该反应符合反应式(4-22)，是 C(石墨)的燃烧反应，且已知该反应的 $\Delta_r H_m^{\ominus} = -393.513\ kJ \cdot mol^{-1}$，所以 C(石墨)的标准摩尔燃烧焓为

$$\Delta_c H_m^{\ominus}(C, 石墨, 298.15\ K) = \Delta_r H_m^{\ominus}(298.15\ K) = -393.513\ kJ \cdot mol^{-1}$$

即 C(石墨)的标准摩尔燃烧焓 $\Delta_c H_m^{\ominus}(C, 石墨, 298.15\ K)$ 与 $CO_2(g)$ 的标准摩尔生成焓 $\Delta_f H_m^{\ominus}(CO_2, g, 298.15\ K)$ 相等；同理可知，$H_2(g)$ 的标准摩尔燃烧焓 $\Delta_c H_m^{\ominus}(H_2, g, 298.15\ K)$ 与 $H_2O(l)$ 的标准摩尔生成焓 $\Delta_f H_m^{\ominus}(H_2O, l, 298.15\ K)$ 相等。

若参与某反应的各物质在某温度下的 $\Delta_c H_m^{\ominus}(B)$ 都已知，则该反应的标准摩尔反应焓(变)为

$$\Delta_r H_m^{\ominus}(T) = -\sum \nu_B \Delta_c H_m^{\ominus}(B) \tag{4-23}$$

298.15 K 时一些有机物的标准摩尔燃烧焓可从相关手册上查到。

3. 离子的标准摩尔生成焓

对于有离子参加的化学反应，式(4-20)同样适用，只是需要知道每种离子的标准摩尔生成焓。首先，参照反应式(4-19)，离子的生产反应式可规定为：由稳定单质溶于一定量的水中生成 1 mol 离子。同时规定 T、$p^{\ominus}$ 条件下无限稀释的水溶液为离子 B 的标准态。因此，离子的标准摩尔生成焓定义为：在 T、$p^{\ominus}$ 条件下，由稳定单质溶于大量水中生成 1 mol 无限稀释离子所对应的摩尔反应焓。

如某温度下，反应 $(1/2)Cl_2(g, p^{\ominus}) + \infty H_2O(l, p^{\ominus}) = Cl^-(\infty aq,\ p^{\ominus})$ 的摩尔反应焓 $\Delta_r H_m^{\ominus}(T)$，即为 Cl^- 的标准摩尔生成焓 $\Delta_f H_m^{\ominus}(Cl^-, \infty aq, T) = \Delta_r H_m^{\ominus}(T)$。

由于溶液中正、负离子总是按电中性的原则而共同存在，因此单一离子的标准摩尔生成焓是无法得到的。还需要规定：氢离子的标准生成焓为零，即

$$(1/2)H_2(g, p^{\ominus}) + \infty H_2O(l,\ p^{\ominus}) = H^-(\infty aq, p^{\ominus}),\ \Delta_f H_m^{\ominus}(H^+, \infty aq) = 0$$

则以此为相对值，原则上可通过 Hess 定律设计合适的热化学循环，得到任意离子的标准摩尔生成焓。

例如，已知在 298.15 K、$p^{\ominus}$ 下，1 mol HCl(g)溶于大量水中

$$HCl(g) + \infty H_2O(l) = H^+(\infty aq) + Cl^-(\infty aq) \qquad \Delta_r H_m^{\ominus}(298\ K) = -75.14\ kJ \cdot mol^{-1}$$

又已知 $\Delta_f H_m^{\ominus}(HCl, g, 298\ K) = -92.30\ kJ \cdot mol^{-1}$，则上述过程的摩尔反应焓为

$$\Delta_r H_m^{\ominus}(298\ K) = [\Delta_f H_m^{\ominus}(H^+, \infty aq) + \Delta_f H_m^{\ominus}(Cl^-, \infty aq)] - \Delta_f H_m^{\ominus}(HCl, g)$$

所以 $\Delta_f H_m^\ominus(Cl^-,\infty aq)=\Delta_r H_m^\ominus(298\ K)+\Delta_f H_m^\ominus(HCl,g)-\Delta_f H_m^\ominus(H^+,\infty aq)=-167.44\ kJ\cdot mol^{-1}$

298.15 K 时部分离子的标准摩尔生成焓可查表得到。

4.2.4 溶解热与稀释热

将溶质B溶于A中或将溶剂A加入溶液中都会产生热效应，此种热效应除了与溶剂及溶质的性质和数量有关外，还与系统所处的温度及压力有关(如不注明，则均指 298.15 K 和 100 kPa)，这两种热效应通常又可分为积分热效应和微分热效应。

积分溶解热是指将一定量的溶质溶于一定量的溶剂中所产生的热效应的总和，若是等压过程，其热效应就等于该过程的焓变。在溶解过程中，溶液的浓度不断改变，总的热效应即积分溶解热可由实验直接测定。例如，1mol $H_2SO_4(l)$ 溶于不同数量的溶剂水中所测得的积分溶解焓变如表 4-1 所示。

表 4-1　$H_2SO_4(l)$的积分溶解焓变(298.15 K，100 kPa)

$n_B\ H_2SO_4(l)+n_A\ H_2O \longrightarrow n_B\ H_2SO_4(n_A\ H_2O)$	$n_B=1$ mol
$\frac{n_A}{n_B}=\frac{n_A}{1\ mol(H_2SO_4)}$	$\frac{-\Delta_{sol}H}{kJ\cdot(mol\ H_2SO_4)^{-1}}$
0.5	15.73
1.0	28.07
1.5	36.90
2.0	41.92
5.0	58.03
10.0	67.03
20.0	71.50
50.0	73.35
100.0	73.97
1 000	78.58
10 000	87.07
100 000	93.64
∞	96.16

资料来源：Moore. Physical Chemistry. 5th ed. 1972，65.

根据表 4-1 可得图 4-2。可见溶解热与溶液浓度有关，一般不具备线性关系。

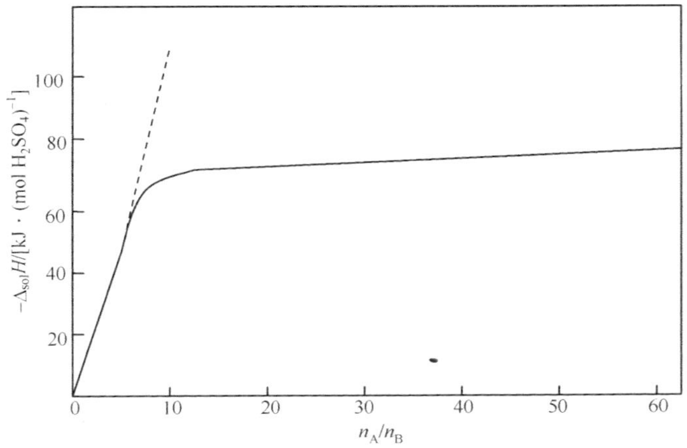

图 4-2　$H_2SO_4(l)$在 $H_2O(l)$中的积分溶解热

微分溶解热是指在给定浓度的溶液中加入 dn_B 溶质时所产生的微量热效应，由于加入的溶质量很少，溶液浓度可视为不变，用公式可表示为

$$\left(\frac{\partial \Delta_{sol} H}{\partial n_B}\right)_{T,p,n_A}$$

微分溶解热是一个偏微分量，也可以理解为是在大量给定浓度的溶液中加入 1 mol 溶质时所产生的热效应。因为溶液的量很大，所以尽管加入 1 mol 溶质，但浓度仍可视为不变。微分溶解热的单位是 $J \cdot mol^{-1}$。

积分稀释热是指把一定量的溶剂加到一定量的溶液中，使之稀释所产生的热效应的总和，显然与开始和最终的浓度有关。微分稀释热不是由实验直接测定的，而是从积分溶解热得到的。

微分稀释热是指在一定浓度的溶液中加入 dn_A 溶剂时所产生的微量热效应，也近似将溶液的浓度视为不变，它的值可从积分溶解热图上方便求得。在图 4-2 曲线上任一点的斜率，即为该浓度时的微分稀释热，用公式表示为 $\left(\frac{\partial \Delta_{sol} H}{\partial n_A}\right)_{T,p,n_B}$。

微分溶解热的求法与上法略同。先求出在定量的溶剂中加入不同量的溶质时的积分溶解热，然后以热效应为纵坐标，以溶质的物质的量为横坐标，绘制曲线。曲线上任一点的斜率即为该浓度时的微分溶解热 $\left(\frac{\partial \Delta_{sol} H}{\partial n_B}\right)_{T,p,n_A}$。

4.2.5 摩尔反应焓与温度及压力的关系

对于单一的化学反应系统，其摩尔反应焓 $\Delta_r H_m$ 与温度及压力有关，而标准摩尔反应焓 $\Delta_r H_m^\ominus$ 只与温度有关。我们在各种手册上一般只能查到各物质在 298 K 下的标准生成焓、标准燃烧焓等热化学数据，从而只能计算 298 K 下的标准摩尔反应焓 $\Delta_r H_m^\ominus$(298 K)。如何利用 298 K 下的标准数据来计算其他温度和压力下的摩尔反应焓呢？这需要知道摩尔反应焓与温度和压力的关系。

1. $\Delta_r H_m$ 与 p 的关系

由式(4-8)可得

$$\left(\frac{\partial \Delta_r H_m}{\partial p}\right)_T = \sum \nu_B \left(\frac{\partial H'_B}{\partial p}\right)_T = \sum \nu_B \left[V'_B - T\left(\frac{\partial V'_B}{\partial T}\right)_p\right] = \Delta_r \left[V - T\left(\frac{\partial V}{\partial T}\right)_p\right]_m \tag{4-24}$$

式中，V'_B 为组分 B 的偏摩尔体积；V 为化学反应系统的体积。将式(4-24)积分可得

$$\Delta_r H_m(T,p) = \Delta_r H_m^\ominus(T) + \int_{p^\ominus}^{p} \Delta_r \left[V - T\left(\frac{\partial V}{\partial T}\right)_p\right]_m dp \tag{4-25}$$

显然，对于理想气体反应，$\Delta_r H_m(T,p) = \Delta_r H_m^\ominus(T)$，即摩尔反应焓与压力无关；对凝聚相反应，反应体积随温度变化不大，且反应前后体积变化不大，所以 $\Delta_r H_m(T,p) \approx \Delta_r H_m^\ominus(T)$；对于实际气体反应，需知气体的物态方程，由式(4-25)求 $\Delta_r H_m(T,p)$。

2. $\Delta_r H_m$ 与 T 的关系——基尔霍夫公式

1) 微分形式

对不做非体积功的化学反应，由式(4-8)有 $\Delta_r H_m = \sum \nu_B H'_B$，所以

$$\left(\frac{\partial \Delta_r H_m}{\partial T}\right)_p = \sum \nu_B \left(\frac{\partial H'_B}{\partial T}\right)_p = \sum \nu_B C'_{p,B} = \Delta_r C_{p,m} \tag{4-26}$$

式(4-26)为基尔霍夫(Kirchhoff)公式的微分形式。该式表明化学反应热效应随温度的变化率等于该反应的摩尔恒压热容(变)。

需要特别注意的是反应的摩尔恒压热容(变)，$\Delta_r C_{p,m} = \sum \nu_B C'_{p,B}$，其中的 $C'_{p,B}$ 是指反应系统中各组分的偏摩尔恒压热容，这种数据非常缺乏，因此在实际运算中，一般用各物质的摩尔恒压热容 $C_{p,m}(B)$ 来代替其偏摩尔恒压热容。

(1) 若 $\Delta_r C_{p,m}=0$，即 $\left(\frac{\partial \Delta_r H_m}{\partial T}\right)_p=0$，则 $\Delta_r H_m$ 不随温度变化而变化，为一常数。

(2) 若 $\Delta_r C_{p,m}>0$，即 $\left(\frac{\partial \Delta_r H_m}{\partial T}\right)_p>0$，则表明 $\Delta_r H_m$ 随温度升高而增加。对于吸热效应，$\Delta_r H_m>0$，温度上升，吸热量增加；对于放热反应，$\Delta_r H_m<0$，温度上升，放热量减小。

(3) 若 $\Delta_r C_{p,m}<0$，即 $\left(\frac{\partial \Delta_r H_m}{\partial T}\right)_p<0$，则结果恰好与(2)相反。

2) 定积分式

式(4-26)在 T_1 与 T_2 间定积分可得

$$\Delta_r H_m(T_2) = \Delta_r H_m(T_1) + \int_{T_1}^{T_2} \Delta_r C_{p,m} dT \tag{4-27}$$

式(4-27)为基尔霍夫公式的积分形式。因为一般在手册上可查得 298 K、$p^\ominus$ 下的数据，所以通常取 $T_1=298$ K。在压强不很高的情况下，忽略压强对热效应的影响，所以可得

$$\Delta_r H_m(T_2) = \Delta_r H_m^\ominus(298\ \text{K}) + \int_{298\ \text{K}}^{T_2} \Delta_r C_{p,m} dT$$

【例 4-1】 试计算反应 C(石墨)+O_2(g)══CO_2(g) 在 1150 K 的摩尔反应焓。

解 其计算步骤如下：

(1) 从热力学数据表查出有关数据，计算此反应在 298 K 下的热效应，并算出 $\Delta_r C_{p,m}$。

由表查得 $\Delta_f H_m^\ominus(CO_2, g, 298\ \text{K}) = -393.51\ \text{kJ} \cdot \text{mol}^{-1}$

所以 $\Delta_r H_m^\ominus(298\ \text{K}) = \Delta_f H_m^\ominus(CO_2, g) = -393.51\ \text{kJ} \cdot \text{mol}^{-1}$

由表查得

$$C_{p,m}(CO_2, g) = (44.14 + 9.04\times10^{-3}T - 8.54\times10^{-5}T^{-2})\ \text{J}\cdot\text{mol}^{-1}\cdot\text{K}^{-1} \quad (298\sim2500\ \text{K})$$

$$C_{p,m}(O_2, g) = (29.96 + 4.18\times10^{-3}T - 1.67\times10^{-5}T^{-2})\ \text{J}\cdot\text{mol}^{-1}\cdot\text{K}^{-1} \quad (298\sim3500\ \text{K})$$

$$C_{p,m}(\text{C，石墨}) = (24.439 + 0.435\times10^{-3}T - 31.627\times10^{-5}T^{-2})\ \text{J}\cdot\text{mol}^{-1}\cdot\text{K}^{-1} \quad (1100\sim4000\ \text{K})$$

$$\Delta_r C_{p,m} = C_{p,m}(CO_2, g) - [C_{p,m}(O_2, g) + C_{p,m}(\text{C，石墨})] \quad (1100\sim2500\ \text{K})$$

$$= (-10.259 + 4.425\times10^{-3}T + 24.754\times10^{-5}T^{-2})\ \text{J}\cdot\text{mol}^{-1}\cdot\text{K}^{-1}$$

$\Delta_r C_{p,m}$ 的适应温度为 1100～2500 K。此范围是这样确定的，即其温度低限取上述三种温度范围的低限的最高值，而其温度高限则取上述三种温度范围高限的最低值，这样的温度适应范围对于上述三个 $C_{p,m}$ 式都能适用。

(2) 根据式(4-27)计算此反应在 1150 K 的摩尔反应焓 $\Delta_r H_m(1150\ \text{K})$

$$\Delta_r H_m(1150\ \text{K}) = \Delta_r H_m(298\ \text{K}) + \int_{298\ \text{K}}^{1150\ \text{K}} \Delta_r C_{p,m} dT$$

$$= -393\,510 + \int_{298\ \text{K}}^{1150\ \text{K}} (-10.259 + 4.425\times10^{-3}T + 24.754\times10^{-5}T^{-2})dT$$

$$= -393.37\ \text{kJ}\cdot\text{mol}^{-1}$$

3) 不定积分式

对于需要求出在某温度范围内的几个温度下的热效应，宜先求出 $\Delta_r H_m$ 与 T 的函数关系式。这时用不定积分式较为方便，即将式(4-26)积分得

$$\Delta_r H_m(T)=\Delta H_0+\int \Delta_r C_{p,m}\,dT=\Delta H'_0+T\Delta a+\frac{1}{2}T^2\Delta b-T^{-1}\Delta c \tag{4-28}$$

式中，ΔH_0、$\Delta H'_0$ 为积分常数，不要理解为绝对零度时的反应热效应。

4）包含相变的反应热效应

应用基尔霍夫公式时，要注意参加反应的物质可能在温度变化区间出现相变，这时应将相变热计算进去；同时由于物质的聚集状态不同，其恒压热容与温度的函数关系式也不相同。因此在出现相变的情况下计算反应热效应时，要根据相变温度划分温度区间分段进行计算。例如，某一化学反应在 T_1 温度下的摩尔反应焓为 $\Delta_r H_m(T_1)$，在另一温度 T_2 下的摩尔反应焓为 $\Delta_r H_m(T_2)$，而在 T_1 至 T_2 之间有某物质发生相变，则

$$\Delta_r H_m(T_2)=\Delta_r H_m(T_1)+\int_{T_1}^{T_{相}}\Delta_r C_{p,m}\,dT\pm\Delta_{trs}H_m+\int_{T_{相}}^{T_2}\Delta_r C'_{p,m}\,dT \tag{4-29}$$

式中，$\Delta_r C_{p,m}$及 $\Delta_r C'_{p,m}$分别为相变前后反应体系的摩尔反应恒压热容；$\Delta_{trs}H_m$ 为某物质的摩尔相变热。例如，相变为蒸发过程，则相变热为蒸发热 $\Delta_{vap}H_m$。

【例 4-2】 求反应 $2H_2(g)+O_2(g)$══$2H_2O(l)$在 800 K 时的摩尔反应焓。

解 在 800 K 下，液态 H_2O 全部气化。可设计如下途径，计算反应在 800 K 下的反应热：

$$\begin{array}{llll}
800\ \text{K} & 2H_2(g)+O_2(g) & \xrightarrow{\Delta_r H_m(800\ \text{K})} & 2H_2O(g) \\
 & \downarrow \Delta H_1 & & \uparrow \Delta H_4 \\
298\ \text{K} & 2H_2(g)+O_2(g) & \xrightarrow{\Delta_r H_m(298\ \text{K})} 2H_2O(l) \xrightarrow{\Delta H_2} 2H_2O(l,373\ \text{K}) \xrightarrow{\Delta H_3} & 2H_2O(g,373\ \text{K})
\end{array}$$

（1）利用查表数据，计算反应的 $\Delta_r H_m(298\ \text{K})$，从附表查得

$$\Delta_f H_m^{\ominus}(H_2O,l,298\ \text{K})=-285.83\ \text{kJ}\cdot\text{mol}^{-1}$$

所以 $\Delta_r H_m(298\ \text{K})=2\times(-285.83\ \text{kJ}\cdot\text{mol}^{-1})=-571.66\text{kJ}\cdot\text{mol}^{-1}$

查表得 $C_{p,m}(H_2O,l)=75.44\ \text{J}\cdot\text{mol}^{-1}\cdot\text{K}^{-1}$ (273～373 K)

$C_{p,m}(H_2O,g)=(27.28+3.26\times10^{-3}T+0.50\times10^{5}T^{-2})\text{J}\cdot\text{mol}^{-1}\cdot\text{K}^{-1}$ (298～3000 K)

$C_{p,m}(O_2,g)=(29.96+4.2\times10^{-3}T+1.67\times10^{5}T^{-2})\text{J}\cdot\text{mol}^{-1}\cdot\text{K}^{-1}$ (298～3000 K)

$C_{p,m}(H_2O,g)=(30.00+10.71\times10^{-3}T+0.33\times10^{5}T^{-2})\text{J}\cdot\text{mol}^{-1}\cdot\text{K}^{-1}$ (298～2500 K)

（2）计算此反应在 800 K 下的摩尔反应焓。

$$\Delta_r H_m(800\ \text{K})=\Delta H_1+\Delta_r H_m(298\ \text{K})+\Delta H_2+\Delta H_3+\Delta H_4$$

$$\Delta H_1=\int_{800\ \text{K}}^{298\ \text{K}}[2C_{p,m}(H_2,g)+C_{p,m}(O_2,g)]dT$$

$$\Delta H_2=\int_{298\ \text{K}}^{373\ \text{K}}2C_{p,m}(H_2O,l)dT$$

已知水的蒸发热 $\Delta_{vap}H_m^{\ominus}(H_2O,l,373\ \text{K})=40.71\ \text{kJ}\cdot\text{mol}^{-1}$

$$\Delta H_3=2\times[-\Delta_{vap}H_m(H_2O,l,373\ \text{K})]=-81.42\ \text{kJ}\cdot\text{mol}^{-1}$$

$$\Delta H_4=\int_{373\ \text{K}}^{800\ \text{K}}2C_{p,m}(H_2O,g)dT$$

所以 $\Delta_r H_m(800\ \text{K})=\Delta H_1+\Delta_r H_m(298\ \text{K})+\Delta H_2+\Delta H_3+\Delta H_4=-493.2\ \text{kJ}\cdot\text{mol}^{-1}$

计算表明，当参加反应的物质发生相态变化时，反应热效应随温度的变化较为明显。

4.2.6 非恒温反应

以上所讨论的都是等温反应，即反应过程中所释放(或吸收)的热量能及时逸散(或供给)，系统始终态处于相同温度。但在实际反应中，系统始终态的温度并不相等。对于非恒温反应的相关计算，一般都要用到基尔霍夫公式。

1. 一般非恒温反应

对于如下恒压反应，$a\mathrm{A}(T_1,p)+b\mathrm{B}(T_2,p)=\!=\!=x\mathrm{X}(T_3,p)+y\mathrm{Y}(T_3,p)$，当各物质在反应体系温度变化范围内没有相变时，则可设计如图 4-3 所示的过程来进行计算。

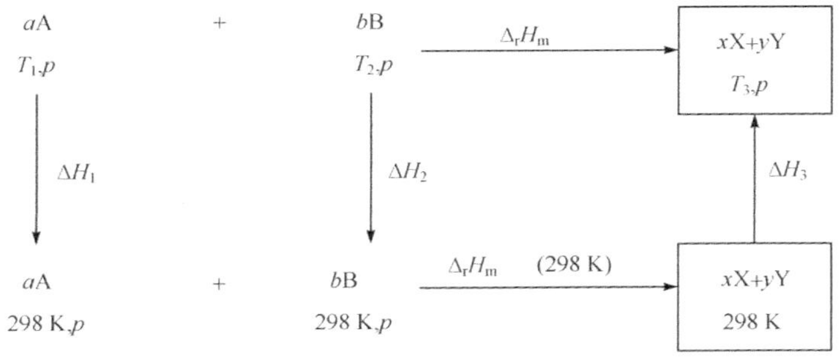

图 4-3　一般非恒温反应的热化学计算

根据图 4-3，则有

$$
\begin{aligned}
\Delta_r H_m &= \Delta H_1+\Delta H_2+\Delta H_3+\Delta_r H_m(298\ \mathrm{K})\\
&=\int_{T_1}^{298\ \mathrm{K}} C_{p,m}(\mathrm{A})\mathrm{d}T+\int_{T_2}^{298\ \mathrm{K}} C_{p,m}(\mathrm{B})\mathrm{d}T+\int_{298\ \mathrm{K}}^{T_3}[xC_{p,m}(\mathrm{X})+yC_{p,m}(\mathrm{Y})]\mathrm{d}T+\\
&\quad\ \Delta_r H_m(298\ \mathrm{K})
\end{aligned}
$$

2. 绝热反应终态温度计算

非恒温反应的一种极端情况是热量一点也不逸散(或供给)，反应完全在绝热条件进行，如气焊时的燃烧及绝热性能良好的容器中的反应就是在近似于绝热条件下的反应。恒压绝热反应终态温度的计算可依图 4-4 进行。

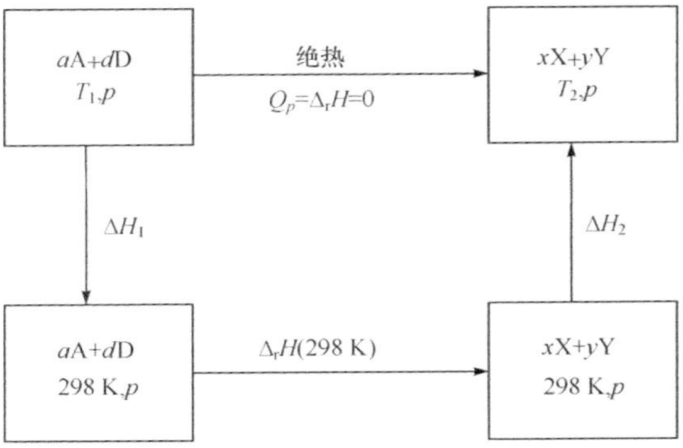

图 4-4　绝热反应终态温度的估算

因为 $\Delta_r H_m=\Delta H_1+\Delta_r H_m(298\ \mathrm{K})+\Delta H_2=0$，则

$$\Delta H_1=\int_{T_1}^{298\ \mathrm{K}}\left[\sum n_B C_{p,m}(\mathrm{B})\right]_{\text{反应物}}\mathrm{d}T$$

$$\Delta H_2=\int_{298\ \mathrm{K}}^{T_2}\left[\sum n_B C_{p,m}(\mathrm{B})\right]_{\text{产物}}\mathrm{d}T$$

将 T_1 和比热容数据代入上式就可求出终态温度 T_2，若在温度变化范围内存在物质的相变，则应考虑相变热的贡献；若反应物质过量或有惰性物质存在于反应体系中，此时也应考虑

它们的吸、放热情况。

【例 4-3】 设有一种常压、温度为 673 K、组成 SO_2 10.5%(体积分数,下同)、O_2 7.8%、N_2 81.7%的混合气体,将其流入绝热良好的 SO_3 转化器中,试估算 SO_2 转化率约为 90%时,转化器出口气体的温度。

解 (1)以 1 mol SO_2 为基准,计算出、入口体系中各反应物质的量:

	SO_2 +	$\frac{1}{2}O_2$	$=\!=\!= SO_3$ +	N_2
流入:	1	7.8/10.5=0.743	0	817/10.5=7.781
流出:	1−0.9=0.1	0.743−0.45=0.293	0.9	7.781

因为在常压及较高的温度下,各种气体均可视为理想气体,则混合过程的焓变为零。

(2) 估算转化器出口气体的温度 T,图 4-4 所示的过程对本例的具体应用为

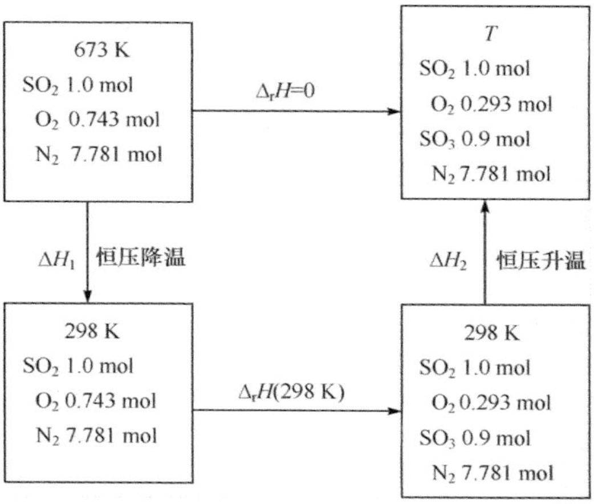

即先将三种气体分别恒压可逆降温至 298 K,接着在 298 K 下使 SO_2 氧化为 SO_3,然后将产物恒压可逆升温至 T。由于绝热,因此

$$\Delta H=\Delta H_1+\Delta_r H(298\ \mathrm{K})+\Delta H_2=0$$

从附表中查得

$$\Delta_f H_m^\ominus(SO_2,g,298\ \mathrm{K})=296.81\ \mathrm{kJ\cdot mol^{-1}}$$

$$\Delta_f H_m^\ominus(SO_3,g,298\ \mathrm{K})=-395.72\ \mathrm{kJ\cdot mol^{-1}}$$

$$C_{p,m}(SO_2,g)=(43.43+10.63\times10^{-3}T-5.94\times10^5T^{-2})\ \mathrm{J\cdot mol^{-1}\cdot K^{-1}} \quad (298\sim1800\ \mathrm{K})$$

$$C_{p,m}(O_2,g)=(29.96+4.18\times10^{-3}T-1.67\times10^5T^{-2})\ \mathrm{J\cdot mol^{-1}\cdot K^{-1}} \quad (298\sim3000\ \mathrm{K})$$

$$C_{p,m}(SO_3,g)=(57.32+26.86\times10^{-3}T-13.05\times10^5T^{-2})\ \mathrm{J\cdot mol^{-1}\cdot K^{-1}} \quad (298\sim1200\ \mathrm{K})$$

$$C_{p,m}(N_2,g)=(27.87+4.27\times10^{-3}T)\ \mathrm{J\cdot mol^{-1}\cdot K^{-1}} \quad (298\sim2500\ \mathrm{K})$$

下面分别计算 ΔH_1、$\Delta_r H(298\ \mathrm{K})$及 ΔH_2

$$\Delta H_1=\int_{673\ \mathrm{K}}^{298\ \mathrm{K}}[C_{p,m}(SO_2,g)+0.743C_{p,m}(O_2,g)+7.781C_{p,m}(N_2,g)]\mathrm{d}T$$

将查得 $C_{p,m}(\mathrm{B})$值代入上式并进行积分得

$$\Delta H_1=\int_{673\ \mathrm{K}}^{298\ \mathrm{K}}(282.55+46.96\times10^{-3}T-7.181\times10^5T^{-2})\mathrm{d}T=-107\ 241.67\ \mathrm{J}$$

$$\Delta_r H(298\ \mathrm{K})=0.9\times[-395.72-(-296.81)]\ \mathrm{kJ}=-89.02\ \mathrm{kJ}$$

$$\Delta H_2=\int_{298\ \mathrm{K}}^{T}0.1\times C_{p,m}(SO_2,g)\mathrm{d}T+\int_{298\ \mathrm{K}}^{T}0.293\times C_{p,m}(O_2,g)\mathrm{d}T+$$

$$\int_{298\ \mathrm{K}}^{T}0.9\times C_{p,m}(SO_3,g)\mathrm{d}T+\int_{298\ \mathrm{K}}^{T}7.781\times C_{p,m}(N_2,g)\mathrm{d}T$$

$$=(281.57T+29.84\times10^{-3}T^2+12.83\times10^5T^{-1})\Big|_{298}^{T}$$

即 $\Delta H_1+\Delta_r H(298\ \mathrm{K})+\Delta H_2=(29.846\times10^{-3}T^2+281.57T+12.83\times10^5T^{-1}-287168.10)\approx0$

用计算法解得 $T=924.39\ \mathrm{K}$

很多冶金工厂或化工厂常用接触法将含 SO_2 的炉气制成硫酸。由于 SO_2 转换为 SO_3 的反应放出大量的热，这样将使转化过程升温。然而制酸工艺要求转化温度以 400 ℃左右为好，所以在生产实践中常对流换热的方法向外散热。此例的计算方法将为换热设备的设计，提供气态产物可能达到的温度数据，供设计参考。

4.3 化学反应亲和势与化学反应判据

4.3.1 化学反应亲和势

包含化学反应的体系必是组成可变的体系，因此符合第 2 章的基本方程式(2-59)～式(2-62)。但由于化学反应遵守计量原理，可使描述体系状态的变量数大大减少。若封闭体系中只有一个化学反应，用 $dn_B=\nu_B d\xi$ 代入则有

$$dU=TdS-pdV+\left(\sum \nu_B\mu_B\right)d\xi \tag{4-30}$$

$$dH=TdS+Vdp+\left(\sum \nu_B\mu_B\right)d\xi \tag{4-31}$$

$$dG=-SdT+Vdp+\left(\sum \nu_B\mu_B\right)d\xi \tag{4-32}$$

$$dA=-SdT-pdV+\left(\sum \nu_B\mu_B\right)d\xi \tag{4-33}$$

以上四个公式为普遍基本方程对含一个独立化学反应系统的具体应用。由这四式可得

$$\sum \nu_B\mu_B=\left(\frac{\partial U}{\partial \xi}\right)_{S,V}=\left(\frac{\partial H}{\partial \xi}\right)_{S,p}=\left(\frac{\partial A}{\partial \xi}\right)_{T,V}=\left(\frac{\partial G}{\partial \xi}\right)_{T,p}$$

De Donder 将上式的负值定义为化学亲和势 D，即

$$\begin{aligned}D&=-\sum \nu_B\mu_B\\&=-\left(\frac{\partial U}{\partial \xi}\right)_{S,V}=-\left(\frac{\partial H}{\partial \xi}\right)_{S,p}=-\left(\frac{\partial A}{\partial \xi}\right)_{T,V}=-\left(\frac{\partial G}{\partial \xi}\right)_{T,p}\end{aligned} \tag{4-34}$$

化学亲和势是化学反应系统一种强度性质。

这样四个基本方程就可写为

$$dU=TdS-pdV-Dd\xi \tag{4-35}$$

$$dH=TdS+Vdp-Dd\xi \tag{4-36}$$

$$dG=-SdT+Vdp-Dd\xi \tag{4-37}$$

$$dA=-SdT-pdV-Dd\xi \tag{4-38}$$

若封闭体系中含有 R 个独立的化学反应

$$0=\sum \nu_{B,\rho}B_\rho$$

各自的反应进度分别为 $\xi_1,\xi_2,\cdots,\xi_R$；各自的反应亲和势分别为 $D_1,D_2,\cdots,D_R$，则相应的基本方程为

$$\left.\begin{aligned}dU&=TdS-pdV-\sum D_\rho d\xi_\rho\\dH&=TdS+Vdp-\sum D_\rho d\xi_\rho\\dG&=-SdT-pdV-\sum D_\rho d\xi_\rho\\dA&=-SdT+Vdp-\sum D_\rho d\xi_\rho\end{aligned}\right\} \tag{4-39}$$

4.3.2 化学反应方向及平衡条件

对于含单一化学反应的系统，有 $dG=-SdT+Vdp-Dd\xi$，根据恒温恒压下吉布斯自由能

减少原理，有

$$dG_{T,p}=-D\mathrm{d}\xi\leqslant 0 \qquad (<0\ 表示不可逆过程，=0\ 表示可逆过程)$$

结合式(4-8)，将上式转化为对反应 $0=\sum\nu_B\mathrm{B}$ 方向及平衡的判据就是

$$\left(\frac{\partial G}{\partial \xi}\right)_{T,p}=\Delta_r G_m=\sum \nu_B G_B'=\sum \nu_B\mu_B=-D\leqslant 0 \tag{4-40}$$

式中，不等号表明反应正向自动，等号表明反应达到平衡。式(4-37)是判断化学反应方向及讨论化学平衡问题的基础。

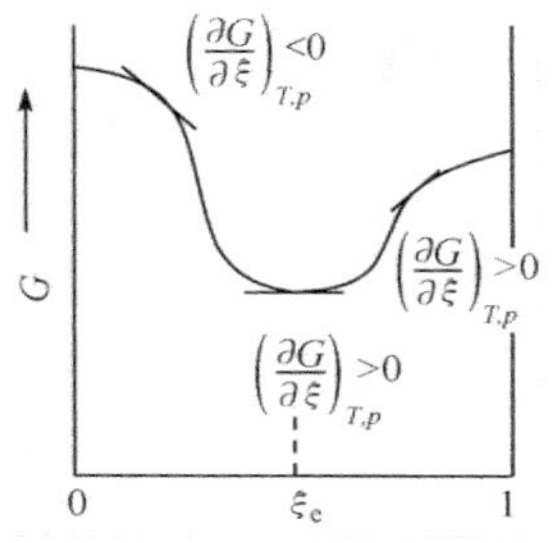

图 4-5　反应系统吉布斯自由能与反应进度 ξ 的关系

需要注意的是，对于化学反应过程，自动的方向性与反应进度有关，这可以从反应系统的 G 随反应进度 ξ 的变化曲线图(图 4-5)得到说明。

在 ξ_1 时，$\left(\frac{\partial G}{\partial \xi}\right)_{T,p}<0$，$\Delta_r G_m<0$，$D>0$，表明反应正向自动进行；

在 ξ_2 时，$\left(\frac{\partial G}{\partial \xi}\right)_{T,p}>0$，$\Delta_r G_m>0$，$D<0$，表明反应逆向自动进行；

在 ξ_e 时，$\left(\frac{\partial G}{\partial \xi}\right)_{T,p}=0$，$\Delta_r G_m=0$，$D=0$，表明反应正、逆向可逆进行，达到化学平衡。

4.4　化学反应等温方程与标准平衡常数

4.4.1　气相化学反应平衡

1. 气相反应等温方程

若有各组分都为气体的反应：$d\mathrm{D}+e\mathrm{E}=\!=\!=g\mathrm{G}+h\mathrm{H}$，则参与反应的各物质化学势为 $\mu_B=\mu_B^{\ominus}(T)+RT\ln\frac{f_B}{p^{\ominus}}=\mu_B^{\ominus}(T)+RT\ln\frac{p_B\gamma_B}{p^{\ominus}}$，(注意，若为理想气体，则 $f_B=p_B$)，将其代入式(4-40)，有

$$\Delta_r G_m=\sum\nu_B\mu_B=\sum\nu_B\mu_B^{\ominus}+RT\sum\nu_B\ln\left(\frac{f_B}{p^{\ominus}}\right)$$

$$=\Delta_r G_m^{\ominus}+RT\ln\left[\left(\frac{f_G^g f_H^h}{f_D^d f_E^e}\right)(p^{\ominus})^{-\sum\nu_B}\right] \tag{4-41}$$

令

$$Q_f^{\ominus}=\left(\frac{f_G^g f_H^h}{f_D^d f_E^e}\right)(p^{\ominus})^{-\sum\nu_B} \tag{4-42a}$$

式中，$Q_f^{\ominus}$ 称为标准逸度商，是量纲为一的量。若为理想气体，则称为标准压力商：

$$J_p^{\ominus}=\left(\frac{p_G^g p_H^h}{p_D^d p_E^e}\right)(p^{\ominus})^{-\sum\nu_B} \tag{4-42b}$$

随着反应的进行，f_B 在不断变化，因此 $Q_f^{\ominus}$ 是不断变化的。当反应达到平衡时，体系中各物质的逸度将不再变化，此时的标准逸度商 $(Q_p^{\ominus})_{eq}$ 必为一常数，称为标准平衡常数或热力学平衡常数，记为 $K_f^{\ominus}$，也是量纲为一的量，即

$$K_f^\ominus = (Q_f^\ominus)_{eq} = \left[\left(\frac{f_G^g f_H^h}{f_D^d f_E^e}\right)(p^\ominus)^{-\sum \nu_B}\right]_{eq} \tag{4-43}$$

由于反应平衡时有 $\Delta_r G_m = 0$，据式(4-41)有

$$\ln K_f^\ominus = -\frac{\sum \nu_B \mu_B^\ominus(T)}{RT} = -\frac{\Delta_r G_m^\ominus}{RT} \tag{4-44}$$

式(4-44)表明反应的标准平衡常数只是温度的函数。

这样，式(4-41)又可写为

$$\Delta_r G_m = \Delta_r G_m^\ominus + RT\ln Q_f^\ominus = -RT\ln K_f^\ominus + RT\ln Q_f^\ominus \tag{4-45a}$$

对于理想气体，则为

$$\Delta_r G_m = \Delta_r G_m^\ominus + RT\ln J_p^\ominus = -RT\ln K_p^\ominus + RT\ln J_p^\ominus \tag{4-45b}$$

式(4-45)称为气相化学反应的等温方程式，可以用来判断在一定温度下反应的方向和限度。当 $Q_f^\ominus < K_f^\ominus$ 时，$\Delta_r G_m < 0$，反应能自发地向右进行；当 $Q_f^\ominus > K_f^\ominus$ 时，$\Delta_r G_m > 0$，反应不能自发地向右进行，但能自发向左进行；当 $Q_f^\ominus = K_f^\ominus$ 时，$\Delta_r G_m = 0$，反应处于平衡。化学反应的等温方程式还告诉我们：在一定温度下，通过改变各组分逸度的大小，从而改变标准逸度商 $Q_f^\ominus$，有可能使反应向着需要的方向进行。

2. 气相反应平衡常数表达式

气相反应达到平衡时，反应的标准逸度商 $(Q_p^\ominus)_{eq}$ 即为其标准平衡常数，如式(4-43)所示。以下讨论衡常数表达式时，我们略去关于平衡的下标，但要注意，其逸度、逸度因子、分压、摩尔分数、浓度等都是指平衡之值。

考虑到逸度与分压及逸度因子的关系，$f_B = p_B \gamma_B$，则有

$$K_f^\ominus = \left(\frac{f_G^g f_H^h}{f_D^d f_E^e}\right)(p^\ominus)^{-\sum \nu_B} = \left(\frac{p_G^g p_H^h}{p_D^d p_E^e}\right)(p^\ominus)^{-\sum \nu_B} \times \left(\frac{\gamma_G^g \gamma_H^h}{\gamma_D^d \gamma_E^e}\right) \tag{4-46}$$

若令

$$K_p = \left(\frac{p_G^g p_H^h}{p_D^d p_E^e}\right) \tag{4-47a}$$

及

$$K_\gamma = \left(\frac{\gamma_G^g \gamma_H^h}{\gamma_D^d \gamma_E^e}\right) \tag{4-47b}$$

式中，K_p 称为经验平衡常数，其量纲取决于 $\sum \nu_B$ 的大小，当 $\sum \nu_B = 0$ 时，K_p 是量纲为一的量，当 $\sum \nu_B \neq 0$ 时，K_p 是量纲不为一的量；K_γ 为逸度因子平衡常数，是量纲为一的量。

这样，式(4-46)就变为

$$K_f^\ominus = K_p K_\gamma (p^\ominus)^{-\sum \nu_B} \tag{4-48}$$

$K_f^\ominus$ 只与温度 T 有关，但由于 K_γ 与温度及压力有关，因此 K_p 也与温度及压力有关。对于理想气体，$K_\gamma = 1$，即逸度等于分压，标准逸度商等于标准压力商，则

$$K_f^\ominus = K_p^\ominus = \left(\frac{p_G^g p_H^h}{p_D^d p_E^e}\right)(p^\ominus)^{-\sum \nu_B} = K_p (p^\ominus)^{-\sum \nu_B} \tag{4-49}$$

因 $K_p^\ominus$ 只与温度 T 有关，所以 K_p 也只与温度 T 有关。

对于理想气体，还有其他几种经验平衡常数表达式。

1) 用摩尔分数表示的平衡常数 K_x

因为 $p_B = p x_B$，所以

$$K_p = \frac{p_G^g p_H^h}{p_D^d p_E^e} = \left[\frac{(px_G)^g (px_H)^h}{(px_D)^d (px_E)^e}\right] = \left(\frac{x_G^g x_H^h}{x_D^d x_E^e}\right) p^{\sum \nu_B} = K_x p^{\sum \nu_B} \tag{4-50}$$

式中，K_p 只与温度 T 有关；K_x 与温度及压力有关。

2）用物质的量浓度表示的平衡常数 K_c

因为 $p_B = cRT$，所以

$$K_p = \left(\frac{p_G^g p_H^h}{p_D^d p_E^e}\right) = \left(\frac{c_G^g c_H^h}{c_D^d c_E^e}\right)(RT)^{\sum \nu_B} = K_c (RT)^{\sum \nu_B} \tag{4-51}$$

式中，K_p 只与温度 T 有关；K_c 也只与温度有关。

4.4.2 凝聚相化学反应平衡

1. *液相反应等温式*

若有液相反应：$dD + eE = gG + hH$ 且各组分都采用第一种活度定义，则参与反应的各物质化学势为 $\mu_B = \mu_B^*(T,p) + RT\ln a_B$，其中 $\mu_B^*(T,p)$ 为纯组分 B 的化学势。将其代入式(4-40)有

$$\Delta_r G_m = \sum \nu_B \mu_B = \sum \nu_B \mu_B^*(T,p) + RT \sum \nu_B \ln a_B \tag{4-52}$$

因为 $$\mu_B^*(T,p) = \mu_B^*(T,p^\ominus) + \int_{p^\ominus}^{p} V_{m,B}\, dp$$

所以 $$\sum \nu_B \mu_B^*(T,p) = \sum \nu_B \mu_B^*(T,p^\ominus) + \int_{p^\ominus}^{p} V_{m,B}\, dp$$

通常 p 与 $p^\ominus$ 相差不大，且纯液态组分的摩尔体积也很小，则 $\int_{p^\ominus}^{p} V_{m,B} dp \approx 0$，于是有

$$\sum \nu_B \mu_B^*(T,p) = \sum \nu_B \mu_B^*(T,p^\ominus)$$

式中，$\mu_B^*(T,p^\ominus)$ 是纯物质 B 处于标准压强下的化学势，只与温度有关，也可记为 $\mu_B^{*\ominus}(T)$。这样式(4-52)就变为

$$\Delta_r G_m = \sum \nu_B \mu_B^{*\ominus}(T) + RT \sum \nu_B \ln a_B \tag{4-53}$$

令 $$\sum \nu_B \ln a_B = \ln J_a，即\ J_a = \left(\frac{a_G^g a_H^h}{a_D^d a_E^e}\right) \tag{4-54a}$$

式中，J_a 为活度商，当反应达到平衡时，活度商有定值。令

$$\sum (\nu_B \ln a_B)_{eq} = \ln K_a \tag{4-54b}$$

式中，K_a 为以活度表示的标准平衡常数。反应达到平衡时，$\Delta_r G_m = 0$，所以

$$\ln K_a = -\frac{\sum \nu_B \mu_B^{*\ominus}(T)}{RT} = -\frac{\Delta_r G_m^\ominus(T)}{RT} \tag{4-55}$$

式(4-55)表明以活度表示的标准平衡常数 K_a 只是温度的函数。严格地说，K_a 是与温度和压力有关的，只是忽略了压力的影响。

于是式(4-53)可写为

$$\Delta_r G_m = -RT\ln K_a + RT\ln J_a \tag{4-56}$$

式(4-53)及式(4-56)都是液相反应的等温式。

若各组分都采用第二种活度定义，则不难得出液相反应的等温式为以下四式的任一种

$$\left.\begin{aligned}
&\Delta_r G_m = -RT\ln K_{a,x} + RT\ln J_a \qquad a_B = \gamma_x \cdot x_B \qquad K_{a,x} = K_{\gamma,x}K_x \\
&\Delta_r G_m = -RT\ln K_{a,m} + RT\ln J_a \qquad a_B = \gamma_m \cdot \frac{m_B}{m^\ominus} \qquad K_{a,m} = K_{\gamma,m}K_m(m^\ominus)^{-\sum\nu_B} \\
&\Delta_r G_m = -RT\ln K_{a,c} + RT\ln J_a \qquad a_B = \gamma_c \cdot \frac{c_B}{c^\ominus} \qquad K_{a,c} = K_{\gamma,c}K_c(c^\ominus)^{-\sum\nu_B} \\
&\Delta_r G_m = -RT\ln K_{a,w} + RT\ln J_a \qquad a_B = \gamma_w \cdot \frac{w_B}{w^\ominus} \qquad K_{a,w} = K_{\gamma,w}K_w(w^\ominus)^{-\sum\nu_B}
\end{aligned}\right\} \quad (4\text{-}57)$$

式(4-57)中各标准平衡常数 $K_{a,x}$、$K_{a,m}$、$K_{a,c}$、$K_{a,w}$都近似只与温度有关。

2. 液相反应的平衡常数

液相反应系统中的各组分因采用不同的活度定义，其活度值也不相同，因而造成其平衡常数值也不同。可按式(4-54)及式(4-57)表达和计算。

液相反应的平衡常数也常用经验平衡常数表示。例如

$$K_x = \frac{x_G^g x_H^h}{x_D^d x_E^e}, \qquad K_m = \frac{m_G^g m_H^h}{m_D^d m_E^e}, \qquad K_c = \frac{c_G^g c_H^h}{c_D^d c_E^e}, \qquad K_w = \frac{w_G^g w_H^h}{w_D^d w_E^e}, \qquad \cdots$$

3. 凝聚相化学反应

凝聚相反应各组分间若形成液态溶液或固态溶液，则其等温式及平衡常数按式(4-56)或式(4-57)处理。若各组分间不形成溶液，而是各组分以纯态物质参与反应，则各组分的活度 $a_B=1$，从式(4-53)可知：$\Delta_r G_m = \sum \nu_B \mu_B^{*\ominus}(T) = \Delta_r G_m^\ominus \neq 0$，该反应的 $\Delta_r G_m$ 永不为零，即永远不能达到平衡。所以，对于互不相溶的纯态凝聚相物质间的反应，没有平衡常数可言。

4.4.3 多相化学反应平衡

设有多相化学反应 $d\mathrm{D(s)} + e\mathrm{E(g)} = g\mathrm{G(l)} + h\mathrm{H(g)}$，且气相当作理想气体，忽略压强对凝聚态的影响，则

$$\mu_D = \mu_D^{*\ominus}(T) + RT\ln a_D, \qquad \mu_E = \mu_E^\ominus(T) + RT\ln\frac{p_E}{p^\ominus}$$

$$\mu_H = \mu_H^\ominus(T) + RT\ln\frac{p_H}{p^\ominus}, \qquad \mu_G = \mu_G^{*\ominus}(T) + RT\ln a_G$$

所以 $$\Delta_r G_m = \sum \nu_B \mu_B^\ominus(T) + RT\ln\left[\frac{a_G^g(p_H/p^\ominus)^h}{a_D^d(p_E/p^\ominus)^e}\right]$$

或 $$\Delta_r G_m = \sum \nu_B \mu_B^\ominus(T) + RT\ln J^\ominus \qquad (4\text{-}58)$$

则标准平衡常数 $$K^\ominus = (J^\ominus)_{eq} = \left[\frac{a_G^g(p_H/p^\ominus)^h}{a_D^d(p_E/p^\ominus)^e}\right]_{eq} \qquad (4\text{-}59)$$

等温式为 $$\Delta_r G_m = -RT\ln K^\ominus + RT\ln J^\ominus \qquad (4\text{-}60)$$

(1) 若凝聚相为纯物质(不形成溶液)，即 $a_D=1$，$a_G=1$，则

$$J^\ominus = \left(\frac{p_H^h}{p_E^e}\right)(p^\ominus)^{e-h} = J_p^\ominus(\mathrm{g})$$

所以 $$\Delta_r G_m = \sum \nu_B \mu_B^\ominus(T) + RT\ln J_p^\ominus(\mathrm{g})$$

则平衡时 $$\left(\frac{p_H^h}{p_E^e}\right)_{eq}(p^{\ominus})^{e-h}=K_p^{\ominus}(g)$$

即此时反应的标准平衡常数和标准商中只含气体物质项。因此等温方程式为

$$\Delta_r G_m=-RT\ln K_p^{\ominus}(g)+RT\ln J_p^{\ominus}(g) \tag{4-61}$$

(2) 若凝聚相形成溶液，则反应的平衡要按式(4-58)处理。

4.4.4 凝聚相纯物质的分解压

由 4.4.3 节的讨论可知，凝聚相为纯物质的多相反应，凝聚相纯物质的量对平衡常数 $K_p^{\ominus}(g)$ 无影响，$K_p^{\ominus}(g)$ 只与气相物质的量有关，前面所讨论的有关气相化学平衡的结论，均适用于此类多相反应。在化工、冶金等行业中，金属氧化物、硫化物、卤化物及碳酸盐等纯化合物加热分解产生气体的分解反应，就属于这类反应。

由纯凝聚态化合物分解达到平衡时，分解所产生的气体产物总压，称为该化合物的分解压。分解压是纯凝聚态化合物的一种强度性质，对于气相物质没有分解压的概念。必须指出，这里强调反应前体系中只有待分解的化合物，而分解压是在这种条件下分解达到平衡时气体产物的总压。例如

对于反应 $CaCO_3(s)=\!=\!=CaO(s)+CO_2(g)$，某温度下达到分解平衡后，$K_p=(p_{CO_2})_{eq}$，所以，$CaCO_3(s)$ 的分解压 $p_{分}=(p_{CO_2})_{eq}=K_p$。

对于反应 $Mo_2N(s)=\!=\!=2Mo(s)+(1/2)N_2(g)$，某温度下达到分解平衡后，$K_p=(p_{N_2})_{eq}{}^{1/2}$，所以 $Mo_2N(s)$ 的分解压 $p_{分}=(p_{N_2})_{eq}=K_p^2$。

对于反应 $(NH_4)_2CO_3(s)=\!=\!=2NH_3(g)+H_2O(g)+CO_2(g)$，某温度下达到分解平衡后，$K_p=(p_{NH_3}^2 p_{H_2O}p_{CO_2})_{eq}$，所以 $(NH_4)_2CO_3(s)$ 的分解压为

$$p_{分}=(p_{NH_3})_{eq}+(p_{H_2O})_{eq}+(p_{CO_2})_{eq}=(64K_p)^{1/4}$$

可见，物质的分解压与平衡常数成比例关系，因此，在一定温度下，化合物的分解压应为一定值，与纯凝聚态物质的量无关，所以分解压的给出必须说明温度条件。分解压的大小说明了化合物的稳定程度，分解压越大，化合物越易分解。将气体产物的实际压强与该温度条件下的分解压相比较，就可得出化合物稳定存在的条件，如金属氧化物按下式分解

$$Me_xO_y(s)=\!=\!=xMe(s)+(y/2)O_2(g)$$

$$K_p=(p_{O_2})_{eq}^{y/2}=p_{分}^{y/2},\ K_p^{\ominus}=\left(\frac{p_{分}}{p^{\ominus}}\right)^{y/2}$$

根据等温方程式(4-45b)得

$$\begin{aligned}\Delta_r G_m&=-RT\ln K_p^{\ominus}+RT\ln J_p^{\ominus}\\&=-\frac{y}{2}RT\ln\frac{p_{分}}{p^{\ominus}}+\frac{y}{2}RT\ln\frac{p_{O_2}}{p^{\ominus}}=\frac{y}{2}RT\ln\frac{p_{O_2}}{p_{分}}\end{aligned} \tag{4-62}$$

当 $p_{O_2}>p_{分}$，$\Delta_r G_m>0$，反应逆向自动，即金属被氧化；

当 $p_{O_2}<p_{分}$，$\Delta_r G_m<0$，反应正向自动，即金属氧化物分解。

分解压与温度的关系式可根据实验数据确定。例如，实验测定的 $CaCO_3$ 的分解压与温度的关系式为 $\ln\left(\frac{p_{CO_2}}{p^{\ominus}}\right)=\frac{20\ 542}{T}+28.89$。空气中的 CO_2 的分压约为 30.4 Pa，当 $p_{CO_2}=$ 30.4 Pa时，由上式解得 $T=806$ K，此值即是 $CaCO_3$ 在大气中开始热分解的温度。工业生产中常将石灰石加热至其分解压 $p_{CO_2}=100$ kPa 时的温度($T\approx1183$ K)，此时，石灰石剧烈分解，冶金行业中称此温度为化学沸腾温度。

必须注意，分解压与平衡常数还是有区别的。同种反应，反应方程式的写法不同时，平衡常数值不同，但分解压是相同的。

4.4.5 优势区图

对于下列一类多相反应，反应物之一为气体，产物也有一种是气体。例如

$$3FeS(s) + 5O_2(g) \longrightarrow Fe_3O_4(s) + 3SO_2(g)$$

所以有

$$K_p = \left(\frac{p_{SO_2}^3}{p_{O_2}^5}\right)_{eq} \tag{4-63}$$

对式(4-63)两边取对数，并略去关于平衡的下标，整理得

$$\ln p_{SO_2} = \frac{1}{3}\ln K_p - \frac{5}{3}\ln p(O_2) \tag{4-64}$$

说明一定温度下，将 $\lg p_{SO_2}$ 对 $\lg p_{O_2}$ 作图可得一条直线。当 FeS(s)被氧化时，因气相组成的不同可能产生 Fe_2O_3 及 $Fe_2(SO_4)_3$ 等，对每一种固体产物与 FeS(s)和气体相之间的化学平衡，都有一条相应的 $\lg p_{SO_2}$-$\lg p_{O_2}$ 直线。把这些直线绘于同一图中，就得到如图 4-6 所示的优势区图。图中每一直线均表示一个多相化学平衡；每个区域表示一定的气相组成范围内能够稳定存在的固相。所以这种图称为优势区图[或称为凯洛格(Kellogg 图)]。冶金中 Cu、Fe、Pb 等金属的 Me-S-O 系的优势区图常用于研究硫化物焙烧过程的热力学。

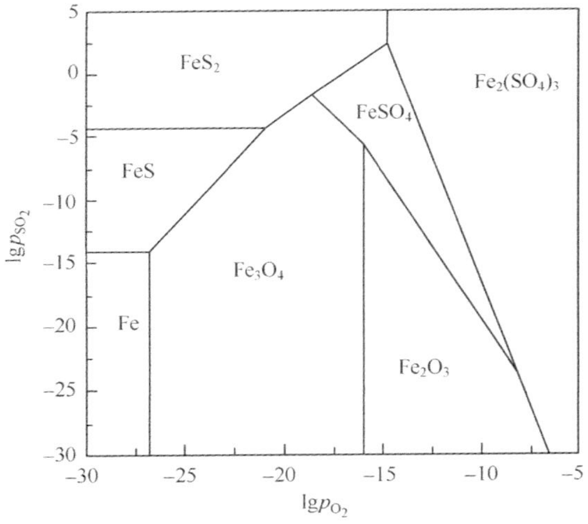

图 4-6 800 K 时 Fe-O-S 系优势区图

4.4.6 压力及惰性气体对化学平衡的影响

1. 压力对化学平衡的影响

除标准平衡常数外，还有各种经验平衡常数。在一定温度下，改变反应体系总压，通常平衡组成会发生变化，即平衡点会移动。此时与压力有关的平衡常数值也会改变，但与压力无关的平衡常数值则不会改变。

对于理想气体反应，标准平衡常数和各经验平衡常数的关系可总结为

$$K_p^{\ominus} = K_p(p^{\ominus})^{-\sum\nu_B} = K_x\left(\frac{p}{p^{\ominus}}\right)^{\sum\nu_B} = K_c^{\ominus}\left(\frac{c^{\ominus}RT}{p^{\ominus}}\right)^{\sum\nu_B} = K_c\left(\frac{RT}{p^{\ominus}}\right)^{\sum\nu_B}$$

则
$$\left(\frac{\partial \ln K_p^{\ominus}}{\partial p}\right)_T = \left(\frac{\partial \ln K_p}{\partial p}\right)_T = \left(\frac{\partial \ln K_x}{\partial p}\right)_T + \frac{\sum \nu_B}{p} = \left(\frac{\partial \ln K_c^{\ominus}}{\partial p}\right)_T = \left(\frac{\partial \ln K_c}{\partial p}\right)_T$$

因为
$$\left(\frac{\partial \ln K_p^{\ominus}}{\partial p}\right)_T = 0$$

所以有
$$\left(\frac{\partial \ln K_p}{\partial p}\right)_T = 0, \left(\frac{\partial \ln K_c^{\ominus}}{\partial p}\right)_T = 0 \text{ 及} \left(\frac{\partial \ln K_c}{\partial p}\right)_T = 0$$

但
$$\left(\frac{\partial \ln K_x}{\partial p}\right)_T = -\frac{\sum \nu_B}{p} = -\frac{\Delta_r V_m}{RT} \tag{4-65}$$

式(4-65)表明，恒温下 K_x 随压力而改变，即平衡组成随压力而变化。当 $\sum \nu_B < 0$ 时，$\left(\frac{\partial \ln K_x}{\partial p}\right)_T > 0$，$K_x$ 随压力的增加而增加；若 $\sum \nu_B > 0$，则 K_x 随压力的增加而减小。总之，压力增加时，平衡向体积缩小的方向移动。

对于溶液相的反应，若忽略压力对反应的影响，则 K_a 与压力无关。当压力的影响不能忽略时，则

$$\left(\frac{\partial \ln K_a}{\partial p}\right)_T = -\frac{\Delta_r V_m}{RT} \tag{4-66}$$

式中，$\Delta_r V_m$ 为反应的摩尔体积，应从各组分的偏摩尔体积求得，但有时近似用各组分的摩尔体积求得 $\Delta_r V_m^*$。所以升高压力对 $\Delta_r V_m^* < 0$ 的反应有利，降低压力对 $\Delta_r V_m^* > 0$ 的反应有利，压力对 $\Delta_r V_m^* = 0$ 的反应无影响。

2. 惰性气体对化学平衡的影响

惰性气体的存在并不影响平衡常数，但能影响气相反应中的平衡组成，即可使平衡组成发生移动。在实际生产过程中，原料气中常混有不参加反应的惰性气体，如在合成氨的原料气中常含有 Ar、CH_4 等气体，在 SO_2 的转化反应中，需要的是氧气，而通入的是空气，多余的 N_2 不参加反应，就成为该反应系统中的惰性气体，而这些惰性气体虽然不参加反应，但常能影响平衡的移动。

当总压一定时，惰性气体的存在实际上起了稀释的作用，它和减少反应系统总压的效应是一样的。我们已知

$$K_p = K_x(p)^{\sum_B \nu_B} = \frac{x_G^g x_H^h \cdots}{x_D^d x_E^e \cdots}(p)^{\sum_B \nu_B} = \frac{n_G^g n_H^h \cdots}{n_D^d n_E^e \cdots}\left(\frac{p}{\sum_B n_B}\right)^{\sum_B \nu_B}$$

式中，n_B 为平衡后各物质的物质的量；$\sum_B n_B$ 为物质的量的总值，对于 $\sum_B \nu_B > 0$ 的反应，如添加惰性气体，$\sum_B n_B$ 增大，$\left(\sum_B n_B\right)^{\sum_B \nu_B}$ 项减小。为了维持 K_p 不变(定温下 K_p 有定值)，则 $\left(\frac{n_G^g n_H^h \cdots}{n_D^d n_E^e \cdots}\right)$ 项应增大，即反应向右移动。例如，乙苯脱氢制苯乙烯，在反应系统中通入水蒸气，可增加乙苯的转化率。反之，对于 $\sum_B \nu_B < 0$ 的反应，如添加惰性气体，则反应向左移动。

又如，在合成氨反应中，原料气是循环使用的，当惰性气体 Ar 和甲烷积累过多时，就会影

响氨的产率。因此每隔一定的时间，就要对原料气进行处理(如放空，同时补充新鲜气或设法回收有用的惰性气体)。

【例 4-4】 常压下乙苯脱氢制苯乙烯的反应，已知 873 K 时 $K_p^\ominus=0.178$。若原料气中乙苯和水蒸气的物质的量比为 1∶9，求乙苯的最大转化率。若不添加水蒸气，则乙苯的转化率为多少?

解 在 873 K 和标准压力 $p^\ominus$ 下，通入乙苯和水蒸气的物质的量比为 1∶9，并设 x 为乙苯转化的分数

	$C_6H_5C_2H_5 \rightleftharpoons$	$C_6H_5CH{=}CH_2$	$+H_2$	H_2O
反应前	1	0	0	9
平衡后	$1-x$	x	x	9

平衡后的总质量 $=1-x+x+x+9=(10+x)$

$$K_p^\ominus = K_x\left(\frac{p}{p^\ominus}\right)^{\sum_B \nu_B} = \frac{x^2}{1-x}\left(\frac{p/p^\ominus}{\sum_B n_B}\right)^{\sum_B \nu_B}$$

因为 $\sum_B \nu_B = 1$，反应压力为 $p^\ominus$，所以

$$K_p^\ominus=\frac{x^2}{1-x}\left(\frac{1}{10+x}\right)=0.178$$

解得 $x=0.728$

转化率 $\alpha=0.728$

如果不加水蒸气，则平衡后的总量 $=1-x+x+x=1+x$

$$K_p^\ominus=\frac{x^2}{1-x}=0.178$$

解得 $x=0.389$

转化率 $\alpha=0.389$

显而易见，加入水蒸气后，使苯乙烯的最大转化率从 0.389 增加到 0.728。

在系统总压恒定的条件下，增加不参加反应的惰性气体，使总物质的量增加，因而使参加反应气体的分压降低，其效果与减压相同，上述反应的 $\sum_B \nu_B > 0$，所以减压使反应右移。

4.4.7 标准摩尔反应吉布斯自由能 $\Delta_r G_m^\ominus$

反应的标准摩尔反应吉布斯自由能 $\Delta_r G_m^\ominus$ 是指参与反应的各组分都处于标准态时发生 1 mol 反应($\xi=1$ mol)所引起反应系统吉布斯自由能的变化。$\Delta_r G_m^\ominus$ 出现在前面已讨论的各类化学反应等温式中(第一项)，直接与化学平衡常数相联系，其值既会影响反应的方向，也决定了反应所能达到的限度。所以在讨论化学反应的热力学时，$\Delta_r G_m^\ominus$ 有特别重要的作用。

1. $\Delta_r G_m^\ominus$ 的求算

要获得某反应的 $\Delta_r G_m^\ominus$，一般来说有如下几种方法。

1) 从标准生成吉布斯自由能 $\Delta_f G_m^\ominus$ 计算

若能从手册中查得某温度下参与反应各组分的标准生成吉布斯自由能 $\Delta_f G_m^\ominus(B)$，则可按式(4-21)计算 $\Delta_r G_m^\ominus(T)$。

2) 熵法计算

化学反应的摩尔反应熵为

$$\Delta_r S_m=\left(\frac{\partial S}{\partial \xi}\right)_{T,p}=\sum \nu_B S_B' \tag{4-67}$$

式中，S'_B 为反应系统中各组分的偏摩尔熵。

化学反应的标准摩尔反应熵为

$$\Delta_r S_m^{\ominus}(T) = \sum \nu_B S_m^{\ominus}(B) \tag{4-68}$$

式中，$S_m^{\ominus}(B)$ 为反应系统中各组分的标准摩尔熵。298 K 某些物质的标准摩尔熵可从手册中查到。

因此若能求得反应的 $\Delta_r H_m^{\ominus}(T)$ 及反应的 $\Delta_r S_m^{\ominus}(T)$，则

$$\Delta_r G_m^{\ominus}(T) = \Delta_r H_m^{\ominus}(T) - T\Delta_r S_m^{\ominus}(T)$$

3）自由能函数法计算

对于某物质 B，有 $G_m^{\ominus}(T) = H_m^{\ominus}(T) - TS_m^{\ominus}(T)$，即

$$\frac{G_m^{\ominus}(T) - H_m^{\ominus}(T)}{T} = -S_m^{\ominus}(T)$$

在上式两边同加一项 $\frac{H_m^{\ominus}(T) - H_m^{\ominus}(T_r)}{T}$，得

$$\frac{G_m^{\ominus}(T) - H_m^{\ominus}(T_r)}{T} = -S_m^{\ominus}(T) + \frac{H_m^{\ominus}(T) - H_m^{\ominus}(T_r)}{T} \tag{4-69}$$

定义自由能函数

$$\Phi(T) = \frac{G_m^{\ominus}(T) - H_m^{\ominus}(T_r)}{T} \tag{4-70}$$

则

$$\Phi(T) = -S_m^{\ominus}(T) + \frac{H_m^{\ominus}(T) - H_m^{\ominus}(T_r)}{T} \tag{4-71}$$

$\Phi(T)$是物质的一种强度性质，其量纲与熵的量纲相同。式(4-71)中，T_r 为参考温度，通常取 T_r=298 K 或 T_r=0 K。若取 T_r=298 K，则自由能函数为

$$\Phi(T) = -S_m^{\ominus}(T) + \frac{H_m^{\ominus}(T) - H_m^{\ominus}(298\text{ K})}{T}$$

某些热力学数据手册中直接列有部分物质在不同温度下的 $\Phi(T)$，或列有部分物质在不同温度下的 $H_m^{\ominus}(T) - H_m^{\ominus}(298\text{ K})$，也可计算 $\Phi(T)$。若取 T_r=0 K，则自由能函数为

$$\Phi^0(T) = -S_m^{\ominus}(T) + \frac{H_m^{\ominus}(T) - H_m^{\ominus}(0\text{ K})}{T}$$

某些热力学数据手册中直接列有部分物质在不同温度下的 $\Phi^0(T)$，或列有部分物质在不同温度下的 $H_m^{\ominus}(T) - H_m^{\ominus}(0\text{ K})$，也可计算 $\Phi^0(T)$。

不难得出两种参考温度下自由能函数的关系为

$$\Phi^0(T) = \Phi(T) + \frac{H_m^{\ominus}(298\text{ K}) - H_m^{\ominus}(0\text{ K})}{T} \tag{4-72}$$

从各物质的自由能函数即可计算反应的自由能函数变化 $\Delta_r\Phi(T)$，即

$$\Delta_r\Phi(T) = \sum \nu_B \Phi(B, T) \tag{4-73}$$

因为

$$\Delta_r\Phi(T) = \Delta_r\left(\frac{G_m^{\ominus}(T) - H_m^{\ominus}(298\text{ K})}{T}\right) = \frac{\Delta_r G_m^{\ominus}(T)}{T} - \frac{\Delta_r H_m^{\ominus}(298\text{ K})}{T}$$

所以

$$\Delta_r G_m^{\ominus}(T) = \Delta_r H_m^{\ominus}(298\text{ K}) + T\Delta_r\Phi(T) \tag{4-74}$$

4）从平衡常数计算

某些反应的平衡常数易于实验测定或易于查得，则根据 $\Delta_r G_m^{\ominus}(T) = -RT\ln K^{\ominus}$ 计算。有了一些反应的 $\Delta_r G_m^{\ominus}(T)$，可以通过代数运算求得另一些反应的 $\Delta_r G_m^{\ominus}(T)$。

5）电化学方法

通过电化学方法，将反应设计成电池，并测量电池的标准电动势 $E^{\ominus}$，则 $\Delta_r G_m^{\ominus}(T)=-zFE^{\ominus}$。这将在电化学部分讨论。

6）统计热力学方法

由物质的微观数据，用统计热力学方法也可计算简单分子间反应的 $\Delta_r G_m^{\ominus}(T)$。

2. $\Delta_r G_m^{\ominus}$ 的作用

$\Delta_r G_m^{\ominus}$ 的作用可举例如下：

（1）计算平衡常数。若已知某反应的 $\Delta_r G_m^{\ominus}$，根据 $\Delta_r G_m^{\ominus}(T)=-RT\ln K^{\ominus}$ 可求得该反应的平衡常数，从而讨论反应的平衡问题。

（2）从一些反应的 $\Delta_r G_m^{\ominus}(T)$ 计算另一些反应的 $\Delta_r G_m^{\ominus}(T)$。

（3）利用 $\Delta_r G_m^{\ominus}$ 可以大体估计反应的方向。$\Delta_r G_m^{\ominus}$ 可以判断在标准状态下反应的方向。但在实际情况下，反应一般不处于标准态，这时只能从化学反应等温式如 $\Delta_r G_m=\Delta_r G_m^{\ominus}+RT\ln J^{\ominus}$ 等，用 $\Delta_r G_m$ 才能判断反应的方向。但若 $\Delta_r G_m^{\ominus}$ 的绝对值很大，则 $\Delta_r G_m^{\ominus}$ 的正负号基本上就决定了 $\Delta_r G_m$ 的正负号，这时通过 $J^{\ominus}$ 值的调节使 $\Delta_r G_m$ 与 $\Delta_r G_m^{\ominus}$ 不同号就很难。所以用 $\Delta_r G_m^{\ominus}$ 就可大致判断反应的方向。如 298 K 时，对于反应 $Zn(s)+(1/2)O_2(g) \xlongequal{} ZnO(s)$，已知 $\Delta_r G_m^{\ominus}=319.1\ kJ\cdot mol^{-1}$，则根据 $\Delta_r G_m=\Delta_r G_m^{\ominus}+RT\ln\left(\frac{p_{O_2}}{p^{\ominus}}\right)$，可求得氧的平衡分压为 $p_{O_2}=32.4\times10^{-108}$ Pa，即欲使反应不能正向进行，则需将 Zn(s) 保存在氧的分压小于 32.4×10^{-108} Pa 的环境中，这是很难办到的，因此在空气中上述反应是不可避免的。

4.5 化学反应等压方程——温度对化学平衡的影响

4.5.1 $\Delta_r G_m^{\ominus}$ 与温度的关系

将第 2 章中的吉布斯-亥姆霍兹方程用于化学反应有

$$\left(\frac{\partial(\Delta_r G_m/T)}{\partial T}\right)_p=-\frac{\Delta_r H_m}{T^2} \text{或} \left(\frac{\partial(\Delta_r A_m/T)}{\partial T}\right)_V=-\frac{\Delta_r U_m}{T^2} \tag{4-75}$$

对于标准状态下的反应有

$$\left(\frac{\partial(\Delta_r G_m^{\ominus}/T)}{\partial T}\right)_p=-\frac{\Delta_r H_m^{\ominus}}{T^2} \text{或} \left(\frac{\partial(\Delta_r A_m^{\ominus}/T)}{\partial T}\right)_V=-\frac{\Delta_r U_m^{\ominus}}{T^2} \tag{4-76}$$

在恒压条件下积分式(4-76)，便得反应的 $\Delta_r G_m^{\ominus}$ 与 T 的关系式

$$\frac{\Delta_r G_m^{\ominus}}{T}=-\int\frac{\Delta_r H_m^{\ominus}}{T^2}dT+I \text{ 或 } \Delta_r G_m^{\ominus}=-T\int\frac{\Delta_r H_m^{\ominus}}{T^2}dT+IT \tag{4-77}$$

式中，I 为积分常数。显然 $\Delta_r G_m^{\ominus}$ 的值取决于反应的 $\Delta_r H_m^{\ominus}$ 与温度 T 的关系式。

若反应的 $\Delta_r C_{p,m}=0$，即 $\Delta_r H_m^{\ominus}$ 是与温度无关的常数，则式(4-77)的结果为 $\Delta_r G_m^{\ominus}=\Delta_r H_m^{\ominus}+IT$，与 $\Delta_r G_m^{\ominus}=\Delta_r H_m^{\ominus}-T\Delta_r S_m^{\ominus}$ 比较可知，这时积分常数 I 就相当于 $-\Delta_r S_m^{\ominus}$。

若 $\Delta_r C_{p,m}=\Delta a+(\Delta b)T+(\Delta c)T^{-2}$，代入基尔霍夫公式(4-22)得

$$\Delta_r H_m^{\ominus}=\Delta H_0+(\Delta a)T+\frac{1}{2}(\Delta b)T^2-(\Delta c)T^{-1} \tag{4-78}$$

将式(4-78)代入式(4-77)积分得

$$\Delta_r G_m^{\ominus}=\Delta H_0+(\Delta a)T\ln T-\frac{1}{2}(\Delta b)T^2-\frac{1}{2}(\Delta c)T^{-1}+IT \tag{4-79}$$

积分常数 I 由某温度下已知 $\Delta_r G_m^\ominus$ 值求出。

式(4-79)的计算烦琐，使用不便，所以在化工、冶金等领域的应用中常将式(4-79)的结果用回归分析方法简化成形式的直线方程 $\Delta_r G_m^\ominus = A + BT$ 来使用。

【例 4-5】 已知反应 $2Cu(s)+\frac{1}{2}O_2(g) = Cu_2O(s)$ 在 298.15 K 时，$\Delta_r H_m^\ominus = -167\ 500\ J \cdot mol^{-1}$，$\Delta_r G_m^\ominus = 144\ 800\ J \cdot mol^{-1}$，各物质恒压热容如下：

$$C_{p,m}(Cu,s) = (22.64 + 6.28 \times 10^{-3}T)\ J \cdot mol^{-1} \cdot K^{-1} \quad (298 \sim 1356\ K)$$

$$C_{p,m}(Cu_2O,s) = (62.34 + 23.85 \times 10^{-3}T)\ J \cdot mol^{-1} \cdot K^{-1} \quad (298 \sim 1200\ K)$$

$$C_{p,m}(O_2,g) = (29.69 + 4.18 \times 10^{-3}T - 1.67 \times 105T^{-2})\ J \cdot mol^{-1} \cdot K^{-1} \quad (298 \sim 3000\ K)$$

试求该反应的 $\Delta_r G_m^\ominus$ 与温度的关系式。

解 由题给出的反应式可以计算出

$$\Delta_r C_{p,m} = C_{p,m}(Cu_2O,s) - 2C_{p,m}(Cu,s) - C_{p,m}(O_2,g)/2$$

$$= (2.08 + 9.2 \times 10^{-3}T + 0.835 \times 10^5 T^{-2})\ J \cdot mol^{-1} \cdot K^{-1} (298 \sim 1200\ K)$$

$$\Delta_r H_m^\ominus(T) = \int \Delta_r C_{p,m} dT + \Delta H_0$$

$$= (\Delta H_0 + 2.08T + 4.6 \times 10^{-3}T^2 + 0.835 \times 10^5 T^{-1})\ J \cdot mol^{-1}$$

当 $T=298$ K 时 $\Delta_r H_m^\ominus = -167\ 500\ J \cdot mol^{-1}$

代入上式求得积分常数 $\Delta H_0 = -168\ 248.14\ J \cdot mol^{-1}$

所以 $\Delta_r H_m^\ominus(T) = (-168\ 248.14 + 2.08T + 4.6 \times 10^{-3}T^2 - 0.835 \times 10^5 T^{-1})\ J \cdot mol^{-1}$

代入式(4-76)积分得

$$\Delta_r G_m^\ominus(T) = (-168\ 248.14 + 2.08T\ln T - 4.6 \times 10^{-3}T^2 - 4.175 \times 10^4 T^{-1} + IT)\ J \cdot mol^{-1}$$

当 $T=298$ K 时 $\Delta_r G_m^\ominus(298\ K) = 144\ 800\ J \cdot mol^{-1}$

代入上式求得积分常数 $I = 92.38\ J \cdot mol^{-1} \cdot K^{-1}$

所以

$$\Delta_r G_m^\ominus(T) = (-168\ 248.14 + 2.08T\ln T - 4.6 \times 10^{-3}T^2 - 4.175 \times 10^4 T^{-1} + 92.38)\ J \cdot mol^{-1}$$

从恒压热容适应的温度范围可知，此结果所适用的温度为 298～1200 K。

4.5.2 化学反应的等压方程式

将 $\Delta_r G_m^\ominus = -RT\ln K^\ominus$ 代入式(4-76)得

$$\left(\frac{\partial \ln K^\ominus}{\partial T}\right)_p = \frac{\Delta_r H_m^\ominus}{RT^2} \text{或} \left(\frac{\partial \ln K^\ominus}{\partial T}\right)_V = \frac{\Delta_r U_m^\ominus}{RT^2} \quad (4\text{-}80)$$

式(4-80)称为化学反应的等压(或等容)方程式，又称范特霍夫(van't Hoff)方程，表示在恒压条件下，化学反应平衡常数与温度的关系。对于吸热反应，$\Delta_r H_m^\ominus > 0$，$\left(\frac{\partial \ln K^\ominus}{\partial T}\right)_p > 0$，随着温度升高，$K^\ominus$ 增大，反应向产物增多的方向移动；对于放热反应，$\Delta_r H_m^\ominus < 0$，$\left(\frac{\partial \ln K^\ominus}{\partial T}\right)_p < 0$，随着温度升高，$K^\ominus$ 减小，反应向产物减小的方向移动，阻碍温度上升；降低反应温度，化学平衡向放热方向移动，阻碍温度降低。对式(4-80)积分，可得出反应的平衡常数与温度的具体关系式。

(1) 若反应的 $\Delta_r C_{p,m} = 0$，即 $\Delta_r H_m^\ominus$ 是与温度无关的常数，则式(4-80)的不定积分为

$$\ln K^\ominus = \frac{\Delta_r H_m^\ominus}{RT} + C \text{ 或 } \lg K^\ominus = \frac{\Delta_r H_m^\ominus}{2.303RT} + B \quad (4\text{-}81)$$

即 $\ln K^\ominus$(或 $\lg K^\ominus$)对 $\frac{1}{T}$ 呈线性关系。因此，可由平衡实验数据作 $\ln K^\ominus$-$\frac{1}{T}$ 图，得如图 4-7 所示

的直线，由直线的斜率和截距可求得 $\Delta_r H_m^{\ominus}$ 和 C 值。有些化学反应的 $\Delta_r C_{p,m}$ 并不为零，但在一定温度范围内，将 $\Delta_r H_m^{\ominus}$ 视为不变的常量作近似处理也可得式(4-81)。这种情况下，由直线斜率求得的 $\Delta_r H_m^{\ominus}$ 值是在该温度范围内的平均值。

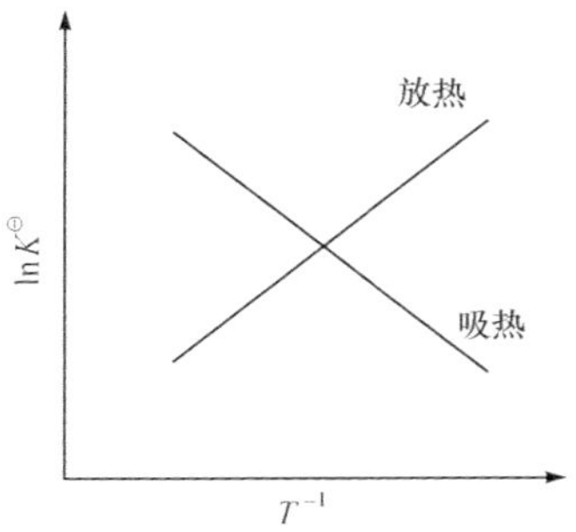

图 4-7 $\ln K^{\ominus}$ 与 T^{-1} 的关系图

$\Delta_r H_m^{\ominus}$ 为常量的情况下，式(4-80)的定积分为

$$\frac{\ln K_2^{\ominus}}{\ln K_1^{\ominus}}=-\frac{\Delta_r H_m^{\ominus}}{RT}\left(\frac{1}{T_2}-\frac{1}{T_1}\right) \tag{4-82}$$

【例 4-6】 反应 $COCl_2(g)$ ══ $CO(g)+Cl_2(g)$ 在 373 K 时，$K_p^{\ominus}=8\times10^{-9}$，$\Delta_r S_m^{\ominus}=125.5\text{J}\cdot\text{mol}^{-1}\cdot\text{K}^{-1}$。试计算：

(1) 373 K、总压为 202 kPa 时，$COCl_2(g)$的解离度。

(2) 373 K 时反应的标准恒压热效应。

(3) 总压为 200 kPa 时，欲使反应的离解度达到 0.1%，反应温度应为多少。设反应的恒压热容差 $\Delta_r C_p=0$。

解 依题意有

	$COCl_2(g) \rightleftharpoons$	$CO(g)+$	$Cl_2(g)$
$t=0$ 时	n_A	0	0
平衡时	$n_A(1-\alpha n_A)$	αn_A	αn_A

则平衡时体系内物质总量：

$$n=\sum n_B=[n_A(1+\alpha)]\text{mol},\ \sum \nu_B=1$$

$$K_p^{\ominus}=K_y\left(\frac{p}{p^{\ominus}}\right)_{eq}^{\sum\nu_B}=\left(\frac{\alpha^2}{1-\alpha^2}\cdot\frac{p}{p^{\ominus}}\right)$$

所以

$$\alpha=\left[\frac{K_p^{\ominus}}{K_p^{\ominus}+p/p^{\ominus}}\right]_{eq}^{\frac{1}{2}}$$

(1) 将 $K_p^{\ominus}=8\times10^{-9}$，$p=200$ kPa 代入上式得

$$\alpha\approx6.325\times10^{-5}$$

(2) 因为

$$\Delta_r G_m^{\ominus}=-RT\ln K_p^{\ominus}$$

所以

$$\Delta_r G_m^{\ominus}(373\text{ K})=57\ 816.8\ \text{J}\cdot\text{mol}^{-1}$$

$$\Delta_r H_m^{\ominus}(373\text{ K})=\Delta_r G_m^{\ominus}(373\text{ K})+T\Delta_r S_m^{\ominus}(373\text{ K})=104.63\ \text{kJ}\cdot\text{mol}^{-1}$$

(3) 因为

$$\alpha'=0.1\%$$

所以

$$K_{p,2}^{\ominus}=\frac{(\alpha')}{1-(\alpha')^2}\cdot\frac{p}{p^{\ominus}}=2\times10^{-6}$$

又 $\Delta_r C_p=0$，即 $\Delta_r H_m^{\ominus}$ 为不随温度变化的常数，则由等压方程式得

$$T_2=\left(\frac{1}{T}-\frac{R}{\Delta_r H_m^{\ominus}}\ln\frac{K_{p,2}^{\ominus}}{K_{p,1}^{\ominus}}\right)^{-1}\text{K}=446\text{ K}$$

(2) 若 $\Delta_r C_{p,m}=\Delta a+(\Delta b)T+(\Delta c)T^{-2}$，则将式(4-78)代入式(4-80)，不定积分可得

$$\ln K^{\ominus}=-\frac{\Delta H_0}{RT}+\frac{\Delta a}{R}\ln T+\frac{\Delta b}{2R}T+\frac{\Delta c}{2R}T^{-1}+I \tag{4-83}$$

对于理想气体反应，$K^{\ominus}=K_p^{\ominus}$，有 $\left(\frac{\partial \ln K_p^{\ominus}}{\partial T}\right)_p=\frac{\Delta_r H_m^{\ominus}}{RT^2}$。又因为 $K_p^{\ominus}=K_c^{\ominus}\left(\frac{c^{\ominus}RT}{p^{\ominus}}\right)^{\sum\nu_B}$，所以

$$\left(\frac{\partial \ln K_p^{\ominus}}{\partial T}\right)_p=\left(\frac{\partial \ln K_c^{\ominus}}{\partial T}\right)_p+\frac{\sum\nu_B}{T}=\frac{\Delta_r H_m^{\ominus}}{RT^2}$$

即

$$\left(\frac{\partial \ln K_c^{\ominus}}{\partial T}\right)_p=\frac{\Delta_r H_m^{\ominus}}{RT^2}-\frac{\sum\nu_B}{T}=\frac{\Delta_r U_m^{\ominus}}{RT^2} \tag{4-84}$$

4.6 反应偶合与同时平衡

4.6.1 反应偶合

在一定温度和压力下，对于那些 $\Delta_r G_m > 0$，即热力学上不可能发生的化学反应，在另一个 $\Delta_r G_m \ll 0$ 的化学反应影响下，可以转变成能够发生的反应，这种现象称为化学反应的偶合。

根据化学反应体系的热力学基本方程，在一定温度与压强下，对含 R 个独立化学反应的封闭体系，其自发的方向及平衡的条件是

$$dG_{T,p} = -\sum D_\rho d\xi_\rho \leqslant 0 \tag{4-85}$$

在这种情况下，允许某些反应的化学亲和势 D_ρ 小于零，但只要总体满足上式，则体系中所有反应都能自动进行，这就是化学反应偶合的原理。

反应的偶合是有条件的，特别是其中一种物质必须是两个反应共同涉及的，即某反应的产物之一是另一个反应的反应物之一，这种联系是必不可少的。共同涉及的物质称为偶合物质或偶合剂。

例如反应　①$a\text{A} + d\text{D} = x\text{X} + y\text{Y}$　　$\Delta_r G_{m,1} > 0$

②$x\text{X} + f\text{F} = h\text{H} + i\text{I}$　　$\Delta_r G_{m,2} < 0$

从热力学的角度看，反应①不可能正向进行，因此，单由反应①是得不到所需产物 Y 的。但将反应①和②偶合构成反应③：

$$③\ a\text{A} + d\text{D} + f\text{F} = h\text{H} + i\text{I} + y\text{Y}$$

$$\Delta_r G_{m,3} = \Delta_r G_{m,1} + \Delta_r G_{m,2}$$

若 $\Delta_r G_{m,3} < 0$，则由偶合反应③有可能得到产物 Y。

偶合反应在生产过程中应用很普遍。例如，在有色金属冶金中 Al_2O_3、MgO、TiO_2、SiO_2 等氧化物的氯化反应都是在固体炭存在的条件下实现的。又如，以丙烯为原料制备丙烯腈，若依反应：

$$CH_2{=}CH{-}CH_3 + NH_3 = CH_2{=}CHCN + 3H_2$$

则丙烯腈的产率是极低的。但将该反应与水的生成反应：

$$H_2(g) + (1/2)O_2(g) = H_2O(g) \qquad \Delta_r G_m^\ominus(298\ \text{K}) = -228.59\ \text{kJ}\cdot\text{mol}^{-1}$$

偶合得下列反应，则丙烯腈的产率是很高的

$$CH_2{=}CH{-}CH_3 + NH_3 + (3/2)O_2(g) = CH_2{=}CHCN + 3H_2O(g)$$

当前制取丙烯腈最经济的方法就是基于此反应。

反应偶合在生命过程中更为常见，如生命体内三磷酸腺苷(ATP)的水解与葡萄糖($C_6H_{12}O_6$)酵解中的某些步骤就属于反应偶合。

【例 4-7】 已知 MgO(s)直接氯化制取无水氯化镁的反应①$2MgO(s) + 2Cl_2(g) = 2MgCl_2(l) + O_2(g)$ 在 1000 K 下的 $\Delta G_{m,1}^\ominus = 20\ 308\ \text{J}\cdot\text{mol}^{-1}$，这表明用氯化法直接制取 $MgCl_2$ 是不可能的。但又知反应②$2C(s) + O_2(g) = 2CO(g)$，在 1100 K 下 $\Delta G_{m,2}^\ominus = -416\ 084\ \text{J}\cdot\text{mol}^{-1}$。添加固体炭之后，能否将 MgO(s) 氯化成无水氯化镁?

解　将反应①和反应②相加后得

$$MgO(s) + Cl_2(g) + C(s) = MgCl_2(l) + CO(g)$$

所以 $\Delta G_{m,3}^\ominus = (\Delta G_{m,1}^\ominus + \Delta G_{m,2}^\ominus)/2 = (20\ 308 - 416\ 084)/2\ \text{J}\cdot\text{mol}^{-1} = -197\ 888\ \text{J}\cdot\text{mol}^{-1}$

上述计算结果表明，添加固体炭后之后的氯化反应能自发进行。

从经典热力学讨论反应的偶合原理，只是指明了反应偶合的可能性，这种可能性能否实

现，还必须考虑速率的问题，既需要从非平衡热力学的角度讨论反应偶合的原理。以下是关于此的简单讨论，供有兴趣者阅读。

若在封闭体系内只存在一个化学反应，则有

$$TdS = dU + pdV + Dd\xi$$

将热力学第一定律的公式代入后得 $$dS = \frac{\delta Q}{T} + \frac{Dd\xi}{T}$$

在非平衡热力学中，又将熵分为熵流与熵产生

$$dS = d_eS + d_iS$$

两式比较可得 $$d_eS = \frac{\delta Q}{T} \text{及} \ d_iS = \frac{Dd\xi}{T}$$

前者表示由于系统与环境之间有热量的交换而引起的熵变（熵流），后者表示由于系统内部发生了化学反应而引起的熵变（熵产生），必为正值。因此熵产生率为

$$\sigma = \frac{d_iS}{dt} = \frac{D}{T}\frac{d\xi}{dt} \tag{4-86}$$

式中，$\frac{d\xi}{dt}$相当于化学反应速率，为正值或为零，记为 r。所以式(4-86)又可写成

$$\sigma = \frac{D}{T} \cdot r \tag{4-87}$$

当系统内有化学反应发生时，则有 $\sigma > 0$ 及 $r > 0$，所以 $D > 0$，即反应的热力学方向与动力学方向一致时，反应能够发生。

若 $D = 0$，$r = 0$ 时，$\sigma = 0$，表示体系达到真平衡；若 $D > 0$，$r = 0$ 时，$\sigma = 0$，则体系处于假平衡，因为反应仍有进行的趋势。

当体系内有两个反应时，体系的熵产生率为

$$\sigma = (D_1r_1 + D_2r_2)/T \tag{4-88}$$

若 $D_1 < 0$，这意味着反应①单独存在时不能进行，则 $D_1r_1 < 0$。若反应②有正向进行的趋势 $D_2 > 0$，并能进行，则 $D_2r_2 > 0$。但如果 $D_2r_2 > |D_1r_1|$，则 $\sigma = (D_1r_1 + D_2r_2)/T$，这样将两个反应联合在一起，就变成可以进行了。因此偶合的实质可认为是通过偶合剂将反应②的熵产生带给反应①，以抵偿反应①的负熵。

4.6.2 同时平衡及其计算

在封闭系统中若包含两个及两个以上的独立反应，则系统达到平衡后，其中的所有反应都必达到平衡，这就是同时平衡。

同时平衡组成的计算关键是要列出某些同时参与几个反应的组分在几个平衡间的关系，然后就是数学上的问题了。仍以水煤气生产系统为例，因为 $N = 5$，$M = 3$，所以 $R = 2$，选择反应(①)和(②)为独立反应，其反应进度分别为 ξ_1 和 ξ_2，则平衡时体系中各物质的量有如下关系：

①	$CH_4(g)$	+	$H_2O(g)$	$\longrightarrow$	$CO(g)$	+	$3H_2(g)$
$t=0$	a		b		0		0
$t=t_e$	$n_{CH_4} = a - \xi_1$		$n_{H_2O} = b - \xi_1 - \xi_2$		$n_{CO} = \xi_1 - \xi_2$		$n_{H_2} = 3\xi_1 + \xi_2$
②	$CO(g)$	+	$H_2O(g)$	$\longrightarrow$	$CO_2(g)$	+	$H_2(g)$
$t=0$	0		b		0		0
$t=t_e$	$n_{CO} = \xi_1 - \xi_2$		$n_{H_2O} = b - \xi_1 - \xi_2$		$n_{CO_2} = \xi_2$		$n_{H_2} = 3\xi_1 + \xi_2$

所以平衡时体系中物质总量 $n=\sum n_B=a+b+2\xi_1$ 。

设平衡时体系总压 $p=p^\ominus$，则 $K_p^\ominus=K_x(p/p^\ominus)^{\sum_{eq}\nu_B}=K_x$，于是有

$$K_1^\ominus=\frac{(\xi_1-\xi_2)(3\xi_1+\xi_2)^3}{(a-\xi_1)(b-\xi_1-\xi_2)} \tag{4-89}$$

$$K_2^\ominus=\frac{\xi_2(3\xi_1+\xi_2)}{(\xi_1-\xi_2)(b-\xi_1-\xi_2)} \tag{4-90}$$

温度 T 一定，标准平衡常数根据 $\Delta_r G_m^\ominus=-RT\ln K_p^\ominus$ 求得。于是式(4-89)和式(4-90)中只有 ξ_1 和 ξ_2 两个未知数，而 $\xi_1=a-n_{CH_4}$，所以 $0<\xi_1<a$，且只有当 $\xi_1=a$ 时，反应②才能以 $n_{0\,CO}=a$ 为起始浓度进行反应。又因 $\xi_2=\xi_1-n_{CO}$，所以 $0<\xi_2<\xi_1$。以这两个不等式的限制条件进行试插解，联立式(4-89)和式(4-90)，可求出 ξ_1 和 ξ_2 的值。或按式(4-89)和式(4-90)，分别以 ξ_1 对 ξ_2 作图，两条曲线的交点坐标就是要求的 ξ_1 和 ξ_2 值，从而求得各物质的平衡组成。

对于独立反应数大于 2 的复杂反应体系，同时平衡的计算会更复杂一些，此处不予讨论。

复习思考题

1. 在一个玻璃瓶中发生如下反应：$H_2(g)+Cl_2(g)=\!=\!=2HCl(g)$ 反应前后 T、p、V 均未发生变化，设所有气体都可看成理想气体，因为理想气体的 $U=f(T)$，所以该反应的 $\Delta U=0$，这样判断错在哪里？
2. 在指定温度及标准压力下，各不同元素的稳定单质其焓的绝对值都相等，对吗？将它们全部规定为零是可行的吗？
3. 反应 $N_2(g)+3H_2(g)$，以 $N_2:H_2=1:3$ 的投料比通过合成塔，在压力为 p 温度为 T_1 时，测得反应热为 $\Delta_r H_1$，保持压力不变，温度升高到 T_2 时，测得热效应为 $\Delta_r H_2$。若用基尔霍夫公式计算发现计算值与实验值不符，这是什么原因？
4. 反应的 $\Delta_r G_m$ 与 $\Delta_r G_m^\ominus$ 有什么不同？用 $\Delta_r G_m$ 及 $\Delta_r G_m^\ominus$ 判断化学反应进行的方向有什么不同？
5. "$\Delta_r G_m^\ominus=-RT\ln K^\ominus$，可见 $\Delta_r G_m^\ominus$ 就是反应处于平衡时的吉布斯自由能变化。"这种说法对吗？为什么？
6. 平衡常数改变了，平衡是否移动？平衡发生了移动，平衡常数是否改变？
7. 什么是标准平衡常数 $K^\ominus$？"标准平衡常数数值上总是等于 1"的说法对吗？$K^\ominus$ 值能否根据某温度、任一压强下反应达平衡时各气体的分压按 $\prod p_B^{\nu_B}$ 计算？
8. 对于一个化学反应，当人为地改变反应体系中各反应物及生成物所取的标准状态时，反应的 $\Delta_r G_m$、$\Delta_r G_m^\ominus$ 及 $K^\ominus$ 有无变化？为什么？
9. 为什么有纯凝聚相参加的反应其平衡数表示式中没有凝聚相物质的平衡分压出现？
10. 下列碳的不完全燃烧反应为

$$2C(s)+O_2(g)=\!=\!=2CO(g) \qquad \Delta_r G_m^\ominus=(-232\ 600-167.8T)\ J\cdot mol^{-1}$$

当升高温度时，$\Delta_r G_m^\ominus$ 变得更负，从而使 $K^\ominus$ 更大，反应就更完全，对吗？

11. 在 H_2S 气体中加入较多的 NH_3，体系中可有下列两个反应进行：

① $NH_3(g)+H_2S(g)=\!=\!=NH_4HS(g)$

② $NH_3(g)+H_2S(g)=\!=\!=NH_4HS(s)$

当达到平衡时，两个反应的 $\Delta_r G_m^\ominus$、$\Delta_r G_m$ 是否相等？

12. $CO_2(g)+C(s)=\!=\!=2CO(g)$ 反应是气体物质的量增加的反应，反应向右进行时，压强会增大。这就不是恒温恒压条件下的反应了，是否还能用等温方程式计算 $\Delta_r G_m$ 并用以判定反应的方向呢？
13. 在相同温度下，下列两反应的平衡常数是否相同？([C]表示溶解在铁液中的碳)

$$C(石墨)+CO_2(g)=\!=\!=2CO(g)$$

$$[C]+CO_2(g)=\!=\!=2CO(g)$$

14. 工业上制取水煤气的反应为

$$C(s)+H_2O(g)=\!=\!=CO(g)+H_2(g)$$

已知 $\Delta_r H_m^\ominus=133.5\ kJ\cdot mol^{-1}$,设在 673 K 时达到平衡,试讨论下列因素对平衡的影响:(1) 提高反应温度;(2) 增加体系的总压;(3) 增加水蒸气的分压;(4) 增加碳的量;(5) 加氮气。

15. 已知一理想气体化学反应:$A(g)=\!=\!=2B(g)$,在 298.15 K,$K_p^\ominus=0.027$:(1) 在 298.15 K、101.325 kPa 下,等物质的量的 A、B 混合物自发反应的方向如何?(2) 欲使反应反方向进行,保持其他条件不变,只改变压强,则压强应控制在何范围内?(3) 保持温度、总压不变,只浓度改变,欲使反应向(1)的逆方向进行,浓度应控制在何范围?

16. 含有 O_2、SO_2、SO_3、S_2、SO 的气体混合物与 $FeS_2(s)$、$Fe_2O_3(s)$平衡,写出所有可能的化学反应,确定独立反应数并写出一组独立化学反应。

17. 已知反应 $2Cl_2(g)+2H_2O(g)=\!=\!=4HCl(g)+O_2(g)$,$\Delta_r H_m^\ominus>0$,达到平衡后,下列左边的操作(其他条件不变)对右边的物理量有何影响?

(1) 增大容器体积:$n(H_2O,g)$

(2) 加入 O:$n(H_2O,g)$、$n(O_2)$、$n(HCl,g)$

(3) 减小容器体积:$n(Cl_2)$、$K^\ominus$、$p(Cl_2)$

(4) 升高温度:$K^\ominus$、$p(HCl)$

(5) 加入氮气:$n(HCl)$

(6) 加入正催化剂:$n(HCl)$

18. 已知 850 ℃时反应 $CaCO_3(s)=\!=\!=CaO(s)+CO_2(g)$的 $K^\ominus=0.498$,密闭条件下,下列情况哪些有可能建立平衡?

(1) 只有 $CaCO_3$ 和 CaO

(2) 只有 $CaCO_3$ 和 CO_2(10^4 Pa)

(3) 只有 $CaCO_3$ 和 CO_2(10^5 Pa)

(4) 只有 CaO 和 CO_2(10^4 Pa)

(5) 只有 CaO 和 CO_2(10^5 Pa)

19. 反应 $A(s)+4B(g)=\!=\!=3C(s)+4D(g)$在密闭容器中 $\Delta_r H_m^\ominus<0$,达到平衡后,若单独发生下列情况,$K^\ominus$将如何变化?

(1) 加入 A(s)。

(2) 增加总体积。

(3) 加入不与 A、B、C、D 反应的气体 E。

(4) 升高温度。

习　　题

1. 假设下列所有反应物和产物均为 25 ℃下的状态,则哪一个反应的 ΔH 和 ΔU 有较大的差别?并指出哪个反应的 $\Delta H>\Delta U$,哪个反应的 $\Delta H<\Delta U$。

(1) 蔗糖($C_{12}H_{22}O_{11}$)的完全燃烧。

(2) 萘被氧气完全氧化成苯二甲酸[$C_6H_4(COOH)_2$]。

(3) 乙醇的完全燃烧。

(4) PbS 与 O_2 完全氧化成 PbO 和 SO_2。

2. 已知反应:

(1) C(金刚石)$+O_2(g)=\!=\!=CO_2(g)$的 $\Delta_r H_m^\ominus(298\ K)=-395.4\ kJ\cdot mol^{-1}$

(2) C(石墨)$=\!=\!=$C(金刚石)的 $\Delta_r H_m^\ominus(298\ K)$

求 C(石墨)$+O_2(g)=\!=\!=$C(金刚石)的 $\Delta_r H_m^\ominus(298\ K)$。

3. 利用标准摩尔生成焓数据,计算下列反应的 $\Delta_r H_m^\ominus(298\ K)$。

(1) $CO(g)+H_2O(g)=\!=\!=CO_2(g)+H_2(g)$

(2) $CaCO_3(s)$══$CaO(s)+CO_2(g)$

(3) $CaO(s)+3C$(石墨)══$CaC_2(s)+CO(g)$

(4) $Fe_2O_3(s)+CO(g)$══$CO_2(g)+2FeO(s)$

(5) $2H_2S(g)+SO_2(g)$══$3S(s)+2H_2O(g)$

4. 已知 PbO(s)在 18 ℃的摩尔生成焓为$-219.5\ kJ\cdot mol^{-1}$，在 18～200 ℃Pb(s)、$O_2(g)$及 PbO(s)的平均热容各为$0.134\ J\cdot kg^{-1}$、$0.900\ J\cdot kg^{-1}$和$0.218\ J\cdot kg^{-1}$，试计算 PbO(s)在 200 ℃时的摩尔生成焓。

5. 已知$H_2(g)+I_2(s)$══$2HI(g)$在 18 ℃时的$\Delta_r H_m^\ominus=49.45\ kJ\cdot mol^{-1}$；$I_2(s)$的熔点是 113.5 ℃，其熔化焓为$1.674\times10^4\ J\cdot mol^{-1}$；$I_2(l)$的沸点是 1843 ℃，其气化焓为$4.268\times10^4\ J\cdot mol^{-1}$；$I_2(l)$及$I_2(g)$的平均摩尔定压比热容分别为$55.65\ J\cdot K^{-1}\cdot mol^{-1}$、$62.67\ J\cdot K^{-1}\cdot mol^{-1}$、$36.86\ J\cdot K^{-1}\cdot mol^{-1}$试计算反应$H_2(g)+I_2(g)$══$2HI(g)$在 200 ℃时的反应焓(其他所需数据可查附录)。

6. 某工厂中生产氯气的方法如下：将比例为 1 ∶ 2 的 18 ℃的氧气和氯化氢混合物连续地通过一个386 ℃的催化塔。如果气体混合物通过得很慢，在塔中即可达成平衡，即有 80％的 HCl 转化成Cl_2和$H_2O(g)$。欲使催化塔温度保持不变，则每通过 1 mol HCl 时，需从系统放出多少热？

7. 1000 K、101.325 kPa 时，反应$2SO_3(g)$ ══ $2SO_2(g)+O_2(g)$的$K_c=3.54\ mol\cdot m^{-3}$。(1) 求此反应的$K_p$和$K_y$；(2) 求反应$SO_3(g)$══$SO_2(g)+1/2O_2(g)$的$K_p$和$K_c$。

8. 在温度T、容积V的容器中，充入 1 mol H_2和 3 mol I_2，设平衡后有x mol HI 生成。若再加入 2 mol H_2，则平衡后 HI 的物质的量为$2x$ mol。试计算K_p值。

9. 将含有 50％ CO、25％ CO_2、25％ H_2(均为摩尔分数)的混合气体通入 1173 K 的炉子中，总压为 202.65 kPa。试计算平衡气相的组成。已知反应$CO_2(g)+H_2(g)$══$H_2O(g)+CO(g)$在 1173 K 时，$K_p=1.22$。

10. PCl_5的分解反应为$PCl_5(g)$══$PCl_3(g)+Cl_2(g)$，在 523.2 K、101.325 kPa 下反应达到平衡后，测得平衡混合物的密度为$2.695\ kg\cdot m^{-3}$。试计算：(1) $PCl_5(g)$的离解度；(2) 该反应的K_p；(3) 反应的$\Delta_r G_m^\ominus$。

11. 将 1 mol 的SO_2与 1 mol O_2的混合气，在 101.325 kPa 及 903 K 下通过盛有铂丝的玻璃管，控制气流速度，使反应达到平衡，把产生的气体急剧冷却并用 KOH 吸收SO_2和SO_3，最后测得余下的氧气在 101.325 kPa、273.15 K 下体积为 13.78 L。试计算反应$SO_2+0.5O_2$ ══ SO_3在 903 K 时的$\Delta_r G_m^\ominus$及$K_p^\ominus$。

12. 某气体混合物含H_2S的体积分数为 51.3％，其余是CO_2，在 298.15 K 和 101.325 kPa 下，将 1.75 L 此混合气体通入 623 K 的管式高温炉中发生反应，然后迅速冷却。当反应流出的气体通过盛有$CaCl_2$的干燥管(吸收水气)时，该管的质量增加了 34.7 mg。试求反应$H_2S(g)+CO_2(g)$══$COS(g)+H_2O(g)$的平衡常数$K_p^\ominus$。

13. (1) 在 0.5 L 的容器中，盛有 1.588 g 的N_2O_4气体，在 298 K 部分分解：

$$N_2O_4(g)══2NO_2(g)$$

平衡时压强为 101.325 kPa，求分解反应的$K_p^\ominus$。

(2) 在 50 662.5 Pa 下，N_2O_4的解离度为若干？

(3) 离解度为 0.1 时的压强应是多大？

14. 在 1393 K 下用H_2气还原 FeO(s)，平衡时的混合气体中H_2摩尔分数为 0.54，求 FeO 的分解压。已知在 1393 K，反应$2H_2O(g)$══$2H_2(g)+O_2(g)$的$K_p^\ominus=3.4\times10^{-13}$。

15. 在真空的容器中放入固态的NH_4HS，于 298 K 下分解为NH_3与H_2S，平衡时容器内的压强为66 662 Pa。(1) 当放入NH_4HS时容器中已有 39 993 Pa 的H_2S，求平衡时容器中的压强。(2) 容器中原有 6666 Pa 的NH_3，需加多大压强的H_2S，才能开始形成NH_4HS固体？

16. 298 K 时，NH_4HS与$NH_2(CH_3)_2HS$的分解压分别为 36 680 Pa 与 11 044 Pa，试计算在容器中一同投入这两种硫化物后，298 K 时体系的总压。

17. 将 10 g 的$Ag_2S(s)$与 890 K、101.325 kPa 的 1 L H_2气相接触，直至反应平衡。已知此反应在 890 K 时的平衡常数$K^\ominus=0.278$。计算：(1) 平衡时$Ag_2S(s)$和 Ag(s)的质量；(2) 平衡气相混合物的组成。

18. 反应$MgO(s)+H_2O(g)$══$Mg(OH)_2(s)$，$\Delta_r G_m^\ominus=100.42T-46\ 024\ J\cdot mol^{-1}$。(1) 在 293 K、相对湿度为 64％的空气中 MgO(s)是否会水解成$Mg(OH)_2(s)$？(2) 在 298 K，为避免 MgO 的水解，允许的最大

相对湿度为多少？已知 298 K 时水的饱和蒸气压为 2338 Pa。

19. (1) 试计算 1000 K 时下列反应的平衡常数：$FeO(s)+CO(g)=\!=\!=Fe(s)+CO_2(g)$

已知反应： $FeO(s)+H_2(g)=\!=\!=Fe(s)+H_2O(g)$ $\qquad \Delta_r G_m^\ominus=(13\ 180-7.74T)\ J\cdot mol^{-1}$

$CO_2(g)+H_2(g)=\!=\!=CO(g)+H_2O(g)$ $\qquad \Delta_r G_m^\ominus=(35\ 982-32.63T)\ J\cdot mol^{-1}$

(2) 如果薄钢板在 1000 K 下于含有 10% CO、2% CO_2 和 88% N_2(均为体积分数)的气氛中退火，会不会生成 FeO？

20. 反应器中盛有液态 Sn 和 $SnCl_2$，相互溶解度可以忽略，在 900 K 通入总压为 101.325 kPa 的 H_2-Ar 混合气体。H_2 与 $SnCl_2$ 起反应，实验测出逸出反应器的气体组成是 50% H_2、7% HCl、43% Ar(均为体积分数)，则在反应器中气相与液相是否达到平衡？

已知： $H_2(g)+Cl_2(g)=\!=\!=2HCl(g)$ $\qquad \Delta_r G_m^\ominus=(-188\ 289-13.134T)\ J\cdot mol^{-1}$

$Sn(l)+Cl_2(g)=\!=\!=SnCl_2(l)$ $\qquad \Delta_r G_m^\ominus=(-333\ 062+118.4T)\ J\cdot mol^{-1}$

21. 已知 298 K 时气相异构化反应，正戊烷 ═══ 异戊烷的 $K_p^\ominus=13.24$。液态正戊烷和异戊烷的蒸气压与温度的关系可分别用下列两式表示：

正戊烷： $\lg(p/p^\ominus)=5.9771-\dfrac{1065}{T-41}$

异戊烷： $\lg(p/p^\ominus)=5.9146-\dfrac{1020}{T-40}$

式中，T 为热力学温度；p 的单位为 kPa。

假定形成的液态溶液为理想溶液，计算 298 K 时液相异构反应的 K_x。

22. 在 1113 K 和 101.325 kPa 下，含 85.4% Fe(摩尔分数)的 Fe-Ni 合金同由 57.5% H_2 和 42.5% H_2O 组成的气体混合物平衡时，合金中的铁比镍氧化得快，其反应为

$$Fe(合金中)+H_2O(g)=\!=\!=FeO(s)+H_2(g) \qquad \Delta_r G_m^\ominus=(-13\ 180+7.74T)\ J\cdot mol^{-1}$$

假定所生成的 FeO 不溶解于铁中，试计算合金中铁的活度及活度系数。

23. 在 1200 K，液态 PbO 的分解压 p_{O_2} 为 3.881×10^{-4} Pa。在 1200 K，液态纯 Pb 与液态 PbO-SiO_2 溶液平衡时氧的分压为 9.707×10^{-5} Pa，试求氧化物溶体中 PbO 的活度。

24. 298 K 时将 1 mol 乙醇与 0.091 mol 乙醛混合，所得溶液的体积为 0.063 L，当反应达到平衡时 90.72% 的乙醛已按下式进行反应：

$$2C_2H_5OH+CH_3CHO=\!=\!=CH_3CH(OC_2H_5)_2+H_2O$$

(1) 计算反应平衡常数(设溶液为理想溶液)。

(2) 若溶液用 0.300 L 惰性溶剂冲稀，则乙醛作用的百分数是多少？

25. 在 1000 K，SO_2 氧化为 SO_3 的平衡常数 $K_p^\ominus=1.85$。(1) 设平衡时氧的分压为 30 397.5 Pa，则物质的量之比$\dfrac{n_{SO_3}}{n_{SO_2}}$为多少？(2) 若把氧分压为 30 397.5 Pa 的平衡混合物压缩，使总压增加一倍，则对$\dfrac{n_{SO_3}}{n_{SO_2}}$值有何影响？(3) 若在上述平衡混合物中通入氮气，使总压加倍，对$\dfrac{n_{SO_3}}{n_{SO_2}}$值又有何影响？

26. 反应 $CaF_2(s)+H_2O(g)=\!=\!=CaO(s)+2HF(g)$ 在 900K 的 $K_p^\ominus=1.834\times10^{-11}$，在 1000 K 的 $K_p^\ominus=7.495\times10^{-10}$。若反应的 $\Delta_r H_m^\ominus$ 在 900～1000 K 可视为常数，求：(1) 此温度区间 $\Delta_r G_m^\ominus$ 与 T 的关系式；(2) $\Delta_r H_m^\ominus$ 与 $\Delta_r S_m^\ominus$。

27. 固态 HgO 在 298 K 的标准生成热为 $-90.21\ kJ\cdot mol^{-1}$，固态 HgO、液态 Hg 和气态 O_2 在 298 K 的标准熵分别为 $73.22\ J\cdot mol^{-1}\cdot K^{-1}$、$77.41\ J\cdot mol^{-1}\cdot K^{-1}$ 和 $205.03\ J\cdot mol^{-1}\cdot K^{-1}$。假设 $\Delta_r H_m^\ominus$ 和 $\Delta_r S_m^\ominus$ 不随温度而变化，求固态 HgO 在标准压强下分解为 Hg(l)和 O_2(g)的温度。

28. 潮湿的 Ag_2CO_3 在 383 K 时于空气流中干燥，为防止分解，空气中 CO_2 的分压应为多少？已查得有关热力学数据如下：

物质	$S_m^\ominus/(J\cdot mol^{-1}\cdot K^{-1})$	$\Delta_f H_m^\ominus/(J\cdot mol^{-1})$	$C_{p,m}/(J\cdot mol^{-1}\cdot K^{-1})$
$Ag_2CO_3(s)$	167.4	−501 660	109.6
$Ag_2O(s)$	121.75	−30 543	65.7
$CO_2(g)$	213.68	−393 510	37.6

29. 反应 $3CuCl(g) = Cu_3Cl_3(g)$ 的 $\Delta_r G_m^\ominus$ 与 T 的关系式为

$$\Delta_r G_m^\ominus/(J\cdot mol^{-1}) = (-528\ 858) - 52.34T\lg T + 438.0T$$

求：(1) 在 2000 K 时此反应的 $\Delta_r H_m^\ominus$ 和 $\Delta_r S_m^\ominus$；(2) 在 2000 K、101.325 kPa 反应平衡混合物中 Cu_3Cl_3 的摩尔分数。

30. 甲醇合成反应：$CO + 2H_2 = CH_3OH$，$\Delta_r G_m^\ominus = (-90\ 642 + 221.3T)\ J\cdot mol^{-1}$，同时存在一个重要的副反应：$CH_3OH + H_2 = CH_4 + H_2O$，$\Delta_r G_m^\ominus = (-115\ 508 - 6.7T)\ J\cdot mol^{-1}$。若无高选择性催化剂存在，在 700 K 进行上述反应，此体系平衡时产物是什么？提高反应体系的压强，对此体系有何影响？

31. 将组成为 30% CO、10% CO_2、10% H_2 和 50% N_2（均为体积分数）混合气体置于 1200 K 的反应器中，当反应器内总压为 101.325 kPa 时，气体混合物的平衡组成为何值？已知

$$C(s) + \frac{1}{2}O_2(g) = CO(g) \qquad \Delta_r G_m^\ominus = (-111\ 713 - 87.86T)\ J\cdot mol^{-1}$$

$$C(s) + O_2(g) = CO_2(g) \qquad \Delta_r G_m^\ominus = (-394\ 133 - 0.84T)\ J\cdot mol^{-1}$$

$$H_2(g) + \frac{1}{2}O_2(g) = H_2O(g) \qquad \Delta_r G_m^\ominus = (-246\ 438 - 54.39T)\ J\cdot mol^{-1}$$

32. 600 K 时，由 CH_3Cl 和 H_2O 作用生成 CH_3OH，但 CH_3OH 可继续分解为 $(CH_3)_2O$，即下列平衡同时存在：

$$① \ CH_3Cl(g) + H_2O(g) = CH_3OH(g) + HCl(g)$$

$$② \ 2CH_3OH(g) = (CH_3)_2O(g) + H_2O(g)$$

已知 600 K 时 $K_{p,1}^\ominus = 0.001\ 54$，$K_{p,2}^\ominus = 10.6$，今以等物质的量的 CH_3Cl 和 H_2O 开始反应，求 CH_3Cl 的转化率。

33. 1375 K 时，将含有 21.35% CO、77.95% CO_2、0.7% N_2（均为摩尔分数）的混合气体，以 0.172 $L\cdot min^{-1}$（标状态计）的速度通过焙烧着的 ZnO 固体块。由实验知，每分钟固体 ZnO 的质量减少 0.005 49 g（由于还原成 Zn 蒸气），实验压强是 100 032 Pa。求下反应在 1375 K 的 $K_p^\ominus$。

$$ZnO(s) + CO(g) = Zn(g) + CO_2(g)$$

34. 若在抽空的容器中放入足够量的固体碘化铵，并加热到 675.5 K，开始时仅有氨和碘化氢生成，并且压强在 94 030 Pa 时停留一定时间保持不变，但是碘化氢会渐渐地分解为 H_2 和 I_2。已知 675.5 K 纯 HI 的解离度为 21.5%，若容器中一直有固体碘化铵存在，试求最后平衡压强。

35. 一个可能大规模制 H_2 的方法，是使 CH_4 和 H_2O 的混合气体通过热的催化床。设用 H_2O 和 CH_4 的物质的量比为 5∶1 的混合气，$T = 873$ K，$p = 101.325$ kPa，若只有下列反应发生：

$$① \ CH_4(g) + H_2O(g) = CO(g) + 3H_2(g) \qquad \Delta_r G_{m,1}^\ominus = 4435\ J\cdot mol^{-1}$$

$$② \ CO(g) + H_2O(g) = CO_2(g) + H_2(g) \qquad \Delta_r G_{m,2}^\ominus = -6633\ J\cdot mol^{-1}$$

求放出干的平衡气体（除去水蒸气后的气体）的组成。

36. 铁和水蒸气按下式反应达到平衡：

$$Fe(s) + H_2O(g) = FeO(s) + H_2(g)$$

在 $T_1 = 1298$ K，$p_1 = 101.325$ kPa 平衡时，$p_{H_2} = 56.929$ kPa，$p_{H_2O} = 44.396$ kPa；而在 $T_2 = 1173$ K，$p_2 = 101.325$ kPa 平衡时，$p_{H_2} = 59.995$ kPa，$p_{H_2O} = 41.330$ kPa。已知纯水蒸气在 1000 K 的分解百分数为 6.46×10^{-5}%，求 1000 K 时反应 $2FeO(s) = 2Fe(s) + O_2(g)$ 的平衡氧压。

37. 已知平衡体系 $CO_2(g) + C(s) = 2CO(g)$ 在 $T = 1073$ K 时，总压强为 260.405 kPa，含 CO_2 26.4%；$T = 1473$ K 时，总压强为 233.048 kPa，含 CO_2 6.92%。而反应 $2CO_2 = 2CO + O_2$，在 1173 K 的 $K_p^\ominus = 1.25\times10^{-16}$；固体碳在 1173 K 的燃烧热 $\Delta_c H_m^\ominus = -392\ kJ\cdot mol^{-1}$。试计算后一反应的 $\Delta_r H_m^\ominus$ 及 $\Delta_r S_m^\ominus$。

38. 在 1500 K 下 ZnO(s)和 ZnS(s)与 H_2S、H_2O、H_2 气氛反应达平衡(平衡后 $p_{H_2O}=50\ 663$ Pa，$p_{H_2}=4266$ Pa)，试计算在此气氛中 O_2、H_2S、S_2 和 Zn 的平衡分压。已知：

$$2H_2+O_2 = 2H_2O(g) \qquad \Delta_r G^{\ominus}_{m,1}=(-499\ 200+114.2T)\ J\cdot mol^{-1}$$

$$2Zn(g)+O_2 = 2ZnO(s) \qquad \Delta_r G^{\ominus}_{m,2}=(-921\ 740+394.6T)\ J\cdot mol^{-1}$$

$$2H_2+S_2(g) = 2H_2S(g) \qquad \Delta_r G^{\ominus}_{m,3}=(-180\ 300+90.7T)\ J\cdot mol^{-1}$$

$$2Zn(g)+S_2(g) = 2ZnS(s) \qquad \Delta_r G^{\ominus}_{m,4}=(-733\ 870+378.2T)\ J\cdot mol^{-1}$$

39. 在 1223 K、101 325 kPa 下，与固态纯 γ-Fe 和 FeO(s)平衡的气体混合物含 64% H_2 和 36% H_2O；在相同的压强和温度下，与 Fe-Ni 合金(81% Fe，摩尔分数)和纯 FeO(s)平衡的气体含 59% 和 41% H_2O。求固态合金中 Fe 的活度及活度系数，并计算 1223 K 时反应 Fe-Ni (合金)+ H_2O (g) = FeO (s)+H_2(g)的 $\Delta_r G^{\ominus}_m$。

第 5 章　相平衡热力学及相图

物质在系统中从一个相转移到另外一个相的过程称为相变过程，相变达到平衡后就称系统达到了相平衡。物质的相变过程是自然界中普遍存在的过程。例如，实验室或实际生产中经常遇到的结晶、升华、蒸发、冷凝、溶解、溶化等都是重要的相变过程。相变过程是一种物理变化，不会产生新的物质，也不会改变系统中物质的量。虽然相变过程从形式上来看各式各样，但它们都能用"相律"来统一研究处理。由于多相系统的变化都比较复杂，其规律一般不易用函数形式表达，因此常用相图表示。所谓相图一般是将从实验所得的数据绘制出的系统的状态与温度、压力、组成之间相互关系的图形。从相图可以直接了解各个变量之间的关系，了解在给定条件下相变化的方向与限度。

本章将讨论相律和相图科学的基本原理与方法，着重讨论二组分凝聚系统的相图，并简单介绍典型的三组分系统相图。

5.1　相　　律

任何平衡系统的多相平衡现象都遵守一个共同的规律，这个规律就是相律。相律是 1878 年由吉布斯提出，用以确定多相平衡系统的独立组分数、相数和可独立变化的强度性质数目之间的关系的规律，是一个重要的自然规律。

在引出相律之前，需要先介绍相、组分数、自由度等几个重要的基本概念。

5.1.1　相数与组分数

1. 相与相数

所谓相就是系统中物理、化学性质完全均匀的部分。多相系统中相与相之间有明显的分界面，越过此界面，从宏观的角度来看，系统的物理性质和(或)化学性质会发生突变。

多相平衡系统中相的数目称为"相数"，用符号 Φ 表示。一般来说，纯物质系统的相数容易判断。对于混合物来说，如果混合物是气体，则无论多少种气体混合在一起，只要没有人为的因素隔开它们，都只有一个气相，因为气体都可以自动混合均匀。液体与液体在一起，有几个液相，要看它们之间的相互溶解情况，如果能相互溶解在一起，则为一个液相，否则有几个液层就有几个液相。固体与液体在一起是几个相，也要看相互溶解的情况。至于固体与固体混合在一起，则通常有几种固体就有几个固相，除非能形成固态溶液(或称固熔体)。一种固体物质如果有几种不同的晶形，则通常也是有几种晶形就有几个固相。

无气相的系统或者是不用考虑气相的系统，一般称为"凝聚系统"。$\Phi \geqslant 2$ 的系统，一般称为"多相系统"。

2. 组分和组分数

1）物种与物种数

所谓物种是用物理方法或化学方法能够单独分离得到的物质。因此，某种离子一般不作为一个物种来处理。

表示平衡系统中所含物种的数目称为物种数，用符号 S 表示。

2）组分与组分数

由于存在于同一个系统中的化学物质之间是有相互关系的，因此在一个平衡系统中并不一定需要用所有物质的组成才能描述整个系统的组成。足以表示系统中所有各相组成所需要的最少物种数，称为独立组分数或简称组分数，用符号 C 表示。

应该注意物种数与组分数是两个不同的概念。系统中每一种化学物质无论是单质还是化合物，都称为物种，当这些物质之间不存在化学反应或浓度限制条件时，系统的物种数与组分数是相同的。如果系统中某些物质之间存在化学反应，则物种数与组分数就不相同了。例如，由 $HI(g)$、$H_2(g)$ 和 $I_2(g)$ 三个物质构成的系统中，存在下列化学平衡：

$$2HI(g) \rightleftharpoons H_2(g) + I_2(g)$$

系统中 $S = 3$，但是 $C = 2$，因为这三个物质中的任意一个在平衡时的含量，可以由其他两个组分的含量通过平衡常数获得。

此外，在某些情况下，还有一些特殊的浓度限制条件。假设上述系统中起始不存在 $I_2(g)$ 和 $H_2(g)$，二者都是由 $HI(g)$ 分解得到的，则按照化学反应式，$I_2(g)$ 和 $H_2(g)$ 的物质的量之比为 1∶1，这个系统的组分数为 $C=1$。因此，系统的组分数与物种数的关系为

$$C = S - R - b$$

式中，R 为独立的化学反应数；b 为独立的浓度限制条件数。注意浓度限制关系要在同一个相中才可以使用。对于较为复杂的反应系统，前已述及：若系统的物种数为 S，构成该 S 种物质的元素数为 M，当 $S>M$ 时，系统中的独立反应数为

$$R = S - M$$

【例 5-1】 系统中有 $H_2O(g)$、$C(s)$、$CO(g)$、$CO_2(g)$ 和 $H_2(g)$ 五种物质，它们之间可发生化学反应，求该系统在平衡后的组分数。

解 这五种物质之间可发生两个独立的化学反应：

$$① \ H_2O(g) + C(s) \rightleftharpoons CO(g) + H_2(g)$$

$$② \ CO_2(g) + H_2(g) \rightleftharpoons H_2O(g) + CO(g)$$

所以

$$C = 5 - 2 = 3$$

【例 5-2】 设在一抽空的密闭容器中放有过量的碳酸氢铵 $NH_4HCO_3(s)$，加热时可发生下列分解反应：

$$NH_4HCO_3(s) \rightleftharpoons NH_3(g) + CO_2(g) + H_2O(g)$$

求该系统的组分数。

解 该系统 $S=4$，$R=1$；反应的三种产物均在气相，达平衡时三种气体产物的浓度相等：

$$c_{NH_3} = c_{CO_2} = c_{H_2O}$$

因此

$$C = S - R - b = 4 - 1 - 2 = 1$$

组分数 $C=1$ 的系统称为单组分系统；$C=2$ 的系统称为二组分系统；$C=3$ 的系统称为三组分系统。$C \geqslant 2$ 的系统统称为多组分系统。

5.1.2 自由度

所谓自由度就是在确定多相平衡系统状态时，所必须指定的强度因素的最少数目，用符号 f 表示。这些因素的数值在一定范围内可以任意地改变而不会引起相数的改变，所以如果我们不指定它，则系统的状态便不能固定。例如，单一液相的水，$f=2$，温度与压力都必须被指定；当水与水蒸气两相平衡时，$f=1$，指定了温度就不必再指定压力，压力即平衡蒸气压由温度决定；反之，指定了压力，温度就不能任意指定，而只能由平衡系统本身决定。

5.1.3 相律

假设某多组分多相平衡系统中有 C 个组分及 Φ 个相，平衡时 C 个组分分布于每个相中，因此每一相中均有 C 个组分，系统各相的浓度变量共有 ΦC 个。相平衡时各相的温度相等，压力也相等，所以影响系统相平衡的强度性质总数应为 $\Phi C+2$ 个。然而这些变量并非都是独立的，每一相中 C 个组分的摩尔分数的总和应满足 $\sum_{i=1}^{C} x_i = 1$，这种浓度关系式共有 Φ 个。同时相平衡时任一组分在各相的化学势相等，即

$$\mu_1^{\mathrm{I}} = \mu_1^{\mathrm{II}} = \cdots = \mu_1^{\Phi}$$
$$\mu_2^{\mathrm{I}} = \mu_2^{\mathrm{II}} = \cdots = \mu_2^{\Phi}$$
$$\cdots \quad \cdots \quad \cdots \quad \cdots$$
$$\mu_C^{\mathrm{I}} = \mu_C^{\mathrm{II}} = \cdots = \mu_C^{\Phi}$$

因此，Ⅰ、Ⅱ、…、Φ 个相之间，1、2、…、C 个组分化学势相等的关系式共有 $(\Phi-1)C$ 个；而化学势是 T、p 和 x_i 的函数，因此整个系统中联系 T、p 和各相 x_i 的关系式数总共为 $[\Phi+(\Phi-1)C]$ 个。独立变量的个数等于变量总个数减去变量间关系式的总个数，因此自由度 $f=(\Phi C+2)-[\Phi+(\Phi-1)C]$，即

$$f=C-\Phi+2 \tag{5-1}$$

式(5-1)称为相律，也称吉布斯相律，式中的数字“2”是指温度和压力这两个变量。

对于式(5-1)，还要注意以下几点：

(1) 如果指定了温度或压力中的一个，则式(5-1)可以写成

$$f^* = C-\Phi+1 \tag{5-2}$$

(2) 如果温度和压力同时被指定了，则式(5-1)变成

$$f^* = C-\Phi \tag{5-3}$$

式中，f^* 称为条件自由度。

(3) 如果除了温度和压力外，在某些特殊场合，系统还受到其他因素如(磁场、电场、重力场等)的影响，则式(5-1)中的“2”应该根据具体的影响因素写成 n，即

$$f=C-\Phi+n$$

(4) 在上述推导中，曾假定每一相中都含有 C 个组分，如果某一相中不含某个组分，并不会影响相律的形式。设在第 α 相中不含第 i 个组分，则总变量中应减少一个变量，同样在相平衡条件的化学势相等的关系式中也少了一个变量，所以 f 的数目不变。同理，当一相或几相中不含某一个或某几个组分时，相律的形式不变。

【例 5-3】 指出下列平衡系统的自由度：

(1) $NH_4Cl(s)$部分分解为 $NH_3(g)$和 $HCl(g)$达平衡。

(2) 若在(1)系统中额外加入少量 $NH_3(g)$。

(3) 在标准压力下，水与水蒸气平衡。

解 (1) $S=3,R=1,b=1,\Phi=2,f=(3-1-1)-2+2=1$

(2) $S=3,R=1,b=0,\Phi=2,f=(3-1-0)-2+2=2$

(3) $S=1,R=0,b=0,\Phi=2,f^*=1-2+1=0$

【例 5-4】 求出通常情况下系统共存的最大相数或最多的自由度。

解 任一平衡系统的组分数和变量条件确定以后，均可求出其最多的共存相数或最多的自由度。换言之，当自由度为零时，共存的相数最多；当相数为 1 时，自由度最多。所以

$$0=C-\Phi_{\max}+2$$

$$\Phi_{\max}=C+2$$

$$f_{\max}=C-1+2=C+1$$

例如，对于单组分系统，$\Phi_{\max}=1+2=3$，最多有三相共存，如气、液、固三相平衡；而 $f_{\max}=1+1=2$，最多有两个自由度，即温度和压力。

5.2 纯物质单组分系统相平衡热力学

5.2.1 克拉佩龙方程

纯物质在发生相变时，平衡的温度与压强之间是有一定关系的。此处就是要用热力学原理来讨论纯物质两相平衡时，温度、压强与相变热之间的关系。

设在某一定的温度 T、压强 p 条件下，某一纯物质的 α 与 β 两相达到平衡：

$$\alpha\text{ 相} \rightleftharpoons \beta\text{ 相}$$

此时 $\Delta G_{T,p}=0$，即

$$G_m^\alpha=G_m^\beta$$

式中，G_m^α、G_m^β 分别为该纯物质处于 α 相或 β 相时的摩尔吉布斯自由能。当系统的温度由 T 变至 $(T+dT)$ 时，为了建立新的平衡，压强相应地从 p 变至 $(p+dp)$，两相的摩尔吉布斯自由能也分别变至 $(G_m^\alpha+dG_m^\alpha)$ 和 $(G_m^\beta+dG_m^\beta)$，平衡时有

$$G_m^\alpha+dG_m^\alpha=G_m^\beta+dG_m^\beta$$

因为已知 $G_m^\alpha=G_m^\beta$，所以 $dG_m^\alpha=dG_m^\beta$。由热力学基本公式 $dG=-SdT+Vdp$，可以很容易地导出压强的改变值 dp 与温度的改变值 dT 之间的关系为

$$\frac{dp}{dT}=\frac{S_m^\alpha-S_m^\beta}{V_m^\alpha-V_m^\beta}=\frac{\Delta S_m}{\Delta V_m}=\frac{\Delta H_m}{T\Delta V_m} \tag{5-4}$$

式(5-4)即称为克拉佩龙(Clapeyron)方程。式中，S_m^α、S_m^β 分别表示在温度 T、压强 p 时，1 mol 纯物质在 α 相和 β 相的熵值，V_m^α、V_m^β 分别为在温度 T、压强 p 时，1 mol 纯物质在 α 相和 β 相的体积，ΔS_m、ΔV_m 和 ΔH_m 分别为 1 mol 物质由 α 相变化到 β 相的熵变化值、体积变化值以及焓变化值(摩尔相变热)。该公式表明纯物质两相平衡时的平衡压力随温度变化的变化率。由于此处的两相并没有指定是哪两个相，因此式(5-4)适用于纯物质的任何两相平衡。

当克拉佩龙方程用于固-液两相平衡时，可将式(5-4)写成

$$dp=\frac{\Delta_{fus}H_m}{\Delta_{fus}V_m}\frac{dT}{T} \tag{5-5}$$

式中，$\Delta_{fus}H_m$ 为 1 mol 固体变成液体的摩尔溶化热；$\Delta_{fus}V_m$ 为 1 mol 固体变成液体的摩尔体积变化。当温度变化范围不很大时，$\Delta_{fus}H_m$ 和 $\Delta_{fus}V_m$ 均可近似地看成常数，将式(5-5)左右两边同时积分，可得

$$p_2-p_1=\frac{\Delta_{fus}H_m}{\Delta_{fus}V_m}\ln\frac{T_2}{T_1} \tag{5-6}$$

【例 5-5】 在 273.15 K 和 101.325 kPa 下，冰和水的密度分别是 916.8 kg·m^{-3} 和 999.9 kg·m^{-3}，冰的溶化热为 6025 J·mol^{-1}。计算：(1)冰的熔点随压力的变化率；(2)近似估算压力为 151.99×10^{3} kPa 时水的凝固点。

解 (1)将式(5-4)改写成

$$\frac{dT}{dp}=T\frac{\Delta_{fus}V_m}{\Delta_{fus}H_m}$$

$$\Delta_{fus}V_m=\left(\frac{1}{999.9}-\frac{1}{916.8}\right)\times 18.01\times 10^{-3}=-1.632\times 10^{-6}(m^3\cdot mol^{-1})$$

故 $$\frac{dT}{dp}=273.15\times\frac{-1.632\times10^{-6}}{6025}=-7.396\times10^{-8}(\mathrm{K\cdot Pa^{-1}})$$

(2) 将已知数据代入式(5-6)得

$$(151.99\times10^3-101.325)\times10^3=\frac{6025}{-1.632\times10^{-6}}\ln\frac{T_2}{273.15}$$

$$T_2=262.1\ \mathrm{K}$$

5.2.2 克拉佩龙-克劳修斯方程

将克拉佩龙方程运用到液-气或固-气两相平衡时，因为在通常温度下，气体的摩尔体积远大于液体或固体的摩尔体积，所以液体或固体的摩尔体积可以忽略不计；而且假设气体为理想气体，其体积与压力之间存在如下关系

$$pV=nRT$$

$$V_m(\mathrm{g})=RT/p$$

此时，克拉佩龙方程可写成

$$\frac{dp}{dT}=\frac{\Delta_{trs}H_m}{TV_m(\mathrm{g})}=\frac{\Delta_{trs}H_m p}{RT^2}$$

或者写成

$$\frac{d\ln(p/p^\ominus)}{dT}=\frac{\Delta_{trs}H_m}{RT^2}\tag{5-7}$$

式(5-7)称为克拉佩龙-克劳修斯(Clapeyron-Clausius)方程。式中 $\Delta_{trs}H_m$ 为摩尔气化热或摩尔升华热。

当温度变化范围不大时，可将 $\Delta_{trs}H_m$ 看成常数，则：

(1) 将式(5-7)在温度 T_1 和 T_2 之间进行定积分，与之平衡的压力相应地从 p_1 变到 p_2，可得

$$\ln\frac{p_2}{p_1}=\frac{\Delta_{trs}H_m}{R}\left(\frac{1}{T_1}-\frac{1}{T_2}\right)\tag{5-8}$$

(2) 将式(5-7)进行不定积分，可得

$$\ln(p/p^\ominus)=-\frac{\Delta_{trs}H_m}{RT}+C\tag{5-9}$$

式中，C 为积分常数。由式(5-9)可以看出，当纯物质的气-液(或气-固)两相平衡时 $\ln p$ 与 $1/T$ 成直线关系，直线的斜率为 $-\frac{\Delta_{trs}H_m}{R}$，由此斜率即可求出该物质的摩尔气化热(或摩尔升华热) $\Delta_{trs}H_m$。

【例 5-6】 已知水的摩尔气化热是 40.67 kJ·mol^{-1}，101.325 kPa 下的沸点为 100 ℃。试计算：(1)压力为 60 kPa 时水的沸点；(2)298.15 K 时水的饱和蒸气压。

解 $$\ln\frac{p_2}{p_1}=\frac{\Delta_{trs}H_m}{R}\left(\frac{1}{T_1}-\frac{1}{T_2}\right)$$

(1) $$\ln\frac{60}{101.325}=\frac{40\,670}{8.314}\left(\frac{1}{373.15}-\frac{1}{T_2}\right)$$

$$T_2=358.8\ \mathrm{K}$$

(2) $$\ln\frac{p_2}{101.325}=\frac{40\,670}{8.314}\left(\frac{1}{373.15}-\frac{1}{298.15}\right)$$

$$p_2=3.746\ \mathrm{kPa}$$

前已指出，由式(5-7)积分得到式(5-8)、式(5-9)时，假设其摩尔相变热为常数。如果需

要准确计算，则应考虑相变热随温度的变化关系，即应先根据基尔霍夫定律找出$\Delta_{trs}H_m$与温度 T 的关系，再代入式(5-7)积分。而工业上常采用所谓安托宁(Antoine)经验公式进行计算：

$$\lg(p/p^{\ominus})=-B/(t+C)+A \tag{5-10}$$

式中，t 为摄氏温度；A、B、C 为与物质性质有关的常数，其值可从有关手册中查得。此式计算方便，在较高的温度区间应用范围较广。

另外，当工作中要进行计算而又缺少液体的摩尔气化热数据时，有时可用一些经验性规则进行近似估算。常用的规则为特鲁顿(Trouton)规则，其内容为：对于正常液体(非极性液体，液体分子之间不缔合)，其摩尔气化热 $\Delta_{vap}H_m$ 与其正常沸点 T_b 之间有下列关系：

$$\frac{\Delta_{vap}H_m}{T_b}\approx 88\ \mathrm{J\cdot K^{-1}\cdot mol^{-1}} \tag{5-11}$$

5.2.3 凝聚相纯物质蒸气压与外压的关系

在讨论纯物质两相平衡(液-气或固-气)的蒸气压时，液体或固体所受的外压即为平衡时该物质蒸气的压强。如果液面上有空气存在(设空气不溶于此液体中)，则其所受的外压应是大气的压强。这时即使温度不变，但因外压 $p_{外}$ 变化，液体的吉布斯自由能会相应地发生变化，从而液体与其蒸气的平衡也会受到影响。

前面已指出，在无其他惰性气体(或称局外气体)存在时，在一定的温度和外压(这时 $p_{外}$ 就是此温度下该物质的蒸气压 p_g，即 $p_{外}=p_g$)下两相平衡时，蒸气相的摩尔吉布斯自由能 $G_m(g)$应与液相的摩尔吉布斯自由能 $G_m(l)$相等，即 $G_m(g)=G_m(l)$。若液面上有局外气体(如空气)，则外压由 $p_{外}$ 变至$(p_{外}+dp_{外})$，因而液体的蒸气压也会由 p_g 改变至(p_g+dp_g)，在新的条件下建立新的平衡，即

$$G_m(g)+dG(g)=G_m(l)+dG(l)$$

或

$$dG(g)=dG(l)$$

恒温下，有

$$V_m(g)dp_g=V_m(l)dp_{外}$$

若蒸气服从理想气体状态方程，则有

$$RT\mathrm{dln}(p_g/p^{\ominus})=V_m(l)dp_{外} \tag{5-12}$$

设液体的体积不受压强的影响，对式(5-12)积分，得

$$\int_{p_g}^{p_g'}\mathrm{dln}(p_g/p^{\ominus})=\int_{p_g}^{p_{外}}\frac{V_m(l)}{RT}dp_{外}$$

$$\ln\left(\frac{p_g'}{p_g}\right)=V_m(l)\cdot\frac{p_{外}-p_g}{RT} \tag{5-13}$$

式中，p_g' 为有惰性气体时总压为 $p_{外}$ 的条件下该液体的蒸气压。

从式(5-13)可知，凝聚相纯物质的饱和蒸气压会随外压的增加而增大，但其变化是很小的。即使在较高的外压下，外压对蒸气压的增值也是很小的。因此对外压不很大的系统，外压对蒸气压的影响可忽略不计。

5.2.4 纯物质系统相图

影响纯物质系统平衡的强度性质为温度和压力。根据相律 $f=C-\Phi+2=3-\Phi$，当系统只存在一个相时，$f=2$，即在一定范围内可同时改变温度和压力而保持原相态存在。若为两相共存，$\Phi=2$，$f=1$，在一定范围内只能改变温度(或压力)，另一变量压力(或温度)应有相应

的确定值，只有这样才能维持两相平衡共存。当 $\Phi=3$、$f=0$ 时，温度和压力都有确定值，改变其中任何一个都会导致三相平衡被破坏，从而使系统的相数减少。将纯物质系统的这种相平衡与强度性质之间的关系表示在 p-T 图中，即为纯物质系统相图。

1. 水的相图

将水的各种相平衡实验数据示意地画在 p-T 图中，可得如图 5-1 所示水的相图。

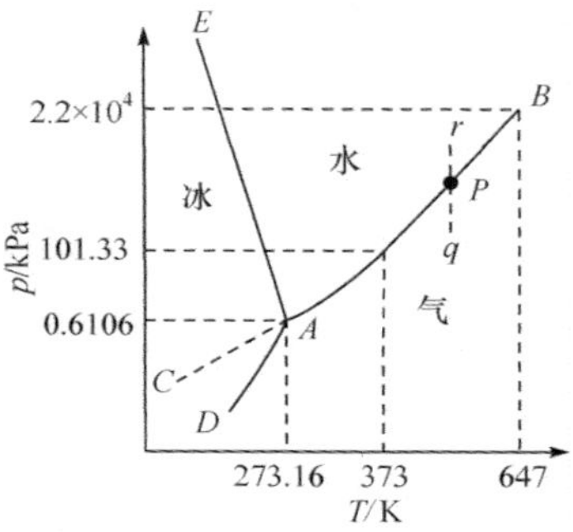

图 5-1　水的相图

(1) 图 5-1 中 AB、AD、AE 三条曲线交于点 A，把平面划分为 BAE、EAD 和 BAD 三个区域，这三个区域分别是水、冰和水蒸气的单相区。在单相区内只有一个相单独存在，$\Phi=1$，$f=2$，即温度和压力可以在该区域内任意变动，而不会导致原有的相消失或新相生成，必须同时指定温度和压力这两个变量，系统的状态才能完全确定。

(2) 图中的三条实线都是两相平衡线，$\Phi=2$，$f=1$，温度与压力之间遵守克拉佩龙方程。其中 AB 线是气-液平衡线，线上每一点都代表一定温度下水的蒸气压或一定外压下水的沸点。AB 线不能任意延伸，它终止于临界点 B，B 点的温度是 647 K，对应的压力是 2.2×10^4 kPa，在临界点时水的密度和水蒸气的密度相等，气、液两相的差别消失，温度超过这一点时无论压强多大，水蒸气也不会液化。在临界温度以上的流体称为超临界流体，它既具有类似液体的密度，又具有气体的黏度和扩散能力，在超临界萃取和反应方面有特殊应用。

AD 线是冰的饱和蒸气压曲线(升华线)，它表示冰和水蒸气平衡。AD 线理论上可延长至绝对零度附近。BA 的延长线 AC 是过冷水与蒸气的平衡线，它在 AD 线之上，说明其蒸气压比同温度下处于稳定状态的冰的蒸气压大，因此过冷水是一个不稳定的亚稳系统。如果沿着 BA 线控制实验条件，将水缓慢冷却，可使水在 0 ℃以下不结冰，即为过冷水；如果将冰缓慢地加热升温，其终止点在 A 处，实验证明并不存在过热的冰。

AE 线是冰的熔点与外压的关系曲线，称为溶点曲线，在此曲线上是冰与水的平衡。从图 5-1中可以看出 AE 线的斜率为负值，说明当压力增高时冰的溶点将降低。这一点与大多数其他物质是不同的，这是因为冰的密度比水的密度小。这条线也不能向上无限延伸，大约到压力为 2.03×10^8 Pa(约 2000 个大气压)时，可出现不同结构的冰，使这部分相图变得很复杂。

在任一分界线上的点，如 P 点，在该点可能有三种情况：①从 r 点起，在恒温下使压力降低，在无线接近于 P 点之前，气相尚未生成，系统仍是单一液相；②当有气相出现，系统是气-液两相平衡；③当液体全部变为蒸气，P 点成为气相区的边界点。在 P 点虽有上述三种情况，但我们通常只关注相的变化过程，所以常以第二种情况来代表边界上的相变过程。

(3) 图中三条曲线的交点 A 称为三相点，它严格地规定了气、液、固三相平衡时的条件。三相平衡时，因为 $\Phi=3$，所以 $f=0$。实验指出，对于水来说，三相平衡点的温度是 0.0098 ℃，压力是 0.6105 kPa。这里要注意的一点是水的三相点与平常所说的水的冰点是不相同的。水的三相点是纯水的气、液、固三相的平衡；而水的冰点是在水中溶有空气以及外压为 101.325 kPa 时所测得的水的固相与液相平衡的数据。由于水中溶有了空气，形成了稀溶液，因此水的冰点比三相点降低了 0.002 42 ℃；另外，三相点时系统的蒸气压是 0.6106 kPa，而测定冰点时系统的外压是 101.325 kPa，由于压力的增加又使冰点下降了 0.007 47 ℃，因此，水的冰点比三相点下降了(0.002 42 + 0.007 47)= 0.01 ℃，即水的冰点为 0 ℃。

在低于三相点的压强下，液相不复存在，系统以固相或气相存在，或以固-气两相平衡共存。

对于纯物质系统，如果在一般温度和压力下只出现一种固体的晶形，则都具有类似于水的相图的基本图形。可能出现的差异是固-液平衡线的斜率，一般物质的斜率为正值，即压力增大，熔点升高，其原因是固态溶化成液态后，体积一般略有增加。如果物质在固态时存在两种或两种以上的晶形，如单质硫有单斜硫和斜方硫两种晶形，加上液态硫及气态硫共有四种相态，由于纯物质系统最多只能三相共存，因此在硫的相图中会出现四个三相点。但是无论怎样，纯物质系统相图中各点、线、面的分析方法均与水的相图相同。

2. 二氧化碳的相图

二氧化碳的相图是另一类重要的纯物质系统相图，其相图如图 5-2 所示。与水的相图相似，图中有 CO_2(g)、CO_2(l)和 CO_2(s)的三个单相区；有三条两相平衡线，OA 线是 CO_2 的气-液两相平衡线，OB 线是 CO_2 的气-固两相平衡线，OC 线是 CO_2 的固-液两相平衡线；三条线交于三相点 O。与水的相图不同的是，二氧化碳的三条两相平衡线的斜率都大于零，这是因为 CO_2(s)的密度大于 CO_2(l)的密度的缘故。

二氧化碳的气、液、固三相平衡点 O，温度为 216.7 K，压力为 518 kPa。由于该三相点的温度低于常温，而压力又远高于大气压力，因此在常温、常压下，只看到二氧化碳的气体，而在低温下只看到它的固态，很难看到它的液态，除非加压到 518 kPa 以上。所以将 CO_2(s)称为干冰，干冰在常温、常压下总是直接升华为 CO_2(g)，而见不到它溶化为 CO_2(l)。

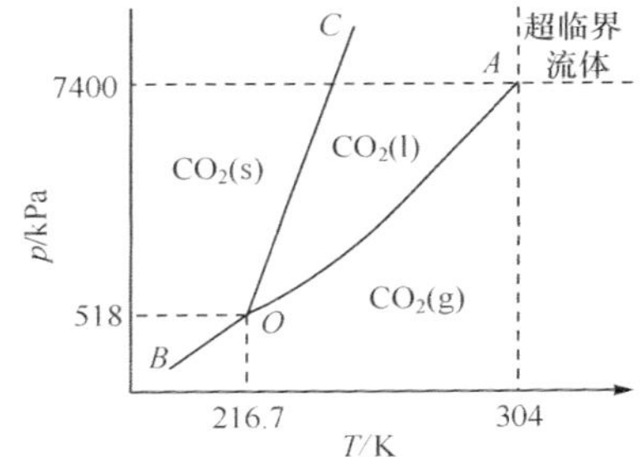

图 5-2　CO_2 的相图

A 点是二氧化碳的临界点，温度为 304 K，压力为 7400 kPa。这个温度、压力在工业上是比较容易达到的，所以二氧化碳的超临界流体较易制备；而且因为它具有对有机物的溶解能力强、选择性好、毒性低、可在接近室温下操作等优点，所以在超临界萃取和反应中有较广泛的应用。

5.3　相变类型

实验上发现物质的相变存在有不同的类型。在以上各节所讨论的相变如气相、液相、固相间的转变过程(如蒸发、溶化、升华等)通常属于一级相变，其主要特征是相变点有相当大的体积变化、熵变和焓变等，但两相成平衡时的化学势相等，即化学势在平衡相变点是连续的。

例如，对于纯物质系统，存在下列大家熟悉的关系：

$$\left(\frac{\partial\mu}{\partial T}\right)_p=-S_{\mathrm{m}}\quad 及\quad \left(\frac{\partial\mu}{\partial p}\right)_T=V_{\mathrm{m}}$$

通常情况下相变发生时存在相变热(也称潜热)和体积的突变，$\Delta V_{\mathrm{m}}\neq0$，$\Delta H_{\mathrm{m}}\neq0$，即化学势的一级偏微商所代表的性质不等于零、有突变(由于在相变过程中 $\Delta H_{\mathrm{m}}\neq0$，$\Delta H_{\mathrm{m}}=T\Delta S_{\mathrm{m}}$，因此 $\Delta S_{\mathrm{m}}\neq0$)，这类相变被称为一级相变，如水的相变、硫的相变、二氧化碳的相变即属于一级相变，这类相变过程中温度与压力的关系可用克拉佩龙方程表示：

$$\frac{\mathrm{d}p}{\mathrm{d}T}=\frac{\Delta H}{T\Delta V}$$

另一类相变是相变时并不表现出体积、熵、焓等的改变，即化学势、体积、焓、熵在相变时是相等的，而等压热容 C_p、压缩系数 κ、膨胀系数 α 在相变点迅速变化，这是一种既无相变热又无体积变化的相变，根据热力学关系式：

$$\left(\frac{\partial^2 \mu}{\partial p^2}\right)_T=\left(\frac{\partial V_{\mathrm{m}}}{\partial p}\right)_T=-V_{\mathrm{m}}\kappa$$

$$\left(\frac{\partial^2 \mu}{\partial T^2}\right)_p=-\left(\frac{\partial S_{\mathrm{m}}}{\partial T}\right)_p=-\frac{C_{p,\mathrm{m}}}{T}$$

$$\left(\frac{\partial^2 \mu}{\partial T\partial p}\right)_T=\left(\frac{\partial V_{\mathrm{m}}}{\partial T}\right)_p=V_{\mathrm{m}}\alpha$$

即化学势的二级偏微商所代表的性质发生了突变。为与前一类相变区别，通常把这类相变称为二级相变。二级相变在低温、凝聚相(主要是固相)中发生较多，如 NH_4Cl(晶体)在 242.7 K 时，没有潜热也没有密度变化，但 C_p-T 曲线不连续，即 $\Delta_1^2 C_p\neq0$，固态的甲烷、硫化氢、硫酸盐、磷酸盐、硝酸盐均观察到这类相变。由于二级相变点时，C_p-T、κ-T、α-T 曲线具有希腊字母 λ 的形状，因此又称 λ 相变。例如图 5-3 所示的 氦(Ⅰ)和氦(Ⅱ)的转变，从 C 点(三相点)并沿 λ 线从液态Ⅰ到液态Ⅱ的转变是一级相变，而在 λ 点上两个液相间的转变是二级相变($\Delta V=0$，$\Delta S=0$)，在 λ 点上两个液相和气相三相共存，这时热容 C_p 值十分反常，C_p 对 T 作图得的曲线很像希腊字母 λ，如图 5-4 所示。

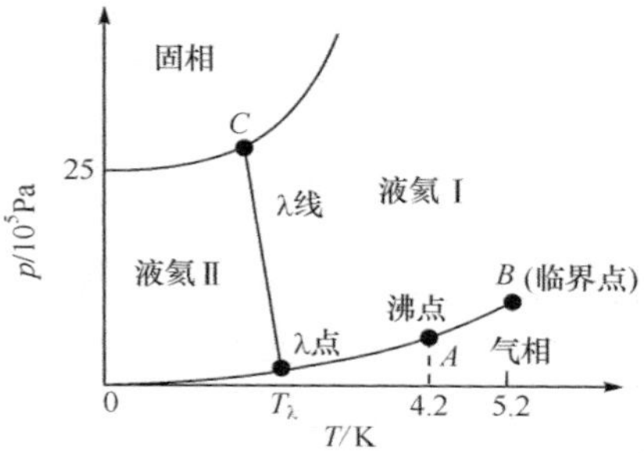

图 5-3　^{4}He 的相图

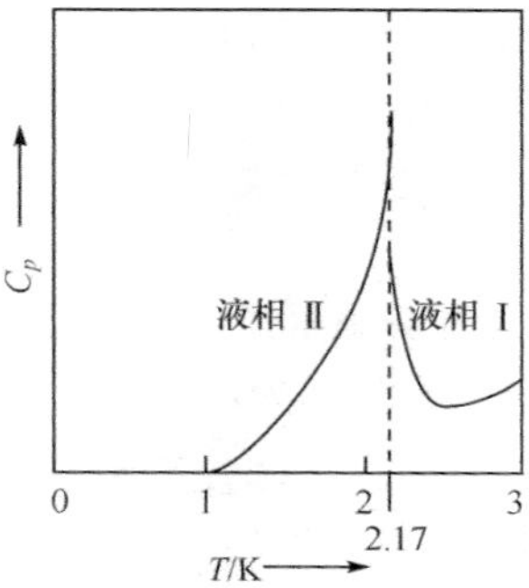

图 5-4　液体 ^{4}He 的 C_p-T 图

在图 5-3 中，几个特殊点的温度和压力分别为：λ 点为 2.17 K、5036 Pa；A 点(正常沸点)为 4.22 K、101.325 kPa；B 点(临界点)为 5.20 K、228 kPa；C 点(三相点)为 1.76 K、3×10^3 kPa。在温度低于 T_λ 时，液态氦(Ⅱ)的黏度几乎为零，有特殊的流动性，所以称之为超流体。

在二级相变过程中，$\Delta H=0$，$\Delta V=0$，所以克拉佩龙方程不再适用。描述二级相变中温度与压力变化之间的关系常用艾伦菲斯(Ehrenfest)方程。

当两相在 p、T 情况下达到二级相变平衡时，$V_1=V_2=V$；在$(p+\mathrm{d}p)$、$(T+\mathrm{d}T)$情况下达平衡时，应有$(V_1+\mathrm{d}V_1)=(V_2+\mathrm{d}V_2)$，即 $\mathrm{d}V_1=\mathrm{d}V_2$。因为 V 是 T、p 的函数，所以

$$\mathrm{d}V_1=\left(\frac{\partial V_1}{\partial T}\right)_p\mathrm{d}T+\left(\frac{\partial V_1}{\partial p}\right)_T\mathrm{d}p=\alpha_1 V_1\mathrm{d}T-\kappa_1 V_1\mathrm{d}p$$

$$\mathrm{d}V_2=\left(\frac{\partial V_2}{\partial T}\right)_p\mathrm{d}T+\left(\frac{\partial V_2}{\partial p}\right)_T\mathrm{d}p=\alpha_2 V_2\mathrm{d}T-\kappa_2 V_2\mathrm{d}p$$

因为 $\mathrm{d}V_1=\mathrm{d}V_2$，所以等式右方相等，整理后可得

$$\frac{dp}{dT}=\frac{\alpha_2-\alpha_1}{\kappa_2-\kappa_1} \tag{5-14}$$

同样，二级相变两相平衡时，$dS_1=dS_2$

$$dS_1=\left(\frac{\partial S_1}{\partial T}\right)_p dT+\left(\frac{\partial S_1}{\partial p}\right)_T dp=\frac{C_{p,1}}{T}dT-\alpha_1 V_1 dp$$

$$dS_2=\left(\frac{\partial S_2}{\partial T}\right)_p dT+\left(\frac{\partial S_2}{\partial p}\right)_T dp=\frac{C_{p,2}}{T}dT-\alpha_2 V_2 dp$$

所以整理后可得

$$\frac{dp}{dT}=\frac{C_{p,2}-C_{p,1}}{TV(\alpha_2-\alpha_1)} \tag{5-15}$$

式(5-14)和式(5-15)称为艾伦菲斯方程。

5.4 二组分系统气-液平衡相图

对于二组分气-液平衡系统，按照相律，$f=2-\Phi+2=4-\Phi$，系统至少有一相，这时 $f=3$，可见描述二组分系统的相平衡需用 3 个坐标，即温度、压力和组成。这种立体图的绘制和使用都不方便，因而通常采用固定一个变量的平面图，如恒温下的蒸气压-组成图或恒压下的沸点-组成图。这类气-液平衡相图的特征与两个组分在液相的相互溶解度有关，本节只讨论液相能完全互溶的二组分系统气-液平衡相图。

5.4.1 蒸气压-组成平衡图

1. 理想溶液的蒸气压-组成图

理想溶液二组分系统的组分 A 和 B 的蒸气压均符合拉乌尔定律，所以在一定温度下，溶液的蒸气总压与溶液组成的关系为

$$p=p_A^* x_A+p_B^* x_B=p_A^*(1-x_B)+p_B^* x_B$$

$$p=p_A^*+(p_B^*-p_A^*)x_B \tag{5-16}$$

式(5-16)表示二组分理想溶液的蒸气总压 p 与液相组成的关系，在蒸气压-组成图上是一条直线，称为液相线。

在一般情况下溶液的蒸气压不大，可把溶液上方的气相看成是能遵守道尔顿分压定律的理想混合气体，所以溶液总蒸气压 p 与气相组成 y_B 的关系可由道尔顿分压定律求出

$$p_B=p_B^* x_B=p y_B=[p_A^*(1-x_B)+p_B^* x_B]y_B \tag{5-17}$$

$$x_B=\frac{y_B p_A^*}{p_B^*-(p_B^*-p_A^*)y_B}$$

$$p=\frac{p_A^* p_B^*}{p_B^*-(p_B^*-p_A^*)y_B} \tag{5-18}$$

式(5-18)表示溶液的蒸气总压 p 与气相组成的关系，在蒸气压-组成图上是一条曲线，称为气相线。

另外，可以由式(5-17)得出$\frac{y_B}{x_B}=\frac{p_B^*}{p}$，因为总压 $p=p_A+p_B=p_A^* x_A+p_B^* x_B$，所以 p 介于 p_A^* 与 p_B^* 之间，可见当 $p_B^*>p_A^*$ 时，$\frac{y_B}{x_B}>1$，即 $y_B>x_B$。此结论说明，理想溶液气-液平衡时，

有较高蒸气压的组分 B 在气相中的含量要大于它在液相中的含量；有较低蒸气压的组分 A 则相反，在气相中的含量会小于它在液相中的含量。

把一定温度下的液相线和气相线绘在同一图中，就得到如图 5-5 所示的相图。

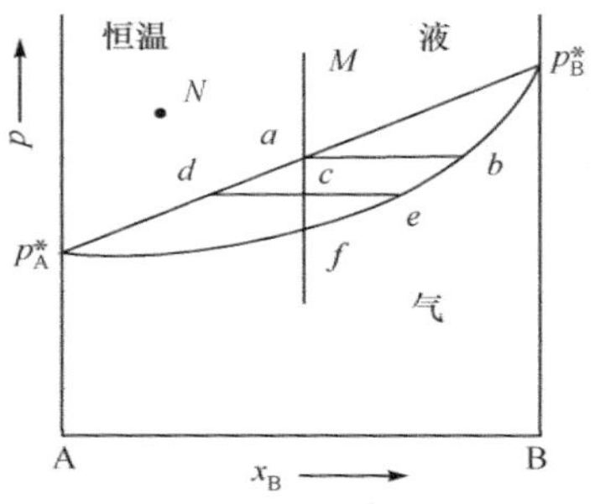

图 5-5　理想溶液的蒸气压-组成图

图 5-5 中液相线（$p_A^* dap_B^*$）和气相线（$p_A^* ebp_B^*$）把图面分成三个区域；液相线以上为液相区，气相线以下为气相区，两线之间为气-液两相平衡共存区，两个相的组成可分别由气相线及液相线上两个相应的相点读出。通常把表示平衡时多组分系统的总组成及压力（或温度）在相图中的状态点称为系统点，把表示平衡各相的组成及压力（或温度）在相图中的状态点称为相点。当系统处于单相区时，系统的总组成与相的组成是相同的。当系统在两相区时（图 5-5 中 c 点），系统成两相平衡，形成两个相点（图 5-5 中 d 点和 e 点）。可以看出，此时系统的总组成与两个相的组成都不相同。两平衡相点的连接线称为结线（图中 de 线）。由相律 $f^* = (2-\Phi+1) = (3-\Phi)$ 可以得出，在恒温下气-液两相平衡时，$f^* = 1$，可见若指定压强，两平衡相的组成即随之确定；相反，若指定平衡相的组成，则平衡时的压强也会随之确定下来。

图 5-5 可以说明系统的相态与压强、组成之间的关系。图中 M 点的系统起始为液相，随着压强的减小，系统点 M 逐渐垂直下移。当压强减至 a 点时，系统内将出现气相，其组成为 b 点所对应的组成，从此系统点进入两相区。随着压强的降低，液相从 a 点沿液相线变化，气相从 b 点沿气相线变化。当系统变至 c 点时，相应地液相变至 d 点，与之平衡的气相则变至 e 点。当系统点变至 f 点时，液相即将消失，系统几乎全部蒸发成气相。当压强低于 f 点时，系统内只有气相存在。

2. 实际溶液的蒸气压-组成图

实际溶液的蒸气压-组成图，依溶液对理想溶液偏差程度不同出现不同的形状。其液相线已不是直线，气相线也不再符合式（5-18）了。三种典型的实际溶液气-液平衡图如图 5-6（a）、（b）、（c）所示。其中图 5-6（a）属于正偏差不大的系统，如 $TiCl_5$-$SiCl_4$ 系。图 5-6（b）属于正偏差很大的系统，如 CH_3OH-C_6H_6 系，蒸气压会出现一个极大值，液相线和气相线在此极大值处相切。图 5-6（c）属于负偏差很大的系统，如 H_2O-HCl 系，蒸气压会出现一个极小值，液相线和气相线在此极小值处相切。

5.4.2　沸点-组成图与分馏原理

1. 沸点-组成图

这类相图如图 5-6（d）、（e）、（f）所示。其液相线位于气相线之下，恰与蒸气压-组成图中的位置相反。这是由于在一定外压下蒸气压较高的液体，其沸点较低。如图 5-6（d）所示的二组分系统，是对理想溶液偏差不大的系统。由于 $p_B^* > p_A^*$，因此 B 的沸点较 A 低。在 101.325 kPa下，$TiCl_5$-$SiCl_4$ 系的沸点-组成图即属于此类相图。

如果实际溶液对理想溶液的偏差很大，其蒸气压-组成图上出现了极大值或极小值，则其沸点-组成图上必然会相应地出现最低点或最高点，如图 5-6（e）和（f）所示。通常把沸点-组成图上的最低点称为最低恒沸点，沸点-组成图上的最高点称为最高恒沸点。在最低恒沸点和

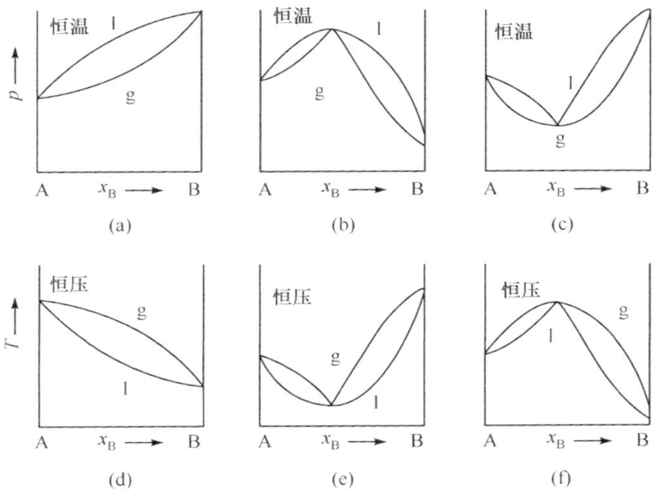

图 5-6　实际溶液的蒸气压-组成和沸点-组成示意图

最高恒沸点处，系统的气相组成与液相组成相等，即 $x_B=y_B$，其数值称为恒沸组成，具有该组成的混合物称为恒沸混合物。

在一定压强下，由实验测定不同浓度的溶液在沸腾时液气两相的组成，便可绘出沸点-组成图。沸点-组成图也可以利用各种不同温度下的蒸气压-组成图换算得出。

2. *分馏原理*

蒸馏与分馏是分离液体混合物的重要方法，在工业生产和科学研究中应用很广。

如图 5-7 所示，若原始溶液的组成为 x_1，加热到 T_1 时开始沸腾，此时共存气相的组成为 a'。由于气相中含沸点较低的组分较多，一旦有气相生成，液相的组成就会沿着 $a \to b$ 的这条曲线往上变化，相应的沸点也会升高。当温度升高到 T_2 时，共存气相的组成为 b'，溶液的组成为 b。根据需要可以用不同的接收器接收不同温度区间的馏分，因此这种简单蒸馏只能按不同沸程（不同的沸点范围）收集若干份馏出液，或除去原溶液中的不挥发性杂质，粗略地把二组分系统相对分离。

要使混合液达到较好的分离，需要采用分馏（或称为精馏）的方法。分馏实际上是多次简单蒸馏的组合。

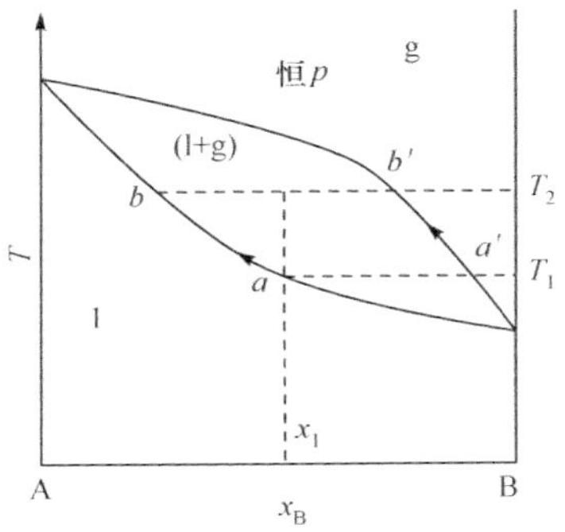

图 5-7　蒸馏原理示意图

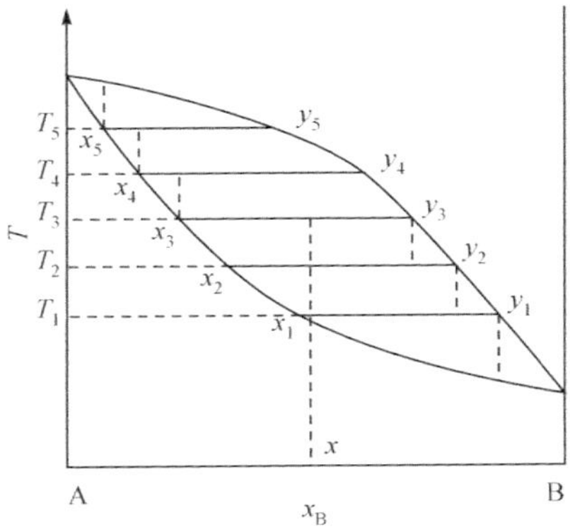

图 5-8　分馏原理示意图

如图 5-8 所示，如果将组成为 x 的溶液在恒压下加热，当温度升到 T_3 时，系统处在两相区，平衡共存的气相组成为 y_3，液相组成为 x_3。

(1) 将组成为 y_3 的气相冷却到温度 T_2，这时该原来的气相系统处于两相区，会部分冷凝变成二相：组成为 y_2 的气相和组成为 x_2 的液相，此时组成为 y_2 的气相中含有的低沸点组分 B 比原来系统中的 y_3 多；再把组成为 y_2 的气相冷却到温度 T_1，则气相又会部分冷凝变成二相：组成为 y_1 的气相和组成为 x_1 的液相，此时组成为 y_1 的气相中含有的低沸点组分 B 比原来系统中的 y_2 多；由于气相点的变化不断向组分 B 移动，理论上来说，经过多次的部分冷凝之后，气相的组成就应该无限地接近于低沸点的纯组分 B。

(2) 将组成为 x_3 的液相继续加热到温度 T_4，这时该原来的液相系统处于两相区，会部分气化变成二相：组成为 y_4 的气相和组成为 x_4 的液相，此时组成为 x_4 的液相中含有的高沸点组分 A 比原来系统中的 x_3 多；再把组成为 x_4 的液相升温到温度 T_5，则液相又会部分气化变成二相：组成为 y_5 的气相和组成为 x_5 的液相，此时组成为 x_5 的液相中含有的高沸点组分 A 比原来系统中的 x_4 多；由于液相点的变化不断向组分 A 移动，理论上来说，经过多次的部分气化之后，液相的组成就应该无限地接近于高沸点的纯组分 A。

根据上面的讨论，对于完全互溶的二组分系统，通过这样一连串的部分气化与部分冷凝后，都能在气相中浓集低沸点组分，在液相中浓集高沸点组分，从而将混合物 A、B 完全分离。

工业上和实验室中这种部分气化与部分冷凝的操作是在分馏塔或分馏柱中连续进行的。分馏塔的温度从塔底到塔顶逐渐降低，塔底（又称塔釜）的温度最高，塔顶的温度最低。原料经预热从塔的中间部位投入，在分馏塔内的塔板上多次反复进行部分气化和部分冷凝，最后，在塔顶收集到低沸点的组分，在塔底收集到高沸点的组分。

对于具有最高或最低恒沸点的二组分系统，利用普通的分馏方法只能得到一个纯组分和一个恒沸混合物，而不能同时从塔顶和塔底得到纯 B 和纯 A。对于这类系统相图的分析，与简单的相图完全一样，只要把相图设想是从恒沸点组成的地方为界，分成两边，看成是两个简单相图的组合即可。

5.4.3 杠杆规则

从蒸气压-组成图可以看出，当两相区内压强改变时，系统的总组成和总数量不变，气、液两相的组成和相对量却随压强而改变。同样的，在沸点-组成图的两相区内，当温度改变时，系统的总组成和总数量不变，气、液两相的组成和相对量则随温度而改变。下面就导出系统点的组成和数量与平衡两相的组成和相对量之间的关系式。

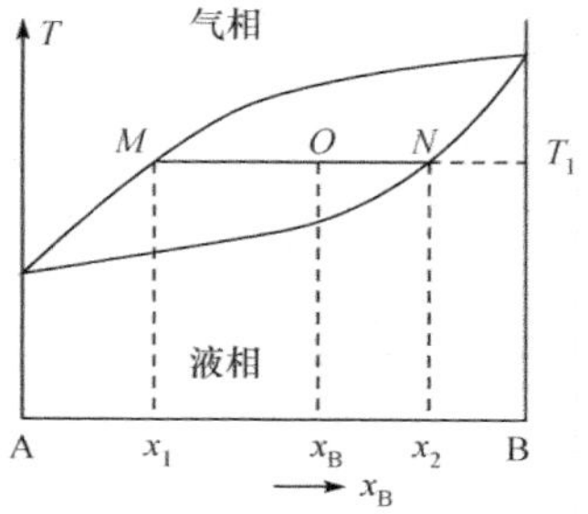

图 5-9 杠杆规则示意图

如图 5-9 所示，当温度为 T_1 时，设系统点处于两相平衡区内，位置为 O，呈气-液两相平衡，气相的相点为 M，物质的量为 $n_{气}$，组分 B 的摩尔分数为 x_1；液相的相点为 N，物质的量为 $n_{液}$，组分 B 的摩尔分数为 x_2。因为组分 B 存在于气、液两相中，所以 B 的总物质的量等于它分布在气、液两相中的物质的量之和，即

$$n_{总}\ x_B = n_{气}\ x_1 + n_{液}\ x_2$$

因为

$$n_{总} = n_{液} + n_{气}$$

$$(n_{液} + n_{气})x_B = n_{气}\ x_1 + n_{液}\ x_2$$

$$n_{液}(x_B - x_2) = n_{气}(x_1 - x_B)$$

由图中可以看出 $(x_B - x_2) = \overline{ON}$，$(x_1 - x_B) = \overline{OM}$，所以

$$n_{液} \cdot \overline{ON} = n_{气} \cdot \overline{OM}$$

即可以将 MN 理解为以 O 为支点的杠杆，液相的物质的量乘以$\overline{ON}$等于气相的物质的量乘以$\overline{OM}$，这个关系称为杠杆规则。由于这个推导没有引进任何假设，因此杠杆规则具有普遍意义，对于多组分系统的任意两相平衡区都适用。相图的组成用质量分数(或百分数)表示时，杠杆规则同样适用，只要将公式中气、液两相物质的量改为质量即可。用杠杆规则算出气、液两相的量，然后再根据气、液两相各自的组成，可分别计算出气、液两相中组分 A、B 的量。

5.5 部分互溶系统液-液平衡相图

两种液体由于极性等性质有显著差别，因此在液态混合时只能在一定比例和一定的温度范围内有条件地相互溶解，而在另外的组成范围只能部分互溶，分层形成两个液相，这样的系统称为液态部分互溶系统。例如，水与苯胺、水与苯酚、水与正丁醇或异丁醇等系统就是液态部分互溶系统。因为是讨论液-液平衡相图，所以压力的影响不大，因此这类系统一般讨论的都是恒压下的温度-组成图。

图 5-10 是苯酚和水的双液系统在恒压下的温度-组成图，是一条封闭的曲线，通常称为溶解度曲线。

低温下，若系统点在溶解度曲线外，则是单一液相。若系统点在溶解度曲线内，则水和苯酚部分互溶，分为两层。一层是水中饱和了苯酚，所以溶解度曲线的左半支是苯酚在水中的溶解度曲线；另一层是苯酚中饱和了水，所以右半支是水在苯酚中的溶解度曲线。温度增加，苯酚在水中的溶解度沿 Mac 曲线逐渐上升，水在苯酚中的溶解度沿 Nbc 曲线逐渐上升。在 c 点以上的温度，水与苯酚能以任意比例互溶。c 点对应的温度称为会溶温度或临界溶解温度。

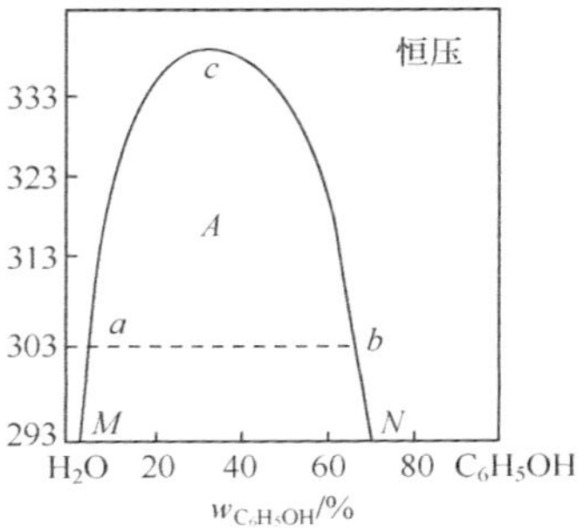

图 5-10 水-苯酚的溶解度曲线

通过图 5-10 可以描述系统状态的变化。例如，在图 5-10 所示压力下、温度为 303 K 时，把苯酚逐渐滴加到水中，系统的状态会沿着虚线所示的方向从左到右逐渐变化。在不大的浓度范围内，最初加进去的苯酚完全溶解于水，系统为单一液相；当苯酚的浓度加大到 a 点时，再加入苯酚就不再溶解，多余的苯酚中溶有少量水，形成组成为 b 的另一个液相，此时两个液相平衡。a 与 b 这两个平衡共存的液相互称为共轭溶液，其组成就是该温度下水和苯酚的相互溶解度。无论系统点在 ab 水平连线上如何移动，共轭液层 a 和 b 均有不变的组成，只是两液层的相对数量会随系统点的改变而改变，其具体数值可根据杠杆规则进行计算。在不断加入苯酚的过程中，系统点会沿虚线从左到右移动，到达 b 点时，液相 a 消失，系统开始呈单一液相。进一步增加苯酚，系统点将向右离开 b，系统成为水在苯酚中的不饱和溶液。

具有最高临界温度的系统较多，如苯胺与水、苯胺与己烷、二硫化碳与甲醇等。

也有一些部分互溶的双液系统，当温度降低时，相互溶解度反而增大，当温度降到足够低时，可以完全互溶。在此温度之下，两种液体可以按任意比例互溶，此温度称为最低临界溶解温度或最低会溶温度，也称下临界溶解温度。例如，水与三乙基胺的相图便是如此。

也有这样的系统，在温度-组成图上既有上临界溶解温度，也有下临界溶解温度。例如，60 ℃以下水和烟碱能以任意比例互溶，60 ℃以上就分为两个液层，而超过 210 ℃，又成为一个均匀液相。这种系统的相图有完全封闭式的溶解度曲线。

还有一些系统不具有会溶温度，即一对液体系统在它们成为液体存在的温度范围内一直是彼此部分互溶的。例如，乙醚和水就没有会溶温度。

5.6 二组分系统液-固平衡相图

仅由液相和固相构成的系统是凝聚系统，如冶金中的炉渣、溶盐、金属系统和水盐系统等。凝聚系统的相图都是温度-组成图，相律为 $f^{*}=C-\Phi+1$。二组分凝聚系统的相图根据液相和固相的情况可分出多种类型的相图类型。例如，二组分在液态有完全互溶和部分互溶的情况；二组分在固态有完全不互溶、部分互溶和完全互溶的情况；二组分有不生成化合物、生成稳定化合物以及生成不稳定化合物的情况等。

5.6.1 简单共晶型及热分析法绘制相图

生成简单共晶的二组分系统是属于液态完全互溶、固态完全不互溶的凝聚系统。

1. 热分析法绘制相图

热分析法绘制相图的基本步骤和原理是：配制一系列组成不同的二组分系统，分别将它们加热至熔融状态后，使液态混合物自然冷却，每隔一定时间记录一次温度，然后以温度为纵坐标，时间为横坐标，将实验数据绘成温度-时间曲线(称为冷却曲线或步冷曲线)。当系统没有相变发生时，冷却曲线均匀地下降；当系统在某温度下发生相变时，相变热会使冷却曲线在该温度处出现转折或停顿。因此根据一系列冷却曲线的变化特征，即可找出不同组成的系统发生相变的温度，从而绘出温度-组成相图。图 5-11(b)的 Cd -Bi 系相图就是根据图 5-11(a)中的冷却曲线绘制的。

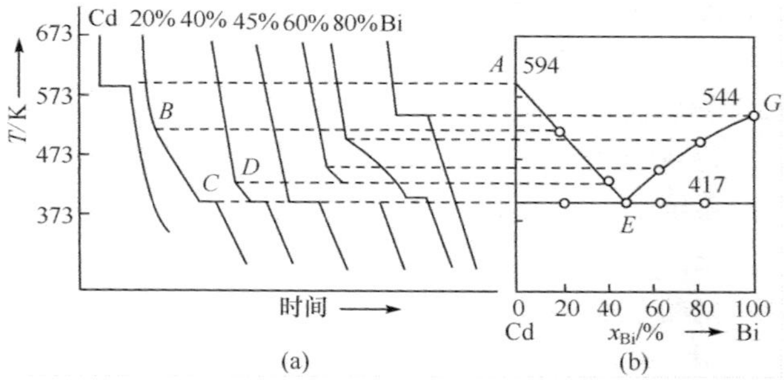

图 5-11 Cd-Bi 系的冷却曲线与温度-组成相图

图 5-11(a)中左起第一条冷却曲线为液体纯 Cd 的冷却曲线。曲线发生水平停顿的温度为纯 Cd 的熔点 594 K。恒压下纯物质两相平衡时 $f^{*}=1-2+1=0$，所以在液体 Cd 的凝固过程中温度不变，直到全部凝固成固态 Cd 时，纯固相的温度才会下降，冷却曲线又出现均匀的斜线段。据此将纯 Cd 的熔点标记在温度-组成图中。同理可测出纯 Bi 的熔点 544 K，并标记在图 5-11(b)中。图中 20%Bi(摩尔分数)的溶液相冷却时，因为溶液的凝固点下降，开始析出固体纯 Cd 的温度低于纯 Cd 的凝固点，所以冷却曲线在 *B* 点出现转折。Cd 的析出使液相组成开始改变，Cd 含量减小，Bi 含量增大，溶液的凝固点进一步下降。这时 $f^{*}=2-2+1=1$，温度伴随浓度变化而连续降低，即曲线在 *B* 点转折之后又连续下降。当温度降至 417 K 时，液相对 Bi 和 Cd 同时达到饱和，固体 Bi 和 Cd 同时析出，此时 $f^{*}=2-3+1=0$，系统温度和液相组成均不能改变，因此冷却曲线从 *C* 点开始出现水平段。水平段结束时说明液相已全部凝固，温度才又继续下降。

40%Bi 的冷却曲线与 20%Bi 的类似，只是开始析出固体纯 Cd 的温度进一步降低。因而曲线出现转折的 D 点温度要比 B 点低。

45%Bi 的冷却曲线没有转折点，只有水平线段。这说明凝固过程一开始就是固体纯 Cd 和纯 Bi 同时析出，即三相平衡($f^*=0$)，此时温度 417 K 和液相组成 45%Bi 在凝固过程中均保持不变。根据相律可断言，此三相平衡的温度和液相组成，也就是 20%Bi 和 40%Bi 的冷却曲线水平段的温度和组成。只有待液相完全凝固后，温度才继续下降。

80%Bi 和 60%Bi 的两条冷却曲线与 20%Bi 和 40%Bi 的两条冷却曲线相似，均各有一个转折点和一个水平线段，只是在此转折点析出的固相是纯 Bi 而不是纯 Cd。这些冷却曲线的水平线段都一样，均为三相平衡，同时析出 Bi 和 Cd，液相的组成 45%Bi 及温度 417 K 均保持不变。

由各冷却曲线转折点和水平线段可获得温度和组成数据，将这些数据绘于图 5-11 (b)的温度-组成图中，然后将开始析出纯 Cd 的各点连成一线(图 5-11 中 AE)，将开始析出纯 Bi 的各点也连成一线(图 5-11 中 GE)，同时将三相平衡的各点连成一直线，便得 Cd-Bi 系相图[图 5-11(b)]。

2. 简单共晶型二组分系统相图

属于简单共晶二组分系统的还有 Pb-Sb、LiCl-KCl、Al_2O_3-Na_3AlF_6、H_2O-$NaNO_3$、萘-苯等。这类系统相图的特点可用图 5-12 所示的 A-B 系相图来说明。

图 5-12 中 T_AE 是液态混合物开始析出固相纯 A 时组成与温度的关系曲线；T_BE 则是溶液相开始析出固相纯 B 时组成与温度的关系曲线。凡是溶液处在这两条曲线上，便有纯固相析出。在 T_AE 和 T_BE 以上系统只有一个液相，所以 T_AE 和 T_BE 均称为液相线。两液相线相交于 E 点，E 点既在 T_AE 上，又在 T_BE 上，所以 E 是同时析出固相纯 A 和纯 B 的液相组成点，称为共晶点或低共熔点。E 点的温度 T_E 称为共晶温度，E 点的组成称为共晶组成。无论系统是组成为何值的混合物，处于 T_E 温度时，系统都处于固相纯 A、纯 B 与液相的三相平衡，所以 GEH 是一条三相平衡线(两个端点除外)。温度低于 T_E，液相消失，只有 A 和 B 两个纯固相，因此 GEH 又称固相线。

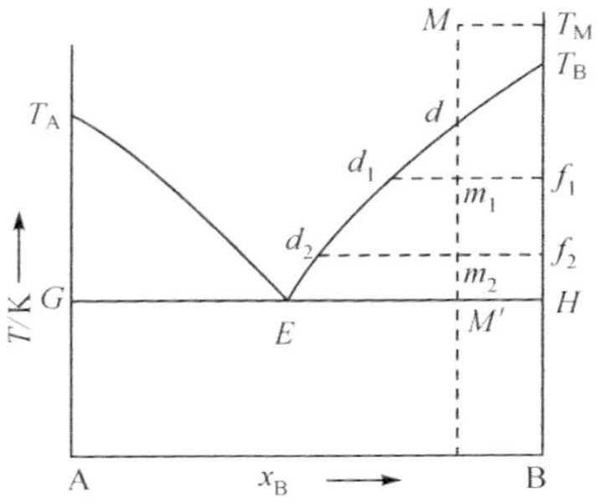

图 5-12　简单共晶二组分系统相图

图 5-12 被液相线和固相线分成四个相区：①液相线 T_AET_B 以上的部分为液相区；②固相线 GEH 以下为(固相 A + 固相 B)区；③GET_AG 区为(固相 A+液相)区；④HT_BEH 区为(固相 B+液相)区。

为进一步理解相图的意义，可选择某液体混合物来分析其冷却过程。如图 5-12 所示，设有一系统 M，温度为 T_M、组成为 75%(B，摩尔分数)，此时系统应为液相，$f^*=2-1+1=2$。当系统点从 M 点冷却至 T_BE 线上 d 点时，开始析出固体纯 B，其 $f^*=2-2+1=1$，此时系统的温度及各相的组成只能改变其中之一，即降低温度时，液相组成将沿 dE 线变化。例如，当系统的温度降至处于 m_1 点的温度时，液相点由 d 移至 d_1，固相点至 f_1，两相的相对量可根据杠杆规则计算。温度降至 T_E 时，液相点移至 E，系统点落在 EH 线上(图中 M')，处于三相平衡：

$$l_{(E)} \underset{\triangle}{\overset{冷}{\rightleftharpoons}} A_{(G)} + B_{(H)}$$

此反应称为共晶反应。这时 $f^* = 2-3+1=0$，即温度和组成都为定值，可见对于某简单共晶二组分系统而言，三相点的温度和液相组成数据是其特征值。例如，Pb-Sb 系的共晶点为 513 K、13%Sb(摩尔分数)。当共晶反应结束时，温度才能继续降低。低于共晶温度时，系统点进入固相纯 A 和纯 B 的共存区，自由度 $f^* = 2-2+1=1$，所以温度的变化不会破坏两固相共存。

3. 水-盐二组分系统

水-盐二组分系统的相图可以用溶解度法绘制。通过测定 $(NH_4)_2SO_4$ 水溶液在不同浓度时的冰点以及不同温度下 $(NH_4)_2SO_4$ 饱和水溶液的浓度，可绘制出 H_2O-$(NH_4)_2SO_4$ 系统的固-液平衡相图，见图 5-13。

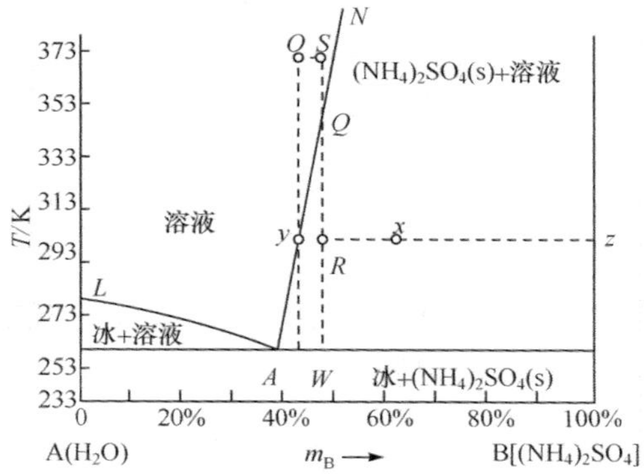

图 5-13　H_2O-$(NH_4)_2SO_4$ 系统的固-液平衡相图

图 5-13 中 AN 是 $(NH_4)_2SO_4$ 固体的溶解度曲线，LA 是水的冰点下降曲线，在 A 点(254 K)，冰、$(NH_4)_2SO_4$ 固体以及具有 A 点组成的溶液三相共存。当溶液原组成在 A 点左边时，冷却后先析出冰；而在 A 点右边时，冷却后先析出 $(NH_4)_2SO_4$ 固体。当溶液的原组成恰好在 A 点组成时，冷却后，冰和 $(NH_4)_2SO_4$ 固体同时析出。

类似的水盐系统还有多种，按照形成共晶点的组成来配制冰和盐的数量，就可获得较低的液态冷冻温度。在化工生产中，经常以 $CaCl_2$ 水溶液作为冷冻的循环液，就是因为以 $CaCl_2$ 共晶点的浓度来配制 $CaCl_2$ 水溶液时，可在 218.7 K(−55 ℃)以上不结冰。

在用重结晶法提纯无机粗盐时，可以根据相图拟订操作步骤。例如，要获得较纯的 $(NH_4)_2SO_4$ 晶体，可设计操作步骤如下。

(1) 先将粗盐溶解在热水中，其浓度必须控制在 A 点组成的右边但又要在 AN 线的左边的这一块区域内，如图 5-13 所示，设为 S 点(363 K，47.5%)。

(2) 过滤除去不溶性杂质。

(3) 冷却，到达 Q 点时即开始有 $(NH_4)_2SO_4$ 固体析出，但此时固体量很少。继续冷却到 R 点，过滤，得到 $(NH_4)_2SO_4$ 固体。$(NH_4)_2SO_4$ 固体的量可通过杠杆规则求出。移走 $(NH_4)_2SO_4$ 固体后，剩余的母液浓度为 y。

(4) 可再加热至 O 点，溶入粗盐使系统点自 O 点移到 S 点。重复上述步骤(1)、(2)、(3)，如此循环，每一次均可得到一定数量的纯 $(NH_4)_2SO_4$ 固体。多次循环后，母液中杂质将增加，会影响产品质量，此时需对母液进行处理或废弃。

5.6.2　生成化合物型

某些二组分系统的两个组分之间能生成化合物。假设化合物与组分之间、组分与组分之间，在液相时均完全互溶，在固相时均完全不互溶，则其相图可按照生成稳定化合物和不稳定化合物两种类型来讨论。

1. 生成稳定化合物型

若两个组分之间生成的化合物一直到其熔点以下都是稳定的，化合物溶化时所生成的液相与化合物的组成相同，则称此化合物为稳定化合物。如图 5-14 所示的 $CaCl_2$-KCl 二组分系统相图，纯 $CaCl_2$ 的熔点为 1045 K，纯 KCl 的熔点为 1048 K，其中有一稳定化合物 KCl · $CaCl_2$，熔点为 1027 K，组成为 50％KCl(摩尔分数)。稳定化合物的生成将相图分成两个简单共晶二组分系统。化合物的液相线与析出 $CaCl_2$ 的液相线相交于 E_1，即 $CaCl_2$-KCl · $CaCl_2$ 的共晶点为(26％KCl，913 K)。化合物的液相线与析出 KCl 的液相线交于点 E_2，即 KCl · $CaCl_2$-KCl 系的共晶点为(75％KCl，873 K)。

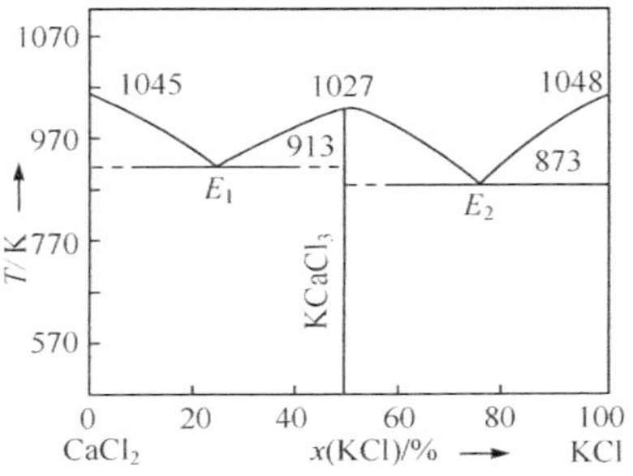

图 5-14　$CaCl_2$- KCl 二组分系统相图

由此可见，生成一种稳定化合物的二组分系统相图可看成是由两个简单共晶二组分系统相图并列而成。如果某二组分系统的两个组分之间可生成一种以上的稳定化合物，则其相图也可看成由相应的几个简单共晶相图并列而成，同样可用前述的识图方法来理解与分析这类二组分系统相图。

2. 生成不稳定化合物型

如果二组分系统的两个组分 A、B 之间所形成的固态化合物 C 在其熔点之下就分解为溶化物和一个固体 C_1，固体 C_1 可以是 A、B 或者是另一个新的化合物，因此溶化后，液相的组成与原来固态化合物的组成不同，则这种二组分系统称为生成不稳定化合物的二组分系统。如图 5-15 所示的 NaCl-$BeCl_2$ 系即属于此类二组分系统，图中化合物 $BeCl_2$ · 2NaCl 没有熔点，它在 583 K 时分解成固相 NaCl 和组成为 38％$BeCl_2$ 的液相(相点为 P)，即发生下列反应：

$$BeCl_2 \cdot 2NaCl[s_{(D)}] \underset{冷}{\overset{\triangle}{\rightleftharpoons}} NaCl[s_{(F)}] + l_{(P)}$$

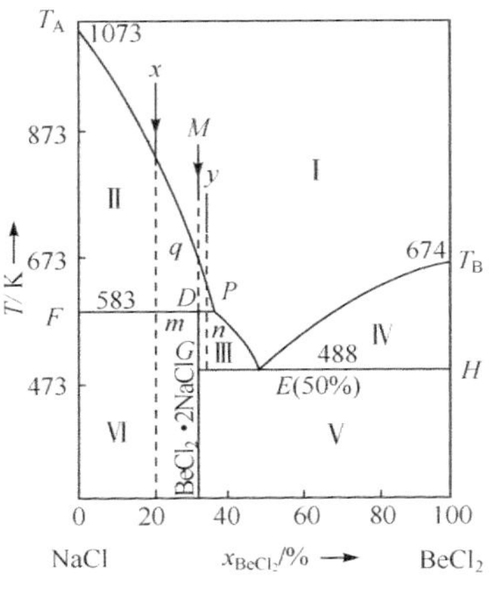

图 5-15　NaCl-$BeCl_2$ 二组分系统相图

高于 583 K 时此化合物不再存在，与液相共存的固相为 NaCl，也就是说，析出 NaCl 的液相线一直延伸到 P 点。P 点是 T_AP 和 PE 两条液相线的交点，所以它是与两固相 NaCl、$BeCl_2$ · 2NaCl 平衡的液相的组成点。

图 5-15 中 E 为共晶点。凡组成位于 P 点以右的系统均属于简单共晶二组分系统类型，要注意的是，PE 线段为不稳定化合物 $BeCl_2$ · 2NaCl 的液相线。下面着重讨论组成位于 P 点以左系统的相变情况。

(1) 系统 M，其组成恰与不稳定化合物组成相符，此时为液体，当其冷却至液相线上的 q 点时，开始析出纯 NaCl 固体。继续降温，NaCl 不断析出，而液相的组成则沿液相线向 P 点变化。当液相变至 P 点时，系统温度为 T_P，出现三相平衡：

$$l_{(P)} + NaCl[s_{(F)}] \underset{\triangle}{\overset{冷}{\rightleftharpoons}} BeCl_2 \cdot 2NaCl[s_{(D)}]$$

此时 $f^* = 2-3+1=0$，系统温度及各相组成都一定，相应的冷却曲线在 T_P 温度出现水平停顿。由于 M 的组成恰为不稳定化合物的组成，因此液相 $l_{(P)}$ 和固相 $s_{(F)}$ 将同时耗尽，变成固相不稳定化合物。此三相平衡转变正是先前析出的一种固相与其周围的液相起作用而形成一种新的固相，所以常称此转变为包晶转变(或包晶反应)，P 点称包晶点。将不稳定化合物加热，在包晶温度会分解出组成不同于原化合物组成的液相，所以不稳定化合物又称为异分化合物；包晶温度又称为转熔温度。

(2) 组成在 FD 范围内的溶液系统 x，其冷却过程的特征在温度降至 T_P 以前与系统 M 相同。在温度 T_P 时发生包晶反应，温度和各相组成均不变，这意味着 $l_{(P)}$ 和 $s_{(F)}$ 是以一定的比例关系相互作用的。根据杠杆规则可知，因为系统 x 中 $BeCl_2$ 的含量低于系统 M，因而当系统 x 的包晶反应结束时，液相消耗完了，仍有固相 NaCl 剩余，系统变成两个固相共存，即进入Ⅵ区，$f^*=2-2+1=1$，温度又继续降低。

(3) 组成在 DP 范围内的系统 y，温度在 T_P 以上时冷却过程与 M、x 相同。至温度 T_P 时发生包晶反应。因为系统 y 中 $BeCl_2$ 的含量高于化合物的组成，所以包晶反应结束时固相 NaCl 耗尽，尚有剩余的液相与化合物固相共存。系统进入两相区Ⅲ内，$f^*=1$，温度继续降低，化合物不断析出，液相点相应地沿 PE 线下移。温度降至 T_E 时，液相点到达 E 点，系统点落在 GEH 线上，发生共晶反应：

$$l_{(E)} \underset{\triangle}{\overset{冷}{\rightleftharpoons}} BeCl_2[s_{(H)}] + BeCl_2 \cdot 2NaCl[s_{(G)}]$$

反应结束时，液相消失，余下 $BeCl_2$ 和 $BeCl_2 \cdot 2NaCl$ 两固相共存，系统进入区域Ⅴ内。

综上所述，可知生成不稳定化合物二组分系统的相图被三条液相线和两条三相平衡线划分为六个相区：图 5-15 中Ⅰ为液相区，Ⅱ、Ⅲ、Ⅳ为液相分别与 NaCl、$BeCl_2 \cdot 2NaCl$、$BeCl_2$ 固相的两相平衡区；Ⅴ为 $BeCl_2 \cdot 2NaCl$ 与 $BeCl_2$ 两固相平衡区，Ⅵ为 NaCl 和 $BeCl_2 \cdot 2NaCl$ 两固相平衡区。

5.6.3 生成固溶体型

1. 形成完全互溶固溶体的二组分系统

当两组分液相能完全互溶、固相也能完全互溶时，从液相中析出的固相不是纯组分，而是固体溶液，或称固溶体。

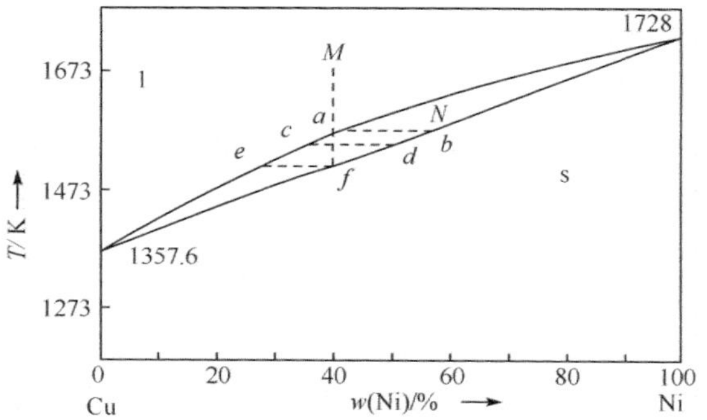

图 5-16 Cu-Ni 二组分系统相图

图 5-16 所示的 Cu-Ni 系相图即属于这种类型。相图被液相线和固相线分成三个相区，液相线以上为液相区，固相线以下为固相区，两曲线之间为液-固两相区。任何组成的 Cu-Ni 合金熔体，其冷却曲线都没有水平停顿，只有两个转折点，分别相应于开始凝固温度和凝固结束温度。例如，图中 M 熔体冷却时，到达液相线上的 a 点，开始析出组成为 b 的固熔体。温度继续降低，系统点进入两相区，不断析出固溶体，液相组成沿 ace 变化，固溶体组成沿 bdf 变化，液固两相的相对量由杠杆规则计算。两相区的自由度 $f^*=1$，即指定温度时液相和固相具有相应的组成；指定一个相的组成时，则另一相的组成和系统温度也都相应地具有一定的值。当温度低于 f 点的温度时，液相已全部凝固成固溶体。任一组成的 Cu-Ni 合金熔体，开始凝固的温度均高于纯 Cu 熔点而低于纯 Ni 熔点。

Cu-Ni 二组分系统相图的形状很像图 5-6(沸点-组成图)。形成完全互溶固溶体二组分系统的相图,也有类似具有最低恒沸点的沸点-组成图那样的相图,具有最低熔点。例如,KCl-NaCl 二组分系统、NaCl-LiCl 二组分系统均有最低熔点,所以有色冶金中常选这些盐的混合物作为熔盐电解的电解质以降低电解温度,提高电能效率。

2. 形成部分互溶固溶体的二组分系统

两个组分只在一定浓度范围内形成固熔体,就是说溶质在固溶体中有一定的溶解度,这种固溶体称部分互溶固溶体,或称有限固溶体。通常把以 A 为主、溶有少量 B 者称为 α 固溶体;以 B 为主、溶有少量 A 者称为 β 固溶体。当 α 固溶体、β 固溶体与液相呈三相平衡时,可能属于共晶转变,也可能属于包晶转变,分别讨论如下。

1) 共晶型

图 5-17 所示的 Ag-Cu 系相图即属于共晶型。图中 ACG 线为 Cu 溶于 Ag 中形成 α 固溶体的溶解度曲线,BDF 线为 Ag 溶于 Cu 中形成 β 固溶体的溶解度曲线。对于溶解度较小的部分互溶固溶体二组分系统,α 和 β 的单相区都较为窄小。当 ACG 和 BDF 分别与两纵轴重叠时,表示溶解度为零,α 和 β 实际上变成两个纯固相,这时共晶型部分互溶固溶体二组分系统相图就变成了简单共晶二组分系统相图。因此这两种相图的特征基本相同,不同点只是此处的 AE 线是 α 固溶体的液相线而不是纯 Ag 的液相线;BE 线是 β 固溶体的液相线而不是纯 Cu 的液相线。在共晶温度下:

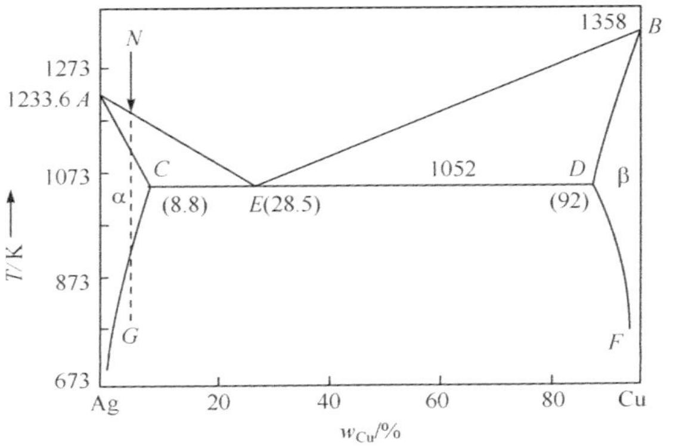

图 5-17　Ag-Cu 二组分系统相图

$$l_{(E)} \underset{\triangle}{\overset{冷}{\rightleftharpoons}} \alpha_{(C)} + \beta_{(D)}$$

此三相的组成均为定值。掌握了这些不同点,对于此种部分互溶共晶型二组分系统相图,讨论组成在 CD 范围内的系统的冷却过程,就与讨论简单共晶型相图相同。不过在此处,当共晶反应结束后,系统应为 α 和 β 两个固溶体平衡共存。随着温度降低,α 和 β 的组成分别沿 CG 和 DF 线变化。对于组成位于 C 点以左的系统,如图 5-17 中系统点 N,冷却至液相线 AE 时会析出 α 固溶体,而冷却至固相线 AC 的相应点时液相会消失,然后系统进入 α 单相区内。继续降温,系统最终会进入(α+β)两相区。

2) 包晶型

图 5-18 所示的 Pt-Ag 系相图属于包晶型。图 5-18 中开始析出 α 固溶体和 β 固溶体的液相线分别为 AP 和 PB,凝固结束的固相线分别为 AC、CD 和 DB。CDP 线为液相与 α 和 β 三相平衡线。Pt 和 Ag 在固相的溶解度线分别为 ACM 和 BDN。这些曲线将相图分为六个相区,各区的稳定相已标明于图 5-18 中。

(1) 先讨论组成在 DP 范围内的系统冷却时发生的相变。以系统 x 为例,当其冷却至 a 点时,开始析出组成为 b 的 α 固溶体,系统点进入两相区内($f^*=1$),随着温度降低,液相组成沿 aP 线变化,α 固溶体的组成沿 bC 线变化。系统点到达 CP 线时,液相点为 P(66.3%Ag),α 相点为 C(10.5%Ag),温度为 1459 K;同时 P 点又是液相线 PB 线之点,即与液相 P 平衡的

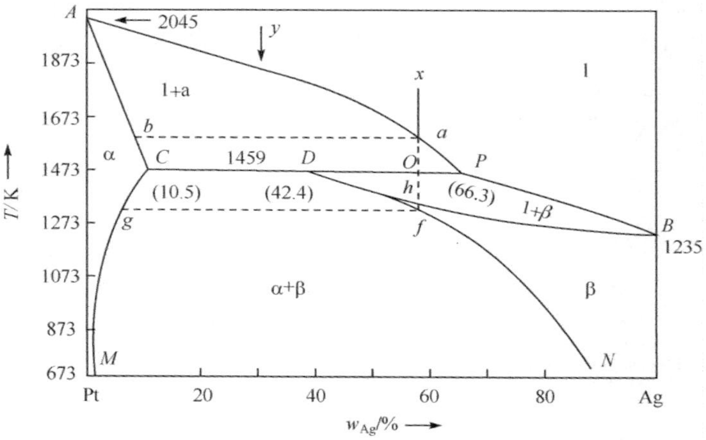

图 5-18　Pt-Ag 二组分系统相图

还有组成由 D 点表示的 β 固溶体(新生相,含 42.4%Ag)。因为 D 点又是 CP 线与 β 固溶体的固相线 DB 的交点,从而可以看出,系统点处在 CDP 线时应为三相平衡($f^*=0$,温度和三个相的组成均为确定值),此时系统点 O 发生包晶转变:

$$l_{(P)}+\alpha_{(C)} \underset{\triangle}{\overset{冷}{\rightleftharpoons}} \beta_{(D)}$$

包晶转变结束时,α 相消失,剩余的液相与 β 相共存,即系统点进入 DPB 两相区。继续冷却时,液相组成沿 PB 线变化,与其平衡的 β 相组成沿 DB 线变化。当系统点到达 h 点时,液相全部凝固,从此进入 β 单相区内。温度降至 f 点时,β 固溶体达到饱和,又从中析出组成为 g 的 α 相,系统变成 α 与 β 两相平衡。再继续降温,α 和 β 相的组成分别沿 gM 线及 fN 线变化。

(2) 再讨论组成在 CD 范围内的系统冷却时发生的相变。如图 5-18 中系统点 y,在包晶温度(1459 K)以上时,其冷却过程基本上与系统点 x 的冷却过程相同。但包晶转变结束时,液相消失,剩余的 α 相与 β 相共存,系统进入(α+β)两相区。

5.6.4　液态部分互溶型

以上讨论的二组分系统都是两组分在液相完全互溶、只有一个液相的系统。事实上许多二组分系统在液相是部分互溶的,可出现两个液相,其液相部分的溶解度曲线已如前述图 5-10 所示。随着温度降低,某些液态部分互溶的溶解度曲线可能与析出固相的液相线相交,出现两液相与一固相平衡的现象。例如,Zn-Pb、Bi-Zn、Cu-Pb、$Cu\text{-}Cu_2S$、$PbCl_2\text{-}Ag_2S$等二组分系统均属于这种系统。但这些系统相图中,双液相区往往占据较大的范围,固液平衡区较小,不易看清楚,因此我们用一般的 A-B 二组分系统来进行讨论。

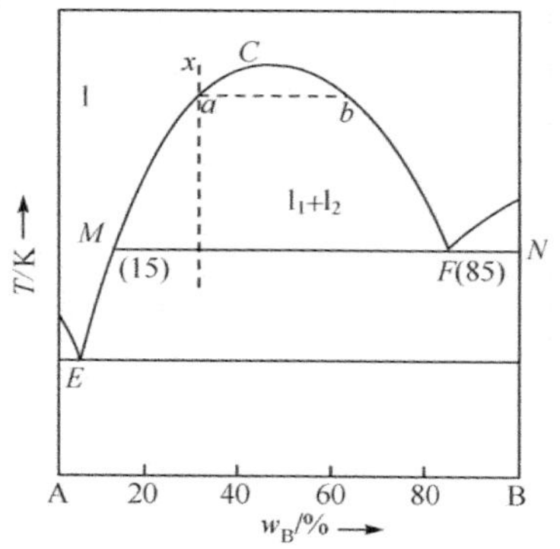

图 5-19　偏晶型二元相图

如果设想图 5-19 中双液相区不存在,该系统应属于简单共晶二组分系统。但事实上,由于双液相区的存在,析出固体 B 的液相线变成了不连续的曲线,这样该相图除了与双液相区关联的部分以外,其他部分都是前面讨论过的基本类型相图。因此我们重点分析组成在 MF 范围内系统的冷却过程。

图中系统 x 冷却时，在 MCF 线上 a 处发生液相分层，出现液相 l_1 及 l_2，系统进入双液相区。温度下降，液相 l_1 的组成沿 aM 变化，l_2 的组成沿 bF 变化。温度降至 T_F 时，l_1 相点为 M，l_2 相点为 F，系统点处在 MF 线上，因固体纯 B 的析出而出现三相平衡：

$$l_{(F)} \underset{\triangle}{\overset{\text{冷}}{\rightleftharpoons}} l_{(M)} + B_{(N)}$$

此时 $f^* = 2-3+1=0$，即温度和三相的组成都为确定值。液相 $l_{(F)}$ 在转变为 $l_{(M)}$ 的同时还析出固体 B，所以常称此转变为偏晶转变或偏晶反应，T_F 称为偏晶温度。当偏晶反应进行到液相 $l_{(F)}$ 耗尽时，系统进入(l+B)两相区内，$f^*=1$。温度继续降低时，液相组成沿 ME 线变化。当系统温度降至 T_E(共晶温度)时，发生共晶反应 $l_{(E)} = A_{(s)} + B_{(s)}$；共晶转变结束时，系统为 A 和 B 两纯固相的混合物。

5.7 三组分系统相图简介

5.7.1 三组分系统相图的组成表示

冶金过程常涉及多组分多相系统，其主要成分可以归结为三个组分，系统的热力学性质主要取决于三组分系统的性质。例如，熔炼冰铜的 Cu-Fe-S 系、炉渣及耐火材料的 $CaO\text{-}Al_2O_3\text{-}SiO_2$ 系、炼铝电解质 $Na_3AlF_6\text{-}AlF_3\text{-}Al_2O_3$ 系等，在冶金理论与实践中都是十分重要的三组分系统。

根据相律，三组分系统的自由度为 $f=3-\Phi+2=5-\Phi$，所以三组分系统最多可有 5 相共存，最大自由度为 4。要完整地表示三组分系统相图，需用四维坐标，这在视觉空间中是不可能的。但是对于凝聚系统，通常可忽略压强的影响，所以 $f^*=4-\Phi$，自由度最大为 3，就可以用三维坐标的立体图形来表示系统的状态了。通常是用底平面等边三角形表示系统的组成，用垂直于底平面的轴表示温度。

利用等边三角形可以同时表示出三个组分的浓度。如图 5-20 所示，三角形的三个顶点，各代表一个纯组分，三角形的三条边分别代表 A 和 B、B 和 C、C 和 A 组成的二组分系统，三角形内的任意一点都表示一个三组分系统的组成。

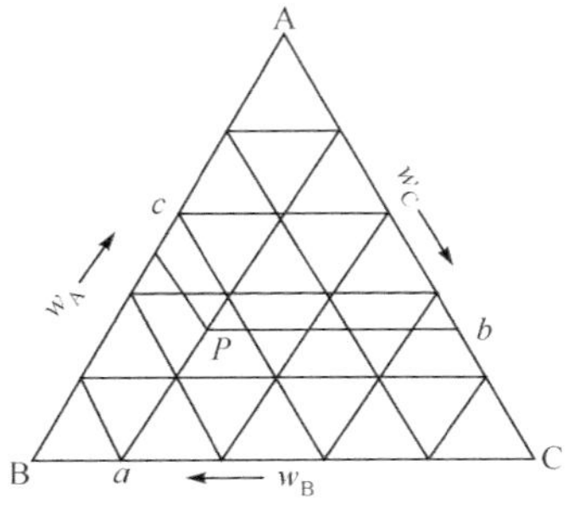

图 5-20 三组分系统的组成表示法

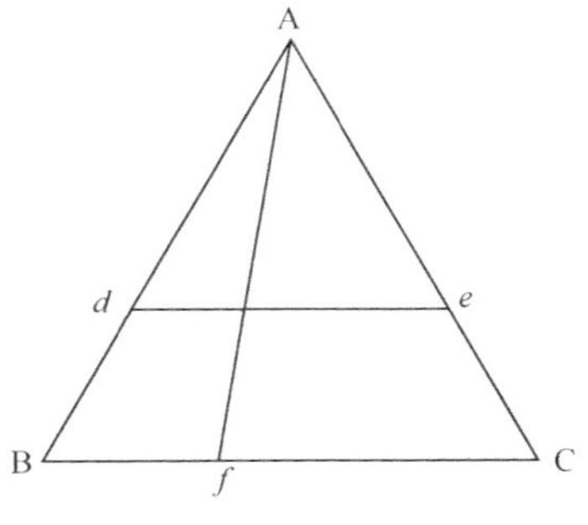

图 5-21 组成三角形的特点

要读取图 5-20 中 P 点三个组分的含量时，可通过 P 点作平行于三边的直线，分别交三条边于 a、b、c 三点，则 $Pa+Pb+Pc=AB=BC=AC$，$Pa=Cb=30\%$A(质量分数，下同)，$Pb=Ac=50\%$B，$Pc=Ba=20\%$C。

等边三角形的几何特性使得应用等边三角形表示三组分系统组成时具有以下特点。

(1) 等含量规则。在平行于等边三角形任一边的直线上，所有各点都含有等量的与直线相对的顶点所代表的组分。如图 5-21 中，de 线上各点所含组分 A 的百分数相同。

(2) 定比例规则。在等边三角形中，顶点与对边上任意一点连线上的所有各点，所含其余两顶点组分的量之比为定值。如图 5-21 中，Af 线上各点代表的三组分系统中所含组分 B 和 C 数量之比相同，并且等于 $Bf : fC$。

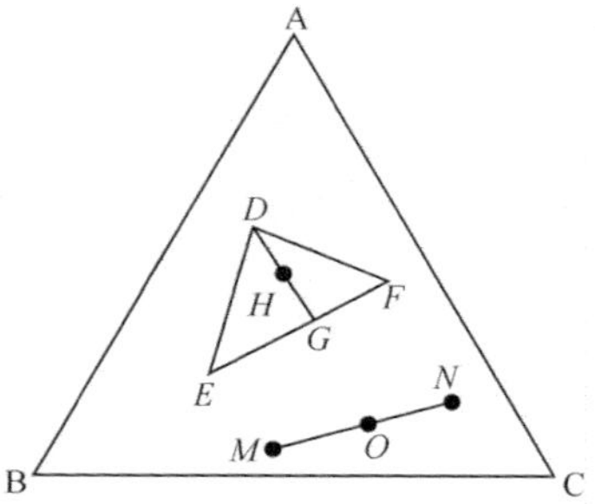

图 5-22　三组分系统的杠杆规则及重心规则

(3) 杠杆规则。在三组分系统中，由组成为 M 和 N 的两系统点构成一个总系统，该总系统的组成点一定在直线 MN 上，其位置由杠杆规则确定，即 $W_M : W_N = \overline{ON} : \overline{MO}$，如图 5-22 所示。

(4) 重心规则。在三组分系统中，由组成为 D、E、F 的三个系统所构成的总系统，其组成点位于 $\triangle DEF$ 的质量重心处。重心的求法是用杠杆规则先求 E 和 F 构成的系统 G，再在 DG 上求出 D 和 G 构成的总系统 H，如图 5-22 所示。注意质量重心的位置取决于 D、E、F 的相对量，而并非是 $\triangle DEF$ 的几何重心。

5.7.2　形成简单共晶的三组分系统

一个三组分系统本身就包含着相互影响的三个二组分系统，因而三组分系统相图的复杂程度将取决于其中三个二组分系统相图类型的特点。如果构成三组分系统的三个二组分系统相图均为简单共晶二组分系统，则此三组分系统应为简单共晶三组分系统相图，这意味着该三组分系统各组分之间在液态时完全互溶，在固态时完全不互溶。

1. 立体图

如图 5-23 所示的 Bi-Sn-Pb 系立体相图，其三个侧面均为简单共晶二组分系统，共晶点分别是：Pb-Sn 系在 e_1 点(455 K，62%Sn)(质量分数，下同)；Sn-Bi 系在 e_2 点(406 K，57%Bi)；Bi-Pb系在 e_3 点(401 K，45%Pb)。无论 Pb-Sn 系中系统点的组成为何值，当固体纯 Pb 和 Sn 与液相三相平衡共存时，此液相点一定在 e_1 点。如果仍维持此三相平衡，而向液相中(向 Pb-Sn 合金溶体中)加入 Bi，并溶于此液相中，则 $f^* = 3-3+1=1$，表明在此 Pb-Sn 合金溶体中溶入 Bi 后，系统的温度及液相组成之中有一个可独立地变化。降低温度，液相组成随着改变。两纯固相的相点均沿纯 Pb 和纯 Sn 的纵坐标下移，液相组成点从 e_1 开始沿 e_1e 线变化。若指定温度(如 423 K)，则平衡三相的组成均为定值，系统点处在三平衡相点连成的三角形重心之上。当温度降至 369 K 时，液相组成移至 e 点，这时 Bi 在液相中达到饱和，因而在析出固体纯 Pb 及 Sn 的同时还会析出固态 Bi，此时系统达到四相平衡共存，$f^* = 3-4+1=0$，即 e 点的温度和组成都为定值(369 K，33% Pb、16%Sn、51%Bi)。

同理，从另外两个二组分系统共晶点出发也可说明曲线 e_2e 和 e_3e 的意义。这三条曲线都是两固相与液相平衡时液相组成随温度变化的曲线，称为二元共晶线。这三条二元共晶线相交于 e 点，e 点称为三元共晶点。

在 Pb-Sn 二组分系统中与固体 Pb 平衡的液相点在液相线 $T_{Pb}e_1$ 上，在维持固体 Pb 与液相平衡的条件下，加入 Bi 并溶解在液相中，液相点进入组成三角形范围内，在空间产生曲线移动。整个液相线 $T_{Pb}e_1$ 移动则形成一个曲面，该曲面即为 $T_{Pb}e_1ee_3$，称为析 Pb 液相面。曲面上任一点代表的液相都与固体 Pb 平衡，$f^* = 3-2+1=2$，所以液相面又称初晶面。

同理，$T_{Sn}e_1ee_2$ 为析 Sn 液相面，$T_{Bi}e_2ee_3$ 为析 Bi 液相面。简单共晶三组分系统有三个液相面，它们彼此相交，因此得三条交线（e_1e、e_2e 和 e_3e），即前已述及的三条二元共晶线。因为二元共晶线同时位于两个初晶面上，所以二元共晶线上的液相同时与两种固相平衡，$f^*=3-3+1=1$。三条二元共晶线交于三元共晶点 e，组成为 e 的混合物是该三组分系统中凝固点最低点。任何组成的三元混合物均在三元共晶温度开始溶化，所以 e 点又称最低共熔点。在低于 e 点的温度下，三元混合物为固态（三相）。

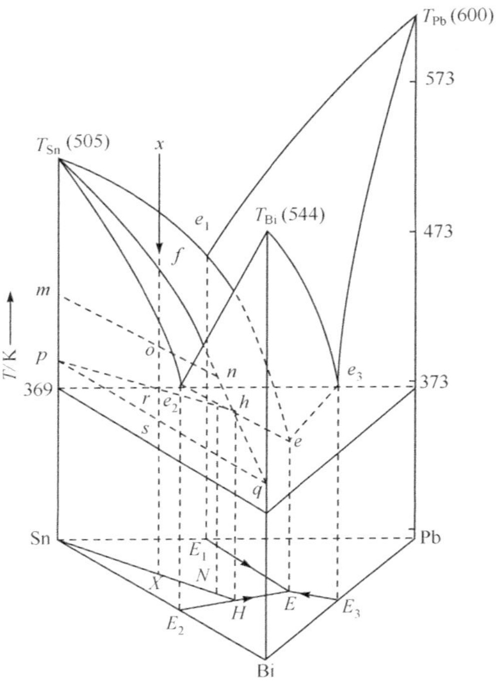

图 5-23　Bi-Sn-Pb 系立体相图

2. 投影图

立体图虽然直观，但不易确切标明各点位置，使用不方便，因此常把立体相图投影在底面上。图 5-24 为 Bi-Sn-Pb 系的垂直投影图。组成三角形的顶点为纯组分的投影，每边为二组分系统的投影，二元共晶点 e_1、e_2、e_3 的投影为 E_1、E_2、E_3。三条二元共晶线的投影分别为 E_1E、E_2E 和 E_3E。三个液相面的投影为 PbE_1EE_3、BiE_2EE_3 和 SnE_1EE_2。E 为三元共晶点 e 的投影。

3. 冷却过程

考察液态合金 x 系统的冷却过程（图 5-23），冷却时系统点沿 xX 下降至液相面上的 f 点时析出固体 Sn，两相平衡，$f^*=2$。因为纯 Sn 不断析出，所以液相组成向背离 Sn 轴的方向变化，但是液相中含 Pb 和 Bi 的量的比值不变。反映在投影图（图 5-24）上，液相点从 X 点开始沿 SnX 的延长线变化。温度降至 T_o 时，系统在 o 点，由 o 向 Sn 轴作水平线，交点为固相点 m，延长 mo 直线与液相面相交于 n（投影 N）为液相点。继续降温，液相点沿 fn 线变化到达 e_2e 上的 h 点（投影 H）时，开始析出固相 Bi。此时由 h 向 Sn 轴作水平线得交点 p，为 Sn 固相点。由 h 向 Bi 轴作水平线得交点 q，为 Bi 固相点。连接 pq，$\triangle hpq$ 为平衡的三个相相点构成的三角形(投影图上的 $\Delta SnHBi$),称为结线三角形,从此开始三相平衡,$f^*=1$,直到液相点沿 he 变化到达 e 为止。在温度 T_e(369 K)时,再析出固体 Pb,开始三元共晶过程。

$$l_{(e)} \underset{\triangle}{\overset{冷}{\rightleftharpoons}} Pb(s)+Sn(s)+Bi(s)$$

这时 $f^*=0$,温度及各相组成均一定,直到液相全部凝固为止。低于温度 T_e,只有三个固相共存,所以 e 所在的水平面称固相面。

在投影图 5-24 上可以看出,随着温度降低,液相组成沿 XH 变化。至 H 点时开始三相平衡。Bi 的析出使固相总组成点离开 Sn 向 Bi 点变化,液相点在 J 时,固相总组成由 Sn 点移至 K,液相点到达 E 时,固相总组成移至 L,开始析出固相 Pb,Pb 的析出使固相总组成点由 L 点进入三角形内,向着 X 点移动,到达 X 时,最后一滴液相消失。

X 点位于初晶面 SnE_1EE_2 区内,因而首先析出的固相是 Sn,在投影图上连直线 SnE,X 点在 $SnEE_2$ 区内,不在 $SnEE_1$ 区内,因而二次结晶析出的是固体 Bi 而不是 Pb。

随着三相平衡过程的进行,在立体图上的结线三角形逐渐下移,它在随降温而下移的同时还由小变大,在温度 T_e 时结线三角形最大并落在固相面上。固相 Sn、Bi 和液相三相平衡区在空间是这样构成的,它是由一点在 Sn 轴上、一点在 Bi 轴上、一点在 e_2e 上构成的结线三角形,从 e_2 点开始(实际这时三点均在 Sn-Bi 二组分系统固相线上),由小变大最后落在固相面上,从而在空间形成一个楔形体区域。同理,会有一个(l+Bi+Pb)的楔形区和一个(l+Sn+Pb)的楔形区。

在液相面以下、固相面以上的空间里"挖掉"上述三个楔形区,剩下的就是三个形状相似的两相区。

4. 等温截面图

图 5-25 为 Bi-Sn-Pb 系在 423 K 的等温截面图,也就是用一个平面在 423 K 处水平地截断立体图所得到的断面图。该平面与液相面的交线为 Ma、Mb 和 cd,称为等温线,分别为固相 Pb、Sn 和 Bi 与液相两相平衡时,液相点所在的曲线。M 点为等温截面与二次结晶线 e_1e 的交点。把 M 点与三角形顶点 Pb 和 Sn 连接起来,截面上出现五个相区。$aMbcd$ 为液相区,aPbM、bSnM 和 cBid 为三个液-固平衡区,PbMSn 为固相 Pb、Sn 与液相三相平衡区,这三相在 423 K 的结线三角形就是△PbMSn。

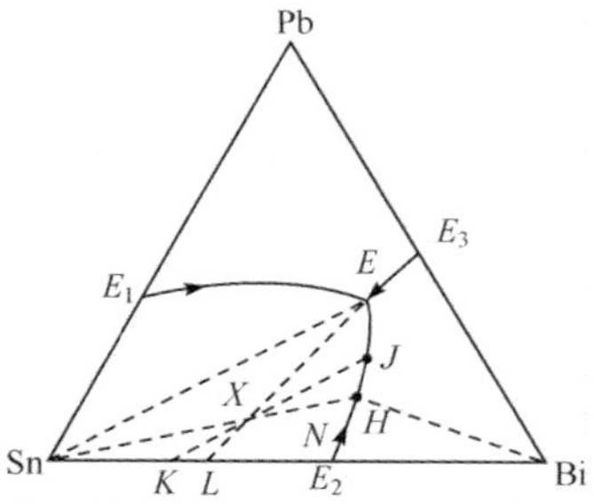

图 5-24 Bi-Sn-Pb 系投影图

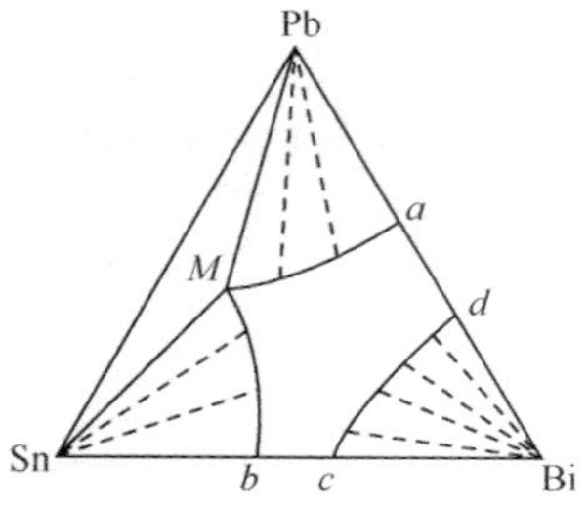

图 5-25 Bi-Sn-Pb 系在 423 K 时的等温截面图

5. 等温线投影图

若用不同的等温面去截立体图,将每个等温面与液相面相交的曲线都投影在投影图上,得到如图 5-26 所示的等温线投影图。对于组成一定的三组分系统,可以方便地从这种投影图上读出它的初晶温度。例如,液氮是在 443 K 开始析出固体纯 Bi。文献中的三组分系统相图通常都是这种标有等温线的投影图。

5.7.3 水盐三组分系统

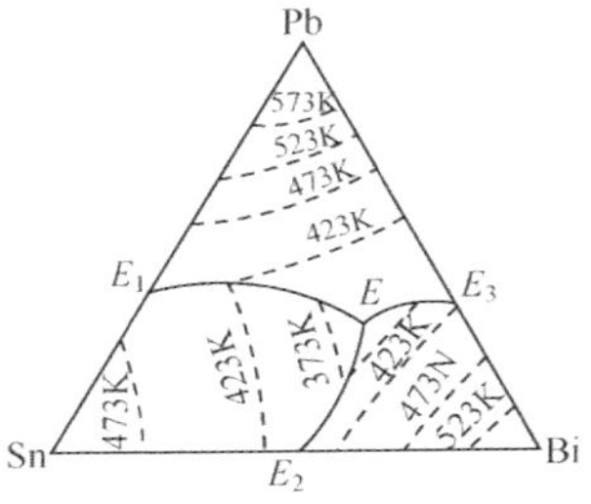

图 5-26 Bi-Sn-Pb 系等温投影图

最简单的水盐三组分系统是水与具有一种共同离子的两种盐在结晶时不析出复盐或水合物的系统。例如 NaCl-KCl-H_2O 系,图 5-27 为该系统 298 K 时的相图,图中 a 为 KCl 在纯水中的溶解度,26.4%KCl(质量分数,下同);b 为 NaCl 在纯水中的溶解度,26.5%NaCl。在 298 K,往饱和了 KCl 的溶液中添加纯 NaCl,饱和溶液的浓度沿 aE 线变化,若往饱和了 NaCl 的溶液中添加纯 KCl,则饱和溶液的浓度沿 bE 线变化。因此 aE 和 bE 分别为 KCl 和 NaCl 的溶解度曲线。E 点称为共饱点,即 KCl 和 NaCl 同时在溶液中饱和(11.7%KCl,20.4%NaCl)。

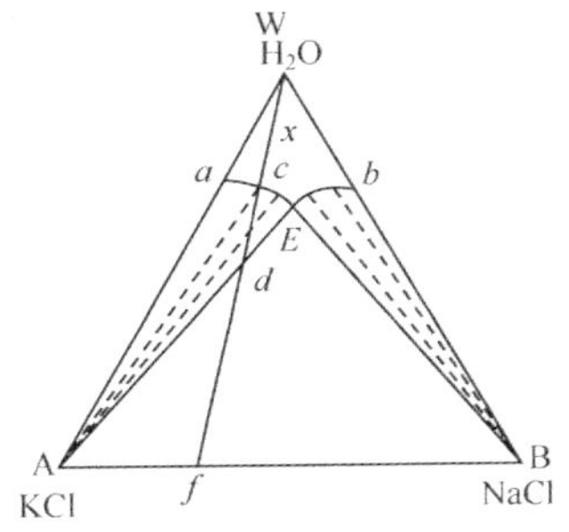

图 5-27 298 K 时 NaCl-KCl-H_2O 系溶解度图

图 5-27 中 WaEb 区为不饱和溶液的单相区,AEa 区为纯 KCl 固体与其饱和溶液的两相平衡区,BEb 为纯 NaCl 固体与其饱和溶液的两相平衡区,AEB 区则为纯 KCl 固体、纯 NaCl 固体与组成为 E 的饱和溶液的三相平衡区。

当不饱和溶液 x 等温蒸发时,随着溶液中水分的减少,溶液的组成沿 xc 向 c 点变化,在 c 点开始析出 KCl 晶体,从此溶液组成沿 cE 向 E 点变化,系统点则进入 AEa 两相区沿 cd 向 d 点变化。当溶液组成为 E 时,系统点自 d 开始进入 AEB 三相区,NaCl 晶体析出,这时自由度为零。当系统点到达 f 时,溶液中的水已蒸发完,剩下固体 KCl 和 NaCl 的混合物。显然,向固体混合盐逐渐加水的过程就是上述蒸发过程的逆过程。

如果把几个不同温度的溶解度曲线画在同一张图中,就得到三元水盐系的多温图。利用溶解度多温图可以看出蒸发或溶解过程中系统的相变情况以及相变与温度的关系。在加热或冷却时,系统的组成不变,但溶解度曲线的位置改变,从而使系统点所对应的相点改变,即改变了系统的相平衡。这是根据相图提取无机盐的工艺过程理论和计算的基础。

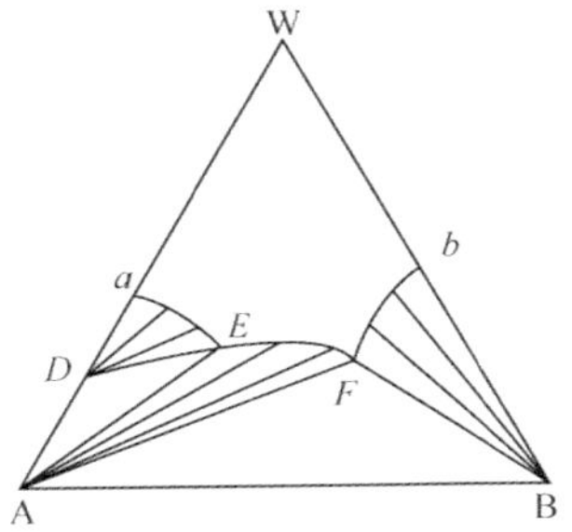

图 5-28 A-B-H_2O 系溶解度图

图 5-28 表示 A-B-H_2O 系中有一种二元水合物 A·nH_2O生成的溶解度图。图中 D 为该二元水合物的组成点,在一定温度下固态纯 D 的溶解度为 a,固态纯 B 的溶解度为 b。E 和 F 都是共饱点。

图中 W$aEFb$ 区为不饱和溶液区。aE、EF 和 Fb 分别为固体盐 D、A 和 B 的溶解度曲线。DEa 为盐 D 与溶液两相平衡区,AEF 为盐 A 与溶液两相平衡区,BFb 为盐 B 与溶液两相平衡区。固体盐 D、A 与组成为 E 的溶液的三相平衡区为 AED,固体盐 A、B 与组成为 F 的溶液的三相平衡

区为 AFB。三相平衡时自由度 $f^*=0$，因此 E 和 F 都是一定温度下的固定点。

KCl-$MgCl_2$-H_2O 系有 $MgCl\cdot 6H_2O$ 和 $KCl\cdot MgCl_2\cdot 6H_2O$ 两种水合物生成，溶解度图虽然复杂，但在理解了图 5-28 之后，就一定能理解更复杂的三元水盐系相图。

复习思考题

1. 什么是独立组分数？独立组分数与物种数有何区别和联系？
2. 试以 NaCl 和水构成的系统为例说明系统的物种数可以随考虑问题的出发点和处理方法不同而有所不同，但独立组分数不受影响。
3. 在下列物质共存的平衡系统中，有几个独立反应？请写出反应方程式。
   (1) $C(s)$、$CO(g)$、$CO_2(g)$、$H_2(g)$、$H_2O(l)$、$O_2(g)$
   (2) $C(s)$、$CO(g)$、$CO_2(g)$、$Fe(s)$、$FeO(s)$、$Fe_3O_4(s)$、$Fe_2O_3(s)$
4. “单组分系统的相数一定少于多组分系统的相数，一个平衡系统的相数最多只有气、液、固三相。”这个说法是否正确？为什么？
5. 水和水蒸气在 363 K 平衡共存，若保持温度不变，将体积增大一倍，蒸气压将如何改变？
6. 什么是自由度？自由度是否等于系统状态的强度变量数？如何理解自由度为零的状态？
7. 将 $CaCO_3$ 置于密闭真空容器中加热，以测定其分解压强，$CaCO_3$ 的用量是否需精确称量？若$CaCO_3$量过少，可能会发生什么现象？
8. I_2 在水和 CCl_4 间的分配平衡，当无固态 I_2 存在时，其自由度为多少？
9. 二液体组分若形成恒沸混合物，试讨论在恒沸点时组分数、相数和自由度各为多少。

习　　题

1. 指出下列平衡系统的物种数、组分数、相数和自由度。
   (1) $Ca(OH)_2(s)$与 $CaO(s)$、$H_2O(g)$呈平衡。
   (2) $CaSO_4$ 与其饱和水溶液达平衡。
   (3) 在标准压力下，水与水蒸气平衡。
   (4) 由 $Fe(s)$、$FeO(s)$、$C(s)$、$CO(g)$、$CO_2(g)$组成的平衡系统。
   (5) 由 $Fe(s)$、$FeO(s)$、$Fe_3O_4(s)$、$CO(g)$、$CO_2(g)$组成的平衡系统。
2. 固体 NH_4HS 和任意量的 H_2S 及 NH_3 气体混合物组成的系统达到平衡。
   (1) 求该系统组分数和自由度。
   (2) 若将 NH_4HS 放在一抽空容器内分解，平衡时，其组分数和自由度又为多少？
3. $Na_2CO_3(s)$ 和 $H_2O(l)$ 可形成三种水合物：$Na_2CO_3\cdot H_2O(s)$，$Na_2CO_3\cdot 7H_2O(s)$ 和 $Na_2CO_3\cdot 10H_2O(s)$，试问：
   (1) 在 101 325 Pa 下，与 Na_2CO_3 水溶液及冰平衡共存的含水盐最多可有几种？
   (2) 在 293.15 K 时，与水蒸气平衡共存的含水盐最多可有几种？
4. 固态氨的饱和蒸气压与温度的关系可表示为 $\ln(p/p^{\ominus})=4.707-767.3/T$，液体氨的饱和蒸气压与温度的关系可表示为 $\ln(p/p^{\ominus})=3.983-767.3/T$。试求：
   (1) 三相点的温度及压强。
   (2) 三相点时的蒸发热、升华热和溶化热。
5. 溜冰鞋下面的冰刀与冰接触的地方，长度为 7.62×10^{-2} m，宽度为 2.45×10^{-5} m。(1)若某人的体重为 60 kg，试问施加于冰的压力为多少？(2)在该压力下冰的熔点为多少？已知冰的溶化热为6010 $J\cdot mol^{-1}$，冰和水的密度分别是 920 $kg\cdot m^{-3}$和 1000 $kg\cdot m^{-3}$。
6. 试根据下列数据，画出 HAc 的相图(示意图)。
   (1) 固体 HAc 的熔点为 16.6 ℃，此时的饱和蒸气压为 120 Pa。
   (2) 固体 HAc 有 α、β 两种晶型，这两种晶型的密度都比液体大，α 晶型在低压下是稳定的。

(3) α 晶型和 β 晶型与液体成平衡的温度为 55.2 ℃，压力为 2×10^8 Pa。

(4) α 晶型和 β 晶型的转化温度(α 和 β 的平衡温度)随压力的降低而降低。

(5) HAc 的正常沸点为 118 ℃。

7. 在标准压力和不同温度下，丙酮和氯仿系统的溶液组成及平衡蒸气压数据如下。

t/℃	56.0	59.0	62.5	65.0	63.5	61.0
x(丙酮,l)	0.00	0.20	0.40	0.65	0.80	1.00
y(丙酮,g)	0.00	0.11	0.31	0.65	0.88	1.00

(1) 画出此系统的 T-x 相图。

(2) 将 4 mol 氯仿与 1 mol 丙酮的混合物蒸馏，当溶液沸点上升到 60 ℃时，整个馏出物的组成约为多少？

(3) 将(2)中所给溶液进行精馏，能得何物？若将 4 mol 丙酮与 1 mol 氯仿的混合物进行精馏，又能得何物？氯仿与丙酮的混合物能否用精馏法同时得到纯氯仿和纯丙酮？

8. 图 5-29 是标准压力下正丁醇-水的溶解度图，在 20 ℃时往 100 g 水中慢慢滴加正丁醇，试根据相图求：

(1) 系统开始变浑浊时，加入的正丁醇质量。

(2) 正丁醇的加入量为 25 g 时，两共轭液层的组成和数量。

(3) 至少应加入多少正丁醇才能使水层消失？

(4) 若加入正丁醇 25.0 g，并将此溶液加热至 80 ℃，两共轭液层的质量比。

(5) 若将(4)中的混合液在常压下一边搅拌一边加热，将在什么温度下系统由浑浊变清澈？

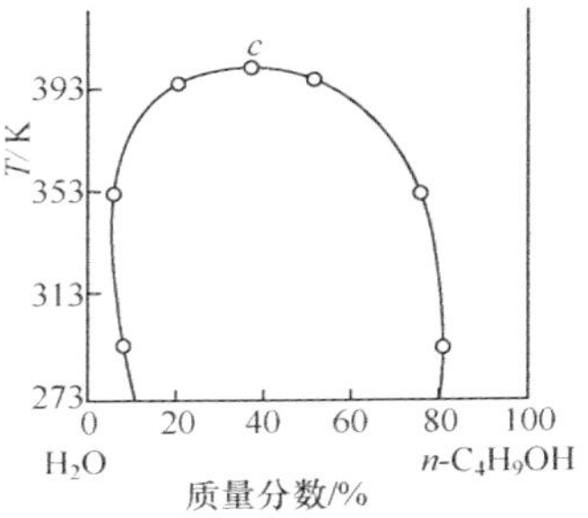

图 5-29 正丁醇-水溶解度图

9. $NaCl$-H_2O 所成的二组分系统，在 252 K 时有一个低共熔点，此时冰、$NaCl\cdot2H_2O$(s)与浓度为 22.3%(质量分数，下同)的 NaCl 水溶液共存。在 264 K 时不稳定化合物 $NaCl\cdot2H_2O$ 分解，生成无水 NaCl 和 27%的 NaCl 水溶液。已知无水 NaCl 在水中的溶解度受温度的影响不大(当温度升高时，溶解度略有增加)。

(1) 绘制相图，并指出各相区的状态。

(2) 若有 1.00 kg 28%的 NaCl 溶液由 433 K 冷却到 263 K，在此过程中最多能析出多少纯 NaCl？

10. 由 Sb-Cd 系统的一系列不同组成的熔点步冷曲线得到下列数据：

w_{Cd}(质量分数/%)	0	20	37.5	47.5	50	58.3	70	90	100
t(开始凝固的温度)/℃	—	550	460	—	419	—	400	—	—
t(全部凝固的温度)/℃	630	410	410	410	410	439	295	295	321

(1) 试根据上述数据画出 Sb-Cd 系统的相图，并标出各区域存在的相和自由度。

(2) 将 1 kg 含 Cd 80%(质量分数)的溶液由高温冷却，刚到 295 ℃时，系统中有哪两个相存在，其两相的质量各有多少？

11. 金属 A 和 B 的熔点分别是 623 K 和 553 K，热分析指出，在 473 K 时有三相共存，其中一相是含 30%B 的熔化物，其余两相分别是含 20%B 和 25%B 的固溶体。冷却到 423 K 时又呈现三相共存，分别是含 55%B 的熔化物、含 35%B 和 80%B 的两个固溶体。根据以上数据绘制出该合金系统的相图，并指出各相区的相。

12. Ni-Cu 系统从高温逐渐冷却时得到如下数据：

Ni 的质量分数/%	0	10	40	70	100
开始结晶的温度/K	1356	1413	1543	1648	1725
结晶结束时的温度/K	1356	1373	1458	1583	1725

(1) 试绘制出相图，并指出各部分存在的相。

(2) 今有含 50%Ni 的合金，使之从 1673 K 冷却到 1473 K。在什么温度开始有固体析出？此时析出的固相组成为多少？最后一滴熔化物凝结时的温度是多少？此时液态熔化物的组成为多少？

(3) 把浓度为 30%Ni 的合金 0.25 kg 冷却到 1473 K 时，Ni 在熔化物和固溶体中的数量各为多少？

13. Mg(熔点 922 K)和 Zn(熔点 692 K)的相图具有两个低共熔点，一个为 641 K(3.2%Mg，质量分数，下同)，另一个为 620 K(49%Mg)，在熔点曲线上有一个最高点 863 K(15.7%Mg)。

(1) 绘制出系统的 T-x 相图，并指明各区的相。

(2) 分别指出含 80%Mg 和 30%Mg 的两个混合物系统从 973 K 冷却到 573 K 的步冷过程中的相变，并根据相律予以说明。

(3) 绘制含 49%Mg 的熔化物的步冷曲线。

14. 指出下图中各二组分凝聚系统各区的相状态。

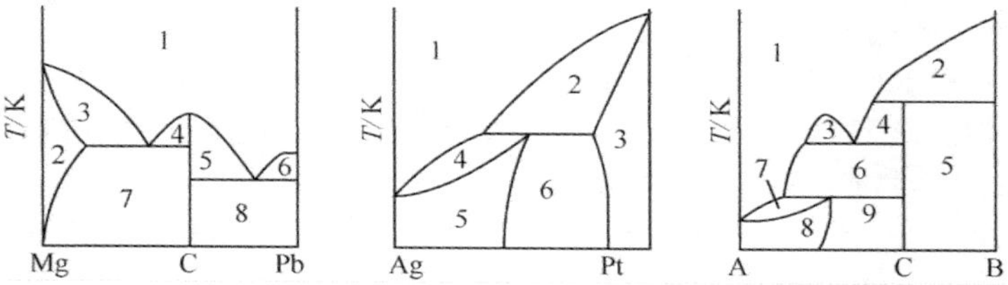

15. A 和 B 能形成两种化合物 A_2B 和 AB_2，A 的熔点比 B 低，A_2B 的相合熔点介于 A、B 熔点之间，AB_2 的不相合熔点介于 A 和 A_2B 的熔点之间。

(1) 画出 T-x 相图。

(2) 注明各相区状态。

16. Mg 的熔点为 922 K，$MgNi_2$ 熔点为 1418 K，Ni 的熔点为 1725 K，Mg_2Ni 无熔点，但在 1043 K 分解成 $MgNi_2$ 及含 Ni 50%的液体，在 783 K(含 Ni 25%)及 1353 K(含 Ni 89%)有两个低共熔点，各固相互不相溶。试作出 Mg-Ni 系相图(各组成均为质量分数)。

第 6 章　统计热力学基础

6.1　概　　论

6.1.1　统计热力学的研究目的

物理化学的研究对象可以分为化学过程和化学物质的组成、结构与性能之间的联系两个方面。而进一步阐明化学过程及其推算总离不开那些能反映与过程有关的物质结构和机理的微观模型,以及从微观模型联系宏观性质的统计理论。在揭示化学物质的组成、结构与性质之间的关系时,无论是从物质的宏观性质认识微观结构,还是从物质的微观结构推演宏观性质,都需要联系微观与宏观的统计理论。因此统计热力学是联系物质的微观结构和宏观性质的桥梁,其作用见表 6-1。

表 6-1　体系的微观性质与宏观性质的联系

分子的微观性质		体系的宏观性质
位置:x_i,y_i,z_i		
动量:p_{x_i},p_{y_i},p_{z_i}		温度:T
质量:m_i		压力:p
动能:ε_i	经统计热力学处理 → 可以得到	宏观质量:m
势能:$u_{i,j}$		热力学函数:U、H、S、A、G 等
转动惯量:I		化学平衡常数:$K^{\ominus}$
振动频率:ν_i		化学反应速率常数:k_r
几何构型:分子中原子间的核距、键角		

热力学无法解释宏观性质与分子微观结构之间的关系,而统计热力学正是在这些方面弥补了热力学的不足,使人们对热力学的认识更为深刻。

6.1.2　统计热力学的研究对象

统计热力学研究的是由大量粒子组成的,且处于热力学平衡状态的宏观体系。粒子是指体系中的分子、原子、电子等微观粒子,当然,也可以是理想气体的分子或理想晶体的粒子。

根据组成体系的粒子之间有无相互作用,将体系分为以下两种。

(1) 独立粒子体系(简称独粒子体系),粒子之间的相互作用十分微弱,可以忽略不计,由这样的粒子组成的体系称为独立粒子体系。理想气体即是一例。

(2) 相依粒子体系(简称相倚子体系),粒子之间存在着不可忽略的相互作用,在这种情况下,每个粒子不能被看成是彼此独立的,如实际气体。

根据粒子之间彼此可否分辨又将体系分为以下两种。

(1) 定位(或称定域子)体系,在某些条件下,体系中的粒子可以认为它们彼此之间能够分辨。例如,晶体中的粒子只能在固定的晶格位置上振动,每个粒子可以想象给予编号而加以区别,所以晶体是定位体系。

(2) 非定位(或称离域子)体系,气体分子由于相互碰撞而处于混乱运动之中,它们彼此之间无法区别,且彼此是等同的。这样的粒子组成的体系称为非定位系统。

当粒子数相同时，定位系统与非定位系统排列出来的微观状态数是不同的。而定位系统由于粒子彼此可以区分，其微观状态数比非定位系统多得多。例如，三个不同颜色的球其排列方式有 $3! = 6$ 种，而三个颜色相同的球，其排列方式只有一种。

近独立离域子体系也被视为不可分辨的等同粒子体系，如理想气体、电子气、光子气等“粒子气”，统计热力学将这些“粒子气”分为玻耳兹曼气体（经典气体）和量子气体两类，而量子气体中粒子服从玻色-爱因斯坦量子分布的体系被称为玻色子体系，服从费米-狄拉克分布的体系被称为费米子体系。

(1) 玻色子指量子态填充不受泡利原理限制，即每个量子态所能容纳的粒子数没有限制，如光子，所含电子、中子和质子的总数为偶数的原子或分子。

(2) 费米子指量子态填充受到泡利原理限制，即每个量子态只能容纳一个粒子，如所含电子、中子和质子的总数为奇数的原子或分子。

6.1.3 统计热力学的基本假设

当组成体系的粒子数 N、体系的能量 U 和体积 V 一定时，体系会出现若干种分布。而每一种分布都有与之相对应的微观状态数 t_i，不同分布所对应的微观状态数不同。体系的总微观状态数 Ω 为各种分布的微观状态数的总和，即 $\Omega = \sum_i t_i$。跟据 $S = k\ln\Omega$ 关系式就可求得熵 S（式中 k 为玻耳兹曼常量）。

从热力学知识可知，熵 S 是 (U, V, N) 的函数，所以体系的总微观状态 Ω 也是 (U, V, N) 的函数。对于热力学参数 U、V、N 确定的粒子体系，找出体系有多少种分布和每种分布的微观状态数以及体系的总微观状态数 Ω 对热力学函数的计算至关重要。但在统计热力学中有一个基本假定：对于 U、V 和 N 一定，且总微观状态数为 Ω 的宏观体系，任何一个可能出现的微观状态都具有相同的数学概率 $P = 1/\Omega$。但因为不同分布所具有的微观状态数不同，所以不同分布，在体系中的概率 $P_i = t_i/\Omega$ 也不相同。而微观状态数最多的玻耳兹曼分布出现的概率最大。在统计运算中就用玻耳兹曼分布的微观状态数 t_{m} 代表总微观状态数 Ω。由于是对数运算，这种替代所产生的误差是相当小的。

下面将以玻耳兹曼分布为基础，运用独粒子的配分函数 q 求算体系的热力学函数。对于相倚子体系以及系综概念就不在此讨论了。

6.2 玻耳兹曼分布

6.2.1 分布

所谓分布在此就是指在满足宏观体系性质的条件下，微观粒子按一定的方式分配在各能量区间和空间位置的状态。统计热力学中最简单的体系是粒子之间作用力可以忽略的独粒子体系，如理想气体，这样一个体系的总能量恰好是各个分子能量的总和。

分子、原子都是微观粒子，在某一特定的量子状态中，其能量只能取特定的分立值 $\varepsilon_1, \varepsilon_2, \cdots, \varepsilon_i$，分立值 ε_i 称为能级。通常所说的“ε_i 能级上的一个分子”，就是指分子处在能级为 ε_i 的量子状态。由 N 个微观粒子组成的体系，一般情况下，N 个粒子不可能处在同一能级上，而是有 N_1 个粒子处在 ε_1 能级上，N_2 个粒子处在 ε_2 能级上等。用 $N_1, N_2, \cdots, N_i$ 表示体系的状态称为分布或称粒子按能级分布，而 $N_1, N_2, \cdots, N_i$ 本身就称为能级分布数（简称分布数）。若该体系的总能量为 U，那么 N 与能级 ε_i 以及能级分布数 N_i 有如下关系：

$$N(\text{总能量为}U)$$

↓

能　级	ε_1	ε_2	ε_3	…	ε_i	…	ε_∞
分布数	N_1	N_2	N_3	…	N_i	…	N_∞

6.2.2 玻耳兹曼分布的计算

1. 体系的微观状态数和分布

研究体系的微观状态数和分布的前提是

$$\sum_i N_i = N \tag{6-1}$$

$$\sum_i N_i \varepsilon_i = U \tag{6-2}$$

现以 $N=3$ 的独立定域子单维谐振子体系加以说明。该体系中每个粒子的能量为 $\varepsilon_i = \left(\frac{1}{2}+v\right)h\nu$，则体系的总能量为 $U=\sum_i N_i\varepsilon_i = 3\times\left(\frac{1}{2}+v\right)h\nu$，$v$ 为振动量子数，其值可以是 0，1，2，…。当 $v=0$ 时，$U=\frac{3}{2}h\nu$，称为零点振动能，ν 为振动频率。假定振动简并度(简并度是指同一能级所具有的量子状态数)$g_{v,i}=1$，则对于每种分布而言，分布在各能级 ε_0、ε_1、ε_2、…、ε_i 上的谐振子数(能级分布数)为 N_0、N_1、N_2、…、N_i。因此，O、P、Q 三个可分辨的谐振子在体积为 V，满足总粒子数 $N=3$，总能量 $U=\frac{9}{2}h\nu$ 的条件下，可存在的分布有 A、B、C 三种，每一种分布对应有不同数量的微观状态，表 6-2 列出了这三种分布与 10 个微观状态的关系。

表 6-2　$(N,U,V)=[3,(9/2)h\nu,V]$的定域子体系的微观状态数

分布类型		A	B			C					
微观状态编号		(1)	(2)	(3)	(4)	(5)	(6)	(7)	(8)	(9)	(10)
v	$U/h\nu$	— — —	— — —	— — —	— — —	— — —	— — —	— — —	— — —	— — —	— — —
3	7/2	— — —	— — Q	— P —	O — —	— — —	— — —	— — —	— — —	— — —	— — —
2	5/2	— — —	— — —	— — —	— — —	— — Q	— P —	— — Q	O — —	O — —	— P —
1	3/2	O P Q	— — —	— — —	— — —	— P —	— — Q	O — —	— — O	— P —	O — —
0	1/2	— — —	O P —	O — Q	— P Q	O — —	O — —	— P —	— P —	— — O	— — Q
各分布对应的微观状态数		$t_A=1$	$t_B=3$			$t_C=6$					

每种分布的微观状态数就是将 3 个单维谐振子排列在三个定点上所产生的构型数，因此可以根据排列组合公式计算出每种分布的微观状态数。

分布 A 是三个粒子都处在 $v=1$ 能级上，则 $t_A=\frac{3!}{0!3!}=1$；

分布 B 是二个粒子在 $v=0$ 的能级上，一个粒子在 $v=3$ 的能级上，则 $t_B=\frac{3!}{2!0!0!1!}=3$；

分布 C 是三个粒子分别处于 $v=0$、$v=1$ 和 $v=2$ 的能级上，则 $t_C=\frac{3!}{1!1!1!}=6$，因此总微观状态数为

$$\Omega = t_A + t_B + t_C = \sum \frac{N!}{\prod_i N_i!} = 10$$

如果能级简并度 $g_{v,i} \neq 1$，即分布在能级 ε_i 上的 N_i 个粒子中的任何一个粒子都有 g_i 种构型，则 N_i 个粒子就有 $g_i^{N_i}$ 种构型，设 N 个定域粒子体系的能级为 $\varepsilon_1, \varepsilon_2, \cdots, \varepsilon_i$，能级简并度为 $g_1, g_2, \cdots, g_i$，能级分布数为 $N_1, N_2, \cdots, N_i$，则就会有 $\prod_i g_i^{N_i}$ 种构型。因此任意一种分布的微观状态数为

$$t_X = \frac{N!}{\prod_i N_i!} \prod_i g_i^{N_i} = N! \prod_i \frac{g_i^{N_i}}{N_i!} \tag{6-3}$$

故体系的总微观状态数为

$$\Omega(U,N,V) = \sum_i t_X = \sum_i N! \prod_i \frac{g_i^{N_i}}{N_i!}(U,N,V) \tag{6-4}$$

2. 离域子体系不同分布的微观状态数 t_X 和总微观状态数 Ω

对于离域子体系，因为粒子是不可分辨的，所以粒子在每个能级上的分配只涉及能级分布数和能级简并度 g_i 的排列，即一个能级分布只有一种微观状态与之对应，因此其构型数比定域子体系少得多。

设体系由 N 个粒子组成，体系的各能级为 $\varepsilon_1, \varepsilon_2, \cdots, \varepsilon_i$，相应能级简并度为 $g_1, g_2, \cdots, g_i$ 和能级分布数为 $N_1, N_2, \cdots, N_i$。则其分布不仅要满足 $\sum_i N_i = N$ 和 $\sum_i N_i \varepsilon_i = U$，还要考虑各量子态容纳粒子限制情况。

(1) 若各量子态中可容纳的粒子数不受泡利原理限制，如玻色子体系，其量子态是可区分，则某能级上的微观状态数相当于将 N_i 个不可区分的粒子不受限制地放在有 g_i 个可区分的格子中，所产生的构型数为

$$\frac{(N_i + g_i - 1)!}{N_i!(g_i - 1)!} \tag{6-5}$$

因此某分布所对应的微观状态数为

$$t_X = \prod_i \frac{(N_i + g_i - 1)!}{N_i!(g_i - 1)!} \tag{6-6}$$

(2) 若各量子态中可容纳的粒子数受到泡利原理限制，如费米子体系，其量子态也是可区分，但各量子态中只能容纳一个粒子，则某能级上的微观状态数相当于将 N_i 个不可区分盛有一个粒子的盒子与 $(g_i - N_i)$ 个不可区分的空盒子排成一排，所产生的构型数为

$$\frac{g_i!}{N_i!(g_i - N_i)!} \tag{6-7}$$

则某分布所对应的微观状态数为

$$t_X = \prod_i \frac{g_i!}{N_i!(g_i - N_i)!} \tag{6-8}$$

在温度较高时，由于能级间隔较小，量子效应不显著，则分布在各能级上的粒子数 N_i 通常要比简并度 g_i 小得多，即 $N_i \ll g_i$，则 $(N_i + g_i - 1) \approx g_i$，$(g_i - N_i + 1) \approx g_i$。在此条件下式(6-5)和式(6-7)可简化为

$$\frac{(N_i + g_i - 1)!}{N_i!(g_i - 1)!} = \frac{(N_i + g_i - 1)(N_i + g_i - 2)\cdots g_i(g_i - 1)}{(N_i - 1)(N_i - 2)\cdots 1 \times (g_i - 1)!} \approx \frac{g_i^{N_i}}{N_i!} \tag{6-9}$$

$$\frac{g_i!}{N_i!(g_i-N_i)!}=\frac{g_i(g_i-1)\cdots(g_i-N_i+1)(g_i-N_i)!}{N_i!(g_i-N_i)!}\approx\frac{g_i^{N_i}}{N_i!} \tag{6-10}$$

所以
$$t_X=\prod_i\frac{g_i^{N_i}}{N_i!} \tag{6-11}$$

则
$$\Omega(U,N,V)=\sum t_X=\sum_i\prod_i\frac{g_i^{N_i}}{N_i!}(U,N,V) \tag{6-12}$$

式(6-4)和式(6-12)分别为定域子体系和离域子体系总微观状态数的基本公式，公式推导的前提是能量守恒和物质守恒。

3. 微观状态数最大的分布与玻耳兹曼分布

有了总微观状态数的表达式，从原则上说，可求出熵函数 $S=k\ln\Omega$。前已指出当粒子数为 N、总能量为 U、体积为 V 的体系可以呈现出很多种分布，但每一种分布所对应的微观状态数不同，其中一定有一种微观状态数最多，将其记为 t_m。

设总微观状态数为 Ω 的体系共有 n 种分布，若每种分布的微观状态数都用 t_m 代替，则一定存在着 $t_m\leqslant\Omega\leqslant nt_m$ 关系。两边取对数后得 $\ln t_m\leqslant\ln\Omega\leqslant\ln t_m+\ln n$，由于 $n\ll t_m$，则有

$$\ln\Omega\approx\ln t_m \tag{6-13}$$

式(6-13)表明，微观状态数最多的那种分布所具有的微观状态数 t_m 可以通过对数的方式替代体系的总微观状态数。

统计热力学所处理的体系，实际上是含有大量微观粒子的宏观体系，因此体系微观状态数计算式中的数字通常很大，如 $N!$、$N_i!$ 等。斯特林(Stirling)提出一个简便的解决大数运算的方法，即当 N 足够大时有

$$N!=\sqrt{2\pi N}\left(\frac{N}{e}\right)^N \text{ 或 } \ln N!=\left(N+\frac{1}{2}\right)\ln N+\frac{1}{2}\ln(2\pi)-N \tag{6-14}$$

从纯数学角度看，当 $N=25$ 时，式(6-14)的结果已经很精确了。而在统计热力学中，若体系所含物质量为 1 mol，则所含微观粒子数 $N\approx10^{24}$，式(6-14)可进一步简化为

$$\ln N!=N\ln N-N \tag{6-15}$$

微观状态数的计算式(6-3)和式(6-11)不仅涉及大数的运算问题，而且是有条件限制的大数的运算问题，这就需要采用拉格朗日(Lagrange)待定系数法进行条件极值运算。

将式(6-3)取对数后得

$$\ln t_X=\ln(N!)+\sum_i N_i\ln g_i-\sum_i\ln(N_i!)$$

再由斯特林公式得

$$\ln t_X=N\ln N-N+\sum_i N_i\ln g_i-\sum_i N_i\ln N_i+\sum_i N_i$$

可见，取对数后仍然存在 $\ln t_i$ 是 N_i 的单调函数，即 $\ln t=f(N_1,N_2,\cdots,N_i)$，且 t 有极大值时，$\ln t$ 必有极大值。求 $\ln t$ 极值的必要条件是其一阶微分等于零，即

$$\mathrm{d}\ln t=\sum_i\left(\frac{\partial\mathrm{d}\ln t}{\partial N_i}\right)\mathrm{d}N_i=0$$

而 $\dfrac{\partial\mathrm{d}\ln t}{\partial N_i}=\ln g_i-\ln N_i$，则得

$$\mathrm{d}\ln t=\sum_i(\ln g_i-\ln N_i)\mathrm{d}N_i=0 \tag{6-16}$$

同时，$\ln t$ 极值存在还必须满足式(6-1)和式(6-2)两个宏观条件，即式(6-16)中的 $\mathrm{d}N_i$ 并

不是任意的，而是受到以下两个方程的限制：

$$dN = \sum_i dN_i = 0, dU = \sum_i \varepsilon_i dN_i = 0$$

这说明在 dN_i 中一定有两个是不能任意取值的，采用拉格朗日未定乘数求出条件极值，即引入两个待定系数 α 和 β，分别乘以上两个限制条件微分式，得

$$\alpha \sum_i dN_i = 0 \tag{6-17}$$

$$\beta \sum_i \varepsilon_i dN_i = 0 \tag{6-18}$$

将式(6-16)、式(6-17)、式(6-18)相加得

$$\sum_i (\ln g_i - \ln N_i + \alpha + \beta\varepsilon_i) dN_i = 0 \tag{6-19}$$

对式(6-19)而言，$dN_i \neq 0$，则只有其系数为零时才成立，即

$$\ln g_i - \ln N_i + \alpha + \beta\varepsilon_i = 0$$

则可得

$$N_i = e^{\alpha} g_i e^{\beta\varepsilon_i} \tag{6-20}$$

又因为 $d\ln t = \sum_i (\ln g_i - \ln N_i) dN_i = 0$，所以 $d^2 \ln t = -\sum_i \dfrac{d^2 N_i}{N_i} < 0$，因此满足式(6-20)的 N_i(记为 N_i^*)可以使 $\ln t$ 达到极值。

由 $\sum_i N_i = N$ 可得 $e^{\alpha} \sum_i g_i e^{\beta\varepsilon_i} = N$，即 $e^{\alpha} = \dfrac{N}{\sum_i g_i e^{\beta\varepsilon_i}}$，将其代入式(6-20) 得

$$N_i^* = \frac{N}{\sum_i g_i e^{\beta \varepsilon_i}} g_i e^{\beta \varepsilon_i} \tag{6-21}$$

式(6-21)即为微观状态数最大的分布——玻耳兹曼分布，式中的 $\beta = -\dfrac{1}{kT}$(可以证明)；k 为玻耳兹曼常量，分母为各能级微观状态和，又称为子配分函数，用 q 表示

$$q = \sum_i g_i \exp(-\frac{\varepsilon_i}{kT}) \tag{6-22}$$

因此得

$$N_i^* = \frac{N}{q} g_i e^{-\frac{\varepsilon_i}{kT}} = \frac{g_i}{e^{-\alpha-\beta\varepsilon_i}} \tag{6-23a}$$

式(6-23a)就是定域子和经典离域子体系的微观状态数最大分布的一般公式，也称麦克斯韦-玻耳兹曼统计。

比较式(6-3)、式(6-6)和式(6-8)可见，离域子体系中的玻色子和费米子的某分布对应的微观状态数是不同的。同样采用拉格朗日待定系数法进行条件极值运算处理可得

玻色-爱因斯坦统计

$$N_i^* = \frac{g_i}{e^{-\alpha-\beta\varepsilon_i} - 1} \tag{6-23b}$$

费米-狄拉克统计

$$N_i^* = \frac{g_i}{e^{-\alpha-\beta\varepsilon_i} + 1} \tag{6-23c}$$

玻色-爱因斯坦统计和费米-狄拉克统计被统称为量子统计，相应地将麦克斯韦-玻耳兹曼统计称为经典统计。当 $\exp(-\alpha-\beta\varepsilon_i) \gg 1$ 时，$\exp(-\alpha-\beta\varepsilon_i) \pm 1 \approx \exp(-\alpha-\beta\varepsilon_i)$，此时玻色-爱因斯坦统计和费米-狄拉克统计都转化成玻耳兹曼统计。实验表明，在温度不太低，体系密度不太大，粒子质量不太小的条件下，一般体系都能满足 $\exp(-\alpha-\beta\varepsilon_i) \gg 1$ 的要求。但不能满足 $\exp(-\alpha-\beta\varepsilon_i) \gg 1$ 条件的体系是不能使用经典统计进行处理的，如光子气体、1 K 附近

的^4He等服从的是玻色-爱因斯坦统计，金属或半导体中的电子则服从费米-狄拉克统计。

N_i粒子分布在能级ε_i上的概率P_i可以表示为N_i/N，是能级ε_i上所分布的粒子数占总粒子数的分数，则玻耳兹曼分布又可以表示为

$$\frac{N_i^*}{N}=\frac{g_i e^{-\frac{\varepsilon_i}{kT}}}{q} \tag{6-24}$$

式(6-24)不仅适用于定域子体系，也适用于经典离域子体系。

4. 子配分函数

由于子配分函数q中的任一项所反映的是能级ε_i上的g_i个量子态被粒子的有效占有度，因此q也称为能级ε_i上的有效量子态数，因此，可以说q反映了i粒子所有可及能级上有效量子态数的总和或微观状态和。

由于q反映的是单个粒子的有效量子态数总和，不涉及其他粒子，因此，子配分函数q只适用于独立子体系，而相倚子体系需要用统计系统的方法解决。子配分函数在统计热力学中占有很重要的地位，独立子体系的各种热力学性质都可以用子配分函数q来表示。

由式(6-24)可知，当体系中的全部粒子均处于基态($N_0=N$)时，$q=1$；当体系中的全部粒子均处于激发态($N_0=0$)时，$q=\infty$。但这两种极端状态都不会在实际体系中出现，因此，q可以理解为粒子按玻耳兹曼分布律分布在基态和激发态之间的量度。

式(6-22)表明，子配分函数q是体系温度(T)和粒子所处能级(ε_i)的函数，q还是多个$g_i\exp\left(-\frac{\varepsilon_i}{kT}\right)$的加和，其所包含的加和项数可以视为无穷大，但$q$是收敛的，其收敛速度主要取决于温度$T$和能级间隔$\Delta\varepsilon_i$。当温度很低，能级间隔较大时，收敛较快，若$\Delta\varepsilon_i$大到一定程度时，就可得到$q=g_i$；当$\Delta\varepsilon_i$很小时，收敛变慢，$q$甚至可以大到一个天文数字。另外，根据量子力学原理，独立子体系的能级ε_i还是体积V的函数，所以q是体系宏观性质T和V的函数：

$$q=q(T,V) \tag{6-25}$$

子配分函数q中ε_i的绝对值是无法确定的，因此，ε_i的值与能量标度零点的选择有关，其选择方法有两种，一种是(Ⅰ)将粒子处于基态时的能量作为零点，即把粒子在基态时的能量取为零。此时q与ε_i的关系服从式(6-22)，用这种方法处理单一粒子体系的配分函数比较方便。但是，对于多种粒子体系，因为体系中的各种粒子的本性不同，若按上面方法确定的能量零点，就会出现多个能量的“零点”现象，使体系的配分函数计算无法进行。因此提出第二种(Ⅱ)能量标度零点的选择方法，即确定一个公共的能量标度零点，此时各粒子在基态的能量不为零，而是$\varepsilon_{0,j}$。两种选择方法得到的能级i的能量值关系为

$$\varepsilon_{i,j}^{(\mathrm{II})}=\varepsilon_{i,j}^{(\mathrm{I})}+\varepsilon_{0,j}$$
$$\varepsilon_i^{(\mathrm{II})}=\varepsilon_i^{(\mathrm{I})}+\varepsilon_0 \tag{6-26}$$

式中，下标i表示不同能级；下标j表示不同物质。若将按第二种方法选择能量标度零点的粒子配分函数记为q_0，则q_0与q的关系为

$$q_0=\sum_i g_i\exp\left(-\frac{\varepsilon_i+\varepsilon_0}{kT}\right)=q\cdot\exp\left(-\frac{\varepsilon_0}{kT}\right) \tag{6-27}$$

将式(6-26)和式(6-27)代入玻耳兹曼分布表达式(6-24)得

$$\frac{N_i^*}{N}=\frac{g_i\exp\left(-\frac{\varepsilon_i+\varepsilon_0}{kT}\right)}{q_0}=\frac{g_i\exp\left(-\frac{\varepsilon_i}{kT}\right)\exp\left(-\frac{\varepsilon_0}{kT}\right)}{q\exp\left(-\frac{\varepsilon_0}{kT}\right)}=\frac{g_i\exp\left(-\frac{\varepsilon_i}{kT}\right)}{q}$$

可见，由于 ε_i 的值与能量标度零点的选择有关，使得配分函数 q 的值也与能量标度零点的选择有关，但能量标度零点的选择不影响玻耳兹曼分布，即不影响能级分布数 N_i^* 。

5. 玻耳兹曼分布的特点

1）最概然分布

统计热力学的基本假设之一是：对于 U、V 和 N 一定，且总微观状态数为 Ω 的宏观体系，任何一个可能出现的微观状态都具有相同的数学概率 $P=1/\Omega$，因此，某种分布出现的数学概率 $P_i=t_i/\Omega$。显然，微观状态数最大(t_m)的分布的数学概率在所有分布中是最大的。在统计力学中将数学概率最大，且在 $N\to\infty$时，微观状态数的对数趋近于体系总微观状态数(Ω)对数($\ln t_m\approx\ln\Omega$)的分布称为最概然(可几)分布。前面已经证明玻耳兹曼分布是微观状态数最多的分布，那么玻耳兹曼分布是否也是最概然分布呢？

设有 N 个粒子组成定域子体系，这 N 个粒子分布在属于同一能级的两个简并量子状态 A 和 B 上，分配在量子状态 A 上的粒子数为 M，分配在 B 上粒子数为 $N-M$，该分布所保有的微观状态数为 $t_M=\dfrac{N!}{M!(N-M)!}$，而体系的总微观状态为

$$\Omega=\sum_{M=0}^{N}t_M=\sum_{M=0}^{N}\frac{N!}{M!(N-M)!}$$

根据数学中的二项式定理得

$$(x+y)^N=\sum_{M=0}^{N}\frac{N!}{M!(N-M)!}\cdot x^M\cdot y^{N-M}=\sum_{M=0}^{N}t_M\cdot x^M\cdot y^{N-M}$$

令 $x=y=1$，则得

$$2^N=\sum_{M=0}^{N}\frac{N!}{M!(N-M)!}=\sum_{M=0}^{N}t=\Omega \tag{6-28}$$

式(6-28)的结果可以理解为 N 个定域子中的一个粒子有两种分布方式，另一个粒子的分布方式也是两种，且不受其他粒子分布状态的影响。因此，N 个定域子在同一能级的两个简并量子状态 A 和 B 上的总分布方式 $\Omega=2\times2\times2\times\cdots=2^N$。当 $M=(N-M)=\dfrac{1}{2}N$ 时，二项式的级数展开式中系数(t_M)达到最大为 t_m，这就相当于最概然分布的微观状态数，即

$$t_m=\frac{N!}{(N/2)!(N/2)!}=\frac{\sqrt{2\pi N}(N/e)^N}{2\pi(N/2)(N/2e)^{2\times N/2}}=\sqrt{\frac{2}{\pi N}}\times2^N \tag{6-29}$$

而 $2^N=\Omega$，若令 $N=10^{24}$，则

$$\begin{aligned}\ln t_m&=\frac{1}{2}\ln\left(\frac{2}{\pi N}\right)+N\ln2\\&=\frac{1}{2}\ln\left(\frac{2}{\pi\times10^{24}}\right)+10^{24}\times\ln2\approx10^{24}\times\ln2=\ln2^N=\ln\Omega\end{aligned}$$

由此可见，在 N 足够大时，微观状态数最大的分布所包含的微观状态数 t_m 与体系总微观状态数 Ω 之间确实存在 $\ln t_m\approx\ln\Omega$ 的关系，所以，微观状态数最大的分布就是最概然分布，或者说，玻耳兹曼分布就是最概然分布。

2）体系的平衡分布

式(6-29)给出了最概然分布的微观状态数，而且是 N 个定域子在同一能级的两个简并量子状态 A 和 B 上平均分配的微观状态数，因为此时有 $M=(N-M)=\dfrac{1}{2}N$，所以微观状态数最

多的分布是平均分布，而体系达到平均分布就意味着体系达到了平衡，所以最概然分布就是平衡分布，或者说，玻耳兹曼分布就是平衡分布。

3）撷取最大项法

在统计热力学中，对于大量粒子所构成的体系，在保证误差几乎为零的条件下，以微观状态数最多的分布代替体系的总分布的方法称为撷取最大项法。

由式(6-28)和式(6-29)可知，最概然分布的数学概率为

$$P\left(\frac{N}{2}\right)=\frac{t_{\mathrm{m}}}{\Omega}=\sqrt{\frac{2}{\pi N}}$$

当 $N=10^{24}$时，$P(N/2)=8\times10^{-13}$，从这孤立的数字看，即便是最概然分布，其出现的数学概率也很小，那么最概然分布是否足以代表体系的一切分布呢？

设有某种分布，其分布数为 M 与最概然分布数 $N/2$ 有一微小的偏差 m，则该种分布的数学概率为

$$P(M)=P\left(\frac{N}{2}\pm m\right)=\frac{t\left(\frac{N}{2}\pm m\right)}{\Omega}=\frac{N!}{2^N\left(\frac{N}{2}-m\right)!\left(\frac{N}{2}+m\right)!}$$

运用斯特林公式(6-14)处理可得

$$P\left(\frac{N}{2}\pm m\right)=\sqrt{\frac{N}{2\pi\left(\frac{N}{2}-m\right)\left(\frac{N}{2}+m\right)}}\times\frac{1}{\left(1-\frac{2m}{N}\right)^{\frac{N}{2}-m}\left(1+\frac{2m}{N}\right)^{\frac{N}{2}+m}}$$

因为$m\ll\frac{N}{2}$，所以$\frac{N}{2}\pm m\approx\frac{N}{2}$，令 $x=\frac{2m}{N}$，显然有 $x\ll1$，则根据泰勒展开式 $\ln(1\pm x)\approx\pm x-\frac{1}{2}x^2$，即 $1\pm x\approx\exp\left(\pm x-\frac{1}{2}x^2\right)$，可得

$$P\left(\frac{N}{2}\pm m\right)=\sqrt{\frac{2}{\pi N}}\exp\left(-\frac{2m^2}{N}\right)\tag{6-30}$$

取 $m=2\sqrt{N}$，通过积分变换等数学处理可得到

$$\sum_{M=\left(\frac{N}{2}-m\right)}^{M=\left(\frac{N}{2}+m\right)}P(M)=\int_{-m}^{m}p\left(\frac{N}{2}-m\right)\mathrm{d}m=\int_{-m}^{m}p\left(\frac{N}{2}+m\right)\mathrm{d}m$$

$$=\int_{-2\sqrt{N}}^{2\sqrt{N}}\sqrt{\frac{2}{\pi N}}\exp\left(-\frac{2m^2}{N}\right)\mathrm{d}m=\int_{-2\sqrt{2}}^{2\sqrt{2}}\frac{1}{\sqrt{\pi}}\exp(-y^2)\mathrm{d}y\tag{6-31}$$

式(6-31)代表分布数由$M=\frac{N}{2}-m$到$M=\frac{N}{2}+m$之间的各种分布的概率之和，由该加和量就可以得到在$M=\frac{N}{2}-m$到$M=\frac{N}{2}+m$之间的各种分布在体系总分布中所占比例。而积分$\int_{-y}^{y}\frac{1}{\sqrt{\pi}}\exp(-y^2)\mathrm{d}y$就是误差函数(erfx)的表达式，当 $y=2\sqrt{2}$ 时，查误差函数表可得 $\mathrm{erf}x=0.999\,93$，即 $\sum_{\frac{N}{2}-m}^{\frac{N}{2}+m}P(M)=0.999\,93\approx1$。此结果说明，当 $N=10^{24}$ 时，分布数在

$M=0.5\times10^{24}\pm2\times10^{12}$ 的狭小区间内，各种分布的概率和趋近于体系所有分布的总概率。而 $N=10^{24}$、$m=2\sqrt{N}$ 时，由式(6-30) 可得 $P\left(\frac{N}{2}\pm m\right)\approx2.7\times10^{-16}\ll P\left(\frac{N}{2}\right)$。因此，可以说在 $M=0.5\times10^{24}\pm2\times10^{12}$ 范围内的分布的微观状态数 $t\left(\frac{N}{2}\pm2\sqrt{N}\right)$ 与最概然分布的微观状态数 $t\left(\frac{N}{2}\right)$ 没有实质性的差别，即最概然分布实际上包括了在其附近所出现的微小偏离的分布情况，所以最概然分布可以代表平衡体系的所有分布。但其替代方式必须注意，将不同的 N 值代入式(6-28) 和式(6-29) 进行计算，计算结果列于表 6-3。

表 6-3　不同 N 值下 Ω 与 t_m 的比值关系

N	Ω	t_m	t_m/Ω	$\ln t_m/\ln\Omega$
500	2^{500}	$2^{500}\times3.568\times10^{-2}$	3.568×10^{-2}	0.990 4
5.0×10^5	$2^{500\,000}$	$2^{500\,000}\times1.128\times10^{-3}$	1.128×10^{-3}	0.999 98
6.0×10^{23}	$2^{6.0\times10^{23}}$	$2^{6.0\times10^{23}}\times1.030\times10^{-12}$	1.030×10^{-12}	～1

由表 6-3 的数据可见，采取撷取最大项法用最概然分布代替体系总分布时，不能直接以 t_m 代替 Ω，而是以 $\ln t_m$ 代替 $\ln\Omega$。由于在统计热力学的各种数学处理中，凡涉及微观状态数的地方都只是用 $\ln\Omega$，因此，这种替代不仅表明最概然分布的微观状态数可以代表体系的总分布的微观状态数，而且说明了其代表的方式。

6.3　独立子体系的热力学性质

前已指出，体系的熵 $S=k\ln\Omega=k\ln t_m$。依据此式，结合表征分子微观性质的配分函数 q，可以导出独立子体系的各热力学函数的表达式。

6.3.1　独立定域子体系的热力学函数的数学表达式

1. 熵 S 的表达式

已知 $S=k\ln t_m$，由式(6-3)和式(6-23)得

$$t_m=N!\prod_i\frac{g_i^{N_i}}{N_i!}=N!\prod_i\frac{g_i^{N_i}}{(N_i/e)^{N_i}}=N!\prod_i\left(\frac{g_i}{N_i}\cdot e\right)^{N_i}=N!\prod_i\left(\frac{q}{N}e^{\frac{\varepsilon_i}{kT}}\cdot e\right)^{N_i}$$

$$=N!\left[\frac{q}{N/e}\cdot\exp\left(\frac{\varepsilon_i}{kT}\right)\right]^{\sum N_i}=N!\cdot\frac{q^N}{N!}\cdot e^{\frac{U}{kT}}=q^N\cdot e^{\frac{U}{kT}}\qquad(6\text{-}32)$$

所以

$$S=k\ln t_m=Nk\ln q+\frac{U}{T}\qquad(6\text{-}33)$$

2. 热力学能 U 的表达式

因为 $U=\sum_i N_i\varepsilon_i$，将玻耳兹曼分布公式(6-23)代入得

$$U=\sum_i\left(\frac{N}{q}g_ie^{\beta\varepsilon_i}\right)\varepsilon_i=\frac{N}{q}\sum_i g_i\varepsilon_i\exp(\beta\varepsilon_i)=\frac{N}{q}\cdot\left(\frac{\partial q}{\partial\beta}\right)_{N,V}$$

$$=N\left(\frac{\partial\ln q}{\partial\beta}\right)_{N,V}=-N\left[\frac{\partial\ln q}{\partial(1/kT)}\right]_{N,V}=NkT^2\left(\frac{\partial\ln q}{\partial T}\right)_{N,V}\qquad(6\text{-}34)$$

3. 可逆功 W_r 与可逆热 Q_r

封闭的热力学体系与外界发生能量交换时，统计状态将发生改变，微观表现就是 N_i 和 ε_i 的改变，而 N_i 是服从一定统计规律的统计量，ε_i 是受外界影响因素制约的力学量。因此，从统计力学的角度看，此时宏观上体系的平均能量变化所对应的微观状态改变来源于两种不同性质的改变，热力学第一定律表明 $dU=\delta Q+\delta W$，所以可按统计力学的意义定义功和热，即当一个统计平衡态发生微小变化时，引起体系热力学能变化的是可逆功 δW_r 和可逆热 δQ_r。

设封闭的热力学体系与外界发生能量交换时，$\delta Q\neq 0$，$\delta W\neq 0$，则一般来说 $dU\neq 0$，以微观变化表示热力学能变化时有

$$dU=\sum_i \varepsilon_i dN_i+\sum_i N_i d\varepsilon_i \tag{6-35}$$

因为焦耳＝牛顿×米，所以牛顿＝焦耳·米$^{-1}$，即力可以理解为微能量梯度 $F_i=\dfrac{\partial \varepsilon_i}{\partial x_i}$，则环境对体系所做的功体现在微观上就是对分布在各能级上的粒子 N_i 做功

$$\delta W=\sum_i N_i F_i dx_i=\sum_i N_i \frac{\partial \varepsilon_i}{\partial x_i}dx_i=\sum_i N_i d\varepsilon_i \tag{6-36}$$

即在绝热条件下，粒子分布数 N_i 不变，此时由体系的外参量改变所导致的体系能量增加就是环境对体系所做的宏观功。

对照热力学一定律，式(6-35) 的第二项与做功对应，则第一项就应该与热交换对应。就是说，当体系的外参量不变时，体系的能级 ε_i 也不变，但粒子分布数 N_i 发生改变，由此引起的体系能量增加就是体系从环境吸热所致。若体系只有一个外参量 V(也可以推广到多参量)，则体系的能级 ε_i 就只是 V 的函数，即 $\varepsilon_i=\varepsilon_i(V)$，将 $d\varepsilon_i=(d\varepsilon_i/dV)dV$ 代入式(6-36)，可得 $\delta W=\sum_i N_i d\varepsilon_i=\sum_i N_i\left(\dfrac{d\varepsilon_i}{dV}\right)dV=-p dV$，因此，在一个 p、V、T 一定的体系中，外界对体系的作用力 p 所对应的微观量描述为

$$p=-\sum_i N_i\left(\frac{d\varepsilon_i}{dV}\right)=\sum_i\left[\frac{N}{q}\cdot g_i\cdot \exp\left(-\frac{\varepsilon_i}{kT}\right)\cdot\frac{d\varepsilon_i}{dV}\right]=NkT\left(\frac{\partial \ln q}{\partial V}\right)_{N,T}$$

由此可得，体系发生微变时环境对体系所做的功为

$$\delta W_r=-p dV=-NkT\left(\frac{\partial \ln q}{\partial V}\right)_T dV \tag{6-37}$$

而体系在此过程中的与环境的热交换量为

$$\delta Q_r=dU-\delta W=Nk\left\{d\left[T^2\left(\frac{\partial \ln q}{\partial T}\right)_{N,V}\right]+T\left(\frac{\partial \ln q}{\partial V}\right)_{N,T}dV\right\} \tag{6-38}$$

4. 焓 H 的表达式

因为 $H=U+pV$，且 $pV=NkT\left(\dfrac{\partial \ln q}{\partial \ln V}\right)_{N,T}$，所以

$$H=NkT\left[\left(\frac{\partial \ln q}{\partial \ln T}\right)_{N,V}+\left(\frac{\partial \ln q}{\partial \ln V}\right)_{N,T}\right] \tag{6-39}$$

5. 亥姆霍兹自由能 A 的表达式

因为 $A=U-TS$，所以

$$A = -NkT\ln q \tag{6-40}$$

6. 吉布斯自由能 G 的表达式

因为 $G=H-TS$,所以

$$G = -NkT\left[\ln q - \left(\frac{\partial \ln q}{\partial \ln V}\right)_{N,T}\right] \tag{6-41}$$

若将上列各式中的 N 用阿伏伽德罗常量 L 代替,就得到独立定域子体系的摩尔热力学函数表达式。

6.3.2 独立离域子体系的热力学函数的统计表达式

采用与上面相同的方法,可以得到以粒子配分函数 q 表示的独立离域子体系的所有热力学函数表达式。

1. 熵 S 的表达式

依据式(6-11)和式(6-23)有

$$\begin{aligned} S &= k\ln t_{\mathrm{m}} = k\ln\left(\prod_i \frac{g_i^{N_i}}{N!}\right) = k\ln\left(\frac{q^N}{N!}\mathrm{e}^{\frac{U}{kT}}\right) \\ &= k\ln\frac{q^N}{N!} + NkT\left(\frac{\partial \ln q}{\partial T}\right)_{N,V} = Nk + Nk\ln\frac{q}{N} + NkT\left(\frac{\partial \ln q}{\partial T}\right)_{N,V} \end{aligned} \tag{6-42}$$

2. 热力学能 U 的表达式

独立离域子系热力学能 U 与独立定域子系的一样,就是式(6-34)。

3. 亥姆霍兹自由能 A 的表达式

$$A = U - TS = -kT\ln\frac{q^N}{N!} = -NkT\ln\frac{q\mathrm{e}}{N} \tag{6-43}$$

4. 吉布斯自由能 G 的表达式

$$\begin{aligned} G &= A + pV = -NkT\ln\frac{q\mathrm{e}}{N} + NkT\left(\frac{\partial \ln q}{\partial \ln V}\right)_{N,T} \\ &= -NkT\left[\ln\frac{q\mathrm{e}}{N} - \left(\frac{\partial \ln q}{\partial \ln V}\right)_{N,T}\right] \end{aligned} \tag{6-44}$$

5. 焓 H 的表达式

$$\begin{aligned} H &= G + TS \\ &= -NkT\ln\frac{q\mathrm{e}}{N} + NkT\left(\frac{\partial \ln q}{\partial \ln V}\right)_{N,T} + \left[NkT\ln\frac{q\mathrm{e}}{N!} + NkT^2\left(\frac{\partial \ln q}{\partial T}\right)_{N,V}\right] \\ &= NkT\left[\left(\frac{\partial \ln q}{\partial \ln V}\right)_{N,T} + \left(\frac{\partial \ln q}{\partial \ln T}\right)_{N,V}\right] \end{aligned} \tag{6-45}$$

式(6-34)~式(6-45)是联系物质微观结构和宏观性质的统计热力学基本关系式,利用这些关系式还可得出其他热力学函数。例如 C_V、C_p、μ 等热力学函数,其中子配分函数 q 是解决问题的关键,是统计热力学解决问题的重要工具。需要注意的是,子配分函数 q 与能量标度零点的选择有关，将式(6-27)代入式(6-34)～式(6-45)可知，体系的热力学能 U、焓 H、亥姆霍兹自由能 A 及吉布斯自由能 G 的值会受到能量标度零点选择的影响，但热容 C 和熵 S 的值不受影响。

6.4　独立子体系的配分函数

6.4.1　子配分函数的分解

一个粒子的运动可以分解为彼此独立的各种运动形式。例如，体系内分子的整体运动称为平动，分子在整体运动的同时还围绕质心进行转动，而分子中由化学键联系着的原子之间发生振动，此外，还有电子运动和原子核运动，一般情况下，原子核始终处于基态保持不变，绝大多数分子的电子运动也都处于基态，不易激发。由于平动和粒子间的相互作用为粒子的外部运动，而其他运动发生在粒子的内部，因此将这些发生在粒子的内部运动统称为内部运动。

由于粒子各种运动形式是彼此独立的，因此粒子的能量也可看成是各种运动形式能量之和，包括平动能 $\varepsilon_{t,i}$、转动能 $\varepsilon_{r,i}$、振动能 $\varepsilon_{v,i}$、电子能 $\varepsilon_{e,i}$、核自旋能 $\varepsilon_{n,i}$ 等，即

$$\varepsilon_i=\varepsilon_{t,i}+\varepsilon_{r,i}+\varepsilon_{v,i}+\varepsilon_{e,i}+\varepsilon_{n,i}=\varepsilon_{t,i}+\varepsilon_{内,i}$$

与上述能量相对应的简并度为

$$g_i=g_{t,i}\cdot g_{r,i}\cdot g_{v,i}\cdot g_{e,i}\cdot g_{n,i}=g_{t,i}\cdot g_{内,i}$$

所以子配分函数为

$$\begin{aligned}
q &= \sum_i g_i\exp\left(-\frac{\varepsilon_i}{kT}\right)\\
&= \sum_i g_{t,i}\cdot g_{r,i}\cdot g_{v,i}\cdot g_{e,i}\cdot g_{n,i}\exp\left(-\frac{\varepsilon_{t,i}+\varepsilon_{r,i}+\varepsilon_{v,i}+\varepsilon_{e,i}+\varepsilon_{n,i}}{kT}\right)\\
&= \left[\sum_i g_{t,i}\exp\left(-\frac{\varepsilon_{t,i}}{kT}\right)\right]\times\left[\sum_i g_{r,i}\exp\left(-\frac{\varepsilon_{r,i}}{kT}\right)\right]\times\left[\sum_i g_{v,i}\exp\left(-\frac{\varepsilon_{v,i}}{kT}\right)\right]\times\\
&\qquad\left[\sum_i g_{e,i}\exp\left(-\frac{\varepsilon_{e,i}}{kT}\right)\right]\times\left[\sum_i g_{n,i}\exp\left(-\frac{\varepsilon_{n,i}}{kT}\right)\right]
\end{aligned}$$

粒子的配分函数等于分子各独立运动的配分函数之积：

$$q_i=q_{t,i}\cdot q_{r,i}\cdot q_{v,i}\cdot q_{e,i}\cdot q_{n,i}$$

其中：$q_{t,i}=\sum_i g_{t,i}\exp\left(-\frac{\varepsilon_{t,i}}{kT}\right)$，$q_{r,i}=\sum_i g_{r,i}\exp\left(-\frac{\varepsilon_{r,i}}{kT}\right)$，$q_{v,i}=\sum_i g_{v,i}\exp\left(-\frac{\varepsilon_{v,i}}{kT}\right)$，$q_{e,i}=\sum_i g_{e,i}\exp\left(-\frac{\varepsilon_{e,i}}{kT}\right)$，$q_{n,i}=\sum_i g_{n,i}\exp\left(-\frac{\varepsilon_{n,i}}{kT}\right)$。显然，如果分别求出粒子的各种配分函数，即可求出各热力学函数(包括化学势和热容)值。而粒子的配分函数是由光谱等实验数据，结合量子力学公式确定的，这就将分子结构的实验数据和热力学性质联系起来了。

根据统计热力学基本关系式(6-34)～式(6-45)可知，各种运动形式对体系的热力学函数均有独立的贡献。平动对熵的贡献称为平动熵，相应的有转动熵、振动熵、电子熵和核自旋熵，而体系的熵等于各种运动形式熵的总和，其他各热力学函数也有类似的情况。如对于独立离域子体系，从式(6-42)可得

$$\begin{aligned}
S &=Nk+Nk\ln\frac{q}{N}+NkT\left(\frac{\partial\ln q}{\partial T}\right)_{N,V}\\
&=Nk+Nk\ln\frac{q_t\cdot q_r\cdot q_v\cdot q_e\cdot q_n}{N}+NkT\left[\frac{\partial\ln(q_t\cdot q_r\cdot q_v\cdot q_e\cdot q_n)}{\partial T}\right]_{N,V}
\end{aligned}$$

$$=\left[Nk+Nk\ln\frac{q_t}{N}+NkT\left(\frac{\partial\ln q_t}{\partial T}\right)_{N,V}\right]+\left[Nk\ln\frac{q_r}{N}+NkT\left(\frac{\partial\ln q_r}{\partial T}\right)_{N,V}\right]+$$

$$\left[Nk\ln\frac{q_v}{N}+NkT\left(\frac{\partial\ln q_v}{\partial T}\right)_{N,V}\right]+\left[Nk\ln\frac{q_e}{N}+NkT\left(\frac{\partial\ln q_e}{\partial T}\right)_{N,V}\right]+\left[Nk\ln\frac{q_n}{N}+NkT\left(\frac{\partial\ln q_n}{\partial T}\right)_{N,V}\right]$$

$$=S_t+S_r+S_v+S_e+S_n$$

6.4.2 平动配分函数

根据量子力学理论，在体积为V，边长为a、b、c的矩形盒势箱内，一个质量为m的三维平动子的能级公式为

$$\varepsilon_t=\frac{h^2}{8m}\left(\frac{n_x^2}{a^2}+\frac{n_y^2}{b^2}+\frac{n_z^2}{c^2}\right)$$

式中，h为普朗克常量；n_x、n_y、n_z分别为x、y、z轴上的平动量子数，其值是从1到无穷的正整数，因为平动能是量子化的。

$$q_t=\sum_{n_x,n_y,n_z}\exp\left(-\frac{\varepsilon_t}{kT}\right)=\sum_{n_x=1}^{\infty}\sum_{n_y=1}^{\infty}\sum_{n_z=1}^{\infty}\exp\left[-\frac{h^2}{8mkT}\left(\frac{n_x^2}{a^2}+\frac{n_y^2}{b^2}+\frac{n_z^2}{c^2}\right)\right]$$

$$=\left[\sum_{n_x=1}^{\infty}\exp\left(-\frac{h^2}{8mkT}\cdot\frac{n_x^2}{a^2}\right)\right]\left[\sum_{n_y=1}^{\infty}\exp\left(-\frac{h^2}{8mkT}\cdot\frac{n_y^2}{b^2}\right)\right]\left[\sum_{n_z=1}^{\infty}\exp\left(-\frac{h^2}{8mkT}\cdot\frac{n_z^2}{c^2}\right)\right]\quad(6\text{-}46)$$

式(6-46)中的三项相当于3个等同一维平动子的配分函数，因此，只要求解其中一项即可。令$\alpha_a^2=\dfrac{h^2}{8mkTa^2}$，当$\alpha_a^2\ll 1$时，可将求和改为积分，即

$$q_x=\sum_{n_x=1}^{\infty}\exp(-\alpha_a^2n_x^2)=\int_0^{\infty}\exp(-\alpha_a^2n_x^2)\mathrm{d}n_x=\frac{\sqrt{\pi}}{2\alpha_a}$$

即
$$q_x=a\cdot\left(\frac{2\pi mkT}{h^2}\right)^{\frac{1}{2}}$$

同理可得
$$q_y=b\cdot\left(\frac{2\pi mkT}{h^2}\right)^{\frac{1}{2}},q_z=c\cdot\left(\frac{2\pi mkT}{h^2}\right)^{\frac{1}{2}}$$

因此平动配分函数为

$$q_t=q_x\cdot q_y\cdot q_z=a\cdot b\cdot c\cdot\left(\frac{2\pi mkT}{h^2}\right)^{\frac{3}{2}}=V\left(\frac{2\pi mkT}{h^2}\right)^{\frac{3}{2}}\quad(6\text{-}47)$$

式(6-47)导出的前提是$\alpha_a^2\ll 1$，因此分子能否达到该条件是计算分子平动配分函数的前提条件。

He原子为除H原子以外质量最小的原子，其相对原子质量为4.003，则一个He原子的质量为$m=6.65\times10^{-27}$ kg，设矩形盒势箱的a边长为$a=0.01$ m，则当$T=300$ K时有

$$\alpha_a^2=\frac{h^2}{8mkTa^2}=\frac{(6.626\times10^{-34})^2}{8\times6.65\times10^{-27}\times1.38\times10^{-23}\times300\times(0.01)^2}=1.95\times10^{-17}$$

可见$\alpha_a^2\ll 1$的条件是很容易满足的。

【例6-1】 计算298.15 K、标准压力$p^{\ominus}$下，1 mol氮气的平动配分函数q_t值。

解 N_2的摩尔质量为$14.008\times2\times10^{-3}$ kg，所以一个N_2质量为

$$m=\frac{14.008\times2\times10^{-3}}{6.022\times10^{23}}=4.6523\times10^{-26}(\text{kg})$$

该1 mol氮气所占据的体积为

$$V=\frac{298.15}{273.15}\times 0.0224=0.02445(\mathrm{m}^3)$$

所以 $$q_t=V\left(\frac{2\pi mkT}{h^2}\right)^{\frac{3}{2}}$$

$$=0.02445\left[\frac{2\times 3.1416\times 4.6523\times 10^{-26}\times 1.38\times 10^{-23}\times 298.15}{(6.626\times 10^{-34})^2}\right]^{\frac{3}{2}}=3.5056\times 10^{30}$$

6.4.3 转动配分函数

双原子以及多原子分子，除了分子质心的整体平动外，其内部运动中还有转动和振动。这两种运动互有影响，为了便于讨论，把转动视为刚性转子绕质心的转动，把振动看成线性谐振子，二者彼此独立。根据量子理论，转动能级公式为

$$\varepsilon_r=J(J+1)\frac{h^2}{8\pi^2 I},(J=0,1,2,\cdots)$$

式中，J 为转动量子数；I 为转动惯量。对于双原子分子，$I=\frac{m_1m_2}{m_1+m_2}\times r^2$，其中 m_1 和 m_2 分别为构成双原子分子的原子质量，r 为两原子核间的距离。由于转动运动的角动量在空间是量子化的，因此能级简并度 $g_r=2J+1$，转动配分函数为

$$q_r=\sum_{J=0}^{\infty}(2J+1)\exp\left[-\frac{J(J+1)h^2}{8\pi^2 IkT}\right]$$

令 $\frac{h^2}{8\pi^2 Ik}=\Theta_r$，则

$$q_r=\sum_{J=0}^{\infty}(2J+1)\exp\left[-\frac{J(J+1)\Theta_r}{T}\right] \tag{6-48}$$

式中，Θ_r 为转动的特征温度，具有温度的量纲，从分子的转动惯量可以求得 Θ_r。

式(6-48)的求和比较复杂，根据 Θ_r 与 T 的相对大小可以分以下三种情况处理。

(1) $T\gg\Theta_r$ 时。此时计算最简单，即可用积分代替求和。若令 $x=J(J+1)$，则 $\mathrm{d}x=(2J+1)\mathrm{d}J$，将其代入式(6-48)得

$$q_r=\int_0^{\infty}(2J+1)\exp\left[-\frac{J(J+1)\Theta_r}{T}\right]\mathrm{d}J$$

$$=\int_0^{\infty}\exp\left(-\frac{x\Theta_r}{T}\right)\mathrm{d}x=\frac{T}{\Theta_r}=\frac{8\pi^2 kTI}{h^2} \tag{6-49}$$

式(6-49)适合于异核双原子分子。对于同核双原子分子，配分函数还要除以对称数 σ。刚性转子的对称性是指刚性转子转动一周后不可分辨的几何位置数，对于同核双原子分子，每转动 180°分子位形就重复一次，故 $\sigma=2$。则式(6-49)改写成

$$q_r=\frac{8\pi^2 kTI}{\sigma\cdot h^2}=\frac{T}{\sigma\cdot\Theta_r} \tag{6-50}$$

当温度较低时，不能用式(6-48)或式(6-49)计算 q_r，而只能用式(6-47)逐项进行加和求得。

对于多原子非线性分子，绕质心的转动有三个方向，因此其配分函数为

$$q_r=\frac{8\pi^2(2\pi kT)^{\frac{3}{2}}}{\sigma\cdot h^3}\times(I_x\cdot I_y\cdot I_z)^{\frac{1}{2}}$$

式中，I_x、I_y、I_z 分别为原子在 x、y、z 三个轴上的转动惯量。对于线性多原子分子，其配分函数与式(6-49)相同。

(2) $T > \Theta_r$ 时。此时可用欧勒-麦克劳林级数展开式处理，可得

$$q_r = \frac{T}{\sigma \cdot \Theta_r}\left[1 + \frac{1}{3}\left(\frac{\Theta_r}{T}\right) + \frac{1}{15}\left(\frac{\Theta_r}{T}\right)^2 + \frac{4}{315}\left(\frac{\Theta_r}{T}\right)^3 + \cdots\right] \tag{6-51}$$

(3) $T \ll \Theta_r$ 时。此时只能严格地按照式(6-48)进行加和计算。

【例 6-2】 计算 298.15 K 下，NO 的转动配分函数 q_r，已知核距 $r = 1.151 \times 10^{-10}$ m。

解

$$m_N = \frac{14.008 \times 10^{-3}}{6.022 \times 10^{23}} = 2.326 \times 10^{-26}(\text{kg})$$

$$m_O = \frac{16.00 \times 10^{-3}}{6.022 \times 10^{23}} = 2.657 \times 10^{-26}(\text{kg})$$

所以

$$\begin{aligned} I &= \frac{m_N m_O}{m_N + m_O} \times r^2 \\ &= \frac{2.326 \times 10^{-26} \times 2.657 \times 10^{-26}}{(2.326 + 2.657) \times 10^{-26}} \times (1.151 \times 10^{-10})^2 = 1.643 \times 10^{-46}(\text{kg} \cdot \text{m}^2) \end{aligned}$$

$$q_r = \frac{8\pi^2 kTI}{h^2} = \frac{8 \times (3.1416)^2 \times 1.38 \times 10^{-23} \times 298.15 \times 1.643 \times 10^{-46}}{(6.626 \times 10^{-34})^2} = 121.6$$

可见，转动配分函数 q_r 值比平动配分函数 q_t 值小得多，因此转动对热力学函数的贡献较平动的少。

6.4.4 振动配分函数

根据量子力学理论，若选谐振子的平衡位置为能量零点，则一维谐振子的振动能级为

$$\varepsilon_v = \left(v + \frac{1}{2}\right)h\nu \qquad (v = 1, 2, 3\cdots)$$

式中，v 为振动量子数；ν 为振动频率，经典振动频率 $\nu = \frac{1}{2\pi}\sqrt{\frac{f}{m}}$，其中 f 为弹力常数。而振动能级都是非简并的，即 $g_v = 1$，所以振动配分函数为

$$\begin{aligned} q_v &= \sum_{v=0}^{\infty} \exp\left(-\frac{\varepsilon_v}{kT}\right) = \sum_{v=0}^{\infty} \exp\left[-\frac{\left(v + \frac{1}{2}\right)h\nu}{kT}\right] \\ &= \exp\left(-\frac{h\nu}{2kT}\right) + \exp\left(-\frac{3h\nu}{2kT}\right) + \exp\left(-\frac{5h\nu}{2kT}\right) + \cdots \\ &= \frac{\exp(-h\nu/2kT)}{1 - \exp(-h\nu/kT)} = \frac{\exp(-\Theta_v/2T)}{1 - \exp(-\Theta_v/T)} \end{aligned} \tag{6-52}$$

式中，$\Theta_v = h\nu/k$，称为振动特征温度；$\frac{1}{2}h\nu$ 为基态振动能。

【例 6-3】 计算 300 K 下 NO 气体的 q_v 值。已知 NO 的 $\Theta_v = 2690$ K。

解 根据式(6-52)可得

$$q_v = \frac{\exp(-2690/2 \times 300)}{1 - \exp(-2690/300)} = 1.130 \times 10^{-2}$$

由例 6-3 可见，振动配分函数的值也较小。即使对于振动特征温度较低的固体碘，因为 $\Theta_v = 310$ K，则在常温 300 K 下，其振动配分函数也只有 $q_v = 0.926 \approx 1$。这表明，与平动、转动相比，振动对热力学函数值的贡献更小。

必须指出，在讨论多原子分子的振动时，还应该需要考虑分子的运动自由度，即考虑描述分子在空间位形所必需的独立坐标数目。决定一个原子在空间的位置需要三个坐标(x、y、

z)，所以由 n 个原子组成的分子(n 个原子若视为彼此独立的)则就需要 $3n$ 个坐标，即分子的总自由度数为 $3n$。但因为一个分子为一整体，其质心的平动只有 3 个自由度，其他 $3n-3$ 个自由度则为分子的内部运动自由度，即转动和振动自由度。对于线性分子只有两个转动自由度，所以振动自由度为 $3n-5$；而非线性分子有 3 个转动自由度，则振动自由度数为 $3n-6$。因此，线性分子的振动配分函数为

$$q_v = \prod_{i=1}^{3n-5} \frac{\exp(-h\nu_i/2kT)}{1-\exp(-h\nu_i/kT)} \tag{6-53}$$

非线性分子的振动配分函数为

$$q_v = \prod_{i=1}^{3n-6} \frac{\exp(-h\nu_i/2kT)}{1-\exp(-h\nu_i/kT)} \tag{6-54}$$

注意：若粒子为单原子分子，则 $3n-5$ 和 $3n-6$ 均小于零，所以式(6-51)和式(6-52)不适于单原子分子。因此对于单原子分子，可以将原子的振动分解成三个方向的同性振动来考虑，即一个粒子的振动可看成三维各向同性的一维谐振子。另外，能级一定时，双原子分子的振动只有一种振动频率，即可视为一维谐振子的振动。而一维谐振子的配分函数为

$$q_v = \frac{\exp(-\Theta_v/2T)}{1-\exp(-\Theta_v/T)}$$

所以粒子的振动配分函数为

$$q_v = \left[\frac{\exp(-\Theta_v/2T)}{1-\exp(-\Theta_v/T)}\right]^3$$

若选择振动基态为能量零点，则一维谐振子的配分函数和粒子的振动配分函数分别为

$$q_v = \frac{1}{1-\exp(-\Theta_v/T)} \quad 和 \quad q_v = \left[\frac{1}{1-\exp(-\Theta_v/T)}\right]^3 \tag{6-55}$$

当温度较高时，有 $kT \gg h\nu$，则将式(6-51)展开，整理后得

$$q_v = \frac{kT}{h\nu} = \frac{T}{\Theta_v}$$

表 6-4 列出了一些常见双原子分子有关转动和振动的参数。

表 6-4　常见双原子分子 Θ_r、Θ_v、I、r 和 ν_0 值

分子	转动特征温度 Θ_r/K	振动特征温度 $\Theta_v\times10^{-3}$/K	转动惯量 $I\times10^{46}/(kg\cdot m^2)$	核间距 r/nm	基态振动频率 $\nu_0\times10^{-12}/s^{-1}$
H_2	85.4	6.10	0.0460	0.0742	131.8
N_2	2.86	3.34	1.394	0.1095	70.75
O_2	2.07	2.23	1.953	0.1207	47.38
CO	2.77	3.07	1.449	0.1128	65.05
NO	2.42	2.69	1.643	0.1151	57.09
HCl	15.2	4.4	0.2645	0.1275	80.63
HBr	12.1	3.7	0.331	0.1414	79.44
HI	9.0	3.2	0.431	0.1604	69.22
I_2	0.107	0.308	75.01	0.2668	6.42

6.4.5 电子配分函数

由于原子中所有电子的总角动量取决于角量子数 J，而角动量的空间量子化是简并的，每个 J 有$(2J+1)$个简并态。因此，电子配分函数为

$$q_e = \sum_i (2J+1) \cdot \exp\left(-\frac{\varepsilon_i}{kT}\right)$$

在一般温度条件下，电子的能级间隔都很大，有 $\Delta\varepsilon_e \gg kT$，通常有 $\Delta_0^1\varepsilon_e \approx 400\ \text{kJ} \cdot \text{mol}^{-1}$，其特征温度值都在 10^4 的量级。所以，电子一般都处于基态，而很难跃迁到激发态，因此在考虑电子配分函数时，通常只需要取其基态值，则电子配分函数为

$$q_e = \sum_i (2J+1) \cdot \exp\left(-\frac{\varepsilon_i}{kT}\right) \approx g_0 \cdot \exp\left(-\frac{\varepsilon_0}{kT}\right)$$

若取基态能量为能量标度的零点，即 $\varepsilon_0 = 0$，则 $q_e = g_0 = (2J+1)$，g_0 可以通过原子的光谱项确定。而大多数分子或稳定离子的电子基态是非简并的(无未成对电子)，即 $g_0 = 1$，但 O_2 和 NO 是例外。因为 O_2 分子中含有两个未成对电子，分子中总自旋量子数 $J = \frac{1}{2} + \frac{1}{2} = 1$，所以，$O_2$ 的基态电子配分函数为 $q_e = g_0 = 2 \times J + 1 = 3$；而 NO 含有一个未成对电子，$J = \frac{1}{2}$，所以 $g_0 = 2 \times J + 1 = 2$，更特别的是，NO 的基态与第一激发态的能级差较小 $\Delta_0^1\varepsilon_e \approx 0.015\ \text{eV}$，即电子能约为 2.4×10^{-21} J，因此对于 NO，在常温条件下还必须考虑第一激发态电子对配分函数的贡献。计算如下

$$\begin{aligned} q_e &= g_0 + g_1 \cdot \exp(-\varepsilon_i / kT) = g_0 + g_1 \cdot \exp(-\Delta_0^1\varepsilon_e / kT) \\ &= 2 + 2 \times \exp(-2.4 \times 10^{-21} / 1.38 \times 10^{-23} \times 300) = 3.12 \end{aligned}$$

6.4.6 核配分函数

核配分函数的一般表达式为 $q_n = \left[\sum_i g_{n,i} \exp\left(-\frac{\varepsilon_{n,i}}{kT}\right)\right]$。因为原子核的能级间隔特别大，其特征温度达到了 10^{10} 的量级。因此在通常的化学反应中，原子核将处于基态，除非体系温度达到上亿度，发生核反应。所以核配分函数只需要取一般表达式中的第一项，即

$$q_n = g_{n,0} \exp\left(-\frac{\varepsilon_{n,0}}{kT}\right)$$

若将核运动基态能级选为能量零点，则 $q_n = g_{n,0}$，即核配分函数与其基态简并度相等。由于原子核在最低能级基态时存在自旋作用，而核自旋将产生自旋磁场，且将与外磁场发生相互作用，在空间量子化效应的作用下，原子核在空间有着不同的取向，即原子核的能级是简并的。设核自旋量子数为 s，则原子或单原子分子的基态简并度为 $(2s+1)$；对于多原子($n > 0$)分子，整个分子的核能级简并度为 $\prod_1^n (2s+1)$。此外，核自旋量子数 s 与体系的温度、压力无关，即核配分函数 q_n 或 $\ln q_n$ 与体系的温度、压力无关。由统计热力学基本关系式(6-32) ～ 式(6-44) 可知，$\ln q_n$ 对温度或压力微商时等于零，因此，q_n 对 U、H、p 等热力学函数没有贡献，但对 S、A、G 等热力学函数是有贡献的。只是在热力学函数的应用时更关注的是其变化量(如 ΔG)，而反应前后原子核是不发生改变的，核运动的影响也就被这差值消除了，因此一般情况下可以不考虑 q_n 对热力学函数的贡献。

6.4.7 相空间

由以上分析可以看出，求算各热力学函数的关键是求出配分函数。但在求算配分函数过程中，会碰到不少问题。例如，在求算配分函数时，如果同时考虑某能级 ε_i 的简并度 g_i，计算就很麻烦，运用“相空间”就很容易解决。

相空间概念来源于经典力学，它是描述粒子微观运动状态的多维空间。对于一个粒子，如果不考虑其内部结构和运动，将其视为一个刚性质点，则其运动自由度为 3。该粒子的微观状态包括位置状态和动量状态，因此描述该粒子的微观状态就需要一个三维的空间坐标和一个相应的三维动量坐标，即该粒子是在一个 2×3 的正交 6 维坐标系中运动。显然，多维空间是数学上的抽象空间，这个描述单个粒子微观状态的空间称为子相空间或 μ 空间，是为研究和计算微观状态数而构造的一个数学概念。

微观状态下的粒子（如原子、分子）服从测不准原理，即位置和动量不可能同时准确测量，有 $\mathrm{d}x\mathrm{d}P_x\approx h$，$\mathrm{d}y\mathrm{d}P_y\approx h$，$\mathrm{d}z\mathrm{d}P_z\approx h$。现设想有一个由位置坐标 x、y、z 和动量坐标 P_x、P_y、P_z 所构成的 2×3 的正交 6 维空间，在该空间中，在能量由 ε 到 $\varepsilon+\mathrm{d}\varepsilon$ 的范围内，微观粒子的位置变化为 $x\rightarrow x+\mathrm{d}x$，$y\rightarrow y+\mathrm{d}y$，$z\rightarrow z+\mathrm{d}z$，动量变化为 $P_x\rightarrow P_x+\mathrm{d}P_x$，$P_y\rightarrow P_y+\mathrm{d}P_y$，$P_z\rightarrow P_z+\mathrm{d}P_z$，则 $\varepsilon\rightarrow\varepsilon+\mathrm{d}\varepsilon$ 间隔所对应的微相体积元为

$$\mathrm{d}x\mathrm{d}y\mathrm{d}z\mathrm{d}P_x\mathrm{d}P_y\mathrm{d}P_z\approx h^3$$

式中，h^3 表示微相体积元，称为相胞或称相态。因此，受测不准原理的制约，μ 空间中的每一个相胞代表粒子的一个微观运动状态，粒子所有可能出现的 m 种微观状态就由 μ 空间中的 m 个相胞来代表。能量在 $\varepsilon\rightarrow\varepsilon+\mathrm{d}\varepsilon$ 范围内，相胞 $\mathrm{d}\mu$ 内粒子的微观状态数为

$$g=\frac{1}{h^3}\mathrm{d}x\mathrm{d}y\mathrm{d}z\mathrm{d}P_x\mathrm{d}P_y\mathrm{d}P_z \tag{6-56}$$

式(6-56)就是粒子在能量 $\varepsilon=\varepsilon(x,y,z,P_x,P_y,P_z)$ 时的简并度。而在整个 μ 空间中，粒子的微观状态数为

$$g(\mathrm{d}\varepsilon)=\frac{1}{h^3}\int\mathrm{d}x\int\mathrm{d}y\int\mathrm{d}z\int\mathrm{d}P_x\int\mathrm{d}P_y\int\mathrm{d}P_z \tag{6-57}$$

以上的概念建立和公式的推导都是对无内部结构和运动的质点的描述。如果粒子是非质点性的，且自由度为 f，则描述该粒子的微观状态所需要的 μ 空间就是 $2\times f$ 维的。如果体系由 N 个粒子组成，且每个粒子的自由度为 f，就需要 $2\times f\times N$ 维空间对该体系的微观状态进行描述，这样的多维空间称为 τ 空间。同样受到测不准原理的制约，此时的一个相胞的体积为 h^{fN}，代表了体系在某一瞬间的微观状态。设体系有 N 个自由度为 3 的粒子，则能量在 $E\rightarrow E+\mathrm{d}E$ 范围内，相胞 $\mathrm{d}\tau$ 内体系的微观状态数为

$$\omega=\frac{1}{h^{3N}}\mathrm{d}x_1\mathrm{d}y_1\mathrm{d}z_1\cdots\mathrm{d}x_N\mathrm{d}y_N\mathrm{d}z_N\mathrm{d}P_{x_1}\mathrm{d}P_{y_1}\mathrm{d}P_{z_1}\cdots\mathrm{d}P_{x_N}\mathrm{d}P_{y_N}\mathrm{d}P_{z_N} \tag{6-58}$$

式(6-58)就是体系能量为 $E=E(x_1,y_1,z_1,\cdots,x_N,y_N,z_N,P_{x_1},P_{y_1},P_{z_1},\cdots,P_{x_N},P_{y_N},P_{z_N})$ 时的简并度。那么整个 τ 空间中，体系的微观状态数为

$$\omega(\mathrm{d}E)=\frac{1}{h^{3N}}\int\cdots\int_{E\rightarrow E+\mathrm{d}E}\mathrm{d}x_1\mathrm{d}y_1\mathrm{d}z_1\cdots\mathrm{d}x_N\mathrm{d}y_N\mathrm{d}z_N\mathrm{d}P_{x_1}\mathrm{d}P_{y_1}\mathrm{d}P_{z_1}\cdots\mathrm{d}P_{x_N}\mathrm{d}P_{y_N}\mathrm{d}P_{z_N}$$

若粒子是不可区分的，则体系的微观状态数为

$$\omega(\mathrm{d}E)=\frac{1}{N!h^{3N}}\int\cdots\int_{E\rightarrow E+\mathrm{d}E}\mathrm{d}x_1\mathrm{d}y_1\mathrm{d}z_1\cdots\mathrm{d}x_N\mathrm{d}y_N\mathrm{d}z_N\mathrm{d}P_{x_1}\mathrm{d}P_{y_1}\mathrm{d}P_{z_1}\cdots\mathrm{d}P_{x_N}\mathrm{d}P_{y_N}\mathrm{d}P_{z_N}$$

对于相倚子体系，其能量为

$$E_i=\frac{1}{2m}\sum_{j=1}^{N}(P_{x_j}^2+P_{y_j}^2+P_{z_j}^2)+U(x_1,y_1,z_1;\cdots;x_N,y_N,z_N)+U_{\mathrm{in}}$$

式中，第一项表示的是平动能，第二项表示的是粒子之间的相互作用能，第三项表示的是粒子内部运动自由度所对应的能量。由于体系状态发生变化时，粒子内部运动自由度所对应的能

量一般不会变化，因此处理相倚子体系时通常只取前两项。按照配分函数的定义，相倚子体系的配分函数为

$$Q=\sum_i \omega_i \exp\left(-\frac{E_i}{kT}\right)$$
$$=\sum_i \omega_i \exp\left(-\frac{1}{2mkT}\sum_{j=1}^{N}(P_{x_j}^2+P_{y_j}^2+P_{z_j}^2)-\frac{U(x_1,y_1,z_1;\cdots;x_N,y_N,z_N)}{kT}\right)$$

根据此式可以处理相倚子体系的问题，只要把第二项表示粒子之间的相互作用能的问题解决好就行。处理相倚子体系问题的关键是建立好体系粒子之间的相互作用能——势能模型，当然还有一个数学上求积分的问题。从这个意义上说，介绍了相空间概念也就可以不必介绍系综原理方面的知识了，因为系综原理最终还是要用相空间概念。

6.4.8 配分函数在相空间的求算

1. 平动子配分函数在相空间的求解

设三维平动子的质量为 m，其能量函数为 $\varepsilon_i=\frac{1}{2m}(P_x^2+P_y^2+P_z^2)$，而相应的简并度由式(6-57)表示，则粒子的配分函数为

$$q_t=\sum_i g_{t,i}\exp\left(-\frac{\varepsilon_i}{kT}\right)$$
$$=\left(\frac{1}{h^3}\int dx\int dy\int dz\int dP_x\int dP_y\int dP_z\right)\cdot \exp\left(-\frac{P_x^2+P_y^2+P_z^2}{2mkT}\right)$$
$$=\frac{1}{h^3}\int_0^a dx\int_0^b dy\int_0^z dz\int_{-\infty}^{\infty}\exp\left(-\frac{P_x^2}{2mkT}\right)dP_x\int_{-\infty}^{\infty}\exp\left(-\frac{P_y^2}{2mkT}\right)dP_y\int_{-\infty}^{\infty}\exp\left(-\frac{P_x^2}{2mkT}\right)dP_z$$
$$=\frac{V}{h^3}\left[\int_{-\infty}^{\infty}\exp\left(-\frac{P_x^2}{2mkT}\right)dP_x\right]^3=V\left(\frac{2\pi mkt}{h^2}\right)^{\frac{3}{2}} \tag{6-59}$$

式(6-59)与式(6-47)完全相同。

2. 单维谐振子的配分函数在相空间的求算

设质量为 m、弹力常数为 f 的单维谐振子，其能量为

$$\varepsilon=\frac{1}{2m}v_x^2+\frac{1}{2}fx^2=\frac{P_x^2}{2m}+\frac{1}{2}fx^2$$

结合式(6-57)得

$$q_v=\left(\frac{1}{h}\int_{-\infty}^{\infty}dx\int_{-\infty}^{\infty}dP_x\right)\cdot\exp\left[-\frac{1}{2}\left(\frac{P_x^2}{mkT}+\frac{fx^2}{kT}\right)\right]$$
$$=\frac{1}{h}\left[\int_{-\infty}^{\infty}\exp\left(-\frac{fx^2}{2kT}\right)dx\right]\left[\int_{-\infty}^{\infty}\exp\left(-\frac{P_x^2}{2mkT}\right)dP_x\right]$$
$$=\frac{1}{h}(\sqrt{2\pi mkT})\left(\sqrt{\frac{2\pi kT}{f}}\right)=\frac{kT}{h}\cdot\frac{2\pi\sqrt{m}}{\sqrt{f}}=\frac{kT}{h\nu} \tag{6-60}$$

式(6-68)和式(6-55)完全一样，式中 $\nu=\frac{1}{2\pi}\times\sqrt{\frac{f}{m}}$。

从式(6-59)和式(6-60)的推导可以看出，相空间用于配分函数的求算较为方便，避免了求简并度的麻烦。

6.5 配分函数的应用

6.5.1 热容的计算

1. 气体的热容

因为 $C_V=\left(\frac{\partial U}{\partial T}\right)_V$，所以根据式(6-32)可得体系的恒容热容为

$$C_V=2RT\left(\frac{\partial \ln q}{\partial T}\right)_V+RT^2\left(\frac{\partial^2 \ln q}{\partial T^2}\right)_V \tag{6-61}$$

由于电子运动和核运动通常处于基态，它们对配分函数的贡献在对温度的微商中被消除，因此恒容摩尔热容就只需要考虑平动、振动和转动三种运动的贡献，即

$$C_V=C_{V,\mathrm{t}}+C_{V,\mathrm{r}}+C_{V,\mathrm{v}}$$

现以双原子分子为例，将平动配分函数表达式(6-45)代入式(6-61)得

$$\begin{aligned}C_{V,\mathrm{t}}&=2NkT\left[\frac{\partial \ln V(2\pi mkT/h^2)^{\frac{3}{2}}}{\partial T}\right]_V+NkT^2\left[\frac{\partial^2 \ln V(2\pi mkT/h^2)^{\frac{3}{2}}}{\partial T^2}\right]_V\\&=2NkT\times\frac{3}{2T}-NkT^2\times\frac{3}{2}\times\frac{1}{T^2}=\frac{3}{2}Nk\end{aligned}$$

同样，将转动配分函数表达式(6-46)代入式(6-61)中，得

$$C_{V,\mathrm{r}}=2NkT\times\frac{1}{T}-NkT^2\times\frac{1}{T^2}=Nk$$

对于振动配分函数，如果振动处于基态，即 $h\nu=kT$，$q_{\mathrm{v}}=1$，则

$$C_{V,\mathrm{m(v)}}=0$$

因此，对理想双原子分子气体，如振动处于基态，则其热容为

$$C_V=C_{V,\mathrm{t}}+C_{V,\mathrm{r}}+C_{V,\mathrm{v}}=\frac{3}{2}Nk+Nk+0=\frac{5}{2}Nk \tag{6-62}$$

当温度较高时，即 $kT\gg h\nu$，将 $q_{\mathrm{v}}=kT/h\nu$ 代入式(6-61)中得

$$C_{V,\mathrm{v}}=2NkT\times\frac{1}{T}-NkT^2\times\frac{1}{T^2}=Nk$$

此时
$$C_V=C_{V,\mathrm{t}}+C_{V,\mathrm{r}}+C_{V,\mathrm{v}}=\frac{3}{2}Nk+Nk+Nk=\frac{7}{2}Nk$$

2. 晶体热容

爱因斯坦首先将量子力学理论用于处理晶体热容，处理的前提是将晶体中的粒子在晶格上的运动视为简谐振动，即把由 N 个原子所构成的晶体看成是由 $3N$ 个一维谐振子所构成的体系，每个原子的振动不仅频率相同，且相互独立。按能量均分原则，粒子的每个自由度具有的能量相等，一维谐振子的热力学能为 $U=NkT^2\left(\frac{\partial \ln q}{\partial T}\right)_{N,V}$，而晶体中振动的原子有三个自由度，所以，在晶格上作谐振动的原子的热力学能为 $U=3NkT^2\left(\frac{\partial \ln q}{\partial T}\right)_{N,V}$。又因为一维谐振子的配分函数为 $q_{\mathrm{v}}=\frac{1}{1-\exp(-\Theta_{\mathrm{v}}/T)}$，所以其恒容热容为

$$C_V=\frac{3Nk\cdot(\Theta_E/T)^2\cdot\exp(\Theta_E/T)}{[\exp(\Theta_E/T)-1]^2} \tag{6-63}$$

式中，$\Theta_E=h\nu/k$，称为晶体的爱因斯坦特征温度。

当 $T\gg\Theta_E$ 时，$\Theta_E/T=h\nu/kT\to0$，则 $C_V\approx3Nk$ 或 $C_{V,m}\approx3R$，该结果与杜隆-柏第(Dulong-Petit)的经验规律一致。以此规律，热容应为一不随温度变化的常数，但这只适用于温度较高的体系。实际上温度越低，热容逐渐减小，当温度接近绝对零度时，热容 $C_{V,m}\to0$，且不同物质热容随温度的变化率也是不同的。

若 $T\ll\Theta_E$，则由式(6-63)得 $C_V\approx3Nk\cdot\left(\frac{\Theta_E}{T}\right)^2\cdot\exp\left(-\frac{\Theta_E}{T}\right)$。当 $T\to0$，有 $C_V\to0$，该结果与实验结果基本吻合。但在 $T<40$ K 的低温范围内，爱因斯坦的 $C_{V,m}$-(Θ_E/T) 曲线低于实验曲线，这是因为爱因斯坦模型所做的"粒子振动频率相同"的假设与实际不合。

1912 年，德拜改进了爱因斯坦模型，认为 N 个原子所构成的晶体是由 $3N$ 个一维谐振子所构成的体系，但每个原子的振动频率 ν 是按照一定的分布方式分布在 $0\to\nu_D$ 范围内，ν_D 称为德拜截频。由此导出

$$C_V\approx3Nk\cdot\left[4D(u)-\frac{3u}{e^u-1}\right] \tag{6-64}$$

式(6-64) 为德拜热容公式，其中 $D(u)=\frac{3}{u^3}\int_0^u\frac{x^3\mathrm{d}x}{e^x-1}$，称为德拜热容函数，$x=h\nu/kT$，$u=\Theta_D/T=h\nu_D/kT$，$\Theta_D$ 称为德拜特征温度。在高温下，即 $T\gg\Theta_D$ 时，式(6-64) 可化为 $C_V=3Nk$；在低温下，当 $T\ll\Theta_E$，式(6-64) 可化为

$$C_V=\frac{14}{5}\times\pi^4Nk\cdot\left(\frac{T}{\Theta_D}\right)^3 \text{ 或 } C_{V,m}=\frac{12}{5}\times\pi^4R\cdot\left(\frac{T}{\Theta_D}\right)^3 \tag{6-65}$$

式(6-65)表明，在极低温度下晶体的热容 C_V 与温度 T 的立方成正比，因此式(6-65)被称为低温下晶体的德拜热容立方定律。

德拜热容公式比爱因斯坦公式前进了一大步，与实验结果吻合度较高，如图 6-1 所示。

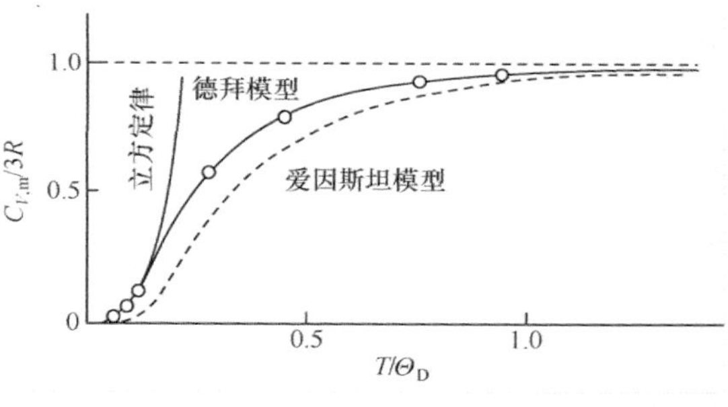

图 6-1　晶体热容量子理论计算结果与实验结果比较

6.5.2　化学反应平衡常数的统计热力学处理

以气相反应为例，设体系为混合理想气体体系，理想气体属于独立离域子体系。由化学势的定义式 $\mu_k(T,p)=\left(\frac{\partial G}{\partial N_k}\right)_{T,p}$ 和吉布斯自由能的统计表达式(6-44)得

$$\mu(T,p)=\left(\frac{\partial G}{\partial N}\right)_{T,p}=-kT\left[\ln\frac{q\cdot e}{N}-\left(\frac{\partial\ln q}{\partial\ln V}\right)_T\right]=-kT\ln\frac{q}{N} \tag{6-66}$$

对混合物体系中 j 物质而言，$\mu_j(T,p)=-kT\ln\dfrac{q_j}{N_j}$。又因为化学反应体系为多组分体系，而各物质的配分函数与能量标度的零点选择有关，因此需要选择一个公共能量零点，在公共零点选定后各物质粒子的配分函数用式(6-27)表示，即有

$$q_{0,j}=q_j\exp\left(-\frac{\varepsilon_{0,j}}{kT}\right) \tag{6-67}$$

对于化学反应体系，一般选择反应物(A、B、X 和 Y)分子均离解成基态的原子，且彼此相距无限远时的能量作为体系的公共能量标度零点，则反应物(A、B、X 和 Y)分子的基态能量为 $\varepsilon_{0,j}$，为负值。设 A、B、X 和 Y 分子在基态下的离解能分别为 $D_{0,\mathrm{A}}$、$D_{0,\mathrm{B}}$、$D_{0,\mathrm{X}}$和 $D_{0,\mathrm{Y}}$，离解吸热取正值，则各反应物分子的基态能量 $\varepsilon_{0,j}$ 可表示为

$$\varepsilon_{0,j}=-D_{0,j}\quad(j\text{ 可代表 A、B、X 和 Y})$$

此时公共能量标度零点下反应物分子的基态能量 $\varepsilon_{0,j}$ 与离解能的关系如图 6-2 所示。

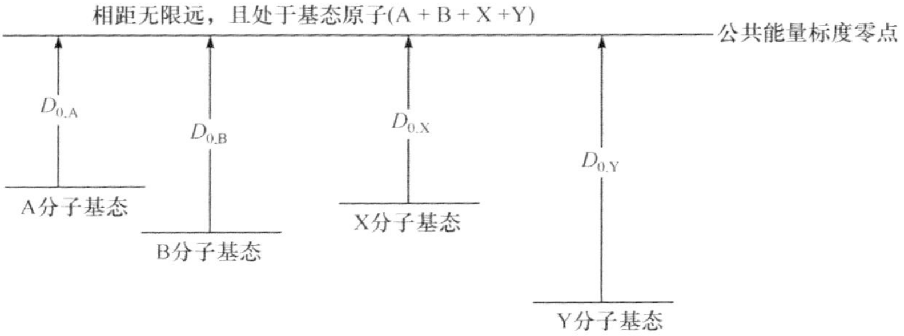

图 6-2　体系公共能量标度零点选择示意图

由此可知，对化学反应体系可以寻找到公共能量标度零点，从而计算出各物质粒子的配分函数。以 $D_{0,j}$ 代替 $\varepsilon_{0,j}$，式 (6-67)则成为

$$q_{0,j}=q_j\exp\left(\frac{D_{0,j}}{kT}\right) \tag{6-68}$$

因此，各反应物的化学势为 $\mu_j(T,p)=-kT\ln\dfrac{q_{0,j}}{N_j}=-kT\ln\dfrac{q_j}{N_j}+\varepsilon_{0,j}$，或各反应物的化学势为 $\mu_j(T,p)=-kT\ln\dfrac{q_{0,j}}{N_j}=-kT\ln\dfrac{q_j}{N_j}-D_{0,j}$。

化学反应达到平衡时有 $\sum\nu_j\mu_j=0$，因此气相反应 $a\mathrm{A}+b\mathrm{B}=\!=\!=x\mathrm{X}+y\mathrm{Y}$ 在平衡时有

$$\sum\nu_j\mu_j=0\Rightarrow a\ln\frac{q_{0,\mathrm{A}}}{N_\mathrm{A}}+b\ln\frac{q_{0,\mathrm{B}}}{N_\mathrm{B}}=x\ln\frac{q_{0,\mathrm{X}}}{N_\mathrm{X}}+y\ln\frac{q_{0,\mathrm{Y}}}{N_\mathrm{Y}}$$

即 $\sum\nu_j\ln\left(\dfrac{q_{0,j}}{N_j}\right)_{\mathrm{eq}}=0$。由此导出

$$\prod_j(N_j^{\nu_j})_{\mathrm{eq}}=\prod_j(q_{0,j}^{\nu_j})_{\mathrm{eq}} \tag{6-69}$$

将式(6-67) 或式(6-68) 与式(6-69) 结合，可得到配分函数表达的平衡常数为

$$K_N(T,V)=\prod_j(N_j^{\nu_j})_{\mathrm{eq}}=\prod_j(q_{0,j}^{\nu_j})_{\mathrm{eq}}=\prod_j(q_j^{\nu_j})_{\mathrm{eq}}\exp\left(-\frac{\Delta\varepsilon_0}{kT}\right) \tag{6-70}$$

$$K_N(T,V)=\prod_j(N_j^{\nu_j})_{\mathrm{eq}}=\prod_j(q_{0,j}^{\nu_j})_{\mathrm{eq}}=\prod_j(q_j^{\nu_j})_{\mathrm{eq}}\exp\left(\frac{\Delta D_0}{kT}\right) \tag{6-71}$$

可见，用统计力学的方法求平衡常数需要有反应体系中各物质的分子配分函数 q_j 和参照公共能量零点的能量差 $\Delta\varepsilon_0$ 或 ΔD_0。前面已说明，q_j 可以分解成分子的各种运动形态所对应的配分函数，然后通过相应的光谱数据求得，一般比较准确；而 $\Delta\varepsilon_0$ 或 ΔD_0 值的获得通常是由离解能或量热的方法，其准确度较低。可以说，用统计力学方法求算化学反应平衡常数的误差主要来源于 $\Delta\varepsilon_0$ 或 ΔD_0 值的求算。

由 $\Delta\varepsilon_0$ 或 ΔD_0 均可以得到化学反应的热效应 ΔU，ΔU 的值与各物质的能量标度零点的选择无关。这也表明，平衡常数的数值与各物质的能量标度零点的选择无关，同前面所讲的结果——能量标度零点的选择不影响玻耳兹曼分布，即不影响能级分布数 N_i^* 是一致的。

由式(6-69)可以分别导出以物质的量浓度 c、摩尔分数 y、压强 p 及标准平衡常数 $K_p^\ominus$ 的表达式

$$K_c(T)=\prod_j(c_j^{\nu_j})_{\text{eq}}=\prod_j\left(\frac{N_j}{L\cdot V}\right)_{\text{eq}}^{\nu_j}=\prod_j\left(\frac{q_j}{L\cdot V}\right)_{\text{eq}}^{\nu_j}\exp\left(-\frac{\Delta\varepsilon_0}{kT}\right)$$

或
$$K_c(T)=\prod_j(c_j^{\nu_j})_{\text{eq}}=\prod_j\left(\frac{N_j}{L\cdot V}\right)_{\text{eq}}^{\nu_j}=\prod_j\left(\frac{q_j}{L\cdot V}\right)_{\text{eq}}^{\nu_j}\exp\left(-\frac{\Delta D_0}{kT}\right)$$

因为 $pV=nRT$，$n=N/L$，$R=kL$，所以 $p=NkT/V$，则

$$K_p(T)=\prod_j(p_j^{\nu_j})_{\text{eq}}=\prod_j\left(\frac{N_jkT}{V}\right)_{\text{eq}}^{\nu_j}=\prod_j\left(\frac{q_jkT}{V}\right)_{\text{eq}}^{\nu_j}\exp\left(-\frac{\Delta\varepsilon_0}{kT}\right)$$

或
$$K_p(T)=\prod_j(p_j^{\nu_j})_{\text{eq}}=\prod_j\left(\frac{N_jkT}{V}\right)_{\text{eq}}^{\nu_j}=\prod_j\left(\frac{q_jkT}{V}\right)_{\text{eq}}^{\nu_j}\exp\left(\frac{\Delta D_0}{kT}\right)$$

而 $y_j=p_j/p$，所以可得

$$K_y(T,p)=\prod_j(y_j^{\nu_j})_{\text{eq}}=\prod_j\left(\frac{N_jkT}{V\cdot p}\right)_{\text{eq}}^{\nu_j}=\prod_j\left(\frac{q_jkT}{V\cdot p}\right)_{\text{eq}}^{\nu_j}\exp\left(-\frac{\Delta\varepsilon_0}{kT}\right)$$

或
$$K_p^\ominus(T)=\prod_j\left(\frac{q_jkT}{V\cdot p^\ominus}\right)_{\text{eq}}^{\nu_j}\exp\left(\frac{\Delta U}{kT}\right)$$

【例 6-4】 试求反应 $H_2(g)+I_2(g)$══$2HI(g)$ 在 298 K 和 800 K 下的标准平衡常数 $K_p^\ominus$，下表列出了相关的实验数据。

物质	$M/(\text{g}\cdot\text{mol}^{-1})$	Θ_r/K	Θ_v/K	$D_0/(10^{-19}\text{J})$
$H_2(g)$	2.016	87.5	5.986	7.171
$I_2(g)$	253.81	0.107	306.8	2.470
$HI(g)$	127.91	9.43	3209	4.896

解　该反应为等分子反应，即 $\sum\nu_j=0$，$\Delta D_0=2D_{0,\text{HI}}-D_{0,\text{H}_2}-D_{0,\text{I}_2}=1.51\times10^{-20}$ J，因此可得

$$K_p^\ominus(T)=\left(\frac{q_{\text{HI}}^2}{q_{\text{H}_2}q_{\text{I}_2}}\right)_{\text{eq}}\exp\left(\frac{\Delta D_0}{kT}\right)=\frac{q_{\text{HI}}^2}{q_{\text{H}_2}q_{\text{I}_2}}\exp\left(\frac{1094.2}{T}\right)$$

再根据配分函数的析因子性可得，平动项为

$$q_t=\frac{q_{t,\text{HI}}^2}{q_{t,\text{H}_2}\cdot q_{t,\text{I}_2}}=\left(\frac{M_{\text{HI}}^2}{M_{\text{H}_2}M_{\text{I}_2}}\right)^{3/2}=\left(\frac{127.91^2}{2.016\times253.81}\right)^{3/2}=180.807$$

HI 为异核双原子分子，$\sigma_{\text{HI}}=2$，H_2 和 I_2 均为同核双原子分子，则 $\sigma_{\text{H}_2}=\sigma_{\text{I}_2}=1$

298 K 时，$(\Theta_r/T)_{\text{H}_2}=0.2936$，$(\Theta_r/T)_{\text{I}_2}=1.805\times10^{-4}$，$(\Theta_r/T)_{\text{HI}}=0.0316$

800 K 时，$(\Theta_r/T)_{\text{H}_2}=0.1094$，$(\Theta_r/T)_{\text{I}_2}=6.725\times10^{-5}$，$(\Theta_r/T)_{\text{HI}}=0.0118$

可见，H_2 和 HI 均难满足 $(\Theta_r/T)\ll1$ 的条件，因此，H_2 和 HI 的转动配分函数应该按照式(6-51)计算，而 I_2 的转动配分函数可以按照式(6-50)计算：

$$(q_{r,H_2})_{298\ K}=\frac{T}{\sigma_{H_2}\Theta_{r,H_2}}\left[1+\frac{1}{3}\frac{\Theta_{r,H_2}}{T}+\frac{1}{15}\left(\frac{\Theta_{r,H_2}}{T}\right)^2\right]=\frac{0.5518\ T}{\Theta_{r,H_2}}$$

$$(q_{r,H_2})_{800\ K}=\frac{T}{\sigma_{H_2}\Theta_{r,H_2}}\left[1+\frac{1}{3}\frac{\Theta_{r,H_2}}{T}+\frac{1}{15}\left(\frac{\Theta_{r,H_2}}{T}\right)^2\right]=\frac{0.5186\ T}{\Theta_{r,H_2}}$$

$$(q_{r,HI})_{298\ K}=\frac{T}{\sigma_{HI}\Theta_{r,HI}}\left[1+\frac{1}{3}\frac{\sigma_{HI}}{T}+\frac{1}{15}\left(\frac{\sigma_{HI}}{T}\right)^2\right]=\frac{1.0106\ T}{\Theta_{r,HI}}$$

$$(q_{r,HI})_{800\ K}=\frac{T}{\sigma_{HI}\Theta_{r,HI}}\left[1+\frac{1}{3}\frac{\sigma_{HI}}{T}+\frac{1}{15}\left(\frac{\sigma_{HI}}{T}\right)^2\right]=\frac{1.0040\ T}{\Theta_{r,HI}}$$

$$q_{r,I_2}=\frac{T}{\sigma_{I_2}\Theta_{r,I_2}}=\frac{T}{\Theta_{r,I_2}}$$

因此,转动项配分函数项为

$$(q_r)_{298\ K}=\left(\frac{q_{r,HI}^2}{q_{r,H_2}q_{r,I_2}}\right)_{298\ K}=\frac{1.8509\Theta_{r,H_2}\Theta_{r,I_2}}{\Theta_{r,HI}^2}=0.1949$$

$$(q_r)_{800\ K}=\left(\frac{q_{r,HI}^2}{q_{r,H_2}q_{r,I_2}}\right)_{800\ K}=\frac{1.9437\Theta_{r,H_2}\Theta_{r,I_2}}{\Theta_{r,HI}^2}=0.2046$$

题中所给反应温度均不属于高温,将反应物分子的振动视为一维谐振子,采用式(6-55)得

$$(q_{v,H_2})_{298\ K}=\frac{1}{1-\exp(-\Theta_{v,H_2}/T)}=\frac{1}{1-1.8889\times10^{-9}}\approx1$$

$$(q_{v,H_2})_{800\ K}\frac{1}{1-\exp(-\Theta_{v,H_2}/T)}=\frac{1}{1-5.628\times10^{-4}}\approx1$$

$$(q_{v,I_2})_{298\ K}=\frac{1}{1-\exp(-\Theta_{v,I_2}/T)}=\frac{1}{1-0.3572}\approx1.5556$$

$$(q_{v,I_2})_{800\ K}\frac{1}{1-\exp(-\Theta_{v,I_2}/T)}=\frac{1}{1-0.6815}\approx3.1394$$

$$(q_{v,HI})_{298\ K}=\frac{1}{1-\exp(-\Theta_{v,HI}/T)}=\frac{1}{1-2.105\times10^{-5}}\approx1$$

$$(q_{v,HI})_{800\ K}\frac{1}{1-\exp(-\Theta_{v,HI}/T)}=\frac{1}{1-0.0181}\approx1.0184$$

因此,振动项配分函数项为

$$(q_v)_{298\ K}=\left(\frac{q_{v,HI}^2}{q_{v,H_2}\cdot q_{v,I_2}}\right)_{298\ K}=\frac{1}{1\times q_{v,I_2}}=1-\exp\left(-\frac{\Theta_{v,I_2}}{T}\right)$$

$$(q_v)_{800\ K}=\left(\frac{q_{v,HI}^2}{q_{v,H_2}\cdot q_{v,I_2}}\right)_{800\ K}=\frac{q_{v,HI}^2}{1\times q_{v,I_2}}=\frac{1-\exp(-\Theta_{v,I_2}/T)}{[1-\exp(-\Theta_{v,HI}/T)]^2}$$

$$K_p^{\ominus}(298\ K)=(q_tq_rq_v)_{298\ K}\cdot\exp\left(\frac{1094.2}{T}\right)$$

$$=180.807\times0.1949\times\left[1-\exp\left(-\frac{306.8}{298}\right)\right]\times\exp\left(\frac{1094.2}{298}\right)=889.9930$$

$$K_p^{\ominus}(800\ K)=(q_tq_rq_v)_{800\ K}\cdot\exp\left(\frac{1094.2}{T}\right)$$

$$=180.807\times0.2046\times\frac{1-\exp(-306.8/800)}{[1-\exp(-3209/800)]^2}\times\exp\left(\frac{1094.2}{800}\right)=47.9903$$

相关的反应文献值为 $K_p^{\ominus}(298\ K)=877.8$,$K_p^{\ominus}(800\ K)=49.26$。

6.5.3 规则溶液的统计热力学处理

液体不同于气体和晶体,但从粒子的运动特征来看,液体粒子与晶体粒子更接近一些,因此,为研究溶液建立了“似晶格模型”。模型假设形成溶液的溶质和溶剂分子大小、形状相近,

这样溶液中某分子周围与之紧邻的分子个数与其在纯态时相同，且溶液中各个分子周围与之紧邻的分子个数也应该相同。将一个分子周围与之紧邻的分子个数拟称为“配位数”，记为 z。

在确定的温度、压强条件下，溶剂 A 和溶质 B 混合形成溶液时，分子自身所具有的内部能量不会随之变化，但形成溶液体系的状态从纯物质变成多组元混合，因此分子间的相互作用能会随之变化。相互作用能是指将构成溶液的分子从相距无限远处推至溶液状态下所处的位置时所消耗的能量，分别以 ω_{AA}、ω_{BB}和 ω_{AB}代表 A-A、B-B 和 A-B 分子对的相互作用能，则 N_A 个纯 A 分子所构成的 A-A 分子对有$\frac{1}{2}zN_A$ 个，对应的相互作用能为 $U_A=\frac{1}{2}zN_A\omega_{AA}$；$N_B$ 个纯 B 分子所构成的 B-B 分子对有$\frac{1}{2}zN_B$ 个，对应的相互作用能为 $U_B=\frac{1}{2}zN_B\omega_{BB}$；若溶液中 A-B 分子对的数目为 N_{AB}个，则由 N_A 个 A 分子和 N_B 个 B 分子所构成的溶液中，A-A 分子对有$\frac{1}{2}(zN_A-N_{AB})$个，B-B 分子对有$\frac{1}{2}(zN_B-N_{AB})$个，溶液分子间的相互作用能为

$$\begin{aligned}U&=\frac{1}{2}(zN_A-N_{AB})\omega_{AA}+\frac{1}{2}(zN_B-N_{AB})\omega_{BB}+N_{AB}\omega_{AB}\\&=\frac{1}{2}zN_A\omega_{AA}+\frac{1}{2}zN_B\omega_{BB}+N_{AB}\left(\omega_{AB}-\frac{1}{2}\omega_{AA}-\frac{1}{2}\omega_{BB}\right)\\&=U_A+U_B+N_{AB}W_{AB}\end{aligned}\tag{6-72}$$

W_{AB}是拆开一个 A-A 分子对和一个 B-B 分子对并形成两个 A-B 分子对时，能量变化值的一半，称为 A-B 分子对的相互作用能。显然，溶液分子间的相互作用能 U 将随着溶液中 A-B 分子对的数目 N_{AB}不同而不同，N_{AB}又与溶液中组分 A 和 B 的组成有关。

平衡条件下，在溶液某位置 f 点找到 A 的概率等于 A 在溶液中的组成 $x_A=N_A/(N_A+N_B)$，在相邻位置$(f+1)$处找到 B 的概率等于 B 在溶液中的组成 $x_B=N_B/(N_A+N_B)$，又 A-B 对与 B-A 对是不可区别的，则在位置相邻的 $(f,f+1)$ 处找到 A-B 对的概率为 $2x_Ax_B$。因此溶液中 A-B 对的总数为 $N_{AB}=zN_AN_B/(N_A+N_B)$，代入式(6-72)得

$$U=U_A+U_B+\frac{zN_AN_B}{N_A+N_B}W_{AB}$$

溶液中组分的分布达到平衡分布，其简并度为 $\omega=(N_A+N_B)!/(N_A!N_B!)$，所以此二元溶液体系的配分函数为

$$Q=\omega\exp\left(-\frac{U}{kT}\right)=\frac{(N_A+N_B)!}{N_A!\ N_B!}\exp\left(-\frac{U_A+U_B+zN_AN_BW_{AB}/(N_A+N_B)}{kT}\right)$$

二元溶液体系的亥姆霍兹自由能为

$$\begin{aligned}A&=-kT\ln Q=-kT\left[\ln\omega-\frac{U_A+U_B+zN_AN_BW_{AB}/(N_A+N_B)}{kT}\right]\\&=U_A+U_B-kT\ln\frac{(N_A+N_B)!}{N_A!\ N_B!}+\frac{zN_AN_BW_{AB}}{N_A+N_B}\end{aligned}$$

同理，形成溶液之前，纯 A 和纯 B 的亥姆霍兹自由能为

$$A_A=U_A-kT\ln\frac{N_A!}{N_A!}=U_A,A_B=U_B-kT\ln\frac{N_B!}{N_B!}=U_B$$

根据斯特林公式(6-15)可得

$$\ln\frac{N_A!N_B!}{(N_A+N_B)!}=N_A\ln\frac{N_A}{N_A+N_B}+N_B\ln\frac{N_B}{N_A+N_B}=N_A\ln x_A+N_B\ln x_B$$

因此，形成该二元溶液体系的亥姆霍兹自由能变化量为

$$\begin{aligned}\Delta_{\text{mix}}A &= -kT\ln\frac{(N_A+N_B)!}{N_A!N_B!}+\frac{zN_AN_BW_{AB}}{N_A+N_B}\\ &= kT(N_A\ln x_A+N_B\ln x_B)+z(N_A+N_B)x_Ax_BW_{AB}\end{aligned}$$

与式 $\Delta A=\Delta U-T\Delta S$ 对比可得

$$\Delta_{\text{mix}}U=z(N_A+N_B)x_Ax_BW_{AB},\Delta_{\text{mix}}S=k(N_A\ln x_A+N_B\ln x_B)$$

由于规则溶液的模型假设形成溶液的溶质和溶剂分子大小、形状相近，溶液中各分子的“配位数”z 相同。因此，规则溶液的 $\Delta_{\text{mix}}V=0$，再由 $G=A+pV$ 和 $H=U+pV$ 可推知

$$\Delta_{\text{mix}}G=\Delta_{\text{mix}}A=kT(N_A\ln x_A+N_B\ln x_B)+z(N_A+N_B)x_Ax_BW_{AB}$$

$$\Delta_{\text{mix}}H=\Delta_{\text{mix}}U=z(N_A+N_B)x_Ax_BW_{AB}$$

二元理想溶液混合熵变 $\Delta_{\text{mix}}S_m^{id}=-R(x_A\ln x_A+x_B\ln x_B)$，则 $\Delta_{\text{mix}}S^{id}=-kN(x_A\ln x_A+x_B\ln x_B)$；同理有 $\Delta_{\text{mix}}H_m^{id}=0$，$\Delta_{\text{mix}}H^{id}=0$，$\Delta_{\text{mix}}G^{id}=RT(x_A\ln x_A+x_B\ln x_B)$ ，$\Delta_{\text{mix}}G^{id}=kNT\cdot(x_A\ln x_A+x_B\ln x_B)$。所以规则溶液相对于理想溶液的过剩热力学函数为

$$S_m^E=\Delta_{\text{mix}}S_m-\Delta_{\text{mix}}S_m^{id}=0,H_m^E=\Delta_{\text{mix}}H_m-\Delta_{\text{mix}}H_m^{id}=zx_Ax_BLW_{AB}$$

$$G_m^E=\Delta_{\text{mix}}G_m-\Delta_{\text{mix}}G_m^{id}=zx_Ax_BLW_{AB}=RT(x_A\ln\gamma_A+x_B\ln\gamma_B)$$

可见，规则溶液对理想溶液的偏差来自于相互作用能 U_{AB}的存在，偏差的宏观表现就是存在热效应 $\Delta_{\text{mix}}H\neq 0$。由上式可得

$$kT(x_A\ln\gamma_A+x_B\ln\gamma_B)=zx_Ax_BW_{AB}$$

而 $x_Ax_B=(x_A)^2x_B+(x_B)^2x_A$，代入上式，并比较等式两边的物理量可得

$$\ln\gamma_A=x_B^2\frac{zW_{AB}}{kT},\ln\gamma_B=x_A^2\frac{zW_{AB}}{kT}$$

可见，规则溶液对拉乌尔定律产生的偏差取决于相互作用能 U_{AB}和溶液浓度 x_i。

复习思考题

1. 什么是微观状态？此概念有什么意义？
2. 简并度能否作为容纳相同能量粒子的房间数理解？
3. 分子配分函数一般只考虑平动配分函数、转动配分函数和振动配分函数，而不考虑电子配分函数，试说明原因。
4. 在相空间中求配分函数有何优点？所得结果与一般无异，是巧合吗？
5. 晶体中一个粒子的振动何以能当成三个单个谐振子看待？
6. 统计热力学研究的主要研究对象是什么？
7. 玻耳兹曼分布的微观状态数何以能代替体系总的微观状态数？
8. 定域子体系的微观状态数为何比离域子体系的微观状态数大得多？
9. 纯物质的完整晶体的总的微观状态数 Ω 在温度 $T\to 0$ K 时为多少？
10. 什么是转动的对称因子 σ？下列分子的转动对称因子各为多少？

(1) H_2 (2) HBr (3) H_2O (4) 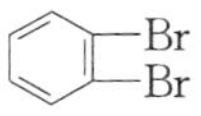 (5) 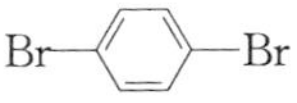

11. 量子效应显著的粒子退化为经典粒子的条件是什么？如果从简并度 g_i 与 N_i 考虑会有何结果？
12. 统计热力学研究的基本方法是什么？
13. 配分函数与热力学函数联系的桥梁是什么？
14. 在一个双原子分子的气体体系中，对压强有影响的是什么配分函数？
15. 当温度趋于绝对零度 0 K 时，玻耳兹曼分布的形式如何？
16. 能量分布是什么意思？
17. 共同能量零点标度不同对热力学函数有无影响？哪些没有影响？

习　题

1. 设有一定域子体系，由三个单维谐振子组成，体系的能量为$\frac{11}{2}h\nu$，三个谐振子在三个固定的位置上振动，试求体系可能出现几种分布和体系总的微观状态数。
2. (1) 设有三个穿绿色、两个穿灰色和一个穿蓝色制服的军人一起列队，试问有多少种队列。现设穿绿色制服的有三种肩章，并任取其中一种佩带，穿灰色有两种肩章，而穿蓝色的有四种肩章，试列出求对型数目的公式。

   (2) 试证明含有 N 个粒子的定域子体系，某种分布 t_X 的微观状态数为

$$t_X = N!\prod_i \frac{g_i N_i}{N_i!} \quad (g_i\text{ 为相应的简并度})$$

3. 设有一圆柱形铁皮筒，体积为 $V_0=\pi R^2 l=1.00\ \mathrm{dm}^3$。铁皮面积为 $A=2\pi R^2+2\pi Rl$，试问铁皮面积为最小时，圆柱半径 R 和高 l 之间有什么关系？至少需要消耗多少铁皮？
4. 当热力学体系的熵函数增加 0.1484 $\mathrm{J\cdot K^{-1}}$时，体系微观状态数增加多少？
5. 试证明玻耳兹曼分布的微观状态公式为 $\ln t_m = \ln\left[q^N \exp\left(\frac{U}{kT}\right)\right]$，其中 $q = \sum g_i \exp\left(-\frac{\varepsilon_i}{kT}\right)$，$U = \sum N_i\varepsilon_i$，并证明能量零点的选择不影响上式的结果。
6. 试用配分函数表示单原子理想气体的吉布斯自由能 G 和焓 H。
7. 证明双原子分子 $U_r=NkT$ 和 $U_v=NkT$。
8. 计算 298.15 K 和 101325 Pa 下，1 mol 氮的转动熵。已知 $I_{N_2}=13.9\times10^{-47}\ \mathrm{kg\cdot m^2}$。
9. HD 的 $\Theta_t=66$ K，计算 30 K 和 40 K 的平均转动能，并估算在 50 K 转动能对热容的贡献。
10. 计算双原子分子 CO 在 101 325 Pa、400 K 时的 $C_{V,m}$值，并将实验值 21.109 $\mathrm{J\cdot mol^{-1}\cdot K^{-1}}$与计算结果进行比较。已知 CO 的 $\Theta_v=3070$ K，$\Theta_r=2.77$ K。
11. 计算 101 325 Pa、298 K 时 SO_2 分子内部转动对热力学函数的贡献。已知各方向上的转动惯量为 $I_x=1.386\times10^{-46}\ \mathrm{kg\cdot m^2}$，$I_y=8.143\times10^{-46}\ \mathrm{kg\cdot m^2}$，$I_z=9.529\times10^{-46}\ \mathrm{kg\cdot m^2}$，设 SO_2 为线形分子。
12. 若气体反应为 2A+D══X，请按照拉格朗日待乘因子法求此反应的平衡常数 K_c 的表达式。
13. 已知 300 K 时反应 $H_2(g)+D_2(g)$══2HD(g)的有关数据如下：

	H_2	HD	D_2
$\nu\times10^{-3}/\ \mathrm{cm^{-1}}$	4.371	3.786	3.092
$I\times10^{47}/(\mathrm{kg\cdot m^2})$	0.458	0.613	0.919

已知 $\Delta_r U_m^\ominus(0\ \mathrm{K})=65\ 404\ \mathrm{J\cdot mol^{-1}}$，求此反应的 K_c。

14. 在海平面的大气组成以体积分数记为 N_2 78%、O_2 21%、H_2 0.01%，假定大气柱在整个高度内的平均温度为 220 K，试求三种气体在海拔 10 km、60 km、500 km 处的分压。
15. 若一个粒子的能级 ε_i 的有效状态数与该粒子有效状态数和之比等于 2×10^{-16}，求体系中 N 个粒子在能级 ε_i 出现的概率。
16. 根据 $U=NkT^2\left(\frac{\partial \ln q}{\partial T}\right)_{N,V}$ 及各种运动的配分函数 q_t、q_r、q_v，求 2 mol 双原子分子组成的理想气体体系的 $C_{p,m}$。
17. 用配分函数计算 $I_2(g)$══2I(g)的 K_p，已知 I_2 的转动惯量 $I_{I_2}=742.6\times10^{-47}\ \mathrm{kg\cdot m^2}$，振动频率 $\nu=21\ 367\ \mathrm{m^{-1}}$，离解能 $D_{I_2}=148.45\ \mathrm{kJ\cdot mol^{-1}}$，根据光谱数据得 $q_e=4$。将计算结果与实验值比较有何结论。

第 7 章　化学反应动力学

7.1　化学反应动力学概述

化学反应动力学是研究化学反应速率和机理的科学，是物理化学的重要组成部分。

7.1.1　化学反应动力学的任务

研究任何一个化学反应，都涉及两个最基本的问题。一是反应在指定条件下进行的方向和限度，这是化学热力学的研究内容；二是反应在指定条件下进行的速率和机理，这是化学动力学的研究内容。

实际工作中既要考虑热力学问题也要考虑动力学问题。如果一个反应在热力学上判断为不可能发生，当然就不需要再考虑其速率问题；如果一个反应在热力学上判断为可能发生，则如何使可能性变为现实性，使这个反应能以一定的速率进行，就成为主要问题了。平衡态热力学只讨论系统的平衡态，其性质不随时间而改变；而且热力学用状态函数的变化来研究化学反应从给定始态过渡到给定终态的可能性，完全不涉及化学反应所经由的途径及中间步骤，因此用热力学的方法只能判断化学反应进行的方向和限度，解决反应的可能性问题，却不能揭示反应的机理，不能预言反应的速率，即不能解决反应的现实性问题。

例如，下面三个化学反应在 298 K、$p^{\ominus}$下：

① $H_2(g)+\frac{1}{2}O_2(g)\longrightarrow H_2O(l)$　　$\Delta_r G_m^{\ominus}=-237.2\ kJ\cdot mol^{-1}$

② $NO(g)+\frac{1}{2}O_2(g)\longrightarrow NO_2(g)$　　$\Delta_r G_m^{\ominus}=-34.85\ kJ\cdot mol^{-1}$

③ $\frac{1}{2}N_2(g)+\frac{3}{2}H_2(g)\longrightarrow NH_3(g)$　　$\Delta_r G_m^{\ominus}=-16.63\ kJ\cdot mol^{-1}$

根据热力学原理，在指定条件下，上述三个反应都可以从左向右进行，且反应①发生的趋势比反应②和反应③大很多。但是实际上反应①在上述条件下几乎观察不到水的生成；相反，反应②的速率非常快，NO(g)遇到氧气即立刻变成红棕色的 $NO_2(g)$；反应③的速率也很慢。因此，上述三个反应在热力学上都是可以进行的，都是有利的，而反应①和反应③在动力学上是不利的。如果改变外界条件，则可以改变其动力学上不利的情况，例如，在反应①的氢、氧混合物中加入火花或者催化剂(如铂黑)，或者把它们加热到 800 ℃以上，则反应速率会变得很快，能在瞬间完成，以至于发生爆炸；如果将反应③的混合气体中加入铁网作催化剂，并升温至 450 ℃，生成氨气的速率也会大大提高。

从上述例子可以看出，如果一个反应只在热力学上是有利的，而在动力学上是不利的，则该反应还是不能真正实现。所以从实际工作中的控制反应过程而言，化学反应动力学的研究是非常重要的。

又如，卤化氢在 700 K 以上的气相合成反应 $H_2+X_2\longrightarrow 2HX$，对于氯、溴、碘，其计量方程式分别为

$$H_2+Cl_2\longrightarrow 2HCl$$

$$H_2 + Br_2 \longrightarrow 2HBr$$

$$H_2 + I_2 \longrightarrow 2HI$$

实验测得上述三个反应的速率与参加反应的组分浓度的函数关系(速率方程)分别为

$$r_1 = k c_{H_2} \sqrt{c_{Cl_2}}$$

$$r_2 = \frac{k c_{H_2} \sqrt{c_{Br_2}}}{1 + \dfrac{k' c_{HBr}}{c_{Br_2}}}$$

$$r_3 = k c_{H_2} c_{I_2}$$

计量方程式如此相似的化学反应,为什么其速率会有不同的规律性?就是因为这些反应的机理不同。因此,要真正掌握反应速率的特征和规律性,就必须研究反应的机理。反应机理的探讨是化学动力学很重要的内容;归根结底,物质的结构决定物质的性质,反应速率与反应机理是与参加反应的物质的结构有密切关系的,因此,化学反应动力学的重要任务之一就是揭示分子的结构与其反应性能之间的关系。

综上所述,化学反应动力学的基本任务是研究化学反应进行的速率和反应条件(如浓度、压力、温度、辐射、介质、催化剂等)对反应速率的影响,揭示化学反应的机理(反应历程),并且研究物质的结构和反应能力之间的关系,其最终目的是为了更深入地了解并进而控制化学反应速率,以满足生产和科学研究的要求。

7.1.2 化学反应动力学发展概况

早在18世纪就有人类研究化学反应速率与反应物浓度关系的记录,但是在很长一段时间内,这类研究是孤立的、零散的。化学反应动力学作为一门独立的学科得以迅速发展,至今才有100多年。100多年来,化学反应动力学的发展主要经历了下面三个重要发展阶段。①宏观反应动力学阶段,大体上是从19世纪末至20世纪初。这一阶段研究的对象是总包反应(宏观反应),主要通过改变温度、压力、浓度等宏观条件,研究外界条件对反应速率的影响。该阶段的主要成就之一是提出了质量作用定律,使化学动力学开始了定量、系统的研究;而阿伦尼乌斯(Arrhenius)公式的提出及其对活化能这个重要概念的合理分析与解释,为化学动力学的理论研究奠定了坚实的基础,对化学动力学的发展具有重要的意义。②元反应动力学阶段,大体上是从20世纪初至20世纪50年代。在宏观反应动力学研究成果的基础上,科学家们开始尝试从理论上阐述反应动力学规律。随着反应速率的简单碰撞理论和过渡态理论的出现以及对链反应的发现与研究,化学动力学的研究由宏观动力学向微观动力学过渡,研究的对象也由总包反应深入到组成总包反应的基本步骤即基元反应。③微观反应动力学阶段。20世纪50年代以后,随着快速测量技术的提高、分子束散射和激光技术的问世以及发展应用、计算机技术的应用等,化学动力学取得了全面发展。例如,应用闪光光解技术,可以观测到极短寿命自由基的存在;随着时间分辨率提高到 10^{-15} s的数量级,可以研究极快速反应的动力学;飞秒激光器的研制成功,使人类观测到了化学键在原子尺度上的振动;由分子束和激光技术的发展和应用,促成了分子反应动态学(或称微观反应动力学)的建立,使化学家能够深入到研究态-态反应的层次,即研究由不同量子态的反应物转化为不同量子态的产物的速率及反应的细节,从而可以直接获得反应过程中的微观信息,使化学动力学的研究进入到一个崭新的阶段。

百余年来化学反应动力学的发展很快,但是也应指出,化学反应动力学所形成的理论尚不完善,要从定量的角度说明或解决化学反应的动力学问题还有待于人类继续不断地努力。

7.1.3 化学反应动力学基本概念

1. 反应速率的表示

在反应系统中，反应物的量随时间增加而减少，产物的量随时间增加而增加，因此在均相反应中，反应速率一般以单位时间、单位体积中某指定物种 B 的物质的量的变化率来表示，记为 r_B。对于反应物，$r_B=-\frac{1}{V}\cdot\frac{dn_B}{dt}$；对于产物，$r_B=\frac{1}{V}\cdot\frac{dn_B}{dt}$。

恒容条件下，体积 V 为常数，因此反应速率通常用单位时间内反应物或产物的浓度变化来表示

$$r_B=\pm\frac{dc_B}{dt}$$

随着反应的进行，反应物浓度逐渐减小，产物浓度逐渐增大，所以反应速率是一个变量。c-t 曲线上各点的切线斜率的绝对值，即为反应速率 r。

如果反应式中各反应组分的计量系数不同，则用不同的反应组分所表达的反应速率，在数值上是不相等的。若定义反应速率为单位体积中反应进度随时间的变化率，则这样定义的反应速率 r 就与物质的系数无关了。

对于恒容反应

$$aA+dD=\!=\!=eE+fF \tag{7-1}$$

或者写成

$$0=\sum_B \nu_B B$$

式中，ν_B 为组分 B 的化学计量系数，对于产物为正，对于反应物为负。当进行微量的反应时，有

$$d\xi=\frac{dn_B}{\nu_B}=-\frac{dn_A}{a}=-\frac{dn_D}{d}=\frac{dn_E}{e}=\frac{dn_F}{f}$$

反应速率 r 可定义为

$$r=\frac{1}{V}\frac{d\xi}{dt}=\frac{1}{\nu_B}\cdot\frac{dn_B}{V\cdot dt}$$

式中，V 为时间 t 时反应系统的体积；n_B 为时间 t 时组分 B 的物质的量。如果在反应进程中，体积 V 是恒定的，则

$$r=\frac{1}{\nu_B}\cdot\frac{dc_B}{dt} \tag{7-2}$$

对于计量反应式(7-1)，反应速率可具体写为

$$r=\frac{1}{\nu_B}\cdot\frac{dc_B}{dt}=-\frac{1}{a}\cdot\frac{dc_A}{dt}=-\frac{1}{d}\cdot\frac{dc_D}{dt}=\frac{1}{e}\cdot\frac{dc_E}{dt}=\frac{1}{f}\cdot\frac{dc_F}{dt}$$

另外，根据实际需要，与物质的浓度成线性相关的物理量(如气体的压强、溶液的电导等)随时间的变化率都可以作为反应速率的定义。

2. 反应速率的测定

测定反应速率是化学反应动力学研究中极为重要的一步。根据上述反应速率的定义，要测定反应速率，首先要测定出不同时刻反应物或产物之一的浓度，然后绘制出浓度 c 随时间 t 的变化曲线(通常称为动力学曲线)，在某时刻 t 作曲线相应的切线，切线斜率的绝对值就是该

时刻的反应速率。

反应开始($t=0$)时的速率一般称为反应的初速,反应的初速是动力学研究中的一个重要参数。因为有些反应随着时间的延长,副反应增多,所以反应的初速数据比较准确。对于一般的反应,由于反应过程中反应物浓度不断下降,反应速率会随时间增加而减慢,因此反应的初速一般有最大值。

在化学动力学中对应于两种研究对象——静态系统和流动系统,有两种不同的实验方法来获得动力学曲线:一种称为静态法;另一种称为流动法。

1) 静态法

当反应物在反应器中混合后,于不同的反应时刻测定反应物或产物的浓度。

测定物质的浓度可用化学法和物理法两种技术。化学法是在不同的反应时刻取出少量的反应混合物样品,立即使反应停止(如可采取突然降温、冲稀、加入阻化剂或移走催化剂的方法),直接用化学方法分析样品中指定组分的浓度。此法的优点是能直接测定各时刻浓度的绝对值,但操作烦琐,且有时没有合适的方法使反应终止。物理法是在反应过程中用仪器监测某一个与浓度呈线性关系的物理量的变化,从而获得反应过程中某一物种的浓度随时间的变化。常用作监测的物理量有压力、体积、电导率、折光度、旋光度、电动势、黏度等。用物理法来跟踪浓度变化的好处是迅速而方便,对反应系统不产生干扰,可在反应容器中进行连续测定,易于实现自动记录。但需注意所选用的物理量须与待测物种之浓度呈线性关系,并且不受其他物质的干扰。

静态法实验中,必须先将反应物混合在一起,然后再测定浓度和时间。对于一般速率的反应或者比较慢的反应,反应时间相对于混合所需要的时间(用于混合最快也需要 1 s)而言是很长的情况,这种方法是可行的。如果反应较快,反应的时间与混合的时间不相上下或更短,则静态法将给时间的准确记录带来困难或者根本不能进行测定,因为还没等完全混合均匀,已混合的部分就已经开始反应或甚至反应已经完成。对于这种快速反应,往往采用流动法和快速混合技术进行测定。

2) 流动法

在流动法中,反应器是开放的(如一根细长的管子),反应物连续地自反应器的一端以很高的流速进入,产物则连续地自反应器另一端流出。用物理法测定反应管不同距离的反应组分浓度,也可获得动力学曲线。因为在流速已知的条件下,测定管道中不同距离处物质的浓度可以换算成不同时间的浓度。配合以快速混合装置,这种流动法可以测定反应时间在毫秒左右反应的动力学曲线。对于更加快速的反应,必须采用特殊的方法或特殊的仪器才能进行测量。

3. 元反应、总包反应、反应机理

一般写化学反应方程式,只根据始态和终态写出反应的总结果,这种方程式只表示反应前后的物料平衡关系,称为计量方程,它不代表反应的实际机理。例如,氢与碘化合生成碘化氢的气相反应,其计量方程式写为

$$H_2(g)+I_2(g)=\!=\!=2HI(g)$$

它只表示反应物和产物的数量关系,并不表示一个 H_2 分子与一个 I_2 分子一步直接碰撞生成两个 HI 分子。

由反应物微粒直接碰撞生成产物微粒的反应称为元反应;由两个或两个以上元反应所构成的反应称为总包反应或复杂反应,也称非元反应;而一个化学反应所包含的元反应按序排列的集合就称为该反应的反应机理。例如,上述的碘化氢气相合成是一个非元反应,它是通过下

面三个元反应逐步实现的，即该反应的反应机理为

$$① \ I_2 \longrightarrow 2I\cdot$$

$$② \ 2I\cdot \longrightarrow I_2$$

$$③ \ 2I\cdot + H_2 \longrightarrow 2HI$$

反应机理中的反应①、反应②、反应③都是由反应物微粒直接作用生成产物微粒的元反应。

4. 反应速率方程

很多外在因素(如浓度、压力、温度、辐射、介质、催化剂等)可以影响化学反应速率，对于一般的单相(气相、液相)反应，通常考虑得较多的因素是浓度和温度对反应速率的影响。恒温下，以微分形式表达的反应速率 r 与各反应组分浓度的函数关系式为

$$r=f(c)$$

该式称为反应的微分速率方程或速率方程。

反应速率方程的具体形式以目前的水平来说只能通过动力学实验确定，其形式随反应的不同而不同。

(1) 元反应的速率方程——质量作用定律。

恒温下，元反应的速率正比于各反应物浓度幂的乘积，各浓度幂中的指数等于元反应方程中各相应反应物的系数，此即质量作用定律。例如，对于元反应 $a\mathrm{A}+d\mathrm{D}\longrightarrow e\mathrm{E}+f\mathrm{F}$，由质量作用定律可写出其速率方程:

$$r=kc_{\mathrm{A}}^{a}c_{\mathrm{D}}^{d}$$

式中，比例系数 k 称为反应速率常数。

(2) 对于总包反应，速率方程应由实验确定，其形式各不相同。有的速率方程具有反应组分浓度幂乘积的形式，即反应速率正比于各反应组分浓度幂的乘积，但各浓度幂中的指数不一定等于计量方程中相应物质的系数；有的速率方程则完全没有这种幂乘积的形式。例如，前面已提到氢与碘、溴、氯三种卤素的气相反应具有相似的计量方程，但实验得到的速率方程完全不同。

5. 反应级数与反应分子数

1) 反应级数

速率方程中函数 $f(c)$ 的形式随反应的不同而异。在许多情况下，由实验所确定的函数 $f(c)$ 具有反应组分浓度幂乘积的形式。在这种具有反应组分浓度幂乘积形式的速率方程中，各物质浓度幂中的指数称为该物质的级数；所有物质的级数之和，称为该反应的总级数或反应级数。

例如，对于反应 $a\mathrm{A}+b\mathrm{B}\longrightarrow x\mathrm{X}+y\mathrm{Y}$

$$r=f(c)=kc_{\mathrm{A}}^{\alpha_{\mathrm{A}}}c_{\mathrm{B}}^{\alpha_{\mathrm{B}}}c_{\mathrm{X}}^{\alpha_{\mathrm{X}}}c_{\mathrm{Y}}^{\alpha_{\mathrm{Y}}}=k\prod_i c_i^{\alpha_i} \qquad (7\text{-}3)$$

式中，α_{A}、α_{B}、α_{X} 及 α_{Y} 分别为浓度 c_{A}、c_{B}、c_{X} 及 c_{Y} 的相应的指数。α_{A}、α_{B}、α_{X} 及 α_{Y} 一般并不和计量系数 a、b、x 及 y 相同，它们分别被称为反应对于 A、B、X 及 Y 的级数；$(\alpha_{\mathrm{A}}+\alpha_{\mathrm{B}}+\alpha_{\mathrm{X}}+\alpha_{\mathrm{Y}})=\sum\alpha_i=n$ 被称为反应(总)级数。对于许多反应，$\alpha_{\mathrm{X}}=0$，$\alpha_{\mathrm{Y}}=0$，即反应速率只与反应物的浓度有关，而与产物的浓度无关；但对于一些复杂反应，产物的浓度也可以出现在速率方程之中。

要注意的一点是，因为总包反应的速率方程与反应方程式的写法并无直接联系，所以反应级数与反应组分的系数无直接联系。

反应级数可以是正整数、零,也可以是分数或负数。另外,还有所谓“准级数”的情况。例如,蔗糖的水解反应,已测得反应速率方程为 $r=kc_{蔗糖}c_{水}$,这是一个二级反应;但是当水大大过量时,反应表现为一级,称为准一级反应。

凡是速率方程不具有式(7-3)的反应,如反应 $H_2+Br_2 \longrightarrow 2HBr$,反应级数的概念是不适用的,类似的反应一般称为无确定级数的反应。

2) 反应分子数

化学反应发生的必要条件之一,就是反应物分子之间要有碰撞。能够导致反应发生所需要的最少碰撞分子数,称为反应分子数。注意此处的“分子”应理解为分子、离子、自由基或自由原子的总称。显然,反应分子数是对元反应定义的,其值等于元反应中各反应物的计量系数之和。因为没有分子碰撞就没有化学反应,所以反应分子数只能是正整数,不能是零、负数和分数。常见的反应分子数一般为 1、2 和 3。

反应分子数为 1 的反应称为单分子反应,多见于分解反应或异构化反应。例如

$$C_2H_5Cl \longrightarrow C_2H_4+HCl$$

反应分子数为 2 的反应称为双分子反应,大多数元反应都是双分子反应,如氯化氢气相合成中的 $Cl\cdot+H_2 \longrightarrow HCl+H\cdot$、$H\cdot+Cl_2 \longrightarrow HCl+Cl\cdot$ 等。

三分子反应非常少见(是否存在尚有争议),一般只出现在有自由基或自由原子参加的反应中,如 $Cl\cdot+Cl\cdot+M \longrightarrow Cl_2+M$。更多个分子同时碰撞的概率几乎为零,所以目前尚未发现更多分子数的反应。

6. 反应速率常数

在具有反应物浓度幂乘积形式的速率方程中,比例系数 k 称为反应速率常数,简称速率常数,它是各反应物都为单位浓度时的反应速率,其数值与反应条件如温度、溶剂、催化剂等有关,有时还与反应容器的材料、表面状态及表面积有关。只有当各影响因素都确定之后,k 才是一个常数。

速率常数 k 是化学动力学中一个重要的动力学量。因为要表征一个反应系统的速率特征,只有用 k 才能摆脱浓度的影响。否则,就必须注明在什么浓度时的反应速率,这样就不太方便,而且浓度不同时就不好进行比较了。

k 的单位与反应级数有关。在不同的文献中,k 的单位表示可能不完全相同,在引用文献中的 k 值时要加以注意。

7.2 化学反应的动力学方程及反应级数的确定

在化学反应进行过程中,反应物浓度随时间的增加而减小,产物浓度随时间的增加而增大。描述反应系统中物质浓度与反应时间的关系式 $c=f(t)$ 称为反应的动力学方程。反应的动力学方程可由相应的速率方程积分求得,所以也可称动力学方程为积分速率方程。

符合幂函数型的速率方程中,大多数反应速率只与反应物的浓度有关,而与产物的浓度无关;而且虽然从理论上说,反应级数 n 可以是任何实数,但实际中 $n>3$ 的反应一般很少,多见的是一级反应和二级反应,此外还有三级反应、零级反应等。凡是反应速率只与反应物的浓度有关,而且反应级数 n 为正整数或零的反应统称为简单级数的反应,本节即讨论其速率方程及相应的动力学方程。

7.2.1 一级反应

反应速率与反应物浓度的一次方成正比的反应称为一级反应。

若反应 $aA \longrightarrow P$ 为一级反应(通常为 $a=1$),则速率方程为

$$r=-\frac{dc_A}{dt}=kc_A$$

式中,c_A 为反应物 A 的浓度。设反应刚开始,即 $t=0$ 时反应物的初始浓度为 $c_{A,0}$,则

$$\int_{c_{A,0}}^{c_A}-\frac{dc_A}{c_A}=\int_0^t k dt$$

可得

$$\ln\frac{c_{A,0}}{c_A}=kt \tag{7-4}$$

$$c_A=c_{A,0}\exp(-kt) \tag{7-5}$$

一级反应具有以下特点。

(1) 速率常数 k 的单位为[时间单位]$^{-1}$,与所用的浓度单位无关。

(2) $\ln c_A$ 与 t 呈线性关系,直线的斜率为 $-k$,截距为 $\ln c_{A,0}$,据此可求出 k 和 $c_{A,0}$。

(3) 一级反应的反应物浓度 c_A 随时间 t 呈指数性衰减,只有当 $t\to\infty$ 时,才有 $c_A=0$。因此,原则上说,一级反应需要无限长的时间才能完成。我们虽然不能说反应进行完全需要多长时间,但是可以确定出当反应物的浓度降低至初始浓度的某个分率所需要的时间。其中经常用到的是反应物浓度降低至初始浓度的一半所需要的时间——半衰期 $t_{1/2}$。

$$t_{1/2}=\frac{\ln 2}{k}=\frac{0.6932}{k} \tag{7-6}$$

恒温下,一级反应的半衰期为常数,与反应物的初始浓度无关。

一级反应有很多,以下各类反应都是 $r=kc_A$ 的纯一级反应。

(1) 大多数的热分解反应,如 $N_2O_5 \longrightarrow N_2O_4+\frac{1}{2}O_2$。

(2) 某些有机物分子的重排反应,如顺丁烯二酸转变为反丁烯二酸。

(3) 一般放射性元素的衰变反应,如 $Ra \longrightarrow Rn+\alpha$。

(4) 许多物质在水溶液中的水解反应为一级反应或准一级反应,如蔗糖的水解。

【例 7-1】 在 CCl_4 溶剂中,303.15 K 时 N_2O_5 分解生成的 N_2O_4 及 NO_2 都留在溶液中,唯有 O_2 放出,实验数据如表 7-1 的前两栏。表中 V_t 为反应经历时间 t 所放出的 O_2 体积,V_∞ 为反应完全所放出的 O_2 体积,$(V_\infty-V_t)$ 代表反应经历时间 t 后尚未分解的 N_2O_5 量,相当于 $c_{N_2O_5}$。试按一级反应求算其速率常数 k_1。

表 7-1 N_2O_5 分解析出氧气与时间的关系

t/s	V_t/L	$c_{N_2O_5}$ 即$(V_\infty-V_t)$	$\lg c_{N_2O_5}$
0	0	84.95	1.9287
240	15.75	69.20	1.8401
480	27.75	57.20	1.7574
720	37.80	47.15	1.6735
960	45.95	39.00	1.5911
1200	52.77	32.18	1.5057
1440	58.40	26.55	1.4241

续表

t/s	V_t/L	$c_{N_2O_5}$ 即$(V_\infty - V_t)$	$\lg c_{N_2O_5}$
1680	63.10	21.85	1.3395
1690	66.95	18.00	1.2553
∞	84.95	0	

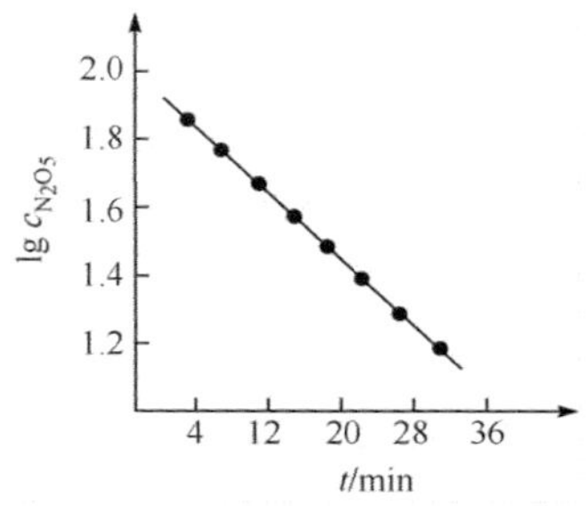

图 7-1　N_2O_5 分解反应 $\lg c_{N_2O_5}$-t 关系

解　将 $c_{N_2O_5}$ 取对数 $\lg c_{N_2O_5}$，用 $\lg c_{N_2O_5}$ 对 t 作图，得直线，如图 7-1 所示。图中直线的斜率为 $-k_1/2.303$，从而可求得 $k_1 = 8.1\times10^{-4}\ s^{-1}$。

【例 7-2】　乙烷裂解制取乙烯的反应 $C_2H_6 \longrightarrow C_2H_4 + H_2$ 为一级反应，已知 1073 K 时的速率常数$k=3.43\ s^{-1}$，当乙烷的转化率为 50%和 75%时分别需要多长时间？

解　乙烷转化 50%所需的时间(半衰期)为

$$t_{1/2}=\frac{\ln 2}{k}=\frac{0.6932}{3.43}=0.202\ s$$

乙烷转化 75%所需时间：

解法一：转化 75%也就是把转化了 50%后余下的反应物再转化 50%。对于一级反应，反应物的转化率与初始浓度无关，达到相同转化率所需时间是相同的，因而 $t_{0.25}=2t_{1/2}=2\times0.202=0.404\ s$。

解法二：
$$t_{0.25}=\frac{1}{k}\ln\frac{c_{A,0}}{c_A}=\frac{1}{3.43}\ln\frac{c_{A,0}}{(1-75\%)c_{A,0}}=0.404\ s$$

7.2.2　二级反应

反应速率与反应物浓度的二次方成正比的反应为二级反应。二级反应是常见的一类反应，有纯二级和混二级之分。反应速率与一种反应物浓度的平方成正比，称为纯二级反应；反应速率与两种反应物浓度的一次方的乘积成正比，称为混二级反应。

1. 纯二级反应

这种二级反应其计量方程式一般为 $aA \longrightarrow P$，通常 $a=2$，所以速率方程为

$$r=-\frac{1}{2}\frac{dc_A}{dt}=kc_A^2$$

积分可得
$$\frac{1}{c_A}-\frac{1}{c_{A,0}}=2kt \tag{7-7}$$

纯二级反应具有以下特征。

(1) 速率常数 k 的单位为[浓度单位]$^{-1}$[时间单位]$^{-1}$，与浓度和时间的单位都有关。

(2) $\frac{1}{c_A}$与时间 t 呈线性关系，直线的斜率为 $2k$，截距为$\frac{1}{c_{A,0}}$，据此可求出 k 和 $c_{A,0}$。

(3)
$$t_{1/2}=\frac{1}{2kc_{A,0}} \tag{7-8}$$

纯二级反应的半衰期与反应物的初始浓度 $c_{A,0}$成反比。

2. 混二级反应

二级反应的另一种情况是有两种反应物 A 和 F，反应速率分别与 A 和 F 浓度的一次方成正比。这种类型二级反应最常见的情况，两种反应物的计量系数相等，并且都等于 1：

$$A+F \longrightarrow P$$

速率方程为

$$r=-\frac{dc_A}{dt}=-\frac{dc_F}{dt}=kc_Ac_F \tag{7-9}$$

当 A 和 F 的初始浓度相同，即 $c_{A,0}=c_{F,0}$时，式(7-9)就还原成第一种类型，因此在这里讨论 $c_{A,0}\neq c_{F,0}$的情况。当 $c_{A,0}\neq c_{F,0}$时，为了对式(7-9)进行积分，必须找出变量 c_A 和 c_F 之间的关系，这一点可以从计量方程得到。

设 x 为时间 t 时的产物浓度，则有

$$c_A=c_{A,0}-x,c_F=c_{F,0}-x$$

所以，式(7-9)可以写成

$$\frac{dx}{dt}=k(c_{A,0}-x)(c_{F,0}-x)$$

注意到初始条件是 $t=0,x=0$，对上式积分，可得

$$\frac{1}{c_{A,0}-c_{F,0}}\ln\frac{c_{F,0}(c_{A,0}-x)}{c_{A,0}(c_{F,0}-x)}=kt \tag{7-10}$$

当 $c_{A,0}\neq c_{F,0}$时，混二级反应具有以下特点。

(1) 用 $\ln\frac{c_{A,0}-x}{c_{F,0}-x}$即 $\ln\frac{c_A}{c_F}$对 t 作图，直线的斜率是$(c_{A,0}-c_{F,0})k$，可求出 k。

(2) 与纯二级反应相同，速率常数 k 的单位是[浓度单位]$^{-1}$[时间单位]$^{-1}$。

(3) 要注意的一点是，对于这种类型的二级反应，一般不能笼统地说反应的半衰期，因为当 $c_{A,0}\neq c_{F,0}$时，反应一半 A 和反应一半 F 所需要的时间是不同的。

如果反应物的计量系数不相等，则在反应物的初始浓度与各自的计量系数之比相等的情况下，其速率方程可简化为第一种情况，积分后的动力学方程与第一种情况相同；如果计量系数不相等，且反应物的初始浓度与各自的计量系数之比不相等，则积分过程较为烦琐，此处不加以讨论。

二级反应是一类常见的反应，纯二级反应的例子有：部分气相中的热分解反应，如 $2NO_2 \longrightarrow 2NO+O_2$；离子的分解反应，如 $2ClO \longrightarrow 2Cl^- + O_2$；有机物的二聚反应，如 $2C_2H_4 \longrightarrow (C_2H_4)_2$。混二级反应是最常见的情况，大量的双分子元反应、溶液中的许多有机化学反应(如加成、取代、消除、酯化和皂化反应等)，都是混二级反应。

【例 7-3】 1,3-丁二烯在气相中的二聚反应为二级反应，简写为 $2A\longrightarrow B$，式中 A 代表丁二烯，B 代表其二聚体 3-乙烯基环己烯。表 7-2 前两栏给出了反应在 860 K 下，不同时刻测得的反应系统总压强 p_T，求其速率常数 k_p 和 k_c(k_p 为反应速率以反应物压强对时间的变化率表示的速率常数，k_c 为反应速率以反应物浓度对时间的变化率表示的速率常数)。

解 对于二级反应 $2A\longrightarrow B$，用反应物压强随时间的变化来表示反应速率时，速率方程可写成

$$-\frac{1}{2}\frac{dp_A}{dt}=k_pp_A^2$$

初始条件为 $t=0$ 时，$p_A=p_{A,0}$，积分可得

$$\frac{1}{p_A}-\frac{1}{p_{A,0}}=2k_pt \tag{7-11}$$

由于在气相反应中，一般不易测定某个物质的分压，容易测定的是整个反应系统的总压 p_T(或者总压 p_T 的变化)，因此，对于给定的反应，必须先根据反应的计量方程式找出反应物的分压 p_A 与系统总压 p_T 的关系，然后再进行具体计算。

$$
\begin{array}{llll}
 & 2A & \longrightarrow & B \\
t=0 & p_{A,0} & & 0 \\
t=t & p_A & & p_B=\frac{1}{2}(p_{A,0}-p_A)
\end{array}
$$

所以系统总压为

$$p_T=p_A+p_B=\frac{1}{2}(p_{A,0}+p_A)$$

或

$$p_A=2p_T-p_{A,0}$$

代入式(7-11)，得

$$\frac{1}{2p_T-p_{A,0}}-\frac{1}{p_{A,0}}=2k_pt$$

代入实验数据计算，所得结果列于表 7-2 第四栏，可由此算得 k_p 的平均值为 $1.47\times10^{-6}\ \text{kPa}^{-1}\cdot\text{s}^{-1}$。

表 7-2　860 K 时丁二烯二聚反应数据

$10^{-3}t/\text{s}$	p_T/kPa	$(2p_T-p_{A,0})/\text{kPa}$	$10^6k_p/(\text{kPa}^{-1}\cdot\text{s}^{-1})$
0	84.54	84.54	
1.20	74.54	64.54	1.53
2.40	68.49	52.44	1.51
3.60	64.51	44.49	1.48
4.80	61.65	38.76	1.46
6.00	59.35	34.17	1.46
7.20	57.62	30.70	1.44
8.40	56.06	27.58	1.46
10.80	53.88	23.21	1.45
13.20	52.50	20.46	1.40
15.60	50.78	17.03	1.51

对于气相二级反应，我们不能像在一级反应中那样在速率方程中直接用压力的比值代替浓度的比值而仍然使速率常数的数值保持不变。用浓度表示的速率常数 k_c 与用压力表示的速率常数 k_p 之间利用理想气体的状态方程可以互相换算。

对于反应 2A ⟶ B，速率方程为

$$r=-\frac{1}{2}\frac{dc_A}{dt}=k_cc_A^2$$

设反应气体为理想气体，则

$$c_A=\frac{p_A}{RT}$$

$$-\frac{dc_A}{dt}=\frac{1}{RT}\cdot\left(-\frac{dp_A}{dt}\right)$$

所以

$$k_p=\frac{k_c}{RT} \tag{7-12}$$

由此可算出 k_c 的平均值为 $1.051\times10^{-2}\ \text{mol}^{-1}\cdot\text{L}\cdot\text{s}^{-1}$。

【例 7-4】 乙酸乙酯皂化反应在 298.15 K 时，原始反应物乙酸乙酯(A)及氢氧化钠(F)的浓度分别为 $4.86\times10^{-3}\ \text{mol}\cdot\text{L}^{-1}$ 及 $9.8\times10^{-3}\ \text{mol}\cdot\text{L}^{-1}$。反应经历时间 t 的反应物氢氧化钠的相应浓度列于表 7-3 中，试按二级反应求其速率常数 k 值。

表 7-3　乙酸乙酯皂化反应物质浓度随时间的变化数据

t/s	0	178	273	531	866	1918	2401
$10^3 c_F/(\text{mol}\cdot\text{L}^{-1})$	9.8	8.92	8.64	7.92	7.24	6.03	5.74

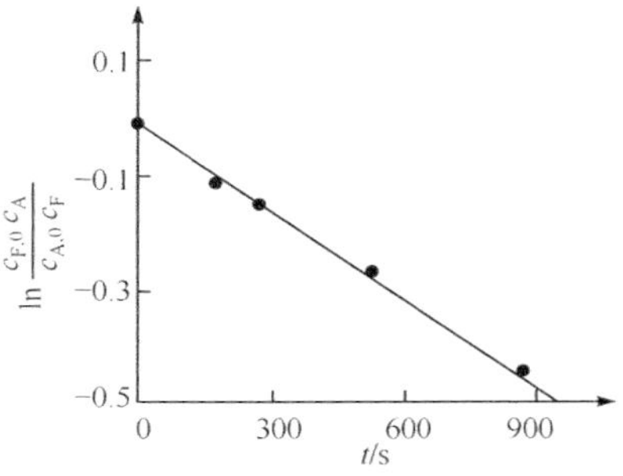

图 7-2　$\ln\dfrac{c_{F,0}c_A}{c_{A,0}c_F}$与时间 t 的关系

解　$c_{A,0}\neq c_{F,0}$，因此该反应动力学方程为$\dfrac{1}{c_{A,0}-c_{F,0}}\ln\dfrac{c_{F,0}c_A}{c_{A,0}c_F}=kt$。而 $c_A=(c_{A,0}-c_{F,0})+c_F$，处理数据，然后用 $\ln\dfrac{c_{F,0}c_A}{c_{A,0}c_F}$对 t 作图，可得一直线，如图 7-2 所示。由此可得直线的斜率为$(c_{A,0}-c_{F,0})k=-0.527$，从而求得反应速率常数 $k=0.107\ \text{mol}^{-1}\cdot\text{L}\cdot\text{s}^{-1}$。

【例 7-5】　氯化醇和碳酸氢钠反应制取乙二醇：

$$CH_2OHCH_2Cl(A)+NaHCO_3(F)\longrightarrow CH_2OHCH_2OH+NaCl+CO_2$$

已知该反应的速率方程为$-\dfrac{dc_A}{dt}=kc_Ac_F$，355 K 时测得反应的速率常数 $k=5.20\ \text{mol}^{-1}\cdot\text{L}\cdot\text{h}^{-1}$。试计算在 355 K 时：

(1) 如果溶液中氯乙醇、碳酸氢钠的初始浓度相同，$c_{A,0}=c_{F,0}=1.20\ \text{mol}\cdot\text{L}^{-1}$，氯乙醇转化 99.75%需要多少时间？

(2) 若溶液中氯乙醇和碳酸氢钠的初始浓度分别为 $c_{A,0}=1.20\ \text{mol}\cdot\text{L}^{-1}$，$c_{F,0}=1.50\ \text{mol}\cdot\text{L}^{-1}$，氯乙醇转化 99.75%需要多少时间？

解　(1) 由速率方程可知反应为二级反应，且两反应物初始浓度相同，所以

$$t_1=\frac{1}{k}\left(\frac{1}{c_A}-\frac{1}{c_{A,0}}\right)=\frac{1}{5.20}\left[\frac{1}{(1-99.75\%)\times1.20}-\frac{1}{1.20}\right]=63.9(\text{h})$$

(2) 因为两反应物初始浓度不同，所以

$$t_2=\frac{1}{k(c_{A,0}-c_{F,0})}\ln\frac{c_{F,0}c_A}{c_{A,0}c_F}=\frac{1}{5.20\times(1.20-1.50)}\ln\frac{1.50\times(1-99.75\%)\times1.20}{1.20\times(1.50-1.20\times99.75\%)}=2.82(\text{h})$$

7.2.3　三级反应和零级反应

1. 三级反应

气相中的三级反应非常少见。在已知的气相三级反应中，以 $2A+B\longrightarrow P$，$r=kc_A^2c_B$ 这种类型最常见。例如，几个涉及 NO 分子的反应：

$$2NO+O_2\longrightarrow 2NO_2$$
$$2NO+Cl_2\longrightarrow 2NOCl$$
$$2NO+Br_2\longrightarrow 2NOBr$$

另外，自由原子或简单自由基的复合反应也属于这种类型。这种复合反应需要一个具有化学惰性的第三体分子 M 的存在，以便转移两个互相碰撞的自由原子复合时放出的巨大能量，以产生稳定的分子。例如

$$Cl\cdot+Cl\cdot+M\longrightarrow Cl_2+M$$

液相中的三级反应比气相中的多，如反应

$$2H^++3I^-+H_2O_2\longrightarrow 2H_2O+I_3^-$$
$$r=kc_{H^+}c_{I^-}c_{H_2O_2}$$

如果三级反应中各物质的计量系数不同，而且初始浓度之比也不等于计量系数之比，其速率方程的积分就比较麻烦，因此这里仅举上述最为常见的类型为例来说明其中比较简单的情况。

设三级反应的计量方程式为

	$2A$	$+$	B	$\longrightarrow$	P
$t=0$	$c_{A,0}$		$c_{B,0}$		0
$t=t$	$c_{A,0}-x$		$c_{B,0}-\frac{x}{2}$		$\frac{x}{2}$

如果该反应的速率方程为 $r=kc_A^2c_B$，则

$$r=-\frac{1}{2}\frac{dc_A}{dt}=\frac{1}{2}\frac{dx}{dt}=k(c_{A,0}-x)^2\left(c_{B,0}-\frac{x}{2}\right)$$

式中，$c_{A,0}$和 $c_{B,0}$分别是反应物 A 和 B 的初始浓度；x 为时间 t 时产物浓度。现在考虑一个最简单的情况。设初始浓度 $c_{A,0}$和 $c_{B,0}$是按照计量系数的比例配制的，即 $c_{A,0}=2c_{B,0}$，则上式可写为

$$\frac{dx}{dt}=k(c_{A,0}-x)^3$$

当初始条件为 $t=0,x=0$ 时，积分上式可得

$$\frac{1}{(c_{A,0}-x)^2}-\frac{1}{c_{A,0}^2}=2kt \tag{7-13}$$

可以看出$\frac{1}{(c_{A,0}-x)^2}$即$\frac{1}{c_A^2}$与时间 t 呈线性关系，直线斜率为 $2k$，反应的半衰期与反应物初始浓度的二次方成反比。

$$t_{1/2}=\frac{3}{2kc_{A,0}^2} \tag{7-14}$$

2. 零级反应

通常人们所说的零级反应是指反应速率与反应物浓度无关的纯零级反应，速率方程为

$$r=kc_A^0=k$$

积分上式，初始条件为 $t=0,c_A=c_{A,0}$，可得

$$c_{A,0}-c_A=kt \tag{7-15}$$

零级反应的半衰期 $t_{1/2}$与反应物的初始浓度成正比，即

$$t_{1/2}=\frac{c_{A,0}}{2k} \tag{7-16}$$

只有对于零级反应，反应进行完全的时间才是有限的。由式(7-15)可知，当 $c_A=0$ 时，这个时间 $t=\frac{c_{A,0}}{k}$。

反应速率完全与参加反应的各物质浓度都无关的纯零级反应并不多见，已知的零级反应中最常见的是在表面上发生的多相反应。例如，氧化亚氮在铂丝上的分解反应 $2N_2O=\!=\!=2N_2+O_2$，高压下氨在钨丝上的分解反应 $2NH_3=\!=\!=N_2+3H_2$ 等。这些反应之所以是零级的，其原因在于它们都是只有在金属催化剂表面上才能进行的反应。当金属表面已被气体分子所饱和时，再增加气相物质的浓度(压力)也不能改变表面上反应物的浓度，因此反应速率就不再依赖于气相的浓度，表现为零级反应。

若是速率方程中各物质的级数之和为零，即 $\alpha+\beta+\gamma=0$，则反应称为混零级反应。

虽然反应总级数为零的反应并不多见，但对某反应物的级数为零则是很常见的。

7.2.4 简单级数反应的速率方程比较

现将一些典型的简单级数反应的速率方程和动力学方程及其特征列入表 7-4 中进行比较。表中三级反应和 n 级反应都只列出了其速率方程为 $-\frac{dc_A}{dt}=k_A c_A^n$ 的一种简单形式。对速率方程符合式(7-3)的简单级数反应,当各反应物的初始浓度之比与各自的计量系数之比相等时可简化为上述简单形式。

表 7-4 简单级数反应的速率方程小结($k_A=\nu_A k$)

n	速率方程	动力学方程	$t_{1/2}$	线性关系
0	$-\frac{dc_A}{dt}=k_A$	$c_{A,0}-c_A=k_A t$	$\frac{c_{A,0}}{2k_A}$	c_A-t
1	$-\frac{dc_A}{dt}=k_A c_A$	$\ln\frac{c_{A,0}}{c_A}=k_A t$	$\frac{\ln 2}{k_A}$	$\ln c_A$-t
2	$-\frac{dc_A}{dt}=k_A c_A^2$	$\frac{1}{c_A}-\frac{1}{c_{A,0}}=k_A t$	$\frac{1}{k_A c_{A,0}}$	$\frac{1}{c_A}$-t
2	$-\frac{dc_A}{dt}=k c_A c_F$	$\frac{1}{c_{A,0}-c_{F,0}}\ln\frac{c_{F,0}c_A}{c_{A,0}c_F}=kt$	对 A 和 F 不同	$\ln\frac{c_A}{c_F}$-t
3	$-\frac{dc_A}{dt}=k_A c_A^3$	$\frac{1}{c_A^2}-\frac{1}{c_{A,0}^2}=2k_A t$	$\frac{3}{2k_A c_{A,0}^2}$	$\frac{1}{c_A^2}$-t
n^*	$-\frac{dc_A}{dt}=k_A c_A^n$	$\frac{1}{c_A^{n-1}}-\frac{1}{c_{A,0}^{n-1}}=(n-1)k_A t$	$\frac{2^{n-1}-1}{(n-1)k_A c_{A,0}^{n-1}}$	$\frac{1}{c_A^{n-1}}$-t

* :$n\neq 1$

7.2.5 反应级数的确定方法

在化学动力学研究中,直接由实验测定的是不同时刻反应物(或产物)的浓度,要由这些浓度数据确定反应的速率方程,求出反应级数是至关重要的一步。以下介绍几种常用的确定反应级数的方法。

1. 尝试法

将不同时刻的反应物浓度数据代入各简单级数反应的动力学方程中,计算出速率常数 k。若用某个方程计算出的各组数据的 k 值为一常数,则此方程所代表的级数即为所求级数。

2. 作图法

从前面的讨论可知,在不同反应级数条件下浓度与时间有不同形式的线性关系,因此,以浓度与时间的对应实验数据作图,若某种形式的关系图为直线,则该形式关系对应的级数即为所研究反应的级数,由该直线的斜率可求得反应的速率常数 k。

上述两种方法的优点是简单方便,一次实验的连续数组就可进行尝试。但是对于那些速率较低的反应,若实验测定时间不是足够长,则有可能将 c-t 数据代入到任何级数的动力学方程都可使 k 为常数或按任何级数的浓度与时间特征关系作图都为直线,因而无法确定反应级数。要想克服这一缺点，就必须延长反应时间，但此时的数据也可能因为反应后期的复杂因素影响而使结果不可靠。

3. 半衰期法

若反应的速率方程为

$$-\frac{\mathrm{d}c_A}{\mathrm{d}t}=k_A c_A^n$$

则半衰期与反应物初始浓度的关系为

$$t_{1/2}=\frac{2^{n-1}-1}{(n-1)k_A c_{A,0}^{n-1}}=\frac{\text{常数}}{c_{A,0}^{n-1}} \quad (\text{注意此处 } n\neq 1)$$

即 n 级反应的半衰期与反应物初始浓度的 $(n-1)$ 次方成反比。

（1）若有两个不同初始浓度 $(c_{A,0})_1$ 和 $(c_{A,0})_2$ 的反应系统，则

$$\frac{(t_{1/2})_1}{(t_{1/2})_2}=\left[\frac{(c_{A,0})_2}{(c_{A,0})_1}\right]^{n-1}$$

$$n=1+\frac{\ln[(t_{1/2})_1/(t_{1/2})_2]}{\ln[(c_{A,0})_2/(c_{A,0})_1]} \tag{7-17}$$

（2）若数据较多，则

$$\ln t_{1/2}=(1-n)\ln c_{A,0}+\text{常数}'$$

作 $\ln t_{1/2}$-$\ln c_{A,0}$ 图，由直线的斜率可求出反应级数 n。

4. 微分法

若反应速率方程具有如下的简单形式：

$$r=-\frac{\mathrm{d}c_A}{\mathrm{d}t}=k_A c_A^n$$

两端取对数，得

$$\ln r=\ln k_A+n\ln c_A^n$$

$\ln r$ 与 $\ln c_A$ 呈线性关系，直线的斜率为 n，截距为 $\ln k_A$。

先由原始实验数据作出 c_A-t 图，然后在不同浓度处作曲线的切线，见图 7-3(a)，切线斜率的绝对值即为该处的反应速率 r，再将浓度 c_A 及其对应的反应速率分别取对数，作 $\ln r$-$\ln c_A$ 图，见图 7-3(b)，由直线的斜率和截距就可分别求出反应级数 n 和速率常数 k_A。

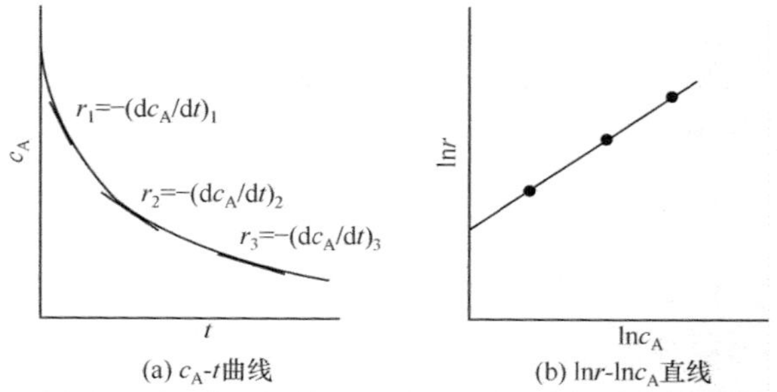

图 7-3 微分法确定反应级数

有时反应产物对反应速率有影响，为了排除这种干扰，可采用初始速率法（又称初始浓度

法)。对若干个不同反应物初始浓度$c_{A,0}$的系统进行实验,分别作出其c_A-t曲线,在每条曲线的初始浓度$c_{A,0}$处求相应的切线的斜率,其绝对值即为初始速率$-\frac{dc_{A,0}}{dt}$,然后作$\ln\left(-\frac{dc_{A,0}}{dt}\right)$-$\ln c_{A,0}$图,由图中直线的斜率和截距,可分别求出$n$和$k_A$。

如果只有两组实验数据,则

$$\ln r_1 = \ln k_A + n\ln c_{A,1}^n$$

$$\ln r_2 = \ln k_A + n\ln c_{A,2}^n$$

$$n = \frac{\ln r_2 - \ln r_1}{\ln c_{A,2} - \ln c_{A,1}} \tag{7-18}$$

用微分法确定反应级数,不仅适用于整数级数的反应,也适用于分数级数的反应。

5. 孤立法

孤立法也称隔离法。如果对反应速率有影响的反应物不止一种,其速率方程符合反应物浓度幂指数乘积的形式,有两种实验方法可分别测定出各反应物的级数。

(1) 令某一反应物的浓度远小于其他各反应物的浓度(如相差20倍以上),此时可将其他各反应物浓度视为常数,再用前述各种方法求得这一反应物的级数。同理可分别求得其他反应物的级数。

(2) 在一系列实验中,令待测级数的反应物初始浓度有规律地(如成倍数)改变,而保持其他反应物的初始浓度不变,考察反应速率与该反应物浓度的关系,确定出该反应物的级数。同理可分别求得每一个反应物的级数及总级数。

以上所讨论的各种方法都只适用于速率方程为幂函数的情况,然而并非所有的化学反应都具有幂函数形式的速率方程,对于那些速率方程为非幂函数形式的反应动力学问题,往往得不到解析积分式,因此其动力学参数的确定就相当困难。目前,解决此类动力学问题通常采用数值计算法。虽然微分方程的数值计算非常繁杂,但由于计算机科学的迅猛发展,这些问题已不难解决。

7.3 典型复杂反应的动力学分析

在现实反应中,绝大多数化学反应并不是元反应,而是由若干个元反应组成的复杂反应。由于组成复杂反应的元反应之间的组合方式不同,或反应速率的控制步骤不同,复杂反应的动力学规律也不相同。

元反应组合成复杂反应的基本方式有三种:对峙反应、平行反应、连串反应。

7.3.1 对峙反应

正、逆两个方向都能进行的反应称为对峙反应,又称为对行反应或可逆反应。严格地说,任何反应都不能完全进行到底,都是对峙反应。

设有下列正、逆向都是元反应的对峙反应:

$$aA + dD \underset{k_r}{\overset{k_f}{\rightleftharpoons}} gG + hH$$

正向反应速率为$r_+ = k_f c_A^a c_D^d$,逆向反应速率$r_- = k_r c_G^g c_H^h$。随着反应的进行,反应物浓度下降,

r_+减慢；同时产物浓度上升，r_-加快。当 $r_+=r_-$时，反应达到化学平衡，即

$$k_f(c_A^a c_D^d)_e = k_r(c_G^g c_H^h)_e$$

所以
$$\frac{k_f}{k_r} = \left(\frac{c_G^g c_H^h}{c_A^a c_D^d}\right)_e = K_c \tag{7-19}$$

由热力学原理可知，K_c 正是化学反应平衡常数。所以，从动力学观点来看，化学平衡不是化学反应的终止，而是正、逆向反应的速率相等，是一种动态平衡；经验平衡常数 K_c 等于正、逆向反应的速率常数之比。

有些化学反应的平衡常数很大，即其逆向反应的速率常数很小，与正向反应速率常数相比可以忽略不计。对于这类反应，动力学上往往作为“单向反应”来处理，前面一节所讨论的各简单级数的反应就属于此种情况。现在所要讨论的是正、逆向反应速率相差不太大的对峙反应。

1. *对峙反应的动力学处理*

最简单的对峙反应是正、逆反应都为一级的对峙反应。例如

$$A \underset{k_{-1}}{\overset{k_1}{\rightleftharpoons}} D$$

则正反应速率为 $r_+=k_1c_A$，逆反应速率为 $r_-=k_{-1}c_D$，总反应速率为正、逆反应速率之差：

$$-\frac{dc_A}{dt} = r_+ - r_- = k_1c_A - k_{-1}c_D \tag{7-20}$$

令 $c_{A,0}$为反应物 A 的初始浓度，产物 D 的初始浓度为零，根据物料平衡关系，任意时刻均有 $c_D=c_{A,0}-c_A$，代入式(7-20)，得

$$-\frac{dc_A}{dt} = k_1c_A - k_{-1}(c_{A,0}-c_A) = (k_1+k_{-1})c_A - k_{-1}c_{A,0} \tag{7-21}$$

积分式(7-21)可得

$$\ln\frac{k_1c_{A,0}}{(k_1+k_{-1})c_A - k_{-1}c_{A,0}} = (k_1+k_{-1})t \tag{7-22}$$

或
$$c_A = \frac{c_{A,0}}{k_1+k_{-1}}[k_{-1}+k_1e^{-(k_1+k_{-1})t}] \tag{7-23}$$

$$c_D = c_{A,0} - c_A = \frac{k_1c_{A,0}}{k_1+k_{-1}}[1-e^{-(k_1+k_{-1})t}] \tag{7-24}$$

由式(7-23)可知，随着反应时间延长，反应物浓度 c_A 不可能降为零，所以产物浓度 c_D 也不可能达到 A 物质的初始浓度。以 c_A 和 c_D 分别对时间 t 作图，可得如图 7-4 所示的曲线。

由图 7-4 可知，当 t=∞时，反应趋于平衡，c_A 和 c_D 分别趋于一定值 $c_{A,e}$和 $c_{D,e}$，这是对峙反应一个重要的动力学特征。

根据式(7-19)可知，当一级对峙反应达到平衡时，有

$$K_c = \frac{k_f}{k_r} = \frac{k_1}{k_{-1}} = \frac{c_{D,e}}{c_{A,e}}$$

再根据物料平衡关系，$c_{D,e}=(c_{A,0}-c_{A,e})$，代入式(7-23)，整理后得

$$\ln\frac{c_{A,0}-c_{A,e}}{c_A-c_{A,e}} = (k_1+k_{-1})t \tag{7-25}$$

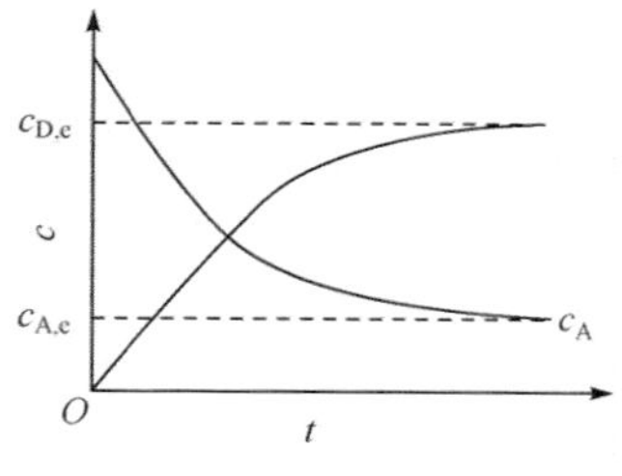

图 7-4　对峙反应的 c_A 和 c_D 与 t 的关系

以 $\ln(c_A-c_{A,e})$对 t 作图可得一直线，从直线的斜率可求

出 k_1+k_{-1}；再配合以平衡时的产物浓度及反应物浓度（或平衡常数），就可以分别求出正、逆反应的速率常数。

对峙反应中较普遍的是正、逆向反应都是二级的对峙反应。例如

$$CH_3COOH+C_2H_5OH \rightleftharpoons CH_3COOC_2H_5+H_2O$$

若写作一般的反应式，并假设反应开始时只有反应物 A 及 D，初始浓度分别为 $c_{A,0}$ 和 $c_{D,0}$，有

$$A+D \underset{k_r}{\overset{k_f}{\rightleftharpoons}} E+F$$

$$\begin{array}{lcccc} t=0 & c_{A,0} & c_{D,0} & 0 & 0 \\ t=t & c_{A,0}-x & c_{D,0}-x & x & x \\ t=\infty & c_{A,0}-x_e & c_{D,0}-x_e & x_e & x_e \end{array}$$

当初始浓度 $c_{A,0}=c_{D,0}$ 时，该系统的速率方程可写为

$$\frac{dx}{dt}=k_f(c_{A,0}-x)^2-k_r x^2=k_f(c_{A,0}-x)^2\left[1-\frac{k_r x^2}{k_f(c_{A,0}-x)^2}\right] \tag{7-26}$$

达到平衡时，有 $K=\dfrac{k_f}{k_r}=\dfrac{x_e^2}{(c_{A,0}-x_e)^2}$，代入式(7-26)，积分，并利用初始条件 $t=0$、$x=0$，可得到动力学方程：

$$k_f t=\frac{x_e}{2c_{A,0}(c_{A,0}-x_e)}\ln\frac{c_{A,0}x_e+x(c_{A,0}-2x_e)}{c_{A,0}(x_e-x)} \tag{7-27}$$

利用由实验测得的不同反应时刻反应物或产物浓度，可从式(7-27)求出 k_f，然后再求出 k_r。

2. *弛豫方法原理*

将一级对峙反应的动力学方程式(7-25)写成

$$\ln\frac{c_{A,0}-c_{A,e}}{c_A-c_{A,e}}=(k_1+k_{-1})t=kt$$

或

$$c_A-c_{A,e}=(c_{A,0}-c_{A,e})e^{-(k_1+k_{-1})t}=(c_{A,0}-c_{A,e})e^{-kt}$$

式中，$k=k_1+k_{-1}$。分别与单向一级反应的动力学方程式(7-4)、式(7-5)进行对比：

$$\ln\frac{c_{A,0}-0}{c_A-0}=kt$$

$$c_A=c_{A,0}e^{-kt}$$

可以发现它们有相似的形式，不同之处只在于当 $t\to\infty$ 时，一级对峙反应的反应物浓度 $c_A\to c_{A,e}$，而单向一级反应的 $c_A\to 0$，所以一级对峙反应的动力学方程式就是它趋向平衡过程的动力学方程式。

在一般的静态法动力学实验中，因为混合两个反应物所需的时间通常最快也要 1 s，所以测量非常快的反应往往很困难。但是如果是快速的对峙反应，就可以使系统在固定的外界条件下先达到平衡，然后给系统一个扰动，如使温度或压力突然改变，使系统偏离平衡态。当系统在新的外界条件下恢复平衡（弛豫过程）时，可以用不同的实验方法求出弛豫时间，由此可以求出正向及逆向反应速率常数。这种方法避开了反应物的混合，称为弛豫法。

由动力学方程可知，一级对峙反应的弛豫过程也是一级的，即弛豫是按指数衰变规律进行的。弛豫速率常数 $k_R=(k_1+k_{-1})$，$\tau_R=\dfrac{1}{k_R}=\dfrac{1}{k_1+k_{-1}}$ 称为弛豫时间。

对于在温度 T 及压力 p 下已达平衡的一级对峙反应系统，如果给系统一个扰动，例如，在

1～5 μs 的时间内使反应系统的温度升高 5 ℃，那么反应系统中物质的浓度在这样短的时间内将因来不及跟随温度变化而偏离平衡。若令 $c_{A,e}$ 代表 $(T+5)$K 时 A 的平衡浓度，则初始扰动时(计为 $t=0$)A 与平衡浓度的偏差为

$$\Delta_0 = c_{A,0} - c_{A,e}$$

注意此处的 $c_{A,0}$ 实际上是上一个平衡温度时的平衡浓度。在弛豫过程中，时间为 t 时 A 与平衡浓度的偏差为

$$\Delta = c_A - c_{A,0}$$

于是，弛豫过程就可以用下面的指数衰减式来描述

$$\Delta = \Delta_0 \exp[-(k_1 + k_{-1})t] = \Delta_0 \exp\left(-\frac{t}{\tau_R}\right) \tag{7-28}$$

$$\ln\Delta = \ln\Delta_0 - \frac{t}{\tau_R} \tag{7-29}$$

式中，τ_R 为弛豫时间。可知 $\ln\Delta$ 与 t 呈线性关系，从斜率可求出 τ_R，再配合以平衡常数 K 的测定，即可分别求出 k_1 和 k_{-1} 的值。

对于一级对峙反应，其弛豫过程也是一级反应这个结论是严格成立的；对于非一级对峙反应，通过例 7-6 我们将看到当扰动很小时，弛豫过程是一级反应也是可以成立的。

【例 7-6】 乙酸的电离为 1-2 级对峙反应：

$$CH_3COOH \underset{k_{-2}}{\overset{k_1}{\rightleftharpoons}} CH_3COO^- + H^+$$

导出该反应的弛豫时间 τ 与正、逆反应速率常数 k_1、k_{-2} 之间的关系式。

解 将反应方程式写成一般的形式：

$$A \underset{k_{-2}}{\overset{k_1}{\rightleftharpoons}} B + C$$

设 $c_{A,e}$、$c_{B,e}$ 和 $c_{C,e}$ 分别为 A、B、C 在原条件下的平衡浓度，Δ 为条件改变后 t 时刻 A 所反应掉的浓度(因为条件改变而产生的浓度扰动)，则

$$c_A = c_{A,e} - \Delta$$

$$c_B = c_{B,e} + \Delta$$

$$c_C = c_{C,e} + \Delta$$

$$-\frac{dc_A}{dt} = \frac{d\Delta}{dt} = k_1 c_A - k_{-2} c_B c_C = k_1(c_{A,e} - \Delta) - k_{-2}(c_{B,e} + \Delta)(c_{C,e} + \Delta)$$

$$= -[k_1 + k_{-2}(c_{B,e} + c_{C,e})]\Delta - k_{-2}\Delta^2$$

其中 $k_1 c_{A,e} - k_{-2} c_{B,e} c_{C,e} = 0$(平衡时正、逆反应速率相等)。当 Δ 很小时，Δ^2 可忽略，所以

$$\frac{d\Delta}{dt} = -[k_1 + k_{-2}(c_{B,e} + c_{C,e})]\Delta = -k\Delta$$

或

$$-\frac{d\Delta}{dt} = [k_1 + k_{-2}(c_{B,e} + c_{C,e})]\Delta = k\Delta$$

式中

$$k = k_1 + k_{-2}(c_{B,e} + c_{C,e})$$

$$\tau = \frac{1}{k} = \frac{1}{k_1 + k_{-2}(c_{B,e} + c_{C,e})}$$

由例 7-6 可以看出，虽然考虑的是 1-2 级对峙反应，但是当反应系统的扰动微小时，Δ 的高次方项可以忽略，系统向平衡态的弛豫仍然可以认为是一级的，所以仍可由 Δ 随时间的变化求出弛豫时间 τ_R，结合平衡常数可求出正、逆反应速率常数的值。

对于其他级数的对峙反应，如 2-1 级、2-2 级等，忽略 Δ 的高次项，都可以得到其弛豫过程为一级反应，只是弛豫时间的表达式各不相同而已。

7.3.2 平行反应

一种或多种相同的反应物能同时进行几个不同的、但相互独立的反应,这个反应组合称为平行反应,其中的每一个独立反应都称为一个支反应。一般将生成目的产物的支反应或者速率最快的支反应称为主反应,其余的支反应都称为副反应。例如,乙醇的脱水和脱氢反应就是一个平行反应。

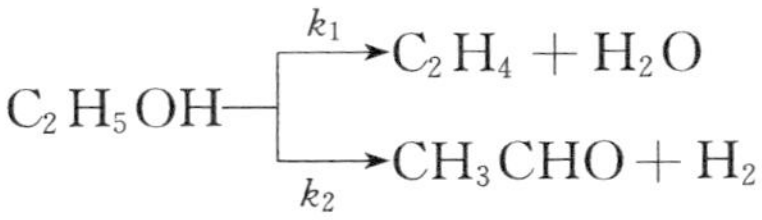

平行反应中各支反应的级数有的相同,也有的不一定相同。支反应级数相同的平行反应,数学处理比较简单;若平行反应中各支反应的级数不相同,则数学处理就比较复杂。本节只讨论支反应级数相同且都是一级的平行反应。

设有如下平行反应:

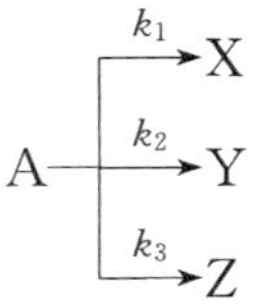

3 个支反应的速率方程分别为

$$\frac{dc_X}{dt}=k_1c_A \tag{7-30}$$

$$\frac{dc_Y}{dt}=k_2c_A \tag{7-31}$$

$$\frac{dc_Z}{dt}=k_3c_A \tag{7-32}$$

反应物 A 的总消耗速率为三者之和:

$$r=-\frac{dc_A}{dt}=(k_1+k_2+k_3)c_A=kc_A \tag{7-33}$$

可见总的反应速率方程为一级反应速率方程,其中表观速率常数 $k=(k_1+k_2+k_3)$是各支反应速率常数之和。对式(7-33)积分得

$$c_A=c_{A,0}e^{-kt}$$

将 c_A 的表达式分别代入各支反应速率方程,整理后积分,得

$$c_X=\frac{k_1}{k}c_{A,0}(1-e^{-kt}) \tag{7-34}$$

$$c_Y=\frac{k_2}{k}c_{A,0}(1-e^{-kt}) \tag{7-35}$$

$$c_Z=\frac{k_3}{k}c_{A,0}(1-e^{-kt}) \tag{7-36}$$

由以上关系式可知,t 时刻各产物浓度之比等于各支反应速率常数之比,即

$$c_X:c_Y:c_Z=k_1:k_2:k_3$$

因此由产物的相对含量和总反应的表观速率常数,可求出各支反应速率常数。

级数相同的平行反应具有以下特点。

(1) 平行反应的总反应速率是各支反应速率之和，所以反应物的总消耗速率主要取决于反应最快的支反应。

(2) 平行反应的速率方程是各支反应的速率方程之和，其速率常数为各支反应速率常数之和。

(3) 若各产物的初始浓度为零，则反应任意瞬间各产物浓度之比等于各支反应速率常数之比。

(4) 因为改变速率常数的比值就可改变产物产量之比，所以主、副反应可通过控制条件来调节。一般常采用改变反应温度或添加催化剂的方法，使副反应降低到最低限度。例如，升高温度相对有利于活化能大的反应，降低温度相对有利于活化能小的反应。

7.3.3 连串反应

一个反应要经历几个连续的中间步骤，并且前一步的产物是后一步的反应物，这样的反应称为连串反应，也称为连续反应。

在此只讨论一级连串反应

$$A \xrightarrow{k_1} B \xrightarrow{k_2} P$$

速率方程分别为

$$-\frac{dc_A}{dt}=k_1 c_A \tag{7-37}$$

$$\frac{dc_B}{dt}=k_1 c_A-k_2 c_B \tag{7-38}$$

$$\frac{dc_P}{dt}=k_2 c_B \tag{7-39}$$

将式(7-37)积分，得

$$c_A=c_{A,0}\cdot e^{-k_1 t} \tag{7-40}$$

将式(7-40)代入式(7-38)，得

$$\frac{dc_B}{dt}=k_1 c_{A,0}\cdot e^{-k_1 t}-k_2 c_B$$

解此一次常系数线性微分方程，得

$$c_B=\frac{k_1}{k_2-k_1}c_{A,0}(e^{-k_1 t}-e^{-k_2 t}) \tag{7-41}$$

最终产物 P 的浓度可由物料平衡关系求得

$$c_P=c_{A,0}-c_A-c_B=c_{A,0}\left(1-\frac{k_2 e^{-k_1 t}-k_1 e^{-k_2 t}}{k_2-k_1}\right) \tag{7-42}$$

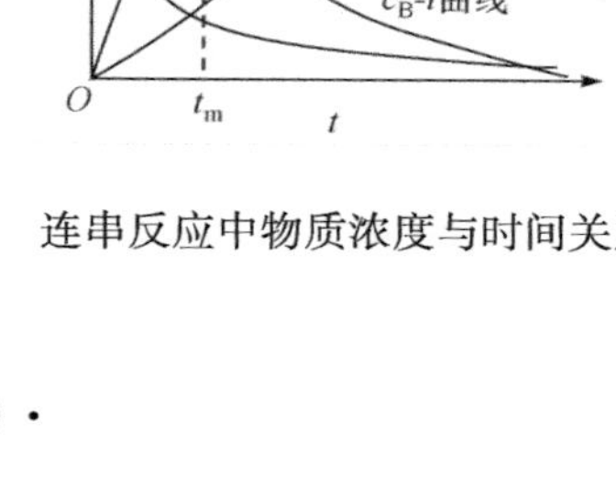

图 7-5　连串反应中物质浓度与时间关系曲线

如按式(7-40)、式(7-41)和式(7-42)作浓度-时间曲线，如图 7-5 所示，可知 c_A-t 曲线为单调下降，c_P-t 曲线为单调上升，中间物 B 的浓度随时间的变化是两项之代数和，必有一极大值。

将式(7-41)对 t 微分，令其等于零，即可找到中间物 B 出现极大值的时间 t_{max}。

$$\frac{\mathrm{d}c_B}{\mathrm{d}t}=\frac{k_1}{k_2-k_1}c_{A,0}\cdot[k_2\exp(-k_2t)-k_1\exp(-k_1t)]=0$$

故
$$k_2\exp(-k_2t)=k_1\exp(-k_1t)$$

两边同时取对数，并整理，可得

$$t_{max}=\frac{\ln\frac{k_2}{k_1}}{k_2-k_1} \tag{7-43}$$

$$c_{B,max}=c_{A,0}\left(\frac{k_1}{k_2}\right)^{\frac{k_2}{k_2-k_1}} \tag{7-44}$$

由此不难看出，t_{max}及$c_{B,max}$的数值与k_2/k_1比值的关系很大。随着k_2/k_1的增大，c_B越来越小，$c_{B,max}$也变小，而$c_{B,max}$出现的时间越来越早。若$k_2\gg k_1$，则$c_{B,max}\to 0$，说明中间物B很活泼，它一旦由第一步元反应生成，就会立即由第二步元反应消耗，所以B浓度随时间的变化率也近似为零，即$\frac{\mathrm{d}c_B}{\mathrm{d}t}\approx 0$，这一结论正是复杂反应动力学研究中稳态近似处理法的依据。另外，当$k_2\gg k_1$时，$-\frac{\mathrm{d}c_A}{\mathrm{d}t}\approx\frac{\mathrm{d}c_P}{\mathrm{d}t}=k_1c_{A,0}\mathrm{e}^{-k_1t}$，说明产物的生成速率由第一步即慢步骤所决定；若$k_1\gg k_2$，则$c_{B,max}\to c_{A,0}$，$c_A\approx 0$，说明原始反应物A在很短的时间内就几乎全部转化为中间物B，总反应速率就只能由第二步（慢步骤）的速率决定了。

7.3.4 复杂反应的动力学近似处理方法

从上面的讨论可以看出，就算是对于最简单的一级连串反应，要得到中间物B的浓度，也需要解微分方程。对于许多复杂的连串反应，如果中间物不止一种，各物质的系数不都是1，则从数学上严格求解许多联立的微分方程，从而求出反应过程中出现的各个中间物种的浓度是十分困难的，有时甚至是不可行的。为此，引入速控步、平衡态近似法以及稳态近似法的概念，可使问题大大简化。

1. 速控步和平衡态近似法

如果连串反应中各元反应的速率相差很大，则总反应的速率取决于最慢一步的速率。最慢的一步称为速控步（速决步、决速步）。

如果在连串反应中有一个速控步，则可以假设：在此速控步之前有若干个对峙反应已达到平衡，在此之后有若干个快速反应。据此，某些中间物的浓度就可由平衡常数（正、逆反应的速率常数之比）求出，从而简化数学处理。总反应的速率由速控步决定。

【例 7-7】 已知反应 $H_2+I_2 = 2HI$ 的实验速率方程为 $r=kc_{H_2}c_{I_2}$，设反应机理为

$$I_2 \underset{k_2}{\overset{k_1}{\rightleftharpoons}} 2I \quad（快）$$

$$H_2+2I \xrightarrow{k_3} 2HI \quad（慢）$$

试由上述机理推导反应速率方程，检验该假设机理是否合理。

解 总反应速率为慢步骤即速控步的速率，所以

$$r=k_3c_{H_2}c_{I_2}$$

中间物I原子的浓度可由平衡近似求出。从平衡近似可知，速控步之前的对峙反应可认为能快速达到平衡，

且平衡浓度可近似认为不受其后的慢步骤影响。因此：

$$\frac{c_{\mathrm{I}_2}}{c_{\mathrm{I}_2}}=K_c=\frac{k_1}{k_2},c_{\mathrm{I}_2}=\frac{k_1}{k_2}c_{\mathrm{I}_2}$$

所以

$$r=k_3c_{\mathrm{H}_2}c_{\mathrm{I}_2}=\frac{k_1k_3}{k_2}c_{\mathrm{H}_2}c_{\mathrm{I}_2}=kc_{\mathrm{H}_2}c_{\mathrm{I}_2}$$

此结果与实验速率方程吻合，所以原假设机理是合理的。

2. 稳态近似法

以最简单的连串反应为例

$$\mathrm{A}\xrightarrow{k_1}\mathrm{B}\xrightarrow{k_2}\mathrm{P}$$

严格来说，所谓稳态应该是 A、B、P 的浓度均不随时间而变化的状态。显然，这只有在不断地引入 A、移走 P 的开放系统中才能实现。对于封闭的反应系统，A 和 P 都不可能达到稳态；但是反应进行一段时间后，中间物 B 有可能达到近似的稳态。当中间物 B 的生成速率与消耗速率相差甚微，即$\frac{\mathrm{d}c_\mathrm{B}}{\mathrm{d}t}\approx 0$时，$c_\mathrm{B}$随时间的变化可以忽略不计，B 的浓度达到稳态。由前述的“单向连串反应”中我们已经得到结论，当 $k_2\gg k_1$ 时即可满足$\frac{\mathrm{d}c_\mathrm{B}}{\mathrm{d}t}\approx 0$的条件。

假设“中间物的生成速率与消耗速率近似相等，中间物的净生成速率等于零”的处理方法称为稳态近似法。对于不同的反应机理，稳态近似法的适用条件是不同的，通常当中间物是自由基、自由原子或者处于高度激发态的分子，其反应活性特别强并因而以极小浓度存在时，运用稳态近似法是适宜的。

利用稳态近似，不用解复杂的微分方程即可求出中间物的浓度，并由此推导出总反应的速率方程。

【例 7-8】 某复合反应机理如下：

$$(1)\ \mathrm{A}\underset{k_2}{\overset{k_1}{\rightleftharpoons}}\mathrm{C}$$

$$(2)\ \mathrm{C}+\mathrm{B}\xrightarrow{k_3}\mathrm{P}$$

其中，C 是活泼中间物。试用稳态近似法导出总反应的速率方程。

解 通常可用最终产物 P 的生成速率表示总反应的速率，由反应机理可知：

$$\frac{\mathrm{d}c_\mathrm{P}}{\mathrm{d}t}=k_3c_\mathrm{B}c_\mathrm{C}$$

因为 C 是活泼中间物，所以其浓度可由稳态近似求出：

$$\frac{\mathrm{d}c_\mathrm{C}}{\mathrm{d}t}=k_1c_\mathrm{A}-k_2c_\mathrm{B}-k_3c_\mathrm{B}c_\mathrm{C}=0$$

$$c_\mathrm{C}=\frac{k_1c_\mathrm{A}}{k_2+k_3c_\mathrm{B}}$$

因此

$$\frac{\mathrm{d}c_\mathrm{P}}{\mathrm{d}t}=\frac{k_1k_3c_\mathrm{A}c_\mathrm{B}}{k_2+k_3c_\mathrm{B}}$$

7.3.5 链反应

链反应又称连锁反应，是一类常见而又有其特殊规律的复杂反应。链反应是由大量的、反复循环的连串反应组成的且通常有自由基或自由原子参加的反应。自由原子或自由基是含有未成对电子的原子或原子团(以下统称自由基),它们因具有很高的化学活性而不能稳定地存在,一经生成就立刻同其他物质发生反应。许多有机化合物在空气中的燃烧、燃料的燃烧、不饱和烃的聚合等,都是链反应。

1. 链反应的基本步骤

完整的链反应包含以下三个基本步骤。

1) 链引发

链引发是产生自由基的过程,这一过程所需的活化能很大,为 200～400 kJ·mol^{-1}。反应物分子需要获得足够的能量才能产生自由基,获得能量的方式通常为加热、光照或其他高能辐射。加入化学引发剂也可产生自由基。化学引发剂是较易产生自由基的物质,如碱金属、卤素、有机氮化合物和过氧化物等。

例如,H_2 与 Cl_2 气相合成 HCl 的反应是一个链反应,光照、加热(300 ℃)或加入钠蒸气都可以产生氯原子 Cl·从而引发这一反应

$$Cl_2 \xrightarrow{h\nu} 2Cl\cdot$$

$$Cl_2 + M(\text{高能}) \longrightarrow 2Cl\cdot + M(\text{低能})$$

$$Cl_2 + Na\cdot \longrightarrow Cl\cdot + NaCl$$

式中,M 为系统中存在的各种分子,如 Cl_2、H_2 或其他分子。

2) 链传递

自由基非常不稳定,一经生成就立刻同其他物质发生反应,反应中又可产生新的自由基,如此连续循环进行,构成了链传递过程。例如

$$Cl\cdot + H_2 \longrightarrow HCl + H\cdot$$

$$H\cdot + Cl_2 \longrightarrow HCl + Cl\cdot$$

链传递是链反应中最活跃的过程,是链反应的主体。链传递反应的活化能很小,一般小于 40 kJ·mol^{-1},因而这一过程进行得很快。

3) 链终止

链终止是自由基变为一般分子而销毁的过程,是链反应的最后阶段。

自由基具有很高的化学活性,它们可以相互结合成稳定的分子,而将能量传递给系统中其他分子或以光量子的形式放出。例如,在 H_2 和 Cl_2 的气相反应中,下述反应可使链终止:

$$2Cl\cdot + M(\text{低能}) \longrightarrow Cl_2 + M(\text{高能})$$

有时链反应的终止过程发生在容器壁上,此时容器壁就相当于上述反应中的 M 分子。链终止反应的活化能很小或为零,所以反应速率常数很大;但由于链终止反应多为三分子反应,又因为自由基在系统中的浓度很低,所以反应的速率却很小,使链传递过程得以顺利进行。

2. 直链反应与支链反应

根据链的传递方式,可将链反应分为直链反应和支链反应两种。

在链传递过程中,如果一个自由基消失,只产生一个新的自由基,就称为直链反应。$Br_2 + H_2 \longrightarrow 2HBr$是一个研究得较清楚的直链反应,反应机理为

链引发: (1) $Br_2 \xrightarrow{k_1} 2Br\cdot$

链传递：　　(2)　　$Br\cdot + H_2 \xrightarrow{k_2} H\cdot + HBr$

(3)　　$H\cdot + Br_2 \xrightarrow{k_3} Br\cdot + HBr$

(4)　　$H\cdot + HBr \xrightarrow{k_4} Br\cdot + H_2$

链终止：　　(5)　　$2Br\cdot \xrightarrow{k_5} Br_2$

总反应速率可用产物的生成来表示：

$$\frac{dc_{HBr}}{dt}=k_2c_{Br\cdot}c_{H_2}+k_3c_{H\cdot}c_{Br_2}-k_4c_{H\cdot}c_{HBr} \tag{7-45}$$

根据稳态近似法，可得

$$\frac{dc_{Br\cdot}}{dt}=2k_1c_{Br_2}-k_2c_{Br\cdot}c_{H_2}+k_3c_{H\cdot}c_{Br_2}+k_4c_{H\cdot}c_{HBr}-2k_5c_{Br\cdot}^2=0 \tag{7-46}$$

$$\frac{dc_{H\cdot}}{dt}=k_2c_{Br\cdot}c_{H_2}-k_3c_{H\cdot}c_{Br_2}-k_4c_{H\cdot}c_{HBr}=0 \tag{7-47}$$

联立式(7-46)和式(7-47)，可求得

$$c_{Br\cdot}=\sqrt{\frac{k_1c_{Br_2}}{k_5}} \tag{7-48}$$

$$c_{H\cdot}=\frac{k_2c_{H_2}\sqrt{\dfrac{k_1c_{Br_2}}{k_5}}}{k_3c_{Br_2}+k_4c_{HBr}} \tag{7-49}$$

将式(7-48)和式(7-49)代入式(7-45)可得

$$\frac{dc_{HBr}}{dt}=\frac{2k_2\sqrt{\dfrac{k_1c_{Br_2}}{k_5}}\times c_{H_2}}{1+\dfrac{k_4c_{HBr}}{k_3c_{Br_2}}}$$

若令 $2k_2(k_1/k_5)^{1/2}=k$，$k_4/k_3=k'$，则上式化为

$$\frac{dc_{HBr}}{dt}=\frac{kc_{H_2}\sqrt{c_{Br_2}}}{1+\dfrac{k'c_{HBr}}{c_{Br_2}}}$$

与玻登斯坦(Bodenstein)等获得的实验速率方程完全一致。

如果在链传递过程中，消失一个自由基可产生两个或两个以上的新自由基，这样的链反应就称为支链反应。由于反应速率随自由基的数目增加而急剧增大，支链反应往往导致爆炸。

支链爆炸的一个特点是，确定温度下只在一定的压力范围内方可发生爆炸，在此压力范围之外，反应可以平稳地进行。这是因为支链反应在链传递的过程中自由基的数量会不断增加，若此时相应的自由基销毁速率较生成速率小，则自由基浓度将迅速上升，总反应速率急增，从而导致爆炸发生；而如果自由基的销毁非常有效，则反应可以平稳进行。

以反应 $2H_2+O_2 = 2H_2O$ 为例，其反应机理为支链反应，即

链引发：　　$H_2 \longrightarrow 2H\cdot$

链传递：

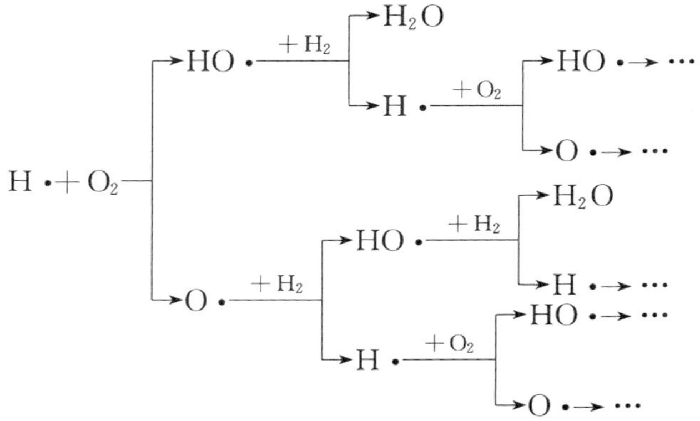

链终止：

$$2H\cdot + M \longrightarrow H_2 + M$$

$$HO\cdot + H\cdot + M \longrightarrow H_2O + M$$

此链的终止有上述两种反应，而且各有两种方式：一是气相销毁自由基；二是器壁碰撞销毁自由基。

为了建立支链反应速率方程，设反应通式为

链引发 $$A \xrightarrow{k_1} R\cdot$$

链传递 $$A + R\cdot \xrightarrow{k_2} P(\text{产物}) + \alpha R\cdot$$

链终止 $$R\cdot \xrightarrow{k_w} \text{碰撞器壁毁销}$$

$$R\cdot \xrightarrow{k_g} \text{气相中销毁}$$

式中，α 为每一次链传递中所产生的自由基数。利用稳态法处理有

$$\frac{dc_{R\cdot}}{dt} = k_1 c_A - k_2 c_A c_{R\cdot} + \alpha k_2 c_A c_{R\cdot} - k_w c_{R\cdot} - k_g c_{R\cdot} = 0$$

解得

$$c_{R\cdot} = \frac{k_1 c_A}{k_2 c_A (1-\alpha) + k_w + k_g} \tag{7-50}$$

反应速率以产物的生成速率计，有

$$r = \frac{dc_P}{dt} = k_2 c_A c_{R\cdot} = \frac{k_1 k_2 c_A^2}{k_2 c_A (1-\alpha) + k_w + k_g} \tag{7-51}$$

由式(7-51)可知，若支链分支增长迅速，即 α 增大到使 $k_2 c_A (1-\alpha) = -k_w + k_g$，则反应速率 $r \to \infty$，此时发生爆炸；若支链反应的链易中断，即器壁销毁或气相销毁的速率很大，使得 $k_2 c_A (1-\alpha) \ll k_w + k_g$，则反应速率 r 为有限值，反应能平稳进行而不发生爆炸。由于器壁销毁速率和气相销毁速率与系统的压强有关，因此，支链爆炸是在一定压力范围内发生的，这种现象被称为爆炸界限。如 H_2 和 O_2 的爆鸣反应，实验表明，当 $n_{H_2} : n_{O_2} = 2:1$ 时，在 773 K 下，其爆炸界限如图 7-6 所示。

由图 7-6 可见，支链反应爆炸发生在低界限(p_1)与高界限(p_2)之间。压强低于 p_1 或在 $p_2 \sim p_3$ 之间，反应可以平稳进行，不发生爆炸；而压强高于 p_3 后，则又将发生爆炸。所以 p_3 被称为第三爆炸界限，此时的爆炸不属于支链反应爆炸，而是热爆炸。其他温度也有类似的情况，只是温度越高，爆炸界限越宽，而且上限对温度更为敏感，下限则受反应容器的大小、形状、器壁表面性质等因素的影响。

爆炸界限产生的原因仍可由式(7-51)解释。因为器壁销毁与粒子向器壁的扩散有关，降低压强，粒子运动自由程增大，有利于分子向器壁扩散，使自由基在器壁上的销毁速率增

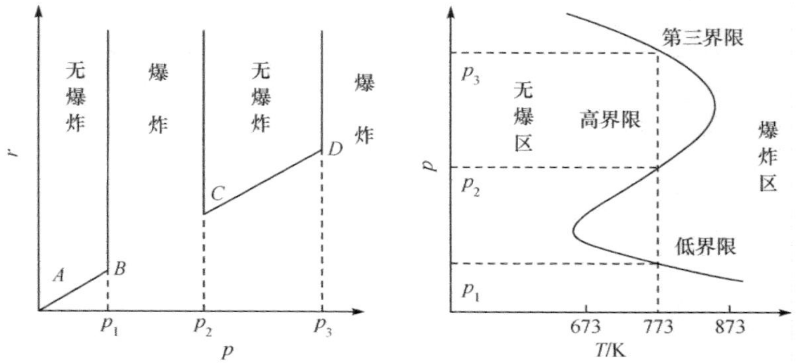

图 7-6　氢氧(2∶1)混合气体的爆炸界限与温度、压强的关系

大，即 k_w 增大致使 r 趋于有限、平稳；在高压下，自由基的销毁则主要是其在气相中与惰性分子的碰撞所致。当压强增加，系统中粒子密度增加，加大了自由基与惰性分子的碰撞机会，从而增大了气相销毁的速率，即 k_g 增大致使 r 趋于有限、平稳，这就是爆炸的高界限；产生自由基需要能量，销毁自由基放出能量，而升高温度有利于自由基的增殖，因此高界限对温度非常敏感；当压强很高时，气体密度太大，大量的热难以及时散发，从而引起热爆炸，这就是第三界限。

7.4　温度与反应速率的关系及元反应速率理论简介

前面所讨论的速率方程和动力学方程都是定义在确定温度下，而对于大多数反应，温度对反应速率的影响比浓度的影响更为显著。在讨论温度对反应速率的影响时，应该排除浓度的影响，所以通常以反应速率常数为准，找出它与温度之间的关系。

7.4.1　阿伦尼乌斯方程与活化能

1. 阿伦尼乌斯方程

阿伦尼乌斯在 1889 年根据大量实验数据，利用了范特霍夫的等压方程式和气相中可逆反应经验平衡常数与其正、逆向反应速率常数的关系，进行分析推理后总结出反应速率常数与温度关系的经验公式：

$$\frac{\mathrm{d}\ln k}{\mathrm{d}T}=\frac{E_a}{RT^2} \tag{7-52}$$

式中，R 为摩尔气体常量；E_a 具有能量的单位，是某种特殊性质的能量，称为活化能。对于大部分化学反应，E_a 大于零，所以随着温度升高，反应速率会加快。如果在实验的温度范围内，活化能 E_a 可以认为是常数，则对式(7-52)进行积分，可得

$$\ln\frac{k_2}{k_1}=-\frac{E_a}{R}\left(\frac{1}{T_2}-\frac{1}{T_1}\right) \tag{7-53}$$

或

$$\ln k=-\frac{E_a}{RT}+\ln A \tag{7-54}$$

或

$$k=A\mathrm{e}^{-\frac{E_a}{RT}} \tag{7-55}$$

式(7-52)至式(7-55)就是著名的阿伦尼乌斯方程，式中 A 称为指前因子或频率因子，其单位

与 k 的单位一致，可以认为是高温时 k 的极限值。对于不同的反应，A 值可以不同。

E_a 和 A 称为反应的动力学参量。阿伦尼乌斯公式表明，一个反应的反应速率常数 k 可以用 E_a 及 A 两个参量来表示。在化学动力学中，很重要的一个工作就是求出反应的 E_a 及 A 值，并对其做理论解释。

动力学参量 E_a 及 A 可以由实验数据求出。从式(7-54)可以看出，$\ln k$ 与 $\frac{1}{T}$ 呈线性关系，直线的斜率为 $-\frac{E_a}{R}$，截距为 $\ln A$，可据此求出 E_a 及 A，所以 E_a 也称为实验活化能。一般来说，E_a 为 40 ～ 400 $kJ \cdot mol^{-1}$。指前因子 A 的值对于单分子反应，数量级一般为 $10^{13}\ s^{-1}$；对于双分子反应，数量级一般是 $10^{11}\ mol^{-1} \cdot dm^3 \cdot s^{-1}$；对于三分子反应，数量级一般为 $10^9\ mol^{-2} \cdot dm^6 \cdot s^{-1}$。但是，不少反应的指前因子 A 的值与上述数量级有较大的偏差。

2. 活化能的意义与作用

由式(7-55)可以看出，在相同的指前因子 A 和温度 T 的情况下，活化能越大的反应，反应速率就越小，即反应就越难以进行。从这个意义上说，活化能的大小是反应发生的难易程度的一种度量。由于活化能处于公式中的指数地位，因此活化能不大的改变，将大大地影响速率常数 k 的数值。因此如果一个反应的活化能不是很小，那么速率常数 k 的值主要取决于活化能。

从式(7-52)可以看出，活化能的大小还决定了温度对反应速率的影响程度。反应的活化能越大，温度对反应速率的影响就越大；反之影响越小。

化学反应为什么需要活化能呢？反应物分子要发生反应必须克服分子间的斥力，还必须破坏分子内原有的化学键(除很少数的反应，如自由基复合反应外)，这些都需要足够的能量，所以只有少数能量足够高的分子碰撞后才能发生反应。这样的分子称为活化分子，活化分子的平均能量 $\langle H^* \rangle$ 或 $\langle U^* \rangle$ 与反应物分子的平均能量 $\langle H_1 \rangle$ 或 $\langle U_1 \rangle$ 之差 $(\langle H^* \rangle - \langle H_1 \rangle)$ 或 $(\langle U^* \rangle - \langle U_1 \rangle)$ 就是活化能 E_a。

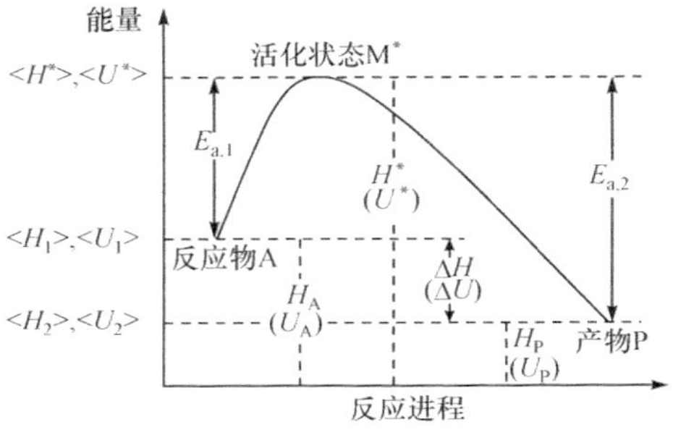

图 7-7 活化能示意图

反应系统的能量随反应进程的变化，可用图 7-7表示。具有 $\langle H_1 \rangle$ 或 $\langle U_1 \rangle$ 能量的反应物 A 需要吸收能量到达活化分子状态 M^*，经碰撞后，旧键断裂，新键生成，得到产物 P，其能量为 $\langle H_2 \rangle$ 或 $\langle U_2 \rangle$。微观可逆性原理告诉我们，一个元反应的逆反应必定也是元反应，且正、逆反应通过相同的过渡态，因此，逆向反应是具有能量 $\langle H_2 \rangle$ 或 $\langle U_2 \rangle$ 的产物 P 吸收能量，到达活化分子状态 M^*，然后变成“产物”A。显然 $E_{a,1} = \langle H^* \rangle - \langle H_1 \rangle$ (或 $\langle U^* \rangle - \langle U_1 \rangle$) 是正反应的活化能，$E_{a,2} = \langle H^* \rangle - \langle H_2 \rangle$ (或 $\langle U^* \rangle - \langle U_2 \rangle$) 是逆反应的活化能。即对正反应而言，反应物 A 分子必须越过高度为 $E_{a,1}$ 的能峰才能变成产物分子；而逆反应中，产物 P 分子必须越过高度为 $E_{a,2}$ 的能峰才能完成反应，因此元反应的活化能具有能峰(或能垒)的意义。

活化能只对元反应才有明确的物理意义。对于总包反应，E_a 只是一个表观参数，它是构成总包反应的各基元反应活化能的组合，因此 E_a 也称为表观活化能。表观活化能虽无明确的物理意义，但仍可认为是阻碍反应进行的一个能量因素。

产物 P 的平均能量 $\langle H_2 \rangle$ 或 $\langle U_2 \rangle$ 与反应物 A 的平均能量 $\langle H_1 \rangle$ 或 $\langle U_1 \rangle$ 之差，就是反应过程

中系统与环境的能量交换值。这种能量交换通常为热交换，故可视之为反应热。在不做非体积功的条件下，正向恒压反应有

$$Q_p=\Delta H=\langle H_2\rangle-\langle H_1\rangle=E_{a,1}-E_{a,2}$$

正向恒容反应有：

$$Q_V=\Delta U=\langle U_2\rangle-\langle U_1\rangle=E_{a,1}-E_{a,2}$$

反应热 $Q_p(\Delta H)$ 或 $Q_V(\Delta U)$ 是温度的函数，通常情况下，活化分子的平均能量 $\langle H^*\rangle$ 或 $\langle U^*\rangle$ 与一般分子的平均能量 $\langle H\rangle$ 或 $\langle U\rangle$ 都随温度的升高而增大，因此严格地说活化能也应是温度的函数，只是温度对活化能的影响不大，不考虑而已。

3. 温度对反应速率影响作用的其他类型

一般来说，阿伦尼乌斯型反应的 k-T 曲线如图 7-8(a)所示，当温度很高时，指数曲线应以 $k=A$ 为渐近线。虽然阿伦尼乌斯公式最初是从气相反应中总结出来的，但是后来发现它也适用于液相反应或复相催化反应；既适用于基元反应，也适用于一些具有反应物浓度幂乘积形式的总包反应，当然此时的 E_a、A 及 k 都为对总包反应而言的表观参数。

不过应当指出，并非所有的化学反应都符合或近似符合阿伦尼乌斯公式。图7-8(b)～(e)给出了一些不符合阿伦尼乌斯公式的典型反应的 k-T 关系。

图 7-8(b)指出，某些反应的反应速率随温度的升高而降低，我们说这类反应具有负的温度系数；对于这类反应，如果要用阿伦尼乌斯公式去描述它的动力学数据，则必须承认活化能有负值，而这在物理意义上显然是难以接受的。属于这种情况的是为数甚少的气相三级反应，例如，NO 与 O_2 的反应 $2NO+O_2 = 2NO_2$，这个反应在 183～773 K 的温度范围内，速率常数 k 随温度升高而降低；当温度升高至 773 K 以上时，k 值几乎不随温度而变化。另外，个别的自由原子的复合反应(如 $I+I+M = I_2+M$)也有负温度系数的现象。图 7-8(c)代表了某些典型的酶催化反应。具有生理活性的酶只有在特定的生理温度下才有高催化作用，当温度高于某一值时，酶催化剂被破坏，反应速率急速下降。图 7-8(d)是某些烃类的气相氧化反应。在温度区间 T_1～T_2 内，出现了"负的温度系数区"，其原因尚不十分清楚，可能与某些支化反应被破坏有关。另外，还有一些燃烧爆炸反应，当温度在燃点以下时，反应速率很小；当温度到达燃点时，反应速率急剧增加，如图 7-8(e)所示。

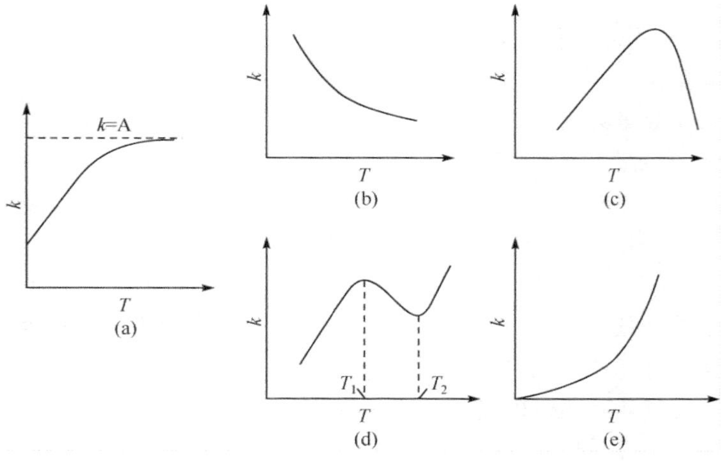

图 7-8　速率常数 k 与温度 T 的关系

【例 7-9】 $CO(CH_2COOH)_2$ 在水溶液中分解反应的速率常数在 10 ℃和 60 ℃时分别为 $1.080\times10^{-4}\ s^{-1}$ 和 $5.484\times10^{-2}\ s^{-1}$。求算该反应的活化能及 25 ℃的速率常数。

解 将已知数据代入 $\ln\frac{k_2}{k_1}=\frac{-E_a}{R}\left(\frac{1}{T_2}-\frac{1}{T_1}\right)$，得

$$\ln\frac{5.484\times10^{-2}}{1.080\times10^{-4}}=-\frac{E_a}{8.314}\times\left(\frac{1}{333.15}-\frac{1}{283.15}\right)$$

故
$$E_a=97\ 720\ J\cdot mol^{-1}$$

25 ℃的速率常数 k_3 可由已求得的 E_a 及 10 ℃的速率常数来求算，即

$$\ln\frac{k_3}{1.080\times10^{-4}}=\frac{97\ 720}{8.314}\times\left(\frac{1}{298.15}-\frac{1}{283.15}\right)$$

得
$$k_3=8.718\times10^{-4}\ s^{-1}$$

【例 7-10】 已知溴乙烷的分解反应为一级反应，活化能 $E_a=229.3\ kJ\cdot mol^{-1}$，650 K 时的速率常数 $k=2.14\times10^{-4}\ s^{-1}$。现欲使此反应在 30.0 min 内完成 90%，应将温度控制为多少？

解 利用已知的 E_a 和 k 值，可以求算出指前因子 A，即

$$A=ke^{E_a/RT}=2.14\times10^{-4}e^{229.3\times10^3/(8.314\times650)}=5.73\times10^{14}(s^{-1})$$

故该反应的 k 与 T 的关系式为

$$k=5.73\times10^{14}e^{-\frac{229.3\times10^3}{8.314T/K}}\ s^{-1}$$

一级反应的动力学方程为

$$\ln\frac{c_{A,0}}{c_A}=kt$$

所以
$$\ln\frac{1.00}{1.00-0.90}=5.73\times10^{14}e^{-\frac{229.3\times10^3}{8.314T/K}}\times30.0\times60$$

得
$$T=678.6\ K$$

7.4.2 简单碰撞理论

当人们发现了一些有关化学反应速率的规律之后，就希望从理论上对这些规律加以解释，并利用反应速率理论来预言化学反应的速率。初期的反应速率理论往往与解释及完善阿伦尼乌斯公式有关。1918 年路易斯等在阿伦尼乌斯提出的活化能概念的基础上，结合气体分子运动论，建立了反应速率的简单碰撞理论(simple collision theory，SCT)。现以气相双分子反应 X+Y ══ P 为例来进行说明。

对于反应是如何进行的问题，简单碰撞理论有以下两点基本假设：

(1) 两个反应物分子 X 和 Y 必须经过碰撞才能发生反应，但不是每次碰撞都能发生反应。

(2) 相互碰撞的一对分子在质心连线上的相对平动能必须足够高，并超过某一临界值 E_c 才能发生反应。这样的分子称为活化分子，活化分子的碰撞称为有效碰撞。

根据以上两点基本假设，只要算出分子在单位时间、单位体积内发生的有效碰撞次数就可以求算出化学反应速率。单位时间单位体积内分子的碰撞总次数为 Z，又称为碰撞频率，其中有效碰撞所占的比例称为有效碰撞分数，用 q 表示，则反应速率为

$$r=-\frac{dc}{dt}=-\frac{1}{L}\cdot\frac{dn}{dt}=\frac{Z\cdot q}{L} \tag{7-56}$$

式中，n 为单位体积中的反应物分子数；L 为阿伏伽德罗常量。碰撞理论就是要由气体分子运动论计算出碰撞频率 Z 和有效碰撞分数 q，从而求出反应速率和速率常数。

碰撞频率 Z 和有效碰撞分数 q 都与分子的形状及分子之间的相互作用有关。为简化计

算，在简单碰撞理论中作了以下假设：

(1) 分子为简单的刚性球体。

(2) 分子之间除了在碰撞的瞬间外，没有其他相互作用。

(3) 在碰撞的瞬间，两个分子的中心距离等于它们的半径之和。

这样的分子模型称为硬球分子模型。

1. 碰撞频率 Z_{XY} 的计算

考察两个分子相对运动的一个简化方法是：假定其中一个分子（如 Y）是静止的，另一个分子（如 X）则以平均相对速率向 Y 趋近。设 X 和 Y 的分子数密度分别为 N_X 和 N_Y，分子的直径分别为 d_X 和 d_Y。先只考虑一个分子 X 以平均相对速率 $\langle u\rangle$ 与 Y 的碰撞，如图 7-9 所示，以分子 X 为中心，以 $D_{XY}=\frac{1}{2}(d_X+d_Y)$ 为半径作出的截面 σ 的面积为 $\sigma=\pi D_{XY}^2$，σ 称为碰撞截面，此截面在单位时间内所扫过的圆柱体空间的体积为 $\sigma\cdot\langle u\rangle$，该空间内有 $\sigma\cdot\langle u\rangle\cdot N_Y$ 个 Y 分子，这些 Y 分子的中心都位于该指定的 X 分子在单位时间里扫过的圆柱体空间内，因此，该指定的 X 分子可以与它们碰撞。

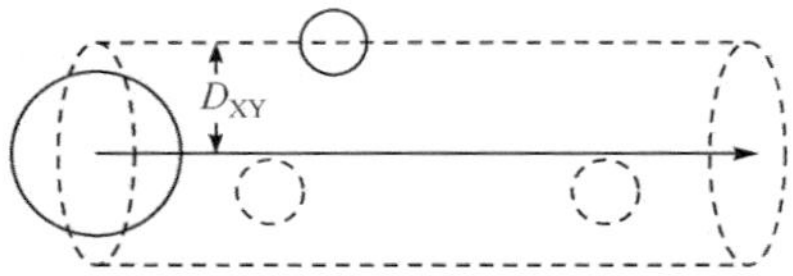

图 7-9　分子间碰撞示意图

因为单位体积中有 N_X 个 X 分子，所以 X 与 Y 在单位时间、单位体积内的碰撞次数，即碰撞频率为

$$Z_{XY}=\sigma\cdot\langle u\rangle\cdot N_X N_Y$$

根据气体分子运动论，平均相对速率 $\langle u\rangle$ 的表示式为

$$\langle u\rangle=\left(\frac{8RT}{\pi\mu_M}\right)^{\frac{1}{2}} \tag{7-57}$$

式中，μ_M 为 X、Y 的折合摩尔质量；T 为热力学温度。所以

$$Z_{XY}=\pi D_{XY}^2\left(\frac{8RT}{\pi\mu}\right)^{\frac{1}{2}}N_X N_Y=L^2\pi D_{XY}^2\left(\frac{8RT}{\pi\mu}\right)^{\frac{1}{2}}c_X c_Y \tag{7-58}$$

2. 有效碰撞分数 q 的计算

从统计热力学可知，多原子分子的能量不仅有平动能，还有其他能，特别是分子内原子之间的相互作用能——化学键能。对于大多数在平均能量值附近或比平均能量值低的分子，由于碰撞得并不剧烈，不足以引起分子中化学键的松动和断裂，因此不能引起反应，碰撞后随即分开，这种碰撞称为"弹性碰撞"。只有那些平动能量值足够高的气体分子，由于碰撞较为剧烈，有可能松动和破坏旧的化学键而变为产物分子，这种碰撞就称为有效碰撞。有效碰撞时，X 和 Y 两个分子在化学键方向上的相对平动能超过某一数值时才能发生反应（旧键断裂，新键形成），人们将这一数值称为化学反应的临界能或阈能，用 ε_c 表示，$\varepsilon_c L=E_c$。不同的反应有不同的临界能值。

根据玻耳兹曼能量分布定律可以求算出，能量在 E_c 以上的分子数占总分子数的比例为

$$q=\exp\left(-\frac{E_c}{RT}\right) \tag{7-59}$$

3. 速率常数 k 的求算

将式(7-58)和式(7-59)代入式(7-56)，可得反应速率方程：

$$r=-\frac{dc_X}{dt}=-\frac{dc_Y}{dt}=\frac{Z\cdot q}{L}=L\pi D_{XY}^2\left(\frac{8RT}{\pi\mu_M}\right)^{\frac{1}{2}}\exp\left(-\frac{E_c}{RT}\right)c_Xc_Y \tag{7-60}$$

将式(7-60)与由质量作用定律所得的双分子反应速率方程即式(7-9)相比较

$$-\frac{dc_X}{dt}=kc_Xc_Y$$

得碰撞理论的双分子反应的速率常数计算公式为

$$k=L\pi D_{XY}^2\left(\frac{8RT}{\pi\mu_M}\right)^{\frac{1}{2}}\exp\left(-\frac{E_c}{RT}\right) \tag{7-61}$$

或者写成

$$k=Z_0T^{\frac{1}{2}}\exp\left(-\frac{E_c}{RT}\right) \tag{7-62}$$

$$\ln k=\ln Z_0+\frac{1}{2}\ln T-\frac{E_c}{RT} \tag{7-63}$$

式中，$Z_0=L\pi D_{XY}^2\left(\frac{8R}{\pi\mu_M}\right)^{\frac{1}{2}}$是一个与温度 T 无关的常数。

应用式(7-61)时，注意各物理量的单位全部采用 SI 单位，所得 k 的单位是 $m^3\cdot mol^{-1}\cdot s^{-1}$。

若反应是由同种分子碰撞而发生的，即反应为 $2X\longrightarrow P$，则式(7-58)可改写为

$$Z_{2X}=\sqrt{2}\cdot L^2\pi d_X^2\left(\frac{8RT}{\pi M_X}\right)^{\frac{1}{2}}c_X^2 \tag{7-64}$$

$$k=\frac{\sqrt{2}}{2}\cdot L\pi d_X^2\left(\frac{8RT}{\pi M_X}\right)^{\frac{1}{2}}e^{-\frac{E_c}{RT}}=2Ld_X^2\left(\frac{\pi RT}{M_X}\right)^{\frac{1}{2}}e^{-\frac{E_c}{RT}} \tag{7-65}$$

4. 与阿伦尼乌斯公式比较

将碰撞理论计算速率常数的公式：

$$k=Z_0T^{\frac{1}{2}}\exp\left(-\frac{E_c}{RT}\right)$$

$$RT^2\frac{d\ln k}{dT}=E_c+\frac{1}{2}RT$$

与式(7-55)、式(7-52)相比，可以看出它们在形式上极为相似，因此可得

$$A=Z_0T^{\frac{1}{2}} \tag{7-66}$$

$$E_a=RT^2\frac{d\ln k}{dT}=E_c+\frac{1}{2}RT \tag{7-67}$$

按照碰撞理论，Z_0 与温度 T 无关，但指前因子 A 与温度 T 有关。

通常情况下，E_a 或 E_c 都远大于$\frac{1}{2}RT$，因此可以认为在数值上 $E_a\approx E_c$。此处需要强调指出的是，碰撞理论中临界能的概念与阿伦尼乌斯公式中活化能的概念是不同的，碰撞理论明确指出反应的临界能(碰撞理论的活化能)是指反应物分子碰撞时质心连线上相对平动能所需具有的最低值，是一个微观水平的物理量；而阿伦尼乌斯公式中的活化能是指活化分子的平均能量与反应物分子的平均能量的差值，是一个统计平均的数值。

碰撞理论不仅解决了一般的化学反应符合阿伦尼乌斯公式的 $\ln k$ 对$\frac{1}{T}$呈线性关系的问

题，而且指出了可能存在的偏差。如按式(7-62)可得出 $\ln\frac{k}{\sqrt{T}}$对$\frac{1}{T}$呈线性关系的结论，有些实验的结果的确如此。可见，碰撞理论比阿伦尼乌斯公式又前进了一步。

5. 阿伦尼乌斯公式的校正

对于一般的动力学实验误差，阿伦尼乌斯公式可以认为是满意的。但是对于要求很高的实验或者是温度变化范围很宽的反应(如 $\Delta T>500$ K)，特别是液相中的一些反应，公式就显得不够准确，这时常用经过校正的三参量的经验公式：

$$k=AT^m\exp\left(-\frac{E}{RT}\right) \tag{7-68}$$

或者写成

$$\ln k=\ln A+m\ln T-\frac{E}{RT} \tag{7-69}$$

式中，E、A 和 m 都是要由实验确定的常数。由式(7-69)可以看出，如果 m 值很大，在这种情况下，$\ln k$ 与$\frac{1}{T}$不是直线关系，或者不是一条很好的直线关系。如果 m 值不大，而且温度不高，即式(7-69)右边第二项可以忽略时，$\ln k$ 对$\frac{1}{T}$是直线关系。如果 m 值取$\frac{1}{2}$，则式(7-68)就成了式(7-62)。

【例 7-11】 已知碘化氢分解反应 $2HI \longrightarrow H_2+I_2$ 的临界能 $E_c=183.92\ kJ\cdot mol^{-1}$，HI 的分子直径 d 为 3.5×10^{-10} m，摩尔质量为 $127.9\times10^{-3}\ kg\cdot mol^{-1}$。试由碰撞理论计算在不同温度下 HI 分解的速率常数 k 并和下列实验数据相比较。

T/K	556	666	781
$k/(m^3\cdot mol^{-1}\cdot s^{-1})$	3.52×10^{-10}	2.20×10^{-7}	3.95×10^{-5}

解 根据碰撞理论，对于同种双分子之间的反应速率常数有

$$k=2Ld_X^2\left(\frac{\pi RT}{M_X}\right)^{\frac{1}{2}}e^{-\frac{E_c}{RT}}$$

$$k=2\times6.022\times10^{23}\times(3.5\times10^{-10})^2\times\left(\frac{3.142\times8.314\ T}{127.9\times10^{-3}}\right)^{\frac{1}{2}}e^{-\frac{183.92\times10^3}{8.314\ T}}$$

分别将 $T=556$ K、666 K、781 K 代入，计算结果列入下表：

T/K	556	666	781
$k(m^3\cdot mol^{-1}\cdot s^{-1})$	2.61×10^{-10}	2.04×10^{-7}	2.94×10^{-5}

从数量级上来看，计算结果与实验值基本接近。

6. 方位因子 P

在上述例 7-11 中，因为反应物分子 HI 的结构比较简单，所以计算出的 k 值与实验结果基本接近。但是对大多数反应而言，实验测得的速率常数 k 常小于碰撞理论的计算值，有时甚至要小很多。为了纠正这一误差，可引入一个校正因子 P

$$P=\frac{A_{实验}}{A_{理论}} \tag{7-70}$$

$$k=PL\pi D_{XY}^2\left(\frac{8RT}{\pi\mu_M}\right)^{\frac{1}{2}}\exp\left(-\frac{E_c}{RT}\right) \tag{7-71}$$

P 为一实验常数，称为方位因子(或空间因子、概率因子)，其数值一般介于 $10^{-9}\sim 1$。P 中包括了减少分子有效碰撞的各种因素，主要有：①对于复杂分子，虽然已经活化，但仅限于在某特定的方位上相碰才有效，因此降低了反应速率。②当两个分子相碰时，能量高的分子将一部分能量传递给能量低的分子，这种传递作用需要一定的碰撞延续时间。若碰撞延续时间不够长，则能量来不及传递，分子就分开了，因而不能使能量较低的分子活化，就成为无效碰撞。③分子碰撞后，虽已获得了能量，但需要一定的时间进行内部的能量传递以使最弱的键断裂，但在此时间之前，分子又与其他分子互碰而失去了能量，从而成为无效碰撞。④对于复杂分子，化学键必须在一定的部位断裂，如果在该键附近有较大的原子团，则由于空间效应，影响该键与其他分子相碰的机会，因此也降低了反应速率。

碰撞理论对反应究竟是如何进行的提供了一个简明而清晰的物理图像，它解释了简单反应的速率公式和阿伦尼乌斯公式成立的原因，对于一些分子结构简单的反应，从理论上求得的 k 值与实验测得的 k 值能较好地符合。但是，碰撞理论本身还存在着很大的缺点，主要有以下两个方面。

(1) 碰撞理论本身不能预言临界能 E_c 的大小，E_c 需从实验先求出 k 和 E_a 后才能算出，这就使该理论失去了完全从理论上预示速率常数 k 的意义。

(2) 在碰撞理论中曾假设反应物分子是个无内部结构的硬球；除了碰撞的瞬间，反应物分子之间无相互作用。这个假定过于粗糙，因此只是对于那些反应物分子结构比较简单的反应来说，理论计算值与实验值比较符合，但对于更多的反应来说，计算值与实验值有很大的偏差，为此，在公式中引入了 P 因子。但是，碰撞理论本身不能求算 P 值的大小，使得 P 因子成为一个经验性的校正系数。

7.4.3 过渡态理论

1935 年以后，爱林(Eyring)等在统计力学和量子力学发展的基础上提出了反应速率的过渡态理论(transition state theory，TST)。该理论避免了碰撞理论的某些不足之处，并在原则上提出了一种方法，只需知道分子的某些基本性质，如振动频率、质量、核间距等，即可计算反应速率，所以该理论又称为绝对反应速率理论。

过渡态理论的基本假设有以下几点。

(1) 反应系统的势能是原子间相对位置的函数。

(2) 在由反应物生成产物的过程中，分子要经历一个价键重排的过渡阶段。处于这一过渡阶段的分子称为活化物。

(3) 活化物的势能高于反应物或产物的势能。此势能是反应进行时必须克服的势垒，但它又较其他任何可能的中间态的势能低。

(4) 活化物与反应物分子处于某种平衡状态，总反应速率取决于活化物的分解速率。

1. 势能面和过渡态理论中的活化能

过渡态理论在描述反应究竟如何进行时，采用了一个物理模型，即反应系统的势能面。由于势能面的求得需要求解量子力学方程，是一项相当复杂的工作，因此此处只作定性的描述。

以一个原子(X)与双原子分子(BE)的反应为例：

$$BE+X \longrightarrow BEX^{\neq} \longrightarrow B+EX$$

当 X 原子接近 BE 分子时，逐渐使 BE 间的键减弱，同时逐渐形成 EX 间的新键，此时构成一个松散的三原子体，即活化物 $BEX^{\neq}$，这时 BE 键尚未完全断开，EX 键也未完全形成，因此该活化物很不稳定，一方面可能是 EX 键断开又回到始态，另一方面可能是 BE 键断裂生成产物。原子间这种相互作用的过程就表现为原子间势能的变化，因为势能 u 是原子核间距 r 的函数。对于上述反应系统，系统的势能 u 是三个原子的两两核间距的函数，即

$$u=u(r_{BE},r_{EX},r_{BX})$$

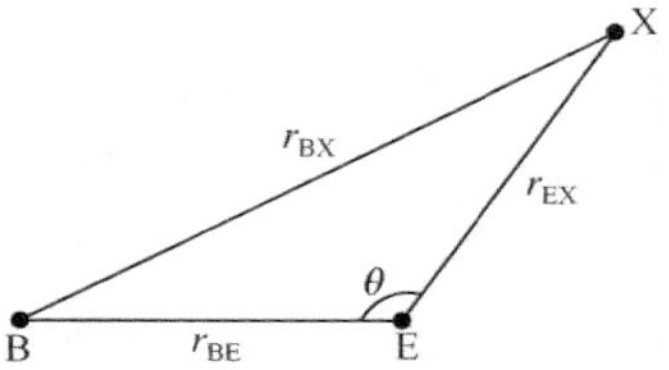

图 7-10 三原子系统的核间距

而 r_{BE}、r_{EX}和 r_{BX}之间构成一定的角度，如图 7-10 所示，所以可用 θ 作为变量代替 r_{BX}：

$$u=u(r_{BE},r_{EX},\theta)$$

要用图形描述上述系统的势能变化，需要四维空间坐标，这是难以做到的。因此通常是固定 θ 角的值($\theta=180°$为最佳成键状态)，使势能函数简化为 $u=u(r_{BE},r_{EX})$，即可用三维图形描述了。这个在三维空间构成的曲面称为势能面，如图 7-11 所示。如果没有模型，该立体图看起来很不方便，因此通常将势能面投影到 r_{BE}和 r_{EX}所构成的平面上，得到如图 7-12 所示的投影图，一般也称为势能面。

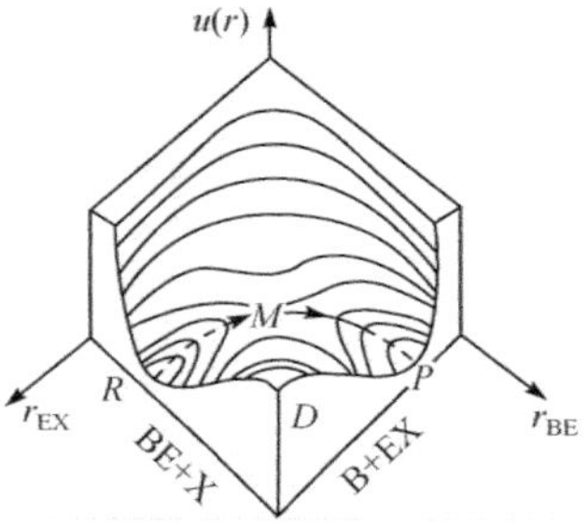

图 7-11 $BE+X \longrightarrow B+EX$ 反应的势能面示意图

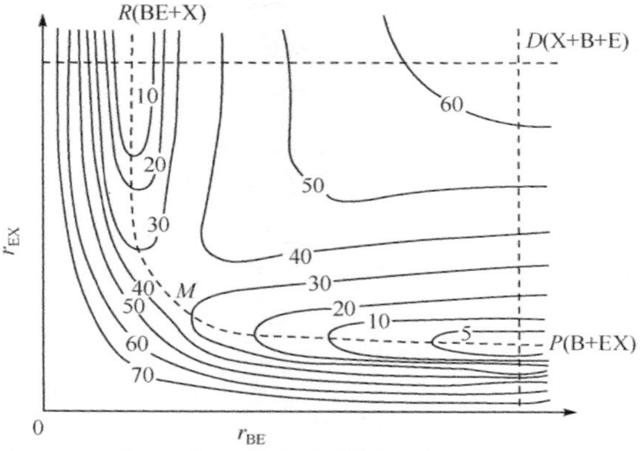

图 7-12 势能面投影图

图 7-11 中 R 点代表反应系统的始态($r_{EX}=\infty$，$r_{BE}=r_{BE}^0$)，此时系统的势能较低，R 点位于谷底；P 点代表系统的终态($r_{EX}=r_{EX}^0$，$r_{BE}=\infty$)，此时系统的势能也较低，P 点也处于谷底；D 点代表三个孤立的原子($r_{BE}=r_{EX}=\infty$)，此时系统的势能较高，D 点位于峰顶；图中其他任意一点都对应着一种三原子构型体(r_{EX}和 r_{BE}均有一定值)。

若要在势能面上寻找一条能耗最低的反应途径(R 点→P 点)，那一定是 RMP 所代表的路径，称为反应坐标。M 点是反应坐标上的最高点，它代表了活化物 $BEX^{\neq}$ 的能量状态，但它又较其他任何可能的中间态的势能低。反应过程中，系统势能的变化可通过势能剖面图看出，如图 7-13 所示。

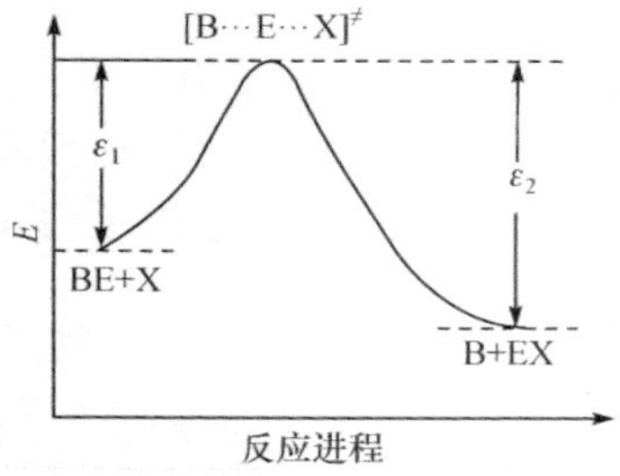

图 7-13 势能剖面图

图 7-12 中 M 点与 R 点势能之差，就是完成微观上反应 $BE+X \longrightarrow B+EX$ 所需跨越的能垒 ε_1，$E_1=L\varepsilon_1$ 就是过渡态理论中的反应活化能；根据微观可逆性原理，逆反应时产物

必须经过同一过渡态到达反应物状态，所以微观反应 B＋EX ⟶ BE＋X 所需跨越的能垒为 ε_2，相应地该逆反应的活化能为 $E_2 = L\varepsilon_2$。

2. 过渡态理论中速率常数公式的建立

设有双分子反应

$$BE + X \rightleftharpoons [B\cdots E\cdots X]^{\neq} \longrightarrow B + EX$$

过渡态理论认为：反应物分子必须发生有效碰撞才能发生反应。BE 与 X 的有效碰撞是通过 B、E、X 三个原子的几何构型（或相对位置）的连续变化来实现的，其中有一个势能最高的构型，即活化物（或称过渡态）$[B\cdots E\cdots X]^{\neq}$。活化物不稳定，它一方面与反应物快速建立热力学平衡，另一方面又沿反应坐标的方向振动分解为产物，这一步分解为控速步骤，总反应速率就是活化物分解为产物的速率。由于活化物很不稳定，通常只需沿反应途径方向的一次不对称伸张振动即可使其分解为产物，若以 $\nu^{\neq}$ 表示这一振动的频率，则分解速率为

$$-\frac{\mathrm{d}c_{\mathrm{BEX}^{\neq}}}{\mathrm{d}t} = \nu^{\neq} c_{\mathrm{BEX}^{\neq}} \tag{7-72}$$

根据量子理论：
$$\nu^{\neq} = \frac{\varepsilon}{h} = \frac{k_{\mathrm{B}}T}{h}$$

式中，k_{B} 为玻耳兹曼常量；h 为普朗克常量。又根据平衡态近似法，$[B\cdots E\cdots X]^{\neq}$ 与反应物分子 BE、X 之间形成快速平衡，所以

$$\frac{c_{\mathrm{BEX}^{\neq}}}{c_{\mathrm{BE}}c_{\mathrm{X}}} = K^{\neq}$$

$$c_{\mathrm{BEX}^{\neq}} = K^{\neq} c_{\mathrm{BE}} c_{\mathrm{X}}$$

将 $\nu^{\neq}$ 和 $c_{\mathrm{BEX}^{\neq}}$ 的表达式代入式(7-72)，再考虑到每消耗一个活化物分子$[B\cdots E\cdots X]^{\neq}$，也将消耗一个反应物 BE 或 X 分子，得

$$r = -\frac{\mathrm{d}c_{\mathrm{BE}}}{\mathrm{d}t} = -\frac{\mathrm{d}c_{\mathrm{X}}}{\mathrm{d}t} = -\frac{\mathrm{d}c_{\mathrm{BEX}^{\neq}}}{\mathrm{d}t} = \frac{k_{\mathrm{B}}T}{h}K^{\neq} c_{\mathrm{BE}} c_{\mathrm{X}} \tag{7-73}$$

将式(7-73)与双分子元反应速率方程 $r = -\frac{\mathrm{d}c_{\mathrm{BE}}}{\mathrm{d}t} = kc_{\mathrm{BE}}c_{\mathrm{X}}$ 相比较，得

$$k = \frac{k_{\mathrm{B}}T}{h}K^{\neq} = \frac{RT}{Lh}K^{\neq} \tag{7-74}$$

式(7-74)即为过渡态理论计算速率常数的公式。恒温下式中各项除 $K^{\neq}$ 外都是常数，与具体的反应无关。只要能计算出 $K^{\neq}$，就能求出反应速率常数 k。

3. 过渡态理论速率常数的热力学表达式

计算 $K^{\neq}$ 有以下两种方法。

(1) 统计力学方法：$K^{\neq}$ 值与反应系统中各反应物的配分函数有关，因此，若能作出真实、准确的反应势能面，则可根据有关的光谱数据，利用统计力学的方法求出速率常数 k 值。由于这种计算 k 值的方法不依赖化学动力学数据，因此过渡态理论又被称为绝对反应速率理论。但因为活化物的结构很难确定，且计算工作量巨大，使这种方法的应用受到限制，此处不详述。

(2) 热力学方法：以 $\Delta_{\mathrm{r}}G_{\neq}^{\ominus}$、$\Delta_{\mathrm{r}}H_{\neq}^{\ominus}$ 和 $\Delta_{\mathrm{r}}S_{\neq}^{\ominus}$ 分别表示在活化过程中系统的标准吉布斯自由能变化、标准焓变和标准熵变，分别称为活化自由能、活化焓、活化熵，则有

$$\Delta_{\mathrm{r}}G_{\neq}^{\ominus} = \Delta_{\mathrm{r}}H_{\neq}^{\ominus} - T\Delta_{\mathrm{r}}S_{\neq}^{\ominus} = -RT\ln K_{\neq}^{\ominus}$$

而 $$K_{\neq}^{\ominus}=K^{\neq}(c^{\ominus})^{\Delta\nu_{\neq}}$$

故 $$K^{\neq}=\mathrm{e}^{\frac{\Delta_r S_{\neq}^{\ominus}}{R}}\cdot\mathrm{e}^{-\frac{\Delta_r H_{\neq}^{\ominus}}{RT}}\cdot(c^{\ominus})^{-\Delta\nu_{\neq}}$$

代入式(7-74)得过渡态理论速率常数的热力学表达式

$$k=\frac{RT}{Lh}\mathrm{e}^{\frac{\Delta_r S_{\neq}^{\ominus}}{R}}\cdot\mathrm{e}^{\frac{\Delta_r H_{\neq}^{\ominus}}{RT}}\cdot(c^{\ominus})^{-\Delta\nu_{\neq}} \tag{7-75}$$

式中，$\Delta\nu_{\neq}$为活化过程反应系统物质的量的变化；$\Delta\nu_{\neq}=(1-\nu)$；ν为反应物计量系数之和。

对式(7-74)两边取对数，并对温度求导数，可得

$$\left(\frac{\partial\ln k}{\partial T}\right)_V=\frac{1}{T}+\left(\frac{\partial\ln K^{\neq}}{\partial T}\right)_V$$

根据吉布斯-亥姆霍兹公式$\left(\frac{\partial\ln K^{\neq}}{\partial T}\right)_V=\frac{\Delta_r U_{\neq}^{\ominus}}{RT^2}\cdot(c^{\ominus})^{-\Delta\nu_{\neq}}$，$c^{\ominus}$为参考态浓度，通常取$c^{\ominus}=1$，可得

$$E_a=RT^2\left(\frac{\partial\ln k}{\partial T}\right)_V=RT+\Delta_r U_{\neq}^{\ominus}=RT+(\Delta_r H_{\neq}^{\ominus}-\Delta\nu_{\neq}\cdot RT)=\Delta_r H_{\neq}^{\ominus}+\nu RT$$

故 $$k=\frac{RT}{Lh}\mathrm{e}^{\nu}\cdot\mathrm{e}^{\frac{\Delta_r S_{\neq}^{\ominus}}{R}}\cdot\mathrm{e}^{-\frac{E_a}{RT}} \tag{7-76}$$

将式(7-76)与阿伦尼乌斯公式$k=A\mathrm{e}^{-\frac{E_a}{RT}}$或与碰撞理论公式$k=PZ_0T^{\frac{1}{2}}\exp\left(-\frac{E_c}{RT}\right)$相比，可以看出，过渡态理论速率常数的热力学表达式中的活化焓$\Delta_r U_{\neq}^{\ominus}$相当于活化能$E_a$或临界能$E_c$。还可以看出

$$A=\frac{RT}{Lh}\cdot\mathrm{e}^{\frac{\Delta_r S_{\neq}^{\ominus}}{R}}\cdot\mathrm{e}^{\nu} \tag{7-77}$$

另外还可以发现，通常情况下，气相双分子反应的Z_0在数量级上正好与$\left(\frac{RT}{Lh}\cdot\mathrm{e}^{\nu}\right)$相当，则$P$应与$\exp\left(\frac{\Delta_r S_{\neq}^{\ominus}}{R}\right)$相当，这就为碰撞理论公式中的$P$因子找到了合理解释，即$P$因子与反应的活化熵变有关。当反应物生成活化物时，如果该过程中系统的混乱度下降，则$\Delta_r S_{\neq}^{\ominus}<0$，$P<1$。对于分子结构比较简单的气相反应，$\Delta_r S_{\neq}^{\ominus}$近似等于零，所以$P=1$；一般而言，由反应物生成活化物时，分子数都是减少的，所以通常是$\Delta_r S_{\neq}^{\ominus}<0$，且反应物分子结构越复杂，$\Delta_r S_{\neq}^{\ominus}$就负得越多，因而$P$因子会很小，甚至可达到$10^{-9}$。对单分子反应$B\longrightarrow B^{\neq}\longrightarrow$产物，活化物$B^{\neq}$的构型与作用物B的构型相似，所以$\Delta_r S_{\neq}^{\ominus}$的绝对值不会太大；若活化物结构比反应物分子结构松散，则$\Delta_r S_{\neq}^{\ominus}>0$，称为松散过渡态；若活化物结构比反应物分子结构紧凑，则$\Delta_r S_{\neq}^{\ominus}<0$，称为紧凑过渡态。

应用统计力学方法，可根据反应物和活化物的微观性质(构型、大小、质量、振动频率、转动惯量、平动速率和光谱数据等)求出$\Delta_r S_{\neq}^{\ominus}$，这样，过渡态理论可以从理论上计算出$P$值。

原则上说，过渡态理论可根据反应物和活化物的微观性质计算出反应速率常数k值。这显示了过渡态理论所具有的预见性。但实际上，由于许多反应的活化物结构尚无法确定，因此其结构参数无法计算或测定，另外其计算所用的数学方法也十分繁杂，所以迄今这一理论的应用受到很大的限制。尽管如此，过渡态理论把反应速率与分子结构及分子内部运动情况相联系，是一个正确的方向。人们正在不断努力，通过新的科学方法和测试手段来克服上述困难。

7.5 液相反应和多相反应动力学分析

化学反应可分为单相反应和多相反应;单相反应常见的是气相反应和液相反应两种情况。前面我们所讨论的动力学理论,多由气相反应导出,因此本节将简析液相反应及多相反应动力学。

7.5.1 液相反应动力学分析

有人估计,约 90%的单相反应是在溶液中进行的。溶液中的反应与气相反应相比有一个很大的不同,就是溶剂分子的存在。反应物分子被大量的溶剂分子所包围,且溶剂分子与反应物分子相距较近,相互作用力将显著存在,因此研究溶剂对化学反应的影响就成为液相反应动力学的主要内容。

研究溶剂的影响(溶剂效应)可以有两种方法:一是把溶液中的反应与气相中的同一反应进行比较,从而观察溶剂效应。但是一个反应既能在溶液中进行,也能在气相中进行是不常见的,所以第二种方法是在不同的溶剂中比较一个反应进行的速率,找出溶剂的影响。

总的来看,一个反应在溶液中与在气相中有不同的速率,甚至不同的反应机理,是由于溶剂的作用。溶剂的这种效应可分为物理效应和化学效应两大类。

最重要的溶剂物理效应是离解作用。一般来说,除了在极性表面或极高温度下,气相热反应机理中出现离子是很少见的,但是在溶液中则是常有的,这时溶剂化往往起重要作用。另外,物理效应还包括传质(如质子传递)、传能(如消耗自由基复合的过剩能)和溶剂介电性的影响;化学效应则主要有溶剂的催化作用和溶剂分子参与反应。

1. 笼效应

若溶剂只是提供惰性的碰撞背景,未产生上述的溶剂效应,即不改变反应机理,则该反应在液相中的动力学特征与其在气相进行反应的动力学特征相似,可以用简单碰撞理论解释。

通常液相中分子间距比分子直径小,所以被溶剂分子所包围的反应物分子必须具有足够高的能量,才能克服斥力从溶剂分子的间隙中穿过。也就是说,反应物分子 A 相当于被困在一个由溶剂分子所织成的"笼"中,如图 7-14 所示。

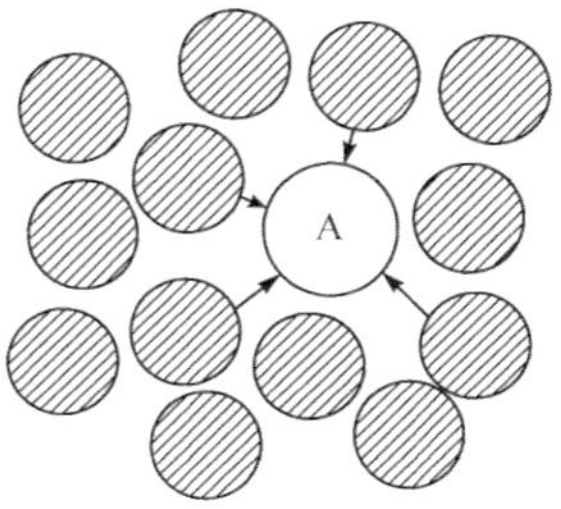

图 7-14 分子笼

由于热运动,分子 A 将在"笼"中做一系列的反射运动。因为笼中分子运动自由程很小,当分子 A 撞到某一面"笼壁"时,就会由于斥力作用而反弹到另一"笼壁",如此反复碰撞,直到分子 A 有能力从"笼壁"的缝隙中钻出来,才结束分子 A 在该"笼"中的运动。这种笼中分子的系列反射运动可看成分子 A 的一种振动,称为"笼效应"。出笼分子 A 经扩散又将进入另一个笼中,这种扩散是随机的,因此分子 A 在笼间的跳跃也是随机的。当反应物分子 A 和 B 随机地跳入同一笼中时,A 与 B 就将在该笼中发生反复碰撞,将 A 与 B 的一次这种随机相遇称为一次偶遇,A 与 B 称为一个偶遇对。在一次偶遇中,偶遇对 A∶B 可能发生化学反应生成产物 P,也可能不发生反应,分别逃逸出分子笼。但无论怎样,偶遇对都能维持一定的时间,可以看成化学反应的一种暂态中间物,所以反应 $A+B \longrightarrow P$ 可分解为如下元反应:

$$A+B \underset{k_{-d}}{\overset{k_d}{\rightleftharpoons}} A:B$$

$$A:B \xrightarrow{k_r} P$$

式中，k_d 为扩散过程的速率常数；k_{-d}为偶遇对离解过程的速率常数；k_r 为偶遇对的反应速率常数。假定经过一定时间，偶遇对的浓度达到了稳态，则

$$\frac{dc_{A:B}}{dt}=k_d c_A c_B - k_{-d} c_{A:B} - k_r c_{A:B}=0$$

因此

$$c_{A:B}=\frac{k_d}{k_{-d}+k_r} c_A c_B$$

总反应速率为

$$r=\frac{dc_p}{dt}=k_r c_{A:B}=k_r \frac{k_d}{k_{-d}+k_r} c_A c_B \tag{7-78}$$

总反应速率常数为

$$k=\frac{k_r k_d}{k_{-d}+k_r} \tag{7-79}$$

（1）若 $k_{-d} \gg k_r$，即化学反应是速控步，式(7-79)变为

$$k=\frac{k_r k_d}{k_{-d}}=K_d k_r \tag{7-80}$$

式中，K_d 为偶遇对形成的平衡常数。这时偶遇对的平衡基本上不受化学反应的影响，总反应的速率取决于偶遇对的化学反应的速率。一般称这时的反应是受活化控制或动力学控制的，其反应的活化能多在 80 kJ · mol^{-1}以上。

（2）如果化学反应速率非常快，即 $k_r \gg k_{-d}$，则

$$k=\frac{k_r k_d}{k_{-d}+k_r}=k_d \tag{7-81}$$

即此时扩散成为速控步，反应速率完全由扩散速率所决定。这是因为既然化学反应是很快的步骤，则 B 分子一扩散到 A 的周围就立刻被反应掉，因此在 A 分子的周围会产生 B 的浓度梯度，与 A 发生反应的 B 浓度与体相中 B 浓度有差别，从而需要考虑扩散动力学。

根据菲克(Fick)第一定律和斯托克斯-爱因斯坦(Stockes-Einstein)扩散系数方程，可导出：

$$k_d=\left(\frac{8RT}{3\eta}\right) \tag{7-82}$$

式中，η 为溶剂的黏度。另外，溶剂黏度 η 与温度 T 的关系具有类似阿伦尼乌斯公式的形式，即

$$\eta=A\exp\left(\frac{E_\eta}{RT}\right)$$

式中，E_η 为扩散活化能，代入式(7-82)得

$$k_d=\frac{8RT}{3A}\exp\left(-\frac{E_\eta}{RT}\right) \tag{7-83}$$

对于多数有机溶剂，扩散控制反应的活化能一般约为 10 kJ · mol^{-1}，所以活化能的大小可以作为区别两种不同控制的依据。

笼效应减少了远距离反应物分子 A、B 间的碰撞数，但在“偶遇”中又增加了偶遇对 A、B

间的碰撞数，所以总碰撞数并不会改变。在溶剂分子与反应物间无特别作用的情况下，液相反应与其气相反应相似，可以用简单碰撞理论计算其动力学参数；但对溶剂效应显著的液相反应，碰撞理论不适用，通常采用过渡态理论来处理。

2. 影响溶液中反应速率的因素

溶剂分子单纯作为惰性反应背景的情形并不多见，在更多的情况下，溶剂分子与反应物分子之间存在着某些相互作用，此时溶液中的反应与气相反应相比，其动力学参数常有显著改变。因此，对于大多数液相反应，必须考虑溶剂效应。以下简述一些常见的溶剂效应。

1）溶剂极性的影响

实验表明，如果产物的极性大于反应物的极性，则在极性溶剂中的反应速率比在非极性溶剂中的大；反之，如果产物的极性小于反应物的极性，则在极性溶剂中的反应速率比在非极性溶剂中的小。

2）溶剂介电常数的影响

对于离子或极性分子之间的反应，溶剂的介电常数将影响离子或极性分子之间的引力或斥力，从而影响其反应速率。溶剂的介电常数越大，溶液中离子之间的相互作用力就越小，因此，对同种电荷离子之间的反应，溶剂的介电常数越大，反应速率也越大；反之，对异种电荷离子之间的反应或对离子与极性分子之间的反应，溶剂的介电常数越大，反应速率就越小。

3）溶液离子强度的影响

液相反应中，溶剂对反应系统最普遍的影响是反应物离子化。当反应物成为带电离子时，就必须考虑由此产生的电场对反应系统的影响。根据德拜-休克尔（Debye-Hückel）电解质溶液理论，这种影响主要表现在溶液对理想溶液的偏离，且这种偏离可用离子活度系数概括。设溶液中的反应为

$$\mathrm{A+B \rightleftharpoons (AB)^{\neq} \longrightarrow P}$$

式中，$(\mathrm{AB})^{\neq}$ 为中间活化物。按照过渡态理论计算速率常数的式(7-74)，得

$$k=\frac{RT}{Lh}K_c^{\neq}$$

在通常的浓度范围内，$K_c^{\neq}$ 不是常数，应该用活度平衡常数 $K_a^{\neq}$，而

$$K_a^{\neq}=K_c^{\neq}\cdot\frac{\gamma_{(\mathrm{AB})^{\neq}}}{\gamma_\mathrm{A}\gamma_\mathrm{B}}$$

所以

$$k=\frac{RT}{Lh}K_a^{\neq}\ \frac{\gamma_\mathrm{A}\gamma_\mathrm{B}}{\gamma_{(\mathrm{AB})^{\neq}}}=k_0\ \frac{\gamma_\mathrm{A}\gamma_\mathrm{B}}{\gamma_{(\mathrm{AB})^{\neq}}} \tag{7-84}$$

式中，k_0 为指定参考态下的反应速率常数，一般取无限稀释的溶液为参考态。将德拜-休克尔极限公式代入式(7-84)，可得

$$\lg k=\lg k_0+2z_\mathrm{A}z_\mathrm{B}A\sqrt{I} \tag{7-85}$$

式中，z_A、z_B 分别为反应物 A、B 的离子电荷数；I 为溶液的离子强度；A 为德拜-休克尔极限公式中与温度和溶剂本性有关的常数，在 298 K 的水溶液中，$A=0.509\ \mathrm{kg^{\frac{1}{2}}\cdot mol^{\frac{1}{2}}}$；$k_0$ 为离子强度为零时（无限稀释时）的速率常数。作 $\lg k$-$\sqrt{I}$ 图，将得到一条直线，从直线斜率可求出 $z_\mathrm{A}z_\mathrm{B}$。$z_\mathrm{A}z_\mathrm{B}$ 的值和符号与反应物的性质有关，因而直线斜率也随反应的不同而异。当 A、B 离子同号时，直线斜率为正；A、B 离子异号时，直线斜率为负；当 A、B 之中有一个是中性分子时，速率常数与离子强度无关。这个理论上的推论已为大量实验事实所证实。图 7-15 中给出

了不同类型的离子反应的实验结果(数据点)和理论斜率(直线段),可见在离子强度不太大时,两者是吻合的。

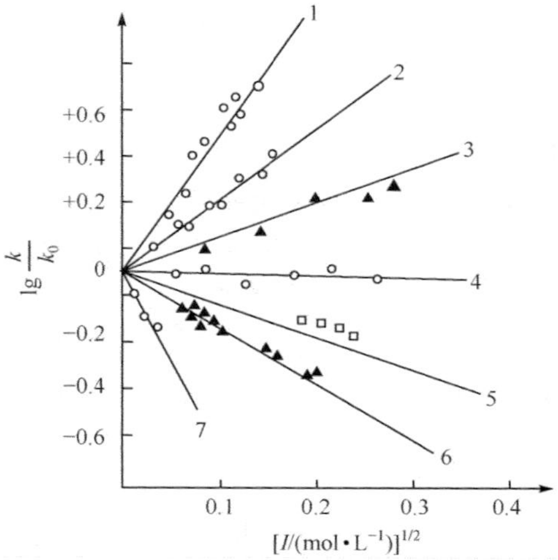

图 7-15　离子强度对反应速率的影响

图中反应 1:$[Co(NH_3)_5Br]^{2+}+Hg^{2+}+H_2O \longrightarrow [Co(NH_3)_5H_2O]^{3+}+HgBr^+$;
2:$S_2O_8^{2-}+3I^- \longrightarrow I_3^-+2SO_4^{2-}$;3:$[O_2N—NCO_2Et]^-+OH^- \longrightarrow N_2O+CO_3^{2-}+EtOH$;
4:蔗糖$+OH^-$;5:$H_2O_2+2H^++2Br^- \longrightarrow 2H_2O+Br_2$;6:$[Co(NH_3)_5Br]^{2+}+OH^- \longrightarrow$
$[Co(NH_3)_5OH]^{2+}+Br^-$;7:$Fe^{2+}+[Co(C_2O_4)_3]^{3-} \longrightarrow Fe^{3+}+[Co(C_2O_4)_3]^{4-}$

7.5.2　多相反应动力学分析

1. 多相反应的步骤

多相反应中,反应物粒子处于不同的相中,因此多相反应是发生在相界面处的。为了完成在相界面上的反应,反应物粒子必然要经历一系列物理步骤和化学步骤。一般而言,多相反应是按下列步骤进行的。

(1) 反应物粒子从其原相内向相界面处扩散。

(2) 反应物粒子在相界面处发生初步的相互作用,如固-气反应中,气体分子要被固体吸附在固-气界面上。

(3) 反应物粒子在相界面上按一定的反应机理进行化学反应。

(4) 产物粒子从相界面上脱离,如解吸。

(5) 产物粒子从相界面处向确定相内扩散迁移。

上述各步骤中,(1)、(2)、(4)、(5)均为物理步骤,只有第(3)步为化学步骤,多相反应的总速率取决于其中最慢一步的速率。一般来说,(2)、(4)多为快步骤,而(1)、(5)为扩散过程。所以,多相反应可分为活化控制和扩散控制两类。但实际上,多相反应的这两种速控类型通常是出现于同一反应的不同阶段,即条件不同,反应的速控步也可能不同。若扩散为速控步,则反应处于扩散区;若化学反应为速控步,则反应处于动力学区;若扩散速率与化学反应速率相近,则反应处于过渡区,为扩散和化学反应混合控制。

2. 多相反应速率的扩散理论

多相反应为扩散控制(扩散为速控步)时,其反应速率可用扩散理论来确定,反应速率与扩散速率相等,即 $r=r_{扩}$。

以固体在溶液中的溶解为例,如 ZnO 在 H_2SO_4 溶液中的溶解,一旦 ZnO 被 H_2SO_4 溶解,在固-液界面处,H_2SO_4 被消耗,使得其浓度从相界面到溶液本体是逐渐增大的,形成反应物的扩散层;而产物 $ZnSO_4$ 是可溶性的,所以其浓度从相界面到溶液本体是逐渐减小的,形成产物的扩散层,这种浓度分布如图 7-16 所示。扩散层厚度与物质本性、反应温度和搅拌强度等因素有关。

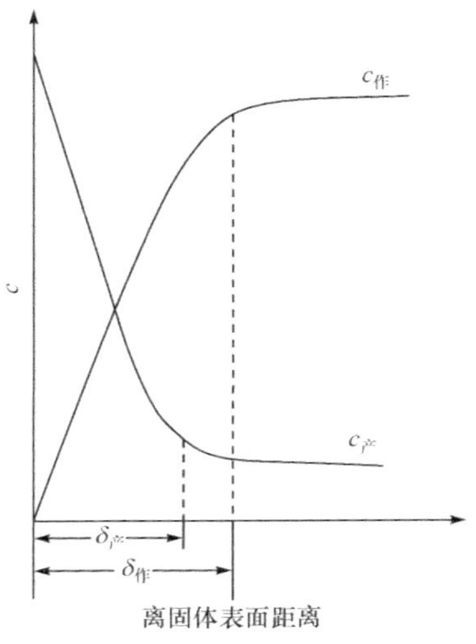

图 7-16 浓度分布图

扩散层内浓度随距相界面的距离的变化率为浓度梯度 $\frac{dc}{dx}$,若在单位时间内通过截面 A_s 的物质的量为 n mol,则

$$J_{扩}=\frac{dn}{dt}=-DA_s\cdot\frac{dc}{dx}$$

式中,D 为扩散系数,负号表示扩散方向与浓度梯度方向相反。一般反应速率是以单位时间内反应物的浓度变化表示的,所以扩散速率又可表示为

$$r_{扩}=\frac{1}{V}\cdot\frac{dn}{dt}=\frac{dc}{dt}=-\frac{DA_s}{V}\cdot\frac{dc}{dx} \tag{7-86}$$

若扩散层内浓度分布为线性的,则

$$\frac{dc}{dx}=\frac{\Delta c}{\delta}$$

式中,δ 为扩散层厚度;Δc 为扩散层两侧面的浓度差,所以扩散速率又可表达为

$$r_{扩}=\frac{DA_s}{V}\cdot\frac{\Delta c}{\delta} \tag{7-87}$$

当反应由扩散控制时,多相反应速率就可用式(7-86)或式(7-87)表示,即 $r=r_{扩}$。由上述速率方程可知:

(1) 多相反应速率 r 与作用物间的相界面积 A_s 成正比。显然,当固体作用物的比表面积越大时,反应速率也越大。因此,实际生产中,固体物料总要进行破碎或细磨。

(2) 多相反应速率 r 与扩散层厚度 δ 成反比。加大作用物间的相对运动可以减小扩散层厚度,所以常用搅拌或固体流态化技术来强化生产过程。

(3) 多相反应速率 r 与反应物在扩散层两面的浓度差 Δc 成正比,$\Delta c=c-c_s$。当相界面处的浓度 c_s 趋向于零时,反应速率就近似地与反应物在本体相内的浓度 c 成正比。为获得较大的反应速率,可适当地提高作用物的浓度或不断地取走产物,以提高扩散层两面的浓度差 Δc 值。

(4) 多相反应速率 r 与扩散系数 D 成正比。扩散系数与物质本性及温度有关。一般而言,温度升高 10 K,D 值增加至原来的 1.2 ~ 1.4 倍。应用阿伦尼乌斯公式,可求得扩散活化能。因为

$$\ln\frac{D_2}{D_1}=\frac{E_{扩}(T_2-T_1)}{RT_2T_1}$$

若取 $T_1=298$ K,则

$$E=\frac{8.341\times308\times298}{10}\times\ln1.3\approx20(\text{kJ}\cdot\text{mol}^{-1})$$

可见扩散活化能的数值不大,所以温度对以扩散为控制的多相反应速率的影响,小于对以化学

反应为控制(一般化学反应的活化能为 40～400 kJ・mol^{-1})的多相反应。而某些在低温条件下为化学反应控制的多相反应,在高温时则可能转变为以扩散为速控步。

若产物为不溶性产物,则在相界面处形成产物膜。当膜结构疏松或有裂缝时,反应物能通过缝隙继续向反应相界面扩散,使反应继续进行,只是此时扩散阻力加大了,从而影响反应速率;若膜结构很致密,则将完全阻碍作用物的扩散,使反应终止。

3. 多相反应速率的吸附理论

以界面化学反应为速控步的多相反应,多为固-气反应。此时多相反应速率 r 就等于界面反应速率 $r_{界反}$。

吸附理论认为,只有被相界面吸附的分子才能发生反应,且反应是在吸附平衡条件下进行的,即吸附与扩散均为快步骤,界面反应是速控步,所以反应速率与相界面上被吸附的反应物浓度之间遵从质量作用定律。如果是一级反应,反应速率可写为

$$r_{界反}=k_1A_sc_s$$

如果是二级反应,则反应速率可写为

$$r_{界反}=k_2A_sc_s^2 \quad 或 \quad r_{界反}=k_2A_sc_{s,1}c_{s,2}$$

式中,A_s 为相界面积;$c_{s,i}$为相界面上气体反应物(i)的浓度。根据朗缪尔(Langmuir)吸附等温式,有

$$c_s=\Gamma=\Gamma_m\cdot\frac{bp}{1+bp} \tag{7-88}$$

式中,b 为吸附平衡常数;Γ_m 为饱和吸附量,p 为气体反应物的分压。将式(7-88)代入相应反应级数的关系式,就可得到相应的速率方程。例如,代入到一级反应的关系式可得

$$r=k_1A_s\cdot\Gamma_m\cdot\frac{bp}{1+bp}$$

确定温度下,对于一定的反应系统,k_1、A_s、Γ_m 均为定值,令 $k_1^*=k_1\cdot A_s\cdot\Gamma_m$,则

$$r=k_1^*\cdot\frac{bp}{1+bp} \tag{7-89}$$

类似的方法还可以获得其他级数反应的速率方程。

4. 金属氧化动力学

金属氧化是典型的固-气相反应。在含氧的空气中,固态金属与氧气反应生成金属氧化物膜,附着在金属表面。随着时间的延长,氧化膜逐渐加厚。若以 y 表示金属表面上单位面积的氧化膜的厚度,则氧化速率为

$$r_{反}=\frac{dy}{dt}=kc_s$$

式中;k 为界面反应速率常数;c_s 为氧化膜内侧(即金属表面层)的氧气浓度。若要金属氧化反应能够持续进行,氧气必须通过氧化膜扩散到金属表面才行,这就使得氧化膜两侧的氧气浓度不相等。已知氧气的表面浓度为 c_s,假设气相中氧气浓度为 c_0,且金属表面积不变,则氧气的扩散速率为

$$r_{扩}=k_D\frac{c_0-c_s}{y}$$

式中,k_D 为与扩散系数有关的常数;y 为氧化膜厚度,相当于扩散层厚度。当金属氧化达到稳态时,扩散速率与界面反应速率相等,即

$$kc_s=k_D\frac{c_0-c_s}{y}$$

由此可得
$$c_s=\frac{k_Dc_0}{k_D+k_y}$$

所以反应速率为
$$r_{反}=\frac{dy}{dt}=kc_s=k\frac{k_Dc_0}{k_D+ky}$$

两边同时积分
$$\int_0^y\left(\frac{k_D}{k}+y\right)dy=\int_0^t k_Dc_0dt$$

得
$$\frac{k_D}{k}y+\frac{1}{2}y^2=k_Dc_0t \tag{7-90}$$

(1) 当氧化膜很薄时，y^2 项很小，可忽略，有
$$y=kc_0t \tag{7-91}$$
可见此时膜厚 y 与时间 t 呈线性关系，称为金属的线性氧化阶段，此时金属的氧化只与界面反应速率常数 k 有关。这是因为膜薄，扩散阻力小，整个反应的速率是由界面反应所控制。另外，对于多孔质的氧化膜产物，因为膜是多孔性的，扩散性能好，所以即便膜较厚时，式(7-91)仍适用。

(2) 对于厚而致密的氧化膜，y^2 项远大于 y 项时，式(7-90)可化为
$$y^2=2k_Dc_0t \tag{7-92}$$
此时膜厚度与时间呈抛物线关系，因为膜厚，氧气不易扩散，所以扩散成为速控步骤。

在这两种极端情况之间，反应就由扩散和界面反应混合控制。

5. 多相反应的收缩核动力学模型

相界面积的大小对多相反应速率常数产生影响，而相界面的几何形状决定了其面积大小，因此，相界面的几何形状及其变化都对多相反应速率有很重要的作用。对于固-气或固-液反应，若固体参与化学反应，则随着反应的进行，固体作用物的质量不断减少，相界面积也将随之发生变化，所以反应速率将是时间的函数，即速率随时间变化。对于这类多相反应，其速率公式可表示为
$$r=kA_sc^n \tag{7-93}$$
式中，A_s 为相界面积；c 为流体相作用物的浓度。另外，其速率还可以表示为固体作用物的质量随时间的变化关系：
$$r=-\frac{dW}{Mdt} \tag{7-94}$$
式中，W 为固体作用物的质量；M 为其摩尔质量。

当固体作用物为球状时，其总表面积 A_s 和物质总质量 W 分别为
$$A_s=N4\pi R^2, W=N\frac{4}{3}\pi R^3\rho$$
式中，R 是固体颗粒在 t 时刻的半径；N 为固体颗粒个数；ρ 为固体作用物的密度。若定义反应分数(α)为
$$\alpha=\frac{W_0-W}{W_0}=\frac{N\frac{4}{3}\pi R_0^3\rho-N\frac{4}{3}\pi R^3\rho}{N\frac{4}{3}\pi R_0^3\rho}=1-\left(\frac{R}{R_0}\right)^3$$

则 $$R=R_0(1-\alpha)^{1/3}$$

式中，W_0 和 R_0 分别为固体颗粒在反应始态时的质量和半径。将以上 A 和 W 的关系式代入式(7-93)和式(7-94)并联立后，可得

$$-\frac{dR}{dt}=\frac{Mk}{\rho}c^n \tag{7-95}$$

或 $$\frac{d\alpha}{dt}=\frac{3Mk}{\rho R_0}(1-\alpha)^{\frac{2}{3}}c^n$$

若流体作用物浓度不随时间变化，则积分式(7-95)可得

$$R_0-R=\frac{Mk}{\rho}c^n t$$

或 $$1-(1-\alpha)^{1/3}=\frac{Mk}{\rho R_0}c^n t \tag{7-96}$$

此式称为多相反应的收缩核型动力学方程，它适用于产物为流体且固体作用物为球状粉末的固-气或固-液多相反应。

若流体作用物的浓度随时间变化，就应考虑这一因素。根据反应分数 α 与 c 的关系可得

$$c=c_0\left(1-\alpha\frac{\nu n_0}{c_0 V}\right)=c_0(1-b\nu\alpha)$$

式中，ν 为流体作用物的化学计量系数；V 为流体体积。代入式(7-95)得

$$\frac{d\alpha}{dt}=\frac{3Mk}{\rho R_0}(1-\alpha)^{2/3}c_0^n(1-b\nu\alpha)^n \tag{7-97}$$

若 $n=1$，且选择适当的液固比，使 $b\nu=1$，则式(7-97)可积分，得

$$1-(1-\alpha)^{-\frac{2}{3}}=\frac{2Mkc_0}{\rho R_0}t$$

若 $b\nu\neq1$，则式(7-97)只能求得数值解。

对于产物也为固相的多相反应，其收缩核模型与上述模型不同，因为此时固态产物对流体作用物扩散的阻力是不可忽略的。需要时可参阅相关的专著。

7.6 催化反应动力学简介

7.6.1 催化概念

1. 催化作用和催化剂

人们在实践中早已发现，有些物质加到反应系统中可使化学反应的速率变化，而其自身的数量和化学组成在反应前后没有发生改变，改变的可能是其某些物理性质，如形态等，这种现象称为催化作用；而加到反应系统中产生催化作用的物质，称为催化剂。由此不难理解，催化作用有正负之分，这要视催化剂对反应速率是加速还是减慢而定。通常人们感兴趣的是正催化作用，一般将能加速反应的催化剂称为正催化剂，简称催化剂；将减慢反应的催化剂称为负催化剂，又称阻化剂。负催化作用有时也具有积极的意义，如橡胶的防老化、金属的防腐蚀、燃烧作用中的防爆震等。

有时，反应的产物之一能对反应起催化作用，这称为自催化作用。另外，有时反应系统中一些偶然的杂质、尘埃或反应容器壁等，也具有催化作用。例如，在 200 ℃，玻璃容器中进行的溴与乙烯的气相加成反应中，玻璃容器壁就具有催化作用。

2. 催化作用的分类

根据反应物、产物以及催化剂相态的异同，催化作用可分为单相(均相)催化和多相(复相)催化两类。单相催化是指催化剂与反应物、产物都在同一相，即都为气相或均匀的液相；多相催化是指催化剂与反应物、产物不在同一相，主要见于固相催化剂催化气相或液相反应。酶的大小为10～100 nm，酶催化反应(反应物和产物多为液相)可视为介于单相催化和多相催化之间。

单相催化因为催化剂与反应物分子有充分的接触，所以有较高的催化活性，又因为各个催化剂分子(或离子)都具有相同的结构，而使其催化产物较为单一，即具有较高的选择性。相比之下，多相催化因为催化剂与反应物分子的接触不够充分，催化活性较差，又因为固体催化剂表面状态复杂，各个活性中心的结构不完全相同，所以反应产物的种类较多，选择性较差，且对反应机理的研究也较困难。

单相催化的最大缺点是在反应后催化剂难以从系统中分离出来。目前人们正在积极研究单相催化剂的"固载化"或"多相化"，试图将单相催化剂担载在固相载体上，使其既保持高活性和高选择性的优点，又易于与反应系统分离以便重复使用。与之相反，为提高固相催化剂的催化活性和选择性，也在进行固相催化剂的单相化研究。

3. 催化作用的基本特征

催化作用的基本特征之一是催化只能改变化学反应的速率，却不影响化学平衡，即催化可以改变达到平衡所需的时间，但不会引起平衡点的移动。由于催化剂的加入并不改变反应系统中反应物和产物的状态，因此按照热力学原理，催化就不会改变系统状态函数的变化量，如$\Delta_r G_m^{\ominus}(T)$，所以平衡常数$K^{\ominus}$也不会变。由此可以得出一个重要的推论：催化不能实现热力学上已经确定为不能发生的反应。

根据对峙反应的速率常数与平衡常数的关系$K_c=\frac{k_+}{k_-}$，可以推知催化对正、逆反应的速率常数的影响程度应该是相同的。这一结论对元反应是完全正确的，但对复杂反应，虽然平衡常数不会改变，由于正、逆反应机理可能不同，即速控步可能不同，因此，同一催化剂对正、逆反应的催化效果会有所不同。

催化作用的第二个基本特征是，催化剂参与化学反应，改变了反应机理，使反应的表观活化能发生显著的改变，从而导致反应速率的改变。若这种新的反应途径所需活化能比原反应途径所需活化能小，就可使反应速率加快。

设有化学反应为 $A+D \longrightarrow P$，未使用催化剂时，其活化能为E_1；在有催化剂K存在时，反应途径改变，其反应机理可以描述为

$$A+K \underset{k_{-2}}{\overset{k_2}{\rightleftharpoons}} M \quad (\text{正反应活化能为 } E_2\text{，逆反应活化能为 } E_{-2})$$

$$M+D \xrightarrow{k_3} P+K \quad (\text{活化能为 } E_3)$$

式中，M 为反应物与催化剂生成的中间物。若后一步骤为速控步，则可用平衡态近似法求出中间物的浓度。

$$K_c=\frac{k_2}{k_{-2}}=\frac{c_M}{c_A c_K}$$

$$c_M=\frac{k_2}{k_{-2}}c_A c_K$$

产物 P 的生成速率

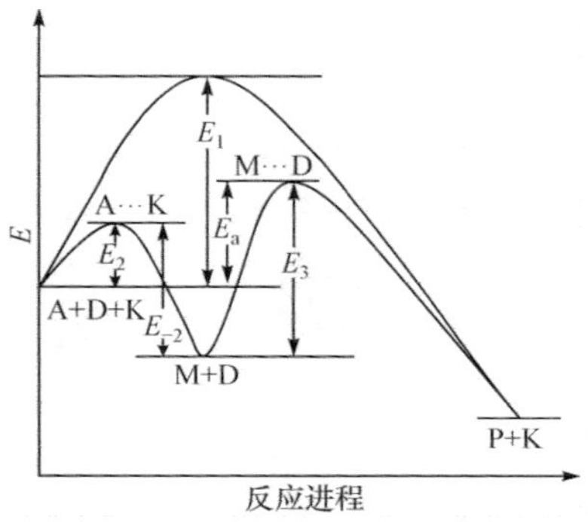

图 7-17　催化作用中的活化能变化示意图

$$\frac{dc_P}{dt}=k_3c_Mc_D=\frac{k_2k_3}{k_{-2}}c_Kc_Ac_D=kc_Ac_D$$

式中，$k=\frac{k_2k_3}{k_{-2}}c_K$ 为表观速率常数，所以该催化反应的表观活化能为

$$E_a=RT^2\frac{d\ln k}{dT}=E_2+E_3-E_{-2}$$

图 7-17 为上述催化反应的活化能示意图。可以看出，因为催化剂改变了反应机理，显著降低了反应活化能，所以大大加快了反应速率。表 7-5比较了一些催化反应和非催化反应的活化能。

表 7-5　催化反应和非催化反应的活化能

反应	$E_a/(kJ \cdot mol^{-1})$ 非催化反应	$E_a/(kJ \cdot mol^{-1})$ 催化反应	催化剂
$2HI \longrightarrow H_2+I_2$	184.1	104.6	Au
$2H_2O \longrightarrow 2H_2+O_2$	244.8	136.0	Pt
蔗糖在盐酸溶液中的分解反应	107.1	39.3	转化酶
$2SO_2+O_2 \longrightarrow 2SO_3$	251.0	62.76	Pt
$N_2+3H_2 \longrightarrow 2NH_3$	334.7	167.4	$Fe\text{-}Al_2O_3\text{-}K_2O$

催化作用的第三个基本特征是催化剂具有选择性，即不同类型的反应需要不同的催化剂；而同一反应物若采用不同的催化剂，则产物将不同。例如乙醇的分解反应

$$C_2H_5OH \begin{cases} \xrightarrow[350\ ^\circ C]{Al_2O_3} C_2H_4+H_2O \\ \xrightarrow[140\ ^\circ C]{Al_2O_3} C_2H_5OC_2H_5+H_2O \\ \xrightarrow[400\ ^\circ C]{ZnO\text{-}Cr_2O_3} CH_2{=}CH{-}CH_2{=}CH_2+H_2O \\ \xrightarrow[250\ ^\circ C]{Cu} CH_3CHO+H_2 \end{cases}$$

以上所述是催化反应动力学的一般性讨论，对于具体、特定的催化反应，采用相应的方法处理，可以获得适用的速率方程。

7.6.2　均相催化

1. 酸碱催化

酸碱催化是均相催化中研究得最多、应用得最广泛的一类催化反应，酸碱催化反应通常是离子型反应，其本质在于质子的转移。许多离子型有机反应，如酯的水解、醇醛缩合、脱水、水合、聚合、烷基化等反应，大多可被酸或碱所催化。

按勃朗斯特(Bronsted)的质子酸碱定义可有

$$HA \rightleftharpoons A^-+H^+$$

若是 H^+ 起催化作用，则

$$r_{H^+}=k'_{H^+}c_{H^+}c_s$$

若是酸 HA 起催化作用，则

$$r_{HA}=k'_{HA}c_{HA}c_s$$

若是碱 A^- 起催化作用，则

$$r_{A^-}=k'_{A^-}c_{A^-}c_s$$

若是 OH^- 起催化作用，则

$$r_{OH^-}=k'_{OH^-}c_{OH^-}c_s$$

若除催化反应外还有反应物的非催化反应，则

$$r_0=k_0c_s$$

式中，c_s 为反应物浓度。所以反应的总速率是以上各速率之和，即

$$r=[k_0+k'_{H^+}c_{H^+}+k'_{HA}c_{HA}+k'_{A^-}c_{A^-}+k'_{OH^-}c_{OH^-}]c_s$$

由于各种催化剂的浓度是确定不变的，因此上式可写成

$$r=[k_0+k_{H^+}+k_{HA}+k_{A^-}+k_{OH^-}]c_s=\sum k_i\cdot c_s=kc_s \tag{7-98}$$

式中，$k_{H^+}=k'_{H^+}c_{H^+}$ 称为特殊酸催化速率常数，相应地，k_{OH^-} 称为特殊碱催化速率常数，k_{HA} 称为广义酸催化速率常数，k_{A^-} 称为广义碱催化速率常数。

一般而言，对于确定的催化反应，在一定的条件下，只有一种催化作用起主导作用，其他的项就可忽略。例如，当 H^+ 催化为主时，有

$$k=k_{H^+}=k'_{H^+}c_{H^+}$$

取对数得

$$\lg k=\lg k'_{H^+}-\text{pH}$$

以 $\lg k$ 对 pH 作图，则可求得 k'_{H^+}；同理，可求得 k'_{OH^-}；而 c'_{H^+}、c_{OH^-}、c_{A^-} 和 c_{HA} 之间受离解平衡和水的离子积常数的共同制约，即

$$K_a=\frac{c_{H^+}c_{A^-}}{c_{HA}} \tag{7-99}$$

$$K_w=c_{H^+}c_{OH^-} \tag{7-100}$$

因此，当 pH 确定时，c_{A^-}/c_{HA} 就为定值，以 k 对 c_{HA} 作图，就可求出 k_{A^-} 和 k_{HA} 值。

2. 自催化反应

有时，反应的产物之一也能对反应起催化作用，称为自催化作用，其特点是反应开始有一诱导期，随着反应产物的积累，反应速率随时间递增；经一最大点后，由于反应物浓度的消耗，反应速率下降。因此，为了缩短诱导期，可以先加少许产物。例如，乙酸甲酯在中性溶液中水解，生成物乙酸具有催化作用，若先加入少许乙酸，则可以增加水解速率。

自催化反应的存在是化学振荡反应得以发生的必要条件。反应系统中某些物质（主要是中间物）的浓度随时间作周期性变化的现象称为化学振荡。化学振荡现象的研究是目前的非平衡、非线性化学动力学研究的一个非常活跃的方向。化学振荡可以是复相的，也可以是均相的。在水溶液中 $KBrO_3$ 氧化丙二酸 $CH_2(COOH)_2$ 的反应被金属氧化还原剂催化，即是均相振荡中最为著名且研究得最为详细的一例，其催化剂为 Ce(Ⅳ)/Ce(Ⅲ)或 Mn(Ⅲ)/Mn(Ⅱ)。

$$3BrO_3^-+5CH_2(COOH)_2+3H^+\xrightarrow[\text{Ce(Ⅲ)}]{\text{Ce(Ⅳ)}}3BrCH(COOH)_2+2HCOOH+4CO_2+5H_2O$$

此反应称为 Belousov-Zhabotinski 反应（简称 B-Z 反应）。由图 7-18 可见，当用 $Ce(NH_4)_2(NO_3)_5$ 为催化剂时，在一定的浓度范围内，$c_{Ce(Ⅳ)}/c_{Ce(Ⅲ)}$ 及 c_{Br^-} 都呈周期性的振荡变化，且其变化周期完全相同，两个振荡波形是同步的。$c_{Ce(Ⅳ)}/c_{Ce(Ⅲ)}$ 的变化是由 Pt 电极监测的，而 c_{Br^-} 的变化一般用溴离子选择电极监测。

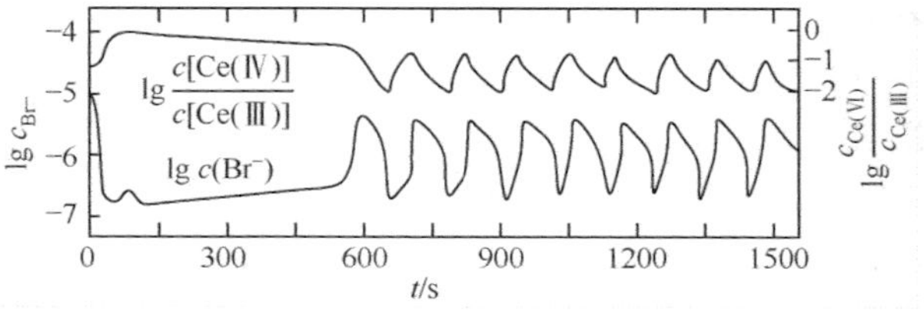

图 7-18 B-Z 振荡反应中 $\lg c_{Br^-}$ 及 $\lg\{c_{Ce(Ⅳ)}/c_{Ce(Ⅲ)}\}$ 的周期变化图

曾经对 B-Z 反应的机理做过多方的探讨，并提出不少机理解释 B-Z 反应的振荡。其中说服力较强的是 FKN 机理（Field、Koros 及 Noyes 三姓名的简称）。按此机理，B-Z 反应可区分为(a)和(b)两个系列：

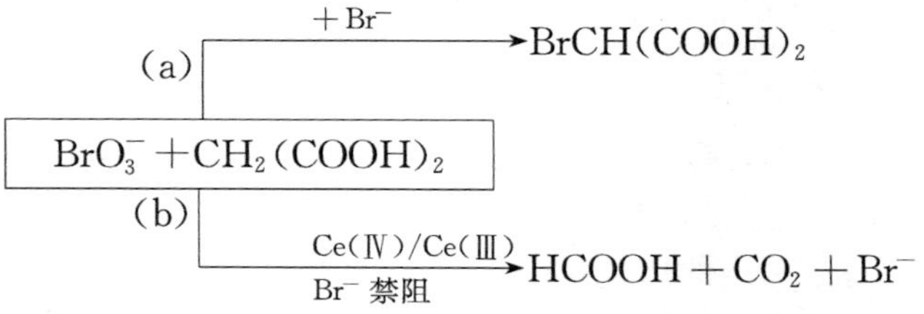

系列(a)需要 Br^- 作为反应物，而 Br^- 也间接地是系列(b)的阻滞剂；但是系列(b)最后又产生 Br^-，它又禁阻了系列(b)自身而使系列(a)复生；于是，视 $c(Br^-)$ 的大小，反应就在系列(a)及系列(b)间往复进行，产生振荡。

化学振荡必须满足三个条件：第一，系统必须远离平衡态；第二，反应系统必须是开放的；第三，系统中存在自催化型或反馈型反应。

7.6.3 多相催化

1. 基本概念

多相催化反应的催化剂与作用物不处于同一相，最常见的是采用固体催化剂催化气相反应或溶液中的反应。

在工业生产中正式使用的固体催化剂通常是几种物质的混合物，其中能使所研究的反应速率得到显著改变的主要活性组分，有时称为主催化剂。作为金属催化剂的组分，一般为周期表中第Ⅷ族过渡金属或副族元素，如 Fe、Co、Ni、Pd、Pt、Cr、Mn、W、Ag、Cu 等；作为金属氧化物催化剂的，有 Al_2O_3、Cr_2O_3、V_2O_5、ZnO、NiO 和 Fe_2O_3 等；作为酸催化剂的，如吸附于固体载体上的 H_3PO_4、H_2SO_4 等。

然而，作为一个工业催化剂，仅有主催化剂是不够的。因为工业生产还提出了许多要求，因而催化剂的组成是很复杂的，还有助催化剂、载体等。在催化剂中，少量添加物能提高催化剂的效率，而它单独使用时又不具有催化活性，这种组分称为助催化剂。在催化剂的制备中，常将催化剂分散于多孔的不活泼的物质表面上，这类物质通常称为载体，如硅胶、铝胶、活性氧化铝、活性炭、硅藻土、沸石(分子筛)等。

除助催化剂外，有时催化剂中混入少量的杂质物质会使催化剂性能降低或完全失效，这种现象称为催化剂中毒，可使催化剂中毒的物质称为催化剂的毒物。催化剂的中毒有永久性中毒和暂时性中毒之分。暂时性中毒时，若将毒物除去，催化活性即能恢复；至于永久性中毒，是指中毒后催化剂活性几乎完全丧失，不经化学处理，催化剂不能恢复活性。

2. 催化剂的活性

催化剂的催化能力通常用催化活性(a)表示,在工业上 a 定义为

$$a=\frac{W_{产物}}{tV_{催化剂}} \text{或} a=\frac{W_{产物}}{tW_{催化剂}}$$

在研究中,a 定义为单位表面催化剂上的被催化反应速率常数,或者是单位面积催化剂在单位时间内的反应产物质量:

$$a=\frac{k}{A_s}$$

可见,催化性能(总效果)的大小很大程度上取决于催化剂的分散程度。比表面积越大,催化剂用量就越少,催化活性就越高。

催化剂的活性在催化剂使用一段时间后会下降,甚至失效。a 与 t 的关系如图 7-19 所示,大致分为以下三段。

Ⅰ段:催化剂成熟期,活性达到最大值。

Ⅱ段:催化剂稳定期,其长度为催化剂的寿命。

Ⅲ段:催化剂老化,活性迅速下降。

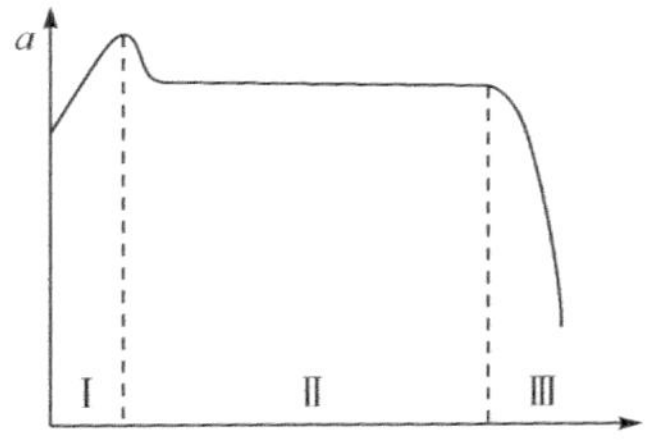

图 7-19　催化剂活性与使用时间关系示意图

催化剂的老化通常与催化剂表面发生熔融、重结晶及其他减小其比表面积的现象有关。

3. 多相催化反应的动力学

多相催化反应就是多相反应,其动力学研究遵循多相反应规律,同时考虑催化反应的特性。多相催化理论对多相催化作用的解释目前尚无统一的观点,较为普遍被接受的是"吸附活化物理论"和"活性吸附与活性中心理论"。

活性中心理论认为,催化剂起催化作用的只是催化剂表面的一小部分,这一小部分被称为活性中心,是催化剂表面能量最高的地方,如固体中微晶体的棱、角或突凸处分子(或原子),结晶台阶中的分子,分子间的距离不正常的地方,或者是由于杂质存在而引起组成和性质不同的地方等。这些地方的力场具有较大的不饱和性,因此易对作用物产生吸附而起到催化作用。

吸附活化物理论是在活性中心理论上发展而形成的。该理论认为,作用物分子与活性中心间形成了吸附活化物。例如,A+D ⟶ 产物的反应,一种情形是 A、D 同时被吸附在两相邻的活性中心上,然后变为产物:

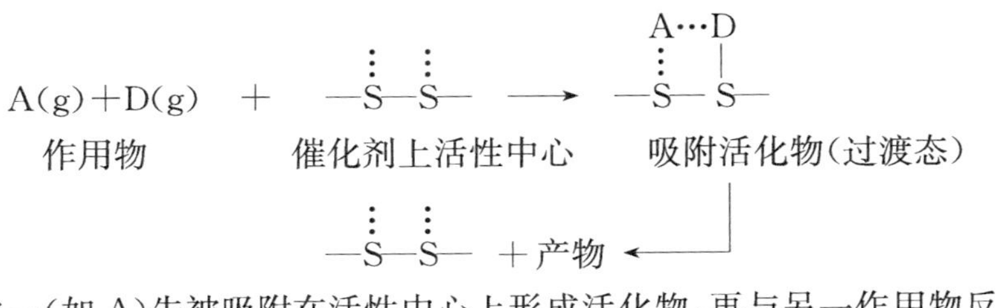

另一情形是作用物之一(如 A)先被吸附在活性中心上形成活化物,再与另一作用物反应形成产物:

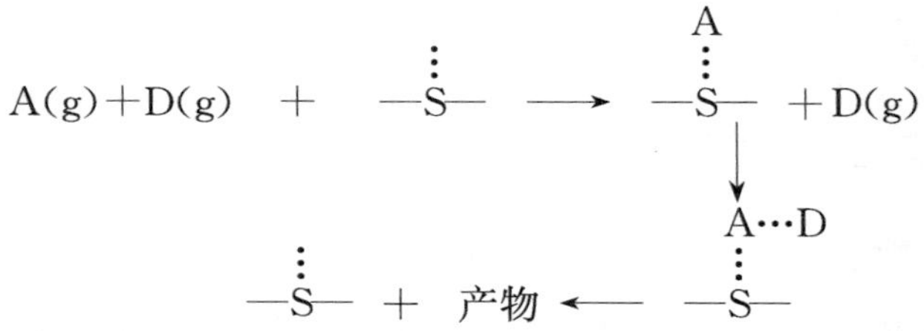

吸附活化物的形成,大大降低了反应活化能,所以反应被加速。

7.6.4 酶催化

酶催化又称生物催化。因为在通常条件下,没有酶的存在,几乎所有的生理反应都难以进行。酶由蛋白质分子组成,分子往往很大,相对分子质量为 $10^4 \sim 10^6$,达到胶体粒子的水平,所以酶催化是介于均相催化和多相催化之间的、具有其特殊性的一类催化。

1. 酶催化反应的特点

(1) 专一的选择性,即一种酶只对一种反应或一类反应具有催化活性,而对其他反应无任何催化作用。

(2) 极高的催化效率。酶催化反应效率是一般催化反应的 $10^8 \sim 10^{10}$ 倍,甚至更高。

(3) 温和的反应条件。酶催化可使反应在常温常压的条件下完成,如植物的固氮反应。

(4) 极复杂的反应机理。尽管人们尝试着合成一些类似酶的催化剂,但其效率与天然酶无法相比,这也从一个方面表现出酶催化机理的复杂性。

2. 酶催化的机理和速率方程

由于酶是一种非常高效的催化剂,且许多酶是难以大量获得的,因此酶催化反应中酶的浓度相对于反应物而言是极低的,所以酶催化剂与反应物之间形成的中间物浓度也将是极低的,这样就可以采用稳态近似法处理酶催化反应机理,以获得其速率方程。鉴于酶催化反应的复杂性,其反应机理也是极为复杂的。本节只以其最简单的机理模型为例讨论酶催化反应动力学:

$$① \quad E+S \xrightarrow{k_1} ES$$

$$② \quad ES \xrightarrow{k_{-1}} E+S$$

$$③ \quad ES \xrightarrow{k_2} P+E$$

$$④ \quad P+E \xrightarrow{k_{-2}} ES$$

式中,E 为游离酶活性中心;S 为反应物(底物);ES 为酶与反应物形成的中间物;P 为产物。在一般情况下,反应的初始状态时,$c_P=0$,因此上述反应④可以忽略,对应的反应速率 r 可视为反应的初速率 r_0,此时机理一般可简化为

$$① \quad E+S \xrightarrow{k_1} ES$$

$$② \quad ES \xrightarrow{k_{-1}} E+S$$

$$③ \quad ES \xrightarrow{k_2} P+E$$

对中间物 ES 运用稳态近似:

$$\frac{dc_{ES}}{dt}=k_1c_Ec_S-k_{-1}c_{ES}-k_2c_{ES}=0$$

$$c_{ES}=\frac{k_1 c_E c_S}{k_{-1}+k_2}=\frac{c_E c_S}{K_S} \tag{7-101}$$

式(7-101)中参数 $K_S=\dfrac{k_{-1}+k_2}{k_1}$。温度一定时 K_S 是一个特性常数，称为米氏(Michaelis)常量。将物料平衡关系 $c_E=(c_{E,0}-c_{ES})$代入式(7-101)，可得 $c_{ES}=\dfrac{c_{E,0}c_S}{K_S+c_S}$用产物 P 的生成来表示总反应速率 r_0，则

$$r_0=\frac{dc_P}{dt}=k_2 c_{ES}=k_2\frac{c_{E,0}c_S}{K_S+c_S}$$

设参数 $a=k_2 c_{E,0}$，则

$$r_0=a\frac{c_S}{K_S+c_S} \tag{7-102}$$

此即酶催化反应的速率方程。依式(7-102)作 r_0-c_S 图，如图 7-20 所示。

由图 7-20 可以看出，当底物浓度 c_S 很小时，$r_0=\dfrac{a}{K_S}c_S$，反应速率与底物浓度 c_S 成正比，对底物表现为一级反应；当底物浓度 c_S 很大时，$r_0=a=k_2c_{E,0}=r_{max}$，反应速率与底物浓度无关，表现为最大反应速率。反应最大初速率正比于酶的总浓度；当 $r_0=\dfrac{a}{2}$时，$c_S=K_S$，即此时的底物浓度 c_S 等于酶催化正向反应的米氏常量 K_S。

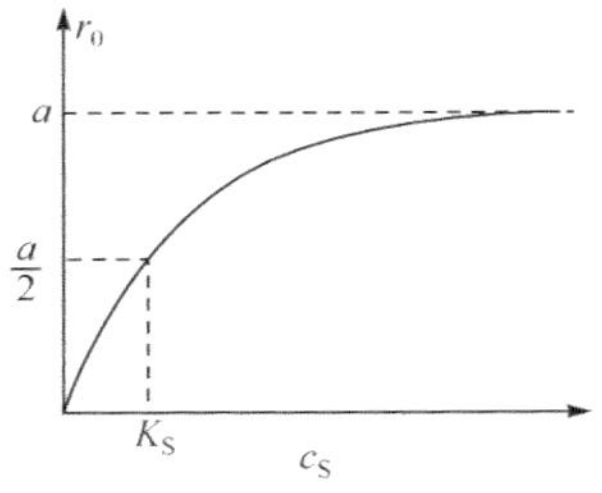

图 7-20 酶催化反应速率与底物浓度关系

将式(7-102)两边取倒数，可得

$$\frac{1}{r_0}=\frac{K_S}{a}\cdot\frac{1}{c_S}+\frac{1}{a}$$

用$\dfrac{1}{r_0}$对$\dfrac{1}{c_S}$作图，可得一直线，从直线的斜率和截距可以求出常数 K_S 及 a。

酶催化反应速率对实验条件的变化是非常敏感的，酸度、温度、离子强度、溶剂等许多因素都对酶催化过程产生影响。另外，若反应系统中有与酶催化反应底物结构相似的物质(I)存在时，反应速率也将受到抑制，这种现象称为酶催化阻化。对于上述最简单的单底物酶催化反应，其阻化类型按作用类型分有三种：一是竞争阻化，表现为在反应系统中存在抑制反应 $E+I\underset{k_{-E}}{\overset{k_E}{\rightleftharpoons}}EI$，即阻化剂(I)占据酶活性中心；二是未竞争阻化，表现为反应 $ES+I\underset{k_S}{\overset{k_S}{\rightleftharpoons}}ESI$ 的存在，即阻化剂消耗的是酶催化络合物；三是非竞争阻化，是以上两类抑制反应均存在的情况。通过对酶阻化反应的研究可以确定酶对结构的专属性。

7.7 化学反应流动法简介

化学反应动力学的流动法是一个发展迅速、应用广泛的研究快速反应的动力学方法。在实际的工业生产中反应物料多为流动系统，流动法应用最多，如采用管道化反应器和串联多槽罐反应器生产。化学反应流动法在反应工程学中的应用也很多。该方法基本上分为两大类：管式流动法和搅拌式流动法。

7.7.1 管式流动法

管式流动法使用的反应器又称为积分反应器。在这类反应器中，经混合后的反应物连续地从反应器一端流入，反应物料在管道中边流动边反应，最后从反应器的另一端流出。在恒流条件下，反应器内物料的浓度只随其在反应器内的位置而变，确定位置的物料浓度不变。

设有一管式流动反应器，在反应物进入反应管以前，已经达到充分混合，其稳定流速为 U，$U=V/t$，其中 V 为 t 时间内流过的流体体积。如果按小体积元来计算，则流速 $U=\mathrm{d}V/\mathrm{d}t$。

现在取反应管的某一个小体积元 dV 来考虑问题，如图 7-21 所示，进入该体积元的组分 I 的浓度为 c_i，设反应速率为 r，由于在体积元内进行了反应，因此组分 I 的浓度会发生变化，流体离开体积元的浓度变为 $c_i+\mathrm{d}c_i$。

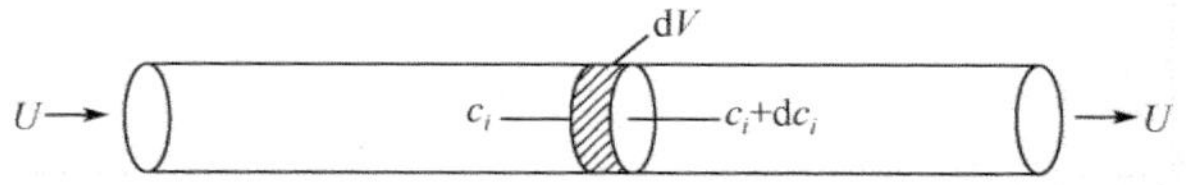

图 7-21 管式流动反应器内部状况示意图

在小体积元 dV 中，单位时间内流进的组分 I 为 $n_{i,进}=c_i\cdot U$，流出的组分 I 为 $n_{i,出}=(c_i+\mathrm{d}c_i)\cdot U$，所以组分 I 在小体积元 d$V$ 中因为浓度改变而引起的物质的量的净改变为 $\mathrm{d}c_iU$，因此当反应进行一段时间以后，体积元内各组分的浓度达到稳态时有

$$\nu_i r\,\mathrm{d}V=U\mathrm{d}c_i$$

积分上式(流速 U 为常数)：

$$\int_0^V\frac{\mathrm{d}V}{U}=\int_{c_{i,0}}^{c_i}\frac{\mathrm{d}c_i}{\nu_i r}$$

可得

$$\frac{V}{U}=\int_{c_{i,0}}^{c_i}\frac{\mathrm{d}c_i}{\nu_i r}\tag{7-103}$$

式中，$c_{i,0}$ 为组分 I 进入反应器时的浓度；V 为反应器入口处至浓度为 c 处的体积，管状反应器应有 $V=Ax$；A 为反应器的横截面积；x 为反应器入口至该点的距离。因此只要将 r_i 的表达式代入式(7-103)即可积分。

设反应为一级反应 A ⟶ P，则式(7-103)化为

$$\frac{V}{U}=\int_{c_{A,0}}^{c_A}\frac{-\mathrm{d}c_A}{kc_A}=\frac{1}{k}\ln\frac{c_{A,0}}{c_A}$$

$$k=\frac{U}{V}\ln\frac{c_{A,0}}{c_A}=\frac{U}{A}\cdot\frac{1}{x}\ln\frac{c_{A,0}}{c_A}\tag{7-104}$$

因此，通过测定指定观测位置(x)处的反应物浓度(c_A)，便可求出反应速率常数 k，而无需测定反应时间(t)。

7.7.2 搅拌式流动法

搅拌式流动法所使用的反应器又称微分反应器，这种反应装置如图 7-22 所示。控制物料的进口速率与出口速率，则物料在反应器内的停留时间确定，同时在反应器内加上快速搅拌，使反应器内物料浓度均匀稳定，则此时反应物浓度在时间和空间上都是稳定的。

设入口流量为 U，反应物在进口处浓度为 c_0，出口处浓度为 c，反应器内物料的体积为 V_r，则反应物的消耗速率，即反应速率为

$$r=-\frac{\mathrm{d}c}{\mathrm{d}t}=U\cdot\frac{c_0-c}{V_r}\tag{7-105}$$

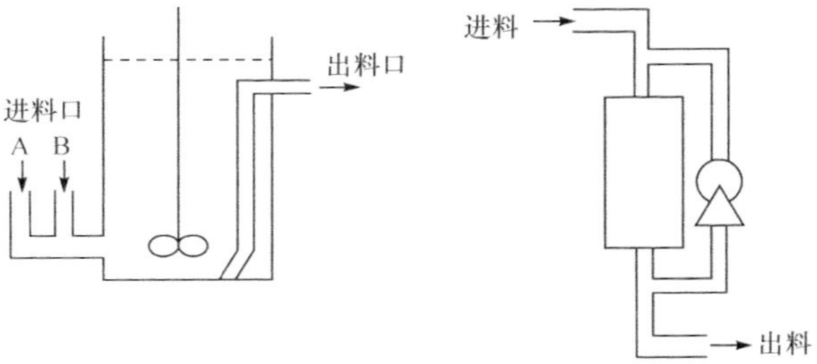

图 7-22 流动式搅拌反应器

此式在导出过程中并没有对反应类型加以限制，所以可用于不同级数或不同反应机理的简单反应或复杂反应。只要把所研究反应的速率方程代入式(7-105)，即可求得具体表达式。例如，对于一级反应，其速率方程为 $r=kc$，将该式代入式(7-105)，可得

$$r=kc=U\cdot\frac{c_0-c}{V_r}$$

故

$$k=\frac{U}{V_r}\cdot\frac{c_0-c}{c} \tag{7-106}$$

式(7-106)中除了 k 以外，都是已知量或者可测量的量，可因此计算出 k 的数值。

复习思考题

1. 请判断下列说法是否正确。

(1) 反应级数等于分子数。

(2) 反应级数不一定是简单的正整数。

(3) 具有简单级数的反应是元反应。

(4) 不同的反应若具有相同的级数形式，一定具有相同的反应机理。

(5) 反应的分子数只能是正整数，一般不会大于 3。

(6) 某化学反应的反应式为 $A+B\longrightarrow C$，该反应为双分子反应。

(7) 总级数为零的零级反应一定不是元反应。

(8) 若某化学反应由一系列的基元反应所组成，则该化学反应的速率是各基元反应速率的代数和。

(9) 一个化学反应进行完全所需的时间是其半衰期的 2 倍。

(10) 若反应 $A+B\longrightarrow Y+Z$ 的速率方程为 $r=c_A^{1.3}c_B^{0.7}$，则该反应是二级反应，且肯定不是双分子反应。

(11) 对于一般服从阿伦尼乌斯公式的化学反应，温度越高，反应速率越快，因此升高温度有利于生成更多的产物。

2. 化学反应速率如何表示？如何测定？
3. 某反应物消耗掉 50%和 75%时所需的时间分别为 $t_{1/2}$ 和 $t_{1/4}$，若反应对该反应物分别是一级、二级和零级，则 $t_{1/2}:t_{1/4}$ 的比值分别是多少？
4. 什么是速控步？
5. 连续反应 $A\longrightarrow B\longrightarrow C$，两个速率常数分别是 $k_1=0.8\ s^{-1}$，$k_2=16.5\ s^{-1}$，中间物浓度达到极大值的时间是多少？
6. 某平行反应包含两个基元步骤(1) $A\longrightarrow B$ 和(2) $A\longrightarrow C$，其速率常数分别为 $k_1=2.00\ s^{-1}$，$k_2=5.00\ s^{-1}$，反应到第 2s 和第 12s 时，两种产物浓度的比值 c_B/c_C 分别是多少？
7. 什么是链反应？链反应有哪几种类型？如何解释支链反应引起爆炸的高界限和低界限？
8. 活化能的物理意义是什么？化学反应的活化能如何测定？
9. 有两个独立的化学反应，其活化能 $E_{a,1}>E_{a,2}$，温度对哪个反应的速率影响更大？若两个反应的指前因子

相等，哪个反应的速率常数更大？

10. 合成氨的反应是一个放热反应，降低反应温度有利于提高平衡转化率，但实际生产中为什么选取 450～550 ℃的较高温度？
11. 碰撞理论与过渡态理论的基本要点分别是什么？它们各有什么不完善的地方？
12. 定性比较下述三个反应 P 因子的大小。

(1) $CH_4 + Br_2 \longrightarrow CH_3Br + HBr$

(2) $Br\cdot + Br\cdot \longrightarrow Br_2$

(3) $C_2H_5OH + C_2H_5COOH \longrightarrow C_2H_5COOC_2H_5 + H_2O$

13. 对于下述几个反应，增加溶液的离子强度，是否会影响反应的速率常数？(指出增大、减小或不变)

(1) $S_2O_8^{2-} + 2I^- \longrightarrow I_2 + 2SO_4^{2-}$

(2) 蔗糖在酸性条件下的水解

(3) $[Co(NH_3)_5Br]^{2+} + OH^- \longrightarrow [Co(NH_3)_5OH]^{2+} Br^-$

14. 多相反应的速率与哪些因素有关？
15. 在多相反应动力学中是如何应用扩散理论及朗缪尔吸附理论的？
16. 什么是催化作用、均相催化和多相催化？催化剂为什么可以加快化学反应的速率？催化剂会不会影响化学平衡？

习　　题

1. 以氨的分解反应 $2NH_3 \longrightarrow N_2 + 3H_2$ 为例，导出反应进度的增加速率$\frac{d\xi}{dt}$与$\frac{dn(NH_3)}{dt}$、$\frac{dn(N_2)}{dt}$、$\frac{dn(H_2)}{dt}$之间的关系，并且说明何者用于反应速率时与选择哪种物质无关。

2. 甲醇的合成反应为 $CO + 2H_2 \longrightarrow CH_3OH$，已知$\frac{dc(CH_3OH)}{dt} = 2.44\ mol\cdot L^{-1}\cdot h^{-1}$，求算$-\frac{dc(CO)}{dt}$、$-\frac{dc(H_2)}{dt}$各为多少。

3. N_2O_5 的分解反应 $N_2O_5 \longrightarrow 2NO_2 + \frac{1}{2}O_2$ 是一级反应，已知某温度下该反应的速率常数为$4.8\times10^{-4}\ s^{-1}$。

(1) 求反应的半衰期。

(2) 若反应在密闭容器中进行，反应开始时容器中只充有 N_2O_5，其压力为 66.66 kPa，求算反应开始后10 s 及 10 min 时的压力。

4. 测定某块突然发现的陨石时发现每克该陨石中含有^{238}U 为 6.3×10^{-8} g，^4He 为 $20.77\times10^{-6}\ cm^3$（标准状态下）。已知^{238}U 的衰变为一级反应$^{238}U \longrightarrow {}^{206}Pb + 8{}^4He$，其衰变的半衰期为 4.51×10^9 a，求该陨石的年龄。

5. 303.01 K 时甲酸甲酯在 85% 的碱性溶液中水解，其速率常数为 $4.53\ mol^{-1}\cdot L\cdot s^{-1}$。

(1) 若酯和碱的浓度均为 $1.00\times10^{-3}\ mol\cdot L^{-1}$，试求反应的半衰期。

(2) 若两种反应物的浓度，一种减半，另一种加倍，试求量少者消耗一半所需的时间。

6. 乙酸乙酯与 NaOH 的皂化反应为二级反应：$r = kc_{酯}\ c_{碱}$。在 18 ℃时测得如下实验数据，其中 V 为滴定 100 mL样品溶液所需浓度为 $0.056\ mol\cdot dm^{-3}$ 的 HCl 溶液的体积，求反应的速率常数。

t/min	0	4.89	10.37	28.18	∞
V/mL	47.65	38.92	32.62	22.58	11.48

7. 在 1100 K 时测得 NH_3 在 W 上发生催化反应的数据如下：

NH_3 的初始压力 p_0/Pa	35 330	17 332	7733
半衰期 $t_{1/2}$/min	7.6	3.7	1.7

(1) 证明该反应近似为零级反应；(2) 求速率常数 k_0。

8. 二甲醚气相分解反应为

$$CH_3OCH_3(A) = CH_4(B) + H_2(C) + CO(D)$$

773 K 时，将二甲醚充入真空反应器内，测量反应器内压强的变化，数据如下：

t/min	6.5	13.0	26.5	52.6	∞
p_T/kPa	54.4	65.1	83.2	103.9	124.1

求反应级数 n。

9. 已知乙胺加热分解成氨和乙烯，计量方程式为

$$C_2H_5NH_2(g) \longrightarrow NH_3(g) + C_2H_4(g)$$

在 773 K 及恒容条件下，在不同时刻测得的系统总压力的增加值 Δp 如下。已知反应开始时只含有乙胺，压力 $p_0 = 7.33$ kPa。求该反应的级数和速率常数 k。

t/min	1	2	4	8	10	20	30	40
Δp/kPa	0.67	1.20	2.27	3.87	4.53	6.27	6.93	7.13

10. 恒温恒容气相反应 $2A+2B = L+M$ 的速率方程为 $r = kp_A^{\alpha} p_B^{\beta}$。实验测得如下数据：

(1) $p_{A,0} = p_{B,0}$ 时	$p_{总,0}$/kPa	47.4	32.4
	$t_{1/2}$/s	84	176
(2) $p_{A,0} \ll p_{B,0}$ 时	$p_{A,0}$/kPa	40	20.3
	r_0/(kPa · s^{-1})	0.137	0.034

求级数 α 和 β。

11. 在 1-1 级对峙反应 $A \underset{k_{-1}}{\overset{k_1}{\rightleftharpoons}} D$ 中，测得不同时刻 t 的产物 D 浓度 x 如下：

t/s	180	300	420	1440	∞
x/(mol · L^{-1})	0.20	0.33	0.43	1.05	1.58

已知 A 的初始浓度为 1.89 mol · L^{-1}，计算正、逆反应的速率常数 k_1 和 k_{-1}。

12. 某金属的氧化反应服从下列抛物线方程式：$y^2 = k_1 t + k_2$，式中 y 是反应到时间 t 时的金属氧化膜厚度，试确定该金属氧化反应的级数。

13. 反应 $Co(NH_3)_5F^{2+} + H_2O = Co(NH_3)_5(H_2O)^{3+} + F^-$ 被酸催化。若反应速率方程为

$$r = k[Co(NH_3)_5F^{2+}]^{\alpha}[H^+]^{\beta}$$

在一定的温度及初始浓度条件下，测得的分数寿期如下：

$[Co(NH_3)_5F^{2+}]_0$/(mol · dm^{-3})	$[H^+]_0$/(mol · dm^{-3})	T/K	$10^{-2}t_{1/2}$/s^{-1}	$10^{-2}t_{3/4}$/s^{-1}
0.1	0.01	298	36	72
0.2	0.02	298	18	36
0.1	0.01	308	18	36

(1) 求反应级数 α 及 β。

(2) 求算 298 K 和 308 K 时的速率常数 k。

(3) 求算活化能。

14. 气相反应 $2NO + H_2 = N_2O + H_2O$ 的速率方程为 $r = kp_{NO}^{\alpha} p_{H_2}^{\beta}$，实验结果为

p_0(NO)/kPa	80	80	1.3	2.6	80
$p_0(H_2)$/kPa	1.3	2.6	80	80	1.3
$t_{1/2}$/s	19.2	19.2	830	415	10
T/K	1093	1093	1093	1093	1113

(1) 求算级数 α 及 β；(2) 求算活化能。

15. 某溶液中反应开始前含有氢氧化钠和乙酸乙酯的浓度均为 0.01 mol · dm^{-3}，298 K 时 10min 有 39%的乙酸乙酯分解，308 K 时 10 min 有 55%的酯分解。计算 293 K 时，若要有 50%的酯分解需多少时间？

16. 已知乙酸乙酯与氢氧化钠的皂化反应为二级反应，速率常数在 282.55 K 时为 3.27mol^{-1} · dm^3 · s^{-1}，287.55 K 时为 6.024 mol^{-1} · dm^3 · s^{-1}。

(1) 求算活化能 E_a 及指前因子 A。

(2) 用以上两温度的数据求算范特霍夫公式中的温度系数 γ。

(3) 如果乙酸乙酯和氢氧化钠的初始浓度均为 0.01 $mol \cdot dm^{-3}$，求算 303.2 K 时反应物消耗 90%所需的时间。

17. 已知反应 $A(g) = B(g) + C(g)$ 在 298 K 时，正、逆反应的速率常数 k_f 和 k_r 分别为 0.2 s^{-1} 和 5.0×10^{-9} $Pa^{-1} \cdot s^{-1}$，当温度上升到 310 K 时，k_f 和 k_r 都增加到原来的 2 倍。

(1) 求算反应在 298 K 时的平衡常数。

(2) 求算正、逆反应的活化能。

(3) 如果在 298 K 反应开始时只有反应物 A(g)，其压强为 101.325 kPa，计算当总压强增至 151.987 kPa 时所需时间。

18. 已知乙酸酐分解反应的半衰期与其初始浓度无关，反应的活化能 $E_a = 144.35$ $kJ \cdot mol^{-1}$，557.15 K 时反应的速率常数 $k = 3.3\times10^{-2} s^{-1}$。(1)指出反应级数；(2)现要控制该反应在20 min内转化率达到 95%，试确定反应温度应控制在多少度。

19. 用温度跳跃技术测得水的离解反应 $H_2O = H^+ + OH^-$ 在 298 K 时的弛豫时间 $\tau = 37$ μs，试求该反应的正向和逆向反应速率常数 k_f 和 k_r。

20. 实验测得 N_2O_5 在不同温度下的分解反应速率常数如下，试作图求算 N_2O_5 分解反应的活化能。

T/K	273.15	298.15	318.15	338.15
k/min^{-1}	4.7×10^{-5}	2.0×10^{-3}	3.0×10^{-2}	3.0×10^{-1}

21. 甲烷的热分解反应由如下的 4 个基元反应所组成，试推导总反应的速率方程。

(1) $CH_4 + M \xrightarrow{k_1} CH_3\cdot + H\cdot + M$

(2) $CH_3\cdot + CH_4 \xrightarrow{k_2} C_2H_6 + H\cdot$

(3) $H\cdot + CH_4 \xrightarrow{k_3} H_2 + CH_3\cdot$

(4) $H\cdot + CH_3\cdot + M \xrightarrow{k_4} CH_4 + M$

22. N_2O_5 的分解机理如下：

$$N_2O_5 \underset{k_2}{\overset{k_1}{\rightleftharpoons}} NO_2 + NO_3$$

$$NO_2 + NO_3 \xrightarrow{k_3} NO + O_2 + NO_2$$

$$NO + NO_3 \xrightarrow{k_4} 2NO_2$$

(1) 设 NO 和 NO_3 是活泼中间物，请用稳态假设推导出用 O_2 的生成表示的反应速率方程 r_a。

(2) 设反应(2)是速控步，请用平衡假设求出反应速率方程 r_b。

(3) 什么情况下，$r_a = r_b$？

23. 乙炔气体的热分解是二级反应，其能发生反应的临界能为 190.4 $kJ \cdot mol^{-1}$，分子直径为 0.5 nm。试计算：

(1) 800 K、101.325 kPa 时单位时间、单位体积内的碰撞数。

(2) 求上述反应条件下的速率常数。

(3) 求上述反应条件下的初始反应速率。

24. 根据过渡态反应速率理论求证 n 分子气相反应 $A + D + \cdots = [A\text{—}D\cdots]^{\neq} \longrightarrow P$ 的活化能为 $E_a = \Delta_r H_{\neq} + nRT$。

25. 在无催化剂存在时，反应 $2HI \longrightarrow H_2 + I_2$ 的活化能为 183.92 $kJ \cdot mol^{-1}$，当用铂作催化剂时改变了反应机理，活化能降为 104.50 $kJ \cdot mol^{-1}$。若反应是在 575 K 时进行，求铂催化剂使此反应速率增加的倍数。

26. 已知在高压下 N_2O_5 的分解为一级反应，298.15 K 时速率常数为 $3.35\times10^{-5} s^{-1}$，338.15 K 时速率常数为 $4.80\times10^{-3} s^{-1}$，试求该分解反应的 $\Delta_r H_{\neq}^{\ominus}$ 和 $\Delta_r S_{\neq}^{\ominus}$。

27. 碘原子在正己烷中的复合反应为扩散控制的反应，已知正己烷在 298 K 时的黏度 η 为 3.26×10^{-4} $kg \cdot m^{-1} \cdot s^{-1}$，计算 298 K 时碘原子的复合反应速率常数。

28. 某有机化合物 A 在 323 K、酸催化下发生水解反应。当溶液的 pH＝5 时，$t_{1/2}=69.3$ min；pH＝4 时，$t_{1/2}=6.93$ min，且知在两个 pH 的各自条件下，$t_{1/2}$ 均与 A 的初始浓度无关。设反应的速率方程为 $-\dfrac{dc_A}{dt}=kc_A^{\alpha}c_B^{\beta}$，试求算：

(1) α、β 的值。

(2) 323 K 时的速率常数。

(3) 323 K 时，在 pH＝3 的水溶液中，A 水解 80%需多少时间？

29. 酶 E 作用在某一底物 S 上将产生氧，反应机理可表达为

$$E+S \underset{k_2}{\overset{k_1}{\rightleftharpoons}} ES \xrightarrow{k_2} E+P$$

实验测得在底物的初始浓度不同时，氧产生的初速率 r_0 数据如下，计算反应的米氏常量。

$c_{S,0}/(mol \cdot L^{-1})$	0.050	0.017	0.010	0.005	0.002
$10^{-6}r_0/(mol \cdot L^{-1} \cdot min^{-1})$	16.6	12.4	10.1	6.6	3.3

第 8 章　电解质溶液

8.1　引　　言

电化学主要是研究电能和化学能之间的相互转化及其有关规律的科学。早在 1600 年，吉尔白特(S. W. Gilbert)观察到用毛皮擦过的琥珀有吸引其他轻微物体的能力，就用“electric”(希腊语“琥珀”)来描述这种行为。1791 年，伽伐尼(L. Galvani)发现了金属能使蛙腿肌肉抽缩的“动物电”现象，一般认为这是电化学的起源。1799 年，伏特(A. Volt)在伽伐尼工作的基础上发明了用不同的金属片夹湿纸组成的“电堆”，即所谓“伏打堆”，这是化学电源的雏形。在直流电机发明以前，各种化学电源是唯一能提供恒稳电流的电源。1807 年，戴维(H. Davy)用电解方法成功地从钠、钾的氢氧化物中分离出了金属钠和钾。1833 年，法拉第(M. Faraday)根据多次实验结果归纳出了著名的法拉第电解定律，为电化学的定量研究和以后的电解工业奠定了理论基础。1870 年以后，人们发明了发电机，电解被广泛地应用于工业。电化学工业已经成为国民经济的重要组成部分。许多有色金属以及稀有金属的冶炼和精炼都采用电解的方法，如铝、镁、钾、钠、锆、锂和铪等都是用电解法来冶炼的。其他如铜、铅的精炼以及在精炼过程中从阳极泥中回收一些贵金属(如金、银等)，也都是利用电解的方法来实现的。利用电解方法也可以制备许多基本的化工产品，如氢氧化钠、氯气、氯酸钾、过氧化氢以及一些有机化合物等。

电化学的内容相当广泛，并已形成一门独立的科学。一般而言，电化学所研究的主要内容大体上有以下几个方面。

(1) 电解质溶液理论，如离子互吸、电导理论、电离平衡等。

(2) 电化学平衡，如电极电势、电动势以及电池电动势与热力学函数之间的关系等。

(3) 电极过程，如从动力学的角度阐明电极上所发生反应的细节。

(4) 实用电化学，电化学原理在各有关领域中的应用，如半导体电化学、化学电源等。

本教材中只能简要地讨论其中的一部分内容，着重于电化学中的基本原理和共同规律。

8.2　原电池和电解池

8.2.1　原电池和电解池

能导电的物质称为导电体，简称导体。导体大体上可分为两类：第一类导体是电子导体，如金属、石墨及某些金属化合物(WC)等，它是通过自由电子的定向运动而导电，在导电过程中自身不发生化学变化。当温度升高时由于导电物质内部质点的热运动加剧，阻碍自由电子的定向运动，因而电阻增大，导电能力降低。第二类导体是离子导体，它依靠离子的定向运动(离子的定向迁移)而导电，如电解质溶液或熔融电解质等。当温度升高时，由于溶液黏度降低，离子运动速率加快，在水溶液中离子水化作用减弱等原因，导电能力增强。

为了使电流流过电解质溶液，必须将两个第一类导体作为电极浸入溶液，使电极与溶液直接接触。当电流流过溶液时，阳、阴离子分别向两极移动，同时在电极上有氧化还原反应发生。

若用第一类导体连接两个电极并使电流在其中通过，则构成外电路，这种装置就是电池。若电池能自发地在两极上发生化学反应，并产生电流，此时化学能转化为电能，则该电池就称为原电池。若在两个电极间并联一个有一定电压的外加电源，则将有电流从外加电源流入电池，迫使电池中发生化学变化，此时电能就转变为化学能，则该电池就称为电解池。

8.2.2 原电池和电解池的组成

原电池和电解池均由两个电极和电解质溶液组成，电化学反应就发生在电极与电解质溶液接触的界面上。

无论是在原电池还是电解池中，总是把电势较低的电极称为负极，把电势较高的电极称为正极。电流总是由正极流向负极(根据电学中的规定，电子的流向和电流的方向刚好相反)。另外，总是把在其上面发生氧化反应的电极称为阳极，发生还原反应的电极称为阴极。在电解池中，与外加电源负极相接的电极接受电子，电势较低，发生还原反应，所以该电极是负极也是阴极；与外加电源正极相接的电极电势较高，发生氧化反应，所以该电极是正极也是阳极。而在原电池中，情况则不同。以丹尼尔(Daniell)电池为例，Zn 极发生氧化反应是阳极，但它输出多余的电子，电势较低，所以 Zn 极是负极；而 Cu 极发生还原反应是阴极，它接受电子，电势较高，所以 Cu 极是正极。这些关系可用表 8-1 和图 8-1 表示。

表 8-1 电池、电极名称和作用

电池名称	电极名称	电极电势	电极作用
原电池	正极(阴极)	电势高	还原作用
	负极(阳极)	电势低	氧化作用
电解池	阳极(正极)	电势高	氧化作用
	阴极(负极)	电势低	还原作用

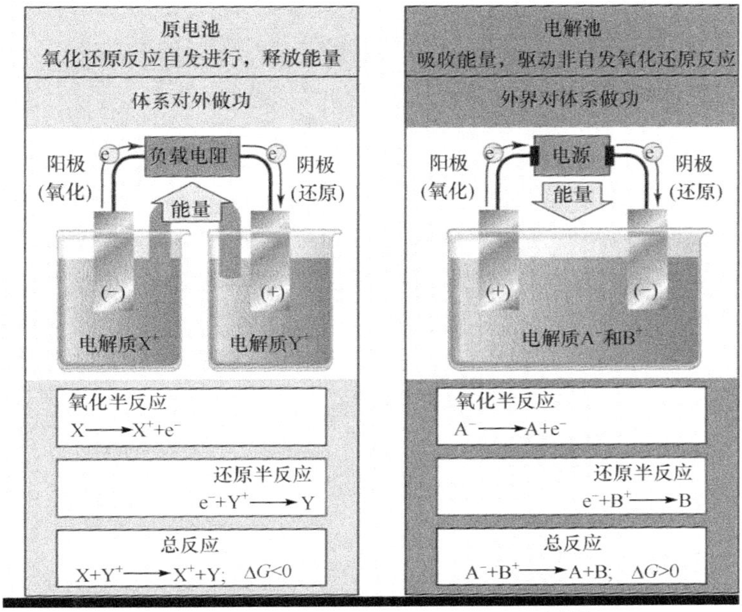

(a) 原电池　　(b) 电解池

图 8-1 原电池与电解池示意图

当电池中(包括原电池和电解池)有电流通过时,第一类导体中的电子和第二类导体中的离子在电场的作用下都做定向移动。在电解质溶液(或熔融状态下的电解质)中电流的传导是通过离子的定向移动而完成的,阴离子总是移向阳极(不一定是正极),而阳离子总是移向阴极(不一定是负极)。当阴、阳离子分别接近异性电极时,在电极与溶液接触的界面上分别发生电子的交换(离子或电极本身发生氧化或还原反应),整个电流在溶液中的传导是由阴、阳离子的移动共同承担的。

例如,采用惰性电极施加一定外电压进行电解[图 8-1(b)]。

1) 电解 $CuCl_2$ 溶液

阳极(氧化作用) $2Cl^- \longrightarrow Cl_2(g) + 2e^-$

阴极(还原作用) $Cu^{2+} + 2e^- \longrightarrow Cu(s)$

2) 电解 Na_2SO_4 溶液

阳极 $2OH^- \longrightarrow H_2O(l) + \frac{1}{2}O_2(g) + 2e^-$

阴极 $2H^+ + 2e^- \longrightarrow H_2(g)$

在电解 Na_2SO_4 溶液时,溶液中的阳离子 H^+ 较 Na^+ 更易于在阴极放电,Na^+ 只是移向阴极,但并不在阴极放电。同样在阳极上起作用的是水溶液中的 OH^-,而不是 SO_4^{2-},但 SO_4^{2-} 也移向阳极而参与导电。在电极上进行的反应与电解质的种类、溶剂的性质、电极材料、外加电源的电压、离子的浓度、温度等有关。例如,在电解 $CuCl_2$ 溶液时若用 Cu 为电极,则在阳极可发生下述反应:

$$Cu(\text{电极材料}) \longrightarrow Cu^{2+} + 2e^-$$

由上述讨论可知,电解质溶液中的离子不仅在通电时起导电作用,而且参与了电化学反应。因此电化学的研究需要深入了解电解质溶液在通电时的导电性和不通电时的平衡性质与化学反应性质。本章将分别讨论电解质溶液的电迁移、电导等导电性质,以及有关平衡的热力学性质——活度与活度系数。

8.2.3 法拉第电解定律

法拉第通过大量的电解实验研究,总结发现了电极上通过的电量与发生反应的物质的量之间的基本规律,这就是电化学中最基本的定律——法拉第定律。该定律包括两方面的内容:①在电解过程中,阴极上还原物质析出的量与所通过的电流强度和通电时间成正比(定性);②电解过程中,电极上若通过的电量相同,则所析出或溶解出的物质的量相同(定量),也可以表述为电解 1 mol 的物质,所需用的电量都是 1 个“法拉第”(F),等于 96 500 库仑(C)。

若把插入电解质溶液的两个电极与直流电源相连接,就有电流通过,在电场的作用下,溶液中阳离子向阴极移动,阴离子向阳极移动,并在电极上进行放电反应。例如,电解 $CuCl_2$ 水溶液,在惰性电极上发生下列反应:

阳极 $2Cl^- \longrightarrow Cl_2 + 2e^-$ (氧化)

阴极 $Cu^{2+} + 2e^- \longrightarrow Cu$ (还原)

电极反应一般可表示为

$$0 = \sum \nu_B B + \nu_e e^- \tag{8-1}$$

式中,化学计量系数 ν_B 对反应物取负,对产物取正;对阳极反应 ν_e 取正,对阴极反应 ν_e 取负。

对于电极反应(8-1),物质 B 在电极上的增量 Δn_B 和电子的增量 Δn_e 之间存在下列关系

$$\frac{\Delta n_B}{\nu_B}=\frac{\Delta n_e}{\nu_e} \tag{8-2}$$

设通过的电量为 Q,则

$$Q=eL\Delta n_e=F\Delta n_e \tag{8-3}$$

式中,L 为阿伏伽德罗常量;e 为质子的电荷;eL 则是 1 mol 质子所具有的电量(也就是 1 mol 电子所具有电量的绝对值),称为法拉第常量,用 F 表示,其值为 $F=eL=96\ 485\ \text{C}\cdot\text{mol}^{-1}$。由式(8-2)和式(8-3)可得

$$\Delta n_B=\frac{\nu_B Q}{\nu_e F} \tag{8-4}$$

设物质 B 的摩尔质量为 M_B,则 B 的质量增加为

$$\Delta W_B=M_B\frac{\nu_B Q}{\nu_e F} \tag{8-5}$$

对于电荷数为 z 的离子,电极反应中 $\nu_e/\nu_B=z$,所以

$$\Delta W_B=M_B\frac{Q}{zF} \tag{8-6}$$

式(8-4)、式(8-5)和式(8-6)都是法拉第电解定律的数学表达式。当 $Q=F$ 时,$\Delta W_B=M_B/z$,因此,F 就是溶解或析出 $1/z$ mol 物质 B 时所需要的电量,其值与物质种类无关。

法拉第定律也是自然科学中最准确的定律之一。纯离子导电的电解质,在任何温度和压强下,无论它是在水溶液或非水溶液中,还是在熔融状态下,电解时都遵从法拉第定律。

在实际电解过程中,电极上常发生副反应或次级反应。例如,镀锌时,在阴极上除了进行锌离子的还原反应外,同时还可能发生氢原子还原的副反应。因此一般析出一定质量的某种物质实际消耗的电量大于按法拉第定律所计算的理论值,二者之比称为电流效率,通常用百分数来表示。当析出一定量的某物质时:

$$\text{电流效率}\ \eta=\frac{\text{按法拉第定律计算所需理论电量}}{\text{实际所消耗的电量}}\times 100\%$$

或者当通过一定电量后:

$$\text{电流效率}\ \eta=\frac{\text{电极产物的实际质量}}{\text{按法拉第定律计算应获得的产物质量}}\times 100\%$$

实验室中为了测定通过电解池的电量,常采用电流效率为 100%的电极过程,由电极上析出物质的质量按法拉第定律计算通过的电量,该装置称为库仑计。例如,用银库仑计时,每析出 0.107 868 kg 的银,通过的电量为 96 485 C。

【例 8-1】 需要在 $0.10\times0.10\ \text{m}^2$ 的薄铜片两面镀上 5×10^{-5} m 厚的 Ni 层[镀液用 $Ni(NO_3)_2$],假定镀层能均匀分布,用 2.0 A 的电流强度得到上述厚度的镀层时需通电多长时间(设电流效率 η 为 96.0%)?已知金属镍的密度是 $8.9\times10^3\ \text{kg}\cdot\text{m}^{-3}$,Ni(s)的摩尔质量为 $5.869\times10^{-2}\ \text{kg}\cdot\text{mol}^{-1}$。

解 电镀层中含 Ni 量为

$$n_{Ni}=\frac{0.10\times0.10\ \text{m}^2\times2\times5\times10^{-5}\ \text{m}\times8.9\times10^3\ \text{kg}\cdot\text{m}^{-3}}{5.869\times10^{-2}\ \text{kg}\cdot\text{mol}^{-1}}=0.1516\ \text{mol}$$

电极反应为

$$Ni^{2+}+2e^- = Ni(s)$$

则

$$Q=\frac{n_{Ni}zF}{\eta}=\frac{0.1516\ \text{mol}\times2\times96\ 485\ \text{C}\cdot\text{mol}^{-1}}{0.96}=3.05\times10^4\ \text{C}$$

$$t=\frac{Q}{I}=\frac{3.05\times10^4\ \text{C}}{2.0\ \text{C}\cdot\text{s}^{-1}}=15\ 250\ \text{s}=4.24\ \text{h}$$

8.3　电解质溶液的电导

8.3.1　电导率

电解质溶液与金属导体的导电机理虽然不相同，但都遵守欧姆定律。对于长度为 l，截面积为 A_s 的均匀导体，其电阻

$$R=\rho\frac{l}{A_s} \tag{8-7}$$

式中，ρ 为电阻率，$\Omega\cdot m$。

电解质溶液的导电能力常用电阻的倒数表示，称为电导 G，量纲为 S(西门子)，也就是 Ω^{-1}。电阻率的倒数称为电导率，用 κ 表示，所以

$$G=\kappa\frac{A_s}{l} \tag{8-8}$$

可见电导率的物理意义就是长度为 1 m、横截面积为 1 m^2 的导体所具有的电导，量纲为 $S\cdot m^{-1}$。

实验室中测定溶液电导率的方法是把待测溶液装入电导池中，以铂作电极，用交流惠斯通电桥法测定待测溶液的电阻 R_X，然后由式(8-9)计算待测溶液的电导率：

$$\kappa=\frac{1}{R_X}\frac{l}{A_s} \tag{8-9}$$

测量时为避免电导池中两铂黑电极上发生浓度变化，应采用低压高频交流电源。

在式(8-9)中，l/A_s 为电导池中电解质溶液的 l 与 A_s 之比，不能简单地按极距和电极的面积计算。但在电导池形状、电极位置及所装溶液的体积一定时，l/A_s 应为定值，常称它为电导池常数。通常是用已知电导率的溶液，放入电导池中，测其电阻，再计算出电导池常数。表8-2为已精确测得 KCl 水溶液的电导率。

表 8-2　KCl 溶液的电导率

KCl 溶液浓度/($mol\cdot L^{-1}$)	每 1000 g 水中的 KCl 质量/g	电导率 κ/($S\cdot m^{-1}$)	
		291 K	298 K
1.000 0	76.925	9.813	11.17
0.100 00	7.494 5	1.118 7	1.289
0.010 000	0.747 66	0.125 2	0.141 06

【例 8-2】 298 K 时将 0.0100 $mol\cdot L^{-1}$ 的 KCl 溶液放入电导池中，测得其电阻为 150.0 Ω。若用同一电导池充以 0.0100 $mol\cdot L^{-1}$ 的 HCl 溶液，在 298 K 时测得其电阻为 51.40 Ω。求 0.0100 $mol\cdot L^{-1}$ HCl 溶液的电导率。

解　从表 8-2 查知 298 K 时，0.0100 $mol\cdot L^{-1}$ KCl 溶液的电导率 $\kappa=0.141\,06\ S\cdot m^{-1}$，则

$$l/A_s=\kappa R=0.141\,06\ S\cdot m^{-1}\times 150.0\ \Omega=21.159\ m^{-1}$$

因此，0.0100 $mol\cdot L^{-1}$ HCl 溶液的电导率为

$$\kappa_{HCl}=\frac{1}{R}\frac{l}{A_s}=21.159\ m^{-1}/51.4\ \Omega=0.4116\ S\cdot m^{-1}$$

电解质溶液中的离子浓度和在一定电场下的离子移动速率，是两个影响电导率大小的因素。图 8-2(a)中电导率与浓度的关系曲线会具有最高点，就是因为这两个影响因素间有制约

作用。同时,温度升高导电能力增强[图 8-2(b)]。

对于电导率较大的 H_2SO_4、KOH 等强电解质,可以认为它们在溶液中全部电离为离子。随着浓度的增加,单位体积内离子数目增多,电导率增大。此外,浓度的增加使阳、阴离子之间的静电引力增大,离子的移动速率减小,导致电导率减小。在浓度低于最高点浓度时,前一因素起主导作用;在浓度高于最高点浓度时,后一因素起主导作用。

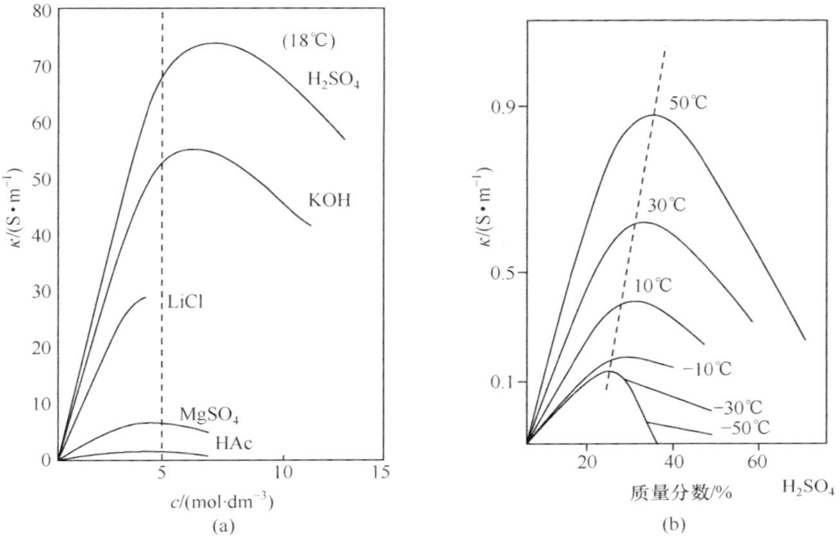

图 8-2 电导率与温度和浓度的关系

对于乙酸等弱电解质,随着浓度增大,单位体积内电解质的分子数增加,但电离度随之减小,结果离子浓度变化不显著,因而电导率随着浓度的变化也不显著。

8.3.2 摩尔电导率

电导率可以理解为边长为 1 m 的立方体中装满电解质溶液时所具有的电导。改变溶液浓度时,其中电解质的含量与溶液内部的结构将发生改变。因此欲比较不同电解质的导电性能,除固定温度外,还必须取相同数量的电解质进行比较。为此人们引入了摩尔电导率的概念,它是两极相距 1 m 的电导池中含有 1 mol 电解质的溶液的总电导,用 Λ_m 表示。如果溶液的浓度为 c,则含有 1 mol 电解质的溶液体积为 $1/c$,摩尔电导率 Λ_m 可表示为

$$\Lambda_m = \kappa / c \tag{8-10}$$

式中,摩尔电导率 Λ_m 的量纲为 $S \cdot m^2 \cdot mol^{-1}$,浓度 c 的量纲为 $mol \cdot m^{-3}$。若物质的量浓度采用量纲 $mol \cdot L^{-1}$,则式(8-10)变为

$$\Lambda_m = \kappa \times 10^{-3} / c \tag{8-11}$$

式(8-10)和式(8-11)用于实验测出 κ 后计算 Λ_m 值。例如,在例 8-6 中,可求出 298 K 时 0.0100 $mol \cdot L^{-1}$ HCl 溶液的 $\Lambda_m = 4.116 \times 10^{-2}\ S \cdot m^2 \cdot mol^{-1}$。

在电解质溶液中通常以带 1 mol 质子的电量作为摩尔电荷的基本单元。由于 1 mol 质子所带的电量为 1F,因此 1 mol 物质的任何电解质均带有相同的电量,因而摩尔电导率能用来比较不同电解质的导电能力。

按照上述摩尔电荷基本单元的规定,对于每升含 9.521×10^{-2} kg 的 $MgCl_2$ 水溶液,在讨论摩尔电导率时,应将其当成 2 $mol \cdot L^{-1}$ 的 $\frac{1}{2}MgCl_2$(阳、阴离子所带电量分别为 1 F)看待。

若在 298 K 下测得该水溶液的电导率 κ 为 25.8 $S\cdot m^{-1}$，则 $MgCl_2$ 的摩尔电导率为

$$\Lambda_m\left(\frac{1}{2}MgCl_2\right)=\kappa\times10^{-3}/c=2.58\ S\cdot m^{-1}\times10^{-3}/(2\ mol\cdot m^{-3})=0.0129\ S\cdot m^2\cdot mol^{-1}$$

若基本单元为电解质分子，则 $MgCl_2$ 的摩尔电导率应写成

$$\Lambda_m(MgCl_2)=2\Lambda_m\left(\frac{1}{2}MgCl_2\right)=0.0258\ S\cdot m^2\cdot mol^{-1}$$

后一种情形一般不采用。

8.3.3 摩尔电导率与浓度的关系

将 κ 的实验数据代入式(8-10)计算 Λ_m，以 Λ_m 对$\sqrt{c}$作图得图 8-3。由图 8-3 可见，强电解质的 Λ_m 一般较大，随着溶液的稀释，Λ_m 有所增加。而弱电解质溶液在很稀时 Λ_m 仍然很小，仅在溶液接近无限稀时，才急剧增加。

电解质溶液的导电能力首先取决于离子在电场作用下的移动速率，速率大的导电能力也较大；其次取决于离子的数目和价数，在移动速率相同的情况下，二价离子的导电能力应比一价离子大一倍。

强电解质溶液无论浓度大小，全部以离子的形式存在于溶液中，因此强电解质的摩尔电导率意味着不同的溶液具有总数相同的电荷数，因而无需考虑离子的数目和价数对导电能力的影响。换言之，强电解质溶液的摩尔电导率只受控于溶液中各种离子的移动速率。对于同一电解质，Λ_m 随浓度的增加而减小的现象，可以认为是由于浓度增加时离子间的距离缩小，离子间静电作用加强导致移动速率减缓。浓度很稀时 Λ_m 与$\sqrt{c}$差不多成直线关系，通常在 0.001 $mol\cdot L^{-1}$以下有

$$\Lambda_m=\Lambda_\infty-A\sqrt{c} \tag{8-12}$$

式中，A 为与浓度无关的常数；Λ_∞ 为溶液在无限稀时的摩尔电导率，称为极限摩尔电导率。把 Λ_m 对$\sqrt{c}$作图所得直线部分外推，即可求得 Λ_∞。

弱电解质在溶液中的电离度很小，离子数量也很少，主要是以分子形态存在。因而离子间的静电作用可忽略不计，可以认为离子移动速率与浓度无关。所以弱电解质溶液的 Λ_m 随浓度的变化，只与溶液中离子的数目及电荷有关，也就是说，只与电解质的电离度有关。图 8-3 中乙酸的曲线，正表现出这种电离度随浓度增加而迅速降低的现象。这也说明了不可能用外推法获得弱电解质的 Λ_∞。

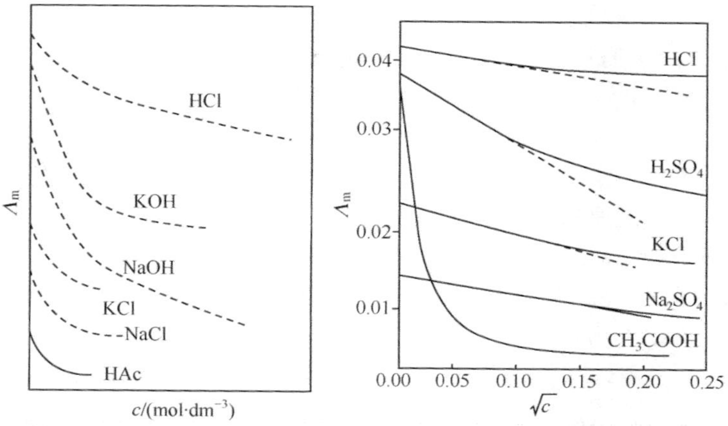

图 8-3 291 K 时摩尔电导率与浓度的关系

8.3.4 离子的摩尔电导率

强电解质在溶液中可认为完全电离，一般可表示为

$$M_{\nu_+}A_{\nu_-} \longrightarrow \nu_+ M^{z+} + \nu_- A^{z-}$$

类似于电解质的摩尔电导率 Λ_m，溶液中离子的摩尔电导率可定义为

$$\lambda_{m,+} = \kappa_+ / c_+ , \lambda_{m,-} = \kappa_- / c_- \tag{8-13}$$

由于电解质溶液的电导率是阳、阴离子的电导率之和，$\kappa = \kappa_+ + \kappa_-$。因此，电解质溶液的摩尔电导率：

$$\Lambda_m = \frac{\kappa}{c} = \frac{1}{c}(\kappa_+ + \kappa_-) = \frac{1}{c}(c_+\lambda_{m,+} + c_-\lambda_{m,-})$$

而

$$c_+ = \nu_+ c , c_- = \nu_- c$$

所以

$$\Lambda_m = \nu_+\lambda_{m,+} + \nu_-\lambda_{m,-} \tag{8-14}$$

例如 Na_2SO_4 水溶液的电离反应：

$$Na_2SO_4 \longrightarrow 2Na^+ + SO_4^{2-}$$

$$\Lambda_m(Na_2SO_4) = 2\lambda_m(Na^+) + \lambda_m(SO_4^{2-})$$

若基本单元不是电解质分子，而是取 $M_{\nu_+}A_{\nu_-}/\nu_+ z_+$ 或 $M_{\nu_+}A_{\nu_-}/\nu_- z_-$ 为基本单元，相应阳离子的基本单元为 M^{z+}/z_+，阴离子的基本单元为 $A^{z-}/|z_-|$，电离反应应写成

$$\left(\frac{1}{z_+\nu_+}M_{\nu_+}A_{\nu_-}\right) \longrightarrow \left(\frac{1}{z_+}M^{z+}\right) + \left(\frac{1}{|z_-|}A^{z-}\right)$$

式中，各基本单元的化学计量系数均为 1，因此式(8-14)变成

$$\Lambda_m\left(\frac{1}{z_+\nu_+}M_{\nu_+}A_{\nu_-}\right) \longrightarrow \lambda_m\left(\frac{1}{z_+}M^{z+}\right) + \lambda_m\left(\frac{1}{|z_-|}A^{z-}\right) \tag{8-15}$$

此时 Na_2SO_4 水溶液的电离反应写成

$$\frac{1}{2}Na_2SO_4 \longrightarrow Na^+ + \frac{1}{2}SO_4^{2-}$$

所以

$$\Lambda_m\left(\frac{1}{2}Na_2SO_4\right) = \lambda_m(Na^+) + \lambda_m\left(\frac{1}{2}SO_4^{2-}\right)$$

8.3.5 离子独立移动定律

图 8-3 的结果表明，溶液在无限稀条件下电解质溶液的摩尔电导率 Λ_∞ 比任何其他浓度下的摩尔电导率都大，说明无限稀时离子移动速率最快。在无限稀时离子间的相互作用可忽略不计，离子的移动完全不受其他离子的影响，因此每一种离子对电解质溶液的电导都有独立的贡献。柯尔劳施(Kohlrausch)在分析比较大量具有一种相同离子的电解质溶液的极限摩尔电导率的基础上，发现电解质的极限摩尔电导率等于阳离子和阴离子的极限摩尔电导率之和

$$\Lambda_\infty = \lambda_{\infty,+} + \lambda_{\infty,-} \tag{8-16}$$

这一规律称为柯尔劳施离子独立移动定律。实验证明，该定律对水溶液和非水溶液都成立。

前文已指出，弱电解质的 Λ_∞ 不能用外推法求出。然而，根据离子独立移动定律，弱电解质的 Λ_∞ 就可以间接地由强电解质的 Λ_∞ 求出，也可以直接地由离子的 λ_∞ 相加求出。例如乙酸的极限摩尔电导率

$$\Lambda_\infty(CH_3COOH)=\lambda_\infty(CH_3COO^-)+\lambda_\infty(H^+)$$
$$=\lambda_\infty(CH_3COO^-)+\lambda_\infty(H^+)+\lambda_\infty(Na^+)-\lambda_\infty(Na^+)+\lambda_\infty(Cl^-)-\lambda_\infty(Cl^-)$$
$$=\Lambda_\infty(CH_3COONa)+\Lambda_\infty(HCl)-\Lambda_\infty(NaCl)$$
$$=(426.2+91.0-126.5)\times10^{-4}\ S\cdot m^2\cdot mol^{-1}=390.7\times10^{-4}\ S\cdot m^2\cdot mol^{-1}$$

利用表 8-3 的数据，直接将 CH_3COO^- 和 H^+ 的极限摩尔电导率相加，将得同一结果。

表 8-3　298 K 时一些离子的极限摩尔电导率

阳离子	$\lambda_{\infty,+}\times10^4/(S\cdot m^2\cdot mol^{-1})$	阴离子	$\lambda_{\infty,+}\times10^4/(S\cdot m^2\cdot mol^{-1})$
H^+	349.82	OH^-	198.3
K^+	73.52	Br^-	78.4
NH_4^+	73.4	I^-	76.8
Ag^+	61.92	Cl^-	76.34
Na^+	50.11	NO_3^-	71.44
Li^+	38.66	ClO_3^-	68.0
$1/2Ba^{2+}$	63.64	HCO_3^-	44.5
$1/2Ca^{2+}$	59.50	CH_3COO^-	40.9
$1/2Mg^{2+}$	53.06	$1/2SO_4^{2-}$	79.8

8.4　离子淌度和离子迁移数

8.4.1　离子淌度

溶液中的阳、阴离子在电场作用下，沿着电场力的方向，彼此向相反的方向移动，从而共同完成导电任务。而离子的迁移速率与温度、浓度、两极端电压、极距及溶剂种类等因素有关。实验表明，在其他条件一定时，溶液中离子的迁移速率 u 与电势梯度 dE/dl 成正比，即

$$u_+=U_+\frac{dE}{dl},u_-=U_-\frac{dE}{dl} \tag{8-17}$$

式中，U_+ 和 U_- 称为离子淌度，也就是电势梯度为 $1\ V\cdot m^{-1}$ 时离子的迁移速率，$m^2\cdot s^{-1}\cdot V^{-1}$。

离子淌度仍然与离子本性、溶剂种类、温度和浓度有关。表 8-4 列出了 298 K 时若干离子在无限稀水溶液中的淌度。

值得注意的是 H^+ 和 OH^- 的淌度较其他离子来说特别大，这与水分子的结构密切相关。一般认为质子 H^+ 是无核外电子的原子核，对电子有特别强的吸引作用。化合物分子中的未成键电子对同样能被质子所吸引，所以质子与水分子相遇即形成水合的 H_3O^+。在电场作用下，H^+ 从一个水分子向具有一定方向性的相邻的其他水分子传递，这种传递可在相当长距离内实现质子交换，称为质子跃迁机理。如图 8-4 所示，它们的“迁移”实际上只是 H_2O 分子的转向，所需能量要小得多，因此要比其他离子的迁移快得多。OH^- 的迁移情况相似。

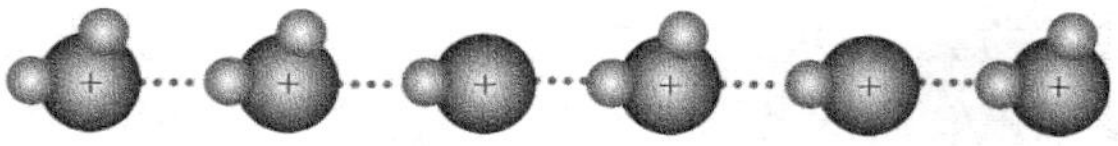

图 8-4　H^+ 的链式传递

表 8-4　298 K 下一些离子在无限稀水溶液中的淌度

阳离子	$U_{\infty,+}\times 10^8/(\mathrm{m^2\cdot s^{-1}\cdot V^{-1}})$	阴离子	$U_{\infty,+}\times 10^8/(\mathrm{m^2\cdot s^{-1}\cdot V^{-1}})$
H^+	36.20	OH^-	20.50
K^+	7.62	Cl^-	7.91
Na^+	5.20	Br^-	8.12
Li^+	3.88	I^-	7.96
Ag^+	6.42	HCO_3^-	4.61
Tl^+	7.44	$C_2H_3O_2^-$	4.24
Ca^{2+}	6.16	$C_3H_5O_2^-$	4.11
Ba^{2+}	6.59	ClO_4^-	7.05
Sr^{2+}	6.14	SO_4^{2-}	8.27
Mg^{2+}	5.50	$Fe(CN)_6^{3-}$	10.40
La^{3+}	7.21	$Fe(CN)_6^{2-}$	11.40
		NO_3^-	7.40

8.4.2　离子淌度与摩尔电导率的关系

电解质在无限稀释时完全电离

$$\mathrm{M}_{\nu_+}\mathrm{A}_{\nu_-}\longrightarrow \nu_+\mathrm{M}^{z^+}+\nu_-\mathrm{A}^{z^-}$$

在这里，z_+ 和 z_- 分别是阳离子和阴离子电荷数，显然 $\nu_+z_+=\nu_-|z_-|$。若取 $\mathrm{M}_{\nu_+}\mathrm{A}_{\nu_-}/(\nu_+\nu_+)$ 作为电解质的基本单元，分别取 M^{z+}/z_+ 和 $\mathrm{A}^{z-}/|z_-|$ 作为阳、阴离子的基本单元，则1 mol电解质完全电离成 1 mol 阳离子和 1 mol 阴离子，1 mol 的离子具有的电量(绝对值)等于 F。

如图 8-5 所示，设在面积为 A_s、距离为 l 的平行电极板之间装入浓度为 c 的 Ⅰ-Ⅰ 价型电解质溶液。假定溶液非常稀，电解质完全电离，则阳离子和阴离子的浓度都等于 c。当两电极间施加 ΔE 电压时，电势梯度为 $\Delta E/l$。所以阳离子的迁移速率为 $U_+(\Delta E/l)$。在 t 时间内通过平行于电极的某截面向阴极方向迁移的阳离子量，等于面积为 A_s、长度为 $U_+(\Delta E/l)t$ 的长方体中所含阳离子量，其值为 $AU_+(\Delta E/l)\cdot t\cdot c$。同样，在此时间内通过该截面向阳极方向迁移的阴离子量是 $AU_-(\Delta E/l)\cdot t\cdot c$，两者之和乘上 1 mol 离子具有的电量 F，就是在时间 t 内通过的总电量。因为电流强度 $I=Q/t$，所以

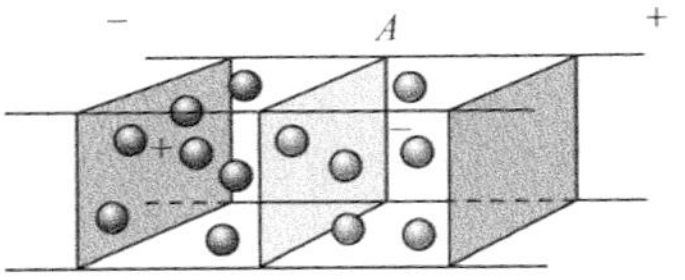

图 8-5　摩尔电导率与离子淌度的关系

$$I=F(U_++U_-)c(A_s/l)\Delta E$$

设溶液的电导率为 κ，由欧姆定律得

$$I=\Delta E/R=\kappa(A_s/l)\Delta E$$

故 $$\kappa=F(U_++U_-)c$$

因为 $\Lambda_m=\kappa/c$，所以 $$\Lambda_m=F(U_++U_-)\qquad(8\text{-}18)$$

在无限稀释时，式(8-18)应为

$$\Lambda_m=F(U_{\infty,+}+U_{\infty,-})\qquad(8\text{-}19)$$

与式(8-16)比较得 $$\lambda_{\infty,+}=FU_{\infty,+}\lambda_{\infty,-}=FU_{\infty,-}\qquad(8\text{-}20)$$

由此可见，离子的摩尔电导率可由其淌度值算得。

8.4.3 离子迁移数

当电流通过电解质溶液时，溶液中的阳、阴离子共同执行导电任务。由于各种离子的淌度不同，因此它们传递的电量也不等。某种离子 B 在电流通过时所传递的电量 Q_B 与通过溶液的总电量($\sum Q_i$) 之比，称为 B 的迁移数 t_B，即

$$t_B = \frac{Q_B}{\sum Q_i} \tag{8-21}$$

因此，溶液中所有各种阳、阴离子的迁移数之和为 $\sum t_B = 1$。由于离子传递的电量与离子的迁移速率成正比，$Q_B = ku_B$，则在同样条件下，当溶液中仅含阳、阴离子各一种时，由式(8-21)得

$$t_+ = \frac{u_+}{u_+ + u_-} = \frac{U_+}{U_+ + U_-}, t_- = \frac{u_+}{u_+ + u_-} = \frac{U_+}{U_+ + U_-} \tag{8-22}$$

而且

$$t_+ + t_- = 1$$

$$\frac{t_+}{t_-} = \frac{U_+}{U_-} \tag{8-23}$$

某种离子迁移数的大小，随与其共存的其他离子的不同而不同。虽然稀溶液中离子的迁移速率随着施加于两极的电压增加而增加，但并不影响离子的迁移数，因为各种离子迁移速率所受的影响是等同的。然而，溶液浓度和温度对不同离子的迁移速率的影响却不是等同的。在较浓的溶液中，离子间相互引力较大，阳、阴离子的迁移速率均减慢。若阳、阴离子的价数相同，则所受影响也大致相同，迁移数的变化不大；若价数不同，则价数大的离子的迁移数减小比较明显。

温度对离子迁移数的影响，主要是改变离子的水合程度。当温度升高，阳、阴离子的迁移速率均加快，两者的迁移数趋于相等。

在溶液无限稀释时，将式(8-19)和式(8-20)代入式(8-22)可得

$$t_{\infty,+} = \lambda_{\infty,+}/\Lambda_\infty, t_{\infty,-} = \lambda_{\infty,-}/\Lambda_\infty$$

故

$$\lambda_{\infty,+} = \Lambda_\infty t_{\infty,+}, \lambda_{\infty,-} = \Lambda_\infty t_{\infty,-} \tag{8-24}$$

可见由电解质溶液摩尔电导率和离子迁移数的测定，可以求得离子的摩尔电导率及淌度。

8.4.4 离子迁移数的测定

离子迁移数的测定方法主要有三种：希托夫(Hittorf)法、界面移动法和电动势法。其中希托夫法简单，界面移动法较精确，电动势法适用于较宽的浓度和温度范围。下面介绍希托夫法和界面移动法。

1. 希托夫法

设想一个电解池，内装 18 mol Ⅰ-Ⅰ价型电解质 MA 溶液(同时发生电极反应)，溶液被虚拟界面分成三部分，每部分均含 6 mol MA。若阳离子的迁移速率是阴离子的 3 倍，即 $U_+ = 3U_-$，当有 4F 电量通过溶液时，在阳极必有 4 mol A^- 被氧化，在阴极必有 4 mol M^+ 被还原。与此同时，溶液中阳、阴离子各向两极迁移。若不考虑扩散和对流的影响，在两个虚拟界面处，必有 3 mol M^+ 移向阴极，1 mol A^- 移向阳极，结果中部溶液离子量不变，而阳极区和阴极区内 的离子量均有所改变，如图 8-6 所示。放电后阳极区净减少的阳离子量 Δn_+ 等于移向阴极的阳

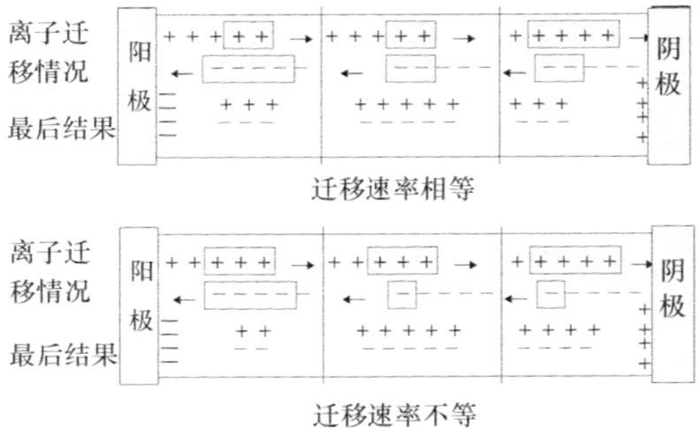

对于Ⅰ-Ⅰ型电解质，惰性电极，$Q=4\,\mathrm{F}$，离子迁移现象

图 8-6　通电前后两极区离子量变化示意图

离子量；阴极区净减少的阴离子量 Δn_- 等于移向阳极的阴离子量。两者之比恰为迁移速率之比，即

$$\frac{\Delta n_+}{\Delta n_-}=\frac{u_+}{u_-}=\frac{U_+}{U_-}$$

因此

$$t_+=\frac{\Delta n_+}{\Delta n_+ + \Delta n_-},\ t_-=\frac{\Delta n_-}{\Delta n_+ + \Delta n_-}$$

依上述原理，将实验装置设计成阴极管、中间管、阳极管三部分，各部分相对独立，但用活塞相连。通电结束后，关闭活塞，再由实验测出阳极区和阴极区离子量的变化，代入上式即得离子迁移数。表 8-5 给出了用希托夫法测得的不同浓度溶液中阳离子的迁移数。

表 8-5　298 K 时不同浓度的水溶液中阳离子的迁移数

盐	浓度/($\mathrm{mol\cdot L^{-1}}$)					
	0(外推)	0.01	0.02	0.05	0.1	0.2
HCl	0.8209	0.8251	0.8266	0.8292	0.8314	0.8337
LiCl	0.3364	0.3289	0.3261	0.3211	0.3166	0.3112
NaCl	0.3963	0.3918	0.3902	0.3876	0.3854	0.3621
KCl	0.4906	0.4902	0.4901	0.4899	0.4898	0.4894
KBr	0.4849	0.4833	0.4832	0.4831	0.4833	0.4887
KI	0.4892	0.4884	0.4883	0.4882	0.4883	0.4887
KNO_3	0.5072	0.5084	0.5087	0.5093	0.5103	0.5120
$1/2K_2SO_4$	0.4790	0.4829	0.4848	0.4870	0.4890	0.4910
$1/2CaCl_2$	0.4360	0.4264	0.4220	0.4140	0.4060	0.3953
$1/3LaCl_3$		0.4625		0.4482	0.4375	

【例 8-3】 在 298 K，每 1 kg 水溶液中含有 KCl 1.4941×10^{-3} kg，用两个 Ag-AgCl 电极进行电解，通电 23 h 后，与电解池串联的铜库仑计有 4.728×10^{-5} kg Cu 沉积出来。停电后，取阴极区溶液称质量为 0.120 99 kg，测得其中 KCl 浓度为每 1 kg 溶液含 KCl 1.9404×10^{-3} kg，求 K^+ 和 Cl^- 迁移数。

解　Cu 库仑计中：

$$1/2Cu^{2+}+e^-\longrightarrow 1/2Cu$$

$$\nu_e=1,M_{Cu/2}=(63.55\times10^{-3}/2)\ \mathrm{kg\cdot mol^{-1}}$$

$$\Delta n_{Cu}=\frac{W}{M_{Cu/2}}=\frac{4.728\times10^{-5}\ \mathrm{kg}}{\left(63.55\times\frac{10^{-3}}{2}\right)\ \mathrm{kg\cdot mol^{-1}}}=1.488\times10^{-3}\ \mathrm{mol}\left(\frac{Cu}{2}\right)$$

电解后阴极区　含 KCl　$(0.120\,99\times1.9404\times10^{-3})\ \mathrm{kg}=2.35\times10^{-4}\ \mathrm{kg}$

$$含\ H_2O\quad 0.120\ 99\ kg-2.35\times10^{-4}\ kg=0.120\ 76\ kg$$

电解前在同量水中含 KCl

$$0.120\ 76\ kg\times\frac{1.4941\times10^{-3}kg}{1-1.4941\times10^{-3}kg}=1.8069\times10^{-4}\ kg$$

阴极反应为

$$AgCl(s)+e^{-}\longrightarrow Ag+Cl^{-}$$

$$M_{KCl}=74.55\times10^{-3}\ kg\cdot mol^{-1}$$

电解前阴极区 KCl 的物质的量为

$$n_{前}=1.8069\times10^{-4}\ kg/(74.55\times10^{-3}\ kg\cdot mol^{-1})=2.424\times10^{-3}\ mol$$

电解后阴极区 KCl 的物质的量为

$$n_{后}=2.35\times10^{-4}\ kg/(74.55\times10^{-3}\ kg\cdot mol^{-1})=3.149\times10^{-3}\ mol$$

由于 K^+ 不参加电极反应，因此阴极区 KCl 量的增加都因 K^+ 的迁入而有

$$\Delta n_+=n_{前}-n_{后}=(3.149-2.424)\times10^{-3}\ mol=7.25\times10^{-4}\ mol$$

因此，K^+ 迁移数 $t_+=\Delta n_+/\Delta n_{Cu}=7.25\times10^{-4}\ mol/(1.488\times10^{-3}\ mol)=0.487$

Cl^- 迁移数 $t_-=1-t_+=0.513$

如果在电场作用下阳、阴离子除了发生迁移外，还参与了电极反应，在计算迁移数时还需考虑由电极反应引起的电极区阳、阴离子浓度的变化。

2. 界面移动法

界面移动法简称界移法，此法能获得较为精确的迁移数测量结果。它是直接测定溶液中离子的移动速率(或淌度)。这种方法所使用的两种电解质溶液具有一种共同的离子，它们被小心地放在一个垂直的细管内，利用溶液密度的不同，使这两种溶液之间形成一个明显的界面(通常可以借助于溶液的颜色或折射率的不同使界面清晰可见)。如图 8-7 所示，在管中先放入 $CdCl_2$ 溶液，然后再小心放入 HCl 溶液，形成 AA' 界面。在通电过程中，Cd 在阳极上溶解，$H_2(g)$ 在上面的阴极上放出，溶液中 H^+ 向上移动，AA' 界面也上移；由于 Cd^{2+} 的淌度比 H^+ 小，因此 Cd^{2+} 跟在 H^+ 之后向上移动，不会产生新的界面。根据管子的横截面积、在通电时间内界面移动的距离 x 及通过该电解池的电量，就可计算出离子的迁移数。

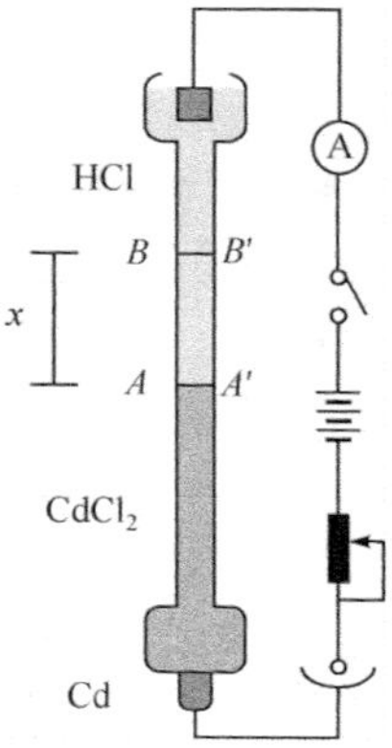

图 8-7　界面移动法测定迁移数的装置示意图

【例 8-4】 如图 8-7 所示，设玻璃管的横截面积为 $1.0\times10^{-5}\ m^2$，HCl 的浓度为 $10.0\ mol\cdot m^{-3}$，当通以 0.01 A 的电流，历时 200 s 后，界面从 AA' 移到 BB'，移动了 0.17 m，求 H^+ 的迁移数。

解　在 AA'-BB' 区间内的 H^+ 均通过 BE' 面而上移，设这个区间的体积是 V，通过 BB' 面的 H^+ 的个数为 cVL，它所迁移的电量为

$$cVLz_+e=z_+cVF$$

经历时间 t 后通入的总电量为 It，根据迁移数的定义，得

$$t_{H^+}=\frac{H^+\ 所迁移的电量}{通过的总电量}=\frac{z_+cVF}{It}$$

$$=\frac{1\times10.0\ mol\cdot m^{-3}\times(0.17\times1.0\times10^{-5}\ m^3)\times96\ 485\ C\cdot mol^{-1}}{0.01\ C\cdot s^{-1}\times200\ s}=0.82$$

8.4.5 电导测定的应用

1. 检测水的纯度

普通蒸馏水的电导率 κ 约为 $1\times10^{-3}\ S\cdot m^{-1}$，重蒸馏水(蒸馏水经 KOH 和 $KMnO_4$ 溶液

处理以除去 CO_2 及有机杂质，然后在石英器皿中重新蒸馏 1～2 次）和去离子水的 κ 值可小于 $1\times10^{-4}\ S\cdot m^{-1}$，由于水本身有微弱的离解

$$H_2O \rightleftharpoons H^+ + OH^-$$

因此虽经反复蒸馏，仍有一定的电导。理论计算纯水的 κ 应为 $5.5\times10^{-6}\ S\cdot m^{-1}$。在半导体工业上或涉及使用电导测量的研究中，常需要高纯度的水，即所谓“电导水”，要求水的 κ 值在 $1\times10^{-4}\ S\cdot m^{-1}$ 以下。所以，我们只要测定水的电导率 κ 就可知道其纯度是否符合要求。

2. 弱电解质的离解度与离解常数

弱电解质如 CH_3COOH 溶于水中，离解平衡可表示为 $HAc \rightleftharpoons H^+ + Ac^-$。若溶液中乙酸的分子浓度为 $c(mol\cdot L^{-1})$，离解度为 α，则离解平衡时，$c_{H^+}=c_{Ac^-}=\alpha c$。因此溶液的摩尔电导率为

$$\begin{aligned}\Lambda_m &= \kappa/c = [\kappa_{H^+} + \kappa_{Ac^-}]/c = [c_{H^+}\lambda_m(H^+) + c_{Ac^-}\lambda_m(Ac^-)]/c \\ &= \alpha[\lambda_m(H^+) + \lambda_m(Ac^-)]\end{aligned} \tag{8-25}$$

无限稀溶液的摩尔电导率，可按式(8-16)得出

$$\Lambda_{m,\infty} = \lambda_\infty(H^+) + \lambda_\infty(Ac^-)$$

乙酸是一种弱酸，一般浓度下解离平衡时溶液中 H^+ 和 Ac^- 的浓度都很低，可以认为$\lambda_m(H^+)=\lambda_\infty(H^+)$，$\lambda_m(Ac^-)=\lambda_\infty(Ac^-)$，代入上式并与式(8-25)比较可得弱电解质的离解度

$$\alpha = \Lambda_m/\Lambda_\infty \tag{8-26}$$

若测定浓度为 c 的乙酸溶液的 Λ_m，用 H^+ 和 Ac^- 的极限摩尔电导率求 Λ_∞，即可求得该溶液中 CH_3COOH 的离解度，进而按式(8-27)计算离解常数

$$K = \frac{c_{H^+}c_{Ac^-}}{c} = \frac{c\alpha^2}{1-\alpha} = \frac{\Lambda_m^2\cdot c}{\Lambda_\infty(\Lambda_\infty - \Lambda_m)} \tag{8-27}$$

3. 难溶盐的溶解度及溶度积

$AgCl$、$AgIO_3$、$BaSO_4$、CaC_2O_4 等盐在水中溶解度很小，其值很难用普通容量分析法准确测定，但可以通过电导的测定，根据 $\Lambda_m=\kappa/c$ 计算出难溶盐的溶解度 c。

【例 8-5】 298 K 时测得 AgCl 饱和水溶液的电导率 $\kappa=3.41\times10^{-4}\ S\cdot m^{-1}$，所用电导水的电导率为 $1.60\times10^{-4}\ S\cdot m^{-1}$，计算 AgCl 的溶度积。

解 由于 AgCl 溶解度很低，其饱和溶液可以看成是无限稀的 Ag^+ 和 Cl^- 的溶液，因此

$$\Lambda_m = \Lambda_\infty = \lambda_\infty(Ag^+) + \lambda_\infty(Cl^-) = (61.92+76.34)\times10^{-4}\ S\cdot m^2\cdot mol^{-1} = 1.3826\times10^{-2}\ S\cdot m^2\cdot mol^{-1}$$

溶液的电导率与水的电导率具有相同的数量级，因而电解质的电导率测定需要考虑溶剂水的贡献，所以

$$\kappa_{AgCl} = \kappa_{溶液} - \kappa_{H_2O} = 3.41\times10^{-4}\ S\cdot m^{-1} - 1.60\times10^{-4}\ S\cdot m^{-1} = 1.81\times10^{-4}\ S\cdot m^{-1}$$

$$c = \kappa_{AgCl}/\Lambda_m = \frac{1.81\times10^{-4}\ S\cdot m^{-1}}{1.3826\times10^{-2}\ S\cdot m^2\cdot mol^{-1}} \times \frac{1\ m^3}{10^3\ L} = 1.35\times10^{-5}\ mol\cdot L^{-1}$$

若取 $c^{\ominus}=1\ mol\cdot L^{-1}$，则

$$K_{sp} = c^2 = 1.72\times10^{-10}$$

4. 电导测定的其他应用

电导分析法是分析化学中的一种仪器分析方法，而其中的电导滴定就是根据溶液电导变化来确定终点的。当溶液浑浊或有颜色而不能用指示剂时，此法就显得更为有用。滴定过程中被滴定溶液中的一种离子和滴入试剂中的一种离子相结合，生成离解度极小的产物或沉淀，

使电导发生改变。在滴定终点附近,电导将发生突变,从而找到等摩尔点。

由于电解质溶液电导的不同,在通电时将显示出不同的电流。因此对于化学反应速率的测定,酸或盐溶液的蒸发及盐水溶液的漏损等实际过程,都可利用电流信号的大小来实现工艺过程的自动记录或自动控制。

8.5 强电解质溶液的活度及活度系数

8.5.1 电解质溶液不符合依数性

电解质溶液的依数性如蒸气压降低、凝固点下降、沸点升高、渗透压等,其实验值与理论计算值相差很大,表 8-6 列举了一些电解质溶液凝固点降低值 ΔT_f。从表 8-6 中数据可见,三种溶液 ΔT_f 的实验值都比计算值明显偏大,表明电解质溶液不符合依数性。

表 8-6 一些电解质溶液的凝固点降低值

$m/(\mathrm{mol\cdot kg^{-1}})$	ΔT_f/℃,实验值			ΔT_f/℃,计算值
	KNO_3	NaCl	$MgSO_4$	
0.01	0.035 87	0.036 06	0.0300	0.018 58
0.05	0.1718	0.1758	0.1294	0.092 90
0.10	0.3331	0.3470	0.2420	0.1858
0.50	1.414	1.692	1.108	0.9290

8.5.2 强电解质的离子平均活度

强电解质在溶液中是完全电离的,所以强电解质的热力学性质可由其离子的热力学性质来描述。然而,即使溶液比较稀,离子之间也有静电作用,致使溶液对理想溶液产生偏差。如前述电解质溶液不符合依数性,因此必须用活度代替浓度。但实际上由于电解质溶液作为总体必须是电中性的,阳、阴离子的电荷数必须相等,单独一种离子的溶液是不可能存在的,因而也就不可能由实验测出单种离子的活度。实际测出的活度体现了阳、阴离子的平均贡献。

设有 1 mol $M_{\nu_+}A_{\nu_-}$ 型强电解质溶于水中,按下式全部电离

$$M_{\nu_+}A_{\nu_-} = \nu_+ M^{z+} + \nu_- A^{z-}$$

阳、阴离子的化学势表达式为

$$\mu_+ = \mu_+^{\ominus} + RT\ln a_+$$

$$\mu_- = \mu_-^{\ominus} + RT\ln a_- \tag{8-28}$$

式中,a_+、a_- 分别为阳、阴离子的活度;$\mu_+^{\ominus}$、$\mu_-^{\ominus}$ 分别为阳、阴离子的标准化学势。而溶液中 $M_{\nu_+}A_{\nu_-}$ 的化学势为

$$\mu_B = \mu_B^{\ominus} + RT\ln a_B \tag{8-29}$$

式中,a_B 为电解质的活度。因为电解质的化学势与离子化学势存在下列关系

$$\mu_B = \nu_+\mu_+ + \nu_-\mu_- \tag{8-30}$$

将式(8-28)和式(8-29)代入式(8-30)得

$$\mu_B^{\ominus} + RT\ln a_B = \nu_+\mu_+^{\ominus} + \nu_-\mu_-^{\ominus} + RT\ln a_+^{\nu_+} a_-^{\nu_-}$$

因此有

$$\mu_B^{\ominus} = \nu_+\mu_+^{\ominus} + \nu_-\mu_-^{\ominus}$$

所以可得

$$a_B = a_+^{\nu_+} a_-^{\nu_-} \tag{8-31}$$

式(8-31)表明,电解质 B 的活度能以离子的活度乘积形式出现。由于单种离子不能独立存在

于溶液中，单种离子的活度也不能测定，因此定义离子平均活度 $a_{\pm}$ 为 a_{+} 和 a_{-} 的几何平均值

$$a_{\pm}^{\nu}=a_{+}^{\nu_{+}}a_{-}^{\nu_{-}} \tag{8-32}$$

式中，$\nu=\nu_{+}+\nu_{-}$。比较式(8-31)和式(8-32)可得

$$a_{B}=a_{\pm}^{\nu}$$

因此式(8-29)也可写成

$$\mu_{B}=\mu_{B}^{\ominus}+\nu RT\ln a_{\pm} \tag{8-33}$$

8.5.3 离子平均活度系数

溶液中离子的活度与活度系数的关系为

$$a_{+}=\gamma_{+}m_{+}/m^{\ominus}$$

$$a_{-}=\gamma_{-}m_{-}/m^{\ominus} \tag{8-34}$$

式中，γ_{+}、γ_{-}分别为阳、阴离子的活度系数；$m^{\ominus}$为溶液中离子参考态的质量摩尔浓度，通常取 $m^{\ominus}=1\ \text{mol}\cdot\text{kg}^{-1}$。因此只要注意到 m_{+} 和 m_{-}分别为阳离子和阴离子的质量摩尔浓度，应用式(9-34)时，也可以不写出 $m^{\ominus}$。于是

$$a_{\pm}^{\nu}=a_{+}^{\nu_{+}}a_{-}^{\nu_{-}}=(\gamma_{+}m_{+})^{\nu_{+}}(\gamma_{-}m_{-})^{\nu_{-}}$$

$$a_{\pm}=(\gamma_{+}^{\nu_{+}}\gamma_{-}^{\nu_{-}})^{\frac{1}{\nu}}(m_{+}^{\nu_{+}}m_{-}^{\nu_{-}})^{\frac{1}{\nu}}$$

若定义离子平均活度系数为

$$\gamma_{\pm}=(\gamma_{+}^{\nu_{+}}\gamma_{-}^{\nu_{-}})^{\frac{1}{\nu}} \tag{8-35}$$

离子平均质量摩尔浓度为

$$m_{\pm}=(m_{+}^{\nu_{+}}m_{-}^{\nu_{-}})^{\frac{1}{\nu}} \tag{8-36}$$

则

$$a_{\pm}=\gamma_{\pm}m_{\pm} \tag{8-37}$$

因为 $m_{+}=\nu_{+}m$，$m_{-}=\nu_{-}m$，所以若已知溶液的浓度、电解质的价型及离子平均活度系数 $\gamma_{\pm}$，即可由式(8-36)和式(8-37)计算离子平均活度 $a_{\pm}$。

【例 8-6】 实验测得 0.050 mol·kg^{-1} H_2SO_4 水溶液的 $\gamma_{\pm}=0.397$，0.010 mol·kg^{-1}，$K_3[Fe(CN)_6]$ 水溶液的 $\gamma_{\pm}=0.571$，计算这两种溶液的 $a_{\pm}$。

解 H_2SO_4 属Ⅰ-Ⅱ价型电解质：$\nu_{+}=2$，$\nu_{-}=1$，$\nu=3$

$$H_2SO_4 = 2H^{+}+SO_4^{2-}$$

$$m_{\pm}=(m_{+}^{2}m_{-})^{\frac{1}{3}}=m(2^{2}\times1)^{\frac{1}{3}}=0.050\ \text{mol}\cdot\text{kg}^{-1}\times4^{\frac{1}{3}}=0.0794\ \text{mol}\cdot\text{kg}^{-1}$$

$$a_{\pm}=\nu_{\pm}\cdot m_{\pm}/m^{\ominus}=0.397\times0.0794=0.0315$$

$K_3[Fe(CN)_6]$属Ⅰ-Ⅲ价型电解质：$\nu_{+}=3$，$\nu_{-}=1$，$\nu=4$

$$K_3[Fe(CN)_6] = 3K^{+}+Fe(CN)_6^{3-}$$

$$m_{\pm}=(m_{+}^{3}m_{-})^{\frac{1}{4}}=0.010\ \text{mol}\cdot\text{kg}^{-1}\times(3^{3}\times1)^{\frac{1}{4}}=0.0228\ \text{mol}\cdot\text{kg}^{-1}$$

$$a_{\pm}=\gamma_{\pm}\cdot m_{\pm}/m^{\ominus}=0.571\times0.0228=0.130$$

8.5.4 溶解度法测定溶液中电解质的离子平均活度系数

难溶盐 $M_{\nu_{+}}A_{\nu_{-}}$ 的饱和溶液中存在着下列平衡

$$M_{\nu_{+}}A_{\nu_{-}}(s) \rightleftharpoons \nu_{+}M^{z+}+\nu_{-}A^{z-}$$

$$K_{sp}=(a_{+})^{\nu_{+}}(a_{-})^{\nu_{-}}=a_{\pm}^{\nu}=\gamma_{\pm}^{\nu}m_{\pm}^{\nu}$$

$$=\gamma_{\pm}^{\nu}\left(\frac{m_{+}}{m^{\ominus}}\right)^{\nu_{+}}\left(\frac{m_{-}}{m^{\ominus}}\right)^{\nu_{-}}$$

由于 $m^{\ominus}$取 1 mol·kg^{-1}，因此

$$\gamma_{\pm}=\left(\frac{K_{sp}}{m_{+}^{\nu_{+}}m_{-}^{\nu_{-}}}\right)^{\frac{1}{\nu}}=\frac{K_{sp}^{1/\nu}}{m_{\pm}} \tag{8-38}$$

由离子平均浓度 $m_{\pm}$ 和难溶盐溶度积 K_{sp}，即可求得 $M_{\nu_+}A_{\nu_-}$ 溶液的 $\gamma_{\pm}$。

【例 8-7】 298 K 时，TlCl (s)在水中的溶解度由于外加电解质 HCl 的量不同而发生变化，结果如下：

$m_{HCl}/(mol\cdot kg^{-1})$	0.000	0.025	0.050	0.100	0.200
$m_{TlCl}/(mol\cdot kg^{-1})$	0.016 07	0.008 66	0.005 83	0.003 83	0.001 53

求 TlCl 的 $\gamma_{\pm}$。

解 若将 m_{TlCl} 和 m_{HCl} 分别记为 m_1 和 m_2，则对电解质 TlCl 有

$$\nu_{+}=\nu_{-}=1, m_{+}=m_1, m_{-}=m_1+m_2$$

$$m_{\pm}=(m_{+}m_{-})^{\frac{1}{2}}=\sqrt{m_1(m_1+m_2)}$$

当溶液很稀时，即当 $m_1+m_2\to 0$ 时，$\gamma_{\pm}\to 1$，这时

$$K_{sp}=m_{\pm}^2\gamma_{\pm}^2=m_{\pm,(m_1+m_2)\to 0}^2$$

根据上式，通过 $m_{\pm,(m_1+m_2)\to 0}$ 求出 K_{sp} 后，即可求得不同平均浓度 $m_{\pm}$ 下的 $\gamma_{\pm}$ 值。为此，需求不同总浓度 m_1+m_2 下相应的 $m_{\pm}$ 值(见下表)。若以 $m_{\pm}$ 对(m_1+m_2)作图，然后将图中曲线外推至 $m_1+m_2=0$ 处，可得 $m_{\pm,(m_1+m_2)\to 0}=0.014\ 22\ mol\cdot kg^{-1}$，因而 $K_{sp}=m_{\pm,(m_1+m_2)\to 0}^2=2.02\times 10^{-4}$。而 K_{sp} 是平衡系数，与浓度无关，所以不同浓度下的 $\gamma_{\pm}=\sqrt{K_{sp}}/m_{\pm}$，结果见下表：

m_1+m_2	0.016 07	0.033 66	0.055 83	0.103 83	0.202 53
$m_{\pm}$	1.606×10^{-2}	1.707×10^{-2}	1.804×10^{-2}	1.994×10^{-2}	2.259×10^{-2}
$\gamma_{\pm}$	0.885	0.833	0.788	0.713	0.629

表 8-7 中，列举了 298 K 时某些Ⅰ-Ⅰ价型电解质溶液中 TlCl 饱和时的 $\gamma_{\pm}$。

表 8-7　298 K 时某些电解质溶液中 TlCl 饱和时的 $\gamma_{\pm}$

$(m_1+m_2)/(mol\cdot kg^{-1})$	外加电解质			
	KNO_3	KCl	HCl	$TlNO_3$
0.001	0.970	0.970	0.970	0.970
0.005	0.950	0.950	0.950	0.950
0.01	0.909	0.909	0.909	0.909
0.02	0.872	0.871	0.871	0.869
0.05	0.809	0.797	0.798	0.784
0.10	0.742	0.715	0.718	0.686
0.20	0.676	0.613	0.630	0.546

测定强电解质活度系数的方法，除溶解度法外，通常还有蒸气压法、凝固点降低法、电动势法。表 8-8 列出了实验测得的某些强电解质在不同浓度下的离子平均活度系数 $\gamma_{\pm}$ 值。

表 8-8　298K 时某些强电解质的离子平均活度系数 $\gamma_{\pm}$

$m/(mol\cdot kg^{-1})$	0.001	0.005	0.01	0.05	0.1	0.5	1.0
HCl	0.9656	0.9285	0.9048	0.8404	0.7946	0.7571	0.8090
NaCl	0.965	0.927	0.902	0.819	0.778	0.682	0.658
KCl	0.965	0.927	0.902	0.816	0.769	0.651	0.606

续表

$m/(mol\cdot kg^{-1})$	0.001	0.005	0.01	0.05	0.1	0.5	1.0
NaOH	—	—	—	0.818	0.766	0.693	0.679
KOH	—	—	—	0.824	0.798	0.728	0.756
HBr	0.966	0.930	0.906	0.838	0.805	0.790	0.871
H_2SO_4	0.830	0.639	0.544	0.340	0.265	0.154	0.130
$CuSO_4$	0.74	0.53	0.41	0.20	0.16	0.0620	0.0423
$ZnSO_4$	0.700	0.477	0.387	0.202	0.150	0.063	0.044
$CdSO_4$	0.697	0.476	0.383	0.199	0.150	0.0615	0.0415
$FeCl_3$	0.80	0.65	0.59	0.47	0.41	0.35	0.42
$LaCl_3$	0.790	0.636	0.560	0.388	0.383	0.323	0.424
$La(NO_3)_3$	0.792	0.620	0.551	0.380	0.317	—	—

8.5.5 离子强度

在表 8-7 中，m_1 为 TlCl 的浓度，m_2 为其他电解质的浓度。可以看出，当$(m_1+m_2)<0.02\ mol\cdot kg^{-1}$时，TlCl 在各种电解质溶液中饱和时的平均活度系数只与溶液总浓度(m_1+m_2)有关，在同一总浓度下，$\gamma_\pm$值与电解质的种类无关。1921 年，路易斯等在研究了大量不同离子价型电解质对活度系数的影响之后，总结出一个经验规律：在稀溶液中，电解质平均活度系数$\gamma_\pm$与溶液中总的离子浓度和离子电荷有关，而与离子的种类无关。因而把离子电荷与离子总浓度联系在一起，提出了离子强度(I)的概念，即

$$I=\frac{1}{2}(m_1z_1^2+m_2z_2^2+\cdots)=\frac{1}{2}\sum m_iz_i^2 \tag{8-39}$$

式中，z_i 为离子 i 的价数；m_i 为离子 i 的质量摩尔浓度，因此 I 与 m 的量纲相同。同时归纳出电解质活度系数与离子强度的关系为

$$\lg\gamma_\pm=-A'\sqrt{I} \tag{8-40}$$

式中，A'为与温度、离子价型有关而与浓度无关的常数。这个经验公式表明：在离子强度相同的溶液中，离子价型相同的电解质的平均活度系数相等。在 $I<0.01\ mol\cdot kg^{-1}$ 的稀溶液范围内，可以用式(8-40)准确计算平均活度系数，而无需进行实验测定。但随浓度升高，计算值与实测值的偏差增大，式(8-40)就不再适用。

【例 8-8】 计算只有一种电解质，浓度为 m 的水溶液的离子强度。设电解质为Ⅰ-Ⅰ价型、Ⅰ-Ⅱ价型和Ⅱ-Ⅱ价型。

解 Ⅰ-Ⅰ价型电解质(如 NaCl)：$I=\frac{1}{2}(m_+\times1^2+m_-\times1^2)=m$

Ⅰ-Ⅱ价型电解质(如 Ag_2CrO_4)：$I=\frac{1}{2}(m_+\times1^2+m_-\times2^2)=3m$

Ⅱ-Ⅱ价型电解质(如 $CuSO_4$)：$I=\frac{1}{2}(m_+\times2^2+m_-\times2^2)=4m$

【例 8-9】 计算电解质溶液含 $0.01\ mol\cdot kg^{-1}$ $NaNO_3$ 和 $0.001\ mol\cdot kg^{-1}$ $Mg(NO_3)_2$ 时的离子强度。

解

$$\begin{aligned}I&=\frac{1}{2}[m_{Na^+}\times1^2+m_{Mg^{2+}}\times2^2+m_{NO_3^-}\times1^2]\\&=\frac{1}{2}(0.01\times1^2+0.001\times2^2+0.012\times1^2)\ mol\cdot kg^{-1}=0.013\ mol\cdot kg^{-1}\end{aligned}$$

8.6 电解质溶液理论简介

关于电解质溶液理论的研究，1887 年阿伦尼乌斯提出了电解质部分电离的学说，成功地解释了电解质溶液反常的依数性和电离度与浓度的关系。但是后来发现电解质部分电离学说只适用于弱电解质溶液而不适用于强电解质溶液。实验表明：对于强电解质溶液按稀释定律计算的电离常数 K，不成为常数；用依数性法和电导法测出的电离度 α 不一致；电解质部分电离学说也不能解释强电解质溶液的摩尔电导率 Λ_m 与$\sqrt{c}$的经验关系式(8-12)。

X 射线结构分析证明，许多盐类在固态时已呈离子晶格存在，因此当它分散在溶剂中时，一般来说应当是完全离子化的。因而强电解质在溶液中全部电离，阳、阴离子间的静电吸引力不容忽视。同时，盐类溶解时还应考虑溶剂对离子的作用。部分电离学说不适用于强电解质溶液，就是由于忽略了这些因素。

8.6.1 德拜-休克尔离子互吸理论

1923 年，德拜和休克尔认为 0.001 mol·L^{-1}NaCl 溶液尽管较稀，但 NaCl 在水中完全电离，溶液中仍有足够多的 Na^+ 和 Cl^-，可见强电解质溶液对理想溶液的行为偏差是由阳、阴离子之间的静电引力所引起的。依此，他们提出了离子互吸理论。该理论在推导过程做了一些假设和近似处理，只适用于非缔合式电解质，即适用于离子在溶液中全部以自由离子形态存在的稀溶液。但是它所提出的基本论点和严谨的理论处理方法，在理论上有着重要意义。下列五点是离子互吸理论的基本假设。

(1) 任何浓度下，电解质在溶液中都是完全电离的，即形成非缔合式电解质溶液。

(2) 离子被看成是带电的球体，而且电荷不发生极化，离子电场具有球形对称性。

(3) 离子间的相互作用只取决于库仑力，其他分子间作用力均忽略不计。

(4) 离子间相互作用引起的吸引能远小于它的热运动动能，即此理论只能适用于稀溶液。

(5) 电解质的溶液对溶剂介电常数没有影响，即可以用纯溶剂的相对介电常数代替溶液的相对介电常数。

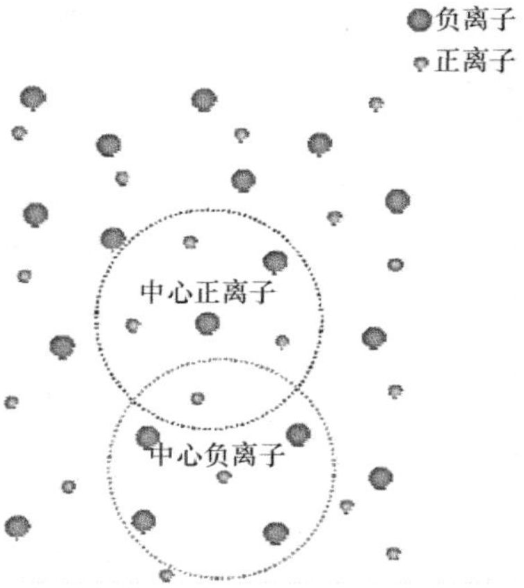

图 8-8　离子氛示意图

按照上述假设，从微观结构看，溶液中的所有离子都处于不停的热运动之中。在热运动作用下，离子趋向于均匀分布，而阳、阴离子间的异性相吸、同性相斥的静电作用，则使它们按一定的规则排列。若在体系中选择任意一个阳离子为参考离子(称为中心离子)，静电作用使阴离子靠近中心离子，其他阳离子将远离中心离子，而离子的热运动又促使离子在溶液中均匀分布。只有溶液很稀时，离子间的距离很远，静电力才小于热运动作用力。由于中心离子对阳离子的排斥和对阴离子的吸引，平均统计地看，距中心离子越近，阳离子出现的概率越小，阴离子出现的概率越大，中心离子周围总的效果好像是被一层符号相反、大小相等的电荷包围着。这层电荷所构成的球壳称为离子氛或离子云，如图 8-8 所示。

在理解离子氛时，应注意以下两点。

(1) 在溶液中，任何离子都是等同的。它既是一个为离子氛所包围的中心离子，又是其他中心离子之离子氛的组成部分，同时为许多离子氛所共有。

(2) 溶液中所有离子都在不停地运动着，中心离子没有固定的位置，离子氛也没有固定的组成，离子氛中的离子不间断地与其他离子氛中的离子进行着交换。

离子互吸理论的基本关系就是从量的方面表示中心离子与离子氛的相互作用。研究清楚了离子氛与中心离子的相互作用，就等于研究清楚了溶液中离子间的相互作用。

电荷间的作用常用能量来表示，这就需要求出由于离子氛形成而引起的中心离子电能的变化，也就是在离子氛电场中使中心离子从零电荷充电到 $z_i e$ 电荷的过程所需做的电功。应用静电学和统计力学原理，基于以上五点基本假设，可以导出离子氛在中心离子处所引起的电势 φ_δ 为

$$\varphi_\delta = -\frac{z_i e}{4\pi\varepsilon_0\varepsilon_r}\left(\frac{1}{\frac{1}{\kappa}+\delta}\right) \tag{8-41}$$

式中，z_i 为离子 i 的价数；e 为质子电荷(C)；ε_0 为真空中的介电常数($8.85\times10^{-12}\,C^2\cdot N^{-1}\cdot m^{-2}$)；$\varepsilon_r$ 为溶剂(水)的相对介电常数；δ 为阳、阴离子的有效半径之和。在一定条件下，κ 为一常数。φ_δ 相当于一个半径为$(1/\kappa+\delta)$的极薄空心球壳的电势，球壳所带的电荷为 $-z_i e$，离子氛的全部电荷 $-z_i e$ 全部均匀地分布在薄壳的表面上。如果半径从 $r=\delta$ 算起，离子氛总是存在于 $r=\delta$ 的圆球之外，所以可将 $1/\kappa$ 称为离子氛的有效厚度或离子氛半径，其值为

$$\frac{1}{\kappa} = \left(\frac{\varepsilon_0\varepsilon_r k_B T}{1000e^2 L}\frac{1}{\sum c_i z_i^2}\right)^{\frac{1}{2}} \tag{8-42}$$

式中，L 为阿伏伽德罗常量；k_B 为玻耳兹曼常量；T 为热力学温度；c_i 为离子的物质的量浓度($mol\cdot L^{-1}$)。

由于离子氛的存在会使中心离子的电能下降，离子氛对一个离子 i 引起的电能变化为 $\frac{1}{2}z_i e\varphi_\delta$。对于 1 mol 离子 i，离子相互作用能也可用化学势变化 $\Delta\mu_i$ 来表示，即

$$\Delta\mu_i = \frac{1}{2}z_i e\varphi_\delta L = -\frac{1}{2}\frac{(z_i e)^2 L}{4\pi\varepsilon_0\varepsilon_r}\left(\frac{1}{\frac{1}{\kappa}+\delta}\right) \tag{8-43}$$

当溶液很稀，$1/\kappa$ 值较大时，δ 可忽略不计，则

$$\Delta\mu_i = -\frac{1}{2}\times\frac{(z_i e)^2 L}{4\pi\varepsilon_0\varepsilon_r}\kappa \tag{8-44}$$

8.6.2 德拜-休克尔极限公式

实际溶液对理想溶液的偏差是来自粒子间相互作用，从而引起体系吉布斯自由能的变化，通常用 $\Delta\mu_i$ 表示，即

$$\Delta\mu_i = \mu_i(\text{实际}) - \mu_i(\text{理想}) = RT\ln\gamma_i \tag{8-45}$$

比较式(8-44)和式(8-45)两式得

$$\ln\gamma_i = -\frac{(z_i e)^2 L\kappa}{8\pi\varepsilon_0\varepsilon_r RT} = \frac{(z_i e)^2 L}{8\pi\varepsilon_0\varepsilon_r RT}\left(\frac{1000e^2 L}{\varepsilon_0\varepsilon_r k_B T}\sum c_i z_i^2\right)^{1/2} \tag{8-46}$$

在稀溶液中 $c\approx\rho_A^* m$，ρ_A^* 是纯溶剂的密度。所以离子强度

$$I = \frac{1}{2}\sum m_i z_i^2 = \frac{1}{2\rho_A^*}\sum c_i z_i^2$$

ρ_A^* 的量纲为 kg · m^{-3}，若 c_i 的量纲采用 mol · m^{-3}时，式(8-46)中就不再存在"1000"了，于是

$$\ln\gamma_i = -az_i^2\sqrt{I} \tag{8-47}$$

其中
$$a=(2\pi L\rho_A^*)^{1/2}(e^2/4\pi\varepsilon_0\varepsilon_r k_B T)^{\frac{3}{2}}$$

系数 a 的量纲为 kg$^{1/2}$ · mol$^{-1/2}$，令 $A=a/2.303$，则式(8-47)变成

$$\lg\gamma_i = -Az_i^2\sqrt{I} \tag{8-48}$$

当温度及溶剂一定时 A 为常数。若溶剂为水，则在 298.15 K 时，$A=0.509$ kg$^{\frac{1}{2}}$ · mol$^{-\frac{1}{2}}$，此时即有

$$\lg\gamma_i = -0.509z_i^2\sqrt{I} \tag{8-49}$$

前已指出，单个离子的活度系数 γ_i 尚无法测定，只有离子平均活度系数才能与实验数据相比较，所以需将 γ_i 转化成 $\gamma_\pm$。按 $\gamma_\pm$ 的定义

$$\gamma_\pm^{(\nu_+ + \nu_-)} = \gamma_+^{\nu_+} \cdot \gamma_-^{\nu_-}$$

$$(\nu_+ + \nu_-)\lg\gamma_\pm = \nu_+\lg\gamma_+ + \nu_-\lg\gamma_-$$

将式(8-48)代入，并应用电中性条件 $\nu_+ z_+ = \nu_- |z_-|$，则

$$(\nu_+ + \nu_-)\lg\gamma_\pm = -(\nu_+ z_+^2 + \nu_- z_-^2)A\sqrt{I}$$

$$= -(\nu_- z_+|z_-| + \nu_+ z_+|z_-|)A\sqrt{I}$$

因此可得
$$\lg\gamma_\pm = -A|z_+ z_-|\sqrt{I} \tag{8-50}$$

对 298.15 K 的电解质水溶液，式(8-50)应为

$$\lg\gamma_\pm = -0.509|z_+ z_-|\sqrt{I} \tag{8-51}$$

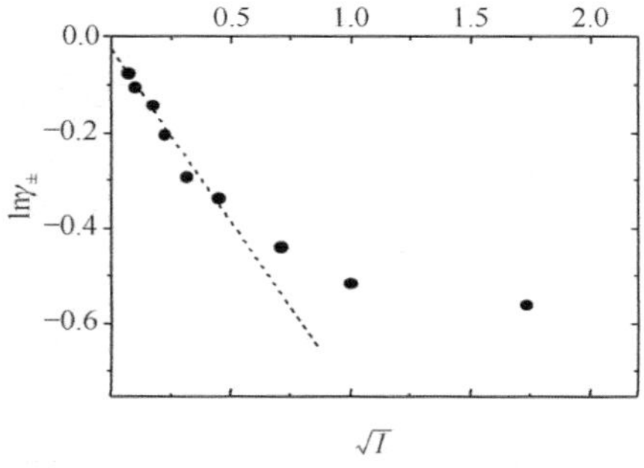

图 8-9　平均活度系数与离子强度的关系

式(8-50)和式(8-51)所表示的电解质的平均活度系数与离子强度的关系式，称为德拜-休克尔极限公式。它与经验公式(8-40)相一致，说明离子互吸理论能较好地适用于稀溶液。由极限公式可见：在离子强度相同的溶液中，价型相同的强电解质，其平均活度系数相等，而与电解质的本性无关。图 8-9 中虚线为用极限公式计算的结果，说明极限公式在 $I\leqslant 0.01$ mol · kg^{-1}时是正确的。如果 $I>0.01$ mol · kg^{-1}时，就不适用。这是由于式(8-44)忽略了 δ，即将离子看成点电荷的结果。

如果将离子当成有一定半径的粒子，需将式(8-43)代入式(8-45)，从而导出离子平均活度系数与离子强度的关系为

$$\lg\gamma_\pm = -|z_+ z_-|\frac{A\sqrt{I}}{1+\delta B\sqrt{I}} \tag{8-52}$$

式中，系数 B 也是温度和纯溶剂性质的函数。对于 $I\leqslant 0.1$ mol · kg^{-1} 的电解质溶液，用式(8-52)计算 $\gamma_\pm$ 可得到较为准确的结果。离子平均有效直径 δ，即阳、阴离子可接近的最小距离，理论上无法确定。通常是根据一种浓度时的活度系数测量值计算出 δ 值，再将 δ 值代入式(8-52)中计算其他浓度下的 $\gamma_\pm$。实验结果表明，298.15 K 时水溶液中 $\delta B\approx 1$，所以式(8-52)可近似写成

$$\lg\gamma_{\pm}=-0.509|z_+z_-|\frac{\sqrt{I}}{1+\sqrt{I}} \tag{8-53}$$

298.15 K 时，对于某些电解质水溶液，式(8-53)适用范围可达 $I=0.1\ \text{mol}\cdot\text{kg}^{-1}$。

为什么德拜-休克尔平均活度系数公式(8-52)对于 $I>0.01\ \text{mol}\cdot\text{kg}^{-1}$ 的较浓溶液不适用呢？从理论的基本假设可以看出：该理论完全忽略了离子的水化作用以及溶剂化作用对离子间相互作用的影响，也忽略了离子本身的特性；此外，还忽略了浓度对溶剂相对介电常数的影响。后来卜耶隆(Bjerrum)提出了离子缔合理论，这已超出本书的讨论范围。

【例 8-10】 试利用平均活度系数公式计算 298 K 时，浓度为 $0.0025\ \text{mol}\cdot\text{kg}^{-1}$ NaCl 水溶液的 $\gamma_{\pm}$。

解 $I=\frac{1}{2}\sum m_iz_i^2=(0.0025\times1^2+0.0025\times1^2)\ \text{mol}\cdot\text{kg}^{-1}=0.0025\ \text{mol}\cdot\text{kg}^{-1}$

用式(8-53)计算：

$$\lg\gamma_{\pm}=-0.509|z_+z_-|\frac{\sqrt{I}}{1+\sqrt{I}}=-0.509\left(\frac{\text{kg}}{\text{mol}}\right)^{\frac{1}{2}}\times\frac{(0.0025\text{mol}\cdot\text{kg}^{-1})^{\frac{1}{2}}}{1+(0.0025)^{\frac{1}{2}}}=-1.9758$$

$$\gamma_{\pm}=0.946$$

用式(8-51)计算：

$$\lg\gamma_{\pm}=-0.509|z_+z_-|\sqrt{I}=-0.509(\text{kg}\cdot\text{mol}^{-1})^{\frac{1}{2}}\times(0.0025\ \text{mol}\cdot\text{kg}^{-1})^{\frac{1}{2}}=-1.9745$$

$$\gamma_{\pm}=0.943$$

可见，用德拜-休克尔极限公式(8-51)计算虽然简便，但不如用式(8-53)精确。溶液浓度越低，两种方法计算差别越小。

复习思考题

1. 电解质溶液的导电能力与哪些因素有关？在表示电解质溶液的导电能力方面，为什么除电导率之外还要提出摩尔电导率的概念？
2. 对于无限稀的电解质溶液，为什么还提出极限摩尔电导率的概念？Λ_∞有什么意义？
3. 为什么强电解质和弱电解质溶液的极限摩尔电导率的测定方法不同？
4. 浓度为 $0.01\ \text{mol}\cdot\text{L}^{-1}$ 的 CH_3COOH 水溶液，其摩尔电导率 $\Lambda_m(\text{HAc})=\lambda_m(\text{H}^+)+\lambda_m(\text{Ac}^-)$，因此根据相同浓度下各电解质溶液的摩尔电导率，可按 $\Lambda_m(\text{HAc})=\Lambda_m(\text{HCl})+\Lambda_m(\text{NaAc})-\Lambda_m(\text{NaCl})$ 计算。这种计算是否正确？为什么？
5. 在水溶液中，带有相同电荷数的离子，如 Li^+、Na^+、K^+…其离子半径一般增大。离子半径越大，其迁移速率应越小，离子摩尔电导率 λ_∞ 也应越小。此按理应有 $\lambda_\infty(\text{Li}^+)>\lambda_\infty(\text{Na}^+)>\lambda_\infty(\text{K}^+)>\cdots$ 的顺序，但实验测得到的值却正好相反，即 $\lambda_\infty(\text{Li}^+)<\lambda_\infty(\text{Na}^+)<\lambda_\infty(\text{K}^+)$，这是什么原因？
6. 无论从离子的电导或离子淌度数据来看，H^+ 和 OH^- 在电场下的迁移速率都比其他离子的大得多，怎样解释这个事实？
7. "既然离子迁移数与离子迁移的速率成正比，则当温度和浓度一定时，所有钠盐的水溶液中 Na^+ 的迁移数相同。"这种说法对吗？
8. "因为溶液是电中性的，溶液中阳、阴离子所带的总电量相等，所以阳、阴离子的迁移数也相等，$t_+=t_-$。"这种说法对吗？
9. "在电极上发生反应的离子一定是在溶液中主要迁移电量的那种离子。"这种说法对吗？
10. 电解食盐时电解槽中阴极区溶液 $c_{\text{Na}^+}=5.75\ \text{mol}\cdot\text{L}^{-1}$，$c_{\text{H}^+}=4\times10^{-15}\ \text{mol}\cdot\text{L}^{-1}$。问溶液中迁移电量的阳离子主要是 H^+ 还是 Na^+？为什么？
11. 为什么讨论强电解质的活度时要涉及电解质的离子平均活度 $a_{\pm}$？
12. 根据盐在水溶液中的溶度积 K_{sp}，如何运用德拜-休克尔极限公式求得Ⅰ-Ⅰ价型难溶盐在水中的溶解度？

习　题

1. 用铂电极电解氯化铜 $CuCl_2$ 溶液，通过的电流为 20 A，经过 15 min 后，在阴极上能析出多少克铜？在阳极上能析出的 300.15 K、101.325 kPa 的氯气的体积是多少？

2. 一电导池中装入 0.02 $mol \cdot dm^{-3}$ 的 KCl 水溶液，298.15 K 时测得其电阻为 453 Ω。已知 298.15 K 0.02 $mol \cdot dm^{-3}$ KCl 溶液的电导率为 0.2768 $S \cdot m^{-1}$。在同一电导池中装入同样体积的浓度为 0.55 $g \cdot dm^{-3}$ 的 $CaCl_2$ 溶液，测得电阻为 1050 Ω。试计算电导池常数、该 $CaCl_2$ 溶液的电导率和摩尔电导率 $\Lambda_m(1/2CaCl_2)$。

3. 在 298 K 时，H^+ 和 HCO_3^- 的离子极限摩尔电导率 $\lambda_{H^+}=3.4982\times10^{-2}\ S \cdot m^2 \cdot mol^{-1}$，$\lambda_{HCO_3^-}=4.45\times10^{-3}\ S \cdot m^2 \cdot mol^{-1}$。在同温度下测得 0.0275 $mol \cdot dm^{-3}$ H_2CO_3 溶液的电导率 $\kappa=3.86\times10^{-3}\ S \cdot m^{-1}$，求 H_2CO_3 离解为 H^+ 和 HCO_3^- 的离解度。

4. 已知 291 K 时 NaCl、NaOH 及 NH_4Cl 的极限摩尔电导率 Λ_∞ 分别为 $1.086\times10^{-2}\ S \cdot m^2 \cdot mol^{-1}$、$2.172\times10^{-2}\ S \cdot m^2 \cdot mol^{-1}$ 及 $1.298\times10^{-2}\ S \cdot m^2 \cdot mol^{-1}$，291 K 时 0.1 $mol \cdot dm^{-3}$ $NH_3 \cdot H_2O$ 及 0.01 $mol \cdot dm^{-3}$ $NH_3 \cdot H_2O$ 的摩尔电导率 Λ_m 分别为 3.09 $S \cdot cm^2 \cdot mol^{-1}$ 和 9.62 $S \cdot cm^2 \cdot mol^{-1}$，利用上述实测数据求 0.1 $mol \cdot dm^{-3}$ $NH_3 \cdot H_2O$ 及 0.01 $mol \cdot dm^{-3}$ $NH_3 \cdot H_2O$ 的离解常数 K。

5. 在 298.15 K 测得某电导池充以 0.01 $mol \cdot dm^{-3}$ KCl 溶液的电阻为 484 Ω，用同一电导池充以不同浓度的 NaCl 水溶液，在 298.15 K 测得电阻值如下表：

浓度 $c/(mol \cdot dm^{-3})$	0.000 5	0.001 0	0.002 0	0.005 0
电阻 R/Ω	10 910	5 494	2 772	1 128.9

(1) 试计算表列不同浓度 NaCl 溶液的摩尔电导率。

(2) 以 Λ_m 对 c 作图，用外推法求 NaCl 溶液的极限摩尔电导率。

6. 298 K 时，浓度 0.100 $mol \cdot dm^{-3}$ 的 NaCl 水溶液中，Na^+ 与 Cl^- 的离子淌度分别为 $U_{Na^+}=4.26\times10^{-8}\ m^2 \cdot V^{-1} \cdot s^{-1}$ 和 $U_{Cl^-}=6.80\times10^{-8}\ m^2 \cdot V^{-1} \cdot s^{-1}$，试求该溶液的摩尔电导率和电导率。

7. LiCl 的极限摩尔电导率是 $115.03\times10^{-4}\ S \cdot m^2 \cdot mol^{-1}$，在 298 K 时 LiCl 溶液阴离子的迁移数外推到无限稀释处的值是 0.6636，试计算 Li^+ 和 Cl^- 的摩尔电导率和离子淌度。

8. 0.01 $mol \cdot dm^{-3}$ 的 $BaCl_2$ 水溶液在 298.15 K 时的电导率为 0.238 $S \cdot m^{-1}$，此溶液中 Ba^{2+} 的迁移数为 0.4375，试求出此溶液中 Ba^+ 和 Cl^- 的淌度。

9. 在迁移数测定管中，装入一定浓度的盐酸溶液，在两铂电极间电解一定时间，测得电解前阴极区含 Cl^- 0.2654 g，电解后含 0.1362 g，串联在电路中的库仑计铜片质量增 0.6464 g，计算 H^+ 和 Cl^- 的迁移数。

10. 用铜电极电解 $CuSO_4$ 溶液(每 100 g 溶液中含 10.06 g $CuSO_4$)。通电一定时间后，测得银电量计析出 0.5008 g 银，并测知阳极区溶液的质量为 54.565 g，其中含 $CuSO_4$ 5.726 g，试计算 $CuSO_4$ 溶液中离子的迁移数 $t_{Cu^{2+}}$ 和 $t_{SO_4^{2-}}$。

11. 在 298.15 K 时，将浓度为 $33.27\times10^{-3}\ mol \cdot dm^{-3}$ 的 $CdCl_3$ 溶液注入毛细管中，再小心地注入 $73\times10^{-3}\ mol \cdot dm^{-3}$ 的 LiCl 溶液，使两种溶液间保持明显的分界面，如果通过 5.594 mA 电流，3976 s 后，界面向下移动的距离相当于 1.002 cm^3 溶液在管中所占长度，试求 Cd^{3+} 和 Cl^- 的迁移数。

12. 298 K 时，$SrSO_4$ 的饱和水溶液电导率为 $1.482\times10^{-2}\ S \cdot m^{-1}$，纯水电导率为 $1.5\times10^{-4}\ S \cdot m^{-1}$。若已知该温度下离子摩尔电导率 $\lambda_m(Sr^{2+})=59.46\times10^{-4}\ S \cdot m^2 \cdot mol^{-1}$，$\lambda_m(SO_4^{2-})=79.8\times10^{-4}\ S \cdot m^2 \cdot mol^{-1}$，计算 $SrSO_4$ 此时在水中的溶解度。

13. 已知 298 K 时 AgBr 的溶度积 $K_{sp}=6.3\times10^{-13}\ mol^2 \cdot dm^{-6}$，纯水电导率为 $1.5\times10^{-4}\ S \cdot m^{-1}$，计算 298 K 时 AgBr 饱和水溶液的电导率。

14. 用德拜-休克尔极限公式计算 0.002 $mol \cdot L^{-1}$ $MgCl_2$ 水溶液在 298 K 时 Mg^{2+} 和 Cl^- 的活度系数和平均离子活度系数。

15. 某水溶液中含有 0.01 $mol \cdot dm^{-3}$ 的 $FeCl_3$ 和 0.06 $mol \cdot dm^{-3}$ 的 $HClO_4$，计算该溶液的离子强度。

16. 某水溶液中含有 0.01 $mol \cdot dm^{-3}$ 的 NaCl、0.003 $mol \cdot dm^{-3}$ 的 $NaSO_4$ 以及 0.007 $mol \cdot dm^{-3}$ 的 $MgCl_2$，

计算该溶液在 298 K 时其中各种离子的活度系数和各种盐的平均活度系数。

17. $AgBrO_3$ 在 298 K 的溶度积为 5.77×10^{-5}，试用德拜-休克尔极限公式分别计算它在纯水中和 $0.01\ mol\cdot dm^{-3}$ $KBrO_3$ 水溶液中的溶解度。(设在纯水中 $\gamma_{\pm}=1$)

18. 298 K 时 $Ba(IO_3)_2$ 在纯水中的溶解度为 $5.46\times10^{-4}\ mol\cdot dm^{-3}$，假定可以应用德拜-休克尔极限公式，试计算该盐在 $0.01\ mol\cdot dm^{-3}$ $CaCl_2$ 水溶液中的溶解度。

19. 某电导池先后充以 $0.001\ mol\cdot dm^{-3}$ HCl、$0.001\ mol\cdot dm^{-3}$ NaCl 和 $0.001\ mol\cdot dm^{-3}$ $NaNO_3$ 三种溶液，分别测得电阻为 468 Ω、1580 Ω 和 1650 Ω。已知 $NaNO_3$ 的摩尔电导率为 $1.21\times10^{-2}\ S\cdot m^2\cdot mol^{-1}$。如不考虑摩尔电导率随浓度的变化，试计算(1)$0.001\ mol\cdot dm^{-3}$ $NaNO_3$ 溶液的电导率；(2)电导池常数；(3)此电导池充以 $0.001\ mol\cdot dm^{-3}$ HNO_3 溶液时的电阻和 HNO_3 的摩尔电导率。

20. 某温度下纯水的电导率为 $4.3\times10^{-5}\ S\cdot m^{-1}$，在同温度下加入 AgCl，并达饱和后溶液的电导率为 $1.550\times10^{-4}\ S\cdot m^{-1}$。若在 $1\ V\cdot cm^{-1}$ 电场作用下，Ag^+ 和 Cl^- 在无限稀溶液中的绝对速率分别为 $5.6\times10^{-6}\ cm\cdot s^{-1}$ 和 $6.8\times10^{-6}\ cm\cdot s^{-1}$，计算该温度下 AgCl 的溶度积。

21. 298 K 时，Ag_2CrO_4 在纯水和 $0.04\ mol\cdot dm^{-3}$ $NaNO_3$ 溶液中的溶解度分别为 8.00×10^{-5} 和 $8.84\times10^{-5}\ mol\cdot dm^{-3}$，试求 Ag_2CrO_4 在 $0.04\ mol\cdot dm^{-3}$ $NaNO_3$ 溶液中的平均离子活度系数。

22. 某一元弱酸 HA 浓度为 $0.01\ mol\cdot kg^{-1}$，在 298 K 时测得摩尔电导率为 $5.201\times10^{-4}\ S\cdot m^2\cdot mol^{-1}$。而 HA 的极限摩尔电导率为 $390.7\times10^{-4}\ S\cdot m^2\cdot mol^{-1}$，试用德拜-休克尔极限公式计算该一元弱酸的离解常数 K_a。

第 9 章　电池反应热力学

将化学能转变成电能的装置习惯称为原电池，实际上可统称电池。将化学反应设计成电池，必要条件是该化学反应过程中经历了氧化还原作用，其次必须给予适当的装置，使化学反应分别通过两电极上的反应来完成。根据热力学原理，在恒温、恒压可逆条件下体系发生变化时，其吉布斯自由能减小值等于体系对外所做的最大非体积功。如果这种变化在电池中发生，则所做的最大非体积功应为最大电功。因此，用热力学的理论就可定量处理和讨论可逆条件下电池反应的有关问题。电池反应热力学的研究对设计新的化学电源具有重要的理论意义。本章重点讨论电池反应热力学的有关问题。

9.1　电池及电池电动势

9.1.1　电池的可逆充放电过程

电池必由两电极及相应的电解质构成。无论电极还是电池，都是较为特殊的复杂热力学系统，其特点是：自发的电荷分离、形成界面电位差、超薄双电层（$\sim 10^{-10}$ m）、超强电场（10^{10} V・m^{-1}）及多相。如同系统无所谓“可逆”与“不可逆”，电池本身也无所谓“可逆”与“不可逆”，因此习惯上所称“可逆电池”与“不可逆电池”是不严格的。可多次进行充、放电的实用电池为二次电池。

电池系统所进行某些变化过程才有可逆与不可逆之分。电池的充、放电过程本质上对应着电池中的总化学反应过程。以一定速率按确定方向进行的化学反应并不是热力学的可逆过程，但以无限缓慢的速率所进行的化学反应则可当作可逆过程处理。因此，电池以无限缓慢的速率（通过电池的电流 $I\rightarrow 0$）所进行的充、放电过程即可当作可逆过程处理，而电池以一定的速率（通过电池的电流不为零）所进行的充、放电过程则为不可逆过程（这将在第 10 章讨论）。

例如，常用的铅蓄电池：　$PbO_2 + Pb + 2H_2SO_4 \underset{\text{充电}}{\overset{\text{放电}}{\rightleftharpoons}} 2PbSO_4 + 2H_2O$

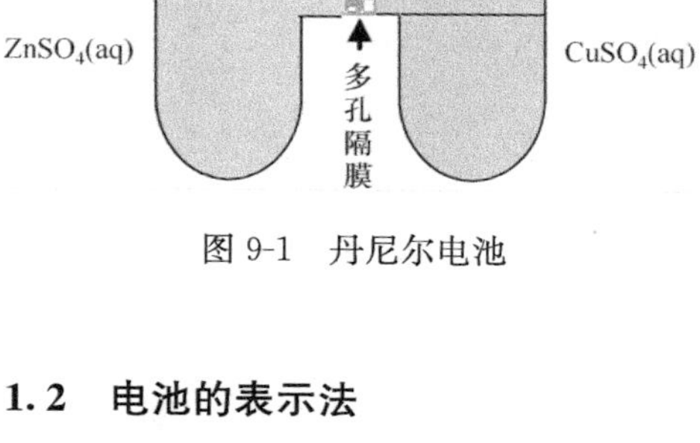

图 9-1　丹尼尔电池

若以无限缓慢的速率进行放电（原电池作用）或充电（电解池作用），则可当作可逆过程处理。但若以一定的速率进行放电或充电，都不能当作可逆过程处理。

同样，对如图 9-1 所示的丹尼尔电池，当以无限缓慢的速率进行放电时，也可当作可逆过程处理。但要注意，类似丹尼尔电池这类具有两种电解质溶液的电池在以无限缓慢的速率进行放电时，若存在两种液相的交界面，则在界面上所进行的离子扩散过程仍是不可逆的，因此要尽量避免。

9.1.2　电池的表示法

绘出如图 9-1 所示的电池装置是比较麻烦的。为书写方便和便于文献记载，常采用简单的符号，通常有以下规定。

(1) 用竖线"|"表示各相间产生电势差的界面，如图 9-1 所示，锌片与硫酸锌溶液的界面用 $Zn \mid ZnSO_4$ 或 $Zn \mid Zn^{2+}$ 表示；两种溶液的界面或同一溶液有两种不同浓度之间的界面，如 $ZnSO_4$ 与 $CuSO_4$ 之间的界面则用 $ZnSO_4 \mid CuSO_4$ 表示。

(2) 将原电池中进行氧化反应的电极（负极）写在左边，进行还原反应的电极（正极）写在右边，电解质溶液置于两极之间。

(3) 要注明温度和压强（如果不注明，则认为是 298.15 K 和 101 325 Pa），同时还要注明电极本性、组成及物态，对于气体电极要表明分压（还应加上导体），所用的电解质溶液要注明活度（或浓度）。

(4) 如果有盐桥装置，则溶液与溶液之间的界面用双竖线"‖"表示，盐桥的作用以后讨论。

根据以上惯例，图 9-1 所示的原电池装置便可简写成

$$Zn(s) \mid ZnSO_4(a_B) \parallel CuSO_4(a_A) \mid Cu(s)$$

或

$$Zn(s) \mid Zn^{2+}(a_2) \parallel Cu^{2+}(a_1) \mid Cu(s)$$

如果要由原电池表示符号写出其电池反应，应先分别写出左边电极（负极）所进行的氧化反应和右边电极（正极）所进行的还原反应，然后相加即得电池反应。

【例 9-1】 写出下列原电池的电池反应。

$$Pt, H_2(101\ 325\ Pa) \mid HCl(a=1) \mid AgCl(s), Ag(s)$$

解 左边（负极） $H_2(101\ 325\ Pa) \longrightarrow 2H^+(a_{H^+}) + 2e^-$

右边（正极） $2AgCl(s) + 2e^- \longrightarrow 2Ag(s) + 2Cl^-(a_{Cl^-})$

电池反应 $H_2(101\ 325Pa) + 2AgCl(s) = 2Ag(s) + 2HCl(a=1)$

对于例 9-1 中的电池，在写正极反应时，应注意到溶液中不可能存在 Ag^+，所以不会出现 Ag^+ 的还原反应。因此，正极反应应是电极上 AgCl 中的 Ag^+ 被还原为 Ag。

如果要根据化学反应设计原电池，设计方法是先找出化学反应被氧化的物质作为原电池的负极，被还原的物质作为原电池的正极，然后按上述惯例写出原电池符号。

【例 9-2】 将下列化学反应设计成原电池。

$$Zn(s) + CuSO_4(a_A) \longrightarrow ZnSO_4(a_B) + Cu(s)$$

解 在所给的化学反应中，Zn(s)被氧化，为原电池的负极：$Zn(s) \longrightarrow Zn^{2+}(a_2) + 2e^-$；而 Cu^{2+} 被还原，即为原电池的正极：$Cu^{2+}(a_1) + 2e^- \longrightarrow Cu(s)$。所以原电池符号如下：

$$Zn(s) \mid Zn^{2+}(a_2) \parallel Cu^{2+}(a_1) \mid Cu(s)$$

或

$$Zn(s) \mid ZnSO_4(a_B) \parallel CuSO_4(a_A) \mid Cu(s)$$

9.1.3 电池的电动势

电池的电动势是指电池在可逆放电时正、负两极间的电势差，即在没有电流（或电流趋近于零）通过的条件下正、负两极间的电势差。电池电动势的产生源于电池中各种界面间存在电势差，具体有以下几种。

1. 电极与电解质溶液界面间电势差的产生

金属可理解为该金属的正离子和自由电子的结合体。当金属片（如锌片）插入水中时，由于锌片表面上构成晶格的锌离子被极性很大的水分子吸引而发生水合作用，部分锌离子与金属锌中其他锌离子间键力减弱，从而离开金属锌的表面而进入其附近的水层中。开始时，锌离

子溶入水中(形成水合锌离子)的趋势较大;随后由于溶液中锌离子不断增加,反抗锌片上的锌离子进入水中的排斥力越来越大,即锌离子溶入水中的速率逐渐降低。与此同时,锌片上被留下的电子也逐渐增多,由于存在静电引力,已进入水中的部分锌离子在锌片上的沉积作用也逐渐增强,即部分锌离子从锌片上吸取电子还原成金属锌的趋势也越来越大。最后锌离子从锌片上溶入水中的速率与由水中沉积于锌片上的速率相等,从而建立了下列动态平衡:$Zn(s) \rightleftharpoons Zn^{2+}(a)+2e^-$。此时金属锌电极的表面上有过剩的负电荷(留下的电子),而溶液中则有相同数目的过剩正电荷(锌离子进入溶液时所带入的正电荷)。由于静电引力作用,溶液中带正电荷的锌离子被吸引到锌与溶液界面上的溶液一侧,如无其他力的作用,则两种过剩的正、负电荷将有规则地排列在固-液界面的两侧,形成所谓的简单双电层,如图 9-2 所示,这样金属与溶液之间便形成电势差(φ)。

由于离子的热运动,一部分锌离子不同程度地远离金属表面的溶液层。与锌片表面紧密靠近的锌离子层称为紧密层,其厚度约为 10^{-10} m。扩散到紧密层外侧附近溶液中的一部分锌离子层称为扩散层(相对于图 9-3 中 AB 与 EF 之间的溶液层)。扩散层的厚度与溶液的浓度、金属离子的电荷及温度有关,其变动范围为 $10^{-10} \sim 10^{-6}$ m。该双电层由锌片上的负电层与溶液中的正电层构成,而溶液中的正电层则由紧密层和扩散层两部分组成,如图 9-3 所示。EF 面以外的溶液则为本体溶液,呈电中性。如果规定溶液本体中的电势为零,则从锌面与溶液接触处起至溶液本体间的电势差 φ,应为紧密层电势差和扩散层电势差之和。

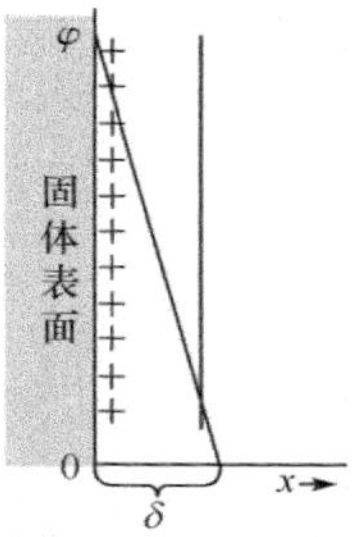

图 9-2 简单双电层示意图

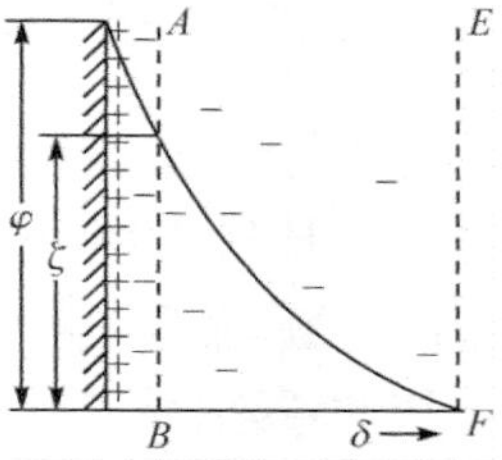

图 9-3 具有紧密层和扩散层的双电层示意图

2. 接触电势差

电池在放电时需用金属导线与两极相连,这样就会出现不同金属间的接触界面。例如,图 9-1所示电池的负极(Zn 极)与铜导线相连时,由于铜及锌两种金属的电子逸出功不同,相互逸入的电子数就不相同,因此在其接触界面上也会形成双电层结构:在电子逸出功高的金属铜相一侧出现电子过剩,带负电;而在电子逸出功低的金属锌相一侧则电子贫化而带正电。当两金属相间不再出现电子的净转移时,就建立了平衡,这种相间的电势差就是接触电势差,用 $\varphi_{接}$ 表示,它是构成整个电池电动势的一部分。

3. 液体接界电势差

两种不同电解质溶液,或者是同一种电解质而浓度不同的溶液的接界面上,存在着微小的电势差,称为液体接界电势差(又称为扩散电势),其大小通常不超过 0.03 V。液体接界电势差的形成是由离子迁移速率不同引起的,下面用两个简单例子说明液体接界电势差产生的原因。

图 9-4(a)所描述的是,在两种浓度不同的 $AgNO_3$ 溶液界面 CD 上(想象的界面),$AgNO_3$ 将从浓的一边向稀的一边扩散。由于在同一条件下 Ag^+ 的迁移速率比 NO_3^- 的迁移速率小,因此

在一定时间间隔内，通过界面 CD 的 NO_3^- 要比 Ag^+ 数多；在稀的一边将出现过剩的 NO_3^- 而带负电，在浓的一边则 Ag^+ 过剩而带正电，所以形成双电层而出现电势差。这种电势差的产生使 NO_3^- 的扩散速率减慢，而加快了 Ag^+ 的扩散速率。当两种离子以相同的扩散速率通过界面 CD 时，两相间不再出现某一种带电离子的净转移，最后达到一个稳定状态。此时两液相间形成的电势差即为液体接界电势差，以 $\varphi_{扩}$ 表示。

又如图 9-4(b)所示，浓度相同的硝酸和硝酸银溶液相接触时，由于界面 CD 的两侧都有浓度相同的 NO_3^-，因此可认为宏观上 NO_3^- 不会进行扩散，此时只有 H^+ 及 Ag^+ 相互扩散。由于 H^+ 的迁移速率比 Ag^+ 大很多，因此在一定的时间内，将在界面 CD 上形成一个左正右负的双电层。当离子的扩散达到稳定状态时，界面上也就形成稳定的液体接界电动势。如何消除或降低液体接界电动势，将在以后有关部分讨论。

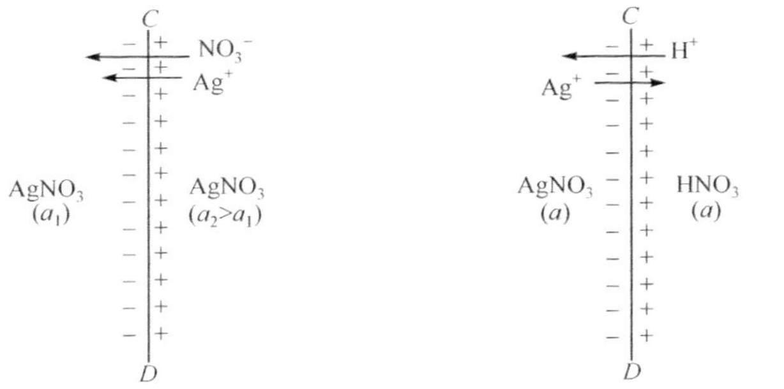

(a) 电解质相同浓度不同　　(b) 电解质不同浓度相同

图 9-4　液体接界电势示意图

4. 电池的电动势

电池的电动势等于构成电池各相间界面上所形成电势差的代数和，也就是电池的开路电压。“开路”的实质就是没有电流通过电池。为了表示出接触电势差，电池表示符号的两边应表示为相同的金属，这样图 9-1 所表示的电池符号应为

$$Cu|Zn(s)|ZnSO_4(a_1)\,\|\,CuSO_4(a_2)|Cu(s)$$

$$\varphi_{接}\qquad \varphi_{-}\qquad\qquad \varphi_{扩}\qquad\qquad \varphi_{+}$$

电池的电动势 E 则为

$$E=\varphi_{+}+\varphi_{-}+\varphi_{接}+\varphi_{扩}$$

式中，φ_{+}、φ_{-} 分别表示正、负两极的绝对电极电势，其值是测不出来的。为了与之区别，以后讨论的电极电势用 $E_{电极}$ 表示，它是相对于“标准氢电极的电极电势为零”所确定的电极电势，是相对值。$\varphi_{扩}$ 为液体接界电势差，可以设法降至最小或消除。$\varphi_{接}$ 为接触电势差，其值很小。所以 $\varphi_{扩}$ 及 $\varphi_{接}$ 均可忽略不计。由此电池的电动势 E 可简化为

$$E\approx\varphi_{+}+\varphi_{-}=E_{+}+E_{-} \tag{9-1}$$

通常电极电势都是采用还原电极电势，而电池的负极实际上进行的是氧化反应，其电极电势应是“还原电极电势”的负值，所以电池的电动势 E 应是正、负两极的还原电极电势相减得到，而不是代数和，即

$$E=E_{+}-E_{-}=E_{右}-E_{左} \tag{9-2}$$

对于一个电池，若按式(9-2)进行计算或测定，得出 $E<0$，则说明此电池不能自发放电，但只要将原设计的电池符号的正、负极互换即可成为自发放电的电池。

9.1.4　电池电动势的测定

1. 电池电动势的测定方法

电池的电动势实际上是指通过的电流无限小时电池的可逆电动势，所以电池电动势不能用伏特计测定。因为伏特计测量时有电流流过电池，其内阻将产生电压降 IR，所以伏特计上的读数为电池的端电压，而不是电池的电动势。当有电流通过时，电池中两极的电势均会发生变化，这时电池两极的电势差已不是平衡状态时的电势差了，所以测量电池的电动势时应在无电流（或无限小的电流）通过电池的条件下进行。现在一般都采用补偿法（或称对消法）测定电池的电动势。常用仪器为电位差计，其测量线路简图如图 9-5 所示。图 9-5 中 E_w 为工作电池，R_c 为可变电阻，AB 为均匀的滑线电阻，R_s 为标准电阻，E_x 为待测电池，E_s 为标准电池（其电动势已精确地测出）。S_2 为双向开关，G 为灵敏度高的检流计，C 为在均匀滑线电阻 AB 上可移动的接触点。从 C 在滑线电阻上的长度便可读出待测电池的电动势数据。

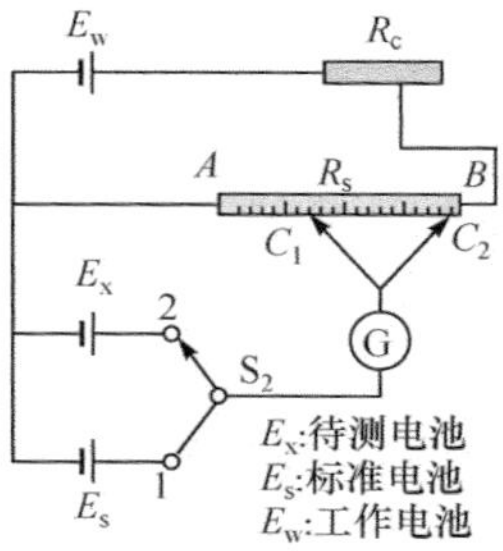

图 9-5　补偿法测定原电池电动势的原理示意图

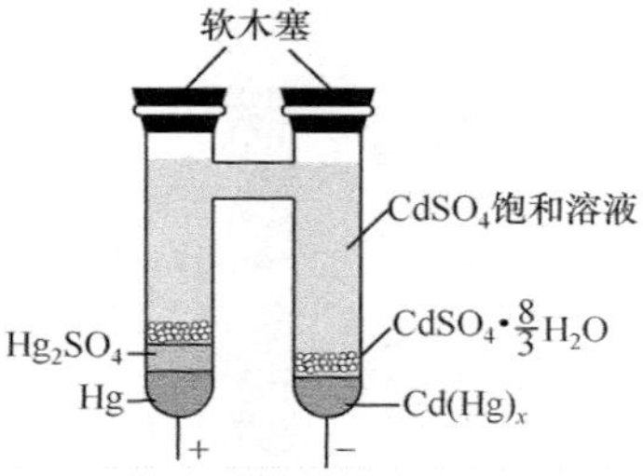

图 9-6　韦斯顿标准电池

测量时，先将双向开关 S_2 搭到"1"的位置，接通标准电池，调节可变电阻 R_c，使检流计 G 指示为零，电流 I 在标准电阻 R_s 上产生的电压降 IR_s 与标准电池电动势 E_s 相等，这样 $IR_s = E_s$，即 $I = E_s/R_s$。这步操作的作用是控制和校正通过均匀滑线电阻 AB 的工作电流 I 为一确定不变的值。调好后，不再改变 R_c。然后将双向开关 S_2 倒向"2"的位置，即接通待测电池，调节接触点 C_1，使检流计 G 指示为零，则工作电流 I 在均匀滑线电阻 AB 上产生的电压降 IR_x（或称补偿电压）恰与被测电池的电动势 E_x 相抵消，此时则有 $E_x = IR_x$ 或 $I = E_x/R_x$。由于工作电流在测量过程中保持不变，因此

$$E_x/R_x = E_s/R_s \qquad \text{或} \qquad E_x = R_x E_s/R_s$$

由于电阻 AB 及标准电阻 R_s 都是均匀的电阻丝，所以 R_x 及 R_s 均可由电阻丝的长度确定。E_s 在确定的温度下为已知值，所以在测出 R_x 及 R_s 之后即可求出待测电池的电动势 E_x 值。在实际测量中，均匀滑线电阻 AB 上所测出的 R_x 值已换算成相应的电动势数据，所以在电位差计上可直接读出 E_x 值。

2. 标准电池

在电池电动势的测量中，必须在线路中并联一个电动势已知的标准电池，以校正和确定通过均匀滑线电阻 AB 中的电流 I。在实验中常采用的标准电池是韦斯顿（Westone）电池，它在一定温度下有稳定不变且很精确的电动势。韦斯顿电池的结构如图 9-6 所示。其负极为镉汞齐（12.5% Cd），正极为 Hg 与 Hg_2SO_4 的糊状物，糊状物下面放液汞作为导体。在糊状物和镉汞齐上面均放有 $CdSO_4 \cdot \frac{8}{3}H_2O$ 晶体和 $CdSO_4$ 的饱和溶液。电池表示符号为

$$Cd(12.5\%\ Cd\text{-}Hg 齐)\mid CdSO_4 \cdot \frac{8}{3}H_2O 饱和溶液\mid Hg_2SO_4, Hg(l)$$

当电池放电时

负极 $Cd(Cd\text{-}Hg 齐) \longrightarrow Cd^{2+} + 2e^-$

正极 $Hg_2SO_4 + 2e^- \longrightarrow 2Hg(l) + SO_4^{2-}$

电池反应 $Cd(Cd\text{-}Hg 齐) + Hg_2SO_4(s) = CdSO_4(s) + 2Hg(l)$

由于电池内为饱和的 $CdSO_4$ 溶液，因此在反应过程中产生的 SO_4^{2-} 与 Cd^{2+} 实际上将形成 $CdSO_4 \cdot \frac{8}{3}H_2O$ 的晶体，所以电池总反应为

$$Cd(Cd\text{-}Hg 齐) + Hg_2SO_4 + \frac{8}{3}H_2O = CdSO_4 \cdot \frac{8}{3}H_2O + 2Hg(l)$$

韦斯顿电池的电动势随温度的变化关系式可表示为

$$E_T = [1.018\ 45 - 4.05\times10^{-5}(T-293.15) - 9.5\times10^{-7}\times(T-293.15)^2 + 1\times10^{-8}(T-293.15)^3]\ V$$

我国在 1975 年向全世界提出的公式为

$$E_T = \{E_{293.15\,K} - [39.94(T-293.15) + 0.0929(T-293.15)^2 - 0.009(T-293.15)^3 + 0.000\ 06(T-293.15)^4]\times10^{-6}\}\ V$$

9.2 电池反应热力学

9.2.1 反应吉布斯自由能变化值与电池电动势的关系

热力学原理已经指出，在恒温恒压条件下，体系经历一可逆过程，其吉布斯自由能减少等于对外所做的最大有效功，即

$$-\Delta_r G_{T,p} = -W'_{max} \tag{9-3}$$

如果此过程（或反应）在电池中可逆地进行，则其所做的最大有效功即为最大电功 $-W'_{max}=nEF$，式(9-3)可改写为

$$\Delta_r G_{T,p} = -nEF \tag{9-4}$$

式中，n 为电池输出元电荷的量，mol；E 为电池的电动势，V；F 为法拉第常量。如果电池按电池反应式进行单位反应进度($\xi=1$ mol)的反应，其吉布斯自由能变化值应为

$$(\Delta_r G_m)_{T,p} = -nEF/\xi = -zEF \tag{9-5}$$

式中，z 为电极的氧化或还原反应式中电子的计算系数。式(9-5)是将热力学量与电化学量联系起来的重要公式。该式表明，若已知某反应的 $\Delta_r G_m$，并将其设计成原电池，即可求此原电池的电动势；相反地，若能测出原电池的电动势，便可算出该电池反应的吉布斯自由能变化值。式(9-5)中的 $\Delta_r G_m$ 值与 z 有关，即反应式量有关。例如

$$\frac{1}{2}Cu + Ag^+ = \frac{1}{2}Cu^{2+} + Ag \qquad z=1\ \Delta_r G_{m,1} = -1\times EF = -EF$$

若反应写为 $Cu + 2Ag^+ = Cu^{2+} + 2Ag \qquad z=2\ \Delta_r G_{m,2} = -2\times EF = -2EF$

若此两反应式中各种离子浓度均未变化，只有反应式量变化，则 $\Delta_r G_{m,2} = 2\Delta_r G_{m,1}$。

9.2.2 电池的电动势与浓度的关系

设有一反应在指定温度下按下列反应式进行：

$$aA(a_A) + dD(a_D) = xX(a_X) + yY(a_Y)$$

则该反应的化学反应等温方程式为

$$\Delta_r G_m = \Delta_r G_m^\ominus + RT\ln\left(\frac{a_X^x a_Y^y}{a_A^a a_D^d}\right)$$

若将该反应在恒温恒压下设计成原电池，则有 $\Delta_r G_m = -zEF$ 及 $\Delta_r G_m^\ominus = -zE^\ominus F$，将其代入化学反应等温方程式中，则得

$$E = E^\ominus - \frac{RT}{zF}\ln\frac{a_X^x a_Y^y}{a_A^a a_D^d} \tag{9-6}$$

式(9-6)称为能斯特公式，它表明了原电池的电动势与参加电池反应各物质活度之间的关系。式中，$E^\ominus$为参加电池反应的各物质都处于标准态时的电动势，称为原电池的标准电动势。由平衡常数 $K_a^\ominus$ 的关系式 $\Delta_r G_m^\ominus = -RT\ln K_a^\ominus$ 及 $\Delta_r G_m^\ominus = -zE^\ominus F$，容易得出

$$E^\ominus = -\frac{\Delta_r G_m^\ominus}{zF} = \frac{RT}{zF}\ln K_a^\ominus \tag{9-7}$$

式(9-7)表明，利用原电池的标准电动势可以计算电池反应的标准吉布斯自由能变化值或反应的标准平衡常数。

由于在 298.15 K 时，$2.303RT/F = 2.303 \times 8.314\ \text{J}\cdot\text{mol}^{-1}\cdot\text{K}^{-1} \times 298.15\ \text{K}/96485\ \text{C}\cdot\text{mol}^{-1} = 0.05916\ \text{V}$。因此 298.15 K 时，式(9-6)可简化为

$$E = E^\ominus - \frac{0.05916}{z}\lg\frac{a_X^x a_Y^y}{a_A^a a_D^d}$$

【例 9-3】 试计算 298.15 K 时下列电池的电动势：

$$\text{Zn(s)}\,|\,\text{Zn}^{2+}(a_2 = 7.34\times10^{-4})\,\|\,\text{Cu}^{2+}(a_1 = 0.047)\,|\,\text{Cu(s)}$$

已知该温度下原电池的标准电动势为 1.100 V。

解 电极反应为

负极 $\text{Zn(s)} \longrightarrow \text{Zn}^{2+}(a_2 = 7.34\times10^{-4}) + 2e^-$

正极 $\text{Cu}^{2+}(a_1 = 0.047) + 2e^- \longrightarrow \text{Cu(s)}$

电池反应 $\text{Zn(s)} + \text{Cu}^{2+}(a_1) = \text{Zn}^{2+}(a_2) + \text{Cu(s)}$

由能斯特公式可以得出

$$E = E^\ominus - \frac{RT}{zF}\ln\frac{a_2 a_{Cu}}{a_{Zn} a_1} = 1.100 - \frac{8.314\ \text{J}\cdot\text{mol}^{-1}\cdot\text{K}^{-1}\times 298.15\ \text{K}}{2\times 96485\ \text{C}\cdot\text{mol}^{-1}}\ln\frac{7.34\times10^{-4}}{0.047} = 1.1534\ \text{V}$$

在计算过程中，因为两极都是纯固态物质，所以取 $a_{Zn} = 1$ 及 $a_{Cu} = 1$。

9.2.3 电池反应的 $\Delta_r S_m$ 和 $\Delta_r H_m$

1. 电池反应的 $\Delta_r S_m$

已知$(\partial \Delta G/\partial T)_p = -\Delta S$，将式(9-5)代入得

$$\Delta_r S_m = -(\partial \Delta_r G_m/\partial T)_p = zF(\partial E/\partial T)_p \tag{9-8}$$

式中，$\left(\frac{\partial E}{\partial T}\right)_p$ 为恒压下原电池电动势随温度的变化率，称为电动势的温度系数，其值可由实验测定。由式(9-8)可知，只要测出原电池在不同温度下的电动势 E 值，即可得出其温度系数。由电动势的温度系数，便可计算出电池反应的 $\Delta_r S_m$。

2. 电池反应的 $\Delta_r H_m$

将式(9-5)代入吉布斯-亥姆霍兹方程，$T(\partial \Delta G/\partial T)_p = \Delta G - \Delta H$ 则得

$$-zFT(\partial E/\partial T)_p = -zEF - \Delta_r H_m$$

即 $$\Delta_r H_m = -zEF + zFT(\partial E/\partial T)_p \tag{9-9}$$

由式(9-9)可以看出，只要由实验测得电动势 E 及温度系数$(\partial E/\partial F)_p$ 的值，根据此式便可计算电池反应的 $\Delta_r H_m$ 值。

由于现代电化学测试技术日益先进，可以很准确地测出电池电动势。因此对于一个化学反应，常将其设计成原电池，通过电动势的测定以确定反应的热力学量的变化，如 $\Delta_r G_m$、$\Delta_r H_m$、$\Delta_r S_m$ 等。

9.2.4 电池可逆放电时的热效应

在恒温下，原电池可逆放电时的反应过程热为

$$Q_r = T\Delta_r S_m = zFT(\partial E/\partial T)_p \tag{9-10}$$

由式(9-10)可以看出：

当$(\partial E/\partial T)_p = 0$ 时，$Q_r = 0$，表示电池在恒温下可逆放电时，与环境无热的交换。

当$(\partial E/\partial T)_p > 0$ 时，$Q_r > 0$，表示电池在恒温下可逆放电时，要从环境吸热以维持恒温。

当$(\partial E/\partial T)_p < 0$ 时，$Q_r < 0$，表示电池在恒温下可逆放电时，需向环境散热以维持恒温。

【例 9-4】 已知电池 Ag(s)，AgCl(s)|KCl(a)|Hg_2Cl_2(s)，Hg(l)在 25 ℃时的电动势为 0.0455 V，其温度系数为 3.38×10^{-4} V·K^{-1}，试计算电池反应的 $\Delta_r H_m$、$\Delta_r S_m$ 及可逆放电时的反应过程热 Q_r。

解 电极反应为

负极 $$Ag(s) + Cl^- \longrightarrow AgCl(s) + e^-$$

正极 $$1/2Hg_2Cl_2(s) + e^- \longrightarrow Hg(l) + Cl^-$$

电池反应 $$Ag(s) + 1/2Hg_2Cl_2(s) = AgCl(s) + Hg(l) \qquad z=1$$

$$\begin{aligned}\Delta_r H_m &= -zEF + zFT(\partial E/\partial T)\\ &= -1 \times 96\ 485\ \text{C} \cdot \text{mol}^{-1} \times (0.0455\ \text{V} - 298.15\ \text{K} \times 3.38 \times 10^{-4}\ \text{V} \cdot \text{K}^{-1}) = 5333\ \text{J} \cdot \text{mol}^{-1}\end{aligned}$$

$$\Delta_r S_m = zF\left(\frac{\partial E}{\partial T}\right)_p = 1 \times 96\ 485\ \text{C} \cdot \text{mol}^{-1} \times 3.38 \times 10^{-4}\ \text{V} \cdot \text{K}^{-1} = 32.61\ \text{J} \cdot \text{mol}^{-1} \cdot \text{K}^{-1}$$

$$Q_r = T\Delta_r S_m = 298.15\ \text{K} \times 32.61\ \text{J} \cdot \text{mol}^{-1} \cdot \text{K}^{-1} = 9722.67\ \text{J} \cdot \text{mol}^{-1}$$

9.3 电极及电极电势

9.3.1 电极电势

前已指出，原电池的电动势是指在没有电流(或电流趋近于零)的条件下正、负两极的电极电势的差值。各电极电势的绝对值目前尚无法测出，但在电化学的实际应用中，常仿照热力学中标准态的方法，选定一标准，将这些待标定的电极与其对比以确定相对值。再根据相对的电极电势值，便可算出由任意两电极所组成的原电池的电动势。国际纯粹与应用化学联合会规定，采用标准氢电极作为标定电极电势相对值的标准电极。由此而标定的电极电势称为氢标电极电势，以 $E_{电极}$ 表示。根据这一规定，氢标电极电势实质上就是待标定的电极与同温度下的标准氢电极(将标准氢电极的电极电势定为零)所组成原电池的电动势。

9.3.2 标准氢电极

标准氢电极的结构示意图如图 9-7 所示。它是由镀铂黑的铂片插入氢离子活度 $a_{H^+} = 1$ 的溶液中，并不断以 101 325 Pa 的纯氢气冲击铂片所构成。标准氢电极的电极反应为

$$H^+(a=1) + e^- \longrightarrow \frac{1}{2}H_2(g, p^\ominus)$$

这样的氢电极就是标准氢电极，并规定在任何温度下它的电极电势都为零[$E^\ominus(H^+/H_2)=0$]。

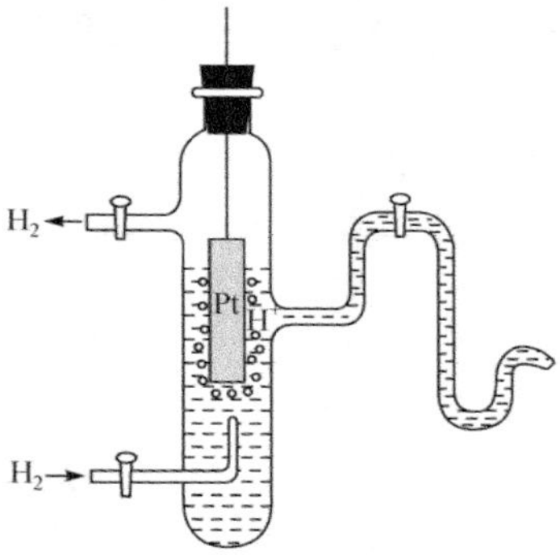

图 9-7　标准氢电极示意图

任意待标定的电极均可与标准氢电极构成原电池，如果待标定电极在构成原电池时作为正极，如下符号表示

$$Pt, H_2(g, p^\ominus) | H^+(a=1) \| Me^{z+}(a_2) | Me(s)$$

该原电池的电动势为 $E=E(Me^{z+}/Me)-E^\ominus(H^+/H_2)=E(Me^{z+}/Me)$。根据原电池的电极反应，正极进行还原反应，所以由此而测出的电极电势称为还原电极电势。如果待标定的电极实际上进行氧化反应，但仍用电极电势表示其电极电势时，其值应为负值，$E=E^\ominus(H^+/H_2)-E(Me^{z+}/Me)$ 即

$$E(Me^{z+}/Me)=-E$$

9.3.3　电极种类

原电池实际上是由两个“半电池”组成，半电池就是电极。电极主要有以下三种类型。

1. 第一类电极

这类电极主要包括金属电极及气体电极(如氢电极、氧电极及卤素电极等)。这类电极是由金属(或组成电极的物质)插入含有此种金属离子(或此种物质的离子)的溶液中构成。金属电极的表示符号为 Me^{z+}/Me，其电极反应为

$$Me^{z}(a)+ze^- \rightleftharpoons Me(s)$$

例如，锌电极的表示符号为 $Zn^{2+}(a)|Zn(s)$，电极反应为

$$Zn^{2+}(a)+2e^- \rightleftharpoons Zn(s)$$

由于气体不能导电，因此气体电极必有一惰性金属(如铂金或金等)插入气流及溶液之中，以作为电子的导电相。如氢电极，其表示符号为 $H^+(a)|H_2(g, p_{H_2})$，Pt，电极反应为

$$H^+(a)+e^- \longrightarrow \frac{1}{2}H_2(g, p_{H_2})$$

又如氯电极，其表示符号为 $Pt, Cl_2(g, p_{Cl_2})|Cl^-(a)$，电极反应为

$$\frac{1}{2}Cl_2(g, p_{Cl_2})+e^- \longrightarrow Cl^-(a)$$

2. 第二类电极

这类电极是在金属表面上覆盖一层该金属的难溶盐，然后将其浸入含该难溶盐阴离子的溶液中而构成，所以又称难溶盐电极(或称沉积物电极)。最常用的有银-氯化银电极的符号为

$$Cl^-(a)|Ag(s), AgCl(s)$$

电极反应为　$AgCl(s)+e^- \Longrightarrow Ag(s)+Cl^-(a)$

甘汞电极的结构如图 9-8 所示，电极底部装有少量液态汞，其上装有汞、甘汞(Hg_2Cl_2)和 KCl 溶液制成的糊状物，再注入 KCl 溶液，导体为插至底部的铂丝。甘汞电极的表示符号为 $Hg(l), Hg_2Cl_2(s)|KCl(a)$，电极反应为

$$Hg_2Cl_2(s)+2e^- \Longrightarrow 2Hg(l)+2Cl^-(a)$$

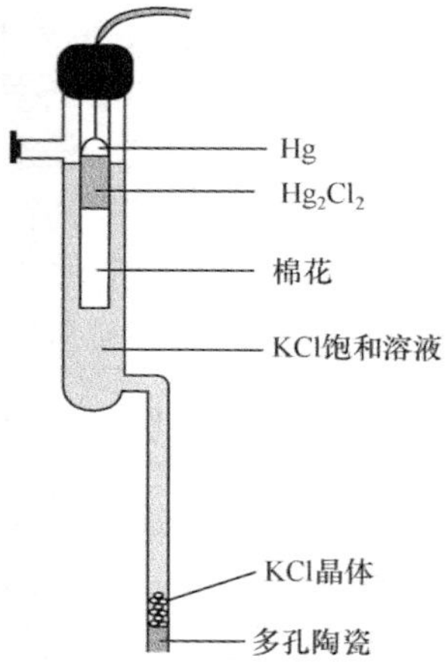

图 9-8　甘汞电极示意图

由于所用的 KCl 溶液浓度不同，甘汞电极的电极电势也不相同。常用的有三种，它们在 298.15 K 下相对标准氢电极的电极电势如下：

KCl 溶液/(mol · L^{-1})	0.1	1.0	饱和
$E_{甘}$/V	0.3337	0.2810	0.2412

氢标准电极的要求非常严格，制作困难，一般很少使用。因此实际上常用另一种参比电极(或标定电极)，即甘汞电极来代替标准氢电极，因为甘汞电极电极电势稳定，制备容易，对使用条件的要求也不很苛刻。

金属-难溶氧化物电极也属于这类电极。例如，锑-氧化锑电极就是在金属锑棒上覆盖一层 Sb_2O_3，然后将其浸入含 H^+ 溶液中，便构成锑-氧化锑电极，表示符号为 $H^+(a)|Sb_2O_3(s),Sb(s)$，电极反应为

$$Sb_2O_3(s)+6H^+(a)+6e^- \longrightarrow 2Sb(s)+3H_2O$$

3. 第三类电极

第三类电极又称氧化还原电极。它是由惰性金属(如铂丝)插入含有两种价态的同种离子溶液中所构成的电极，惰性金属只起导电作用。其表示符号为(以铁离子氧化还原电极为例) $Fe^{3+}(a_1),Fe^{2+}(a_2)|Pt$，电极反应为

$$Fe^{3+}(a_1)+e^- \longrightarrow Fe^{2+}(a_2)$$

醌氢醌电极就是氧化还原电极，可以作为测定溶液 pH 用的电极，常称为 pH 指示电极。

9.3.4 电极电势与组分浓度的关系

电极电势也是平衡电势，任一平衡电势都与所对应的电极反应的组分活度有关。例如，金属锌片与含锌离子溶液所组成电极 $Zn(s)|Zn^{2+}(a)$，其平衡电势与锌离子的活度有关。现以铜电极为例导出平衡电势 $E_{电极}$ 与离子活度的关系式。设铜电极与标准氢电极组成下列原电池：

$$Pt,H_2(g,p^\ominus)|H^+(a_1=1)\parallel Cu^{2+}(a_2)|Cu(s)$$

负极 $$H_2(g,p^\ominus)\longrightarrow 2H^+(a_1=1)+2e^-$$

正极 $$Cu^{2+}(a_2)+2e^-\longrightarrow Cu(s)$$

电池反应 $$H_2(g,p^\ominus)+Cu^{2+}(a_2)=\!=\!=Cu(s)+2H^+(a_1=1)$$

根据规定此原电池的电动势 E 为

$$E=E(Cu^{2+}/Cu)-E^\ominus(H^{2+}/H_2),E^\ominus=E^\ominus(Cu^{2+}/Cu)-E^\ominus(H^{2+}/H_2)$$

按能斯特公式算得的 E 应为

$$\begin{aligned}E&=E^\ominus-\frac{RT}{2F}\ln\frac{a_{Cu}a_1^2}{a_2a_{H_2}}\\&=E^\ominus(Cu^{2+}/Cu)-E^\ominus(H^+/H_2)-\frac{RT}{2F}\ln\frac{a_{Cu}}{a_2}-\frac{RT}{2F}\ln\frac{a_1^2}{a_{H_2}}\end{aligned}$$

根据标准电极电势的规定，由上两式得

$$E(Cu^{2+}/Cu)=E^\ominus(Cu^{2+}/Cu)-\frac{RT}{2F}\ln\frac{a_{Cu}}{a_2}$$

对于任意作为正极的电极，其电极反应可用下述通式表示：

$$\text{氧化态} + ze^- \longrightarrow \text{还原态}$$

这样电极电势的计算公式应为

$$E_{\text{电极}} = E^{\ominus}_{\text{电极}} - \frac{RT}{zF}\ln\frac{a_{\text{还原态}}}{a_{\text{氧化态}}} \tag{9-11}$$

若有几种物质参加，则电极反应通式为

$$aA + dD + ze^- \longrightarrow xX + yY$$

电极电势的通式为

$$E_{\text{电极}} = E^{\ominus}_{\text{电极}} - \frac{RT}{zF}\ln\frac{a_X^x a_Y^y}{a_A^a a_D^d} \tag{9-12}$$

式(9-11)及式(9-12)均称为电极反应的能斯特公式。式中，$E^{\ominus}_{\text{电极}}$ 为参加电极反应的组分活度均为 1 时(标准状态)的电极电势，称为标准电极电势，其值与物质的本性及温度有关。

9.3.5 标准电极电势

在推导能斯特公式的过程中，指出了 $E^{\ominus}_{\text{电极}}$ 是标准状态下的平衡电极电势。对于一定的电极体系，在一定温度下 $E^{\ominus}_{\text{电极}}$ 为常数，表 9-1 至表 9-3 中列出了某些电极在 298.15 K 时水溶液中的标准电极电势值。由于所列出的电极均为与标准氢电极构成原电池的正极，因此电极上进行还原反应，所以表中的 $E^{\ominus}_{\text{电极}}$ 值为标准还原电极电势。

表 9-1　298.15 K 时水溶液中某些电极的标准电极电势

电极符号	电极反应	E/V	电极符号	电极反应	E/V
Li^+/Li	$Li^+ + e^- = Li$	−3.045	Cd^{2+}/Cd	$Cd^{2+} + 2e^- = Cd$	−0.4026
Rb^+/Rb	$Rb^+ + e^- = Rb$	−2.925	Tl^+/Tl	$Tl^+ + e^- = Tl$	−0.3363
K^+/K	$K^+ + e^- = Ki$	−2.924	Co^{2+}/Co	$Co^{2+} + 2e^- = Co$	−0.280
Cs^+/Cs	$Cs^+ + e^- = Cs$	−2.923	Ni^{2+}/Ni	$Ni^{2+} + 2e^- = Ni$	−0.230
Ba^{2+}/Ba	$Ba^{2+} + 2e^- = Ba$	−2.90	Sn^{2+}/Sn	$Sn^{2+} + 2e^- = Sn$	−0.1364
Sr^{2+}/Sr	$Sr^{2+} + 2e^- = Sr$	−2.89	Pb^{2+}/Pb	$Pb^{2+} + 2e^- = Pb$	−0.1263
Ca^{2+}/Ca	$Ca^{2+} + 2e^- = Ca$	−2.76	Fe^{3+}/Fe	$Fe^{3+} + 3e^- = Fe$	−0.036
Na^+/Na	$Na^+ + e^- = Na$	−2.7109	H^+/H_2	$2H^+ + 2e^- = H_2$	−0.0000
Mg^{2+}/Mg	$Mg^{2+} + 2e^- = Mg$	−2.375	Cu^{2+}/Cu	$Cu^{2+} + 2e^- = Cu$	+0.3402
Be^{2+}/Be	$Be^{2+} + 2e^- = Be$	−1.847	OH^-/O_2	$O_2 + 2H_2O + 4e^- = 4OH^-$	+0.401
Al^{3+}/Al	$Al^{3+} + 3e^- = Al$	−1.662	Cu^+/Cu	$Cu^+ + e^- = Cu$	+0.522
Ti^{2+}/Ti	$Ti^{2+} + 2e^- = Ti$	−1.628	I^-/I_2	$I_2(s) + 2e^- = 2I^-$	+0.535
Zr^{4+}/Zr	$Zr^{4+} + 4e^- = Zr$	−1.529	Hg_2^{2+}/Hg	$Hg_2^{2+} + 2e^- = 2Hg$	+0.7961
V^{2+}/V	$V^{2+} + 2e^- = V$	−1.186	Ag^+/Ag	$Ag^+ + e^- = Ag$	+0.7996
Mn^{2+}/Mn	$Mn^{2+} + 2e^- = Mn$	−1.029	Hg^{2+}/Hg	$Hg^{2+} + 2e^- = Hg$	+0.851
Zn^{2+}/Zn	$Zn^{2+} + 2e^- = Zn$	−0.7628	Br^-/Br_2	$Br_2 + 2e^- = 2Br^-$	+1.065
Cr^{3+}/Cr	$Cr^{3+} + 3e^- = Cr$	−0.74	H^+/O_2	$O_2 + 4H^+ + 4e^- = 2H_2O$	+1.229
S^{2-}/S	$S + 2e^- = S^{2-}$	−0.508	Cl^-/Cl_2	$Cl_2 + 2e^- = 2Cl^-$	+1.3583
Fe^{2+}/Fe	$Fe^{2+} + 2e^- = Fe$	−0.4402	Au^{3+}/Au	$Au^{3+} + 3e^- = Au$	+1.420

摘自 Weast R C. Handbook of Chem And Phys. 63th ed. 1982−1983。

表 9-2　298.15 K 下某些沉积物电极的标准电极电势

电极符号	电极反应	$E^{\ominus}_{电极}$/V
SbO_2^-/Sb	$SbO_2^- + 2H_2O + 3e^- = Sb(s) + 4OH^-$	−0.66
$SO_4^{2-}/PbSO_4(s), Pb$	$PbSO_4(s) + 2e^- = Pb(s) + SO_4^{2+}$	−0.356
$I^-/AgI(s), Ag$	$AgI(s) + e^- = Ag(s) + I^-$	−0.1519
$Cl^-/CuCl(s), Cu$	$CuCl(s) + e^- = Cu(s) + Cl^-$	+0.0137
$Br^-/AgBr(s), Ag$	$AgBr(s) + e^- = Ag(s) + Br^-$	+0.0713
$Cl^-/AgCl(s), Ag$	$AgCl(s) + e^- = Ag(s) + Cl^-$	+0.2223
$Cl^-/Hg_2Cl_2(s), Hg$	$Hg_2Cl_2(s) + 2e^- = 2Hg(l) + 2Cl^-$	+0.2676
$Pb^{2+}, H^+/PbO_2(s), Pb$	$PbO_2(s) + 4H^+ + 2e^- = Pb^{2+} + 2H_2O$	+1.46
$SO_4^{2-}, H^+/PbSO_4(s), PbO_2(s)$	$PbO_2(s) + SO_4^{2-} + 4H^+ + 2e^- = PbSO_4(s) + 2H_2O$	+1.685

摘自 Weast R C. Handbook of Chem And Phys. 63th ed 1982−1983。

表 9-3　298.15 K 时某些离子氧化还原标准电极电势

电极符号	电极反应	$E^{\ominus}_{电极}$/V	电极符号	电极反应	$E^{\ominus}_{电极}$/V
Ti^{3+}/Ti^{2+}	$Ti^{3+} + e^- = Ti^{2+}$	−2.0	Cu^{2+}/Cu^+	$Cu^{2+} + e^- = Cu^+$	+0.158
Cr^{3+}/Cr^{2+}	$Cr^{3+} + e^- = Cr^{2+}$	−0.41	Fe^{3+}/Fe^{2+}	$Fe^{3+} + e^- = Fe^{2+}$	+0.770
UO_2^{2+}/UO_2^+	$UO_2^{2+} + e^- = UO_2^+$	+0.05	Co^{3+}/Co^{2+}	$Co^{3+} + e^- = Co^{2+}$	+1.808
Sn^{4+}/Sn^{2+}	$Sn^{4+} + 2e^- = Sn^{2+}$	+0.15	$S_2O_8^{2-}/2SO_4^{2-}$	$S_2O_8^{2-} + 2e^- = 2SO_4^{2-}$	+2.00

摘自 Weast R C. Handbook of Chem And Phys. 63th ed 1982−1983。

标准还原电极电势的大小可作为电极进行电极反应时相对于标准氢电极而言的得失电子能力的量度。对于还原电势，电极电势越负，失电子的趋势越大；相反，电极电势越正，得电子的趋势越大。由此可见，利用标准电极电势可初步判断原电池的正、负极，初步估计在水溶液中电解时，各种金属离子在阴极上放电的先后顺序。但必须指出，用标准电极电势分析问题时，只能局限于判断水溶液中电极反应在标准状态下进行的可能性（或趋势），而不涉及反应速率问题，也未考虑组分浓度，对于非水溶液也是不适用的。

【例 9-5】 求原电池 $Pb(s)|Pb^{2+}(a_1=0.02)\|Ag^+(a_2=0.1)|Ag(s)$在 298.15 K 时的 E、电池反应的 $\Delta_r G_m$ 和平衡常数 K_a。

解　第一步，写出电极和电池反应：

负极　$$Pb(s) - 2e^- = Pb^{2+}(a_1=0.02)$$

正极　$$2Ag^+(a_2=0.1) + 2e^- = 2Ag(s)$$

电池反应　$$Pb(s) + 2Ag^+(a_2=0.1) = Pb^{2+}(a_1=0.02) + 2Ag(s)$$

第二步，计算两电极的电极电势：

$$E(Pb^{2+}/Pb) = E^{\ominus}(Pb^{2+}/Pb) - \frac{0.059\ 16}{2}\ln\frac{a_{Pb}}{a_{Pb^{2+}}}$$

由表 9-1 查得 $E^{\ominus}(Pb^{2+}/Pb) = -0.1263$ V，$E^{\ominus}(Ag^+/Ag) = 0.7996$ V，所以

$$E(Pb^{2+}/Pb) = E^{\ominus}(Pb^{2+}/Pb) - \frac{RT}{zF}\ln\frac{a_{Pb}}{a_1} = \left(-0.1263 - \frac{0.059\ 16}{2}\lg\frac{1}{0.02}\right)\ \text{V} = -0.1766\ \text{V}$$

$$E(Ag^+/Ag) = E^{\ominus}(Ag^+/Ag) - \frac{RT}{zF}\ln\frac{a_{Ag}^2}{a_2^2} = \left(-0.7996 + 0.059\ 16\ \lg\frac{1}{0.1}\right)\ \text{V} = 0.7404\ \text{V}$$

第三步，求出 E、$\Delta_r G_m$、$\Delta_r G_m^{\ominus}$ 和 K_a：

$$E = E(Ag^+/Ag) - E(Pb^{2+}/Pb) = 0.9710\ \text{V}$$

$$E^{\ominus} = E^{\ominus}(Ag^+/Ag) - E^{\ominus}(Pb^{2+}/Pb) = 0.9259\ \text{V}$$

直接用电池反应的能斯特方程式(9-7)计算 E 也可。

$$\Delta_r G_m = -zEF = -176\ 953.50\ J \cdot mol^{-1}$$

$$\Delta_r G_m^{\ominus} = -zE^{\ominus} F = -176\ 953.50\ J \cdot mol^{-1}$$

$$\ln K_a = \frac{-\Delta_r G_m^{\ominus}}{RT} = 72.079 \qquad K_a = 2.012 \times 10^{31}$$

【例 9-6】 试判断在 298.15 K、标准状态下，亚铁离子能否将碘(I_2)还原为碘离子(I^-)？

解 如 Fe^{2+} 能使 I_2 还原成 I^-，则下列反应能自动向右进行：

$$2Fe^{2+}(a_1=1) + I_2(s) = 2I^-(a_3=1) + 2Fe^{3+}(a_2=1)$$

现将此反应设计为原电池：

负极 $$2Fe^{2+} - 2e^- \longrightarrow 2Fe^{3+}$$

正极 $$I_2(s) + 2e^- \longrightarrow 2I^-$$

所以 $$Pt|Fe^{3+}(a_2=1), Fe^{2+}(a_1=1) \| I^-(a_3=1)|I_2(s), Pt$$

由表 9-1、表 9-3 查得 $E^{\ominus}(Fe^{3+}/Fe^{2+}) = 0.770\ V$，$E^{\ominus}(I_2/I^-) = 0.535\ V$，故此原电池的电动势为

$$E = E^{\ominus} - \frac{RT}{zF}\ln\frac{a_3^2 \cdot a_3^2}{a_1^2} = E^{\ominus} = E^{\ominus}(I_2/I^-) - E^{\ominus}(Fe^{3+}/Fe^{2+}) = -0.235\ V$$

$$\Delta_r G_m = \Delta_r G_m^{\ominus} = -zE^{\ominus}F = -2 \times (-0.235\ V) \times 96\ 485\ C \cdot mol^{-1} = 45\ 348\ J \cdot mol^{-1}$$

因为 $E<0$，即 $\Delta_r G_m > 0$，所以上述反应不能自动进行，表示在此恒温恒压条件下 Fe^{2+} 不能将 I_2 还原为 I^-。

【例 9-7】 已知 $E(Fe^{2+}/Fe) = -0.4402\ V$，$E^{\ominus}(Fe^{3+}/Fe^{2+}) = 0.770\ V$，求 $E^{\ominus}(Fe^{3+}/Fe) = 0.770\ V$ 值。

解 由题给条件可以得出：

① $Fe^{2+} + 2e^- = Fe$ $\quad E(Fe^{2+}/Fe) = -0.4402\ V$ $\quad \Delta_r G_{m,1}^{\ominus} = -2E(Fe^{2+}/Fe)F$

② $Fe^{3+} + e^- = Fe^{2+}$ $\quad E^{\ominus}(Fe^{3+}/Fe^{2+}) = 0.770\ V$ $\quad \Delta_r G_{m,2}^{\ominus} = -E^{\ominus}(Fe^{3+}/Fe^{2+})F$

③ $Fe^{3+} + 3e^- = Fe$ $\quad E^{\ominus}(Fe^{3+}/Fe) = ?$ $\quad \Delta_r G_{m,3}^{\ominus} = -3E^{\ominus}(Fe^{3+}/Fe)F$

虽然电极反应③可由电极反应①及反应②加和得出，但因电极电势属强度性质，则其电极电势不能如此加和。所以在求 $E^{\ominus}(Fe^{3+}/Fe)$ 时应将给定的 $E^{\ominus}$ 值转换为容量性质，才能用加和法求得，即

$$\Delta_r G_{m,3}^{\ominus} = \Delta_r G_{m,1}^{\ominus} + \Delta_r G_{m,2}^{\ominus}$$

或 $$-3E^{\ominus}(Fe^{3+}/Fe)F = -2E(Fe^{2+}/Fe)F - E(Fe^{3+}/Fe^{2+})F$$

故 $E^{\ominus}(Fe^{3+}/Fe) = \frac{1}{3}[2E(Fe^{2+}/Fe) + E(Fe^{3+}/Fe^{2+})] = \frac{1}{3} \times [2 \times (-0.4402) + 0.770] = -0.0368\ V$

9.3.6 电动势测定的应用

电动势测定的应用极为广泛，有的应用已在本章前几节中讨论过，现在再列举数例加以说明。

1. 确定标准电极电势

现在以下列电池为例，来说明利用测定电池电动势以确定 $E_{电极}^{\ominus}$ 及计算离子的平均活度系数的方法。

$$Pt, H_2(g, p^{\ominus})|HCl(m)|Hg_2Cl_2(s), Hg$$

此电池的电池反应为

$$\frac{1}{2}H_2(g, p^{\ominus}) + \frac{1}{2}Hg_2Cl_2(s) = HCl(m) + Hg(l)$$

电动势为

$$E = E^{\ominus} - \frac{RT}{F}\ln\frac{a_{HCl}a_{Hg}}{a_{H_2}^{\frac{1}{2}} a_{Hg_2Cl_2}^{\frac{1}{2}}}$$

若 $p_{H_2} = 101\ 325\ Pa$，Hg_2Cl_2 及 Hg 均为纯物质，即 $a_{H_2}=1$，$a_{Hg}=1$，$a_{Hg_2Cl_2}=1$，所以上式可写成

$$E=E^{\ominus}-\frac{RT}{F}\ln a_{HCl}$$

对于Ⅰ-Ⅰ价型电解质，$m_+=m_-=m$，故

$$a_{HCl}=a_+a_-=\gamma_+(m_+/m^{\ominus})\gamma_-(m_-/m^{\ominus})=\gamma_{\pm}^2(m/m^{\ominus})^2$$

代入上式 E 的计算式中得

$$E=E^{\ominus}-\frac{2RT}{F}\ln\frac{m}{m^{\ominus}}-\frac{2RT}{F}\ln\gamma_{\pm} \tag{9-13}$$

在 298.15 K 时，式(9-13)可改写成

$$E+0.1183\ \lg(m/m^{\ominus})=E^{\ominus}-0.1183\ \lg\gamma_{\pm} \tag{9-14}$$

式(9-14)表明，如 m 已知，同时又知 $E^{\ominus}$，则测出电动势 E 值即可求得电解质溶液的离子平均活度系数 $\gamma_{\pm}$。如果不知道 $E^{\ominus}$ 值，由于 $E+0.1183\times\lg(m/m^{\ominus})$ 与 $\lg\gamma_{\pm}$ 具有线性关系，根据德拜-休克尔公式，在 HCl 的浓度很稀时

$$\lg\gamma_{\pm}=-0.509|z_+z_-|\sqrt{I}=-0.509\sqrt{m}$$

将上式代入式(9-14)中，得

$$E+0.1183\ \lg(m/m^{\ominus})=E^{\ominus}+0.0602\sqrt{m}$$

据此关系测出不同 HCl 浓度(m)时的电动势 E，据 m、$m^{\ominus}$ 及 E 值可以得出对应的 $[E+0.1183\times\lg(m/m^{\ominus})]$ 值。若以 $E+0.1183\times\lg(m/m^{\ominus})$ 为纵坐标，以 $\sqrt{m}$ 为横坐标作图，可得图 9-9。将此曲线外推至 $m\to0$，则此纵坐标的截距即为 $E^{\ominus}$ 值。此法已广泛地用来确定各种电极的标准电极电势。

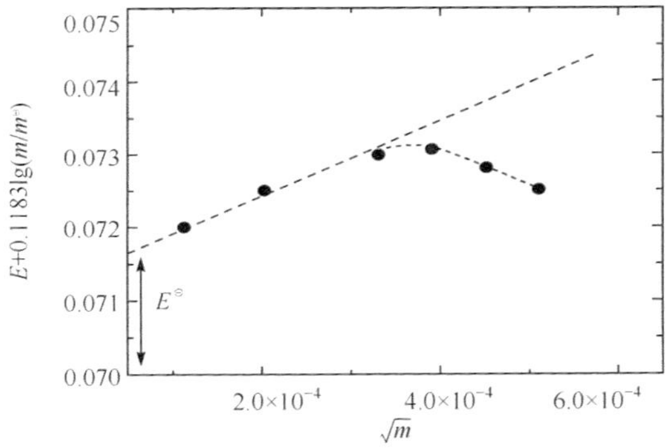

图 9-9 用外推法求 $E^{\ominus}$

将外推得出的 $E^{\ominus}$($Cl^-|Hg_2Cl_2$，Hg 的标准电极电势)、给定浓度 m 及测得的 E 值代入式(9-14)中，便可求出电解质溶液在不同浓度下的平均活度系数 $\gamma_{\pm}$。

2. 难溶盐活度积的测定

难溶盐的活度积又称溶度积，常用 K_{sp} 表示。现在以 AgCl 为例来设计原电池求 K_{sp} 值。AgCl 的溶解反应可用下式表示：

$$AgCl(s)\rightleftharpoons Ag^+(a_+)+Cl^-(a_-)$$

$$K_{sp}=a_+a_-/a_{AgCl}=a_+a_-$$

现设计下列原电池：

$$Ag(s)|Ag^+(a_+)\|Cl^-(a_-)|AgCl(s),Ag(s)$$

负极 $$Ag(s)\longrightarrow Ag^+(a_+)+e^-$$

正极 $$AgCl(s)+e^- \longrightarrow Ag(s)+Cl^-(a_-)$$

电池反应 $$AgCl(s) = Ag^+(a_+)+Cl^-(a_-)$$

可见所设计的原电池的电池反应与 $AgCl(s)$的溶解反应相符。

$$E^\ominus = E^\ominus(Cl^-/AgCl,Ag) - E^\ominus(Ag^+/Ag) = 0.2223\ V - 0.7996\ V = -0.5768\ V$$

$$\Delta_r G_m^\ominus = -zE^\ominus F = -RT\ln K_{sp}$$

$$\ln K_{sp} = \frac{E^\ominus F}{RT} = \frac{-0.5768\ V \times 96485\ C \cdot mol^{-1}}{8.314\ J \cdot mol^{-1} \cdot K^{-1} \times 298.15\ K} = -22.451$$

所以 $$K_{sp} = 1.776 \times 10^{-10}$$

所设计的原电池的 $E^\ominus$ 为负值，说明此原电池反应不能自动正向进行。由于本例是想通过计算以求出 K_{sp}，所以得出的 $E^\ominus$ 为负是无关紧要的。

3. 溶液 pH 的测定

国际纯粹与应用化学联合会对溶液的 pH 定义为

$$pH = -\lg a_{H^+} = -\lg[\gamma_{H^+} \cdot c_{H^+}]$$

然而在这个定义中包含有不能直接测定的单个离子的活度系数。为此，又定义了 pH 的操作定义，即测出如下原电池的电动势 E_x

参比电极|KCl 溶液|待测溶液 X|$H_2(g, p^\ominus)$，Pt

然后用标准溶液 S 替换待测溶液 X，再测出下面原电池的电动势 E_s：

参比电极|KCl 溶液|待测溶液 S|$H_2(g, p^\ominus)$，Pt

这两个原电池的电动势在相同的温度下测得，参比电极（如甘汞电极）和盐桥溶液都相同。若标准溶液 S 的 pH 用 pH_S表示，待测溶液 X 的 pH 用 pH_X表示，它们之间的关系为

$$pH_X = pH_S + F(E_s - E_x)/2.303RT \tag{9-15}$$

式(9-15)就是 pH 的操作定义。国际纯粹与应用化学联合会同时也推荐了五种标准溶液的 pH_S，这些数据可从物理化学手册中查得。

由于氢电极作为 H^+ 指示电极用起来很不方便，因此在测定溶液 pH 时常用醌氢醌电极或玻璃电极代替上述电池中的氢电极。

1）醌氢醌电极

醌氢醌是由分子数相等的醌和氢醌组成的化合物，它在水中的溶解度很小，所以可视活度与浓度相等。醌氢醌溶解后，存在下列离解平衡：

$$\underset{\text{醌氢醌}}{C_6H_4O_2 \cdot C_6H_4(OH)_2} \rightleftharpoons \underset{\text{醌}}{C_6H_4O_2} + \underset{\text{氢醌}}{C_6H_4(OH)_2}$$

将少量的醌氢醌加入含有 H^+ 的待测溶液中，使之成为饱和溶液，插入铂丝即成为醌氢醌电极。将其与参比电极（如饱和 KCl 的甘汞电极）构成如下原电池：

(－)$Hg(l), Hg_2Cl_2(s)$|KCl(饱和)‖$H^+(a_{H^+})$醌氢醌饱和溶液|Pt(＋)

醌氢醌电极为正极，其电极反应为

$$C_6H_4O_2(a_{醌}) + 2H^+ + 2e^- \longrightarrow C_6H_4(OH)_2(a_{氢醌})$$

其电极电势为

$$E_{醌氢醌} = E^\ominus_{醌氢醌} - \frac{RT}{2F}\ln\frac{a_{氢醌}}{a_{醌}\ a_{H^+}^2} = E^\ominus_{醌氢醌} - \frac{2.303RT}{F}\lg\frac{1}{a_{H^+}}$$

在稀溶液中，$a_{氢醌}$及 $a_{醌}$ 分别等于它们的浓度，并且该两物质的浓度彼此相等。同时已知在 298.15 K 时，饱和甘汞电极的电极电势 $E_{甘} = 0.2412$ V，醌氢醌的标准电极电势 $E^\ominus_{醌氢醌} = 0.6994$ V，

所以上式可写成

$$E_{醌氢醌}=(0.6994-0.05916\,pH)\ V$$

上述原电池的电动势 E 为

$$E=E^{\ominus}_{醌氢醌}-E_{甘}=0.6994-0.05916\,pH-0.2412$$

因此 $$pH=(0.4582-E)/0.05916 \tag{9-16}$$

式(9-16)表明,测出上述原电池的电动势 E 后,即可算出待测溶液的 pH。

醌氢醌电极易于制备,使用方便,测定的数据较为准确,适用于酸性及中性溶液 pH 的测定。其缺点是不能用于 pH>8.5 的碱性溶液,并且待测溶液中不能含有强氧化剂或强还原剂以及对铂丝有毒害的物质(如砷等)。

2) 玻璃电极

玻璃电极在测定溶液 pH 时常被作为指示电极,它实质上是一种氢离子选择电极。常用的玻璃电极一端为球泡状的敏感玻璃膜(其组成为 72%SiO_2、6.5%CaO 及 21.5%Na_2O),其管内装有浓度为 $0.1\ mol\cdot kg^{-1}$ 的 HCl 溶液和 Ag-AgCl电极(作为内参比电极),如图 9-10 所示。玻璃电极电极电势可表示为

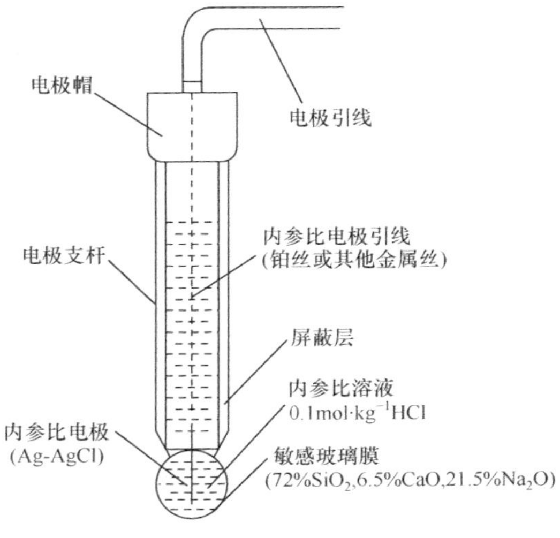

图 9-10 玻璃电极示意图

$$E_{玻}=a-b\,pH \tag{9-17}$$

式中,a、b 为常数,a 相当于 $E^{\ominus}_{玻}$(当 pH=0 时的电极电势),b 相当于 $2.303RT/F$。测定溶液的 pH 时,将玻璃电极与参比电极(常用饱和甘汞电极)构成如下原电池:

$$\underbrace{(-)Ag(s),AgCl(s)\,|\,HCl(0.1\ mol\cdot kg^{-1})}_{玻璃电极}\,|\,待测溶液\ pH_X\,|\,饱和甘汞电极(+)$$

↖敏感玻璃薄

测出此原电池的电动势 E,即可求出待测溶液的 pH。因为

$$E=E_{甘}-E_{玻}$$

$$E_{玻}=E_{甘}-E=a-b\,pH$$

所以 $$pH=\frac{a+E-E_{甘}}{b} \tag{9-18}$$

式(9-18)中的 a,对于某指定的玻璃电极为一常数。也就是说,对于不同的玻璃电极 a 值并不相同,因为不同玻璃电极的玻璃膜的组成不一定相同,制备方法也不同,同时由于在使用过程中,玻璃膜的表面状态也会发生变化。所以在测定过程中,常用已知 pH 的缓冲溶液进行校正,然后再测定待测溶液的 pH。

由于玻璃电极中玻璃膜的电阻很大,因此能允许通过电池的电流必定很小,由于这样小的电流一般的检流计检测不出,现在常用有高输入阻抗放大器的 pH 计进行溶液 pH 的测定。

玻璃电极不受待测溶液中的氧化剂、还原剂或某些毒物的影响,操作简便,也能用于测定 pH 较高的溶液,所以在实验室及工业生产上得以广泛的应用。其缺点是玻璃膜容易被破坏。

4. 电势滴定

在酸碱中和滴定中,被滴定溶液中离子的浓度随试剂加入的数量而变化。例如,当加入的

碱液接近滴定终点时，再加入少量的碱，则被测溶液的 pH 会发生突变，相应原电池的电动势 E 也会发生突变，由此可以确定滴定的终点。这种电势滴定方法的主要优点是，可使滴定过程自动化，且不受溶液颜色或产生沉淀物的干扰，从而能快速、准确确定滴定终点。

9.4 浓差电池和液体接界电势

9.4.1 浓差电池

以上所讨论的电池，在电池反应中最终都会有物质发生化学变化，所以称这类电池为化学电池。还有一类原电池称为浓差电池，在这类原电池中，电池反应体现的变化仅是一种物质从高浓度(或高压强)状态向低浓度(或低压强)状态转移。浓差电池有两类，即电解质浓差电池和电极浓差电池。

1. 电解质浓差电池

这类浓差电池是指电极反应物质相同，且电极的组成也相同(或为纯物质)，只是电解质溶液的浓度不同。现在以实例说明如下，设有下列原电池：

$$(-)Ag(s)|AgNO_3(a_1)\parallel AgNO_3(a_2)|Ag(s)(+)$$

负极 $$Ag(s)-e^- \longrightarrow Ag^+(a_1)$$

正极 $$Ag^+(a_2)+e^- \longrightarrow Ag(s)$$

电池反应 $$Ag^+(a_2) = Ag^+(a_1)$$

所以

$$E=E_{右,还原}-E_{左,还原}=\left[E^\ominus(Ag^+/Ag)-\frac{RT}{F}\ln\frac{1}{a_2}\right]-\left[E^\ominus(Ag^+/Ag)-\frac{RT}{F}\ln\frac{1}{a_1}\right]$$

$$=-\frac{RT}{F}\ln\frac{a_1}{a_2}=\frac{RT}{F}\ln\frac{a_2}{a_1} \tag{9-19}$$

由式(9-19)可以看出，当 $a_2>a_1$ 时，电动势 E 为正值，随着电池反应的进行，正极一方 Ag^+ 由于在电极上进行还原其活度逐渐减小，负极一方则由于 Ag 的氧化而 Ag^+ 活度逐渐增大，从而使两方的 Ag^+ 活度趋于相等而达到平衡。

2. 电极浓差电池

电极所用的材料相同，只是其中反应物的活度不同的两个电极同时插入同一溶液中所构成的电池，例如下列原电池：

$$(-)Hg\text{-}Zn(a_1)|Zn^{2+}(a)|Zn(a_2)\text{-}Hg(+)$$

负极 $$Zn(a_1)\longrightarrow Zn^{2+}(a)+2e^-$$

正极 $$Zn^{2+}(a)+2e^-\longrightarrow Zn(a_2)$$

电池反应 $$Zn(a_1) = Zn(a_2)$$

所以

$$E=E_{右,还原}-E_{左,还原}\left[E^\ominus(Zn^{2+}/Zn)-\frac{RT}{2F}\ln\frac{a_2}{a}\right]-\left[E^\ominus(Zn^{2+}/Zn)-\frac{RT}{2F}\ln\frac{a_1}{a}\right]$$

$$=\frac{RT}{2F}\ln\frac{a_1}{a_2} \tag{9-20}$$

由式(9-20)可以看出，如果此浓差电池中某一电极的反应物活度已知，则通过测量浓差电池的电动势，即可求出另一电极中该反应物的活度。

浓差电池的原理对研究电极的浓差极化、极谱分析和金属腐蚀等问题都极为重要。

9.4.2 液体接界电势

在含有不同溶质或溶质相同而浓度不同的溶液界面上都有液体接界电势产生，其原因已在前面讨论过。下面对液体接界电势的计算、减小或消除方法进行讨论。

1. 液体接界电势的计算

设有一浓差电池

$$\mathrm{Pt}, H_2(g, p^{\ominus}) | \mathrm{HCl}(a_1) | \mathrm{HCl}(a_2) | H_2(g, p^{\ominus}), \mathrm{Pt}$$

在两种浓度的 HCl 溶液界面上，必定产生液体接界电势，这时电解质溶液中的阳、阴离子除因传输电流而发生运动外，还进行着由浓溶液向稀溶液的扩散。若暂不考虑液体接界电势，则该浓差电池的电池反应为

$$H^+(a_+)_2 \longrightarrow H^+(a_+)_1$$

电动势为
$$E_{无} = \frac{RT}{F}\ln\frac{(a_+)_2}{(a_+)_1}$$

当液体接界处有离子迁移时，即存在液体接界电势。现设 $a_2 > a_1$，若该电池中可逆地输出 1 mol 元电荷的电量，则在液体接界面上将有 1 mol 离子通过。设其中有 t_+ mol H^+ 自左边溶液(a_1)迁向右边(a_2)，同时有 t_- mol Cl^- 自右边溶液(a_2)迁向左边(a_1)。这样左边溶液变化应包括两部分：①由于电池反应增加 1 mol H^+；②由于迁移增加了 t_- mol Cl^-，减少了 t_+ mol H^+。因此左边溶液总变化：增加 t_- mol H^+ 和 t_- mol Cl^-；同理，右边溶液则减少了 t_- mol H^+ 和 t_- mol Cl^-。所以，此电池中所进行的总反应可表示为

$$t_- H^+(a_+)_2 + t_- Cl^-(a_-)_2 \longrightarrow t_- H^+(a_+)_1 + t_- Cl^-(a_-)_1$$

或
$$t_- \mathrm{HCl}(a_2) \longrightarrow t_- \mathrm{HCl}(a_1)$$

所以有迁移时其电动势应为

$$E = -\frac{RT}{F}\ln\left(\frac{a_1}{a_2}\right)^{t_-} = \frac{t_- RT}{F}\ln\frac{a_2}{a_1}$$

将 HCl 的活度 $a=(a_\pm)^2$ 代入上式，则得

$$E = \frac{2t_- RT}{F}\ln\frac{(a_\pm)_2}{(a_\pm)_1}$$

该式表示有液体接界时电池总反应所产生的电动势，其中已包括两极的电极电势及液体接界电势 $\varphi_{扩}$。

设 H^+ 的活度系数等于电解质的平均活度系数，则对于 Ⅰ-Ⅰ 价型电解质，离子的活度等于电解质的平均活度，所以其液体接界电势 $\varphi_{扩}$ 为

$$\varphi_{扩} = E - E_{无} = (2t_- - 1)\frac{RT}{F}\ln\frac{(a_\pm)_2}{(a_\pm)_1}$$

或
$$\varphi_{扩} = \varphi(t_- - t_+)\frac{RT}{F}\ln\frac{(a_\pm)_2}{(a_\pm)_1} \tag{9-21}$$

由式(9-21)可以看出，两种溶液的活度相差越大，液体接界电势越大；同时如果两种离子的迁移数相差越大，则液体接界电势也越大。

2. 减少或消除液体接界电势的方法

有液体接界电势的电池必定存在浓差扩散问题，浓差扩散是不可逆过程，在此条件下测得

的电动势不是电池的可逆电动势，这样就失去了热力学意义。同时有液体接界电势存在时，由于对其的影响因素很多，因此很难测出重复性很好的电动势数据。所以在实际工作中，应尽可能地减少或消除液体接界电势，常采用的方法如下：

(1) 盐桥。为了避免两种电解质溶液直接接触，常在两溶液之间插一盐桥或者多孔膜，如图 9-2 所示，这样就可以避免 $ZnSO_4$ 与 $CuSO_4$ 溶液直接接触。盐桥一般采用 U 形玻璃管装入阳、阴离子运动速率极为接近的电解质溶液，用适量的琼胶凝成胶状固定于管中，常用的电解质是饱和 KCl 溶液。在盐桥和两种溶液的接触处，由于 KCl 的浓度比两侧溶液中的电解质的浓度大很多，因此两接触处主要是 K^+ 和 Cl^- 向溶液中扩散。又由于 K^+ 及 Cl^- 的迁移数几乎相等($t_{K^+}=0.496$，$t_{Cl^-}=0.504$)，由式(9-21)可以看出，当 $t_+ \approx t_-$ 时，$\varphi_{扩}$ 值就变得非常小了，所以采用盐桥的方法能使液体接界电势降至最小的程度。

必须指出，如果电解质溶液与 KCl 发生作用而形成气体产物或其他沉淀物，盐桥中的电解质就不用 KCl，而应采用其他阳、阴离子迁移速率相近的物质，如 NH_4NO_3。由于盐桥中的阳、阴离子不断向两极溶液中扩散，即盐桥中电解质溶液的浓度在不断变化，因此盐桥用了一段时间后应及时更换，决不能长期使用。

(2) 无迁移电池法。盐桥只能使液体接界电势降至一定的程度，但不能完全消除液体接界电势，如果用下列单液电池反向串联，则可达到完全消除液体接界电势的目的。

$$\mathrm{Pt, H_2}(g, p) \mid \mathrm{HCl}(a_\pm) \mid \mathrm{AgCl(s), Ag(s)}$$

两个单液电池反向串联：

$$\mathrm{Ag, AgCl} \mid \mathrm{HCl}(a_\pm)_1 \mid \mathrm{H_2}(p_1), \mathrm{Pt\text{-}Pt, H_2}(p_2) \mid \mathrm{HCl}(a_\pm)_2 \mid \mathrm{AgCl, Ag}$$

左边电池反应为

$$\mathrm{Ag(s)} + \mathrm{H^+}(a_+)_1 + \mathrm{Cl^-}(a_-)_1 \longrightarrow \mathrm{AgCl(s)} + \frac{1}{2}\mathrm{H_2}(p_1)$$

右边电池反应为

$$\mathrm{AgCl(s)} + \frac{1}{2}\mathrm{H_2}(p_2) \longrightarrow \mathrm{Ag(s)} + \mathrm{H^+}(a_+)_2 + \mathrm{Cl^-}(a_-)_2$$

反向串联电池的总电池反应为

$$\mathrm{H^+}(a_+)_1 + \mathrm{Cl^-}(a_-)_1 \longrightarrow \mathrm{H^+}(a_+)_2 + \mathrm{Cl^-}(a_-)_2$$

或

$$\mathrm{HCl}(a_\pm)_1 \longrightarrow \mathrm{HCl}(a_\pm)_2$$

显然这也是一种浓差电池，其电动势为

$$E = \frac{2RT}{F}\ln\frac{(a_\pm)_1}{(a_\pm)_2} \tag{9-22}$$

9.5 电势-pH 图

前面已经指出，平衡电极电势的数值能反映出物质的氧化还原能力，所以可用来判断电化学反应进行的方向及限度。然而平衡电极电势不仅与反应物的活度有关，对于有 H^+ 或 OH^- 参加的反应，其平衡电极电势还与溶液 pH 有关。如果将有关电极反应的电极电势与溶液 pH 的函数关系曲线绘制在一张图上，则能直观地从图上得出某一电化学体系中所发生的各种反应必须具备的条件，或者判断某些物质稳定存在的区域。这种以溶液的 pH 为横坐标，以有关电极反应的平衡电势为纵坐标所绘制的平衡图，称为电势 pH 图。这种平衡图是由比利时学者保尔帕克斯(Pourbaix)等于 20 世纪 30 年代研究金属腐蚀时提出的，所以又称帕克斯图，后来在电化学、无机化学、分析化学、冶金和地质等学科领域内得到广泛的应用。

9.5.1 电势图-pH 图上曲线的类型

在金属与水组成的电化学体系中，有以下三类典型的反应。现在分别讨论这三类反应的电极电势和溶液 pH 之间的关系。

1) 有 H^+ 参加的电极反应

下面以纯水为例讨论这类电极反应。在纯水体系中存在着 OH^-、H^+ 及 H_2O 三种物质，所以在纯水中可能发生两种电极反应：

反应(a) $$O_2+4H^++4e^- \longrightarrow 2H_2O$$

$$E(H^+/O_2)=E^\ominus(H^+/O_2)-\frac{RT}{4F}\ln\frac{a_{H_2O}^2}{a_{H^+}^4 a_{O_2}} \tag{9-23}$$

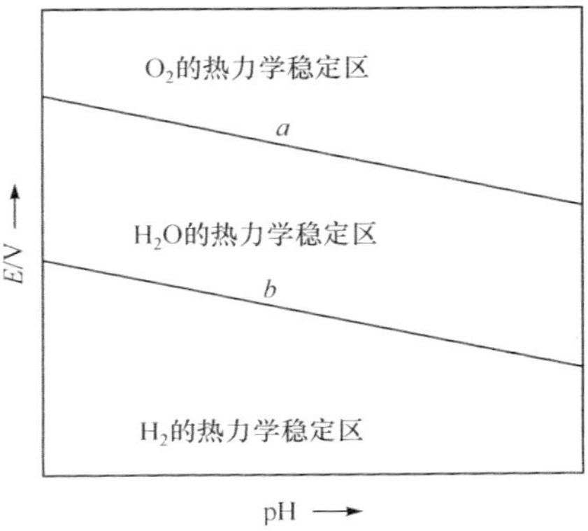

图 9-11 水的电势-pH 图

$E^\ominus(H^+/O_2)=1.229$ V，在 298.15 K，$p_{O_2}=p^\ominus=$ 101 325 Pa，并认为 $a_{H_2O}=1$ 时，式(9-23)可写成

$$E(H^+/O_2)=1.229-0.059\ 15\ \text{pH} \tag{9-24}$$

将式(9-24)绘制于图 9-11 中则为 a 线(或称氧线)，它是一条恒温恒压线。当 $p_{O_2}\neq p^\ominus$ 时，a 线的位置将有所变动。如 $p_{O_2}>101\ 325$ Pa 时，由式(9-23)可以看出，a 线向将上平移；如 $p_{O_2}<101\ 325$ Pa，则 a 线向下平移。

a 线是描述反应(a)平衡条件的线，即线上每一点都对应不同 pH 的平衡电极电势。在 a 线的下方，对于反应(a)是不平衡状态。也就是说，在 a 线下方区域内任意一点的电势都比相应条件下反应(a)的平衡电极电势要负。在这种条件下，相对于平衡状态，体系中有剩余的负电荷，从而促使氧的还原，即促使反应 $O_2+4H^++4e^- \longrightarrow 2H_2O$ 向右方进行。换句话说，在 a 线的下方，O_2 是不稳定的，而水才是稳定的。

反应(b) $$2H^++2e^- \longrightarrow H_2$$

前已指出，当 $p_{O_2}=p^\ominus=101\ 325$ Pa 时，在 298.15 K：

$$E(H^+/H_2)=(-0.059\ 16\ \text{pH})\ \text{V} \tag{9-25}$$

式(9-25)可用图 9-11 中 b 线表示(或称氢线)。反应(b)的平衡条件可用此线描述，即线上每一点都对应于不同 pH 的平衡电极电势。在 b 线下方区域内任意一点都表示其电势比反应(b)的平衡电势要负，从而促使 H^+ 的还原，即促使 $2H^++2e^- \longrightarrow H_2$ 向右方进行。也就是说，在 b 线的下方应是 H_2 的稳定区。

综上所述，可以看出，在这些平衡线的下方都是还原态物质的稳定区，从而可以推出在这些平衡线上方为氧化态物质的稳定区。在线上任何一点则表示氧化态及还原态物质平衡共存。可见在图 9-11 上，a 线与 b 线之间的区域为 H_2O 的热力学稳定区(又有人称之为水的优势区)，在 a 线上方为 O_2 的热力学稳定区，在 b 线的下方为 H_2 的热力学稳定区。

2) 无 H^+ 参加的电极反应

此类反应是只有电子出现的电极反应，其电极电势与 pH 无关。例如，$Fe\text{-}H_2O$ 系中有反应：$Fe^{3+}+e^- \longrightarrow Fe^{2+}$，则

$$E(Fe^{3+}/Fe^{2+})=E^\ominus(Fe^{3+}/Fe^{2+})-\frac{RT}{F}\ln\frac{a_{Fe^{2+}}}{a_{Fe^{3+}}}$$

在 298.15 K，若 $a_{Fe^{2+}}=a_{Fe^{3+}}=1$，因为 $E^{\ominus}(Fe^{3+}/Fe^{2+})=0.770\ V$，所以

$$E(Fe^{3+}/Fe^{2+})=E^{\ominus}(Fe^{3+}/Fe^{2+})=0.770\ V \tag{9-26}$$

式(9-26)在电势-pH 图上应是一条平行于横轴的恒温活度线。

3) 有 H^+ 参加的非电极反应

在 $Fe\text{-}H_2O$ 系中，有

$$Fe(OH)_2+2H^+ = Fe^{2+}+2H_2O$$

由此反应可以看出，反应的平衡与 Fe^{2+} 的离子活度及 pH 有关，而与电极电势无关。所以溶液 pH 与 Fe^{2+} 活度的关系可由其平衡常数导出。该反应的标准吉布斯自由能变化值 $\Delta_r G_m^{\ominus}$ 的计算公式为

$$\Delta_r G_m^{\ominus}=[\Delta_f G_m^{\ominus}(Fe^{2+},aq)+2\Delta_f G_m^{\ominus}(H_2O,l)]-\{\Delta_f G_m^{\ominus}[Fe(OH)_2,s]+2\Delta_f G_m^{\ominus}(H^+)\}$$

从附表中查出，$\Delta_f G_m^{\ominus}(Fe^{2+},aq)=-849\ 35\ J\cdot mol^{-1}$，水及 $Fe(OH)_2$ 的 $\Delta_f G_m^{\ominus}$ 为

$$\Delta_f G_m^{\ominus}(H_2O,l)=-237\ 192.2\ J\cdot mol^{-1},\Delta_f G_m^{\ominus}[Fe(OH)_2,s]=-483\ 540\ J\cdot mol^{-1}$$

将数据代入上式，得

$$\Delta_r G_m^{\ominus}=75\ 779.4\ J\cdot mol^{-1}$$

因

$$\Delta_r G_m{}^{\ominus}=-RT\ln K_a^{\ominus}=-RT\ln[a_{Fe^{2+}}/a_{H^+}^2]$$

$$\begin{aligned}\lg a_{Fe^{2+}}/a_{H^+}^2 &= -\Delta_r G_m^{\ominus}/2.303RT\\ &= -(-75\ 779.4\ J\cdot mol^{-1})/2.303\times 8.314\ J\cdot mol^{-1}\cdot K^{-1}\times 298.15\ K\\ &= 13.274\end{aligned}$$

故

$$\lg a_{Fe^{2+}}=13.274-2pH \tag{9-27}$$

若 Fe^{2+} 的活度 $a_{Fe^{2+}}=10^{-6}$，则式(9-27)可简化为

$$pH=9.637 \tag{9-28}$$

式(9-28)在电势-pH 图上应是一条垂直于横轴的恒温恒活度线。

9.5.2 电势-pH 图的绘制

一般来说，绘制电势-pH 图可按以下步骤进行。

(1) 确定此体系可能发生的各种反应。包括各种电极反应及与 pH 有关的非氧化还原反应。

(2) 查出参加每一反应的各物质的热力学数据，计算反应的 $\Delta_r G_m^{\ominus}$（或平衡常数）或标准电极电势 $E_{电极}^{\ominus}$。

(3) 求出各反应的电极电势 $E_{电极}$ 与 pH 的关系式，或 pH 与某相关离子浓度的关系式。

(4) 指定温度下，利用上述关系式算出指定离子活度或气相分压下各反应的 $E_{电极}$ 和 pH，然后将 $E_{电极}$ 对 pH 作图，即得指定离子活度或气体分压下的恒温电势-pH 图。

现以 $Fe\text{-}H_2O$ 系为例，简述电势-pH 图的绘制方法。

前已述及电势-pH 图有三类曲线，现以该体系的第一类反应中的一例，说明它的电势-pH 关系式的计算方法，反应式如下：

$$Fe(OH)_3(s)+3H^++e^- = Fe^{2+}+3H_2O$$

此电极反应的标准电极电势值不一定能在有关手册中查得，所以必须利用参加反应的各种物质的热力学数据进行计算。计算方法是，将其与标准氢电极构成原电池，并设它为原电池的正极，则

负极

$$\frac{1}{2}H_2(p^{\ominus})-e^- = H^+$$

正极

$$Fe(OH)_3(s)+3H^++e^- \longrightarrow Fe^{2+}+3H_2O$$

电池反应 $$Fe(OH)_3(s)+\frac{1}{2}H_2(p)+2H^+ \longrightarrow Fe^{2+}+3H_2O$$

由有关表查出：

$$\Delta_f G_m^\ominus[Fe(OH)_3,s]=-694\ 544\ J\cdot mol^{-1},\Delta_f G_m^\ominus(Fe^{2+},aq)=-84\ 935\ J\cdot mol^{-1}$$

$$\Delta_f G_m^\ominus(H_2O,l)=-237\ 191\ J\cdot mol^{-1},\Delta_f G_m^\ominus(H^+,aq)=0$$

所以可对上式求解，得

$$\Delta_r G_m^\ominus=\{[-84\ 935+3\times(-237\ 191)]-(-694\ 544+0+0)\}\ J\cdot mol^{-1}=-101\ 964\ J\cdot mol^{-1}$$

$$E^\ominus=\Delta_r G_m^\ominus/zF=-(-101\ 964\ J\cdot mol^{-1})/(1\times 96\ 485\ C\cdot mol^{-1})=1.0568\ V$$

此 $E^\ominus$ 值即为 $Fe(OH)_3(s)+3H^++e^- \longrightarrow Fe^{2+}+3H_2O$ 电极的标准电极电势 $E^\ominus_{电极}$ [因 $E^\ominus(H^+/H_2)=0$]。所以此电极的电极电势为

$$E[Fe^{2+}/Fe(OH)_3]=[1.0568+\frac{3RT}{F}\ln a_{H^+}-\frac{RT}{F}\ln a_{Fe^{2+}}]$$

在 298.15 K 时

$$E[Fe^{2+}/Fe(OH)_3]=[1.0568-0.1775\ pH-0.059\ 16\ \lg a_{Fe^{2+}}] \tag{9-29}$$

当 $a_{Fe^{2+}}=10^{-6}$ 时，则式(9-29)变成

$$E[Fe^{2+}/Fe(OH)_3]=[1.4120-0.1775\ pH]V \tag{9-30}$$

式(9-30)绘于图 9-12 上，即线(3)。

Fe-H_2O 系中可能发生的各种反应，可按照式(9-25)、式(9-26)及式(9-28)的计算方法分别求得各反应的 $E_{电极}$ 计算公式并列于表 9-4 之中。如果指定表中各反应式中各种铁离子的活度均为 10^{-6} 时，根据各计算公式即可绘制如图 9-12 所示的 Fe-H_2O 系电势-pH 图。

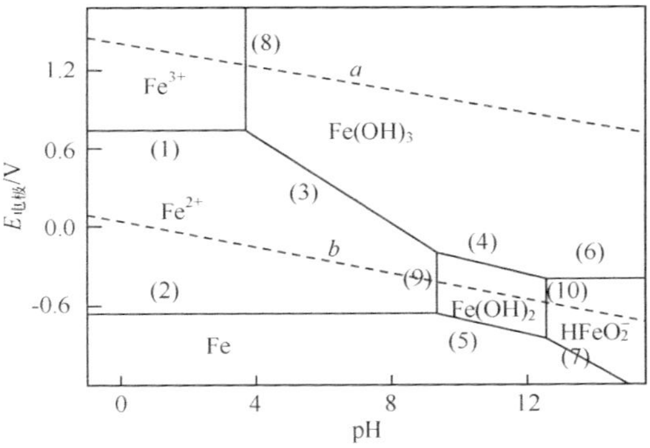

图 9-12 Fe-H_2O 系电势-pH 图

必须指出，图 9-12 中的各线都是表示在一定范围内各反应的平衡关系。如果超出一定范围，则平衡关系就不复存在，所以图中有关直线不能任意延伸。例如，线(1)就不能再向右任意延伸，因为再向右延伸就意味着 pH 超出一定范围，这时 Fe^{3+} 将水解成 $Fe(OH)_3$。

表 9-4 Fe-H_2O 系中的反应及 $E_{电极}$ 计算式

图中序号	反应式	$E_{电极}$/V	$E_{电极}$计算公式
(1)	$Fe^{3+}+e^-=\!=\!=Fe^{2+}$	0.77	$E_{电极}=0.77-0.059\ 16\ \lg a_{Fe^{2+}}/a_{Fe^{3+}}$
(2)	$Fe^{2+}+2e^-=\!=\!=Fe$	−0.4402	$E_{电极}=-0.4402+0.029\ 58\ \lg a_{Fe^{2+}}$
(3)	$Fe(OH)_3(s)+3H^++e^-=\!=\!=Fe^{2+}+3H_2O$	1.0568	$E_{电极}=1.0568-0.1775\ pH-0.059\ 16\ \lg a_{Fe^{2+}}$
(4)	$Fe(OH)_3(s)+H^++e^-=\!=\!=H_2O+Fe(OH)_2$	0.271	$E_{电极}=0.271-0.059\ 16\ pH$
(5)	$Fe(OH)_2(s)+2H^++2e^-=\!=\!=Fe+2H_2O$	−0.045	$E_{电极}=-0.045-0.059\ 16\ pH$
(6)	$Fe(OH)_3(s)+e^-=\!=\!=HFeO_2^-+H_2O$	−0.810	$E_{电极}=-0.810-0.059\ 16\ \lg a_{HFeO_2^-}$

续表

图中序号	反应式	$E_{电极}$/V	$E_{电极}$计算公式
(7)	$HFeO_2^- + 3H^+ + 2e^- \longrightarrow Fe + 2H_2O$	0.493	$E_{电极} = 0.493 - 0.08874\ pH + 0.02958\ \lg a_{HFeO_2^-}$
(8)	$Fe(OH)_3(s) + 3H^+ \longrightarrow Fe^{3+} + 3H_2O$	—	$\lg a_{Fe^{3+}} = 4.84 - 3pH$
(9)	$Fe(OH)_2 \longrightarrow HFeO_2^- + H^+$	—	$\lg a_{HFeO_2^-} = -18.30 + pH$
(10)	$Fe(OH)_2 + 2H^+ \longrightarrow Fe^{2+} + 2H_2O$	—	$\lg a_{Fe^{2+}} = 13.29 - 2pH$
a	$2H^+ + 2e^- \longrightarrow H_2$	0	$E_{电极} = 0.05916\ pH$
b	$O_2 + 4H^+ + 4e^- \longrightarrow 2H_2O$	1.229	$E_{电极} = 1.229 - 0.05916\ pH$

类似图 9-11 对氢线或氧线的分析，不难得出，图 9-12 中线(1)及线(4)所包围的区域为 Fe^{3+} 的热力学稳定区；线(1)、线(2)、线(3)所包围的区域为 Fe^{2+} 的热力学稳定区。同理也可确定 Fe、$Fe(OH)_3$、$Fe(OH)_2$ 及 $HFeO_2^-$ 等物质的热力学稳定区。

9.5.3 电势-pH 图的简单应用

现在以含 Fe^{2+} 的 $ZnSO_4$ 水溶液水解沉铁为例来说明电势-pH 图的应用。从图 9-12 可知，欲使溶液中 Fe^{2+} 水解而变成 $Fe(OH)_3$ 沉淀分离，则需控制溶液的 pH 略大于图中线(10)的 pH，才能使溶液中 Fe^{2+} 水解沉淀，而使 $a_{Fe^{2+}} < 10^{-6}$。然而在这种 pH 下，溶液中的 Zn^{2+} 在 Fe^{2+} 水解之前已大量水解沉淀，因 $a_{Zn^{2+}} = 1$ 时，Zn^{2+} 水解沉淀的 pH 大约为 5.5，这样将使一定量的锌进入沉淀渣中。为了不使 Zn^{2+} 水解而尽可能使铁离子水解，可采用这样的方法：即先在酸性介质中通入空气使 Fe^{2+} 氧化成 Fe^{3+}，然后控制较低的 pH(相对于 Fe^{2+}、Zn^{2+} 水解 pH 而言)，即可使 Fe^{3+} 很好地水解沉淀分离。这一措施可从电势-pH 图上得到解释。因为曲线(1)表示的 Fe^{2+} 与 Fe^{3+} 组成的氧化还原电极，在酸性溶液中与氧电极(图 9-12 中线 *a* 表示)构成原电池时，它是负极，所以 Fe^{2+} 在此条件下能被氧化成 Fe^{3+}。Fe^{3+} 在溶液 pH 略大于线(8)的 pH 条件下即能很好地水解沉淀，从而使 $a_{Fe^{3+}} < 10^{-6}$。实际生产过程中常采用 MnO_2 作氧化剂，这是因为 MnO_2 使 Fe^{2+} 氧化的速率比空气中的氧使 Fe^{2+} 氧化的速率大。MnO_2 在酸性溶液中存在下列电极反应：

$$MnO_2 + 4H^+ + 2e^- \longrightarrow Mn^{2+} + 2H_2O$$

其电极电势 $E(Mn^{2+}/MnO_2) = 1.229 - 0.1183\ pH$，如将其绘制于图 9-12 中，它的位置在线(1)之上，所以它可作为正极与线(1)所表示的电极构成原电池。Fe^{2+} 可按下列电极反应：

$$Fe^{2+} - e^- \longrightarrow Fe^{3+}$$

氧化成 Fe^{3+}，然后水解沉淀而进入沉淀渣中。这就是湿法炼锌水解除铁的基本原理。

必须指出，上述所讨论的电势-pH 图是一种热力学平衡图，而在实际体系中，常偏离这种平衡，同时也未考虑“局外物质”对平衡的影响，这也是电势-pH 图的局限性。

复习思考题

1. “电极表面与电解质溶液之间的电势差就是电极电势。”这种说法对吗？指出影响这种电势差的原因有哪些。
2. 从原电池的表示符号能看出什么问题？
3. “$\Delta_r G_m^{\ominus} = -zE_{电极}^{\ominus} F$，则 $\Delta_r G_m^{\ominus}$ 表示电极反应在标准状态下的吉布斯自由能变化值。”这种说法对吗？
4. “如测出$[\partial E/\partial T]_p < 0$，由式(9-10)可知$-\Delta_r H_m > zEF$，表明反应的热效应只有一部分转变为电功，而其余部分仍以热的形式放出。这就说明在相同的始、末态间化学反应的 ΔH 比按电池反应进行的 ΔH 为大。”

这种说法对吗？为什么？

5. 为何不能用一般的电压表测原电池的电动势？

6. 说明图 9-6 中的待测电池、标准电池、AB 均匀滑线电阻及工作电池的连接原理。

7. “式(9-7)右边第二项的活度是电池反应平衡时各作用物的活度。”此说法对吗？为什么？

8. “$E^\ominus(H^+/H_2)=0$ 表示氢的标准电极电势绝对值为零，这就意味着标准氢电极与溶液相间的电势差为零。”这种说法对吗？为什么？

9. 式(9-13)中的 $E^\ominus_{电极}$ 受哪些因素的影响？由该式计算得出的电极电势是什么电势？它是否与电极反应的反应式计量数有关？

10. “凡 $E^\ominus_{电极}$ 为正的电极必为原电池的正极，$E^\ominus_{电极}$ 为负的电极必为负极。”这种说法对吗？

11. 输送 $CuSO_4$ 溶液时能否使用铁管？试说明其原因。

12. 液体接界电势是怎样产生的？用盐桥能否完全消除液体接界电势？为什么？

13. “已知 $E^\ominus=\dfrac{RT}{zF}\ln K^\ominus$，$E^\ominus$ 是电池反应达到平衡时的电动势。”这种说法对吗？为什么？

14. “从图 10-13 看出，线(1)与线(8)可构成原电池。”这种说法对吗？为什么？

15. 试从图 10-13 粗略估计铁粉在什么 pH 下才能使溶液中的氢离子还原成 H_2。

16. 试分别设计相应的原电池，以测出下列各种数据，并列出应测出的数据及计算公式。

    (1) H_2O 的标准生成吉布斯自由能 $\Delta_f G_m^\ominus$；(2) 指定温度下某金属氧化物的 $\Delta_f G_m^\ominus$。

习　题

1. 写出下列原电池中各电极反应、电池反应及 E 的计算公式。

    (1) $Pb(s), PbSO_4(s)|SO_4^{2-}(a_1)\|Cu^{2+}(a_2)|Cu(s)$

    (2) $Pt, H_2(101\ 325\ Pa)|KOH(a)|O_2(101\ 325\ Pa), Pt$

    (3) $Pt, H_2(g,p)|H^+(a)|Sb_2O_3(s), Sb(s)$

    (4) $Ag(s), AgI(s)|I^-(a_1)\|Cl^-(a_2)|AgCl(s), Ag(s)$

2. 试将下列化学反应设计成原电池。

    (1) $Zn(s)+H_2SO_4(a_1)=\!=\!=ZnSO_4(a_2)+H_2(p_{H_2})$

    (2) $Ni(s)+H_2O=\!=\!=NiO(s)+H_2(p_{H_2})$

    (3) $H_2(p_{H_2})+\dfrac{1}{2}O_2(p_{O_2})=\!=\!=H_2O(l)$

    (4) $H_2(p_{H_2})+HgO(s)=\!=\!=Hg(l)+H_2O(l)$

3. 工业上用铁屑加入硫酸铜溶液中以置换铜，试设计原电池；计算该反应在 298.15 K 时的平衡常数，并说明此置换反应进行的完全程度。已知 $E^\ominus(Cu^{2+}/Cu)=0.3402\ V$，$E^\ominus(Fe^{2+}/Fe)=-0.4402\ V$。

4. 试计算反应：$2Fe^{3+}+2Br^-\longrightarrow 2Fe^{2+}+Br_2$ 在 298.15 K 下的标准平衡常数。

5. 在 298.15 K 时，测得下列电池的 E 为 1.228 V

$$Pt, H_2(p^\ominus)|H_2SO_2(0.01\ mol\cdot kg^{-1})|O_2(p^\ominus), Pt$$

已知 $\Delta_f H_m^\ominus(H_2O, l)=-285.83\ kJ\cdot mol^{-1}$。试计算：(1)此电池的温度系数；(2)设反应热在此温度范围内为常数，试求此电池在 273.15 K 时的电动势。

6. 已知 $E^\ominus(Cu^{2+}/Cu)=0.3402\ V$；$E^\ominus(Cu^+/Cu)=0.522\ V$。求 $E^\ominus(Cu^{2+}/Cu^+)$。在 298.15 K 时，铜粉与含 $0.01\ mol\cdot kg^{-1}$ 的 $CuSO_2$ 溶液混合，试计算平衡时 Cu^+ 浓度？

7. 在 298.15 K 时，将金属铁片和镉片分别插入下列溶液之中构成原电池，何者为负极？

    (1) 溶液中 Fe^{2+} 及 Cd^{2+} 的浓度均为 $0.1\ mol\cdot kg^{-1}$。

    (2) 溶液中含 Fe^{2+} 为 $0.1\ mol\cdot kg^{-1}$，含 Cd^{2+} 为 $0.0036\ mol\cdot kg^{-1}$。

8. 已知 298.15 K 时，$E^\ominus(Pb^{2+}/Pb)=-0.1263\ V$，$PbSO_2$ 的活度积 $K_{sp}=1.66\times10^{-8}$，请计算 $E^\ominus(SO_4^-/PbSO_4, Pb)$。

9. 在 298.15 K 时，浓度为 $0.1\ mol\cdot kg^{-1}$ 或 $0.01\ mol\cdot kg^{-1}$ 的 $AgNO_3$ 溶液中 Ag^+ 的平均迁移数为 0.467。

试计算下列电池在 298.15 K 时的电动势及电池(2)的液体接界电势。

(1) $Ag|AgNO_3(0.01\ mol\cdot kg^{-1}, \gamma_{\pm,1}=0.892) \| AgNO_3(0.1\ mol\cdot kg^{-1}, \gamma_{\pm,2}=0.733)|Ag$

(2) $Ag|AgNO_3(0.01\ mol\cdot kg^{-1}, \gamma_{\pm}=0.892)|AgNO_3(0.1\ mol\cdot kg^{-1}, \gamma_{\pm}=0.733)|Ag$

10. 在 298.15 K 时，测得下列电极反应的 $E^{\ominus}[Ag(NH_3)_2^+/Ag]=0.373$ V。

$$Ag(NH_3)_2^+ + e^- \longrightarrow Ag + 2NH_3$$

已知银的 $E^{\ominus}(Ag^+/Ag)=0.7996$ V，求银氨配离子的不稳定常数。

11. 试用两种方法求下列原电池的电动势 $Zn(s)|ZnCl_2(0.1\ mol\cdot kg^{-1})|Cl_2(101\ 325\ Pa), Pt$。

12. 某水溶液中约含 0.01 $mol\cdot kg^{-1}$ $CdSO_2$、0.01 $mol\cdot kg^{-1}$ $ZnSO_4$ 和 0.5 $mol\cdot kg^{-1}$ H_2SO_4，在此溶液中插入两支铂电极，在极低电流密度下进行电解，同时很好搅拌。已知 298.15 K 时 $E^{\ominus}(Zn^{2+}/Zn)=-0.7628$ V，$E^{\ominus}(Cd^{2+}/Cd)=-0.4026$ V。(1)试问哪种金属将首先在阴极上沉积？(2) 当另一金属开始沉积时，溶液中先放电的那种金属所剩余的浓度是多少？（设浓度等于活度）

13. 设有 pH=3 的硫酸亚铁溶液，试问用空气中的氧($p_{O_2}=21\ 278.25$Pa)能否使 Fe^{2+} 氧化成 Fe^{3+}。当酸度增大时，对 Fe^{2+} 氧化有利还是不利？已知

$$O_2 + 4H^+ + 4e^- \longrightarrow 2H_2O \qquad E^{\ominus}(H^+/O_2)=1.229\ V$$

$$Fe^{3+} + e^- \longrightarrow Fe^{2+} \qquad E^{\ominus}(Fe^{3+}/Fe^{2+})=0.770\ V$$

14. 在 298.15 K 时，原电池 $Cd|CdCl_2(0.01\ mol\cdot kg^{-1})|AgCl(s), Ag$ 的电动势为 0.7585 V，其标准电动势 $E^{\ominus}=0.5732$ V。试计算此 $CdCl_2$ 溶液离子的平均活度系数 $\gamma_{\pm}$。

15. 在 291 K 时，$m_2/m_1=10$ 的条件下对下列电池的电动势进行测定，得出平均值为 0.029 V。试根据这些数据确定溶液中的亚汞离子是 Hg_2^{2+} 形态，还是 Hg^+ 形态存在。

Hg(l) | 硝酸亚汞(m_1)，$HNO_3(0.01\ mol\cdot kg^{-1})$ ‖ 硝酸亚汞(m_2)，$HNO_3(0.1mol\cdot kg^{-1})$ | Hg(l)

16. 已知电池 $Pt, H_2(p^{\ominus})|HCl(1\ mol\cdot kg^{-1}, \gamma_{\pm}=0.809)|AgCl(s), Ag(s)$ 的电动势与温度的关系为：$E/V=0.160\ 235+1.0023\times10^{-3}T-2.541\times10^{-6}T^2$，试求 298.15 K 下，当 $z=1$ 时电池反应 ΔC_p。

17. 298.15 K 下，① $Pt, H_2(p^{\ominus})|H_2SO_4(7\ mol\cdot kg^{-1})|Hg_2SO_4(s), Hg(l)$ 的 $E_1=0.5655$ V，$E_1^{\ominus}=0.615\ 15$ V；② $Pt, H_2(p^{\ominus})|H_2SO_4(7\ mol\cdot kg^{-1})|PbSO_4(s), PbO_2(s)$ 的 $E_2=1.750$ V，$E_2^{\ominus}=1.684\ 88$ V。试求此溶液中水的活度。

18. 在 298.15 K 下，10 $mol\cdot kg^{-1}$ 和 6 $mol\cdot kg^{-1}$ 的 HCl 水溶液中 HCl 的分压分别为 560 Pa 和 18.7 Pa，试求下列两电池的电动势差值。

(1) $Pt, H_2(p^{\ominus})|HCl(10\ mol\cdot kg^{-1})|Cl_2(p^{\ominus}), Pt$

(2) $Pt, H_2(p^{\ominus})|HCl(6\ mol\cdot kg^{-1})|Cl_2(p^{\ominus}), Pt$

19. 试计算 HgO 在 298.15 K 时的分解压，已知原电池 $Pt, H_2(p^{\ominus})|NaOH(aq)|HgO(s), Hg(l)$ 的 $E^{\ominus}=0.9265$ V，$\Delta_f H_m^{\ominus}(H_2O, l)=-285.83\ kJ\cdot mol^{-1}$，$H_2O(l)$、$O_2$ 及 H_2 的 $S^{\ominus}_{m,289.15K}$ 值分别为 69.948 $J\cdot mol^{-1}\cdot K^{-1}$、205.0 $J\cdot mol^{-1}\cdot K^{-1}$、130.58 $J\cdot mol^{-1}\cdot K^{-1}$。

20. 在 298.15 K 时，$OH^-/Ag_2O, Ag$ 和 $O_2/OH^-, Pt$ 两电极的标准还原电势分别为 0.342 V 和 0.401 V，设 $\Delta_f H_m^{\ominus}(Ag_2O, s)=-30.56\ kJ\cdot mol^{-1}$，且不随温度而变。求 Ag_2O 在大气中的分解温度。（大气中 $p_{O_2}=21\ 278.25$ Pa）

21. 已知电池 $Pt, H_2(p^{\ominus})|HCl(m)|Hg_2Cl_2(s), Hg(l)$ 在 298.15 K 时，当 $m_1=10\ mol\cdot kg^{-1}$，$E_1=0.0302$ V，当 $m_2=0.1009\ mol\cdot kg^{-1}$，$E_2=0.3989$ V，而且 HCl(m_1)溶液上方 HCl(g)的平衡分压为 487.98 Pa，试计算 298.15 K 时 HCl(m_2)溶液上方 HCl(g)的平衡分压。

第 10 章　电 极 过 程

10.1　引　　言

任一电化学反应均同时包含两个电极反应：反应物失去电子的氧化反应和反应物得到电子的还原反应。电极反应只有在电场的作用下在电极表面发生，具有多相催化的一般规律。经验表明，电极反应的速率不但与电极附近的反应物浓度、生成物浓度、电极材料以及电极的表面状态等因素有关，而且与电极电势有关。

电极反应的速率问题，即电极反应动力学行为，是电极过程的主要研究对象。研究电极过程就是要探索电极反应的动力学规律及影响电极反应速率的诸多因素，为电化学过程的控制与高效利用提供依据。

10.1.1　电极过程中的电极反应步骤

电极反应属于多相催化反应，因此，从一般的多相反应规律考虑，电极反应是由下列一些基本步骤串联组成的。

(1) 反应物(或反应离子)向电极表面迁移，即液相中的传质步骤。

(2) 反应物(或反应离子)在电极表面吸附或在表面附近的液层中发生化学变化，称为“前置的”表面转化步骤。

(3) 在电极表面得到或失去电子，形成产物的电化学步骤。

(4) 电化学步骤的产物在电极表面脱附或在表面附近液层中发生化学变化，称为“随后的”表面转化步骤。

(5) 产物生成新相，如生成气泡或固态物质结晶；或产物自电极表面向溶液内部传递，液相中的传质步骤。

不言而喻，以上步骤都有可能成为电极反应的控制步骤，而研究电极过程的动力学规律必须弄清楚哪一步是决定电极反应速率的最慢步骤。应当指出，即使对于同一个电极反应，由于反应条件变化，也很容易引起控制步骤发生变化。

10.1.2　电极反应速率的表示

根据法拉第电解定律，若通过电解池(或原电池)的电流强度为 I，则在 t 时间内电极上起反应的物质的量为

$$n=\frac{It}{zF}$$

微分后得

$$\frac{\mathrm{d}n}{\mathrm{d}t}=\frac{I}{zF}$$

若等式两边同除以电极面积 A_s，则得

$$\frac{\mathrm{d}n}{A_s\mathrm{d}t}=\frac{I}{A_s zF} \tag{10-1}$$

式(10-1)左边表示在单位时间单位电极表面上起反应的物质的量的变化(取绝对值)，这符合多相反应速率的定义，因此电极反应的速率可表示为

$$r_{电极}=\frac{dn}{A_s dt}=\frac{I}{A_s zF} \tag{10-2}$$

由于 $I/A_s=i$ 称为电流密度,因此实际工作中,为了便于统一比较各种电极反应,都采用电流密度(单位电极面积的电流强度)来表示电极反应的速率,即

$$i=zFr_{电极}=zF\frac{dn}{A_s dt} \tag{10-3}$$

10.1.3 不可逆电极电势

第 9 章所讨论的原电池的电动势及电极的电势实际上是可逆地进行电极反应时所具有的电势,是可逆电势或平衡电势。对于如图 10-1 所示的电极反应:

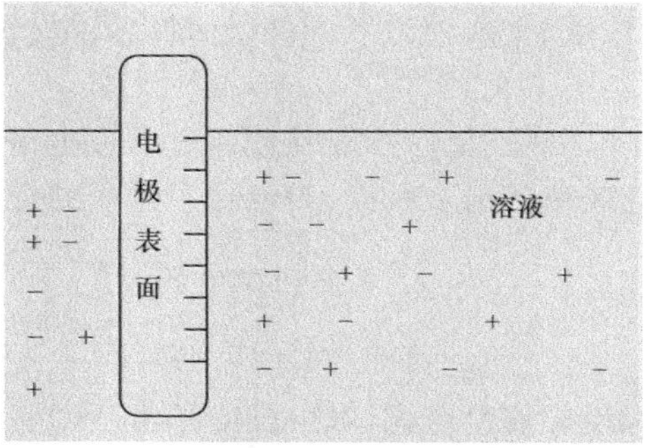

图 10-1 电极反应示意图

$$M^{z+}+ze^- \underset{i_a}{\overset{i_c}{\rightleftharpoons}} M$$

M^{z+} 得电子的正向过程的速率为 i_c,金属 M 失电子的逆向过程的速率为 i_a。从热力学角度来看,所谓处在平衡状态下或可逆地进行电极反应,则 $i_c=i_a=i^0$,i^0 称为电极的交换电流密度。若 $i^0=0$,即电极上没有净电流流过,此时的电极电势就是可逆电极电势或平衡电极电势($E_{平}$)。可逆电极电势对从理论上讨论电化学问题是十分有用的。

在实际的电极反应过程中,通过电极的电流不为零,电极是处在不平衡状态下或不可逆过程进行着电极反应,即在上面所示的电极反应中,$i_c \neq i_a$ 电极就有一定的电流通过,电极反应是以 $I=|i_c-i_a|$ 的速率不可逆地进行的。此时电极所具有的电势为不可逆电极电势或不平衡电极电势。不可逆电极电势的数值主要与通过电极的电流密度的大小有关。不可逆电极电势还有一些其他特定名称,如极化电势、析出电势和溶解电势,下面将会介绍。

当体系中不含有任何可在电极上同时发生电极反应的杂质组分时,电极建立平衡的依据是 i_c 与 i_a 是否相等,若 $i_c=i_a$,则电极处于热力学平衡状态。而在一些经常遇到的体系中,常要考虑杂质组分的影响。

例如,锌和硫酸锌溶液构成的锌电极上的主要反应为

$$Zn^{2+}+2e^- \underset{i_a}{\overset{i_c}{\rightleftharpoons}} Zn$$

除此之外,在锌电极的平衡电势附近还可以有某些杂质组分在电极上进行电极反应。例如

$$H^+ + e^- \underset{i_a}{\overset{i_c}{\rightleftharpoons}} \frac{1}{2}H_2$$

在这种情况下,若 $i_c+i_c^*=i_a+i_a^*$,但 $i_c^* \neq i_a^*$,$i_c \neq i_a$,则表观上通过电极的电流为零,而锌电极却有净电极反应进行,即有 $i=|i_c-i_a| \neq 0$。这时锌电极的电极电势就不能称为可逆电极电势或平衡电极电势。通常将这种电极电势称为"混合电势"或"稳定电势"。当锌电极电极反应的交换电流密度 i^0(Zn)大于氢在锌电极上的氢电极反应的交换电流密度 i^0(H_2/Zn)时,其混合电势可认为是锌电极的可逆电极电势或平衡电极电势。混合电势或稳定电势也是一类不可逆电极电势,常用在金属腐蚀的研究中。

10.2 极化现象

电极有电流通过时，其不可逆电极电势偏离可逆电极电势的行为称为电极的极化现象。在电解池中进行电解过程，或在原电池中进行放电过程，电极上都有电流通过，因此都会发生极化现象。下面介绍的分解电压、析出电势等都与电极的极化有密切关系。

10.2.1 分解电压

在电解池中欲使某电解质显著地进行电解反应所需的最小外加电压值，称为该电解质的分解电压，以 $U_{分}$ 表示。分解电压值随电解质和溶剂的种类、浓度和温度而变，也与电极材料的本性有关。

以电解水为例，将两铂片为电极插入浓度为 $1\ mol \cdot L^{-1}$ 的 H_2SO_4 溶液中，如果溶液内的电极上都不存在氢和氧，则可按图 10-2 所示的分解电压测量装置，测得如图 10-3 所示的电解池两电极的外加电压 U 与通过电解池的电流 I 的关系曲线。

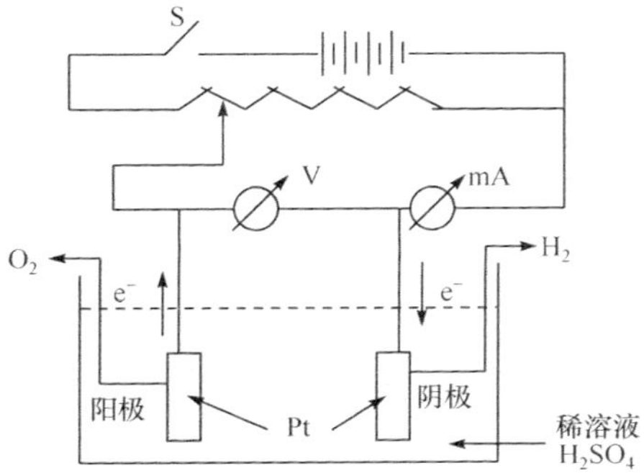

图 10-2　分解电压测定装置

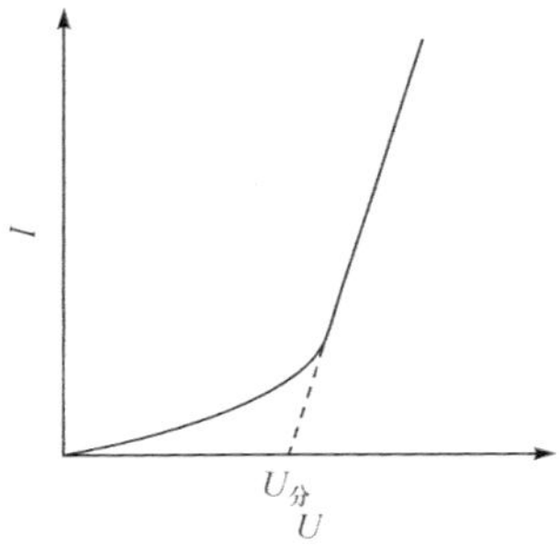

图 10-3　I-U 曲线

一旦有电流通过电解池以后，在电解池的阳极（接外电源的正极）就析出氢。电极反应分别为

阳极　　$H_2O-2e^- \longrightarrow 2H^+ + \frac{1}{2}O_2$

阴极　　$2H^+ + 2e^- \longrightarrow H_2$

这样电解池的两极又分别处于吸附状态的微量氧和氢作用下而成为氧电极和氢电极，构成一个原电池。其电动势与电解池的外加电压的方向相反，相对于外加电压而言为反电动势。外加电压必须超过此反电动势，才可能使电解反应继续发生。随着外加电压的增加，电极上产物的饱和程度增大，电流也慢慢增加；最后当产物（氧和氢）浓度都达到最大而成为气泡逸出时，电解就开始显著进行；以后再增加电压，电流就直线上升。把这个直线部分向后延长，使之与 U 轴相交，交点的电压值 $U_{分}$ 就是分解电压。表 10-1 所列的是一系列电解质的分解电压数据。由表 10-1 可见，前四种电解溶液有相同的产物和大致相同的分解电压，实际上都是水的电解。其理论分解电压为 1.229 V，实验测得的分解电压为 1.70 V。这是因为电解显著进行时，电解池的阳极和阴极都已产生了极化作用，偏离了平衡。事实证明，绝大多数实验测得的分解电压值比其相应的理论分解电压值都大。对于各种不同条件下的电解过程，实测分解电压与其相应的理论分解电压的差别没有什么规律性，而且对这些差别的解释也相当困难。因此，分解电压的含义不够明确，其数值也较难确定。虽然它在理论上的意义不很大，但在实际

工作中还是很有用途的。

表 10-1　几种浓度为 1 mol·L^{-1}的电解质溶液的分解电压

电解质	实测分解电压/V	电解生成物	理论分解电压/V
HNO_3	1.69	O_2+H_2	1.229
H_2SO_4	1.67	O_2+H_2	1.229
NaOH	1.69	O_2+H_2	1.229
KOH	1.67	O_2+H_2	1.229
HCl	1.31	H_2+Cl_2	1.37
HI	0.52	H_2+I_2	0.55
$NiCl_2$	1.85	$Ni+Cl_2$	1.64
$Cd(NO_3)_2$	1.98	$Cb+O_2$	1.25
$AgNO_3$	0.70	$Ag+O_2$	0.04
$Pb(NO_3)_2$	1.52	$Pb+O_2$	0.96
$CoSO_4$	1.92	$Co+O_2$	1.14
$NiSO_4$	2.09	$Ni+O_2$	1.10
$CdSO_4$	2.03	$Cb+O_2$	1.26
$CuSO_4$	1.49	$Cu+O_2$	0.51
$ZnSO_4$	2.55	$Zn+O_2$	1.60

10.2.2　析出电势与溶解电势

在电解池中进行电解时，阴极必须具有一定的电势值，才能使金属或氢气在其上析出。金属或氢气在阴极上析出时，阴极的电极电势越负，析出的速率越大。而对氧气在阳极上的析出而言，阳极的电极电势越正，析出氧的速率越大。而使某物质（如 H_2）在电极上开始显著析出时所需的电极与溶液间的最小电势差，称为某物质的析出电势。

在电解池中，若阳极为可溶性阳极，如以金属作阳极，则阳极的电极电势达到一定的电势值时，金属就可能溶解。使某物质在电极上开始显著溶解时所需的电极与溶液间的最小电势差，称为某物质的溶解电势。

理论析出电势或理论溶解电势应等于可逆电极电势。由于电解过程显著进行时，电极已经极化而不可逆了，因此，实验测得的析出电势或溶解电势就不等于理论析出电势或理论溶解电势。

析出电势和溶解电势都与电极反应本性，电极反应的作用物和生成物活度（或分压），温度，电极材料性质，电极极化的难易程度有关。各种物质的析出电势或溶解电势数据可用于判断一个复杂的电化学体系中，什么物质首先析出或什么物质首先溶解等。若析出过程是还原过程，则析出电势高的物质先析出，析出电势低的物质后析出。因为溶解过程是氧化过程，所以溶解电势低的物质先溶解，溶解电势高的物质后溶解。例如，一溶液中含有同样浓度的 Cu^{2+} 和 Zn^{2+}，铜的析出电势高，锌的析出电势低，因此，应该是铜先析出，锌后析出。这一先一后就能把物质分离开来。一般来说，为了有效地用电解方法将两种物质分开，两种金属的析出电势至少应该相差 0.2 V 左右。

10.2.3　超电势与极化曲线

为明确表示电极极化的程度，常把某一电流密度下的不可逆电极电势与其可逆电极电势之间的差值称为超电势(或过电势),以 η 表示,η 值越大表示电极极化程度越大。习惯上取 η 为正值,因此在求 η 值时,不可逆电极电势与可逆电极电势二者中,要注意如何相减。

电解池中发生阳极极化时,阳极电极电势较其可逆电极电势为正,阴极极化时,阴极电极电势较其可逆电极电势为负。所以,在求算 η 时,对于电解池,阳极超电势和阴极超电势分别为

阳极 $$\eta_{阳}=E_{阳,不可逆}-E_{阳,可逆} \tag{10-4}$$

阴极 $$\eta_{阴}=E_{阴,可逆}-E_{阴,不可逆} \tag{10-5}$$

由于原电池中负极发生氧化反应,与电解池中的阳极反应相当;正极发生还原反应,与电解池中阴极反应相当。所以,对于原电池,负极超电势和正极超电势则分别为

负极 $$\eta_{负}=E_{负,不可逆}-E_{负,可逆} \tag{10-6}$$

正极 $$\eta_{正}=E_{正,可逆}-E_{正,不可逆} \tag{10-7}$$

超电势的数值除取决于电极反应的本性等因素外,主要与通过电极的电流密度有关。在不同的电流密度下可得到相应的不可逆电极电势。以电流密度 i 对不可逆电极电势 $E_{不可逆}$ 作图,可得如图 10-4 所示的曲线,此曲线成为极化曲线。图 10-4 所示的阳极极化曲线表示,电流密度 i 升高时,阳极的 $E_{不可逆}$ 向正方向移动;阴极极化曲线表明,电流密度 $E_{不可逆}$ 升高时,阴极的 $E_{不可逆}$ 向负方向移动。

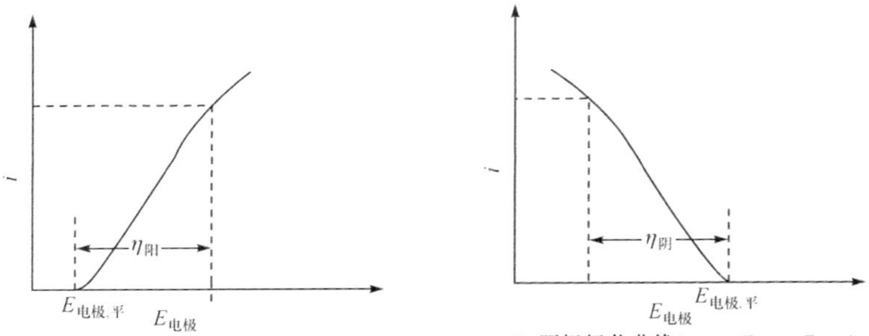

(a) 阳极极化曲线($\eta_{阳}=E_{阳,实}-E_{阳,平}$)　　(b) 阴极极化曲线($\eta_{阴}=E_{阴,平}-E_{阴,实}$)

图 10-4　电极极化曲线示意图

10.2.4　电解池与原电池的极化现象

在讨论单个电极的极化问题与超电势时,只需指明该电极是阳极还是阴极,而不必区分它们是在电解池中工作还是在原电池中工作。因为两种工作场合下的电极极化曲线均如图10-4所示,没有区别。但在研究由两个电极组成的电化学装置的两极电势差时,却必须区分是电解池还是原电池。

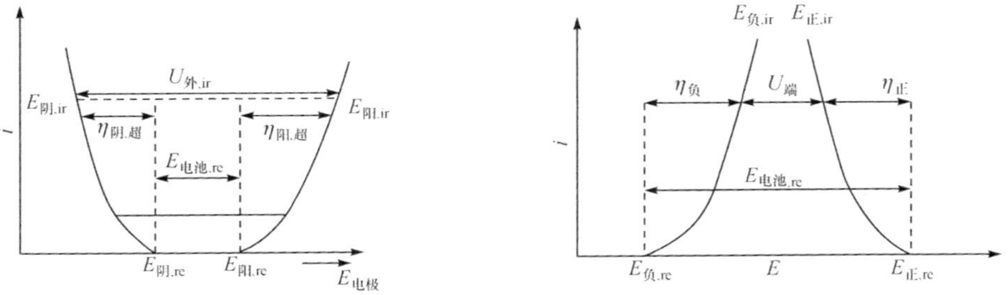

(a) 电解池　　(b) 原电池

图 10-5　电解池和原电池的极化现象

对于电解池，两极间的电势差与电流密度的关系如图10-5(a)所示。当有限电流通过电解池时，两极间所需的外加电压$U_{外}$一定大于对应的可逆电池的电动势$E_{可逆}$，即

$$U_{外}=E_{可逆}+\eta_{阳}+\eta_{阴}+IR$$

式中，$\eta_{阳}$和$\eta_{阴}$分别为两电极的超电势；IR是通过电流I以克服电解池电阻R所消耗的电势降。当IR可以忽略时，则有

$$\begin{aligned}U_{外}&=E_{可逆}+\eta_{阳}+\eta_{阴}\\&=E_{阳,可逆}-E_{阴,可逆}+\eta_{阳}+\eta_{阴}\\&=E_{阳,可逆}+\eta_{阳}-(E_{阴,可逆}-\eta_{阴})=E_{阳,不可逆}-E_{阴,不可逆}\end{aligned}$$

由图10-5可见，电解池工作时，所通过的电流密度越大，即不可逆程度越高，两电极上所需要的外加电压越大，消耗掉的电功也就越多。

对于原电池，两电极间的电势差与电流密度的关系如图10-5(b)所示。当有限电流通过电池时，两电极之间的端电压$U_{端}$一定小于可逆电池的电动势$E_{可逆}$，即

$$U_{端}=E_{可逆}-(\eta_{负}+\eta_{正}+IR)$$

式中，$\eta_{负}$和$\eta_{正}$分别为两极超电势；IR是克服电池内阻而消耗的电势降。当IR可以忽略不计时，则可得

$$\begin{aligned}U_{端}&=E_{可逆}-(\eta_{负}+\eta_{正})\\&=E_{正,可逆}-E_{负,可逆}-\eta_{负}-\eta_{正}\\&=E_{正,可逆}-\eta_{正}-(E_{负,可逆}+\eta_{负})\\&=E_{正,不可逆}-E_{负,不可逆}\end{aligned}$$

由图10-5可知电流密度越大，电池放电的不可逆程度越高，则电池的端电压越小，所输出的电功也就越少。

10.2.5 极化的种类

根据极化产生的原因，通常可以简单地把极化分为三类：电阻极化、浓差极化和电化学极化。相应的超电势分别称为电阻超电势、浓差超电势和电化学超电势。

1. 电阻极化

由于电极反应的进行，电极表面生成一层导电能力较差的氧化物或其他物质的薄膜，以及电解质本身的电阻等对电流通过产生阻力，此阻力效应就是电阻极化。为克服此种阻力效应需要额外增加的电压就是电阻超电势，在数值上等于IR。电阻超电势随电流增加而成正比例的增加。

2. 浓差极化

在电极反应进行时，如果电极反应的反应物或产物扩散传质慢，就会造成它们在电极附近(距电极表面$10^{-4}\sim10^{-5}$ m的区域内)的浓度c_s和在本体溶液(离电极较远的溶液)中的浓度c有差别。在不同的电流密度下，该差值并不相同。当电极在一定的电流密度下达到稳态后，电极附近电极反应的反应物或产物浓度c_s具有稳定值。对应于c_s电极具有一定的电极电势，就好像把电极浸入一个浓度为c_s的溶液中一样。此电极电势是在一定的电流密度下建立的，为不可逆电极电势，它与该电极的可逆电势有差值。这样在有限电流通过电极时，由于离子扩散的迟缓性导致电极表面附近离子浓度与本体溶液中不同，从而使电极电势与其可逆电极电势发生偏离的现象称为浓差极化。

3. 电化学极化

当有限电流通过电极时，若电极进行阴极反应，则电极一方面不断地从外电源获取电子，另一方面又不断地将电子转交给电极反应的作用物。如果电极将电子转交给电极反应反应物这一步骤的活化能比较高，即电化学反应步骤比较慢，电子就不能及时地消耗掉。这也就会改变电极表面的带电程度，致使电极表面自由电子数量增多(与电极无电流通过时的状态相比)，结果电极电势向负方向移动，偏离了其可逆电势值。

同理，若电极进行阳极反应，如果电极从电极反应的反应物获取电子的电化学反应步骤比较慢，电子就不能及时地供应上，致使电极表面正电荷数量增多，电极电势就向正方向移动，也偏离了其可逆电势值。

由此可见，在有限电流通过电极时，电化学反应步骤的迟缓性造成电极上带电程度与其可逆情况时的带电程度不相同，从而导致电极电势发生偏离。这种现象称为电化学极化。

在实际的电化学过程中，由于情况不同，可以出现一种极化或两种极化，甚至三种极化。在加强搅拌溶液的情况下可以大大降低浓差极化，而适当选择电极材料或改变电极表面状态则可以降低电化学极化。电阻极化一般来说不具有普遍意义，也比较容易消除。

10.3 浓差极化动力学

当电流通过电极时，电极反应的反应物如 M^{z+} 从溶液本体向电极表面输送(传质)主要有两种方式：①电迁移；②浓差扩散。在通过电极的电流达到稳定时，总的传质速率必等于电迁移速率和浓差扩散速率之和，即 $r_{传质}=r_{电迁移}+r_{扩散}$，如果溶液中加入大量的不参与电极反应的支持电解质，则在传质过程中电迁移传质所占分量极小，主要靠扩散传质，即 $r_{传质}\approx r_{扩散}$。

10.3.1 扩散电流

浓差极化是由于扩散传质步骤慢产生的，因此电极反应速率 $r_{电极}\approx r_{传质}\approx r_{扩散}$。根据多相反应速率的扩散理论，扩散速率为

$$r_{扩散}=\mathrm{d}n/A_s\mathrm{d}t=D(c_0-c_s)/\delta$$

式中，D 为电极反应反应物在扩散层中的扩散系数；δ 为扩散层厚度；c_s 为电极表面附近的反应物浓度，其值主要取决于电化学反应阻力与扩散阻力的对比关系。电化学反应阻力越小，电化学反应进行越快，c_s 的值就越小。

通过电极的电流密度与 c_s 的关系式可根据式(10-3)求得，即

$$i=zFr_{电极}=zFr_{扩散}=zF\mathrm{d}n/A_s\mathrm{d}t=zFD(c_0-c_s)/\delta \qquad (10\text{-}8)$$

式中，z 为电极反应物所带的电荷数；F 为法拉第常量。此式表明，电极反应的速率(电流密度)为扩散速率所控制，因而称为扩散电流。扩散电流与电极反应的反应物的本性、温度、溶液的搅拌情况有关。温度升高，扩散系数增大，激烈搅拌溶液，扩散层厚度变薄，都可以使扩散电流增大。

10.3.2 极限扩散电流

浓差极化发生后，若进一步改变电极电势，则可使电化学反应更迅速地进行，从而 c_s 也更低。当电极电势达到某一数值后，传输到电极表面附近的电极反应的反应物立即反应掉，因而 c_s 接近于零。此时 $c_0-c_s=c_0$，扩散电流达到最大可能的数值，即

$$i_{极限}=zFDc_0/\delta \tag{10-9}$$

式中，$i_{极限}$ 为在指定的 c_0 条件下，电极反应反应物通过扩散所可能达到的最大电流密度，称为极限扩散电流。达到极限扩散电流后，再进一步改变电极电势，如果不发生另外的电极反应，就不能改变极限扩散电流的数值。

在温度不变，溶液的搅拌状况一定的条件下，极限扩散电流的数值与溶液本体中电极反应的反应物的浓度成正比。这就是极谱定量分析的理论基础。

10.3.3 浓差极化超电势与电流密度的关系

在一定的电流密度下，电极发生浓差极化达到稳定状态后，以 M^{z+} 在电极上还原为 M 为例，电极表面附近的反应物 M^{z+} 的浓度为 c_s，溶液的本体浓度为 c_0。因此，该电极的不可逆电极电势和可逆电极电势分别为

$$E_{不可逆}=E^{\ominus}(M^{z+}/M)-\frac{RT}{zF}\ln\frac{1}{c_s}$$

$$E_{可逆}=E^{\ominus}(M^{z+}/M)-\frac{RT}{zF}\ln\frac{1}{c_0}$$

从而浓差极化超电势为

$$\eta_{浓差}=E_{可逆}-E_{不可逆}=\frac{RT}{zF}\ln\frac{c_0}{c_s} \tag{10-10}$$

由式(10-8)和式(10-9)可得

$$\frac{i}{i_{极限}}=\frac{zFD(c_0-c_s)/\delta}{zFD/\delta}=\frac{c_0-c_s}{c_0}$$

由上式整理得

$$\frac{c_0}{c_s}=\frac{i_{极限}-i}{i_{极限}}$$

将此关系式代入式(10-10)得

$$\eta_{浓差}=\frac{2.303RT}{zF}\lg\frac{i_{极限}-i}{i_{极限}} \tag{10-11}$$

或

$$E_{不可逆}=E_{可逆}-\eta_{浓差}=E_{可逆}-\frac{2.303RT}{zF}\lg\frac{i_{极限}-i}{i_{极限}} \tag{10-12}$$

式(10-11)和式(10-12)分别为浓差超电势或不可逆电极电势与电流密度的关系，也是 M^{z+} 还原为 M 的电极反应的动力学关系式。该关系曲线如图 10-6 所示。

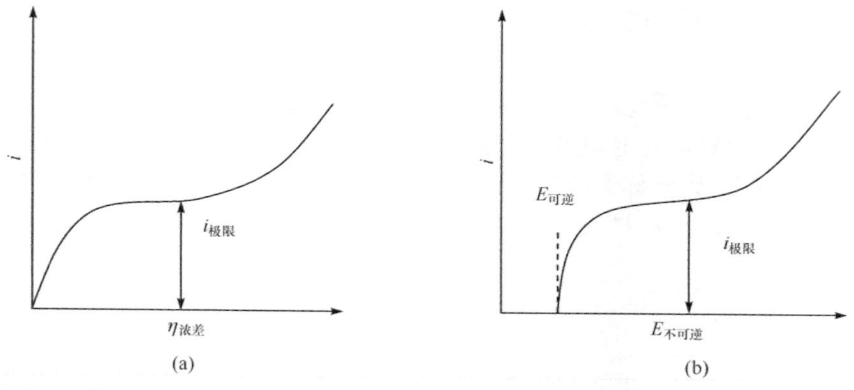

图 10-6 浓差极化超电势(a)及不可逆电极电势(b)与电流密度的关系示意图

由式(10-11)和式(10-12)可知：

(1) 在温度、溶液搅拌状况和溶液本体中反应物浓度等一定时，若以 $\eta_{浓差}$ 或 $-E_{不可逆}$ 对 $\lg \dfrac{i_{极限}-i}{i_{极限}}$ 作图，应得一直线，其斜率为 $2.303RT/zF$。由直线的斜率可求得电极反应作用物(粒子)所带的电荷数。

(2) 在电流密度很低时，式(10-11)和式(10-12)可化为

$$\eta_{浓差}=-\frac{2.303RT}{zF}\lg\left(1-\frac{i}{i_{极限}}\right)=\frac{RT}{zF}\cdot\frac{i}{i_{极限}} \tag{10-13}$$

或

$$E_{不可逆}=E_{可逆}-\frac{RT}{zF}\cdot\frac{i}{i_{极限}} \tag{10-14}$$

该两式表明，低电流密度时，$\eta_{浓差}$ 或 $E_{不可逆}$ 与 i 成直线关系。

当电流密度趋向 $i_{极限}$ 时，$\eta_{浓差}$ 就急剧上升。如果电极电势再进一步变化，就可能导致另外的电极反应发生。

10.4 电化学极化动力学

电化学极化是由电化学反应步骤的迟缓性产生的，是由于该步骤的活化能比较高。应用化学动力学的公式并考虑到电化学反应的特点，即有电极电势(电场)的作用，可以从理论上推证和分析电化学中的重要经验关系式——塔菲尔(Tafel)公式。

10.4.1 电极反应的活化能

电化学反应是在电极表面进行的，电极电势(电极表面的带电状况)会影响其活化能。以下面的电极反应为例：

$$M^{z+}+ze^- \underset{氧化}{\overset{还原}{\rightleftharpoons}} M$$

电极电势向负方向移动，电极表面负电荷增多，有利于还原反应进行，即降低了还原反应的活化能，而不利于氧化反应进行，即升高了氧化反应活化能。电极电势对电极反应的反应物和生成物势能的影响如图 10-7 所示。

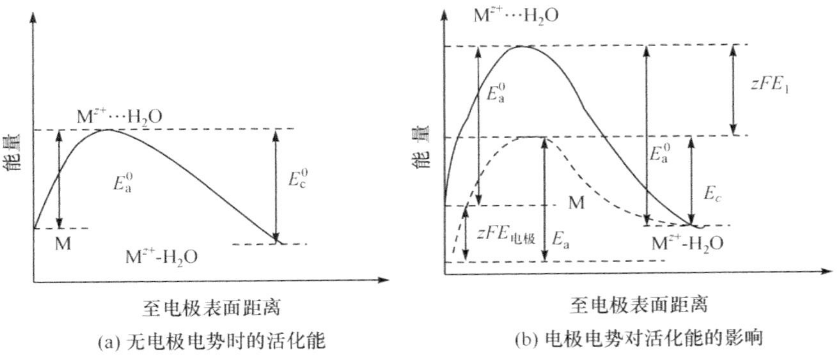

图 10-7 电极反应活化能示意图

图 10-7(a)中的曲线 $M \rightarrow (M^{z+}\cdots H_2O) \rightarrow (M^{z+}\text{-}H_2O)$ 是假定不存在电极电势时离子 M^{z+} 的势能曲线(示意)；图 10-7(b)中的虚曲线是电极电势存在后离子 M^{z+} 势能曲线，电极电势相

对于溶液本体低一个 $E_{电极}$ 值。电极电势对势能的影响就是它对还原反应和氧化反应的活化能的影响。图 10-7(a)中 E_c^0 和 E_a^0 分别为 $E_{电极}=0$，即非电极过程时还原反应和氧化反应的活化能。由图 10-7(b)可以看出，在一定的电极电势下，还原反应和氧化反应的活化能分别为

$$E_c=E_c^0-zF|E_{1,电极}|=E_c^0+zFE_{1,电极}$$

$$E_a=E_a^0+zF|E_{电极}|-zF|E_{1,电极}|=E_a^0-zFE_{2,电极}$$

式中，$E_{电极}=E_{1,电极}+E_{2,电极}$，令 $\alpha=E_{1,电极}/E_{电极}$，$\beta=E_{2,电极}/E_{电极}$，α 和 β 称为迁移系数。显然它们均小于 1，且 $\alpha+\beta=1$。应用 α 和 β 这两个系数后，上两式则为

$$E_c=E_c^0+\alpha zFE_{电极} \tag{10-15}$$

$$E_a=E_a^0-\beta zFE_{电极} \tag{10-16}$$

由式(10-15)和式(10-16)可知，电极电势(可逆或不可逆)均对活化能有影响。

10.4.2 电化学极化超电势与电流密度的关系

实验发现，有气体参与的电极反应，大多数有不同程度的超电势存在，尤其是氢和氧析出的超电势更为显著。在消除了浓差极化以后，超电势的产生则应归结为电化学极化。一般情况下，氢气析出的超电势就是电化学超电势。

1905 年，塔菲尔在研究氢气析出的超电势与电流密度关系时，根据实验结果提出了著名的电化学极化动力学经验方程式——塔菲尔方程式，指明在浓差极化影响可以忽略的情况下(如在缓冲溶液或酸性溶液中)，当电流密度不太小时，氢超电势与电流密度的定量关系为

$$\eta=a+b\lg i \tag{10-17}$$

式中，a 和 b 在一定条件下为常数，a 等于单位电流密度($i=1\ \mathrm{A\cdot cm^{-2}}$)时的超电势，其值与电极材料、电极表面状态、溶液组成及温度等有关；b 则与电极材料的关系不大，约为 0.116 V。

就氢的析出而言，按 a 值的大小，可将常用的电极材料大致分为三类。

(1) 高超电势金属($a\approx1.0\sim1.5$ V)，主要有 Pb、Cd、Hg、Tl、Zn、Ga、Bi、Sn 等。

(2) 中超电势金属($a\approx0.5\sim0.7$ V)，其中最主要的是 Fe、Co、Ni、Cu、W、Au 等。

(3) 低超电势金属($a\approx0.1\sim0.3$ V)，其中最重要的是 Pt 和 Pb 等铂族金属。

塔菲尔公式虽然是根据氢超电势的数据总结而得的，但后来证实，在很多情况下该经验公式也适用于其他的受电化学反应步骤控制的电极反应，因而具有普遍意义，是不可逆电极过程的一个极为重要的公式。

10.4.3 塔菲尔公式的理论推证

迟缓放电理论基于电化学反应步骤为最慢步骤的观点，应用界面反应步骤为控制步骤的多相反应的速率方程式，可直接写出还原反应和氧化反应的速率公式(两反应同时在电极与溶液界面间进行)。

$$r_c=\frac{1}{A_s}\cdot\frac{dn(M^{z+})}{dt}=k_c\cdot c_s(M^{z+})\cdot\exp(-E_c/RT)$$

$$r_a=\frac{1}{A_s}\cdot\frac{dn(M)}{dt}=k_a\cdot c_s(M)\cdot\exp(-E_a/RT)$$

以电流密度表示则为

$$i_c=zFr_c=zFk_c\cdot c_s(M^{z+})\cdot\exp(-E_c/RT)$$

$$i_a=zFr_a=zFk_a\cdot c_s(M)\cdot\exp(-E_a/RT)$$

将式(10-15)和式(10-16)代入可得

$$i_c = zFk_c c_s(M^{z+}) \cdot \exp[-(E_c^0 + \alpha zFE_{电极})/RT]$$

$$= K_c c_s(M^{z+}) \cdot \exp(-\alpha zFE_{电极}/RT) \tag{10-18}$$

$$i_a = zFk_a c_s(M) \cdot \exp[-(E_a^0 - \beta zFE_{电极})/RT]$$

$$= K_a c_s(M) \cdot \exp(\beta zFE_{电极}/RT) \tag{10-19}$$

式(10-18)和式(10-19)中,$K_c = zFk_c\exp(-E_c^0/RT)$,$K_a = zFk_a\exp(-E_a^0/RT)$。

当两极电势为可逆电极电势或平衡电势,即 $E_{电极}=E_{平}$ 时,则有 $E_{电极}=E_{平}$,i^0 为前述交换电流密度,所以 i^0 的值为

$$i^0 = K_c \cdot c_s(M^{z+}) \cdot \exp(-\alpha zFE_{平}/RT) \tag{10-20}$$

或

$$i^0 = K_a \cdot c_s(M) \cdot \exp(\beta zFE_{平}/RT) \tag{10-21}$$

一个电极的极化程度,可以根据实际通过电极的净电流密度 i 和其交换电流密度 i^0 的相对大小来确定。若 $i \ll i^0$,则表示电极偏离平衡很小,极化很小。若 i^0 很大,则表示电极可以通过较大的净电流而电极也不至于发生极化,这种电极常被称为“难极化电极”。若 $i^0 \to \infty$ 时,电极则为“理想可逆电极”。参比电极或多或少具有“难极化电极”的性质。

当气体在电极上析出时,i^0 的大小可表征电极材料对气体析出过程的“催化能力”。表 10-2列出了 1 mol · L^{-1} H_2SO_4 中氢气在各种金属电极材料上析出的 i^0 的值。

表 10-2 1 mol · L^{-1} H_2SO_4 中氢气在各种金属电极材料上析出的 i^0

金属	汞	铅	铊	锰	镉	钛	铌	钨	金	镍	银	铑	铂	钯
$i^0/(A \cdot m^{-2})$	$10^{-8.3}$	$10^{-8.0}$	$10^{-7.0}$	$10^{-6.9}$	$10^{-6.8}$	$10^{-4.2}$	$10^{-2.8}$	$10^{-1.9}$	$10^{-1.4}$	$10^{-1.2}$	$10^{+0.3}$	$10^{+0.4}$	$10^{+0.9}$	$10^{+1.0}$

当电极电势 $E_{电极}$ 为不可逆电极电势时,应用式(10-5)和式(10-4)可得

阴极极化

$$\eta_{阴} = E_{平} - E_{电极}$$

$$E_{电极} = E_{平} - \eta_{阴} \tag{10-22}$$

阳极极化

$$\eta_{阳} = E_{电极} - E_{平}$$

$$E_{电极} = E_{平} + \eta_{阳} \tag{10-23}$$

将式(10-22)和式(10-23)分别代入式(10-18)和式(10-19)中则为

$$i_c = k_s c_s(M^{z+}) \cdot \exp[-\alpha zF(E_{平} - \eta_{阴})/RT]$$

$$= i^0 \cdot \exp(\alpha zF\eta_{阴}/RT)$$

$$i_a = k_a c_s(M) \cdot \exp[\beta zF(E_{平} + \eta_{阳})/RT]$$

$$= i^0 \cdot \exp(\beta zF\eta_{阳}/RT)$$

在阴极极化时,通过电极的净电流密度为

$$i = i_c - i_a$$

如果阴极极化比较大,则 i_a 很小,因而可得

$$i \approx i_c = i^0 \cdot \exp(\alpha zF\eta_{阴}/RT)$$

取对数后得

$$\ln i = \ln i^0 + \alpha zF\eta_{阴}/RT$$

或

$$\eta_{阴} = -\frac{RT}{\alpha zF}\ln i^0 + \frac{RT}{\alpha zF}\ln i$$

这个公式也可以写为 $\eta = a + b\lg i$

此即为阴极极化的塔菲尔公式。式中,$a = -\frac{RT}{\alpha zF}\ln i^0$,$b = 2.303RT/\alpha zF$。当 $T = 298.15$ K

时，若 $\alpha=0.5$，则 $b\approx0.116$ V。

同理，当阳极极化较大时，通过电极的净电流密度则为

$$i=i_a-i_c\approx i_a=i^0\cdot\exp(\beta zF\eta_{阳}/RT)$$

取对数后得

$$\eta_{阳}=-\frac{RT}{\beta zF}\ln i^0+\frac{RT}{\beta zF}\ln i$$

这个公式也可以写成 $\eta=a+b\lg i$

该式为阳极极化的塔菲尔公式。式中，$a=-\dfrac{RT}{\beta zF}\ln i^0$，$b=2.303RT/\beta zF$ 。当 $T=298.15$ K 时，若取 $\beta=0.5$，则 $b\approx0.116$ V。

当阴极极化很小时，通过电极的净电流则为

$$i=i_c-i_a=i^0[\exp(\alpha zF\eta_{阴}/RT)-\exp(\beta zF\eta_{阳}/RT)]$$

考虑到 $\eta_{阳}=-\eta_{阴}$，则 $\eta_{阴}$ 远小于 $RT/\alpha zF$ 和 $RT/\beta zF$，因此可以将式中的指数以级数的形式展开，并得

$$i=i^0\left\{\left[1+\frac{\alpha zF\eta_{阴}}{RT}+\frac{1}{2!}\left(\frac{\alpha zF\eta_{阴}}{RT}\right)^2+\cdots\right]-\left[1-\frac{\beta zF\eta_{阴}}{RT}+\frac{1}{2!}\left(\frac{\beta zF\eta_{阴}}{RT}\right)^2+\cdots\right]\right\}$$

保留每个展开式的前两项，略去其余项，便得

$$i=i^0\left\{\frac{(\alpha+\beta)zF\eta_{阴}}{RT}\right\}$$

所以

$$\eta_{阴}=\frac{RT}{(\alpha+\beta)zF}\cdot\frac{i}{i^0} \tag{10-24}$$

同理，当阳极极化很小，也可得

$$\eta_{阳}=\frac{RT}{(\alpha+\beta)zF}\cdot\frac{i}{i^0} \tag{10-25}$$

将式(10-24)和式(10-25)合并成同一公式，即为

$$\eta=\frac{RT}{(\alpha+\beta)zF}\cdot\frac{i}{i^0}=\frac{RT}{zF}\cdot\frac{i}{i^0}$$

由此式可见，在电流密度很低(如 $10^{-2}\,\mathrm{A\cdot m^{-2}}$)和超电势很小的情况下，电流密度与超电势成直线关系。根据该关系不难看出，大家经常引用的塔菲尔公式并非在任何电流密度下都适用。事实上从塔菲尔公式本身也可以知道，当电流密度趋近于零时，超电势将趋向于$-\infty$，这显然是不合理的。

10.5 极化曲线测定及其应用

极化曲线测定的方法有恒电流法和恒电势法。恒电流极化曲线测定比较容易，而恒电势极化曲线测定必须使用专门的恒电位仪。

恒电流极化曲线测定装置如图 10-8 所示。为了测定单个电极在不同电流密度下的不可逆电极电势，一般都采用三电极法，待测电极 A(面积已知)与辅助电极 B(一般用 Pt 片)组成电解池。当外电源于两极上施加一定电压，使电流通过电解池时，待测电极即被极化。待测电极与参比电极 C，通过盐桥——鲁金(Luggin)毛细管组成原电池，用于测定待测电极的不可逆电极。鲁金毛细管尖端(直径约为 1 mm)尽量靠近待测电极表面，以减小溶液电阻所引起的电势降。

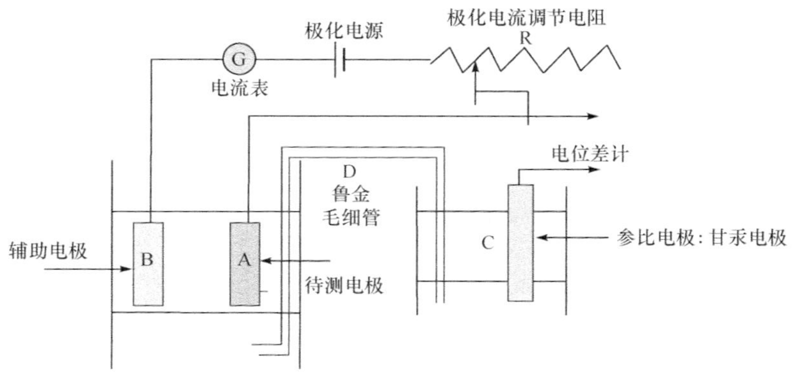

图 10-8　恒电流极化曲线示意图

在不同的极化电流密度 i 下，对应地测出原电池的电动势，从而求得待电极的不可逆电极电势 $E_{电极}$。将所测得的一系列不同电流密度 i 对应的不可逆电极电势 $E_{电极}$ 的数据作图，即得恒电流极化曲线，如图 10-9 所示。极化曲线有许多形状，有类似于虚线所描绘的形状，也有类似于实线所描绘的形状。虚线表示单纯由于浓差极化而导致的极化曲线，实线起始段则表示单纯为电化学极化所形成的极化曲线。比较两曲线可以看出，当极化电流密度相同时，电化学极化大一些。

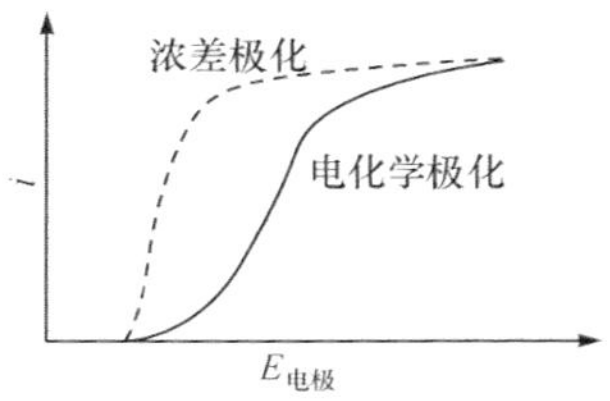

图 10-9　恒电流极化曲线

恒电流极化曲线数据主要来求算电极反应的动力学参数。例如，对于电化学极化，根据其动力学公式，极化曲线数据 η 对 $\lg i$ 的图或作 $E_{电极}$ 对 $\lg i$ 的图线均应为直线，由直线的斜率或截距可求出电极反应的动力学参数 i^0、α、β 及 z 等。恒电势极化曲线测定装置如图 10-10 所示。采用恒电位仪测定极化曲线，是将待测电极的电势恒定在所需要的值，然后测定对应于该电势下通过的电流值。恒电位仪的作用就是能精密地自动控制待测电极对参比电极的电势差不变，即使它们之间的电势差保持在任一预先选定的数值而恒定不变。将一系列的任选电势 $E_{电极}$ 和所对应的通过电极的电流密度 i 的数据作图，即得恒定电势极化曲线，如图 10-11 所示。

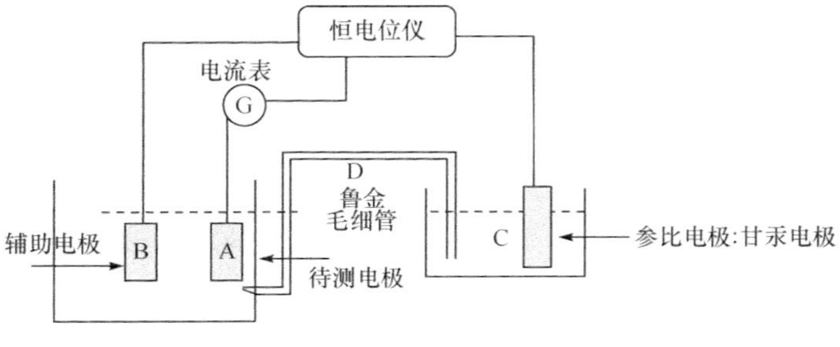

图 10-10　恒定电势极化曲线测定装置

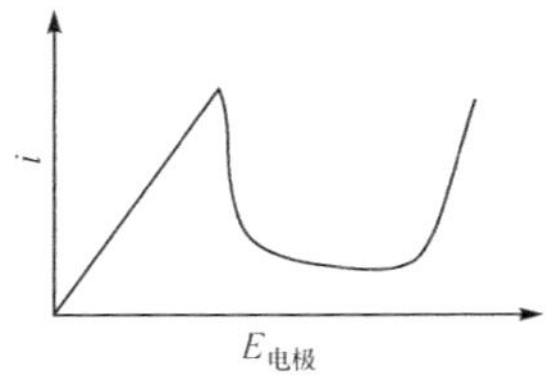

图 10-11　恒电势极化曲线图

由于恒定电势法能测得完整的阳极极化曲线，因此在金属阳极钝化现象的研究中恒电势法比恒电流法更为有利，所以一般都采用恒电势极化曲线法来研究阳极溶解及钝化现象。

10.6　金属的阴极电积

电解时，阴极进行阳离子的电极反应，而使金属在电极上沉积，称为阴极电积。在冶金工业中，阴极电积的应用极为普遍。金属的电解精炼已经应用于铜、铅、锡、钴、镍、银、金等金属，从溶液中电解制取金属的方法也已经在许多情况下获得成功。金属的电镀也是应用阴极电积。

由于大多数金属离子的电化学超电势常较小(铁族金属除外)，因此在金属的阴极电积中，金属离子电极反应的极化主要为浓差极化。虽然如此，电化学极化还是显著存在的。

10.6.1 几种阳离子同时电积

溶液中常存在着多种离子，特别是水溶液中氢离子是经常存在的，它们都可能在阴极放电。虽然不同的阳离子具有不同的平衡电极电势，但若它们的析出电势相同时，它们仍可以按照不同的速率同时在阴极上电积。设溶液中有 A^{z+}、B^{z+} 两种离子在阴极进行电积，其析出电势应为

$$E_{析,A}=E_{析,B}$$

$$E_{析,A}=E_{A}^{\ominus}-\frac{RT}{zF}\ln\frac{a_{A}}{a_{A^{z+}}}-\eta_{A} \tag{10-26}$$

$$E_{析,B}=E_{B}^{\ominus}-\frac{RT}{zF}\ln\frac{a_{B}}{a_{B^{z+}}}-\eta_{B} \tag{10-27}$$

式中，$E_{A}^{\ominus}$ 及 $E_{B}^{\ominus}$ 分别为 A、B 两种金属的标准电极电势；a_{A} 及 a_{B} 分别为阴极沉积物中 A、B 两种金属的活度，形成纯金属时活度为 1，形成固熔体是活度小于 1；$a_{A^{z+}}$ 及 $a_{B^{z+}}$ 分别为溶液中 A^{z+}、B^{z+} 两种离子的活度，其值决定于离子的浓度；若离子形成配合物，其活度将大大降低；η_{A} 及 η_{B} 分别为 A、B 两种金属阴极析出的超电势，其数值与金属性质及其电积速率有关，电积速率越高，超电势越大。

由式(10-26)和式(10-27)可知，两种金属能否同时析出，取决于：①两种金属的标准电极电势；②溶液中两种金属离子的活度；③电极上沉积的两种金属的活度；④两种金属析出时各自的超电势。

根据以上分析，可以通过控制某些因素来使几种金属同时析出或分步析出(分离)。若 $E_{A}^{\ominus}>E_{B}^{\ominus}$，即 B 金属较难析出。为了使其能与 A 金属同时析出，可以设法提高 $a_{B^{z+}}$、a_{A} 及 η_{A}，同时降低 $a_{A^{z+}}$、a_{B}、η_{B}。下面几个事例均应用了这些措施。

电解硝酸银溶液时，其溶液内铜的质量分数不超过 2%，则具有较负的标准电极电势的铜将不在阴极上析出；但若控制铜离子浓度达到 5%，则铜和银同时析出。

添加与某种金属离子能生成配合物的物质，可剧烈地降低该金属离子的活度，使该金属的析出电势变负，因而较不易析出。例如，在含有铜及锌离子的电解液中加入 KCN，它与铜离子生成配合物，在一定条件下，能使铜的析出电势变为 −0.7 V 左右，因而使铜和较负电极电势的锌能在同一电极上析出，使合金电镀成为可能。

金属精炼时必须力求避免杂质的同时电积，特别是某些电积金属的标准电势相距较近时，它们在溶液中的浓度更应该严格控制。必须保持作为杂质的金属离子浓度在一定的数值下，以免电极极化到更负的电势时，杂质金属也同时沉积。因此，金属精炼所用的电解液需要经常进行净化，以降低其中杂质的浓度。

溶液中不同金属离子的分离也可以利用电解方法，在不同的电势下使其分别电积。为了使金属能得到较好分离，一种金属开始析出的电势应与另一种金属接近全部析出的电势相差 0.2 V 以上。例如，银与铜、铜与镉、镉与锌均可用此法定量地分离。为了取得更好的分离效果，应使用较低的电流密度，以免因极化而导致几种金属同时电积。

汞齐冶金是一个很好的利用析出电势这一性质的事例。用汞为阴极进行电解时，由于氢在汞电极上析出有很高的超电势，不易析出，而多数金属又能溶于汞中或与汞生成易处理的化合物，因而降低了金属的活度，使金属能在较正的电极电势下析出。例如，金属钠的平衡电势在－2 V以下，本不能在水溶液中析出，但由于钠与汞能形成金属化合物，在钠汞齐中含钠较低时，其析出电势为－1.2 V，因而可以自水溶液中析出。分析化学中的极谱分析应用汞作为阴极，也就是基于汞齐这个性质。利用金属在汞阴极上较易析出，也可用于分离金属或制取高纯度金属。因而近40年来汞齐冶金已逐渐发展成为一项新的冶金技术。

10.6.2 氢的析出电势与金属自水溶液中的电积

水溶液中，氢离子存在不可避免。在 $p_{H_2}=p^{\ominus}$ 时，氢电极的平衡电极电势为 $E(H^+/H_2)=\frac{-2.303RT}{F}pH$，在室温(298.15 K)下，$E(H^+/H_2)=-0.05916\ pH$。中性溶液为pH 7，所以 $E(H^+/H_2)=-0.414\ V$。前面已经介绍过，就氢的析出而言，在各种金属电极上的超电势是不相同的。如果不考虑氢析出的超电势，则氢的析出电势为 $E_{析}(H_2)=\frac{-2.303RT}{F}pH$。

由于金属析出的超电势一般较小，因此一切平衡电势高于－0.41 V的金属都能自中性溶液中先于氢而析出，如铜、银等。实际上，析出电势较低的金属也能在中性水溶液中电积，如锌、镉、铬等金属不仅能电积，而且在工业中得到了广泛应用。这主要是由于氢在这些金属电极上析出具有较高的超电势，而氢的析出电势变负，以致低于这些金属的析出电势。现以锌的电积为例，锌的平衡电势(室温下)为 $E_{析}(Zn)=-0.7628+0.02908\lg a_{Zn^{2+}}$，当使用较浓溶液，如 $a_{Zn^{2+}}=1$ 时，$E_{析}(Zn)$ 为－0.7628 V，较中性水溶液中的氢的平衡电势(－0.41 V)为负。但由于锌的超电势很低，而氢在锌电极上的超电势高达－0.7V，使氢在锌上的析出电势为－0.41－0.7＝－1.114 V，即较锌的析出电势为负，因而金属锌仍能顺利地自水溶液中析出，而氢不能析出。

10.6.3 影响电结晶的各种因素

金属在阴极上电积，形成晶体，由于沉积条件不同，可以形成各种各样的晶体结构，可以是致密的细小晶粒，也可以是树枝状、羽毛状、针状和海绵状晶体。不同的电沉积有不同的要求，电镀要求产物平滑致密，晶粒细小；电解精炼则要求减小极化，提高电能效率和电流效率，降低杂质含量。为了满足不同的要求，必须了解影响结晶过程的各种因素。

(1) 极化的影响。电沉积过程是新相生成过程，所以必定有晶核生成和晶核长大两个步骤。显然，若晶核生成的速率较快，则将得到大量的细小晶粒；反之，若晶核长大的速率较快，则将得到较大的晶粒。

晶核生成首先是在阴极表面的不均匀区域，即在电极表面的凹凸不平、有棱有角的地方。若生成晶核的区域由于电沉积后发生极化，晶核生成就将扩展到其他区域，这样生成晶核的区域多了，则有利于形成大量微晶。若电沉积后极化不大，则晶核生成不会扩展到其他区域，只是继续长大晶核，形成较大的晶粒。由此可见，一般而言，提高极化常有利于晶核生成，即有利于细小晶粒的生成。

(2) 电流密度。低电流密度下，极化小，晶核生成速率低，因而常得到粗大结晶的电沉积物。增加电流密度，提高极化，晶核生成速率快，就得到较为细小的晶粒。如果电流密度过高，以致电极附近的放电离子浓度迅速降低，使结晶不易进行时，则只有在深入到溶液中去的突出部分才能继续结晶，从而得到树枝状或剑状结晶。电流密度过高，也可能引起氢离子或其他阳离子放电，并且析出氢气，从而形成海绵状沉积物。在发生氢离子放电后，则有可能使阴极附近的酸度降低，甚至变为碱性，结果易发生氢氧化物或碱式盐的沉淀物混杂金属沉积层中。

(3) 电解质中放电离子的浓度。浓度增高将减少电极极化，因而可以使用较高的电流密度，而不产生树枝状或海绵状结晶，也不致产生氢氧化物或碱式盐的沉淀。电解时用较高的浓度常可以生成黏附性较好的电沉积层。这是因为在这种情况下，晶粒沿阴极表面方向长大的速率增加，而沿阴极表面的垂直方向长大的速率减小。

有时降低电解质中放电离子浓度也有好处，电镀时要求得到极致密的微细结构，通常在电解液中加入 KCN 等，它们能与金属离子形成配离子，从而大大地降低金属离子的浓度，可达 $10^{-10} \sim 10^{-8}\ \text{mol} \cdot \text{L}^{-1}$，因此提高了极化，有利于生成细小晶粒。

(4) 温度。温度升高一方面可增加离子的扩散速率，增加电化学反应的速率，降低极化，使高电流密度的电沉积也能得到较均匀的电积产物和生成较大的晶粒。另一方面，温度升高使氢析出的超电势降低，致使氢气较易析出，易生成疏松的电沉积物或杂有氢氧化物或碱式盐沉淀的电沉积层。所以选择适当的电解温度对获得良好的电沉积具有重要意义。

(5) 表面活性物质。表面活性物质，如动物胶、琼胶、各种树脂、橡胶、生物碱、蔗糖、樟脑等加入电解液内，常可以改善电结晶结构，导致光滑、细粒电沉积物的形成。这可能是由于这些添加物被吸附，导致极化增大，因而有利于晶核生长。但添加过多的表面活性物质也可能得到松脆产物。

(6) 电解质本性。电解液的组成对获得好的电沉积物也是非常重要的。不同的电解质可得到不同形态的电沉积物，而自硅酸铅和硼氟酸铅溶液中则可以析出光滑的电沉积铅。

此外，电解液的搅拌、电解液中的悬浮杂质或气泡以及溶液的 pH 等，对电沉积物的结构也都有重要影响。上面所介绍的这些影响因素也常彼此牵连、互相制约，因而它们对电沉积的影响也是非常复杂的。

10.7 阳极反应与阳极钝化

阳极上进行的氧化反应，有两种类型：一类为金属(或 H_2)氧化形成阳离子的阳极溶解；另一类为阴离子在阳极放电而析出气体(或其他物质)。

在一定情况下，这两类反应可以同时进行，如金在盐酸溶液中阳极溶解时，就伴随有氯气析出。同类型的不同阳极反应，同时进行的条件是溶解电势相等或析出电势相等。

10.7.1 多种金属的同时阳极溶解

很多金属及其合金都能进行阳极溶解。用作阳极溶解的“金属”通常不是纯金属，而是浓度不同的合金或含有杂质的金属。这些“金属”可分为单相和多相两种类型。无论是纯金属或是不纯的“金属”，无论是单相的或是多相的，以 A 或 B 两金属或其合金的阳极溶解为例，对于每一种金属及相应的离子，同时阳极溶解时则有以下关系：

$$E_{溶,A} = E_{溶,B}$$

$$E_{溶,A} = E_A^{\ominus} - \frac{RT}{zF}\ln\frac{a_A}{a_{A^{z+}}} + \eta_A$$

$$E_{溶,B} = E_B^{\ominus} - \frac{RT}{zF}\ln\frac{a_A}{a_{A^{z+}}} + \eta_A$$

由这两式可知，如果不考虑超电势，则溶解电势只取决于金属的标准电极电势、电解液中金属离子的活度、金属的活度以及温度等。

单相合金，如 α-黄铜阳极溶解时，作为合金整体将具有自己的溶解电势。如果阳极溶解的是合金中溶解电势较负的金属，合金的溶解电势值就与该合金中溶解电势较负的金属的溶解电势值相近。如果组成合金的金属同时发生阳极溶解，合金的溶解电势值就与它们各自的溶解电势值相近。单相合金的组成改变时，其溶解电势也将随着改变。

多相合金阳极溶解时，溶解电势最负的相将先进行阳极溶解，合金整体的溶解电势就是该相的溶解电势。在该相继续阳极溶解的过程中，若合金的溶解电势不变，则其他相不会发生阳极溶解。若先溶解的相数量不多，则溶解后将使该相在合金表面上的数量减少，即通过的电流的表面积减小，因而电流密度增大，极化显著，会使电势变正。当电势变至其他相的溶解电势时，其他相也会随即发生阳极溶解，这就有可能使各种相以不同的阳极溶解速率同时溶解。

几种金属或其合金在进行阳极溶解时，如果溶解的电流密度不大，则溶解电势较负的金属或相虽已开始溶解，但同时溶解电势较正的金属或相仍可能进行某种还原反应而成为阴极。这时两种溶解电势不同的金属间或相间可以构成短路的局部电流，从而促使电势最负的金属或相更迅速地被溶解。这种现象在极端的情况下，即当电极没有电流通过时也可能发生。金属在水中或潮湿的大气中发生腐蚀过程中，形成所谓的腐蚀微电池就是一个很好的例证(将在后面讨论)。

10.7.2 不同价态阳离子的形成

很多金属，如 Cu、Fe、Ni、Cr、Co 等，都能形成不同价态的阳离子，相应的标准电极电势均不相同。作为阳极溶解时，标准还原电极电势最负的一种离子将成为阴极反应的主要产物。严格地说，可能出现的几种价态离子均将存在，且与金属形成平衡，但各种离子的存在量会很不相同，致使某一种离子成为最主要的产物。例如，铁溶解时，Fe^{2+} 对应的标准还原电极电势 $E^{\ominus}(Fe^{2+}/Fe)=-0.4402\ V$，$Fe^{3+}$ 对应的 $E^{\ominus}(Fe^{3+}/Fe)=-0.036\ V$。在电流密度不高时，超电势可以忽略，因此生成这两种离子所对应的溶解电势则有如下关系：

$$E^{\ominus}(Fe^{2+}/Fe)-\frac{RT}{2F}\ln\frac{1}{a_{Fe^{2+}}}=E^{\ominus}(Fe^{3+}/Fe)-\frac{RT}{3F}\ln\frac{1}{a_{Fe^{3+}}}$$

即有

$$\ln\frac{a_{Fe^{2+}}^{3}}{a_{Fe^{3+}}^{2}}=\frac{6F}{RT}[E^{\ominus}(Fe^{3+}/Fe)-E^{\ominus}(Fe^{2+}/Fe)]$$

在室温下可得

$$a_{Fe^{2+}}^{3}/a_{Fe^{3+}}^{2}=9.919\times10^{40}$$

由此可见，Fe^{2+} 的活度较 Fe^{3+} 的活度大得多。也就是说，在铁阳极溶解时，Fe^{3+} 生成的量是完全可以忽略的。该式所得的比例值 9.919×10^{40} 也是就下述反应的平衡常数 K_a：

$$2Fe^{3+}+Fe(s)=\!=\!=3Fe^{3+}$$

即

$$K_a=9.919\times10^{40}$$

如果不同价态阳离子对的标准还原电极电势相差不大，则金属阳极溶解时不同价阳离子的生成浓度也不会过于悬殊。由于温度改变时，标准还原电极电势也会改变，因此不同价阳离子的比例也会发生变化。

10.7.3 钝化现象

某些金属如 Fe、Ni、Co、Cr 等进行阳极溶解时，当阳极的电势不太大时，电流密度随电势的升高而增加，即溶解速率加快。但当电势超过某一数值后，金属的阳极溶解几乎停止，电流密度迅速下降。继续提高阳极电势通常也不能使金属溶解，即该金属已钝化，变成惰性物质了。此种现象称为电化学钝化。金属阳极溶解出现钝化现象的恒电势极化曲线如图10-12所示。图中 AB 段为活性溶解区；BC 段为过渡钝化区；CD 段为稳定钝化区；DF 段为超钝化区。曲线上有三个重要的特征值，即临界钝化电势 $E_{钝化}$、临界钝化电流 $i_{钝化}$ 和维钝电流 $i_{维钝}$。这三个特征值对表示金属的电化学钝化性质具有重要意义。

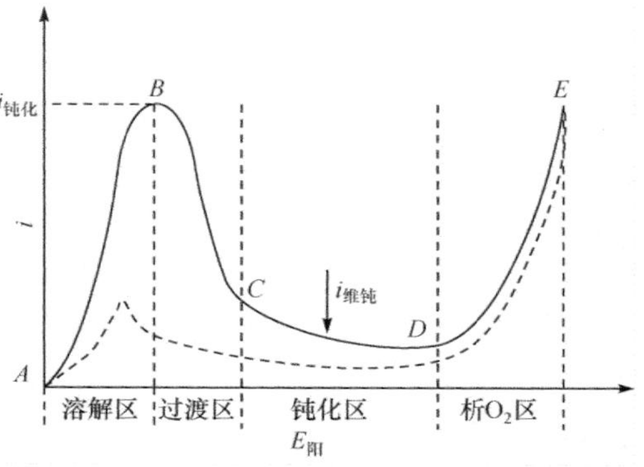

图 10-12　阳极钝化曲线

有些金属若不进行阳极溶解，而浸入含有氧化剂（如 HNO_3、$HClO_4$、K_2CrO_7、$KMnO_4$）的溶液中也存在金属的钝化现象。例如铁在稀 HNO_3 中溶解速率很快，但在浓 HNO_3（>40%）中溶解就几乎完全停止，若将浓 HNO_3 处理过的铁再浸入稀 HNO_3 溶液中，铁也几乎不溶解，这种现象称为化学钝化。

因此，金属的钝化有两种可能的方式，即因阳极氧化引起的电化学钝化和因化学药品（氧化剂）所引起的化学钝化。总之，所谓钝化是指由于阳极反应受到阻碍而使金属的耐腐蚀性能提高，金属处于钝化状态称为钝态。

一般来说，金属的钝化行为和所处的介质有关。同时，各种金属钝化的难易程度也不相同。以 Fe、Ni、Co、Cr 为例，其钝化的难度按该次序依次递减。这些金属在碱性介质中较在酸性介质中容易被钝化。溶液中，阴离子的种类对钝化也有很大影响。一些含氧酸盐（如氯酸盐、硝酸盐等）均能加速钝化，而卤素离子（如 Cl^-）则明显地延缓或抑制钝化。甚至已被钝化的金属，卤素离子也会破坏其钝态。此外，升高温度或加强溶液搅拌都有推迟乃至抑制钝化的作用。

实践证明，金属钝化后，其整体物理性质并不因此发生变化，而仅是金属的表面在介质中变得稳定起来了。钝化现象的起因十分复杂，许多问题还未有定论。关于金属钝化的学说有很多，其中最重要的有两个：成相膜理论和吸附理论。

成相膜理论认为，在金属表面上有成相的膜，如氧化物薄膜，它将金属与溶液机械地隔离开的作用是使金属钝化的原因。因此溶液中有促使生成氧化物薄膜的氧化剂（如 CrO_4^{2-}）存在时，金属就容易钝化。当然也决不是所有的强氧化剂都能促进金属的钝化，主要是因为氧化剂的离子本性对钝化也有很大的影响。

吸附理论认为，金属的钝化是由于金属表面上形成了一层氧或含氧粒子（如 OH^- 或 O^{2-}）的吸附层所引起的。吸附层的厚度虽然只有单分子层那么厚，但它的存在改变了金属-溶液的界面结构，改变了表面的化学性质，从而提高了电极反应的活化能，降低了电化学反应的速率，也就是金属发生钝化。

钝化现象对于金属防腐具有重要意义。金属铝在大气中不被腐蚀，就是因为它的表面上常有一薄层附着力很强而致密的氧化物，因而产生钝化现象。为了减轻钢铁的腐蚀，常用硝酸或铬酸钾等溶液进行表面钝化处理，或者在铁中适量加入一些不易被腐蚀的金属组分，如加入铬、镍、锰等炼成的不锈钢。然而事物总是一分为二的，金属的钝化有时又带来很多不便。例如，在使用可溶性阳极的工业电解中，钝化作用常使阳极溶解发生困难，使阳极不溶，以致提高了电能消耗。而在某些使用惰性阳极的电解中，阳极钝化则又成为有利因素，可以减少阳极的损耗。

10.8 电化学腐蚀

金属与外界介质接触时发生化学作用或电化学作用使其变为金属化合物，因而遭到破坏的现象称为金属腐蚀。由于金属腐蚀而遭受到的损失是非常严重的。据统计，全世界每年由于腐蚀而报废的金属设备和材料的质量为金属年产量的 20%～30%。

腐蚀分为两种：一种为化学腐蚀；另一种为电化学腐蚀。化学腐蚀就是金属和介质中的某种氧化性组分直接发生氧化还原反应引起的。例如，高温下的铁被空气中的氧所氧化，就属于化学腐蚀。电化学腐蚀是由于金属表面与溶液接触构成局部原电池，进行电化学反应而产生的。

10.8.1 电化学腐蚀机理

从电化学角度来看，发生电化学腐蚀的必要条件是由金属与介质组成的体系中应同时发生下列两类电极反应：①氧化反应 $M-ze^{-1}\longrightarrow M^{z+}$；②还原反应 $O+ze^{-1}\longrightarrow R$。其中 M 为金属；$M^{z+}$ 为金属离子；O 为氧化剂，通常为 H^+ 或 O_2；R 为氧化剂还原后的产物。相应于这两类电极反应的电极就可以构成一个局部原电池。例如，铜、锌两块金属连在一起，浸入含有电解质的水中就是一个局部原电池，如图 10-13 所示。锌的电极电势较负，所以为局部腐蚀原电池的负极，Zn 氧化为 Zn^{2+} 后进入溶液 Zn^{2+}，释出的电子进入铜块。水中的 H^+ 从铜块局部腐蚀原电池的正极中得到电子，还原生成氢气而析出。如此两类电极反应不断进行的结果就是锌被腐蚀。

若金属中含有杂质，或者金属在不同的部位上存在着晶体结构或应力状况的差别，它与电解质溶液接触时，在金属表面上金属的电势与杂质的电势就不相同，或是不同部位的电势也不相同。这样由金属和其中的杂质，或是由不同的部位，连同电解质溶液就可以构成许许多多的腐蚀微电池。图 10-14 是锌与其中的杂质铁所形成的腐蚀微电池，氢离子在铁正极上放电，锌则作为负极不断溶解，受到腐蚀。

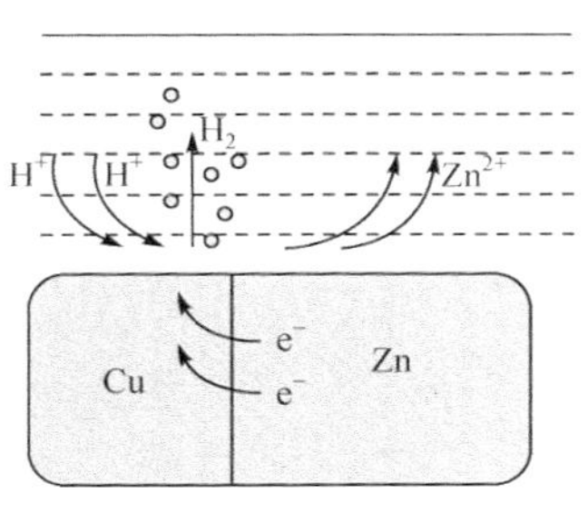

图 10-13 铜锌连接体在电解质中的电化学腐蚀

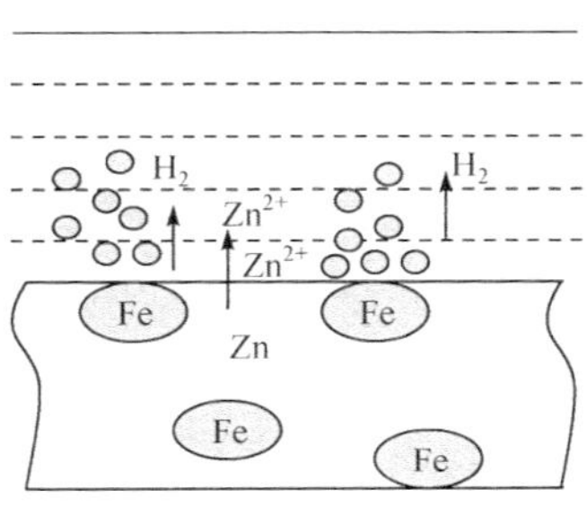

图 10-14 含杂质铁的锌在电解质中的电化学腐蚀

在腐蚀电池中正极进行的电极反应为还原反应。例如

(1) 氢离子还原成 H_2 析出：$2H^+ +2e^-\longrightarrow H_2\uparrow$。

(2) 溶解于电解质溶液中的氧气发生还原反应：$O_2+4H^++4e^-\longrightarrow 2H_2O$。这种还原反应在金属腐蚀文献中常被称为去极化作用，并把参与还原反应的氧化剂，如 H^+ 和 O_2 称为去极化剂。显然无论金属多么活泼，没有去极化剂的存在，金属腐蚀过程就不能进行。在金属腐蚀时经常遇到的去极化剂是溶液中的氢离子和溶于溶液中的氧。

10.8.2 腐蚀电流

当金属材料发生电化学腐蚀时，构成的腐蚀电池就必然进行放电过程，腐蚀电池的两极有电流通过，从而电极发生极化。如图 10-13 所示的锌与铜连接体在电解质溶液中所形成的腐蚀电池，其锌电极氧化的极化可用图 10-15 中的曲线 1 表示；而 H^+ 或 O_2 在铜电极上还原的极化则用曲线 2 表示。随着极化的增大，腐蚀电池两极间的电势差减小。阳极极化曲线 1 和阴极极化曲线 2 相交于 S 点，对应 S 点的电流值为最大，用 I_{max} 表示，称为金属的腐蚀电流，它代表了金属的腐蚀速率。相应于 S 点的电势为金属腐蚀时的稳定电势 E_c 或称为腐蚀电势。

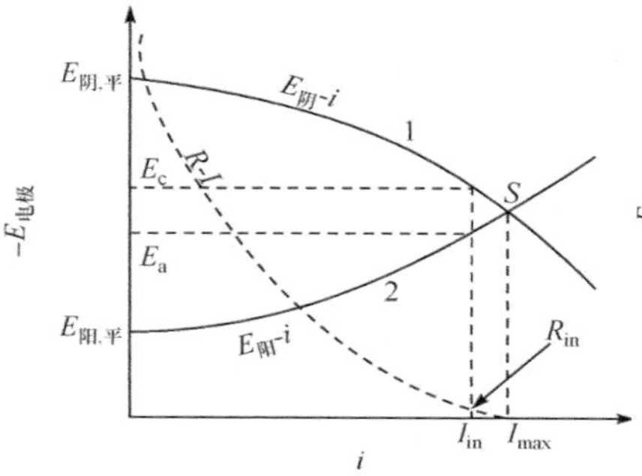

图 10-15　腐蚀电池中极化示意图

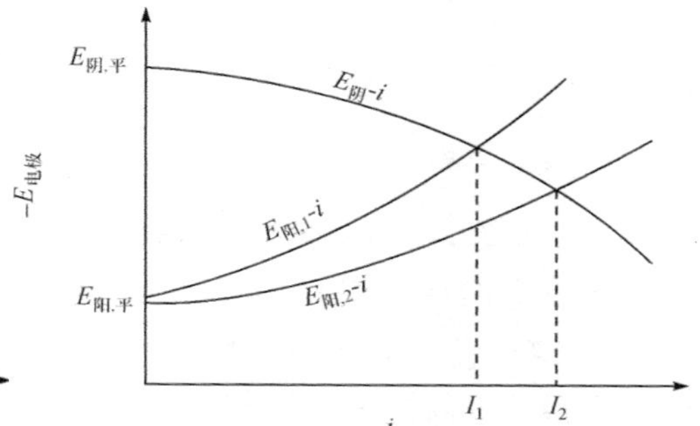

图 10-16　腐蚀电流与极化性能的关系

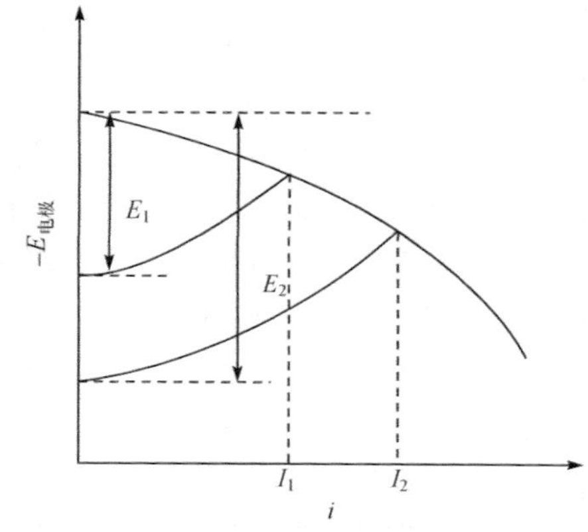

图 10-17　初始电势差对最大腐蚀的电流的影响

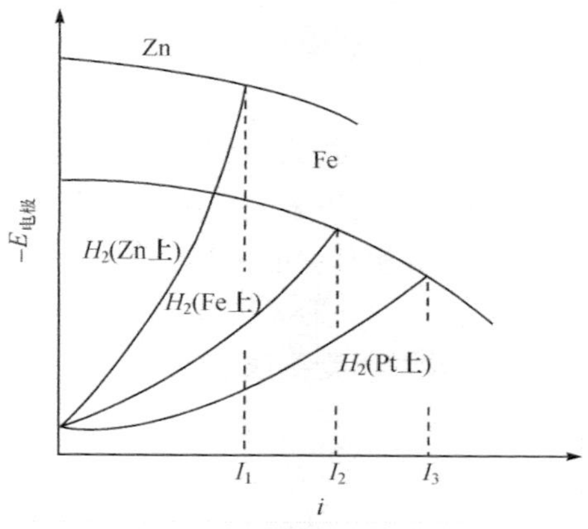

图 10-18　氢超电势与腐蚀电流的关系

影响金属腐蚀速率的主要因素有以下几种。

(1) 金属极化能的影响。电极的极化性能可由极化曲线的斜率表示，极化越小，则极化曲线的斜率越小。在腐蚀电池中，若其他条件相同，则极化越小者，其腐蚀电流就越大，金属的腐蚀的速率也越大。如图 10-16 所示，极化曲线 2 所对应的腐蚀电流 $I_2>I_1$。

(2) 金属的平衡电极电势的影响。在其他条件完全相同的情况下，腐蚀电池初始的电势差越大，最大的腐蚀电流也就越大。如图 10-17 所示，$I_2>I_1$。

如果金属的阳极极化较小，当阴极反应极其极化曲线相同时，则金属的电极电势越负，就越容易受腐蚀，所以腐蚀电流也就越大。

(3) 氢的超电势与腐蚀速率的关系。在腐蚀电池中，如果阴极上的还原反应是 H^+ 放电逸出氢气，那么由于这个阴极反应在不同的金属表面上有不同的极化性能，即在不同的金属表面上氢超电势不相同，因而金属的腐蚀速率也会不相同，如图 10-18 所示。虽然锌的电极电势比铁的更负，但由于氢在锌上的超电势大于它在铁上的超电势，致使锌在还原性酸性溶液中的腐蚀速率反而较铁为小($I_1 < I_2$)。若在此溶液中加入少量铂盐，由于氢在所析出的铂黑上的超电势很低，结果铁或锌的腐蚀速率均大为提高(如 $I_3 > I_2$，表示铁腐蚀的情况)。

10.8.3 金属的防腐

金属的防腐常用下列几种方法。

(1) 非金属保护层。将一些耐腐蚀的物质如油漆、喷漆、搪瓷、陶瓷、玻璃、沥青、高分子材料(如塑料、橡胶、聚酯等)涂在要保护的金属表面上，使被保护的金属与外界的介质隔离开来，不发生接触。当这些保护层完整、未受损坏时，能起到很好的保护作用。

(2) 金属保护层。用电镀、化学镀或喷镀的方法，在被保护的金属表面上覆盖一层有耐腐蚀能力的金属或合金作为保护层。例如，自行车上的一些部件先镀铜-锡合金做底，然后再镀铬析出既美观又防腐蚀功能的镀层。

金属保护层从电化学的观点来看，可分为阳极保护层和阴极保护层。阳极保护层是镀上去的金属比被保护的金属有较负的电极电势，如把锌镀在铁上。阴极保护层是镀上去的金属具有较正的电极电势，如把锡镀在贴上。就保护层把被保护的金属与外界介质隔离开来这一点而言，两种保护层的作用并无原则性的区别。但当保护层受到损坏而变得不完整时，情况就不同了。阴极保护层就失去了保护作用，它和被保护的金属在介质中形成腐蚀原电流。由于被保护的金属是腐蚀电池的负极，要被氧化，因此不完整的阴极保护层的存在反而加速了腐蚀。但阳极保护层则不然，即使保护层遭到破坏，由于被保护的金属是腐蚀电池的正极，因此受腐蚀的是保护层本身，而被保护的金属则不受腐蚀。

(3) 电化学保护。以下几种方法是比较直接的电化学防腐法。

保护器保护：将电极电势较低的金属和被保护的金属连接在一起，于介质中构成腐蚀电池。电极电势较低的金属是腐蚀电池的负极，进行阳极氧化反应而溶解；被保护的金属作为腐蚀电池的正极，介质中的去极化剂在其表面进行阴极还原反应而避免腐蚀。例如，海上航行的船舶，在船底四周镶嵌锌块，此时形成了以锌为负极，铁为正极，海水为电解质的腐蚀电流，受到腐蚀而溶解的是锌而不是铁。在此电化学过程中锌作为阳极而牺牲了，但却保护了船身——铁。这个方法称为牺牲阳极法，是属于阴极保护措施之一。

阴极电保护：利用外加直流电源，把负极接到被保护的金属上，让它成为阴极；而把正极接到一些废钢铁上，将废钢铁作为阳极而牺牲。阴极电保护与保护器保护不同之处，是外加电流使阴极电势往负的方向移动，在其上进行还原反应，使被保护的金属免于腐蚀。例如，地下的水管或输油管常用这种方法防腐。

阳极电保护：阳极电保护是以被保护的金属作阳极，由外电源通入电流进行阳极氧化，使金属在一定的电势范围内发生钝化，再以微弱的电流维持钝化状态，从而使金属得到保护。阳极电保护是基于对金属钝化现象的研究提出的，应用时需要根据被保护金属在给定介质中的阳极钝化曲线来确定其使用的条件。

(4) 加缓蚀剂保护。在腐蚀性介质中加入少量缓蚀剂就能到达降低金属腐蚀速率，实际上是减慢阴极过程或者阳极过程的速率。缓蚀剂种类很多，有液相缓蚀剂，也有气相缓蚀剂；有阴极缓蚀剂，也有阳极缓蚀剂。

阳极缓蚀剂起的作用之一是直接阻止阳极表面的金属离子进入溶液，作用之二是在金属表面上形成保护膜以使阳极面积减小。阴极缓蚀剂不改变阴极的面积，一般有机阴极缓蚀剂多数是表面活性物质，它们吸附在电极表面能抑制阴极过程，增大阴极极化，提高氢析出的超电势，降低氢的析出速率，从而减少了金属的腐蚀速率。

气相缓蚀剂大都是一些挥发性较大的有机胺盐，由于蒸气压高易于自动溶解在金属表面的薄层水膜中而减少金属的腐蚀速率。军械在密闭箱中的储存和运输就常用气相缓蚀剂。

复习思考题

1. 电极反应步骤一般有哪些？
2. 什么是不可逆电极电势？
3. 什么是极化？
4. 分解电压值与什么因素有关？
5. 什么是析出电势和溶解电势？它们与什么因素有关？有什么用途？
6. 什么是超电势？与什么因素有关？
7. 电解池极化与原电池极化有何异同？
8. 极化有几类？各自产生的原因如何？
9. 什么是极限扩散电流？有何应用？
10. 浓差超电势与电流密度的关系如何？
11. 电极表面带电(电场)对电极反应的活化能有何影响？
12. 电化学极化超电势与电流密度的关系如何？
13. 塔菲尔公式的应用条件是什么？
14. 极化曲线有几种？测定装置上有什么不同？
15. 极化曲线数据有何应用？
16. 几种阳离子同时电积的条件是什么？取决于哪些因素？
17. 为什么能从水溶液中电积除金属锌？
18. 影响电结晶好坏的因素有哪些？
19. 多种金属及其合金同时溶解的条件是什么？
20. 什么是金属钝化？产生的原因是什么？
21. 腐蚀原电池是如何构成的？
22. 什么是去极化作用？对金属腐蚀有何影响？
23. 金属的防腐有什么基本方法？
24. 阴极保护层、保护器保护和阴极电保护三种防腐措施有什么不同？

习　　题

1. 用间接方法求得 298.15 K 时，反应

$$H_2 + 1/2O_2 \xlongequal{} H_2O(l) \qquad \Delta_r G_m^{\ominus} = -236.65\ \text{kJ} \cdot \text{mol}^{-1}$$

试问 298.15 K 时，非常稀的硫酸溶液的分解电压是多少？设用的是可逆电极，并且溶液搅拌得很好。

2. 298.15 K 时低电流密度电解稀硫酸水溶液，用银作两极的电极材料和用光滑铂作两极材料，试分别确定其分解电压。(已知在银电极上 $\eta_{H_2}=0.87$，$\eta_{O_2}=0.96$ V，在光滑铂电极上 $\eta_{H_2}=0.09$，$\eta_{O_2}=0.45$ V，并设稀硫酸水溶液中 $a_{H_2O}=1$)

3. 某溶液中含 10^{-2} mol · dm^{-3} $CdSO_4$、10^{-2} mol · dm^{-3} $ZnSO_4$ 和 0.5 mol · dm^{-3} H_2SO_4，把该溶液放在两个铂电极之间，用低电流密度进行电解，同时均匀搅拌，试问：

(1) 哪一种金属将首先沉积在阴极上？

(2) 当另一种金属开始沉积时，溶液中先析出的那一种金属所剩余的浓度为多少？

4. 电解某溶液在阴极上有 Zn 沉积，H_2 在 Zn 上的超电压为 0.72 V，欲使溶液中 Zn^{2+} 的浓度降到 10^{-4} mol·dm^{-3}，阴极仍不析出 H_2，溶液的 pH 最小应控制为多少？

5. 298.15 K 电解精炼铜的酸性溶液内含铜 30 g·dm^{-3}，离子活度系数 $\gamma_{Cu^{2+}}=0.0576$，若电解液中含有杂质银，试问要得到精铜，电解液中银含量最大不能超过何值？（设电积时铜的超电压可以忽略，最大银含量时 Ag^+ 的 $\gamma_{Ag^+}=0.1$）

6. 电解 pH=5 的 $CdCl_2$ 溶液时，Cd^{2+} 的浓度为多少时 H_2 开始析出？已知 H_2 的超电压为 0.48 V。

7. 将含 0.05 mol·dm^{-3} 硫酸的 0.1 mol·dm^{-3} 硫酸铜溶液于 298.15 K 进行电解，当两价铜离子的浓度减少到 1×10^{-7} mol·dm^{-3} 时，阴极电势为何值？在不让氢析出的条件下，阴极电势可能的值为多少？（设电解液的 pH=0.15，氢在铜上的超电压为 0.33 V）

8. 用电解沉积 Cd^{2+} 的方法分离某中性水溶液中的 Cd^{2+} 和 Zn^{2+}。已知该溶液中 Cd^{2+} 和 Zn^{2+} 的浓度均为 0.1 mol·kg^{-1}，H_2 在 Cd 和 Zn 上的超电压分别为 0.48 V 和 0.70 V。试问在 298.15 K 时分离效果怎样？有没有氢析出干扰？（设 Cd^{2+} 和 Zn^{2+} 的活度近似等于浓度）

9. 某溶液中含 Zn^{2+} 和 Fe^{2+}，活度均为 1。已知氢在铁上的超电压为 0.4 V，如欲使离子析出次序为 Fe、H_2、Zn，则 298.15 K 时溶液的 pH 最大不得超过多少？在此 pH 溶液中，H_2 开始析出时 Fe^{2+} 的活度降为若干？

10. 在 0.50 mol·kg^{-1} $CuSO_4$ 及 0.01 mol·kg^{-1} H_2SO_4 的溶液中，使 Cu 镀到铂极上，若 H_2 在 Cu 上的超电压为 0.23 V，当外电压增加到有 H_2 在电极上析出时，试问溶液中所余 Cu^{2+} 的浓度为多少？

11. 外加电压使下面电解池发生电解作用

$Pt|CdCl_2(1\ mol\cdot kg^{-1}),NiSO_4(1\ mol\cdot kg^{-1})|Pt$

当外加电压逐渐增加时，电极上首先发生什么反应？此时外加电压至少为多少？（设不考虑超电压，电解质活度系数均为 1，T=298 K）

12. 298 K、101.325 kPa 下，以铂为阴极，石墨为阳极，电解含铜、镍、镉的某电解液，其中 $a_{Cu^{2+}}=0.02$，$a_{Ni^{2+}}=0.005$，$a_{Cd^{2+}}=0.01$。若尽量消除浓差极化，并不考虑电化学极化，试确定：(1)各种离子在阴极上析出的先后顺序；(2)第二种离子开始析出时，首先析出的那种离子在溶液中的浓度尚余多少？

13. 镀镍溶液中 $NiSO_4\cdot5H_2O$ 含量为 270 g·dm^{-3}（溶液中还有 Na_2SO_4、NaCl 等物质），已知氢在镍上的超电压为 0.42 V，氧在镍上的超电压为 0.1 V，问在阴极和阳极上首先析出（或溶解）的可能是哪种物质？

14. 在 Zn 电极上析出氢气的塔菲尔公式为 $\eta=0.72+0.17\lg i/(A\cdot cm^{-2})$，试判断在 298.15 K 以 Zn 作阴极以隋性电极作阳极电解 pH=7 的 0.01 mol·kg^{-1} $ZnSO_4$ 水溶液时，在什么阴极电势和电流密度下，氢气与 Zn 将同时析出？

15. 25%NaCl 的中性水溶液（$\gamma_{Cl^-}=0.6$），298.15 K 时用超电压可忽略不计的电极材料作电极进行电解，两极何物先析出？工业上用铁作阴极，石墨作阳极，在电流密度 2000 A·m^{-2} 下电解，此情况下 Cl_2 和 O_2 在石墨阳极上超电压分别为 0.25 V 和 1.09 V，H_2 在铁阴极上的超电压为 0.82 V，此时两电极上什么物质先析出？

第 11 章　表面化学与胶体化学基础

11.1 引　　言

自然界中的物质，在一定的条件下可呈气态、液态和固态三种常见相态。在各相态之间存在着相界面，有气-液、气-固、液-固、液-液和固-固五类相界面。习惯上常将气-液和气-固界面称为表面，而把其余的相界面称为界面。实质上都是相间界面。

相界面并非简单的几何面，而是从一相到另一相的过渡层，具有一定的厚度，一般为 $10^{-9}\sim10^{-8}$ m。相界面的性质与相邻两个相的性质不同，通常又将相界面称为表面相，而将相邻两个相称为体相。表面相的分子和体相的分子是有差异的。正是由于这种差异而在各种相界面上发生一系列表面现象。例如，液滴和气泡呈球形，超细金属粉末在空气中会自燃，水不能润湿荷叶与羽毛，液体沿毛细管上升或下降等。当表面不大时，表面效应对体系性质的影响很小，可不予考虑。但对于表面很大的体系，表面效应对其性质的影响甚至起主导作用，表面效应就不能忽略了。

物质的分散程度通常用单位体积所具有的表面积表示，并称之为比表面。例如，将边长为 10^{-2} m 的立方体逐渐分割成小立方体时，表面积将发生很大的变化，见表 11-1。

表 11-1　分割 10^{-6} m^3 立方体成边长不等的小立方体微粒数及微粒总面积

边长/m	微粒数	总面积/m^2	总比表面积/(m^2 · m^3)
10^{-2}	1	6×10^{-4}	6×10^{2}
10^{-3}	10^{3}	6×10^{-3}	6×10^{3}
10^{-5}	10^{9}	6×10^{-1}	6×10^{5}
10^{-7}	10^{15}	6×10	6×10^{7}
10^{-9}	10^{21}	6×10^{3}	6×10^{9}

由表 11-1 可知，当边长为 10^{-9} m 时，总表面积达 6000 m^2。这样巨大的表面，其表面效应就不能忽略了。

表面现象是自然界普遍存在的现象。胶体就是具有很大比表面的分散体系。对胶体和表面现象的研究是物理化学基本原理的拓展和应用。从历史角度看，表面化学是胶体化学的一个最重要的分支，两者间关系密切。而随着科学的发展，现今表面化学已独立成一门科学。它包括各种相界面和表面活性剂的相关特性，界面上的各种物理化学作用。实验技术的不断发展(像超离心机、光散射、X 射线、多种电子显微镜以及各种能谱等)，又使胶体和表面化学在微观研究中跃进了一大步。表面化学是一门既有广泛的实际应用又与多种学科紧密联系的、充满活力和希望的学科。例如，用活性炭脱除有机物，用硅胶或活性氧化铝脱除水蒸气，泡沫浮选等。又如，微电子集成电路块中有重要应用的 LB 膜，在生物学和医学研究中有重要意义的人工膜。过冷、过热、过饱和等亚稳现象产生的主要原因也是由于新相难成。表面化学是当今的热点研究领域之一。

11.2 表面热力学性质

表面相分子和体相分子所处的力场不同。以气-液界面为例，如图 11-1 所示，体相内部分子所受四周邻近相同分子的作用力是对称的，各个方向的力彼此抵消(各向同性)；但表面分子受到体相分子的作用力大，受到气相分子的作用力小，表面相分子处于一个不对称的力场中，因而其所受的合力不为0。在不对称的力场作用下，表面相分子有钻向体相的趋势。所以液体都有缩小表面而呈球形的趋势。这就意味着若要把液体内部分子移至表面(扩大表面)，就必须克服此力而做功。恒温、恒压且组成不变时可逆地扩大体系的表面积 dA，外界必须对体系做的可逆功为

$$\delta W' = \sigma dA \tag{11-1}$$

式中，σ 为比例系数，其物理意义是恒温、恒压且组成不变时使体系增加单位表面积外界必须对体系做的可逆非体积功。

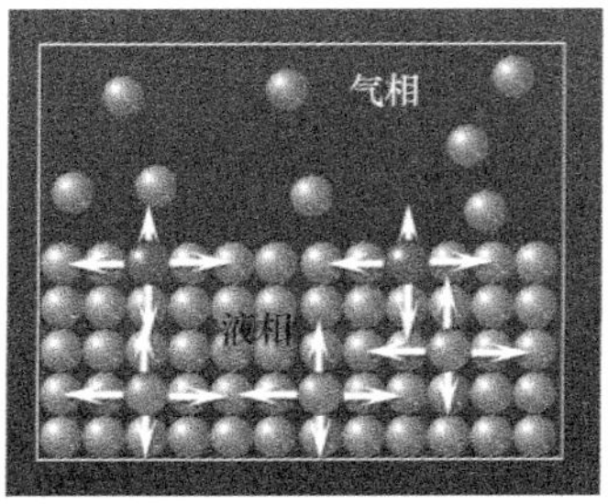

图 11-1　界面层质点特性示意图

因为恒温、恒压下可逆过程 $dG = \delta W'_r$，所以有

$$dG = \sigma dA \tag{11-2}$$

因此 σ 的物理意义又可认为是恒温、恒压且组成不变时，使体系增加单位表面积所引起体系吉布斯自由能的增量，或单位表面积所具有的吉布斯自由能。所以 σ 的量纲是 $J \cdot m^{-2}$。σ 的量纲还可写成另一形式：$J \cdot m^{-2} = N \cdot m \cdot m^{-2} = N \cdot m^{-1}$。由此可见，$\sigma$ 又可视为单位长度上的力。在两相(特别是气-液)界面上，处处存在着一种张力，它垂直作用于单位长度上的使表面积收缩并与表面相切。将一含有一个活动边框的金属线框架放在肥皂液中，如图 11-2 所示，然后取出悬挂，活动边在下面。由于金属框上的肥皂膜的表面张力作用，可滑动的边会被向上拉，直至顶部。如果在活动边框上挂一重物，使重物质量 W_2 与边框质量 W_1 所产生的重力 $F[F=(W_1+W_2)g]$ 与总的表面张力大小相等方向相反，则金属丝不再滑动。这时 $F=2\sigma l$，l 是滑动边的长度，因膜有两个面，所以边界总长度为 $2l$，σ 就是作用于单位边界上的表面张力，单位是 $N \cdot m^{-1}$，对于弯曲液面，该张力与液面相切。

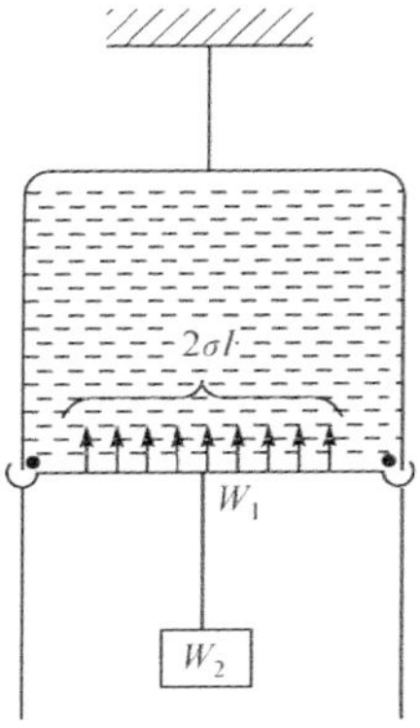

图 11-2　表面张力示意图

影响表面张力的因素有以下几种。

(1) 分子间相互作用力。对于纯液体或纯固体，表面张力取决于分子间形成的化学键能的大小，一般化学键越强，表面张力越大。σ(金属键)$>\sigma$(离子键)$>\sigma$(极性共价键)$>\sigma$(非极性共价键)。两种液体间的界面张力介于两种液体表面张力之间。一些液体的表面张力见表 11-2。

表 11-2　某些液体在 293.15 K 的表面张力

体系		$\frac{\sigma\times10^3}{N\cdot m^{-1}}$	体系		$\frac{\sigma\times10^3}{N\cdot m^{-1}}$
第一相	第二相		第一相	第二相	
水	水蒸气	72.75	汞	水	375
二硫化碳	其蒸气	33.5	汞	乙醇	364
苯	苯蒸气	28.88	汞	正辛醇	348
四氯化碳	空气	26.8	水	正辛烷	50.8
乙酸	空气	27.6	水	二硫化碳	48.4
乙醇	空气	22.3	水	四氯化碳	45.1
正辛醇	空气	27.5	水	苯	35.0
正辛烷	空气	21.8	水	正辛醇	8.5
汞	空气	485.0	水	正丁醇	1.8

(2) 温度。温度升高，表面张力下降。这是因为温度升高，液相的密度下降，气相的密度上升，表面分子所处力场的不对称性下降，当达到临界温度时，气-液界面消失，界面张力趋向于零。描述纯物质液体表面张力与温度的关系有拉姆齐-谢尔德(Ramsay-Shieds)经验公式

$$\sigma\left(\frac{M}{\rho}\right)^{2/3}=k(T_c-T-6) \tag{11-3}$$

式中，k 为常数，对于非极性液体，$k=2.2\times10^{-7}\ \mathrm{J\cdot K^{-1}}$；$M$ 为摩尔质量；ρ 为液体的密度；$\left(\frac{M}{\rho}\right)^{2/3}$ 为摩尔表面的一种量度；T_c 为临界温度。通常温度每升高 10 K，σ 约降低 $1\ \mathrm{mN\cdot m^{-1}}$。

(3) 压力。表面张力一般随压力的增加而下降。因为压力增加，气相密度增加，表面分子受力不均匀性略有好转。另外，若是气相中有别的物质，则压力增加，促使表面吸附增加，气体溶解度增加，也使表面张力下降。

11.2.1 比表面

把物质分散成细小微粒的程度称为分散度。物质比表面积的大小通常用来表示物质的分散程度，有两种常用的表示方法：一种是单位质量的固体所具有的表面积；另一种是单位体积固体所具有的表面积，即

$$A_m=A/m \quad 或 \quad A_V=A/V \tag{11-4}$$

式中，m 和 V 分别为固体的质量和体积；A 为其表面积。

把一定大小的物质分割得越小，则分散度越高，比表面也越大，见表 11-1。又如，1 g 水以一球滴存在，表面积仅为 $4.85\times10^{-4}\ \mathrm{m^2}$，表面能约为 3.5×10^{-5} J，这是微不足道的。但是，1 g 水球滴分散成半径为 10^{-7} cm 的小液滴时，可得 2.4×10^{20} 个，表面积为 $3.0\times10^{3}\ \mathrm{m^2}$，表面能约为 218 J，显然这是不能忽略的。特别注意，达到纳米级的超细微粒具有巨大的比表面积，因而具有许多独特的表面效应和量子效应，并由此引起光学、热学、电学、磁学、力学、化学等性质的显著变化，成为新材料和多相催化方面的研究热点。

11.2.2 比表面吉布斯自由能

由于表面层分子的受力情况与本体中不同，因此如果要把分子从内部移到界面或可逆地增加表面积，就必须克服体系内部分子之间的作用力，对体系做功。温度、压力和组成恒定时，可逆使表面积增加 dA 所需要对体系做的功为

$$\delta W_r'=\sigma \mathrm{d}A$$

式中，σ 为比例系数，它的物理意义为当温度、压力及组成恒定时，增加单位表面积时必须对体系所做的可逆非膨胀功，称为表面功。由于恒温、恒压可逆扩大表面是环境做功，因此吉布斯自由能的变化值等于所做的非体积功，即

$$\mathrm{d}G_{T,p}=\delta W_r'=\sigma \mathrm{d}A$$

由于体系产生新的相界面，因此开始时取新的相表面为零，对上式积分得

$$\int_0^{G_{T,p}}\mathrm{d}G_{T,p}=\int_0^{A_s}\sigma \mathrm{d}A\ ,G_{T,p}=\sigma A\to G_s \tag{11-5}$$

由 $\mathrm{d}G=\sigma\mathrm{d}A$ 得

$$\sigma=\left(\frac{\partial G}{\partial A}\right)_{T,p} \tag{11-6}$$

可见纯物质的 σ 就是在恒温、恒压条件下增加单位面积所增加的吉布斯自由能，所以 σ 也称为比表面吉布斯自由能。式(11-6)中的 σ 的量纲为 $\mathrm{J\cdot m^{-2}}$，而 $\mathrm{J=N\cdot m}$，所以 σ 的量纲为也表

示为 $N \cdot m^{-1}$。由于 N(牛顿)是力的量纲，因此也可以从另一个角度理解 σ 为表面张力。比表面吉布斯自由能与表面张力这两个概念在数值上是等效的，两者的量纲也相同，是对同一事物从不同角度描述的物理量。在考虑界面性质的热力学问题时，用比表面吉布斯自由能为多；而在分析各种界面作用时，则采用表面张力比较方便。实际中，这两个概念常交替使用。

在考虑了表面功后，热力学基本公式中应相应增加 σdA 一项，即

$$dG = -SdT + Vdp + \sum_{i=1}^{k}\mu_i dn_i + \sigma dA \tag{11-7}$$

同理

$$dU = TdS - pdV + \sum_{i=1}^{k}\mu_i dn_i + \sigma dA \tag{11-8}$$

$$dH = TdS + Vdp + \sum_{i=1}^{k}\mu_i dn_i + \sigma dA \tag{11-9}$$

$$dF = -SdT - pdV + \sum_{i=1}^{k}\mu_i dn_i + \sigma dA \tag{11-10}$$

由式(11-7)至式(11-10)可得

$$\sigma = \left(\frac{\partial G}{\partial A}\right)_{T,p,n} = \left(\frac{\partial H}{\partial A}\right)_{S,p,n} = \left(\frac{\partial F}{\partial A}\right)_{T,V,n} = \left(\frac{\partial U}{\partial A}\right)_{S,V,n} \tag{11-11}$$

可见，比表面自由能是保持相应的特征变量不变且每增加单位表面积时，相应特性热力学函数的变化量。

11.2.3　表面过程自发性的判断

对于恒温、恒压条件下的表面过程，由 $G_s = \sigma A$ 微分得

$$dG_s = \sigma dA + Ad\sigma \tag{11-12}$$

从式(11-12)可知：

(1) 在恒温、恒压条件下，对于纯液体或组成恒定体系 σ 为常数，表面积减小过程为自动过程，所以液滴为球形。同时也表明表面积越大的体系越不稳定。

(2) 在恒温、恒压条件下，若表面积不能改变时，如已制成的催化剂、溶液的表面等，则在表面积 A 不变时，σ 减小过程为自动过程。例如，表面发生润湿、吸附、带电等表面现象均能降低 σ，所以这些过程为自动过程。

11.3　弯曲表面的特性

体系形成微小颗粒后，其表面的曲率半径变小，即形成所谓弯曲表面。相对于平面表面(大颗粒)来说，体系的性质都会发生变化。

11.3.1　弯曲液面下的附加压强

由于表面张力的作用，弯曲液面下的液体要受到一个附加的压强，如图 11-3 所示。

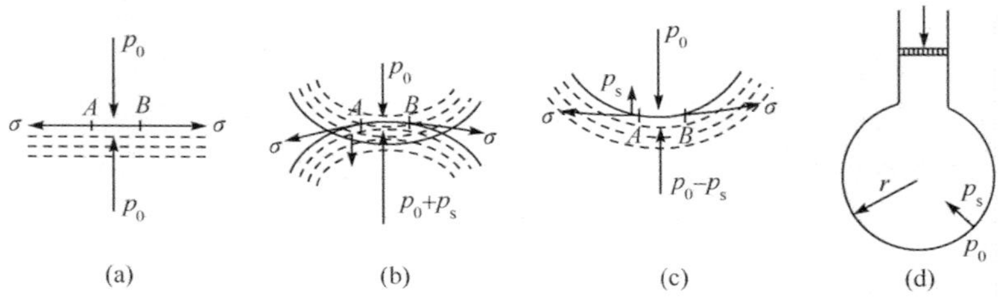

图 11-3　弯曲表面下的附加压强

附加压力的方向都指向曲面的圆心，如图 11-3(a)、(b)、(c)所示，凸面上受的压力大于平面上的压力，凹面上受的压力小于平面上的压力。在毛细管内充满液体，如图 11-3(d)所示，管端有半径为 r 的球状液滴与之平衡。其外压为 p_0，附加压力为 p_s，液滴所受压力为

$$p=p_0+p_s \tag{11-13}$$

使液滴体积增加 dV，相应地其表面积增加 dA，克服附加压力 p_s 所做的功等于可逆增加表面积的吉布斯自由能

$$p_s dV=\sigma dA \tag{11-14}$$

$$V=\frac{4}{3}\pi r^3, dV=4\pi r^2 dr$$

$$A=4\pi r^2, dA=8\pi r dr$$

$$p_s=\frac{2\sigma}{r} \tag{11-15}$$

根据数学上规定，凸面的曲率半径取正值，凹面的曲率半径取负值。所以，凸面的附加压力指向液体，凹面的附加压力指向气体，即附加压力总是指向球面的球心。式(11-15)是曲面附加压力公式，也称杨氏-拉普拉斯(Young-Laplace)公式。由杨氏-拉普拉斯公式知，曲面附加压力与物质的表面张力成正比，与曲面的曲率半径成反比。曲率半径越小，曲面附加压力越大。

对于平液面，曲率半径 $r=\infty$，$p_s=0$。

对于空气中的气泡，由于气泡膜有两个表面

$$p_s=\frac{4\sigma}{r} \tag{11-16}$$

对于一般曲面

$$p_s=\sigma\left(\frac{1}{r_1}+\frac{1}{r_2}\right) \tag{11-17}$$

式中，r_1 和 r_2 为两主曲率半径。

两块平板玻璃干燥时容易分开，若中间有液膜则难于分开。玻璃外压力比玻璃内大$\frac{\sigma}{r}$，若两玻璃之间距离为 δ，若液体完全润湿玻璃，则 $r=\frac{\delta}{2}$，$p_s=-\frac{\sigma}{r}=-\frac{2\sigma}{\delta}$，即单位面积液膜的压强较外部大气压小$\frac{2\sigma}{\delta}$，这个压强差是将两块玻璃紧紧贴在一起的原因。

11.3.2　微小物质的特性

在温度 T 时，设有密度为 ρ 的大小两个球形液滴，与半径为 r_1 的大液滴相平衡的蒸气压

为 p_1，与半径为 r_2 的小液滴相平衡的蒸气压为 p_2，该液体的摩尔质量为 M。若从大液滴可逆地转移 dn mol 液体到小液滴上，则两液滴的半径将发生变化，表面吉布斯自由能也将发生变化，其变化值应当等于从气相转移同样数量的物质所引起的吉布斯自由能变化。其变化过程如图 11-4 所示。

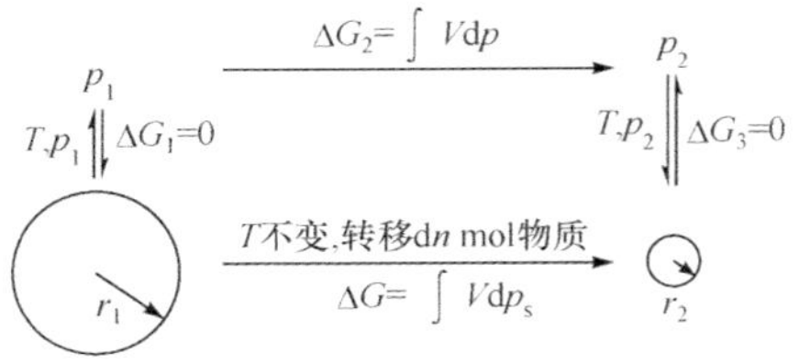

图 11-4 开尔文公式推导图

$$\Delta G=\Delta G_1+\Delta G_2+G_3=0+\Delta G_2+0=\Delta G_2$$

$$\Delta G_2=\int_{p_1}^{p_2}V\mathrm{d}p=\mathrm{d}nRT\int_{p_1}^{p_2}\frac{1}{p}\mathrm{d}p=\mathrm{d}nRT\ln\frac{p_2}{p_1}$$

而
$$\Delta G=\int_{r_1}^{r_2}\mathrm{d}n\cdot V_\mathrm{m}\mathrm{d}p_\mathrm{s}=\int_{r_1}^{r_2}\mathrm{d}n\cdot V_\mathrm{m}\mathrm{d}\left(\frac{2\sigma}{r}\right)=\mathrm{d}n\cdot V_\mathrm{m}\cdot 2\sigma\left(\frac{1}{r_2}-\frac{1}{r_1}\right)$$

所以
$$\ln\frac{p_2}{p_1}=\frac{2\sigma V_\mathrm{m}}{RT}\left(\frac{1}{r_2}-\frac{1}{r_1}\right)=\frac{2\sigma M}{\rho RT}\left(\frac{1}{r_2}-\frac{1}{r_1}\right)\tag{11-18}$$

若 r_1 为平液面的曲率半径，则 $r_1\to\infty$，式(11-18)可改写为(也适用于固体物质)

$$\ln\frac{p_\mathrm{r}}{p_{平}}=\frac{2\sigma M}{\rho RT}\cdot\frac{1}{r}\tag{11-19}$$

这就是开尔文(Kelvin)公式。对于凸面，r 取正值；对于凹面，r 取负值。由式(11-19)可知，凸液面曲率半径越小，蒸气压越大；凹液面曲率半径越小，蒸气压越小。曲率半径对蒸气压的影响只有曲率半径很小时才体现出来，见表 11-3。

表 11-3 293.15 K 水滴半径与蒸气压的关系

r/m	∞	10^{-6}	10^{-7}	10^{-8}	10^{-9}
p/Pa	2330	2333	2351	2594	6850
p/p_0	1.000	1.001	1.011	1.114	2.95

我们知道，液体蒸气压只有大到其饱和蒸气压时，蒸气才会冷凝成液体。但蒸气冷凝成液体时最初总是要生成极微小的液滴新相，而微小液滴具有较大的蒸气压，因此平面液体的饱和蒸气对微小液滴而言却未饱和。这种对平面液体应当凝结而未凝结的蒸气称过饱和蒸气，它是一种亚稳状态。如果蒸气中有灰尘，则液体可在较小的过饱和程度下凝结，因为灰尘可作为凝结种子，即蒸气冷凝成液体时最初生成的液滴半径不必从零开始。人工降雨就是向过饱和云层喷撒 AgI 颗粒作为凝结中心。

因此，微小物质所具有的各种特性都因其饱和蒸气压的变化而引起。

1. 微小物质的熔点较低

微小固体较大块固体有较低的熔点，其原理可用图 11-5 示意。图中 T_f^* 为大块固体熔点，对应蒸气压为 p_0；T_r 为微小固体熔点，对应微小固体的蒸气压为 p_r，而对应大块固体的蒸气压为 p'。

在 T_f^* 与 T_r 之间，液体符合克拉佩龙-克劳修斯方程，得

$$\ln\frac{p_0}{p_\mathrm{r}}=-\frac{\Delta_\mathrm{vap}H_\mathrm{m}}{R}\left(\frac{1}{T_\mathrm{f}^*}-\frac{1}{T_\mathrm{r}}\right)\tag{11-20}$$

式中，$\Delta_\mathrm{vap}H_\mathrm{m}$ 为液体的摩尔气化焓。

在 T_f^* 与 T_r 之间，大块固体亦符合克拉佩龙-克劳修斯方程，即

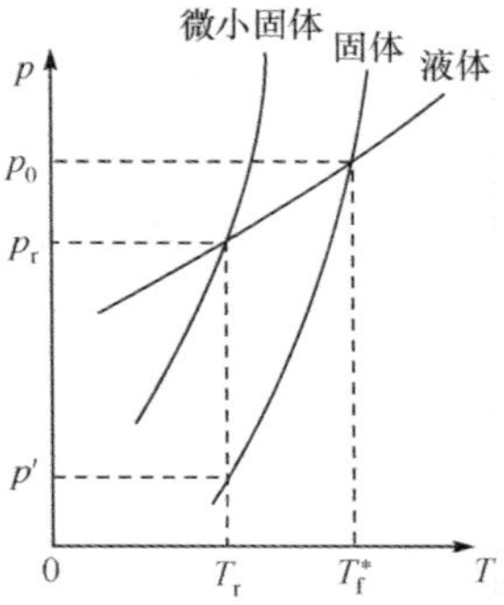

图 11-5　固体熔点图

$$\ln\frac{p_0}{p'}=\frac{\Delta_{sub}H_m}{R}\left(\frac{1}{T_f^*}-\frac{1}{T_r}\right) \tag{11-21}$$

式中，$\Delta_{sub}H_m$ 为固体的升华焓。

式(11-21)减式(11-20)，得

$$\ln\frac{p_r}{p'}=-\frac{\Delta_{sub}H_m-\Delta_{vap}H_m}{R}\left(\frac{1}{T_f^*}-\frac{1}{T_r}\right)=\frac{\Delta_{fus}H_m}{R}\left(\frac{1}{T_f^*}-\frac{1}{T_r}\right) \tag{11-22}$$

式中，$\Delta_{fus}H_m$ 为固体的摩尔熔化焓。则根据式(11-19)有 $\ln\frac{p_r}{p'}=\frac{2\sigma M}{\rho RT_r}\cdot\frac{1}{r}$，代入式(11-22)，得

$$\frac{2\sigma M}{\rho RT_r}\cdot\frac{1}{r}=\frac{\Delta_{fus}H_m}{R}\left(\frac{1}{T_r}-\frac{1}{T_f^*}\right)$$

即

$$\frac{T_f^*-T_r}{T_f^*}=\frac{M}{\Delta_{fus}H_m\rho}\cdot\frac{2\sigma}{r} \tag{11-23}$$

这就是微小固体的熔点公式。

只有当液体的温度降到其凝固点时，液体才会凝固。但液体凝固时最初总是要生成极微小的固体，而微小固体具有较低的熔点，因此，对大块固体平衡的液体对微小固体而言却未平衡。这种对大块固体应当凝固而未凝固的液体称过冷液体。如果液体中有微小固体，则液体可在较小的过冷程度下凝固，因微小固体可作为凝固种子。

2. 微小固体物质的溶解度较大

设大块固体溶解平衡时的饱和浓度为 c_0，微小颗粒溶解平衡时的饱和浓度为 c，根据亨利定律，溶液上方平面固体的蒸气压为 $p_0=kc_0$，微小颗粒的蒸气为 $p=kc$，将 p_0 和 p 代入式(11-19)，得

$$\ln\frac{c}{c_0}=\frac{2\sigma M}{RT\rho}\cdot\frac{1}{r} \tag{11-24}$$

这就是微小固体的溶解度公式。由式(11-24)可知，微小固体的溶解度大于大块固体的溶解度。如果溶液中既有大颗粒，也有小颗粒，则小颗粒将不断溶解，大颗粒不断长大，这就是重量分析中沉淀物陈化的依据。陈化过的沉淀易于过滤，且较纯净。

只有当溶质的浓度大到其饱和浓度时，溶质才会从溶液中结晶出来。但溶质结晶时最初总是要生成极微小的固体颗粒，而微小固体具有较大的溶解度，因此对大块固体饱和的溶液对微小固体却未饱和。这种对大块固体而言应当结晶而未结晶的溶液称为过饱和溶液。如果溶液中有晶种，则溶液可在较小的过饱和程度下结晶。

3. 化学活性高

微物化学势为 $\mu_{r,B}=\mu_B^\ominus+RT\ln\frac{p_{r,B}}{p^\ominus}$，大块物化学势为 $\mu_B=\mu_B^\ominus+RT\ln\frac{p_B}{p^\ominus}$，所以 $\mu_{r,B}>\mu_B$。在化学反应中，当反应物的化学势升高时，$\Delta_rG_m=\sum\nu_B\mu_B$ 更负，即反应向产物生成方向移动的趋势增加。微物进行化学反应的趋势比大块物的大。

4. 新相难以形成与亚稳态

微小物质由于饱和蒸气压高而易蒸发、易升华、易融化、易溶解，而其相应的逆过程往往是难以进行的，即微小物质难冷凝、难凝华、难凝固、难结晶。因为这些过程的一个共同点就是要从原单一体相中生成新的相态，而最初形成的新相体积在无外界作用时一定是极微小的，其比表面积极大，表面吉布斯自由能高，化学势高，使之再次被蒸发、升华、熔化或溶解，因此新相难以形成。甚至在条件变化的情况下可导致原本处于平衡状态的体相变为介安(亚稳)状态。

(1) 过饱和蒸气。由于微小液滴具有较大的蒸气压，因此对平面液体饱和的蒸气对微小液滴却未饱和。这种对平面液体而言应当凝结而未凝结的蒸气称过饱和蒸气。人工降雨就是向过饱和云层喷撒 AgI 颗粒作为凝结中心。

(2) 过冷液体。只有当液体的温度降到其凝固点时，液体才会凝固。但液体凝固时最初总是要生成极微小的固体，而微小固体具有较低的熔点，因此对平面固体平衡的液体对微小固体却未平衡。这种对平面固体而言应当凝固而未凝固的液体称为过冷液体。例如，纯净水可到－40 ℃不结冰。如果液体中有微小固体，则液体可在较小的过冷程度下凝固，因微小固体可作为凝固种子。

(3) 过饱和溶液。只有当溶质的浓度大到其饱和浓度时，溶质才会从溶液中结晶出来。但溶质结晶时最初总是要生成极微小的晶体，而微小晶体具有较大的溶解度，因此对平面固体饱和的溶液对微小晶体却未饱和。这种对平面固体而言应当结晶而未结晶的溶液称过饱和溶液。如果溶液中有晶种，则溶液可在较小的过饱和程度下结晶。

(4) 过热液体。液体的饱和蒸气压与外界压强相等时的温度称为沸点。对于液体中的小气泡，气泡壁的液面是凹面，曲率半径为负值，根据开尔文公式，小气泡中的液体的饱和蒸气压小于平面液体的饱和蒸气压，而且气泡越小，蒸气压也越低。在沸点时，水平液面的饱和蒸气压等于外压，而沸腾时形成的气泡需经过从无到有、从小到大的过程。而最初形成的半径极小的气泡其蒸气压远小于外压。所以，小气泡开始难以形成，致使液体不易沸腾而形成过热液体。为了防止液体过热而产生暴沸，常向液体中投放一些瓷片或沸石等物质，因为这些多孔物质中含有气体，加热时这些气体就成为新相的种子。因而绕过了产生极微小气泡的困难阶段，使液体的过热程度大大地降低。

5. 毛细现象

把毛细管插入液体中，则液体在毛细管内形成弯曲液面。由于曲面附加压力的作用，液体将沿着毛细管上升或下降，这种现象称为毛细现象，如图 11-6 所示。

上升或下降的高度很容易计算。若液体完全润湿毛细管，则形成对于凹液面，$p-p'=\dfrac{2\sigma}{r}$

因为 $p-p'=\rho gh$，所以 $\rho gh=\dfrac{2\sigma}{r}$。

同理，对于凸液面，$p'-p=\dfrac{2\sigma}{r}$，$p'-p=\rho gh$，$\rho gh=\dfrac{2\sigma}{r}$。

所以对于凹液面和凸液面都有 $$h=\frac{2\sigma}{\rho gr} \tag{11-25}$$

式中，r 为凹液面或凸液面的曲率半径。

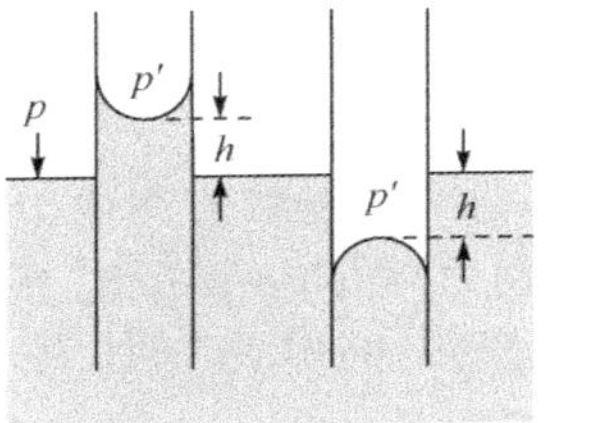

图 11-6 毛细管上升或下降

若液体与毛细管材料的润湿角为 θ，毛细管半径为 R，则对凹液面

$$r\cos\theta = R$$

所以式(11-25)成为

$$h = \frac{2\sigma\cos\theta}{\rho g R} \tag{11-26a}$$

对于凸液面

$$R = -r\cos\theta$$

则式(11-25)成为

$$h = -\frac{2\sigma\cos\theta}{\rho g R} \tag{11-26b}$$

11.4 固-气界面的吸附作用

11.4.1 吸附热力学

物质在物体界面富集的现象或物体界面层中物质浓度发生变化的现象都称为吸附，被吸附的物质称为吸附质，起吸附作用的物质称为吸附剂。固体表面的原子或分子，由于受到不对称力场的作用，可吸附气体或液体分子，以减弱这种不对称的力场。例如，无水氯化钙和硅胶用于吸潮，是固体吸附气体的例子。吸附作用可发生在各种相界面上，如气-液、气-固、液-固和液-液界面上。本节只讨论气-固界面的吸附。

吸附过程自动进行时，$\Delta G<0$；又气体分子吸附过程是自由度减少的过程（从三维空间到二维空间），所以 $\Delta S<0$。因此等温吸附过程 $\Delta H=\Delta G+T\Delta S<0$，即吸附是放热的。吸附热是吸附强弱的一种量度。吸附放热越多，吸附越强。如果吸附作为一种催化反应，则催化剂的吸附能力应适中。吸附太强，产物难解析；太弱，反应分子达不到足够的活化程度。

恒温下，固体吸附一定量的气体所放出的热称为积分吸附热 ΔH；在已吸附了一定量的气体后，再吸附微量气体所放出的热称为微分吸附热。吸附热与温度及吸附量 Γ 有函数关系式，即 $\Delta H=f(T,\Gamma)$。如果 Γ 固定，则 $\Delta H=f(T)$，为等量吸附热。等量吸附热可这样求得：恒温、恒压吸附可视为一种广义的相变，将克拉佩龙方程用于此过程，如果 ΔH 为常数，则积分克拉佩龙微分方程，得

$$\ln\frac{p_2}{p_1} = \frac{\Delta H}{R}\left(\frac{1}{T_2}-\frac{1}{T_1}\right) \tag{11-27}$$

11.4.2 物理吸附和化学吸附

固体表面上的吸附按其作用力的性质可分为物理吸附和化学吸附。在物理吸附中，吸附分子和表面分子的相互作用是分子间的作用力，即范德华力，这种力较弱，相当于气体分子冷凝成液体的作用力。吸附时释放的能量也和冷凝热相近，一般为 8～20 $kJ\cdot mol^{-1}$。由于分子间的作用力是一种长程力，固体表面吸附了一层分子后，还可继续吸附，形成多分子层吸附。由于任何分子间都存在范德华力，因此物理吸附没有选择性。这类吸附的吸附速率和解吸速率都很快，易于达到平衡。这类吸附的吸附速率和解吸速率不受温度的影响，也就是说这类吸附过程不需要活化；物理吸附常在较低的温度下进行。这类吸附不稳定，易解吸。

在化学吸附中，吸附分子和表面的相互作用力是化学键力。这类吸附和表面化学反应类似，吸附时释放的能量和化学反应热相近，一般为 40～400 $kJ\cdot mol^{-1}$。由于化学键力是一种短程力，固体表面吸附了一层分子后，不能继续吸附，因此形成单分子层吸附。由于化学吸附类似于表面化学反应，所以化学吸附有选择性。这类吸附的吸附速率和解吸速率都较慢，难以达到平衡。这类吸附的吸附速率和解吸速率受温度的影响较大，也就是说这类吸附过程需要活化；温度升高，化学吸附速率加快，因此，化学吸附常在较高的温度下进行。由于化学键力较

强，这类吸附较稳定，不易解吸。化学吸附和物理吸附的性质比较见表 11-4。物理吸附和化学吸附过程体系能量变化如图 11-7 所示。

表 11-4 化学吸附和物理吸附的比较

性质	物理吸附	化学吸附
吸附作用力	范德华力（长程力）	化学键力（短程力）
吸附热	近于冷凝热 8～20 $kJ \cdot mol^{-1}$	近于反应热 40～400 $kJ \cdot mol^{-1}$
吸附层数	多分子层	单分子层
吸附选择性	无	有
吸附稳定性	不稳定，易解吸	较稳定，不易解吸
吸附速率	快，不需活化能	慢，需活化能，升温加速
吸附温度	吸附质沸点或以下	远高于吸附质沸点

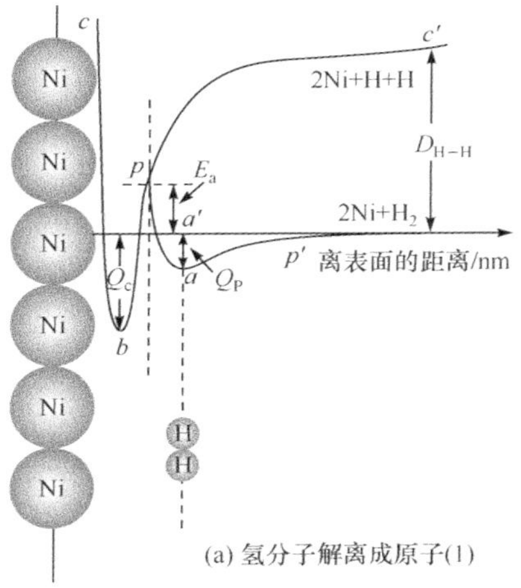

图 11-7 两类吸附的势能曲线

物理吸附和化学吸附并不是绝对的，在指定条件下二者可同时发生。例如，H_2 在 Ni 上的吸附同时有三种情况：有的氢是以原子状态被吸附的，这是纯粹的化学吸附；有的氢是以分子状态被吸附的，这是纯粹的物理吸附；还有一些氢气分子被吸附在氢原子上。

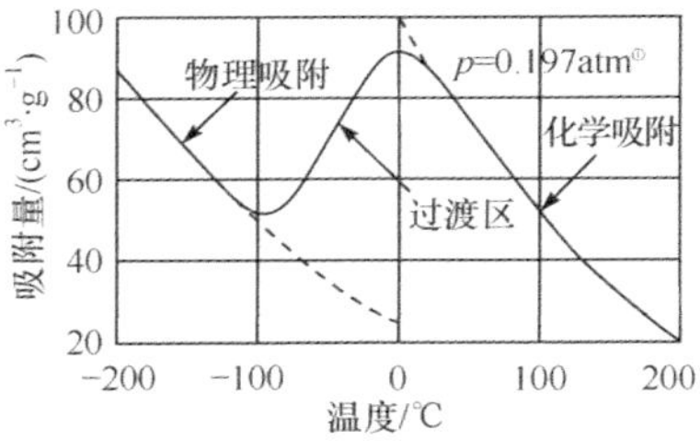

图 11-8 Pd 吸附 CO 等压线

物理吸附和化学吸附随着温度的不同可以相互转化。Pd 对 CO 的吸附就有这种情况发生，其结果如图 11-8 所示。物理吸附和化学吸附都是放热过程，所以平衡吸附量随温度升高而下降。

11.4.3 吸附曲线类型

吸附平衡时，单位质量的吸附剂吸附气体的体积或物质的量称吸附量，用 Γ 表示，即

$$\Gamma=\frac{V}{m} \quad 或 \quad \Gamma=\frac{n}{m} \tag{11-28}$$

实验证明，对于给定的体系，$\Gamma=f(T,p)$，用图形描述上述关系需用空间坐标系。如固定其中一个变量则可用平面坐标系描述。若固定：

① 1 atm=1.013 25×10^5 Pa。

$$T \quad \Gamma = f(p) \quad 吸附等温式$$
$$p \quad \Gamma = f(T) \quad 吸附等压式$$
$$\Gamma \quad p = f(T) \quad 吸附等量式$$

NH_3 在 C 上的吸附等温线如图 11-9 所示，吸附等压线如图 11-10 所示。由吸附等温线可知，平衡吸附量随压力的升高而增加，这与吸附是体积缩小的过程是一致的。在低压部分，吸附量与压力呈线性关系；当气体压力进一步增加时，吸附量的增加速度变缓；当压力足够大时，曲线接近一水平线，吸附达到饱和，此时吸附量称为饱和吸附量。由吸附等压线可知，温度越高，平衡吸附量越低，这与吸附是放热过程是一致的。

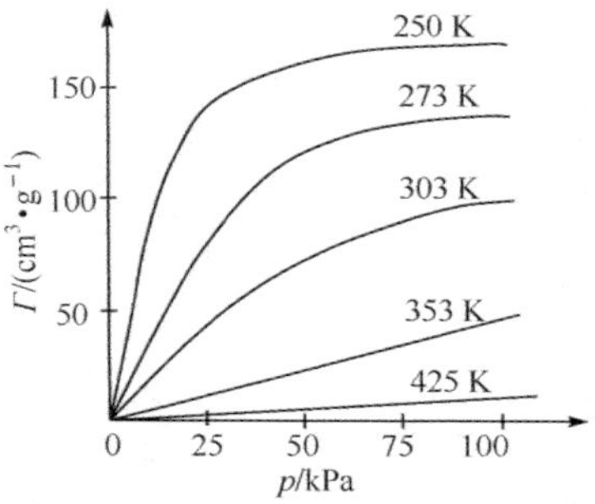

图 11-9 NH_3 在 C 上的吸附等温线

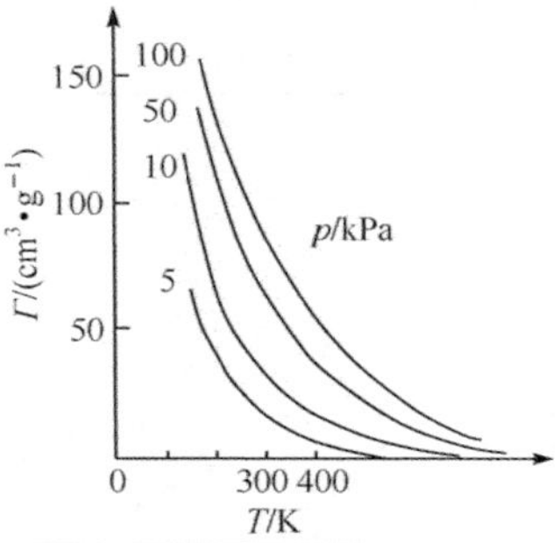

图 11-10 NH_3 在 C 上的吸附等压线

三种吸附曲线是相互联系的，从某一组类型的曲线可作出其他两组曲线。其中最常用的是吸附等温线。吸附等温线大致有如图 11-11 所示五种类型。

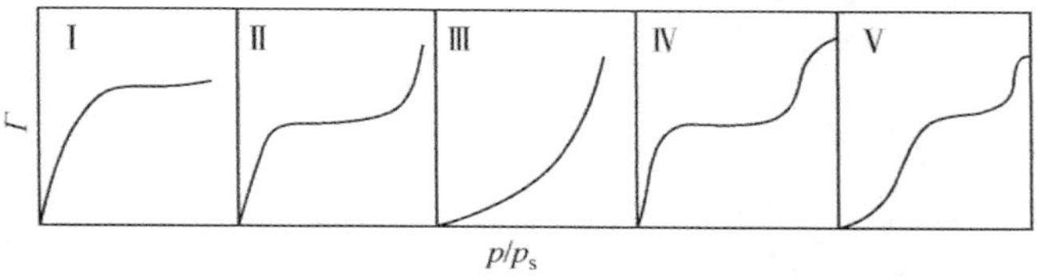

图 11-11 五类吸附等温线

11.4.4 吸附等温方程式

固体对气体的等温吸附规律可用吸附等温式描述，其中最著名的吸附等温式有弗伦德利希(Freundlich)经验公式、朗缪尔理论公式和 BET(Brunauer-Emmett-Teller)理论公式。

1. 弗伦德利希经验公式

弗伦德利希从实验数据出发，总结出吸附等温式

$$\Gamma = kp^{\frac{1}{n}} \tag{11-29}$$

k 和 n 是两个经验常数。弗伦德利希公式在中等压力下(等温线中段)与实验事实吻合，但常数 k 和 n 物理意义不明确。

2. 朗缪尔单分子层吸附理论

朗缪尔在研究低压下气体在金属上的吸附时，通过实验数据发现了一些规律，根据这些规律，他建立了单分子层吸附理论。这个理论有两个基本假定：

(1) 吸附是单分子层吸附。

(2) 固体表面是均匀的，各处的吸附能力相同，被吸附在固体表面上的分子，相互之间无作用力。

根据以上假定，可导出朗缪尔吸附等温式。设固体表面被气体覆盖分数为 θ，则固体表面未被气体覆盖的分数即空白面积分数为 $1-\theta$。显然，气体吸附速率与气体的压力成正比，也与固体的空白面积分数成正比，即

$$吸附速率=k_1 p(1-\theta)$$

气体的解吸速率应与固体表面覆盖分数成正比，即

$$解吸速率=k_{-1}\theta$$

平衡时，吸附速率和解吸速率相等，即

$$k_1 p(1-\theta)=k_{-1}\theta$$

即

$$k_1 p-k_1 p\theta=k_{-1}\theta$$

或

$$\theta=\frac{k_1 p}{k_{-1}+k_1 p}=\frac{bp}{1+bp} \tag{11-30}$$

式中，$b=\frac{k_1}{k_{-1}}$，称为吸附系数，b 值的大小反映了固体吸附气体的能力，b 越大，固体吸附气体的能力越强。设压力为 p 时固体表面的吸附量为 Γ，吸附饱和时的吸附量为 Γ_∞，则对于单分子层吸附，有 $\theta=\frac{\Gamma}{\Gamma_\infty}$，将此式代入(11-30)，得

$$\Gamma=\Gamma_\infty\frac{bp}{1+bp} \tag{11-31}$$

这就是朗缪尔吸附等温式。此式能很好地解释第一类等温线。

(1) 当 p 很小或吸附很弱时，$bp\ll1$，$\Gamma=\Gamma_m bp$，Γ 与 p 呈线性关系。

(2) 当 p 很大或吸附很强时，$bp\gg1$，$\Gamma=\Gamma_m$，Γ 与 p 无关，吸附已铺满单分子层。

(3) 当压力适中，$\Gamma\propto p^m$，m 为 0～1，即 $m=1/n$，相当于弗论德利希经验公式。

朗缪尔吸附等温式(11-31)还可写为

$$\frac{1}{\Gamma}=\frac{1}{\Gamma_\infty}+\frac{1}{\Gamma_\infty bp} \tag{11-32}$$

以 $\frac{1}{\Gamma}$ 对 $\frac{1}{p}$ 作图，得直线，直线的斜率为 $\frac{1}{\Gamma_\infty b}$，截距为 $\frac{1}{\Gamma_\infty}$，所以

$$\Gamma_\infty=\frac{1}{截距},b=\frac{截距}{斜率}$$

3. BET 多分子层吸附理论

朗缪尔吸附等温式能很好地解释第一类等温线，但对另外四种等温线却无法解释。因此很多人都曾试图建立新的理论来解释这些曲线，其中最成功的是布鲁瑙尔(Brunauer)、埃米特(Emmett)和特勒(Teller)在 1938 年提出的多分子层吸附理论。该理论是在朗缪尔单分子层吸附理论的基础上提出的。他们接受了朗缪尔提出的吸附作用是吸附和解吸两个相反过程达到动态平衡，以及固体表面是均匀的，各处的吸附能力相同，被吸附分子解吸时不受四周其他分子影响的结果。但他们认为被吸附分子和碰撞在其上面的气体分子之间存在着范德华力，仍可发生吸附作用，也就是说可形成多分子层吸附，如图 11-12 所示。

第一层吸附是气体分子与固体表面直接发生作用，吸附热一般较大，相当于化学反应热的

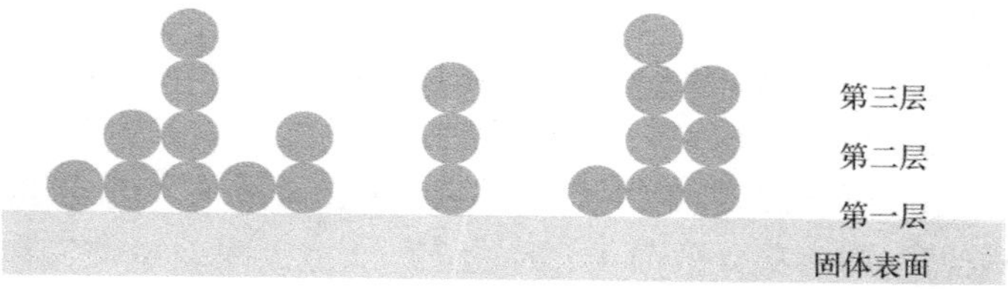

图 11-12　多分子层吸附模型

数量级。而第二层以后的各层，是相同分子之间的相互作用，相当于该气体的冷凝热。

根据上述原则，在一定温度下，当吸附达到平衡后，气体的吸附量等于各层吸附量的总和。可以证明，吸附量与平衡压力之间存在着下列定量关系：

$$\Gamma=\frac{\Gamma_{\infty}Cp}{(p_{\mathrm{s}}-p)[1+(C-1)p/p_{\mathrm{s}}]} \tag{11-33}$$

这就是 BET 二常数公式。式中，C 是与吸附热和被吸附气体的冷凝热有关的常数，为无量纲的纯数；Γ_{∞} 是第一层盖满时的吸附量；p_{s} 为实验温度下气液平衡的饱和蒸气压。BET 二常数公式被广泛用于测量固体的比表面积。BET 二常数公式又可改写为

$$\frac{p}{\Gamma(p_{\mathrm{s}}-p)}=\frac{1}{\Gamma_{\infty}C}+\frac{C-1}{\Gamma_{\infty}C}\cdot\frac{p}{p_{\mathrm{s}}} \tag{11-34}$$

由实验测得不同压力 p 下的吸附量 Γ，以 $\frac{p}{\Gamma(p_{\mathrm{s}}-p)}$ 对 $\frac{p}{p_{\mathrm{s}}}$ 作图得直线，直线的斜率为 $\frac{C-1}{\Gamma_{\infty}C}$，截距为 $\frac{1}{\Gamma_{\infty}C}$，所以可得

$$\Gamma_{\infty}=\frac{1}{\text{斜率}+\text{截距}},C=\frac{1}{\text{截距}\times\Gamma_{\infty}}=\frac{\text{斜率}+\text{截距}}{\text{截距}}$$

固体的比表面积可以表示为

$$A=L\Gamma_{\infty}a \tag{11-35}$$

式中，a 为分子的横截面积。BET 二常数公式适用范围为 p/p_{s} 为 0.05～0.35，当压力低时，单层吸附也不能形成，计算值大于实验测定值；压力高时，发生毛细凝结，实验测定值大于计算值。

BET 的二常数公式推导过程需要假设吸附层数可以无限地增加。如果吸附层不是无限的，而是有一定的限制。例如，在吸附剂孔道内，至多只能吸附 n 层，则 BET 公式修正为三常数(Γ_{∞},C,n)公式：

$$\Gamma=\frac{\Gamma_{\infty}\cdot C\cdot x}{1-x}\cdot\frac{1-(n+1)x^{n}+n\cdot x^{n+1}}{1+(C-1)x-C\cdot x^{n+1}} \tag{11-36}$$

若 $n=1$，为单分子层吸附，上式可简化为朗缪尔公式；若 $n=\infty$，因为 $x<1$，所以 $x^{n}=0$，上式可转化为二常数公式；三常数公式一般适用于比压为 0.35～0.60 的吸附。可见，三常数公式的适用范围更广。

11.5　固-液界面现象

11.5.1　固-液界面的吸附

由于固体表面具有较高的表面自由能，因此固体在溶液中同样存在吸附现象。固体吸附剂与溶液中不同分子(或离子)的相互作用力不同，通过吸附可达到富集分离、净化、脱除色素、

织物色、胶体稳定的目的。固体在溶液中吸附，其应用广泛，研究工作也很多，但对其认识却远远不如气体在固体表面上吸附那样清楚。

11.5.2 固体从溶液中吸附的特点

固体在溶液中吸附比气体在固体表面上吸附复杂得多，在溶液中，除了溶质(可以是分子，也可以是离子)的吸附外，溶剂(可以是极性溶剂，也可以是非极性溶剂)本身也可能参与吸附。固体的表面化学性质除有极性和非极性之分外，其制备条件不同表面性质也会产生很大的差异；在溶液中，固体表面附有溶剂薄层，溶质要通过薄层才能被固体表面吸附；同时在溶液中，如果固体表面带电，也会对吸附产生影响。因此，在研究固体在溶液中吸附时，必须同时注意到溶剂、溶质和固体表面三者之间的相互作用。由于可能发生物理吸附，也可能发生化学吸附，情况复杂，到目前还没有一个较成熟的描述固体从溶液中吸附的定量理论，只能根据实验结果，引出一些有用的规律。

11.5.3 固体在溶液中的吸附等温线

将定量的吸附剂与一定量已知其浓度的溶液相混合，在一定温度下振摇使其达平衡。澄清后，分析溶液的成分。从浓度的改变可求出每克固体所吸附溶质的量 Γ：

$$\Gamma=\frac{n}{m}=\frac{V(c_0-c)}{m} \tag{11-37}$$

式中，n 为被吸附溶质的物质的量；c_0 和 c 为吸附前后溶质的量浓度；V 为溶液的体积；m 为吸附剂的质量。

由于固体不一定是对溶质的选择性吸附，因此按式(11-37)所求得的吸附量实质上是固体对溶液中溶质的相对吸附量，即吸附平衡时有

$$\Gamma=\frac{\left(\begin{matrix}\text{吸附层中每千克溶剂}\\\text{所含溶质物质的量}\end{matrix}-\begin{matrix}\text{溶液中每千克溶剂}\\\text{所含溶质物质的量}\end{matrix}\right)}{\text{吸附剂质量}}\times\begin{matrix}\text{吸附层中}\\\text{溶剂质量}\end{matrix}$$

同固体吸附气体一样，固体在溶液中的吸附等温线也各种各样，其中最常见的为 S 形，如图 11-13 所示。图中吸附量是按式(11-37)计算且扩大了 1000 倍。

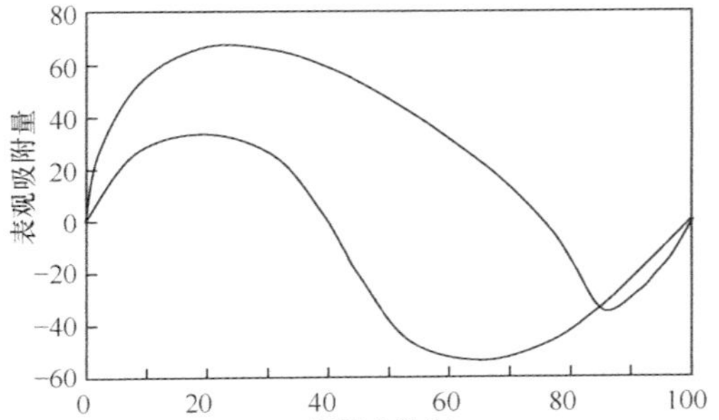

图 11-13 硅胶在丙酮水溶液和乙醇水溶液中的吸附等温线

由图 11-13 可知，固体在溶液中的吸附量有正有负，当溶质浓度较小时，是正吸附，这意味着表面层中溶质的浓度比溶液内部大；当溶质浓度较大时，是负吸附，这意味着表面层中溶质的浓度比溶液内部小。这同固体吸附气体只有正吸附不同。

由图 11-13 可知，固体从稀溶液中吸附的吸附等温线和固体吸附气体相似，因此可借用朗

缪尔吸附等温式处理数据，用浓度代替朗缪尔吸附等温式(11-31)中的压力即可

$$\Gamma=\Gamma_{\infty}\frac{bc}{1+bc} \tag{11-38}$$

不过此时 Γ_{∞} 和 b 只能视为经验常数，其物理意义不明确。

例如，炭自乙酸-水溶液中吸附乙酸的等温线就是第一类等温线的弯曲部分，其等温式符合弗伦德利希经验公式，如图 11-14 和图 11-15 所示。常数 k 和 n 可由 $\lg\Gamma$-$\lg c$ 直线的截距和斜率求出。$\Gamma=k\sqrt[n]{c}=2.6\sqrt[2.38]{c}=2.6c^{0.42}$。

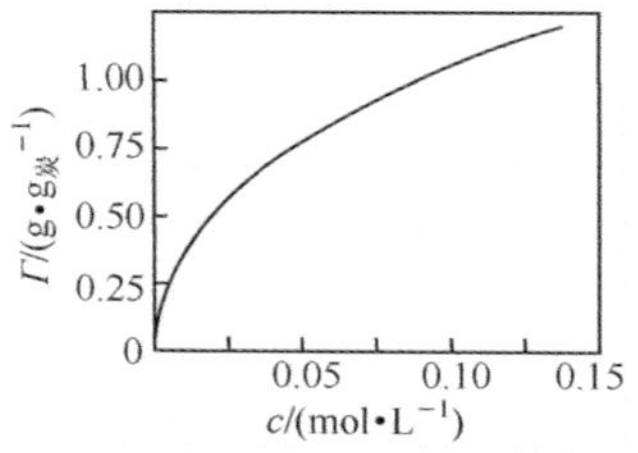

图 11-14　炭-HAc 水溶液吸附等温线

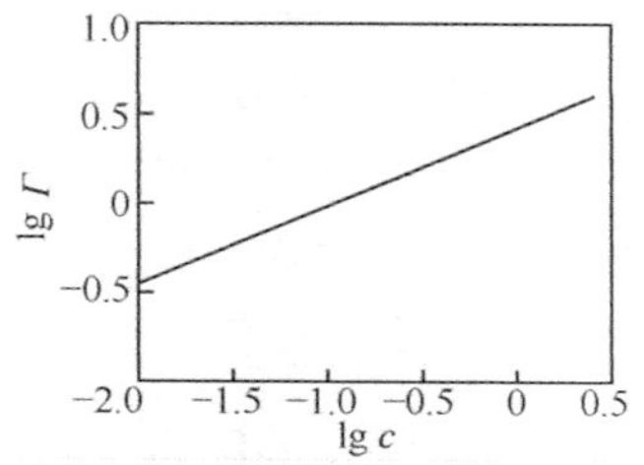

图 11-15　炭-HAc 水溶液等温吸附的 $\lg\Gamma$-$\lg c$ 图

11.5.4　固体在溶液中吸附的一般规律

固体自溶液中的吸附在实际工作中甚为重要。用活性炭脱色、用离子交换法吸附电解质等，都涉及固体自溶液中的吸附现象。溶液吸附多数属于物理吸附。溶液中溶剂与溶质在固体表面吸附的难易取决于它们和表面作用力的强弱。一般来说，和固体表面性质相近的组分易被吸附。例如，炭自乙醇和苯的混合液中吸附时苯易被吸附；若用硅胶，显然乙醇易被吸附。

固液吸附的本质是由于固体表面分子对液体分子的作用力大于液体分子间的作用力而引起的。液体分子在此力的作用下，向固体表面富集，同时降低表面张力。固液吸附的特点是分子间作用力比气相大，相互作用力较复杂，杂质将影响吸附结果，吸附平衡比气相慢，以物理吸附居多，实验方法简单。

固体自溶液中吸附涉及吸附剂、溶质和溶剂之间的相互作用，关系较为复杂。原则上说，降低固-液界面自由能越多的组分易被吸附。具体地说，可总结出以下定性规律。

(1) 极性的吸附剂易于吸附极性的溶质，而非极性的吸附剂易于吸附非极性的溶质。例如，脂肪酸(RCOOH)一端具有憎水基，另一端具有亲水基。在水溶液中非极性的吸附剂活性炭选择吸附憎水基，所以吸附量顺序为丁酸＞丙酸＞乙酸，而在苯溶液中极性的吸附剂硅胶选择吸附亲水基，吸附量顺序为乙酸＞丙酸＞丁酸。

(2) 在溶液中溶解度越小的溶质越易被吸附。溶质在溶剂中的溶解度越小，说明其稳定性越低，自由能越大，所以脱离本相进入表面相的倾向就越大。例如，脂肪酸的碳链越长，在水中的溶解度越小，越易被活性炭所吸附。相反地，在四氯化碳中，脂肪酸的溶解度随碳链的增长而增大，它们被活性炭吸附的规律和在水中恰好相反。

(3) 在溶液中存在与固体吸附剂晶格大小适当的离子较易被吸附。离子型晶格的固体吸附剂吸附溶液中的离子，可以看成晶体的扩充，所以与晶体有共同元素的离子较易被吸附。例如，AgI 较易吸附溶液中的 I^- 或 Ag 而带电，硫化矿易吸附 SH^- 及黄药($ROCSS^-$)等。

(4) 固体表面带电时较易吸附反电离子或被极化的离子。例如，I^- 比 Cl^- 易被极化，所以

易被正电性表面吸附。或者是水化作用较小的离子(相当于有效电荷增大),如 Li^+、Na^+、K^+、Rb^+ 的水化作用依次递减,因此它们被负电性的固体表面吸附的能力递增。

(5) 吸附剂的影响。吸附剂的化学组成及其表面性质对吸附作用有很大影响。例如,炭自水中可吸附有机物,而硅胶自水中对低分子有机物几乎不吸附,这是因为两种吸附剂的性质有极大的不同。对于同一类吸附剂,当其比表面、孔结构、后处理条件不同时,吸附能力也可有很大差别。

(6) 无机盐的影响。当有强电解质存在时可使吸附量发生变化,一般规律是:无机盐的存在可使有机物水溶液中溶质的吸附量增加。这是因为无机盐强烈的水合作用减少水的有效浓度,因此有机物的溶解度减少。

(7) 温度的影响。吸附过程多数是放热的,所以吸附量常随温度升高而下降。但温度对溶解度也有影响,一般情况下温度升高溶解度增大,因此,温度与溶解度对吸附的影响一般来说是一致的,即温度升高,吸附量降低。对于溶解度随温度增高而降低的场合(如具有低会溶点的体系),有时可能产生吸附量随温度增高而增加的情况。

总的来说,影响溶液吸附的因素很多,而且这些因素都不是孤立的。因此只从一个角度出发看问题,往往得不到正确的结论。由于溶液吸附的复杂性,因此现阶段的溶液吸附理论不可避免地带有一定的经验性质。

11.5.5 润湿作用

在日常生活以及生产过程中,人们经常碰到许多固-液界面现象,如农药液在植物枝叶上铺展,以期发挥更大的药效,涂刷油漆时要求展成薄层又不脱落,这些都与润湿有关。液体在固体表面上的润湿现象可分为三种:黏附润湿、浸湿和铺展润湿。

恒温、恒压可逆条件下,将气-液和气-固界面转变为液-固界面,如果各界面都是单位面积时,该过程吉布斯自由能的变化是

$$\Delta G=\sigma_{l\text{-}s}-\sigma_{g\text{-}s}-\sigma_{g\text{-}l}=W_a \quad (11\text{-}39)$$

式中,W_a 为黏附功(work of adhesion)。W_a 越负,液体越易润湿固体。式(11-39)中的 $\sigma_{l\text{-}s}$ 和 $\sigma_{g\text{-}s}$ 较难测定,但可转化成接触角代替:$\cos\theta=\dfrac{\sigma_{g\text{-}s}-\sigma_{l\text{-}s}}{\sigma_{g\text{-}l}}$,所以

$$W_a=-\sigma_{g\text{-}l}\cos\theta-\sigma_{g\text{-}l}=-\sigma_{g\text{-}l}(1+\cos\theta) \quad (11\text{-}40)$$

根据式(11-40),测量两相间的接触角,则可得到 W_a。

如果 $\Delta G>0$,即 $\sigma_{l\text{-}s}>\sigma_{g\text{-}s}+\sigma_{g\text{-}l}$,则液体不能润湿固体。如果把上面的固体改成液体,则

$$\Delta G=-2\sigma_{g\text{-}l}=W_c \quad (11\text{-}41)$$

式中,W_c 为内聚功,是指在恒温、恒压条件下,将截面积为单位面积的液柱拉开,形成两个新的单位面积的液-气界面所需的可逆功。该过程如图 11-16 所示。内聚功是液体本身结合牢固程度的一种量度。

如果将单位表面积的固体浸入液体中,如图 11-17 所示,气-固界面转变为液-固界面(设液体的界面变化可忽略),则

$$\Delta G=\sigma_{l\text{-}s}-\sigma_{g\text{-}s}=W_i \quad (11\text{-}42)$$

式中,W_i 为浸湿功(work of immersion),它是液体在固体表面上取代气体能力的一种量度。

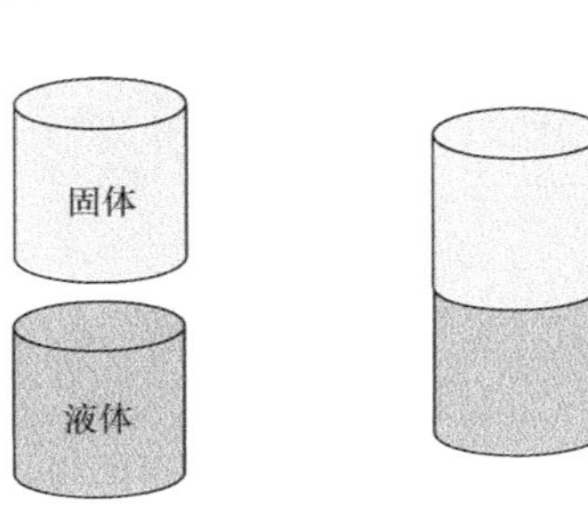

图 11-16 液柱的形成与拉开

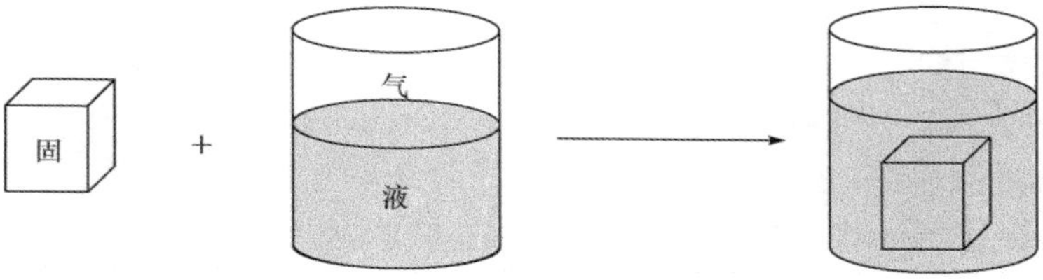

图 11-17　浸湿过程示意图

用式 $\cos\theta=\dfrac{\sigma_{g-s}-\sigma_{l-s}}{\sigma_{g-l}}$可将式(11-42)改写为

$$W_i=-\sigma_{g-l}\cos\theta \tag{11-43}$$

由式(11-43)可知,通过测定接触角也可得到 W_i。

当液-固界面取代气-固界面的同时,气-液界面也扩大了同样的面积,这样的过程称为铺展(spreading)(完全润湿),其过程如图 11-18 所示。铺展一单位面积时

$$\Delta G=\sigma_{l-s}+\sigma_{g-l}-\sigma_{g-s}=-S \tag{11-44}$$

式中,S 称为铺展系数。因此铺展的条件为

$$\sigma_{g-s}>\sigma_{l-s}+\sigma_{g-l} \tag{11-45}$$

用 $\cos\theta=\dfrac{\sigma_{g-s}-\sigma_{l-s}}{\sigma_{g-l}}$可将式(11-45)改写为

$$S=\sigma_{g-s}-\sigma_{l-s}-\sigma_{g-l}=\sigma_{g-l}\cos\theta-\sigma_{g-l}=\sigma_{g-l}(\cos\theta-1) \tag{11-46}$$

因此,S 也可由实验测定。润湿作用在实际中有广泛的应用,如棉布易被水润湿,但经表面处理后 σ_{l-s}增大,可制成雨具;杀虫剂中加入一些表面活性物质后,喷洒到植物叶片上就不会滚落下来。

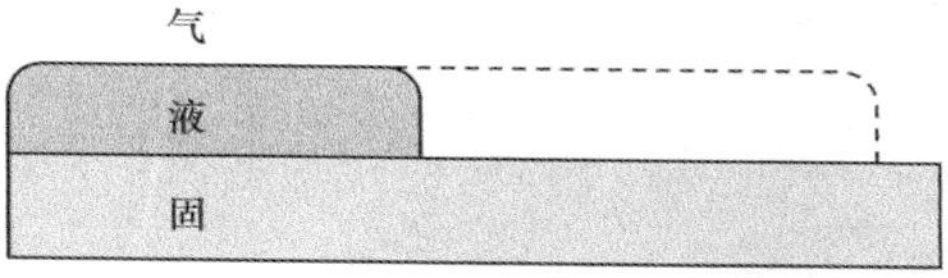

图 11-18　铺展过程示意图

11.5.6　接触角

液体对固体表面的润湿作用是界面现象的一个重要方面,它主要研究液体对固体表面的亲和状况。例如,水能润湿玻璃,但不能润石蜡。荷叶上的水珠可以自由滚动,说明水不能润湿荷叶。一般来说,若液体能润湿固体,则液体呈凸透镜状;若不能润湿,则呈椭球状,如图 11-19所示。液体对固体润湿的程度可用接触角来衡量。所谓接触角就是固-液界面经液相到气-液界面所转过的角度。

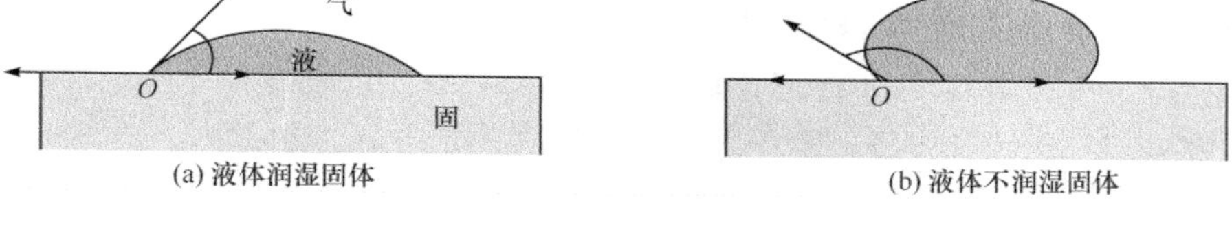

图 11-19　接触角示意图

现在导出接触角与界面张力之间的关系。点 O 的液体受到三个表面张力的作用：$\sigma_{g\text{-}s}$ 力图将点 O 的液体拉向左方，以覆盖气-固界面，使气-固界面缩小；$\sigma_{l\text{-}s}$ 力图将点 O 的液体向右拉，以缩小液-固界面；$\sigma_{g\text{-}l}$ 力图将点 O 的液体沿切线方向向上拉，以缩小液-气界面。在固体为光滑平面的情况下，润湿平衡时，有

$$\sigma_{g\text{-}s}=\sigma_{l\text{-}s}+\sigma_{g\text{-}l}\cos\theta$$

或

$$\cos\theta=\frac{\sigma_{g\text{-}s}-\sigma_{l\text{-}s}}{\sigma_{g\text{-}l}} \tag{11-47}$$

式(11-47)就是表示界面张力和接触角关系的杨氏(Young's)方程。因 $|\cos\theta|\leqslant 1$，所以

$$\frac{|\sigma_{g\text{-}s}-\sigma_{l\text{-}s}|}{\sigma_{g\text{-}l}}\leqslant 1 \quad 或 \quad |\sigma_{g\text{-}s}-\sigma_{l\text{-}s}|\leqslant\sigma_{g\text{-}l}$$

或

$$-\sigma_{g\text{-}l}\leqslant\sigma_{g\text{-}s}-\sigma_{l\text{-}s}\leqslant\sigma_{g\text{-}l} \tag{11-48}$$

式(11-48)的应用范围可归纳如图 11-20 所示。

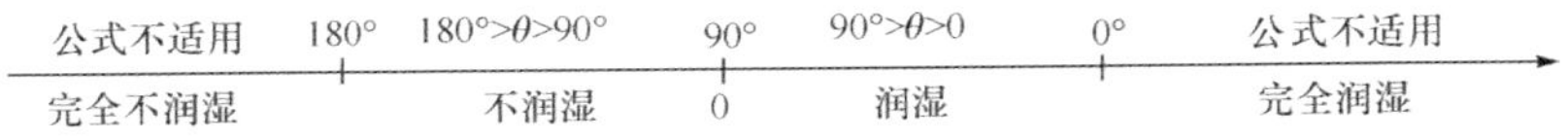

图 11-20　接触角与润湿的关系

根据杨氏方程的接触角与润湿的关系可知，完全润湿的条件为

$$\sigma_{g\text{-}s}>\sigma_{l\text{-}s}+\sigma_{g\text{-}l} \tag{11-49}$$

完全不润湿的条件为

$$\sigma_{l\text{-}s}>\sigma_{g\text{-}l}+\sigma_{g\text{-}s} \tag{11-50}$$

接触角越小，润湿越好。一般以 $\theta=90^\circ$ 为分界线。$\theta=0^\circ$ 为完全润湿；$\theta<90^\circ$，为能润湿；$\theta>90^\circ$，为不润湿；$\theta=180^\circ$，为完全不润湿。

接触角的测定：角度测量法是一类应用最广、较方便简单、最直接的方法。其原理是用量角器直接量出三相交界处流动界面与固体平面的夹角。主要做法有投影法、摄影法、显微量角法、斜板法和光点反射法。

(1) 投影和摄影法。此方法简单、直观。

(2) 显微量角法。此法用一安装有量角器和叉丝的低倍显微镜观察液面，直接读出角度。

(3) 斜板法。此法原理是将固体板插入液体中，当板面与液面的夹角恰为接触角时，液面一直延伸至三相交界处而不出现弯曲，此夹角即为接触角。

11.5.7　润湿现象的应用

润湿现象在实际中应用很广泛。根据实际需要，人们可以有目的地调节润湿或不润湿。例如，表面活性剂结构中一般都会有亲水基和亲油基，可作为润湿和不润湿的调节剂。当表面活性剂加入水中后，在水-空气界面上形成了定向排列，从而改变了原有界面的性质。前面曾提到固体表面能否为液体所润湿，关键在于液体表面张力 $\sigma_{g\text{-}l}$ 和固体表面张力 $\sigma_{g\text{-}s}$ 的差值。$\sigma_{g\text{-}l}<\sigma_{g\text{-}s}$，则能润湿铺展。还有大家熟知棉布被水润湿不防水，若在棉布中加入氟代烷基类的化合物，让极性基吸附于棉布上形成定向排列吸附层，就增大了接触角 θ 值，使其变为低能表面，从而使憎水性加强，达到了防雨的目的。下面举几个实例。

(1) 模型铸造。浇铸工艺中熔融金属和模具间的润湿程度直接关系到浇铸件的质量。润湿不好，熔融金属不能与模具吻合，铸件在尖角处呈圆形。反之润湿性太强，熔融金属易渗入模型缝隙中而形成不光滑的表面。为了调节润湿程度，可在钢水中加入硅来改变 θ 值，也可在

模具表面涂上一层其他物质来调节润湿性。如在铸铝时，若在模具表面涂上椰子油可使铸件质量大大提高。

(2) 细化晶体。熔体在模具中结晶时，因新表面生成而难以自发形成结晶中心，但是含有杂质时可促进结晶过程进行。这就要看杂质能否成为结晶中心(晶核)，其关键在于杂质与熔融体间的界面张力大小，若二者界面张力很小，θ 也小，润湿较好，形成的晶核质点便会在杂质表面上铺展进行结晶。此种原理在细化促生晶核、改善铸件质量上得到广泛应用。例如，Al 水加入 Ti，就可促生晶核，就可获得晶粒细致的铸件。

(3) 熔炼冶金。在熔炼钢时要求钢水与炉渣不润湿，否则彼此不易分离。扒渣时容易造成钢水损失，炉渣也会由于润湿而难以排出成为杂质混在钢中。另外，还要求炉衬与钢水不润湿，来防止炉体受侵蚀。又由于不能润湿，炉衬与钢水之间有空隙，而产生气泡把杂质带出，对钢液净化有利。

(4) 金属焊接。要使焊剂能在被焊接的金属面上铺展，就是要求焊剂的附着功 W_a 大。例如，常用焊剂 Sn-Pb 合金要配合溶剂 $ZnCl_2$ 的酸性溶液使用，溶剂的作用是除去金属表面氧化膜并形成保护层，防止再生氧化膜，因此，溶剂既要能润湿金属，又要能被熔融的焊剂从金属表面上顶替出来，使焊剂对金属的铺展系数要大于溶剂对金属的铺展系数。例如，松香能溶解金属氧化膜，又有亲金属的极性，有利于在金属上铺展，因此松香是常用的焊接溶剂。

(5) 在喷洒农药或液体化肥到植物上时，若它们对植物茎、叶表面润湿不好，就不能很好地铺展，容易滚落到地面，造成浪费，这样就降低了效果。如果在农药中加入少量的活性剂，可提高润湿性，有利于发挥药效(在农药组成中这种起润湿作用的添加剂占 20%以上)。

(6) 三次采油。新油井开始是自动喷油，然后注水采油。这样最后地层仍留下 30%～50%的原油。所谓三次采油是指抽提这部分残油的过程，这种残油通常是以断续的方式分布在多孔性储油层的毛细管系统中，加入表面活性剂降低油-水界面张力，改变接触角以使水相能在固-液界面顶替油相。

(7) 浮游选矿。当矿砂表面 5%被捕集剂覆盖时，就使表面产生憎水性，它会附在气泡上一起升到液面，便于收集。选择合适的捕集剂，使它的亲水基团只吸在矿砂的表面，憎水基朝向水，当给矿浆充气时，它可附着在空气泡上被带出。

11.6 液-气界面现象

11.6.1 溶液表面的吸附

前面讨论了固-气和固-液界面吸附，现在讨论气-液界面吸附，更准确地说是溶液-空气界面吸附。溶液-空气界面对溶液中的溶质也有吸附作用，这种吸附作用导致溶液的表面张力发生变化。以水溶液为例，在一定的温度下，在纯水中分别加入不同种类的溶质，溶液的浓度对表面张力的影响可分为三种类型，如图 11-21所示。

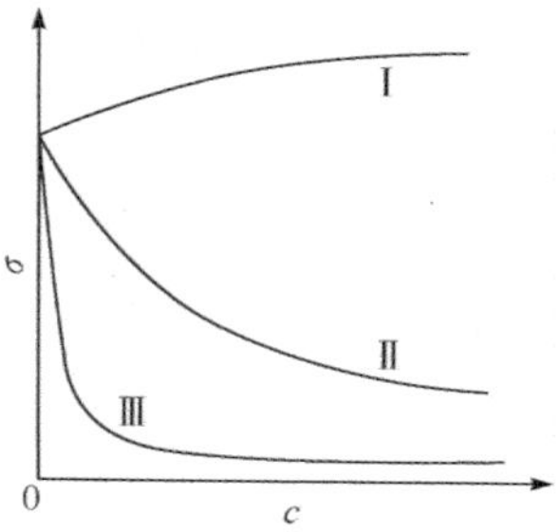

图 11-21 σ-c 的关系图

第Ⅰ种类型的曲线表明，在水中逐渐加入溶质时，溶液的表面张力随溶液的浓度的增加稍有升高。就水溶液而言，属于此类型溶质有无机盐类(如 NaCl)、不挥发性酸(如 H_2SO_4)、碱(如 KOH)以及含有多个羟基的有机化合物(蔗糖)等物质。第Ⅱ种类型的曲线表明，在水中逐渐加入溶质时，溶液的表面张力随溶液的浓度的增加而降低。大部分低脂肪酸、醇、醛等有机化合物的水溶液有此性质。第Ⅲ种类型的曲线表明，在水中加入少量溶质可使溶液的表面张力急剧下降，至某一浓度后，溶液的表面张力几乎不再随溶液的浓度的增加而变化。属于此类型溶质有长碳链的脂肪酸盐，如硬脂酸钠、烷基苯磺酸盐、12-烷基苯磺酸钠、烷基硫酸脂盐等。

凡是使溶液表面张力升高的物质，都称为表面惰性物质；凡是使溶液表面张力降低的物质，从广义上说，都可称为表面活性物质；但习惯上，只把那些溶入少量就能显著降低溶液表面张力的物质，称为表面活性物质或表面活性剂。

溶液表面张力与浓度的关系尚无较好的理论公式，通常使用希思柯夫斯基的经验公式：

$$\frac{\sigma_0-\sigma}{\sigma_0}=a'\ln(1+bc) \tag{11-51}$$

式中，a'和b为经验常数。或写成

$$\sigma_0-\sigma=\sigma_0 a'\ln(1+bc)=a\ln(1+bc)$$

当c很小时则成为

$$\sigma_0-\sigma=a\ln(1+bc)\approx abc \tag{11-52}$$

即σ随c线性下降。当c很大时则成为

$$\sigma_0-\sigma=a\ln(1+bc)\approx a\ln(bc)=a\ln b+a\ln c \tag{11-53}$$

即σ随c呈对数下降。

根据热力学原理，可推得恒温、恒压下溶液表面吸附的吉布斯吸附等温式为

$$\Gamma=-\frac{c}{RT}\frac{\mathrm{d}\sigma}{\mathrm{d}c} \tag{11-54}$$

式中，Γ为溶液的表面吸附量。根据式(11-54)可知，对于第Ⅰ种类型的溶液表面吸附，$\frac{\mathrm{d}\sigma}{\mathrm{d}c}>0$，由吉布斯吸附等温式知，$\Gamma<0$，为负吸附；对于第Ⅱ和Ⅲ种类型的溶液表面吸附，$\frac{\mathrm{d}\sigma}{\mathrm{d}c}<0$，$\Gamma>0$，为正吸附。

对于上述溶液表面的吸附现象，可用恒温、恒压下稳定平衡时，体系吉布斯自由能趋于最小的原理来说明。在一定的温度和压力下，当一定量的溶质和溶剂形成溶液时，若溶液的表面积一定，降低体系表面自由能的唯一途径是尽可能地减小溶液的表面张力。若溶剂中溶入溶质后其表面张力上升，则溶质会离开溶液表面进入溶液内部，以降低表面浓度，使溶液的表面张力或表面自由能增加得少些，这就是负吸附。若溶剂中溶入溶质后其表面张力下降，则溶质会从溶液内部富集到溶液表面，增大表面浓度，使溶液的表面张力或表面自由能降低得更多些，这就是正吸附。用吉布斯吸附等温式计算吸附量的方法是，由实验测量σ和c的关系，作σ-c曲线，作曲线的切线，得$\frac{\mathrm{d}\sigma}{\mathrm{d}c}$，代入式(11-54)即可求得$\Gamma$，进而可作吸附等温线$\Gamma$-$c$。如果$\sigma$-$c$曲线可用式(11-52)描述，则

$$\sigma_0-\sigma=a\ln(1+bc)$$

$$\frac{\mathrm{d}\sigma}{\mathrm{d}c}=-\frac{ab}{1+bc} \tag{11-55}$$

将式(11-55)代入式(11-54)，得

$$\Gamma=\frac{a}{RT}\frac{bc}{1+bc}=\Gamma_\infty\frac{bc}{1+bc} \tag{11-56}$$

这与朗缪尔吸附等温式相似。

11.6.2 表面活性剂

在许多应用领域，表面活性剂是不可少的化学助剂，其优点是用量少而效益大。随着石油工业的发展，表面活性剂的生产得到很大的发展，进一步促进了表面活性剂在各方面的应用。

1. 表面活性剂的特点、化学结构和分类

表面活性剂是能显著降低水的表面张力的一类物质，它在水表面上发生强烈的正吸附，表面活性剂因此而得名。表面活性剂分子不仅会吸附在水表面上，也能吸附于其他表面上，且表面活性剂分子在表面上发生定向排列。正是由于表面活性剂分子的这种定向排列吸附，表面活性剂才能改变表面湿润性能，具有乳化、破乳、起泡、消泡、分散、絮凝等多方面的功能。此外，表面活性剂分子在溶液中的浓度超过某一特定浓度时，就会在溶液的内部缔合成分子集团，称为缔合胶团或胶团。胶团的形成是自动的，它与一般的憎液胶团不同，缔合胶团是热力学上的稳定体系。由于表面活性剂溶液中缔合胶团的存在，表面活性剂具有独特的增溶其他原来不溶于水的有机物的作用。定向吸附和形成胶团是表面活性剂的两个主要特点。但推本溯源，这种特性是由表面活性剂分子的化学结构特点所决定的。

从结构上看，表面活性剂分子都是由亲水（或憎油）的极性基和亲油（或憎水）的非极性基（一般是碳氢链）所组成的两亲分子。

表面活性剂的分类，通常可按其在水中是否电离，分为离子型和非离子型两大类。离子型活性剂，根据起作用基团的带电性质又可分为阴离子表面活性剂、阳离子表面活性剂和两性表面活性剂。分类与实例如下：

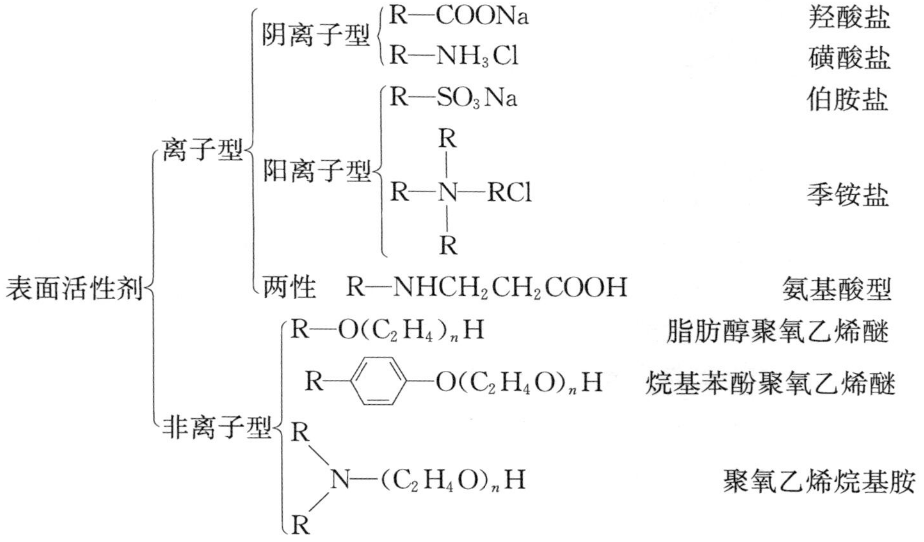

阴离子型表面活性剂，其作用基团是阴离子，如羧酸盐的 $RCOO^-$、黄药的 $ROCSS^-$、磺酸盐的 RSO_3^- 等。$RCOO^-$ 不能在酸性溶液或含镁、钙的硬水中使用，因它易生成不溶于水的羧酸和羧酸钙盐等而失去表面活性。

阳离子型表面活性剂，其作用基团为阳离子，如铵盐的 RNH_3^+、RN^+R_3 等，此类活性剂除有表面活性外，还具有杀菌作用。

两性表面活性剂的作用基团与 pH 有关，如氨基酸型的 $RNHCH_2CH_2COOH$，在碱性溶液中为阴离子，在酸性溶液中为阳离子，由于此类活性剂分子中同时存在酸性基团和碱性基团，在 pH 适中时易形成内盐失去活性。

非离子型表面活性剂，其作用基团是整个分子，如醇类、脂肪醇聚氧乙烯醚、脂肪酸聚氧乙烯脂等。

表面活性剂按上面分类法有许多优点。例如，有时只要知道活性剂的类型，即可推测应用的大致范围。例如，阴离子表面活性剂与阳离子表面活性剂混合使用时，由于强烈的静电中和作用，表面吸附互相促进，其表面活性远高于单独使用时的表面活性，这种作用称为协同作用。又如，作为防静电的表面活性剂，通常使用能导电的离子型表面活性剂就比非离子型更为有效。

现在除了天然的表面活性剂（如卵磷脂、胆甾醇、水溶性胶、藻朊酸盐等）外，大量的是人工合成的表面活性剂。

2. 表面活性剂溶液的物理化学性质

在表面张力最低值现象出现之后的极窄浓度范围内，表面活性剂溶液体系的所有物理化学性质都发生了转折性的变化。这说明在这极窄的浓度范围内表面活性剂溶液的结构发生了变化，即溶液中表面活性剂分子缔合成胶团。只有形成胶团才能解释 σ 最低值现象。因为胶团形成之后，杂质进入胶团，所以 σ 又回升。如果浓度再增大，溶液中多余的活性剂分子进入胶团，则溶液中游离的活性剂分子浓度基本不变，而胶团表面被许多亲水基团覆盖着，因此胶团本身不是表面活性的，不为溶液表面吸附，所以 σ 不变。这种逐渐变化过程如图 11-22 所示。可见胶团内部是亲油的非极性基，就像有机液体一样，有溶解不溶于水的有机物的能力，这就是形成胶团后表面活性剂显示有增溶能力的原因。物理化学性质的变化都可以用形成胶团的观点得到合理的解释。

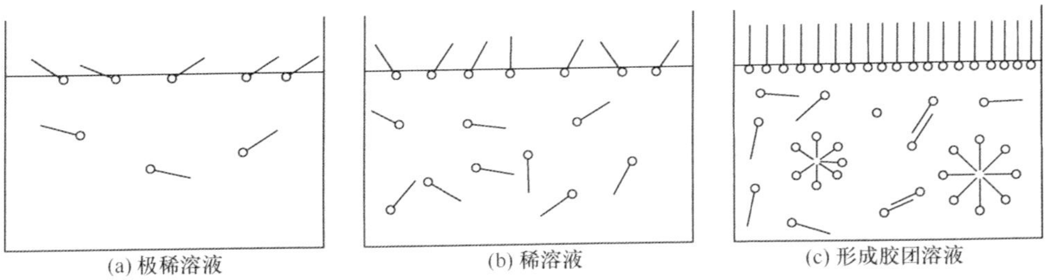

图 11-22 表面活性剂分子浓度不同时在表面与溶液中的状态

恰好形成胶团的浓度称为表面活性剂的临界胶团浓度（critical micelle concentration），以其缩写 CMC 表示，它的大小是衡量表面活性剂表面活性大小的重要参数。它的数值越小，说明表面活性越大。

临界胶团浓度 CMC 的测定可以通过某些物理化学性质的转折点来确定。表 11-5 列出了某些表面活性剂的 CMC 值。

表 11-5 某些表面活性剂的 CMC

表面活性剂	类型		CMC/(mol · dm^{-3})
$C_{11}H_{23}COOK$	阴离子	羧酸盐	0.0234
$C_{13}H_{27}COONa$	阴离子	羧酸盐	0.006
$C_{15}H_{31}COONa$	阴离子	羧酸盐	0.0015
$C_{12}H_{25}SO_3Na$	阴离子	磺酸盐	0.0098

续表

表面活性剂	类型		CMC/(mol・dm^{-3})
$C_{14}H_{29}SO_3Na$	阴离子	磺酸盐	0.0027
$C_{12}H_{25}SO_4Na$	阴离子	硫酸盐	0.0065
$C_{14}H_{29}SO_4Na$	阴离子	硫酸盐	0.0016
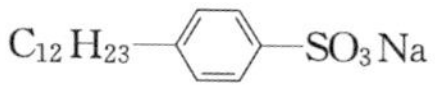	阴离子	苯磺酸盐	0.0012
$C_{12}H_{25}NH_2 \cdot HCl$	阳离子	伯胺盐	0.013
$C_{12}H_{25}(CH_3)NCl$	阳离子	季铵盐	0.062
$C_8H_{17}O(C_2H_4O)_6H$	非离子	聚氧乙烯型	0.0098
$C_{12}H_{25}O(C_2H_4O)_6H$	非离子	聚氧乙烯型	0.000 087
$C_{12}H_{25}OCH_2CHOHCH_2OH$	非离子	多元醇型	0.000 19

胶团的形状一般有球状、棒状和层状三种类型。表面活性剂浓度较小时一般为球状；浓度较大时胶团可为棒状；当活性剂浓度很大时，可形成层状胶团。

近年来，表面活性剂缔合形成胶团的概念已广为人们接受，在各个领域内可得到广泛的应用。当表面活性剂的浓度大于 CMC 时，除具有去污和增溶作用外，还可以利用形成胶团，加速化学反应的进行，如发生胶团催化和相转移反应。

11.6.3　表面活性剂的应用

表面活性剂在湿润、助磨、增溶、去污、乳化、起泡等实际生产和日常生活中广泛地应用着。其作用机理是表面活性剂分子具有亲水亲油(气)基团的两亲分子，在表面上定向排列发生强烈正吸附所致。

(1) 湿润作用。固体的表面张力或比表面能是很高的，因此很容易吸收表面活性剂以降低表面能。由于活性剂分子的定向排列，其表面结构发生变化，改变了固体表面的润湿性。例如，亲水的矿粒是不能被浮选的，但加入具有捕收作用的表面活性剂后，表面活性剂亲水基团吸附在矿粒表面，疏水基团指向水方，矿粒便由亲水表面变成疏水表面。此时当有气泡上浮时，矿粒就会附在气泡上升而达到浮选分离的目的。

(2) 助磨作用。许多生产过程需要磨碎固体物料，固体的硬度太大就很难达到目的。但经验证明，湿磨比干磨效果好，因为新磨碎物料的裂缝表面能很高，容易润湿，如有表面活性剂存在就会在新鲜裂缝上吸附，产生很大的楔压作用，从而使裂缝不断扩大，有利于破碎和细磨，从表观上看，表面活性剂的加入，起到了降低固体硬度的作用。

(3) 增溶和去污作用。增溶作用在胶团形成过程中已作过论述。去污作用(或洗涤作用)是用表面化学方法清除固体表面上污物的过程。一种理想的洗涤剂对固体表面有良好的润湿性能，洗涤剂分子才能密切与被清洗的固体表面接触，并具有溶解或分散污物于体相溶液中的能力，即经乳化、增溶作用将污物分散于水中，达到去污目的。

11.6.4　表面活性剂的 HLB 值

表面活性剂应用非常广泛，但如何选择活性剂以达到最佳的使用效果，目前尚缺理论指导。通常采用经验的办法，其中应用最广泛的就是所谓的 HLB(hydrophile-lipophile balance，亲水、亲油平衡)值。HLB 值低，表示分子亲油性强，HLB 值高，则亲水性强。表面活性剂的 HLB 值在 1～40 的范围内变动(一般非离子型表面活性剂的 HLB 值为 1～20)，HLB 小于 10

是亲油的，大于 10 则亲水。表 11-6 列出各种用途所需要的 HLB 值范围。如要选择乳化剂，则 HLB 为 3～6 或 8～18。HLB 在其他范围内的表面活性剂虽有多种用途，但不适用于乳化剂。

表 11-6　HLB 范围及其应用

HLB 范围	用途
3～6	W/O(油包水型)乳化剂
7～9	润湿剂
8～18	O/W(水包油型)乳化剂
13～15	洗涤剂
15～18	加溶剂

戴维斯(Davies)于 1957 年提出 HLB 值的估算方法，他认为表面活性剂分子结构可以分解为一些基团，每一个基团都有 HLB 值(正或负)，通过式(11-57)，可由各基团的 HLB 值之代数和求得表面活性剂的 HLB。

$$\text{HLB} = 7 + \sum(\text{基团的 HLB}) \tag{11-57}$$

根据式(11-58)和表 11-7 的基团 HLB 值，就可估算表面活性剂的 HLB 值。对于不少体系，这种估算出的 HLB 值与实测值很接近。目前，工业上重要的表面活性剂的 HLB 值均已测出，可在专著或手册中查到。

使用 HLB 值的最大优点是 HLB 具有加和性。例如，由手册查得某些表面活性剂，如吐温-80(Tween 80)的 HLB＝15 与司班-80(Span 80)的 HLB＝4.3，按 7∶3 的比例混合，混合后的 HLB＝11.8。这样就扩大了表面活性剂的使用范围。利用 HLB 值来选择表面活性剂是比较方便的，但能否达到期望的最佳效果，还必须通过实践的检验。

表 11-7　基团的 HLB 值

基团	HLB	基团	HLB	基团	HLB
$—SO_4Na$	38.17	酯(自由)	2.4	$—(C_2H_4O)—$	0.33
—COOK	21.1	—COOH	2.1	$—(C_3H_6O)—$	−0.15
—COONa	19.1	—OH(自由)	1.9	$=CH—，—CH_2—，—CH_3$	−0.475
—N(叔胺)	9.4	—O—	1.3		
酯(失水山梨醇环)	6.8	—OH(失水山梨醇环)	0.5		

11.7　胶体化学基础

11.7.1　分散体系的分类

把一种或几种物质分散在另一种物质中所构成的体系称为分散体系。被分散的物质称为分散相，另一种物质称为分散介质。按分散相粒子的大小分类可将分散体系分为分子分散体系、胶体分散体系、粗分散体系。自然界中所遇到的实际物系，严格地说均为一种或几种物质分散在另一种物质中的分散体系。例如，地壳、海洋、大气、人体、生物体、工业原料及其产品等，无一不是分散体系。分散体系如此广泛地存在，因此研究它们的性质及其有关规律是十分重要的。分散体系按分散相的分散程度分类如表 11-8 所示。由此分类可知，多相性、高度分散性、热力学不稳定性是胶体分散体系的主要特征。

表 11-8　分散体系的分类——按分散相的分散度分类

类型	分散相粒子半径	分散相	性质	举例
低分子分散体系(溶液)	$<10^{-9}$ m	原子、离子、分子	均相,热力学稳定体系,扩散快,能透过半透膜,形成真溶液,透明,无光散射	Au-Ag 固熔体 蔗糖水溶液 混合气体
高分子化合物溶液(亲液溶胶)	$10^{-9}\sim10^{-7}$ m	高分子	均相,热力学稳定体系,扩散慢,不能透过半透膜,形成真溶液,透明,无光散射	聚乙烯醇的水溶液
胶体分散体系(憎液溶胶)	$10^{-9}\sim10^{-7}$m	胶粒(原子、离子或分子的聚集体)	多相,热力学不稳定体系,扩散慢,不能透过半透膜,形成胶体,不透明,有光散射	金溶胶,氢氧化铁溶胶
粗分散体系	$>10^{-7}$ m	粗颗粒	多相,热力学不稳定体系,扩散慢或不扩散,不能透过半透膜及滤纸,形成悬浮液或乳状液,不透明,有光反射	浑浊泥水、牛奶或豆浆

如果按分散相和分散介质的聚集状态分类则可以将胶体分散体系分为以下几种。

(1) 液溶胶,将液体作为分散介质所形成的溶胶。当分散相为不同状态时,则形成不同的液溶胶,如油漆、AgI 溶胶、牛奶、石油原油、泡沫等。

(2) 固溶胶,将固体作为分散介质所形成的溶胶。当分散相为不同状态时,则形成不同的固溶胶,如有色玻璃、不完全互熔的合金、珍珠、某些宝石、泡沫塑料、沸石分子筛等。

(3) 气溶胶,将气体作为分散介质所形成的溶胶。当分散相为不同状态时,则形成不同的气溶胶,如烟、含尘的空气、雾、云等。

如果按胶体溶液的稳定性分类又可分为憎液溶胶和亲液溶胶。经过大量的研究发现,任何物质都可以用降低其溶解度或选用适当的分散介质制成胶体体系。例如,氯化钠分散在苯中可形成胶体物系,硫磺易溶于乙醇而难溶于水,将硫磺的乙醇溶液滴入水中可制备硫磺的水溶胶。因此,胶体是物质以一定的分散度而存在的一种状态。

11.7.2　胶体的制备和纯化

1. 胶体的制备

一般制备憎液胶体体系有两种方法:分散法和凝聚法。分散法是使粒子较大的物质在有稳定剂存在时分散成颗粒半径在 $10^{-9}<r<10^{-7}$ m 的胶体范围内。最常用的是胶磨法、超声波法、电弧法等。凝聚法是使溶质分子、原子或离子自行结合成胶粒大小而制成凝胶。

机械分散主要使用胶体磨和气流粉碎机。物料进胶体磨之前,先入球磨机粉碎至 0.2 mm 左右,再进胶体磨粉碎到 1 μm(1000 nm)以下,最小可达 10 nm。为了防止极微小颗粒聚结,一般还加少量表面活性物质如丹宁或明胶等作稳定剂。工业上常利用此法制备胶体石墨、油漆和矿物颜料等。气流粉碎机是一种高效超细粉碎设备,它被广泛用于染料、特种陶瓷及制药等行业,它也可将物料粉碎至 1 μm 以下。

胶溶法又称解胶法,仅是将新鲜的凝聚胶粒重新分散在介质中形成溶胶,并加入适当的稳定剂。这种稳定剂又称胶溶剂。根据胶核所能吸附的离子而选用合适的电解质作胶溶剂。这种方法一般用在化学凝聚法制溶胶时,为了将多余的电解质离子去掉,先将胶粒过滤,洗涤,然后尽快分散在含有胶溶剂的介质中,形成溶胶。例如,用新鲜沉淀物制备溶胶:

$$Fe(OH)_3(\text{新鲜沉淀}) \xrightarrow{\text{加} FeCl_3} Fe(OH)_3(\text{溶胶})$$

$$AgCl(\text{新鲜沉淀}) \xrightarrow{\text{加} KCl \text{或} AgNO_3} AgCl(\text{溶胶})$$

超声分散法是用频率大于 20 000 Hz 的弹性波将物料撕碎。实验室常用此法将某些松软的物质分散，或将一种液体分散在另一种液体中以形成乳状液。

电弧分散法主要用于制备金属的水溶胶。该方法是将被分散的金属作电极，插入水中，通电使之产生电弧。在高温下金属被气化，遇水冷凝成胶粒；加少量碱作稳定剂。

物理凝聚法是将被分散物质的蒸气或饱和溶液骤冷，或者改换溶剂等，使被分散物质凝聚成胶体粒子。例如，将汞蒸气通入冷水中就可得到汞溶胶；将含松香的乙醇溶液滴入水中，由于松香在水中的溶解度低，溶质成胶粒的大小析出，形成松香的水溶胶；用冰骤冷苯的饱和水溶液得到苯的水溶胶。

化学凝聚是利用化学反应在适宜的条件下，使生成的不溶物由分子分散状态逐步凝聚达到胶体状态的方法。为此必须使反应物的浓度很低，并缓慢混合，而不至于生成沉淀。按照化学反应的类别，可分为复分解反应、分解反应、还原反应、氧化反应和水解反应等几种。

（1）复分解法

$$2H_3AsO_3(\text{稀}) + 3H_2S \longrightarrow As_2S_3(\text{溶胶}) + 6H_2O$$

（2）水解法

$$FeCl_3(\text{稀}) + 3H_2O(\text{热}) \longrightarrow Fe(OH)_3(\text{溶胶}) + 3HCl$$

（3）氧化还原法

$$2H_2S(\text{稀}) + SO_2(g) \longrightarrow 2H_2 + 3S(\text{溶胶})$$

$$2HAuCl_4(\text{稀}) + 3HCHO + 11KOH \longrightarrow 2Au(\text{溶胶}) + 3HCOOK + 8KCl + 8H_2O$$

2. 胶体的纯化

最初制备的溶胶常含有过多的电解质或其他杂质，它们不利于溶胶的稳定，因此需将其除去，即胶体体系的纯化。最普通的方法是渗析法。渗析法是将待净化的溶胶用半透膜（羊皮纸、动物膀胱膜、硝酸纤维或醋酸纤维溶液制成的膜等）与溶剂隔开，溶胶中的电解质或其他杂质（分子、离子）就可穿透半透膜进入溶剂。若不断更换溶剂，即可将多余的电解质或其他杂质移去，达到净化的目的。

为了提高渗透速度，可在半透膜两侧加一电场，以加速离子迁移，这就是电渗析法。另外，增加半透膜两边浓度差，扩大半透膜面积或适当地提高温度均可使渗析加速。

应当指出，适量的电解质对溶胶是起稳定作用的，因此，渗析法净化溶胶要注意控制时间，以保证稳定溶胶所需的电解质。温度过高将加剧布朗运动，也会破坏溶胶的稳定性。

11.7.3 胶体的运动性质

对胶体体系动力性质的研究是以分子运动论为基础的。胶体溶液中的胶粒与气体分子及稀溶液中的溶质分子一样，永远在不停地运动着。因此，分子运动论不仅适用于气体和稀溶液，也适用于胶体溶液。气体分子有热运动、扩散和“大气分布”等性质，胶体粒子也具有相似的性质；稀溶液有渗透压力、沸点升高和冰点降低等依数性质，胶体溶液也同样具有这些性质。由于胶体粒子比分子大得多，胶体溶液的粒子浓度比一般稀溶液的浓度要小，因而胶体溶液的依数性质表现得很微弱。有时甚至测不出来。通过对胶体动力性质的研究，可以说明胶粒不会因重力作用而沉降的原因，也可求得胶粒的大小和形状。下面分别讨论溶胶的布朗运动、扩散和沉降平衡等问题。

1. 布朗运动

1872 年植物学家布朗(Brown)在显微镜下看到悬浮在水中的花粉颗粒做永不停息的无规则运动。以后还发现其他微粒(如矿石、金属和炭等)也有同样的现象,这种现象称为布朗运动。悬浮在液体中的微粒之所以能不断地运动是其周围处于热运动状态的介质分子不断撞击这些微粒的缘故。在悬浮体中,比较大的颗粒每秒钟在各个方向可以受到几百万次撞击,结果这些碰撞都互相抵消,因而看不到布朗运动。如果悬浮颗粒小到胶体的程度,那么它每秒所受到的撞击次数比大颗粒要少得多,因此各方向的撞击彼此完全抵消的可能性很小。由于这些原因,各个颗粒就发生了不断改变方向的无秩序的运动,如图 11-23 所示。图中黑点是在相等的时间间隔内在显微镜中观察到的颗粒的位置,它是空间运动在平面上的投影。布朗运动的剧烈程度随颗粒变小和温度升高而增加,但不随时间而改变。

图 11-23 布朗运动

1905 年和 1906 年,爱因斯坦(Einstein)和斯莫鲁霍夫斯基(Smoluchowski)分别创立了布朗运动理论,他们假定胶粒运动与分子运动类似,每个粒子的平均动能和液体(分散介质)分子一样,都是$\frac{3}{2}kT$,从而导出

$$\overline{x}=\sqrt{\frac{RT}{L}\frac{t}{3\pi\eta\cdot r}} \tag{11-58}$$

式中,$\overline{x}$ 为粒子在时间间隔 t 内在 x 方向的平均位移;L 为阿伏伽德罗常量;η 为介质的黏度;r 为粒子的半径。这个公式与实验结果相符。

布朗运动是胶体系统动力稳定性的一个原因。由于布朗运动的存在,胶粒从周围分子不断获得动能,从而抗衡重力作用而不发生聚沉。但布朗运动同时有可能使胶粒因相互碰撞而聚集,颗粒由小变大而沉淀。

2. 扩散和渗透压

1) 扩散

胶体质点的半径较大,扩散速度较小。扩散速度的大小可用扩散系数 D 来衡量。爱因斯坦曾导出了 D 与平均位移 $\overline{x}$ 的关系为

$$\overline{x}=\sqrt{2Dt} \tag{11-59}$$

这就是爱因斯坦-斯莫鲁霍夫斯基方程。由式(11-58)、式(11-59)得

$$D=\frac{RT}{6L\pi\eta\cdot r} \tag{11-60}$$

这就是爱因斯坦-斯托克斯方程。由式(11-60)可求出胶粒半径,进而可算出胶粒的摩尔质量:

$$M=\frac{4}{3}\pi r^3\rho L \tag{11-61}$$

2) 渗透压

由于胶粒不能透过半透膜,而介质分子或外加的电解质离子可以透过半透膜,因此有从化学势高的一方向化学势低的一方自发渗透的趋势。溶胶的渗透压可以借用稀溶液渗透压公式

计算 $\Pi = cRT$ 式中，c 为胶粒的浓度。由于憎液溶液不稳定，浓度不能太大，因此测出的渗透压及其他依数性质都很小。但是亲液溶胶可以配制高浓度溶液，用渗透压法可以求它们的摩尔质量。

对于带电的大分子溶液，也称大分子电解质或聚合电解质溶液，其渗透压规律与非电解质大分子溶液的不同。因为大分子电解质在溶液中电离成聚合离子和小离子，而小离子可通过半透膜，所以其渗透平衡有特殊性。例如蛋白质钠盐在水中按下式电离：

$$Na_zP \longrightarrow zNa^+ + P^{z-}$$

如果 Na^+ 不透过半透膜，则 1 mol 蛋白质分子产生 $(z+1)$mol 的离子，若按此质点数求蛋白质的摩尔质量，则会有较大的误差；实际上 Na^+ 还会穿过半透膜，这样在膜的两边都有 Na^+，对渗透平衡都有贡献，因而使渗透压所涉及的因素比非电解质大分子溶液复杂一些。下面就以蛋白质钠盐的唐南(Donnan)平衡为例，讨论大分子电解质溶液的渗透压。如图 11-24 所示，设初始时 $(t=0)$ 膜内蛋白质浓度为 c_1，膜外 NaCl 浓度为 c_2，且膜两边溶液体积相等。达到渗透平衡时 $(t=\infty)$，从膜外有 x 的 NaCl 通过半透膜进入膜内，则膜内 P^{z-} 的浓度为 c_1，Na^+ 浓度为 zc_1+x，Cl^- 浓度为 x，而膜外 Na^+ 和 Cl^- 浓度均为 c_2-x；且 NaCl 在膜两侧的化学势达到相等，即 $\mu_{内}^{\ominus}(NaCl) = \mu_{外}^{\ominus}(NaCl)$。

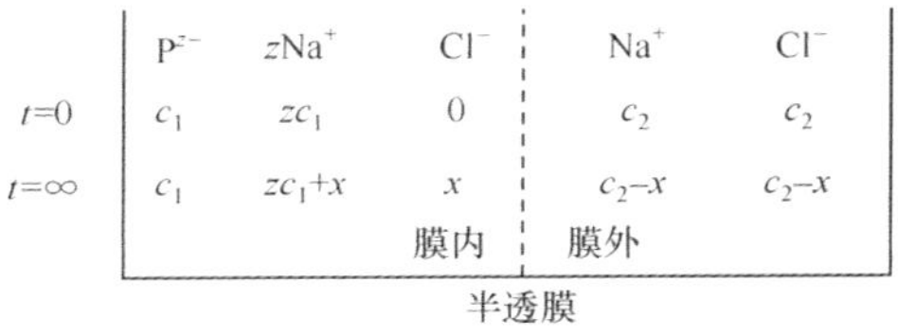

图 11-24　唐南平衡示意图

而
$$\mu_{内}(NaCl) = \mu_{内}^{\ominus}(NaCl) + RT\ln a_{内}(NaCl)$$
$$\mu_{外}(NaCl) = \mu_{外}^{\ominus}(NaCl) + RT\ln a_{外}(NaCl)$$

若选用相同的活度参考态 $\mu_{内}^{\ominus}(NaCl) = \mu_{外}^{\ominus}(NaCl)$，则必有 $a_{内}(NaCl) = a_{外}(NaCl)$，又 $a(NaCl) = a(Na^+) \cdot a(Cl^-)$，对稀溶液以浓度取代活度，则有

$$c_{内}(Na^+) \cdot c_{内}(Cl^-) = c_{外}(Na^+) \cdot c_{外}(Cl^-)$$

或
$$(zc_1 + x) \cdot x = (c_2 - x)^2$$

整理后得
$$x = \frac{c_2^2}{zc_1 + 2c_2} \tag{11-62}$$

则平衡时膜内外 NaCl 浓度之比为

$$\frac{c_{外}(NaCl)}{c_{内}(NaCl)} = \frac{c_2 - x}{x} = 1 + z\frac{c_1}{c_2} \tag{11-63}$$

可见平衡时，膜两侧 NaCl 浓度不相等，且 z 值越大，浓度差就越大。小离子在膜两侧分布不均，必会产生额外的渗透压(这称为唐南效应)，实际渗透压是膜内外渗透压的差值，即包括全部离子对渗透压的贡献，即

$$\Pi = \Pi_{内} - \Pi_{外} = [c_1 + zc_1 + x + x - 2(c_2 - x)]RT$$

将式(11-63)代入上式，整理后得

$$\Pi = \frac{zc_1^2 + 2c_1c_2 + z^2c_1^2}{zc_1 + 2c_2}RT \tag{11-64}$$

而聚离子对渗透压的贡献为 $\Pi_{聚} = c_1RT$，当 $c_2 \gg c_1$ 时，式(11-64)就可以简化为 $\Pi = c_1RT$，可

见，当在膜外加入适量的中性盐，就可消除唐南效应。此外，通过调节膜内溶液 pH，使 Na_zP 离解趋于零，即使 Na_zP 维持电中性(此时的 pH 称为等电点)，也可消除唐南效应，得到的溶液渗透压为 $\Pi=c_1RT$。细胞壁就是一个生物半透膜，而生命中的聚合电解质无处不在，因此，探讨其在细胞壁(半透膜)两侧的平衡是极有意义的。

【例 11-1】 273 K 时质量分数为 $w=7.46\times10^{-3}$ 的硫化砷溶胶的胶粒半径 $r=1\times10^{-8}$ m，粒子密度为 $\rho=2.8\times10^3\ \text{kg}\cdot\text{m}^{-3}$，溶胶体积为 $1\times10^{-3}\ \text{m}^3$，质量近似为分散介质水的质量(1 kg)。求该溶胶的渗透压。

解

$$n=\frac{7.46\times10^{-3}\times1\ \text{kg}}{\frac{4}{3}\pi(1\times10^{-8}\ \text{m})^3\times2.8\times10^3\ \text{kg}\cdot\text{m}^{-3}\times6.023\times10^{23}\ \text{mol}^{-1}}=1.0566\times10^{-6}\ \text{mol}$$

$$\Pi=\frac{n}{V}RT=\frac{1.0566\times10^{-6}\ \text{mol}}{1\times10^{-3}\ \text{m}^{-3}}\times8.314\ \text{J}\cdot\text{K}\cdot\text{mol}^{-1}\times273\ \text{K}=2.398\ \text{Pa}$$

显然，这个压力是很难测出来的。同理，溶胶的其他依数性质也是很难测出来的。

3. 沉降和沉降平衡

溶胶是高度分散体系，胶粒一方面受到重力吸引而下降，另一方面由于布朗运动促使浓度趋于均一。当这两种效应相反的力相等时，粒子的分布达到平衡，这种平衡称为沉降平衡。达到平衡时，粒子的浓度随高度不同有一定的梯度，如图 11-25 所示。

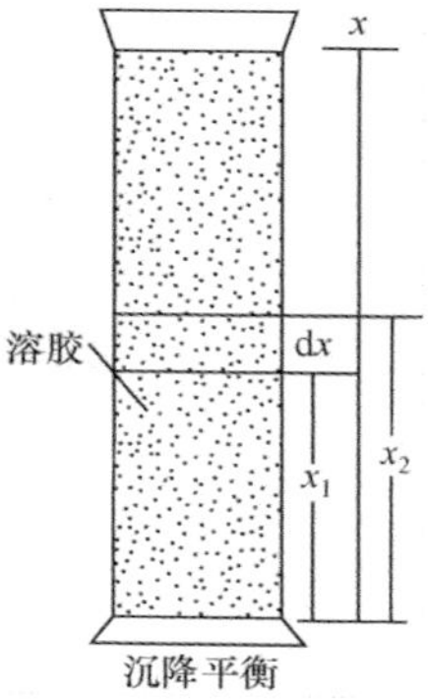

图 11-25　沉降平衡

达到沉降平衡时，粒子随高度分布的情况与气体类似，适用高度分布定律，即有

$$RT\ln\frac{N_2}{N_1}=-\frac{4}{3}\pi r^3(\rho-\rho_0)gL(x_2-x_1) \tag{11-65}$$

由高度分布公式可知，粒子质量越大，其平衡浓度随高度的降低也越大。含有各种大小不同粒子的体系称为多级分散体系，这类体系沉降平衡时，溶液上部粒子平均半径比底部小。

11.7.4 胶体的光学性质

胶体的光学性质是胶体多相性和高度分散性特征的反映。通过对胶体物系光学性质的研究，可以帮助我们理解胶体物系的性质，观察胶体粒子的运动和测定其大小及形状。当光束通过分散体系时，一部分自由地通过，一部分被吸收、反射或散射。

由光学知识可知，当均匀物系粒子尺寸远小于光的波长时，当光束照射到透明物系上除了正对着入射光的方向能看到光线外，在其他方向是看不到光线的，这是光吸收。当物系粒子尺寸达到光的波长的数量级时(如溶胶)，当光束照射到物系上除了正对着入射光的方向能看到光线外，在其他方向也能看到光线，这就是光的散射或衍射。当物系粒子尺寸远大于光的波长数量级时如粗分散体系，当光束通过粗分散体系，由于粒子大于入射光的波长，主要发生反射，使体系呈现浑浊。

在暗室中，如果让一束聚焦的可见光(波长为 400～700 nm)通过胶体物系，在与入射光垂直的方向上，可看到一个发光的圆锥体，如图 11-26 所示。这就是丁铎尔效应，它是英国物理学家丁铎尔于 1869 年

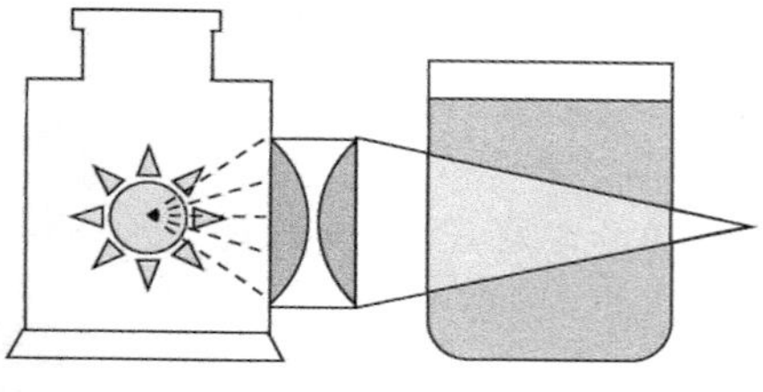
图 11-26　丁铎尔现象

发现的。丁铎尔效应就是胶体物系对光的散射，这种散射出来的光称为乳光。因此，丁铎尔效应表明胶体粒子的尺寸与光的波长(10^{-7} m)是相同的数量级。

1871年，瑞利研究了气相介质中不吸收光(不导电)的球形小粒子(气溶胶)对光的散射作用，得出了散射光强度的如下计算公式

$$I_\theta = I\frac{9\pi^2}{2r^2\lambda^4}\left(\frac{n_1^2-n_2^2}{n_1^2+2n_2^2}\right)^2 NV(1+\cos^2\theta) \tag{11-66}$$

式中，I_θ 为单位体积内散射光强度；n_1 为分散介质的折射率；n_2 为分散相的折射率；I 为入射光强度；N 为单位体积内粒子数；r 为观察者到散射点的距离；V 为单个粒子的体积；λ 为入射光的波长；θ 为矢径 $\boldsymbol{r}$ 与透射光方向的夹角。由瑞利公式可知：

(1) 散射光强度与粒子体积的平方成正比，即与体系的分散度有关。真溶液分子体积很小，虽有乳光，但很微弱。粗分散体系粒子尺寸远大于可见光波长，无散射光，只有反射光。因此丁铎尔效应是鉴别溶胶、真溶液和悬浮液简便而有效的方法。

(2) 散射光的强度与入射光的波长的四次方成反比，所以入射光的波长越短，散射光越强。白光中的蓝光与紫光的波长最短，橙红色最长，所以若白光照射到溶胶上时，侧面的散射光将呈现淡蓝色，而透射光呈现橙红色。晴天，我们看到天空是蔚蓝色的，这是大气强烈地散射蓝光和紫光的结果。朝霞和夕阳是橙红色的，也是由于大气散射掉了短波成分，留下长波成分的结果。

(3) 分散相和分散介质的折射率相差越大，粒子的散射光越强。溶胶的分散相和分散介质之间有明显的界线，两者的折射率相差很大，散射光很强。而高分子溶液由于溶质和溶剂之间有亲和力，溶质被一层溶剂分子裹住，使得溶质和溶剂的折射率相差不大，散射光很弱。因此，可根据散射光的强弱来区分溶胶和高分子溶液。

(4) 在其他条件一定时，散射光的强度与粒子的浓度成正比。因此我们可通过测定散射光的强度来确定胶体粒子的浓度。浊度计就是根据这个原理设计的。

11.7.5 胶体的电性质

1. 电泳

在外电场的作用下，胶体粒子在分散介质中定向移动的现象称为电泳。中性粒子不可能在外电场中定向移动，所以电泳现象的存在，说明胶体粒子是带电的。电泳的实验装置如图11-27所示。

胶体粒子的电泳速度与粒子所带电量及外加电势梯度成正比，而与介质黏度及粒子的大小成反比。胶体粒子要比离子大得多，而实验表明胶体粒子的速度与离子的速度的数量基本相同。这说明胶体粒子所带的电量是相当大的。实验表明，溶胶中加入电解质会使电泳速度降低，直至为零，甚至可改变胶粒的带电符号。

2. 电渗

电渗的实验装置如图11-28所示。胶体中加入电解质会使电渗速度降低，直至为零，甚至可以改变电渗的方向。在外加电场作用下，胶体的带电介质通过多孔膜或半径为1～10 nm的毛细管做定向移动的现象称为电渗。

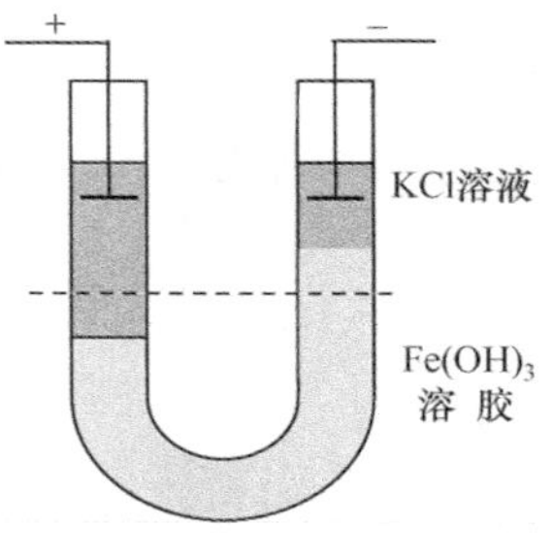

图 11-27　电泳实验示意图

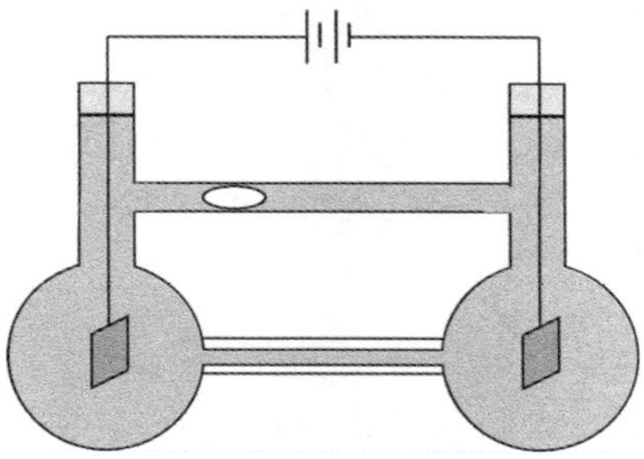

图 11-28　电渗实验示意图

3. 流动电势

在外力作用下，胶体迫使液体或溶液流经毛细管时，在毛细管两端将产生电势差，这个电势差称为流动电势。流动电势的实验装置如图 11-29 所示，用泵输送碳氢化合物时，在流动过程中产生流动电势，高压下易于产生火花。由于此类液体易燃，固应采取相应的防护措施，如油管接地或加入油溶性的电解质，增加介质的电导等。

4. 沉降电势

在重力或离心力的作用下，分散相粒子在分散介质中迅速沉降而在沉降方向产生的电势差称为沉降电势。沉降电势的实验装置如图 11-30 所示，储油罐中的油内常含有水滴，水滴的沉降常形成很高的沉降电势，消除的办法是加入有机电解质，以增加介质的电导。

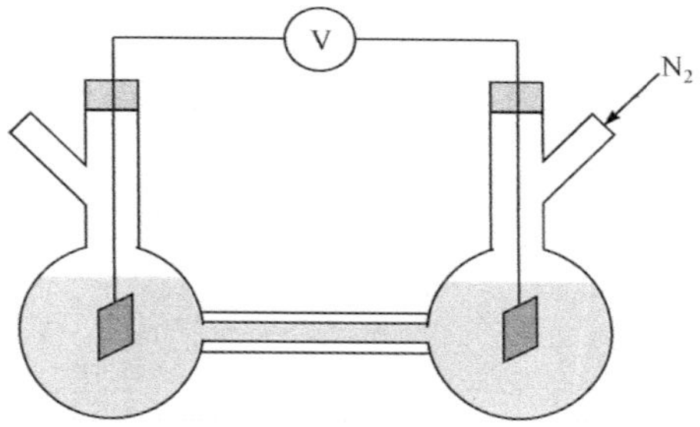

图 11-29　流动电势示意图

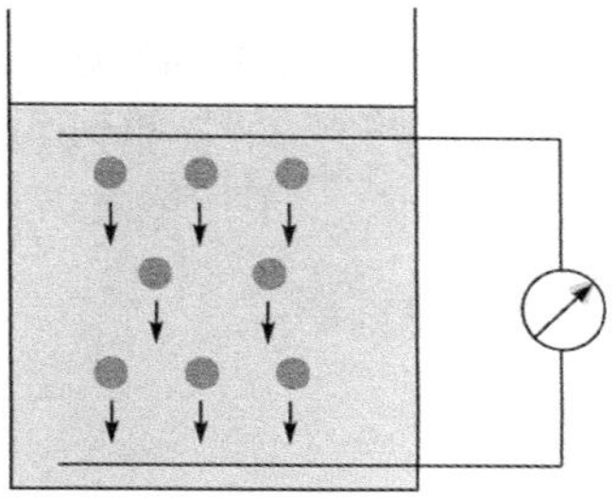

图 11-30　沉降电势示意图

电泳、电渗、流动电势和沉降电势，其电学性质都与固液相之间的相对运动有关，所以统称为电动现象。其中电泳和电渗最为重要。通过对电泳和电渗现象的研究，可进一步了解胶体粒子的结构以及外加电解质对溶胶稳定性的影响。而电动现象产生的原因，直到建立了双电层理论以后才得到了解释。

5. 双电层理论

当固体与液体接触时，可以是固体从溶液中选择性吸附某种离子，也可以是固体分子本身发生电离作用而使离子进入溶液，以致使固液两相分别带有不同符号的电荷，在界面上形成了双电层的结构。

双电层理论模型有亥姆霍兹紧密双电层模型、古埃-查普曼（Gouy-Chapman）扩散双电层模型以及斯特恩（Stern）紧密双电层和扩散双电层模型。

1）亥姆霍兹紧密双电层模型

电动现象说明分散相粒子和分散介质带有相反符号的电荷。关于带电原因，昆克(Quincke)提出了以下假说：固体表面在溶液中可以有选择地吸附阳离子和阴离子或固体表面分子电离，电离后的正离子或负离子分布到溶液中去，结果两相就分别带有数量相等而符号相反的电荷。

1879 年，亥姆霍兹根据昆克的假说，首先提出了双电层的概念，他认为正、负离子分别平行地排列在固-液两相的界面上，与平板电容器相似（图 9-2）。$\delta \approx 10^{-10}$ m，为一个水化离子半径的大小。φ 为电极电势的绝对值。由物理知识可知，平板电容器的电容为

$$C=\frac{q}{U_{AB}}=\frac{q}{\varphi}=\varepsilon\ \frac{q}{\delta}$$

$$C_0=\varepsilon_0\ \frac{q}{\delta}$$

$$\varepsilon=\varepsilon_r\varepsilon_0$$

式中，ε 为介电常数；ε_r 为相对介电常数；σ 为表面电荷面密度。

$$\sigma=\frac{q}{A}=\varepsilon\ \frac{\varphi}{\delta}=\varepsilon_r\varepsilon_0\ \frac{\varphi}{\delta}=\varepsilon_r\ \frac{1}{4\pi k}\frac{\varphi}{\delta}$$

即可得

$$\varphi=\frac{4\pi k}{\varepsilon_r}\sigma\delta \tag{11-67}$$

式中，k 为库仑定律常量，$k=9\times10^9\ \mathrm{N\cdot m\cdot C^{-2}}$，$k=1/(4\pi\varepsilon_0)$。$\varepsilon_0$ 为单位制变换替代库仑定律常量的数值。

2）古埃-查普曼扩散双电层模型

古埃和查普曼认为，由于正、负离子静电吸引和热运动两种效应的结果，溶液中的反离子只有一部分紧密地排在固体表面附近，相距约一两个离子厚度称为紧密层；另一部分离子按一定的浓度梯度扩散到本体溶液中，离子的分布可用玻耳兹曼公式表示，称为扩散层。双电层由紧密层和扩散层构成，如图 9-3 所示。移动的切动面为 AB 面。

古埃和查普曼对亥姆霍兹的紧密双电层模型虽有所改进，但他们没有考虑固体表面和离子之间的范德华力。此外，他们把离子看成没有体积的点电荷也与实际不符。因而他们得到的电势分布曲线与实际仍有偏差。

3）斯特恩紧密双电层和扩散双电层模型

1924 年，斯特恩将亥姆霍兹模型和古埃-查普曼模型结合起来，提出了一个改进的双电层模型，其主要论点是：①离子是有体积的，离子中心靠近固体表面的距离一般不小于其水化半径；②双电层靠溶液一侧由两层组成，第一层为吸附在固体表面的离子，称为斯特恩层，又称紧密层，第二层为扩散层，如图 11-31 和图 11-32 所示。

该模型认为吸附在固体表面的紧密层约有一两个分子层的厚度，称为斯特恩层；由反电离子电性中心构成的平面称为斯特恩平面。由于离子的溶剂化作用，胶粒在移动时，紧密层会结合一定数量的溶剂分子一起移动，因此滑移的切动面由比斯特恩层略右的曲线表示。从固体表面到斯特恩平面，电势从 φ_0 直线下降为 φ_δ。带电的胶粒在移动时，移动的切动面与液体本体之间的电势差称为电动电势 ζ。扩散双电层模型中，切动面 AB 与溶液本体之间的电势差称为 ζ 电势，也就是在斯特恩模型中，带有溶剂化层的滑移界面与溶液之间的电势差——ζ 电势。ζ 电势总是比热力学电势低，外加电解质会使 ζ 电势变小甚至改变符号。只有在质点移

动时才显示出 ζ 电势，所以又称电动电势。

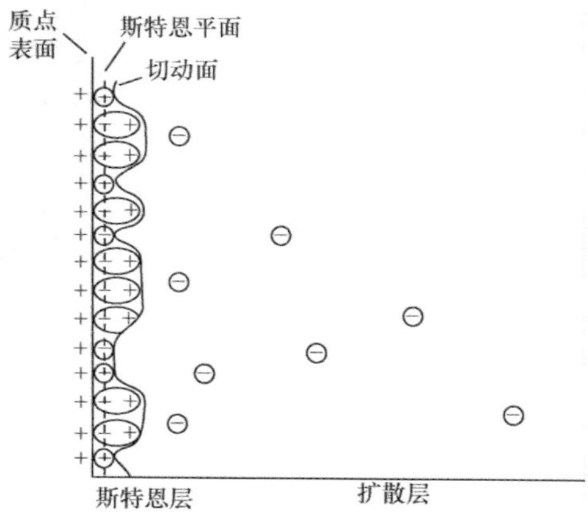

图 11-31　斯特恩双电层结构模型

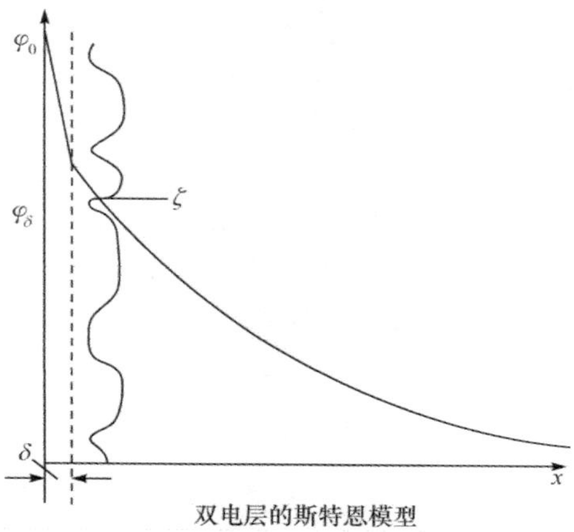

图 11-32　斯特恩双电层电位模型

在斯特恩双电层电位模型中，φ_0 为热力学电势；φ_s 为斯特恩电势；ζ 为电动电势。胶核所吸附的离子称为定位离子，胶核所带电荷决定热力学电势 φ_0 的符号；与定位离子符号相反的离子称为反电离子，ζ 电势由胶粒吸附的反电离子决定。如果紧密层中反电离子越多，胶粒所带净电荷越少，ζ 电势的绝对值越小。因此 ζ 电势是反映胶粒带电多少的一个物理量。

如果在溶液中加入电解质，离子浓度增大，电解质中与反电离子有相同符号的离子会把反电离子挤入紧密层。这样，紧密层内反电离子就会增加，分散层内过剩的反电离子就会减少，于是分散层变薄，ζ 电势下降。当分散层厚度被压缩至 0 时，ζ 电势变为 0，这就是等电态。处在等电态下，胶粒不带电，电场对胶粒无影响，也不可能有电泳现象，此时溶胶的稳定性最低。

当某些高价反电离子或大的反电离子由于高的吸附性能而大量进入紧密层时，则可能使 ζ 反号，但热力学电势 φ_0 的符号不变。

4) ζ 电势测定

ζ 电势的测定有电泳法和电渗法，下面导出电泳速度的公式。由流体力学可知，固液做相对运动时，固体单位面积上受到液体的阻力为

$$f=\eta\frac{u}{\delta}$$

式中，η 为分散介质的黏度，单位为 Pa・s；u 为电泳速度。固体单位面积上受到的电场力为

$$F=\sigma\frac{U}{l}$$

平衡时 $F=f$，所以

$$u=\sigma\delta\frac{U}{\eta\cdot l} \tag{11-68}$$

将式(11-67)中的 φ 用 ζ 代入，得

$$\zeta=\frac{4\pi k}{\varepsilon_r}\sigma\delta \tag{11-69}$$

将式(11-68)中的 $\sigma\delta$ 代入式(11-69)，得

$$u=\frac{\varepsilon_r\zeta}{4\pi k}\cdot\frac{U}{\eta\cdot l} \tag{11-70}$$

由式(11-70)可知，胶体粒子的电泳速度与粒子所带电量（电量越大，ζ 越大）及外加电势梯度

$\frac{U}{l}$成正比，与介质的黏度 η 成反比。外加电解质越多，ζ 越小，因而 u 也越小；在等电点，$\zeta=0$，$u=0$，无电泳发生。超过等电点，ζ 为负，$u<0$，电泳反向。式(11-70)也可写为

$$\zeta=\frac{4\pi k\eta u}{\varepsilon_r U/l} \tag{11-71}$$

因此，只要实验测得了 u 及 U/l，已体系的 k 和 η，就可由式(11-71)算出 ζ。

式(11-69)相当于棒形粒子的电动电势。如果是球形粒子，式(11-71)中的 4 应改为 6，即

$$\zeta=\frac{6\pi k\eta u}{\varepsilon_r U/l} \tag{11-72}$$

根据式(11-71)，ζ 电势也可由电渗实验求出。设毛细管横截面积为 A，则每秒流过毛细管的体积为

$$V=uA=\frac{\varepsilon_r\zeta}{4\pi k\eta}\frac{U}{l}A$$

$$\frac{U}{l}A=\frac{IR}{l}A=\frac{I}{l}\left(\frac{1}{\kappa}\cdot\frac{l}{A}\right)A=\frac{1}{\kappa}$$

$$V=\frac{\varepsilon_r\zeta}{4\pi k\eta}\frac{I}{\kappa}$$

$$\zeta=V\frac{4\pi k\eta\kappa}{\varepsilon_r I} \tag{11-73}$$

因此只要测出 V 和 I 及体系的 κ 和 η，就可算出 ζ。几种物质的水溶胶的 ζ 电势见表 11-9。由表知，溶胶的电动电势绝对值只有几十毫伏。

表 11-9　几种物质水溶胶的 ζ 电势

胶粒	ζ/V
As_2S_3	−0.032
Ag	−0.034
Au	−0.032
SiO_2	−0.044
$Fe(OH)_3$	+0.044

11.7.6　溶胶的稳定机理及聚沉

1. 胶团结构

根据双电层理论，可以设想溶胶的胶团结构。我们把构成胶粒的分子团和定位离子的聚集体称为胶核。由于分子团有很大的比表面，因此易于在界面上有选择性地吸附某种与分子团有相同组分的那些离子，即定位离子。由胶核和紧密层所组成的部分称为胶粒。胶粒和扩散层一起称为胶团。胶粒带电，而胶团不带电。在电场中，胶粒向某一电极移动，扩散层内的反电离子向另一极移动，这就是电泳的实质。

以 AgI 溶胶为例，当 $AgNO_3$ 的稀溶液与 KI 的稀溶液作用时，就能制得稳定的 AgI 溶胶。实验表明，分子团由 m 个 AgI 分子构成，当 $AgNO_3$ 过量时，它的表面就吸附 Ag^+，因而可制得带正电的 AgI 胶粒；而当 KI 过量时，它的表面就吸附 I^-，因而制得带负电的 AgI 胶粒。这两种情形的胶团结构可表示为$[(AgI)_m nI^-,(n-x)K^+]^{x-}\,xK^+$，$[(AgI)_m nAg^+,(n-x)NO_3^-]^{x+}\,xNO_3^-$。其中，$m$ 表示胶核中物质的分子数，一般来说它是一个很大的数值，约为 10^3；n 表示胶核所吸附的离子数，n 的数值要小得多；$(n-x)$是包含在紧密层中过剩反电离子数。胶团结构也可用图 11-33 表示。

2. 溶胶的稳定

根据胶体的各种性质，溶胶稳定的原因可归纳为以下几个方面。

1) 溶胶的动力稳定性

胶粒因颗粒很小，布朗运动较强，能克服重力影响不下沉而保持均匀分散。这种性质称为溶胶的动力稳定性。影响溶胶动力稳定性的主要因素是分散度。分散度越大，颗粒越小，布朗运动越剧烈，扩散能力越强，动力稳定性就越大，胶粒越不容易下沉。此外，分散介质的黏度越大，胶粒与分散介质的密度差越小，溶胶的动力稳定性也越大，胶粒也越不容易下沉。

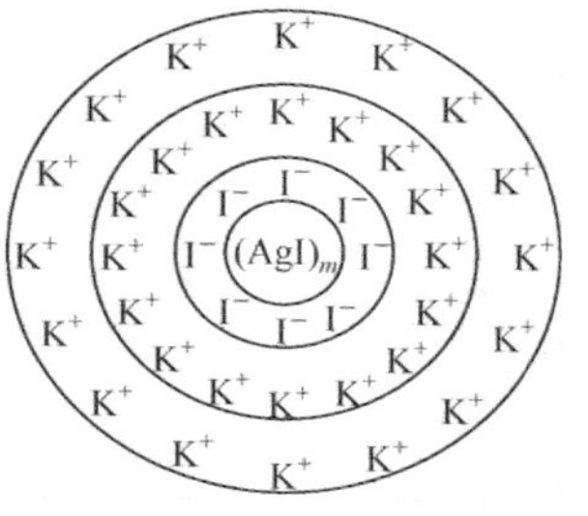

图 11-33 胶团结构示意图

2）胶粒带电的稳定作用

两个胶团的相互作用，可用图 11-34 表示。虚线圆是扩散层的边界，虚线圆以外没有净电荷，呈电中性。因此，当两个胶团不重叠时，如图 11-34(a)所示，它们之间没有静电作用力，只有胶粒间的引力，这种引力与它们之间距离的三次方成反比，是一种远程力，这种远程力驱使胶团互相靠近。

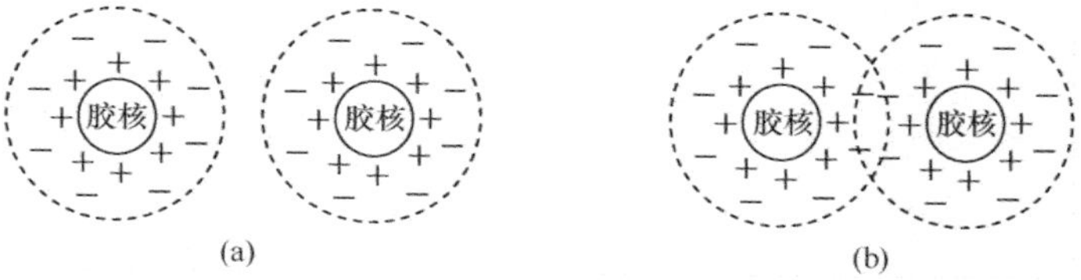

图 11-34 胶体交联示意图

当两个胶团重叠时，如图 11-34(b)所示，它们之间就产生静电排斥力。重叠越多，静电排斥力越大。如果静电排斥力大于胶粒之间的吸引力，两胶粒相撞后又分开，保持了溶胶的稳定。胶粒必须带有一定的电荷才具有足够的静电排斥力，而胶粒的带电量与 ζ 电势的绝对值成正比。因此，胶粒具有一定的 ζ 电势是胶粒稳定的主要原因。

3）溶剂化的稳定作用

物质和溶剂之间所起的化合作用称为溶剂化，溶剂若为水，则称水化。憎液溶胶的胶核是憎水的，但它吸附的离子都是水化的，因此增加了胶粒的稳定性。由于紧密层和扩散层中的离子都是水化的，这样在胶粒周围形成了水化层。实验证明，水化层具有定向排列结构，当胶粒接近时，水化层被挤压变形，它有力图恢复定向排列结构的能力，使水化层具有弹性，这成了胶粒接近时的机械阻力，防止了溶胶的聚沉。

以上影响溶胶稳定的三种因素中，尤以带电因素最重要。

3. 溶胶的聚沉

溶胶中的分散相颗粒相互聚结而变大，以至最后发生沉降的现象称为聚沉。一般 ζ 电势的绝对值大于 0.03 V 时，溶胶是稳定的。造成溶胶聚沉的因素很多，如浓度、温度、光、搅拌、外加电解质、胶体相互作用和高分子化合物的作用等，其中尤以外加电解质和胶体相互作用最为重要。

1）电解质的作用

由实验得知，不断向胶体溶液中加入电解质，胶粒的 ζ 电势的绝对值不断下降；当 ζ 电势的绝对值小至某一数值时，溶胶开始聚沉。ζ 电势的绝对值越小，聚沉速度越快；ζ 电势的绝对值等于 0，即等电态时，聚沉速度达到最大。在电解质的作用下，溶胶开始聚沉的电动电势称为临界电势。多数溶胶的临界电势为 $\pm(25\sim30)$ mV。

所有电解质达到某一浓度时，都能使溶胶聚沉。引起溶胶明显聚沉所需电解质的最小浓度，称为该电解质的聚沉值。而聚沉值的倒数定义为聚沉能力。电解质的聚沉能力一般有以下规律。

(1) 电解质中能使溶胶聚沉的离子是反电离子。

电解质聚沉能力与反电性离子价数的六次方成正比，这就是舒尔采-哈迪(Schulze-Hardy)规则。例如，对带负电的 As_2S_3 胶粒起聚沉作用的是阳离子，含不同价数阳离子的盐 KCl、$MgCl_2$ 和 $AlCl_3$ 对 As_2S_3 溶胶的聚沉值分别为

$$KCl:49.5,\quad MgCl_2:0.7,\quad AlCl_3:0.093\quad mol/m^3$$

若以一价阳离子为标准，其聚沉能力有如下关系：

$$Me^+ : Me^{2+} : Me^{3+} = 1 : 71 : 532$$

一般可认为 $Me^+ : Me^{2+} : Me^{3+} = 1^6 : 2^6 : 3^6 = 1 : 64 : 729$

几种物质的聚沉值见表 11-10。

表 11-10　几种物质的聚沉值　　(单位：$mmol/dm^3$)

As_2S_3		Al_2O_3		AgI	
电解质	聚沉值	电解质	聚沉值	电解质	聚沉值
LiCl	58	NaCl	43.5	$LiNO_3$	165
NaCl	51	KCl	46	$NaNO_3$	140
KCl	49.5	KNO_3	60	KNO_3	135
KNO_3	50			$RbNO_3$	126
				$AgNO_3$	0.01
$CaCl_2$	0.65	K_2SO_4	0.30	$Ca(NO_3)_2$	2.4
$MgCl_2$	0.72	$K_2Cr_2O_7$	0.63	$Mg(NO_3)_2$	2.60
$MgSO_4$	0.81	$K_2C_2O_4$	0.69	$Pb(NO_3)_2$	2.43
$BaCl_2$	0.69			$Sr(NO_3)_2$	2.38
				$Ba(NO_3)_2$	2.26
$AlCl_3$	0.093	$K_3[Fe(CN)_6]$	0.08	$Al(NO_3)_3$	0.067
$1/2Al_2(SO_4)_3$	0.096			$La(NO_3)_3$	0.069
$Al(NO_3)_3$	0.095			$Ce(NO_3)_3$	0.069

应该指出，舒尔采-哈迪价数规则是很粗略的，不同的作者得出的数据有较大的差别，但价数不同的离子的聚沉能力的显著差别仍然存在，并且保持着上述顺序。另外，价数规则不适用的例子也很多，如 H^+ 虽然为一价，却有很高的聚沉能力。

(2) 相同价数离子的聚沉能力与离子的水化能力有关。

例如，同一种阴离子 NO_3^- 的各种一价盐，其阳离子对负溶胶的聚沉能力顺序为

$$Cs^+ > Rb^+ > K^+ > Na^+ > Li^+$$

这个顺序与它们的水化作用相反。同一种阳离子的各种一价盐，其阴离子对正溶胶的聚沉能力顺序为

$$Cl^- > Br^- > NO_3^- > I^-$$

这种将价数相同的阳离子或阴离子按聚沉能力排成的顺序称为感胶离子序。

2) 胶体的相互作用

将带相反电荷的溶胶互相混合，也会发生聚沉。明矾[$KAl(SO_4)_3 \cdot 12H_2O$]在水中形成 $Al(OH)_3$ 正溶胶与水中微粒一起沉淀就是一例。然而与电解质的聚沉作用不同之处在于两种

表 11-11　溶胶的相互聚沉作用

$Fe(OH)_3$	结　果	混合后电荷
0.8	不聚沉	−
3.2	微呈浑浊	−
4.8	高度浑浊	−
6.1	完全聚沉	0
8.0	局部聚沉	+
12.8	微呈浑浊	+
20.8	不聚沉	+

溶胶用量应恰能使其所带的总电量相同时，才会完全聚沉，否则可能不完全聚沉，甚至不聚沉。表 11-11 是用不同质量(mg)的氢氧化铁正溶胶和定量的硫化锑负溶胶(含 0.56 mg Sb_2S_3)作用时观察到的情况。

3）高分子化合物对溶胶的作用

在溶胶中加入少量的高分子化合物，有时会降低溶胶的稳定性，甚至发生聚沉，这种现象称为敏化作用。产生这种现象的原因是由于高分子化合物数量少，无法将胶体颗粒完全覆盖，胶粒附着在高分子化合物上，附着多了，质量变大而引起聚沉，如图 11-35 所示。

当加入较多的高分子化合物后，高分子化合物被吸附在胶粒的表面，包围着胶粒，使胶粒对分散介质的亲和力增加，从而增加了溶胶的稳定性。这种现象称为高分子化合物对溶胶的保护作用，如图 11-36 所示。

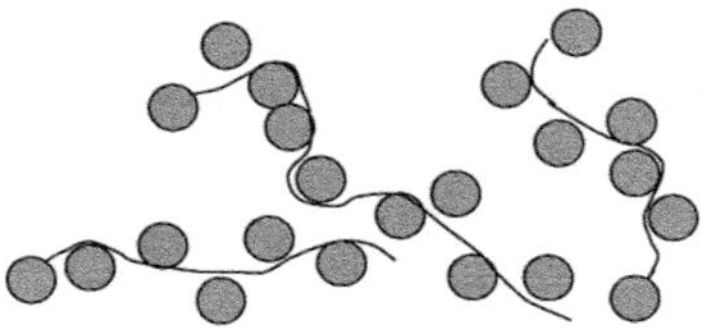

图 11-35　敏化作用

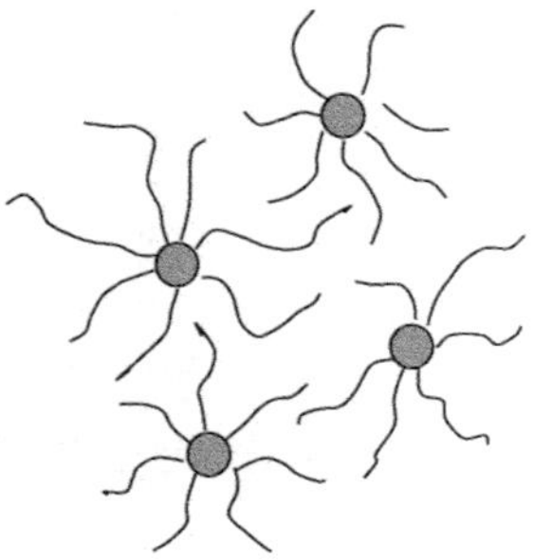

图 11-36　保护作用

高分子化合物的这种保护作用应用很广，如血液中所含的难溶盐类，像碳酸钙和磷酸钙等，就是靠血液中的蛋白质保护而存在。医药上点眼用的蛋白银就是蛋白质保护的银溶胶。照相用的胶卷是用明胶所保护的 AgBr 悬浮体。

4）溶胶浓度的影响

溶胶浓度增大时，则因布朗运动的作用，使胶团互相碰撞的次数增加，聚集成大颗粒的机会增多，溶胶的稳定性降低，因而将加速溶胶的聚沉。

11.7.7　其他分散系

1. 缔合胶体

在前面讨论表面活性剂时已讲过，当表面活性剂浓度超过 CMC 时，表面活性剂分子在溶液中形成胶团，此时的“胶团溶液”称为胶束溶液或缔合胶体。此类胶体中胶束即为分散相，胶束的半径大小在胶体分散系范围内。胶束溶液的最主要作用是增溶，使本不溶于水的油能“溶”于水，人体吸收脂肪就是通过胆汁(胶束溶液)增溶而完成的；这种增溶作用也可使不溶于油的水能“溶”于油。此时油液中的“胶团”是亲水基向内集中，团外是憎水的亲油基，构成了另一类胶束溶液。当此类胶束溶液将水增溶于油中时，可形成微乳液。如以油酸钾为表面活性剂，戊酸为助剂就可使水“溶”于苯，形成乳状真溶液的微乳液，其结构如图 11-37 所示。微乳液中分散相的颗粒直径一般小于 100 nm，且“胶团”由表面活性剂和助剂形成的界面层的界面张力比较小，为 $10^{-7} \sim 10^{-5}$ N·m^{-1}，因此可认为微乳液是热力学稳定体系。微乳液的应用得到不断的开发，渗透到许多领域，如利用微乳液特性实现在非水条件下的酶催化反应；在三次采油中的应用效果最为显著。

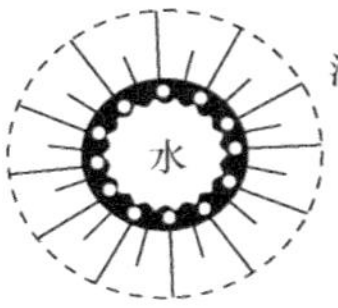

图 11-37 微乳液胶束

2. 乳状液

两种原本互不相溶的液体，将一种液体分散于另一种液体之中，且分散相直径大于 100 nm 的分散系称为乳状液。它是热力学上不稳定的多相体系，要使其稳定存在，必须借助于表面活性剂，专称为乳化剂。

乳状液可分为油包水(W/O)型(水为分散相)和水包油(O/W)型(油为分散相)两类。两类乳状液的鉴别方法有：①染色法，加入只溶于一种液体的染料，若乳状液的连续相的颜色为染料之色，则该液体为分散介质；②冲淡法，加入某种液体于乳状液，若乳状液除体积增大而无其他变化，则加入的这种液体为分散介质，若出现分层现象，则加入的液体为分散相；③电导法，W/O 型乳状液的电导通常比 O/W 型乳状液的电导小许多；④润湿法，能迅速润湿滤纸的是 O/W 型。

通常采用分散法制备乳状液，但形成的乳状液类型则取决于乳化剂的类型。一般极性基(亲水基)为一价的表面活性剂宜于作 O/W 型的乳化剂，因为亲水基易于水化而扩大了其占据的空间，此时极性基向外的排列使其更容易稳定，如图 11-38(a)所示；而极性基为二价的表面活性剂宜于作 W/O 型乳化剂，因为此时是非极性基(憎水基)所占空间较大，如图 11-38(b)所示。表面活性剂在油-水界面上不仅降低了表面能，而且形成具有一定弹性和机械强度的膜，可以较好地保护分散相，使乳状液维持稳定。蛋白质(高分子化合物)类和固体粉末类的乳化剂，其表面活性不是很大，但其形成的界面膜有较好的机械稳定性，所以也能维持乳状液的稳定。但蛋白质类乳化剂对溶液 pH 极敏感，易被细菌和微生物分解。例如，阿拉伯胶、黄芪胶、瓜胶、皂素、明胶等均可作 O/W 型乳化剂；W/O 型蛋白质类乳化剂有羊毛脂、胆甾醇等。在固体粉末乳化剂中，黏土、SiO_2、金属氧化物等粉末为 O/W 型乳化剂；而石墨、炭黑等是 W/O 型乳化剂。

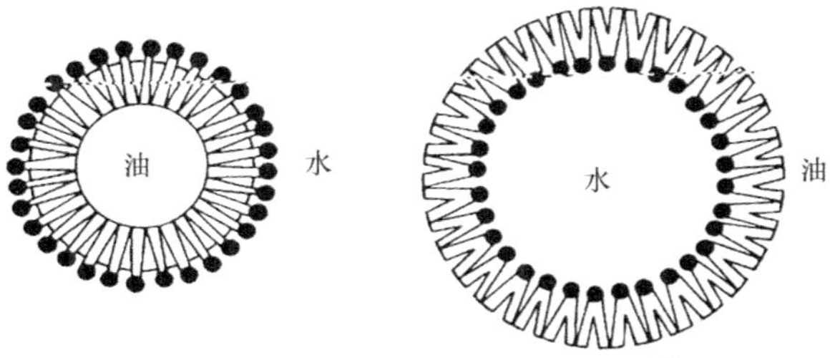

(a) O/W型　(b) W/O型

图 11-38 乳状液分散相颗粒

乳状液的破坏(破乳)方法有多种，但其原则是消除使乳状液稳定的因素。原油脱水、从牛奶中提取奶油、污水中除去油质物都是破乳过程。

破乳可以用物理方法达到。例如，用离心法分离牛奶中的奶油；原油脱水可以用静电法破乳，在高压电场下带电的水珠在电极附近放电，聚结成大液滴下沉，即达到油水分离的目的；利用超声波法加速液珠的聚集也是工业上常用的破乳手段；升温是最简单的破乳法。

另一类破乳方法是物理化学方法，其原则是破坏吸附于油-水界面上的乳化剂，使其失去乳化能力。例如，将酸加到以碱金属皂为稳定剂的乳状液中，使它变成不溶解于水的脂肪酸，乳状液则被破坏。更常用的是破乳剂。破乳剂也是一种表面活性物质，它具有相当高的表面活性，因此它能将原来油-水界面上的乳化剂挤开。而这种破乳剂分子一般具有分支结构，不能在油-水界面上形成排列紧密的表面膜，从而降低了乳状液的稳定性。

对于以固体粉末为稳定剂的乳状液，其破坏方法是加入不能作乳化剂的润湿剂，使固体粉末完全为一种液体润湿，从而脱离油-水界面而进入润湿液体一相之中。

乳状液与微乳液是两类不同的分散系，虽然它们的制备及形成类型基本相似，但在性质上有很大的差别，主要有以下几方面。

(1) 乳状液是热力学不稳定体系，久置会自动分层，而微乳液是热力学稳定体系，离心也难使之分离。

(2) 乳状液多为乳白色不透明液体，而微乳液则是呈透明或半透明的液体。

(3) 在制备时，乳状液只需添加少量的乳化剂即可，而微乳液则需要大量的表面活性剂(体系油相总量的 20%～30%)作乳化剂，多数情况下还需要一定量的助剂。近年来，也开发了一些无需助剂就可用作微乳液乳化剂的表面活性物质，如双(2-乙基己基)磺化琥珀酸酯(AOT)就是一种阴离子型的强效乳化剂，可以用于微乳液制备而无需助剂。

泡沫是以气体作分散相，而液体为分散介质所形成的粗分散系，对通常为人眼可见的气泡，由于分散相和分散介质密度相差甚大，因此气泡总是上升到液面而堆积，形成泡沫。泡沫体系是热力学不稳定体系，能使泡沫稳定存在的稳定剂称为起泡剂，起泡剂有表面活性剂，高分子化合物及某些固体粉末等。

3. 泡沫高分子化合物和固体粉末等类型

起泡剂的作用不仅是要降低液-气界面的界面张力，而且需要由它形成有一定表面黏度和机械强度的液膜。因为泡沫是由液膜隔成的气泡堆积体，且气泡极易变形，因此，泡沫不是一个个球状气泡相邻而构成的“气球堆”，而是由一个个因挤压而变形的多面体“气室”构成的集合体，如图 11-39(a)所示。考察三个气泡交界处的液膜[图 11-39(b)]，由于 A 处的曲率比 B 处的曲率小，因此按杨氏-拉普拉斯公式可知 A 处的附加压强(负值)小于 B 处，在此压差的作用下，B 处液膜内的液体将自动流向 A 处，C 和 D 处的情况与 B 相同，这种现象称为泡沫的排液过程。由于排液作用，B 处(C、D 处同理)液膜越来越薄，最终气泡破裂，即发生气泡集并，泡沫体系被破坏。此外，由于泡沫里的气泡总是大小不匀的，小气泡内的压强高于大气泡内的压强。于是小气泡内的气体将透过液膜扩散到大气泡内，造成小气泡越来越小乃至消失，而大气泡不断长大的现象。对于浮在液面上的气泡，气体透过液膜直接向气相扩散，最后气泡消失。可见要使气泡稳定存在，应从以下几方面入手。

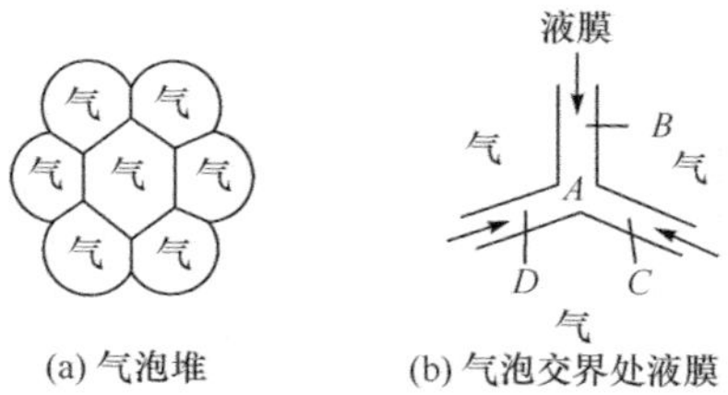

(a) 气泡堆　(b) 气泡交界处液膜

图 11-39　泡沫结构示意图

(1) 降低界面张力，即加入适当的起泡剂。实验表明，并不是所有能降低液-气界面张力的表面活性剂都能作起泡剂，而一些表面活性不高的蛋白质类化合物却是很好的起泡剂。

(2) 增大液膜表面黏度，表面黏度是指液膜表面上单分子膜的黏度，而不是膜间液体的黏度。表面黏度大，使液膜不易收缩变形，同时加大了气体扩散的阻力，所以使泡沫稳定。要增加表面黏度一是选择性能较好的表面活性剂溶液，如蛋白质、皂素等水溶液的表面黏度就较大;二是加入适当的助剂,可加强表面黏度。

(3) 提高表面膜的弹性。表面膜的弹性好,机械强度高,可以增强液膜抗外界干扰的能力。当泡沫液膜受到外界瞬间挤压变形,导致局部膜受拉伸作用变薄时,良好的弹性和机械强度可使膜不破裂而且具有较强的、恢复原状的能力,从而使变薄的液膜自动修复,泡沫得以稳定。若表面活性剂分子能在液-气界面上形成双层吸附(图 11-40),则可得到机械强度较好的表面膜。固体起泡剂自身机械强度就较好,且能增大对液膜中液体流动的阻力,因此对气泡起到保护作用。高分子聚合物对气泡的保护主要是由于其良好的机械强度。

(4) 使液膜表面带电。若用离子型起泡剂,则在液膜上形成双电层,当液膜变薄时,两个双电层间距离缩小,静电斥力增大,所以又使膜可恢复原状而不破裂。

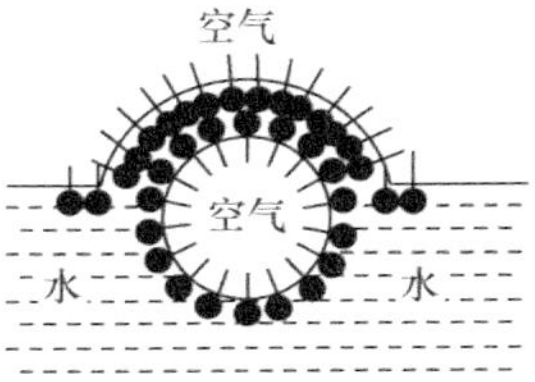

图 11-40 液-气界面上的双层吸附膜

泡沫的应用很广泛,一个典型的例子是应用泡沫进行分离。无论是分离溶解的物质还是悬浮物,都可使用此种方法。原则上说,只要混合物中各组分的表面活性不同,即可用此法将各组分一一分离。表面活性大的物质富集于先形成的泡沫中,表面活性小的物质则富集于后形成的泡沫中。矿物浮选是泡沫分离在工业上重要的应用。浮选所用泡沫需要有一定的稳定性,如泡沫寿命很短(很不稳定),气泡刚浮到液面就破裂,带不出有用矿物,达不到分离目的;若泡沫过于稳定,刮出来的泡沫依然不破,就不利于矿浆的输送及精选。浮选泡沫的寿命一般介于 10～60 s 为宜。泡沫还常用来固定特殊气体。例如,泡沫灭火剂中含有皂素或蛋白质类起泡剂,它们可稳定由硫酸铝和碳酸氢钠混合时生成的 CO_2 泡沫,以使火源与空气隔绝,此种情况下泡沫寿命越长越好。固体泡沫则是将气体固定在固体中,如泡沫塑料、泡沫玻璃、泡沫水泥等,它们是一类很有发展前途的新型建筑材料,具有质量轻、保温与隔音性能好等优点。

泡沫有时又是人们所不需要的。例如在食品、医药等生产过程中,往往会产生大量的泡沫,此时就需要消泡。消泡方法主要分三类:一是物理法,常用的有升温或降温,以紫外、红外或 α 射线、X 射线照射等;二是化学法,加入消泡剂(多位短碳链的醇、醚类有机化合物),或调节溶液 pH,利用盐析效应等方法;三是机械法,有些生产过程(如食品)不宜加入化学添加剂来消泡(会造成污染),也不宜加热或射线照射(食品会变质),则可用机械法消泡,如离心分离溶液与泡沫、以压缩空气喷射泡沫或用超声振动等。

4. 凝胶

若胶体体系中的大分子溶质或胶粒相互连接,构成立体的网状骨架,而分散介质充斥于网状骨架的空间内,则胶体成为失去流动性,但又有一定弹性的半固体和屈服应力,可塑成一定的几何形状。凝胶的形成过程称为胶凝过程。

凝胶从形态上看可分为弹性凝胶和非弹性凝胶两类。弹性凝胶多是由大分子溶液胶凝而成,其分散相骨架是由柔性很好的线形大分子构成,因此,骨架的构型非常任意,不对称性很强,骨架间的空间通常较大,所以弹性凝胶中分散介质所占比例一般较大(如琼脂凝胶含水量可达 99.8%),使凝胶柔软而富于弹性。果冻、肉皮冻、凝固血液(不是干血)、细胞组织等均属于弹性凝胶,也称软胶。弹性凝胶失去分散介质后体积缩小,可以压扁,再加入失去的分散介质又可复原为凝胶,而非弹性凝胶就无此可逆性。

非弹性凝胶多由无机物溶胶形成,其分散相骨架是由刚性较强的无机物颗粒构成,如硅胶

(SiO_2)。由于骨架呈刚性，因此当脱除其间的分散介质（如水）时，凝胶的体积变化不大（弹性凝胶变化很大），原分散介质所占空间由空气所取代，这就形成了多孔质固体（又称干胶），许多吸附剂、催化剂就是这样制成。

凝胶中分散相骨架的构成有四种类型。

(1) 球形质点相互连接成链，如图 11-41(a)所示，SiO_2、TiO_2 等凝胶属于此类。

(2) 棒状或片状质点相互连接成链，如图 11-41(b)所示，V_2O_5、白土等凝胶属此类。

(3) 柔性线型大分子交叉成网，如图 11-41(c)所示，部分大分子在局部空间形成有序排列，构成微晶区，而其他空间的分子排列则是无序的，构成无定形区，整个凝胶为微晶区和无定形区的混合体。明胶、纤维素凝胶属于此类。

(4) 大分子桥联成网，如图 11-41(d)所示，硫化橡胶、聚苯乙烯凝胶属于此类。

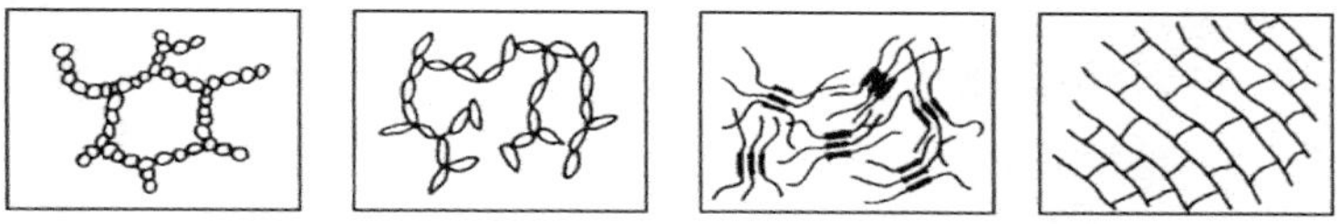

(a) (b) (c) (d)

图 11-41 凝胶的四种骨架构成

由弹性凝胶制成的干胶具有吸收分散介质，且体系体积膨大的特性，这一特性称为凝胶的溶胀性。凝胶溶胀分为无限溶胀和有限溶胀两类。若干胶吸收分散介质直至全部溶解形成大分子溶液，如生橡胶在苯中的溶解，则为无限溶胀；若干胶不能无限吸收分散介质液体，而是吸收量达最大值后停止吸收，体系体积则不再膨胀，则为有限溶胀。

凝胶对分散介质液体的吸收是有选择性的，且溶胀程度与温度、压力及液体的组成有关。有一类水凝胶（以水为分散介质）的溶胀对温度、压力及液体组成的变化极敏感，如异丙基丙烯酰胺(NIPA)就是一种溶胀对温度极敏感的凝胶。大约在 35 ℃时，其溶胀率(V/V_0)发生突变，低于 35 ℃时，其溶胀率较大[$\lg(V/V_0)\approx5.5$]；而高于 35 ℃时，其溶胀率剧减[$\lg(V/V_0)\approx0.08$]。凝胶的溶胀可产生较大的溶胀压，古人就利用木块的溶胀压将巨石破裂，作为采石手段。

凝胶受外力作用（如强力搅拌）可以变成流动的液体，静置一段时间后，流动性液体又凝结成不流动的凝胶，这种现象是凝胶的触变作用。此外，凝胶还具有离浆作用。这是凝胶静置一段时间（老化过程），分散介质从凝胶中渗出与凝胶分离的现象。糨糊、果酱等脱水收缩，细胞老化失水，中老年人皮肤起皱纹等都是凝胶离浆作用的结果。

凝胶也有广泛的应用。在电化学研究中常用的盐桥多用琼脂经饱和 KCl 溶液溶胀后制成，因为凝胶兼有液体和固体的性质，使离子在其中的扩散与在纯液体中的扩散基本相同，所以凝胶不影响电解质溶液的电导率。

凝胶网状骨架的"网眼"大小有限，利用这一点可以分离大小不同的离子。凝胶电泳和凝胶色谱法就是根据这一原理设计的。

溶胶-凝胶法是制备纳米材料的方法之一。其基本原理是将金属醇盐或无机盐在适当的条件下进行水解制得溶胶，然后将溶胶胶凝制成凝胶，再将凝胶干燥、焙烧，最后得到无机纳米材料。一般还需要对微粒材料进行表面处理，以防微粒团聚。例如以溶胶-凝胶法制备 TiO_2 纳米材料，就是在室温下(15 ℃)将 40 mL 钛酸丁酯逐滴加到 256 mL 去离子水中，控制适当的滴加速度和搅拌速度，制成 TiO_2 溶胶。经 20 min 左右的超声振荡后，将溶胶放在红外灯下烘干，得到疏松的 TiO_2 凝胶，将此凝胶磨细，在 673 K 下将磨细凝胶烧结约 1 h 就可获得 TiO_2 纳米粉末，其粒径小于 6 nm。

11.8 界面科学研究方法简述

界面科学问题是极为普遍存在的客观事实，物理学家从物理角度研究形成界面物理科学，化学家从化学角度研究则形成表面化学科学。无论从何角度，一切界面现象及其性质无疑都与界面结构有关，即有普适存在的所谓“结构与效应”关系。因此，表面粒子（原子）排布与表面电子态理论、表面化学组成与结构理论和表面分析技术应是界面科学研究方法的基础。

在前面有关部分已对许多宏观的界面科学实验测试原理与方法作过介绍，如表面张力测定、接触角测定、吸附量测定、比表面积测定和电动电势测定等。这些与界面科学问题有关的界面性质无疑应该从理论的和微观的水平去分析和认识。以往大多数研究者应用热力学理论和动力学理论比较多，而应用量子化学理论比较少；应用常规的测试仪器设备比较多，而应用先进的表面分析测试仪器设备比较少。下面就固体表面结构与性质和表面分析技术的研究方法进行简要介绍。

11.8.1 表面原子排布及表面电子态研究

固体表面是指表面的一个或几个原子层，有时指厚度达几微米的表面层。表面是体相结构的终止，表面向外的一侧没有近邻原子，表面原有一部分化学键伸向空间形成悬空键。固体内部三维周期势场在表面中断，表面原子的电子状态也和体内不同。这些不同使表面具有某种特殊的力学、光学、磁学、电子和化学性质。然而，表面不是体相结构的简单中止。由于固体表面有悬空键，因而有剩余成键能力。为了使表面能降低，所有固体的表面原子都会离开它们原来在体相中应占的位置而重新进入新的平衡位置，发生弛豫或重构。弛豫是指表面层之间以及表面和体内原子层之间的垂直距离 d_s 和体内原子层间距离 d_0 相比有所膨胀或压缩的现象。重构是指表面原子层在水平方向上的周期性不同于体内的。

从原子水平上看，固体表面是不规整的，原子的排布具有完整的二维周期性的理想表面一般是不存在的，存在多种位置，如图 11-42 所示。

由图 11-42 可见，在表面上原子的周围环境并不像二维点阵结构那样单一，而是有许多情况。在固体表面可能有附加原子、台阶附加原子、单原子台阶、平台、平台空位和扭结原子等。这些表面上原子间的差异主要表现在它们的配位数不同。这些不同类型的原子，它们的化学行为不同，吸附热和催化活性差别也很大。

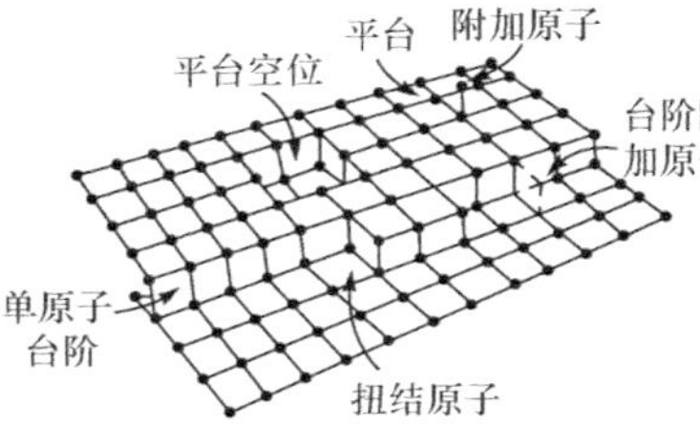

图 11-42 固体的表面结构

不同的表面原子排布自然会有不同的固体表面电子态。有关固体表面电子态的理论非常复杂，有多种经典力学和量子力学的理论模型，有多种近似处理方法。一般认为，表面态能级分布是不均匀的，不同于均匀的体内电子态；表面态能级是定域的，与相应的多核簇合物中的情况相似。因此，表面电子态可以基于表面原子排布的微观设想构筑表面结构模型，再应用分子轨道理论结合能带理论来进行研究。

11.8.2 表面化学组成的研究

固体表面除在原子排布及电子能级上与体相有明显不同外，其表面化学组成也往往与体相存在很大差别。由多种元素的原子从体相向表层迁移，它在表层中的含量高于在体相中的含量，这种现象称为表面偏析。它不仅与固体的种类及所暴露出的晶面有关，还受环境气氛的影响，如Sn-Pb焊锡合金，在不同气氛、温度和合金浓度等条件下，合金表面平衡后的组成一般不同于体相，形成表面偏析。复合氧化物的表面组成也往往和体相不同，如在 $LaMn_{1-x}Fe_xO_3$（$x=0\sim1$）中，就存在La和Mn在表面的富集现象。表面化学组成的研究往往应用表面分析技术来进行。

11.8.3 表面分析技术

理论与应用结合的桥梁是方法和技术，表面分析技术对固体表面的研究有着举足轻重的作用。对于表面分析技术有一点必须首先指出，由于固体表面极易从周围环境中吸附气体分子，若处在压力近 10^{-4} Pa的气体环境中，清洁表面在大约几秒钟的时间内就会被气体分子所覆盖。因此，对于绝大多数的表面分析仪器，超高真空的条件是必不可少的。正是超高真空技术的进步促进了各种表面分析技术的发展。

表面分析技术是研究表面的形貌、化学组分、原子结构、原子态、电子态等信息的实验技术，它是通过研究微观粒子与表面的相互作用获得表面信息的。表面分析技术很多，可按所获得的信息来分类，即按组分分析、结构分析、形貌分析及表面键合状况如原子态、电子态的分析等划分。表11-12和表11-13列出了一些最常用的表面分析方法及技术指标。为同一分析目的可能有几种方法，它们各有自己的优点和不足之处，因此常根据被检测样品的要求来选择分析方法或用几种方法对同一样品进行分析，然后综合所测结果作出结论。

表11-12　一些常用表面分析技术所提供的信息

探针	表面形貌	表面结构	表面成分	表面键合
电子	SEM，TEM	LEED，HREELS	AES	HREELS
离子	ISS	LSS，SIMS	LSS，SIMS	
光子			XPS	IR，RAMAN，UPS
电场	STM	STM，FIM		
力场	AFM	AFM		

表11-13　一些常用表面分析技术的指标

分析技术	能检测元素	元素定量分析	检测极限(单层)	检测深度	分辨率	对表面破坏程度
AES	≫Li	能	0.1%	0.3～2 nm	50 nm	小
XPS	>He	能	1%	0.5～3 nm	1 mm	无
ISS	≫H	可能	0.1%	0.1～0.3 nm	100 μm	小
SIMS	≥H	可能	0.000 01%	0.1～0.3 nm	1 μm	有
STEM	>F	能	0.1%	≤100 nm	0.2～1 nm	小

扫描电子显微镜(SEM)和透射电子显微镜(TEM)是最常用的形貌分析技术，可用于分析导体、半导体及绝缘样品，对样品的形状也没有限制，块状及粉末样品都可分析，只是样品制备方法有所不同。利用仪器附带的电子衍射及能量色散X射线分析(EDXA)设备还可做结构和微区成分分析。扫描电子显微镜利用二次电子和背散射电子成像，放大倍数在2万～20万倍之间，且有很大的景深，对凹凸不平的表面显示得很清楚，立体感很强，样品制备方法也很简单，但它的分辨率不如透射电子显微镜。扫描透射电子显微镜(STEM)的分辨率已达到0.2～0.5 nm，可看到薄样品的原子结构像。

此外，扫描隧道显微镜(STM)、原子力显微镜(AFM)也可用来观察样品表面形貌及结构。它们能直接给出表面三维图像，并可达原子分辨率，能较精确地确定表面原子结构，但它们要求样品表面非常平整，且 STM 还不能分析绝缘样品。

单晶的表面结构常用低能电子衍射(LEED)技术来研究。LEED 利用的是入射低能电子通过晶体表面"原子光栅"的衍射现象，从实验上得到的衍射图像便可得到表面二维晶胞的大小、对称性、表面重构、表面缺陷及相变等信息。

常用的组分分析方法有 X 光电子能谱(XPS)、俄歇电子能谱(AES)、离子散射谱(ISS)及次级离子质谱(SIMS)等。XPS 是最常用的表面成分分析技术之一，它不仅能测定表面的组成元素，而且能确定各元素的化学状态，能检测除氢、氦以外周期表中所有的元素且具有很高的灵敏度，测试过程对样品表面无损害，定量分析效果好，特别适合于做化学分析。ISS 和 SIMS 的显著特点是它们能得到表面单层元素组分及表面结构信息，但定量分析性能较差，检测时可能对样品有一定的破坏性。SIMS 能检测包括氢在内的所有元素，能给出表面单层元素、同位素、化合物组分、分子结构及一定的晶格结构信息；通过逐层剥离，SIMS 还可得到深度分布的信息。在所有表面分析方法中，SIMS 往往具有最高的检测灵敏度。目前 SIMS 已用于映象生物组织中大量重要元素的分布情况，飞行时间-次级离子质谱(TOF-SIMS)可在单细胞水平上对原子和分子成像。

研究表面键合状况的分析技术有紫外光电子能谱(UPS)、高分辨电子能量损失谱(HREELS)及红外光谱(IR)、拉曼光谱(RAMAN)等。UPS 主要用于研究表面区域电子态，后三种技术用于研究表面的原子振动，以及表面原子的吸附位置与化学键的性质。

界面科学问题的理论研究最终要有表面分析技术应用研究的紧密配合来检验和支撑。

复习思考题

1. 表面吉布斯自由能、比表面吉布斯自由能、表面张力三者的概念、单位是否相同？如何表示？
2. 固体表面有过剩的吉布斯自由能吗？它与液体有何不同？
3. 气泡、液滴都呈球形，玻璃管口在高温加热后会变得光滑，这些现象的本质是什么？
4. 试解释：①人工降雨；②有机蒸馏中加沸石；③毛细管凝聚(下雨前地基潮湿——所谓基湿而雨)；④过饱和溶液、过饱和蒸气、过冷现象；⑤重量法分析中的陈化作用等。
5. 吉布斯自由能越低，则体系越稳定，所以物体总有降低本身吉布斯自由能趋势。试说明纯液体、溶液、固体是如何降低自己的表面吉布斯自由能的。
6. 为什么气体在固体表面上的吸附总是放热的？但确有一些气体在固体表面的吸附是吸热的(如 H_2 在玻璃上的吸附)，如何解释这种现象？
7. 液体润湿固体，对于同一液体，固体表面张力大的容易润湿还是小的容易润湿？对于同一固体，液体表面张力大的容易润湿还是表面张力小的容易润湿？
8. 在装有不同液体的两根玻璃毛细管中一根润湿，一根不润湿，若在毛细管右端加热，试说明液体流动的方向。
9. 泉水上面能浮起硬币，肥皂水行吗？
10. 表面活性剂具有什么样的结构特征？举例说明其应用。
11. 如何理解碳氢链长短不一的表面活性剂，它们的饱和吸附量基本相同。
12. 从吉布斯吸附等温式中，如何理解吸附量是表面过剩量？
13. 用 As_2O_3 与略过量的 H_2S 反应制成 As_2S_3 胶体，试写出胶体的结构式。
14. 为什么胶体会产生布朗运动？真溶液的分子有无布朗运动和热运动？
15. 布朗运动的结果使胶体具有动力学稳定性，但布朗运动也有可能使胶体碰撞而聚沉，这种分析矛盾吗？
16. 丁铎尔效应是如何引起的？粒子大小在什么范围内才能观察到丁铎尔效应？夕阳西下前看到太阳是红

黄色的，而落下后的天空又是蓝色的，为什么？

17. 江河入海处常形成三角洲，风平浪静的大海清澈见底不像河水那样浑浊，如何解释？

18. 热力学电势、电极电势和 ζ 电势有何区别和联系？电解质的加入对它们有什么影响？

习　题

1. 在 293 K 时，把半径为 1×10^{-3} m 的水滴分散成半径为 1×10^{-6} m 的小水滴，比表面增加多少倍？表面吉布斯自由能增加多少？环境至少需做功多少？已知 293 K 时。$\sigma_{H_2O}=72.75\ mN\cdot m^{-1}$。

2. 在 298 K 时，1,2-二硝基苯(NB)在水中所形成的饱和溶液的浓度为 $5.9\times10^{-3}\ mol\cdot L^{-1}$，计算直径为 1×10^{-8} m 的 NB 微球在水中的溶解度。已知 298 K 时 NB/水的表面张力为 $25.7\ mN\cdot m^{-1}$，NB 的密度为 $1566\ kg\cdot m^{-3}$。

3. 373 K 时，水的表面张力为 $58.9\ mN\cdot m^{-1}$，密度为 $958.4\ kg\cdot m^{-3}$，在 373 K 时直径为 1×10^{-7} m 的气泡内水的蒸气压为多少？在 101.325 kPa 外压下，能否从 373 K 的水中蒸发出直径为 1×10^{-7} m 的气泡？

4. 水蒸气骤冷会发生过饱和现象。在夏天的乌云中，用干冰微粒撒于乌云中使气温骤降至 293 K，此时水气的过饱和度(p/p_s)达 4。已知 293 K 时 $\sigma_{H_2O}=72.75\ mN\cdot m^{-1}$，$\rho_{H_2O}=997\ kg\cdot m^{-3}$。求算：(1)开始形成雨滴的半径；(2)每一滴雨中所含的水分子数。

5. 已知 293 K 时，$\sigma_{H_2O}=72.75\ mN\cdot m^{-1}$，$\sigma_{Hg\cdot H_2O}=375\ mN\cdot m^{-1}$，$\sigma_{Hg}=483\ mN\cdot m^{-1}$。试判断水能否在汞表面上铺展开来。

6. 在 298 K、101.325 kPa 下，将直径为 1 μm 的毛细管插入水中，在管内需加多大压强才能防止水面上升？若不加额外压强，则管内液面能升多高？已知该温度下 $\sigma_{H_2O}=72.75\ mN\cdot m^{-1}$，$\rho_{H_2O}=1000\ kg\cdot m^{-3}$，接触角 $\theta=0$，重力加速度 $g=9.8\ m\cdot s^{-2}$。

7. 氧化铝陶瓷上需要涂银，当加热到 1273 K 时，液体银能否润湿陶瓷表面？已知该温度下 $\sigma_{Al_2O_3}=1.0\ N\cdot m^{-1}$，液态银 $\sigma_{Ag}=0.88\ N\cdot m^{-1}$，$\sigma_{Al_2O_3-Ag}=1.77\ N\cdot m^{-1}$。

8. 273.15 K 和 293.15 K 时，水的饱和蒸气压分别为 610.2 Pa 和 2333.1 Pa。在吸附一定量水的糖炭上，在上述温度下吸附平衡时水的蒸气压分别为 104.0 Pa 和 380.0 Pa。计算：(1)糖炭吸附 1 mol 水蒸气；(2)糖炭吸附 1 mol 液体水的吸附热(设吸附热与温度和吸附量无关)。

9. 在液氮温度下，氮气在 $ZrSiO_4$ 上的吸附符合 BET 公式，取 1.752×10^{-2} kg 样品进行吸附，$p_s=101.325$ kPa，所有吸附气体体积已换成标准状态。数据如下：

p/kPa	1.39	2.77	10.13	14.93	21.01	25.37	34.13	52.16	62.82
$\Gamma\times10^3$/L	8.16	8.96	11.04	12.16	13.09	13.73	15.10	18.02	20.32

(1) 计算单分子层吸附所需氮气的体积。

(2) 求样品的比表面积。(已知氮气分子的截面积为 $1.62\times10^{-19}\ m^2$)

10. 1 g 活性炭吸附 CO_2 气体，在 303 K 吸附平衡压强为 79.99 kPa，在 273 K 时吸附平衡压强为 23.06 kPa，求 1 g 活性炭吸附 0.04 L 标准状态的 CO_2 气体的吸附热(设吸附热为常数)。

11. 在 292 K 时，丁酸水溶液的表面张力 $\sigma=\sigma_0-\alpha\ln(1+\beta\frac{c}{c^{\ominus}})$。式中，$\sigma_0$ 为纯水的表面张力，α、β 为常数。

(1) 求丁酸的表面吸附量与浓度的关系式。

(2) 求当 $\alpha=13.1\times10^{-3}\ N\cdot m^{-1}$，$\beta=19.62$，而浓度 $c=0.2\ mol\cdot L^{-1}$ 时的吸附量。

(3) 当 $\beta\frac{c}{c^{\ominus}}\gg1$ 时，吸附量为多少？此时丁酸在表面上可认为构成单分子层紧密排列，则丁酸分子的截面积为多少？

12. 在碱性溶液中用 HCHO 还原 $HAuCl_4$ 制备金胶体，反应如下：

$$HAuCl_4+5NaOH = NaAuO_2+4NaCl+3H_2O$$

$$NaAuO_2+3HCHO+NaOH = 2Au+3HCOONa+2H_2O$$

此处 AuO_2^- 是稳定剂，写出胶体结构式。

13. 在 298 K 时，粒子半径为 3×10^{-8} m 的金胶体，当达到沉降平衡后，相距 1.0×10^{-4} m 层指定的体积内粒子数分别为 277 和 166。已知 $\rho_{Au}=1.93\times10^4\ kg\cdot m^{-3}$，介质密度为 $1\times10^3\ kg\cdot m^{-3}$。计算阿伏伽德罗常量 L 的值。

14. $Fe(OH)_3$ 胶体在某温度下电泳，电极间的距离为 0.3 m，电势差为 150 V，在 20 min 内粒子移动的距离为 0.024 m，水的介电常数 $\varepsilon=81$，黏度为 0.001 Pa・s。计算胶体的 ζ 电势。

15. 在 286.7 K 时，水的介电常数 $\varepsilon=82.5$，电导率 $\kappa=1.16\times10^{-1}\ S\cdot m^{-1}$，黏度为 1.194×10^{-3} Pa・s，在此条件下以石英粉末做电渗实验，电流强度 $I=4\times10^{-3}$ A，流过的液体体积为 8×10^{-5} L 时所需时间为 107.5 s，计算 ζ 电势。

16. 等体积的 0.08 $mol\cdot L^{-1}$ KI 和 0.10 $mol\cdot L^{-1}$的 $AgNO_3$ 溶液混合制 AgI 胶体。分别加入浓度相同的下述电解质溶液，聚沉能力的顺序如何？

(1) NaCl；(2) Na_2SO_4；(3) $MgSO_4$；(4) $K_3[Fe(CN)_6]$

17. 某胶体粒子的平均半径为 2.1 nm，其黏度和纯水相同 $\eta=1\times10^{-3}\ kg\cdot m^{-1}\cdot s^{-1}$，计算：

(1) 298 K 时，胶体粒子的扩散系数 D。

(2) 在 1 s 内，由于布朗运动胶体粒子沿 x 方向的平均位移。

18. 试证明球形微粒固体的熔点 T_f 与微粒半径 r 的关系为

$$\ln\frac{T_f'}{T_f}=-\frac{V_{m,s}}{\Delta_{fus}H_m}\cdot\frac{2\sigma}{r}$$

式中，$V_m(s)$为固体摩尔体积；$\Delta_{fus}H_m$ 为摩尔熔化热；T_f 为大块物质的熔点；σ 为固-液表面张力。

19. 240 K 时测得 CO 在活性炭上吸附的数据如下{p(kPa)，Γ[标准状态下每克活性炭吸附 CO 的体积数 cm^3]}：

p/kPa	13.466	25.065	42.633	57.329	71.994	89.326
$\Gamma/(cm^3\cdot g^{-1})$	8.54	13.1	18.2	21.0	23.8	26.3

试比较弗伦德利希公式和朗缪尔公式何者更适合这种吸附，并计算公式中的常数。

20. 对于微球硅酸铝催化剂，在 77.2 K 时吸附氮气，测得吸附量 $\Gamma(cm^3\cdot g^{-1})$(已换算为标准体积)与氮气的平衡压力如下：

p/kPa	8.699	13.639	22.112	29.924	38.910
$\Gamma/(cm^3\cdot g^{-1})$	115.58	126.30	150.69	166.38	184.42

试用 BET 公式计算催化剂的比表面积。已知 77.2 K 时氮气的饱和蒸气压为 99.125 kPa，氮气的截面积为 $16.2\times10^{-20}\ m^2$。

21. 298 K 时，开始时在膜两边的电解质浓度为

膜内		膜外		
P^+	Cl^-	Na^+	Cl^-	
0.1	0.1	0.5	0.5	$(mol\cdot L^{-1})$

半透膜

其中 P^+ 为有机大分子，不能透过膜。计算平衡后离子浓度分布情况和渗透压 Π。

主要参考文献

陈新民. 1987. 物理化学. 北京:冶金工业出版社

傅献彩,沈文霞,姚天扬,等. 2005. 物理化学(上、下册). 5 版. 北京:高等教育出版社

傅玉普. 2000. 多媒体 CAI 物理化学. 2 版. 大连:大连理工大学出版社

韩德刚,高执棣,高盘良. 2009. 物理化学. 2 版. 北京:高等教育出版社

胡英. 2007. 物理化学. 5 版. 北京:高等教育出版社

林智信,安从俊,刘义,等. 2003. 物理化学. 武汉:武汉大学出版社

天津大学物理化学教研室. 2009. 物理化学. 5 版. 北京:高等教育出版社

张平民. 2002. 工科大学化学(上册). 长沙:湖南教育出版社

周鲁. 2006. 物理化学教程. 2 版. 北京:科学出版社

Atkins P W, Paula J D. 2002. Physical Chemistry. 7ed th. Oxford: Oxford University Press

附　　录

Ⅰ　国际单位制

国际单位制(Le Système International d'Unités)是我国法定计量单位的基础,一切属于国际单位制的单位都是我国的法定计量单位。国际单位制简称 SI。

国际单位制的构成:

- 国际单位制(SI)
  - SI 单位
    - SI 基本单位(附表 1)
    - SI 导出单位
      - 包括 SI 辅助单位在内的具有专门名称的 SI 导出单位(附表 2、附表 3)
      - 组合形式的 SI 导出单位
  - SI 单位的倍数单位

国际单位制以附表 1 中的 7 个基本单位为基础。

附表 1　国际单位制基本单位

量的名称	单位名称	单位符号	单位定义
长度	米	m	等于 Kr-86 原子的 $2p_{10}$ 和 $5d_5$ 能级之间跃迁的辐射在真空中波长的 1 650 763.73 倍
质量	千克	kg	等于国际千克原器的质量
时间	秒	s	等于 Cs-133 原子基态的两个超精细能级之间跃迁的辐射周期的 9 192 631 770 倍的持续时间
电流	安[培]	A	安培是一恒定电流,若保持在处于真空中相距 1 m 的两无限长的圆截面极小的平行直导线间,每米长度上产生 2×10^{-7} N 的力
热力学温度	开[尔文]	K	等于水的三相点热力学温度的 1/273.16
物质的量	摩[尔]	mol	等于物系的物质的量,该物系中所含基本单元数与 0.012 kg C-12 的原子数相等
发光强度	坎[德拉]	cd	等于在 101.325 $N\cdot m^{-1}$ 压力下,处于铂凝固温度的黑体的 1/600 000 m^2 表面在垂直方向上的发光强度

注:1. 圆括号中的名称是它前面的名称的同义词,下同。

2. 无方括号的量的名称与单位名称均为全称。方括号中的字,在不致引起混淆、误解的情况下,可以省略。去掉方括号中的字即为其名称的简称,下同。

3. 本标准所称的符号除特殊指明外,均指我国法定计量单位中所规定的符号以及国际符号,下同。

4. 人民生活贸易中,质量习惯称为重量。

5. 关于国家标准可以参看:国家技术监督局. 中国人民共和国国家标准,GB 3100～3102—93 量和单位. 北京:中国标准出版社,1994。

附表 2　国际单位制辅助单位

量的名称	单位名称	单位符号	单位定义
平面角	弧度	rad	等于一个圆内两条半径之间的平面角，这两条半径在圆周上截取的弧长与半径相等
立体角	球面度	sr	等于一个立体角，其顶点位于球心，而它在球面上所截取的面积等于以球半径为边长的正方形面积

附表 3　具有专门名词的 SI 导出单位

量的名称	SI 导出单位		
	名称	符号	用 SI 基本单位和 SI 导出单位表示
力	牛[顿]	N	1 N=1 kg·m·s^{-2}
压力，压强，应力	帕[斯卡]	Pa	1 Pa=1 N·m^{-2}
能[量]，功，热量	焦[耳]	J	1 J=1 N·m
功率，辐[射能]通量	瓦[特]	W	1 W=1 J·s^{-1}
电荷[量]	库[仑]	C	1 C=1 A·s
电压，电动势，电位，(电势)	伏[特]	V	1 V=1 W·A^{-1}
电容	法[拉]	F	1 F=1 C·V^{-1}
电阻	欧[姆]	Ω	1 Ω=1 V·A^{-1}
电导	西[门子]	S	1 S=1 Ω^{-1}
磁通[量]	韦[伯]	Wb	1 Wb=1 V·s
磁通[量]密度，磁感应强度	特[斯拉]	T	1 T=1 Wb·m^{-2}
电感	亨[利]	H	1 H=1 Wb·A^{-1}
摄氏温度	摄氏度	℃	1 ℃=1 K
光通量	流[明]	lm	1 lm=1 cd·sr
[光]照度	勒[克斯]	lx	1 lx=1 lm·m^{-2}

附表 4　由于人类健康安全防护需要而确定的具有专门名称的 SI 导出单位

量的名称	SI 导出单位		
	名称	符号	用 SI 基本单位和 SI 导出单位表示
[放射性]活度	贝可[勒尔]	Bq	1 Bq=1 s^{-1}
吸收剂量 比授[予]能 比释动能	戈[瑞]	Gy	1 Gy=1 J·kg^{-1}
剂量当量	希[沃特]	Sv	1 Sv=1 J·kg^{-1}

用 SI 基本单位和具有专门名称的 SI 导出单位或(和)SI 辅助单位以代数形式表示的单位称为组合形式的 SI 导出单位。

词头符号与所紧接的单位符号应作为一个整体对待，它们共同组成一个新单位(十进倍数或分数单位)，并具有相同的幂次，而且还可以和其他单位构成组合单位。

附表 5　SI 词头

因数	词头名称		符号
	英文	中文	
10^{24}	yotta	尧[它]	Y
10^{21}	zetta	泽[它]	Z
10^{18}	exa	艾[可萨]	E
10^{15}	peta	拍[它]	P
10^{12}	tera	太[拉]	T
10^{9}	giga	吉[咖]	G
10^{6}	mega	兆	M
10^{3}	kilo	千	K
10^{2}	hecto	百	H
10^{1}	deca	十	da
10^{-1}	deci	分	d
10^{-2}	centi	厘	c
10^{-3}	milli	毫	m
10^{-6}	micro	微	μ
10^{-9}	nano	纳[诺]	n
10^{-12}	pico	皮[可]	p
10^{-15}	femto	飞[母托]	f
10^{-18}	atto	阿[托]	a
10^{-21}	zepto	仄[普托]	z
10^{-24}	yocto	幺[科托]	y

附表 6　国家选定的非国际单位制单位

量的名称	单位名称	单位符号	换算关系和说明
时间	分	min	1 min=60 s
	[小]时	h	1 h=60 min=3600 s
	天(日)	d	1 d=24 h=86 400 s
平面角	[角]秒	(″)	1″=(π/648 000)rad(π 为圆周率)
	[角]分	(′)	1′=60″=(π/10 800)rad
	度	(°)	1°=60′=(π/180)rad
旋转速度	转每分	$r \cdot min^{-1}$	1 r/min=$(1/60)s^{-1}$
长度	海里	nmile	1 nmile=1852 m(只用于航海)
速度	节	kn	1 kn=1 nmile·h^{-1}=(1852/3600)m·s^{-1}(只用于航海)
质量	吨	t	1 t=10^3 kg
	原子质量单位	u	1 u≈1. 660 565 5×10^{-27} kg

续表

量的名称	单位名称	单位符号	换算关系和说明
体积	升	L,(l)	1 L=1 dm^3=10^{-3} m^3
能	电子伏	eV	1 eV≈1.602 189 2×10^{-19} J
级差	分贝	dB	
线密度	特[克斯]	tex	1 tex=1 g·km^{-1}

注:1. 周、月、年(年的符号为 a),为一般常用时间单位。

2. 角度单位度、分、秒的符号不处于数字后时,用括弧。

3. 升的符号中,小写字母 l 为备用符号。

4. r 为“转”的符号。

5. 公里为千米的俗称,符号为 km。

6. 10^4 称为万,10^8 称为亿,10^{12}称为万亿,这类数词的使用不受词头名称的影响,但不应与词头混淆。

附表 7 用于构成十进倍数和分数单位的词头

因数	词头名称		符号
	英文	中文	
10^{24}	yotta	尧[它]	Y
10^{21}	zetta	泽[它]	Z
10^{18}	exa	艾[可萨]	E
10^{15}	peta	拍[它]	P
10^{12}	tera	太[拉]	T
10^9	giga	吉[咖]	G
10^6	mega	兆	M
10^3	kilo	千	K
10^2	hecto	百	H
10^1	deca	十	da
10^{-1}	deci	分	d
10^{-2}	centi	厘	c
10^{-3}	milli	毫	m
10^{-6}	micro	微	μ
10^{-9}	nano	纳[诺]	n
10^{-12}	pico	皮[可]	p
10^{-15}	femto	飞[母托]	f
10^{-18}	atto	阿[托]	a
10^{-21}	zepto	仄[普托]	z
10^{-24}	yocto	幺[科托]	y

Ⅱ 压力、体积和能量单位及其换算关系

压力

压力的定义是:体系作用于单位面积环境上的法向(垂直方向)力的大小,即

$$p=F/A$$

国际单位制是在米制的基础上发展起来的。在 c·g·s 制中压力的单位是:达因每平方厘米($dyn \cdot cm^{-2}$),在 SI 中,它们的单位是牛顿每平方米($N \cdot m^{-2}$),也称帕斯卡(pascal),缩写为“帕”(Pa),因为 $1\ N=10^5\ dyn$,所以

$$1\ Pa=1\ N \cdot m^{-2}=10^5\ dyn \cdot (10^2\ cm)^{-2}$$
$$=10 dyn \cdot cm^{-2}$$

过去的文献中,也常用毫米汞柱(mmHg)或托(torr)来表示压力(1 torr=1 mmHg),它是以 0 ℃时当重力场的重力加速度具有标准值 $g=980.665\ cm \cdot s^{-2}$ 时,1 mmHg 所施加的压力。当汞柱高度为 h,质量为 m,横截面积为 A,体积为 V,以及密度为 ρ 时,它所施加的压力 p 可按下式求出

$$p=mg/A=\rho Vg/A=\rho Agh/A=\rho gh$$

在 0 ℃和 1 atm 下汞的密度是 $13.5951\ g \cdot cm^{-3}$,因此

$$1\ torr=(13.5951\ g \cdot cm^{-3})\times(980.665\ cm^2 \cdot s^{-2})(10^{-1}\ cm)$$
$$=1333.22\ dyn \cdot cm^{-2}=133.322\ N \cdot m^{-2}$$

一大气压(atm)定义为 760 torr

$$1\ atm=760\ torr=1.013\ 25\times10^6\ dyn \cdot cm^{-2}=101\ 325\ N \cdot m^{-2}=101.325\ kPa$$

但也有一些科学家推荐压力的单位用巴(bar),因为 1 bar 与 1 atm 在数值上极为相近。

$$1\ bar=10^6\ dyn \cdot cm^{-2}=10^5\ N \cdot m^{-2}=0.986\ 923\ atm=10^5\ Pa$$

(参照压力的换算因数表)

常见的体积单位是立方厘米(cm^3)、立方分米(dm^3)、立方米(m^3)和升(L 或 l)。过去把升定义为 1000 g 水在 3.98 ℃和 1 atm 压力下的体积,这样定义的升等于 $1000.028\ cm^3$,1964 年国际剂量大会重新定义升为 $1\ L=1\ dm^3$。在两种定义内很容易引起混淆,所以最好避免用升,而用 dm^3 或 cm^3 表示。按新定义:$1\ L=1\ dm^3=1000\ cm^3$

附表 8 压力、体积和能量的单位及换算

能量的单位及换算

	J	cal	erg	$cm^3 \cdot atm$	eV
1 J	1	0.2390	10^7	9.869	6.242×10^{18}
1 cal	4.184	1	4.184×10^7	41.29	2.612×10^{19}
1 erg	10^{-7}	2.390×10^{-3}	1	9.869×10^{-7}	6.242×10^{11}
1 $cm^3 \cdot atm$	0.1013	2.422×10^{-2}	1.013×10^5	1	6.325×10^{17}
1 eV	1.602×10^{-19}	3.829×10^{-20}	1.602×10^{-12}	1.581×10^{-18}	1

压力的单位及换算

	Pa	atm	mmHg	bar (巴)	$dyn \cdot cm^{-2}$ (达因·厘米$^{-2}$)	$lbf \cdot in^{-2}$ (磅力·英寸$^{-2}$)
1 Pa	1	9.869×10^{-5}	7.501×10^{-3}	10^{-5}	10	1.450×10^{-4}
1 atm	1.013×10^{-5}	1	760.0	1.013	1.013×10^6	14.70

续表

	Pa	atm	mmHg	bar（巴）	dyn · cm^{-2}（达因 · 厘米$^{-2}$）	lbf · in^{-2}（磅力 · 英寸$^{-2}$）
1 mmHg(Torr)	133.3	1.316×10^{-3}	1	1.333×10^{-3}	1 333	1.934×10^{-2}
1 bar	10^5	0.9869	750.1	1	10^6	14.50
1 dyn · cm^{-2}	10^{-1}	9.869×10^{-7}	7.501×10^{-4}	10^{-6}	1	1.450×10^{-5}
1 lbf · in^{-2}	6895	6.805×10^{-2}	51.71	6.895×10^{-2}	6.895×10^4	1

Ⅲ 基本常数及希腊字母表

附表 9 基本常数

量的名称	符号	数值及单位
自由落体加速度或重力加速度	g	9.806 65 m · s^{-2}(准确值)
真空介电常数(真空电容率)	ε_0	$8.854\ 188\times10^{-12}$ F · m^{-1}
电磁波在真空中的速度	c, c_0	299 792 458 m · s^{-1}
阿伏伽德罗常量	L, N_A	$(6.022\ 136\ 7\pm0.000\ 003\ 6)\times10^{23}$ mol^{-1}
摩尔气体常量	R	$(8.314\ 510\pm0.000\ 070)$J · mol^{-1} · K^{-1}
玻耳兹曼常量	k, k_B	$(1.380\ 658\pm0.000\ 012)\times10^{-23}$ J · K^{-1}
元电荷	e	$(1.602\ 177\ 33\pm0.000\ 000\ 49)\times10^{-19}$ C
法拉第常量	F	$(9.468\ 530\ 9\pm0.000\ 002\ 9)\times10^4$ C · mol^{-1}
普朗克常量	h	$(6.626\ 075\ 5\pm0.000\ 004\ 0)\times10^{-34}$ J · s

附表 10 希腊字母表

名称	正体		斜体	
	大写	小写	大写	小写
alpha	Α	α	A	α
beta	Β	β	B	β
gamma	Γ	γ	$\mathit{\Gamma}$	γ
delta	Δ	δ	$\mathit{\Delta}$	δ
epsilon	Ε	ε	E	ε
zeta	Ζ	ζ	Z	ζ
eta	Η	η	H	η
theta	Θ	θ	$\mathit{\Theta}$	θ
iota	Ι	ι	I	ι
kappa	Κ	κ	K	κ
lambda	Λ	λ	$\mathit{\Lambda}$	λ
mu	Μ	μ	M	μ
nu	Ν	ν	N	ν
xi	Ξ	ξ	$\mathit{\Xi}$	ξ

续表

名称	正体		斜体	
	大写	小写	大写	小写
omicron	O	o	O	o
pi	Π	π	Π	π
rho	P	ρ	P	ρ
sigma	Σ	σ	Σ	σ
tau	T	τ	T	τ
upsilon	Υ	υ	Υ	υ
phi	Φ	ϕ	Φ	ϕ
chi	X	χ	X	χ
psi	Ψ	ψ	Ψ	ψ
omega	Ω	ω	Ω	ω

Ⅳ 基本数据

附表 11　某些物质在 298.15 K 及 100 kPa 下的热力学数据

物质	$\Delta_f H_m^\ominus$/(kJ · mol^{-1})	$S_m^\ominus$/(J · mol^{-1} · K^{-1})	$\Delta_f G_m^\ominus$/(kJ · mol^{-1})	$C_{p,m}=(a+bT+cT^{-2}+c'T^2)$J · mol^{-1} · K^{-1}				温度范围/K
				a	$b\times10^{-3}$		kJ · mol^{-1}	
Ag(s)	0	42.55	0	21.30	8.54	1.51	—	298～熔点
Ag_2CO_3(s)	−505.8	167.4	−436.8	79.37	108.16	—	—	298～950
Ag_2O(s)	−31.05	121.3	−11.20	59.33	40.79	4.184	—	298～500
AgI(s)	−61.84	115.5	−66.19					
AgBr(s)	−100.37	107.1	−96.90					
$AgNO_3$	−124.39	140.92	−33.41					
AgCl(s)	−127.068	96.3	−109.789	62.26	4.184	−11.30	—	298～熔点
Al(s)	0	28.33	0	20.67	12.38	—	—	298～熔点
AlF_3(s)	−1510.42	66.48	—	72.26	45.86	−9.23	—	298～721
Al_2O_3(s)	−1675.7	50.92	−11.20	106.61	17.78	−28.53	—	298～1800
Au(s)	0	47.27	0	23.66	5.19	—	—	298～1366
Be(s)	0	9.50	—	21.21	5.69	−5.88	0.96	298～1527
BeO(s)	−608.35	14.14	—	41.59	10.21	−17.36	−1.34	298～2835
Bi(s)	0	56.69	0	18.79	22.59	—	—	298～544
Bi_2O_3(s)	−570.70	151.46	—	103.51	33.47	—	—	298～800
Br_2(l)	0	152.231	0	18.79	22.59	—	—	
Br_2(g)	30.907	245.463	3.110	37.36	0.46	−1.30	—	298～2000
Br(g)	111.86	174.89	—	19.87	1.49	0.42	—	298～2000
C(石墨)	0	5.740	0	0.109	38.94	−1.48	−17.39	298～1100
C(金刚石)	1.895	2.377	2.900	9.12	13.2	−6.19	—	298～1200

物质	$\Delta_f H_m^\ominus$/(kJ · mol^{-1})	$S_m^\ominus$/(J · mol^{-1} · K^{-1})	$\Delta_f G_m^\ominus$/(kJ · mol^{-1})	$C_{p,m}=(a+bT+cT^{-2}+c'T^2)$J · mol^{-1} · K^{-1}				温度范围/K
				a	$b\times10^{-3}$		kJ · mol^{-1}	
CH_4(g)	−74.85	186.264	−50.72	23.64	47.86	−1.92	—	298~1500
C_2H_6(g)	−84.68	229.60	−32.82					
C_3H_8(g)	−103.85	270.02	−23.37					
CO(g)	−110.525	197.674	−137.168	28.41	4.10	−0.46	—	298~2500
CO_2(g)	−393.509	213.74	−394.359	44.14	9.04	−8.54	—	298~2500
CS_2	117.36	237.84	67.12					
Ca(s,α)	0	41.63	0	25.37	−7.26	—	23.72	298~720
CaC_2(s,α)	−59.8	69.96	−64.9	68.61	11.88	−8.66	—	298~720
CaF_2(s)	−1219.6	68.83	—	59.83	30.46	1.97	—	298~1424
$CaCl_2$(s)	−795.8	104.8	−748.1	71.88	12.72	−2.51	—	298~1055
$CaCO_3$(方解石)	−1206.92	92.9	−1128.79	104.52	21.92	−25.94	23.72	298~1200
CaO(s)	−635.09	39.75	−604.03	49.62	4.52	−6.95	—	298~1171
$Ca(OH)_2$(s)	−985.33	83.39	—	105.31	11.95	−18.97	—	298~1000
CaS(s)	−476.14	56.5	—	45.2	7.74	—	—	298~2000
$CaSO_4$(s)	−1434.11	106.7	—	70.21	98.74	—	—	298~1400
Cd(s)	0	51.80	—	22.22	12.30	—	—	298~熔点
$CdSO_4$(s)	928.9	123.0		77.32	77.4	—	—	298~熔点
CdO(s)	259.41	54.81		40.38	8.70	—	—	273~1200
Cl_2(g)	0	223.066	0	36.9	0.25	−2.85	—	298~3000
Co(s,α)	0	30.04	0	21.38	14.31	−0.85	—	440~650
CoO(s)	−238.91	52.93		48.28	8.54	1.7	—	298~1800
Co_3O_4(s)	−905.0	102.51		129.03	71.46	−23.93	—	298~1000
$CoSO_4$(s)	−887.01	113.39		125.90	41.46	—	—	298~1000
Cr(s)	0	23.64		24.44	9.87	−3.68	—	298~熔点
Cr_2O_3(s)	−1129.68	81.17		119.37	9.20	−15.36	—	350~1800
Cu(s)	0	33.14	0	22.64	6.28	—	—	298~熔点
CaC_2(s,α)	−59.8	69.96	−64.9	68.61	11.88	−8.66	—	298~720
Cu_2O(s)	−167.4	93.09		62.34	23.85	—	—	298~1200
CuO(s)	−157.3	42.63	−129.7	38.79	20.08	—	—	298~1250
Cu_2S(s)	−79.50	120.92		81.59	—	—	—	298~376
CuS(s)	−52.3	66.5		44.4	11.05	—	—	273~1273
$CuSO_4$(s)	−771.36	109.0	−661.8	78.53	71.96	—	—	298~900
F_2	0	202.78	0					
Fe(s,α,β)	0	27.28	0	37.13	6.17	—	—	298~1809
$FeCl_2$(s)	−342.3	118.0		79.24	8.70	−4.90	—	298~950
$FeCl_3$(s)	−399.6	142.3		123.68	—	−25.56	—	298~熔点

物质	$\Delta_f H_m^\ominus$/(kJ·mol^{-1})	$S_m^\ominus$/(J·mol^{-1}·K^{-1})	$\Delta_f G_m^\ominus$/(kJ·mol^{-1})	$C_{p,m}=(a+bT+cT^{-2}+c'T^2)$J·mol^{-1}·K^{-1}				温度范围/K
				a	$b\times10^{-3}$		kJ·mol^{-1}	
$Fe_{0.947}O$(s)	−264.4	58.79		48.79	8.37	−2.80	—	298～熔点
$Fe_{0.947}O$(l)	—	—		68.20	—	—	—	熔点～1800
FeO(s)	−272.0	—		51.80	6.78	−1.59	—	298～1200
Fe_3O_4(s,α)	−1118.4	146.4	−1015.4	91.55	201.7	—	—	298～900
Fe_2O_3(s)	−824.2	87.40	−742.2	98.23	77.8	−14.85	—	298～950
FeS(s,α)	−100.42	60.29		21.71	110.46	—	—	298～411
FeS_2(s)	−178.2	52.93	−166.9	74.81	5.52	−12.76	—	298～1000
Fe_3C(s,α)	−25.10	104.6		82.17	83.68	—	—	273～463
Fe_2SiO_4(s)	−1438	145.19		152.76	39.16	−28.03	—	298～1490
$FeTiO_3$(s)	−1207.1	105.86		116.61	18.24	−20.04	—	298～1640
H_2(g)	0	130.684	0	27.28	3.26	0.50	—	298～3000
HCl(g)	−92.307	186.908	−95.299	26.53	4.60	1.09	—	298～2000
H_2O(l)	−285.83	69.91	−237.129	75.44	—	—	—	273～373
H_2O(g)	−241.818	188.825	−228.572	30.00	10.71	0.33	—	298～2500
H_2S(g)	−20.63	205.79	−33.56	32.68	12.38	−1.92	—	298～2000
HBr(g)	−36.40	198.695	−53.45					
HF(g)	−271.1	173.779	−273.2					
HI(g)	26.48	206.594	1.70					
HCN(g)	−135	201.78	124.7					
HNO_3(l)	−174.10	155.60	−80.71					
HNO_3(g)	−135.06	266.38	−74.72					
H_2SO_4(l)	−813.989	156.904	−690.003					
Hg(l)	0	75.9	0	27.66	—	—	—	273～553
$HgCl_2$	−224.3	146.0	−178.6	64.02	43.10	—	—	273～553
HgO(s)	−90.83	70.29	−58.539					
Hg_2Cl_2(s)	−265.22	192.5	−210.745					
Hg_2SO_4(s)	−743.12	200.66	−625.815					
I_2(s)	0	116.135	0					
I_2(l)	62.438	260.69	19.327					
KCl(s)	−436.727	82.59	−409.14					
KI(s)	−327.900	106.32	−324.892					
KNO_3(s)	−494.63	133.05	−394.86					
K_2SO_4(s)	−1437.79	175.56	−1321.37					
$KHSO_4$(s)	−1160.6	138.1	−1031.3					
Mg(s)	0	32.68	0	22.30	10.26	−0.432	—	293～熔点
$MgCl_2$(s)	−641.41	89.62		79.08	5.94	−8.62	—	298～熔点

物质	$\Delta_f H_m^\ominus$/ (kJ·mol^{-1})	$S_m^\ominus$/ (J·mol^{-1}·K^{-1})	$\Delta_f G_m^\ominus$/ (kJ·mol^{-1})	$C_{p,m}=(a+bT+cT^{-2}+c'T^2)$J·mol^{-1}·K^{-1}				温度范围/K
				a	$b\times10^{-3}$		kJ·mol^{-1}	
MgO(s)	−601.24	26.95		48.99	3.14	−11.72	—	298～3098
Mn(s,α)	0	32.01	0	23.85	14.14	−1.570	—	298～990
MnO(s)	−384.93	59.83		46.48	8.12	−3.68	—	298～1800
MnO_2(s)	−520.07	52.14		69.45	10.21	−16.23	—	298～780
Mo(s)	0	28.66		—	—	—	—	
MoO_2(s)	−587.85	50.00		67.78	54.39	12.55	—	
N_2(g)	0	191.61	0	27.87	4.27	—	—	298～2500
NH_3(g)	−46.11	192.45	−16.45	37.32	18.66	−6.49	—	298～2400
NH_4Cl(s)	−314.43	94.6	−202.87	49.37	133.89	—	—	298～458
NO(g)	90.25	210.761	86.55	29.58	3.85	−0.59	—	298～2500
$(NH_4)_2SO_4$	−1180.85	220.1	−901.67					
NO_2(g)	33.18	240.06	51.31					
N_2O(g)	82.05	219.85	104.20					
N_2O_5(g)	11.3	355.7	115.1					
N_2O_4(g)	9.16	304.29	97.89	83.89	39.75	−14.9	—	298～1000
Na(s)	0	51.25	0	82.47	−369.32	—	—	298～熔点
NaCl(s)	−412.63	72.13	−348.138	45.94	16.32	—	—	298～熔点
Na_2O(s,α)	−415.1	75.06		55.48	70.21	−4.14	−30.5	298～1023
Na_2CO_3(s)	−1130.68	138.78	−1044.44	58.49	227.6	−13.10	—	298～500
$NaNO_3$(s)	−467.85	116.52	−367.00					
NaOH(s)	−425.609	64.455	−379.45					
$NaHCO_3$	−950.81	101.7	−851.0					
Na_2SO_4(s)	−1387.08	149.58	−1270.16					
NaF(s)	−575.38	51.21		43.51	16.23	−1.38	—	298～熔点
Na_3AlF_6(s)	−3179.84	238.49		192.25	123.46	−11.63	—	298～845
Nb(s)	0	36.53	0	23.68	4.02	—	—	298～1900
NbO(s)	−419.65	46.02		42.01	9.83	−3.26	—	298～1700
NbO_2(s)	−794.96	54.52		71.55	6.69	−11.72	—	
Nb_2O_5(s)	−1899.54	137.32		151.59	23.18	−20.42	—	268～1785
Ni(g)	0	29.87	0	16.99	29.46	—	—	298～933
$NiSO_4$(s)	−873.20	603.85		125.9	41.51	—	—	298～1200
O_2(g)	0	205.037	0	29.96	4.18	−1.67	—	298～3000
O_3(g)	142.7	238.94	163.2					
P(s,白)	0	41.09	0	19.12	15.82	—	—	298～317
Pb(s)	0	65.06	0	23.56	9.75	—	—	298～熔点
$PbCl_3$(g)	−287.0	311.78	−267.8					

物质	$\Delta_f H_m^{\ominus}$/(kJ·mol^{-1})	$S_m^{\ominus}$/(J·mol^{-1}·K^{-1})	$\Delta_f G_m^{\ominus}$/(kJ·mol^{-1})	$C_{p,m}=(a+bT+cT^{-2}+c'T^2)$J·mol^{-1}·K^{-1}				温度范围/K
				a	$b\times10^{-3}$		kJ·mol^{-1}	
$PbCl_5$(g)	−374.9	364.58	−305.0					
PbO(s,红)	−219.41	66.32		45.81	15.69	−4.2	—	298～1000
$PbCl_2$(s)	−359.40	135.98		66.78	33.47	—	—	298～771
PbS(s)	−98.32	91.34		44.60	16.4	—	—	298～900
$PbSO_4$(s)	−920.06	148.53		73.93	101.3	—	—	298～1139
S(斜方)	0	31.80	0	14.98	26.11	—	—	273～368
S(单斜)	−0.335	32.97		14.90	29.08		—	368～392
S_2(g)	−128.66	228.03		36.48	0.67	−3.77	—	298～3000
SO_2(g)	−296.830	248.22	−300.194	43.43	10.63	−5.94	—	298～1800
SO_3(g)	−395.72	256.69	−371.06	57.32	26.86	−13.05	—	298～1200
Sb(s)	0	43.93	0	25.44	23.05	7.28	—	298～904
Sb_2O_3(s)	708.56	141.0		79.91	71.55	—	—	273～930
Si(s)	0	18.83	0	23.93	2.47	−4.14	—	298～熔点
SiO_2(s,α-石英)	−910.94	41.84	−856.64	43.89	38.79	−9.67	—	298～847
$SiCl_4$(g)	−662.74	330.83		101.46	6.86	−11.51	—	298～1000
SiC(s)	−66.94	16.52		41.7	7.61	−15.23	—	298～1700
Sn(s)	0	51.21	0	21.59	18.16	—	—	298～熔点
SnO(s)	286.19	56.48		39.96	14.64	—	—	298～1273
SnO_2(s)	−580.74	52.3		73.89	10.04	−21.59	—	298～1500
Ta(s)	0	41.50		24.35	3.05	—	—	298～2500
Ta_2O_5(s)	−2045.91	143.09		122.2	41.84	—	—	298～1875
Ti(s)	0	30.63		22.09	10.0	—	—	298～1155
$TiCl_4$(l)	−804.16	252.42		149.4	—	—	—	298～沸点
$TiCl_4$(g)	−763.16	354.8		106.48	1.00	−9.87	—	298～2000
TiO_2(s)	−944.74	50.33		75.19	1.17	−18.20	—	298～1800
V(s)	0	28.95		23.3	4.06	16.56	—	298～2190
V_2O_5(s)	−1550.5	130.54		194.7	16.3	55.3	—	298～943
W(s)	0	32.63		24.02	3.18	—	—	298～2000
WO_3(s)	−842.9	75.89		73.14	28.41	—	—	298～1550
WC(s)	−38.07	41.84		43.39	8.62	−9.33	—	298～2500
Zn(s)	0	41.63		22.38	10.04	—	—	298～熔点
ZnO(s)	−348.28	43.64	−318.30	48.99	5.10	−9.12	—	298～1600
ZnS(s)	−205.23	57.66		50.88	5.19	−5.69	—	298～1200

注：部分数据摘自 Kubaschewski O，Alcock C B. Metallurgical Thermochemistry，5th，1979；Wagman D D 等. NBS 热力学性质表. 刘天和，赵梦月译. SI 单位表示的无机物质和 C1 与 C2 有机物质选择值. 北京：中国标准出版社，1998.

附表 12 某些物质的熔点、沸点、转变点、熔化热、蒸发热及转变热

物质	熔点/K	沸点/K	转变点/K	$\Delta_{fus}H_m^{\ominus}$/(kJ·mol^{-1})	$\Delta_{vap}H_m^{\ominus}$/(kJ·mol^{-1})	$\Delta_{trs}H_m^{\ominus}$/(kJ·mol^{-1})	附注
Ag(s)	1233.95	2420.15	—	11.09	257.7	—	
Al(s)	932.15	2723.15	—	10.5	290.8	—	
As(s)	升华	895.15	—	—	28.6(升华)	—	
Ca(s)	1116.15	1756.15	737.15	8.4	150.6	0.25	
Cd(s)	594.15	1038.15	—	6.40	100.0	～	
Co(s)	1768.15	3203.15	703.15	15.48		0.46	α→β
Cr(s)	2130.15	2963.15	—	20.9	341.8	—	
Cu(s)	1356.15	2843.15	—	13.0	306.7	—	
Fe(s)	1809.15	3343.15	1187.15 1664.15	13.77	340.2	5.10;0.67;0.84	α,δ,γ
Mg(s)	923.15	1378.15	—	8.8	127.6	—	
Mn(s)	1517.15	2333.15	993.15 1363.15 1409.15	14.6	220.5	2.22 2.22 1.8	α,β,γ,δ
Mo(s)	2893.15	4923.15	—	35.6	589.9	～	
Ni(s)	1728.15	3193.15	631.15	17.2	374.9	0.59	
Pb(s)	600.15	2013.15	4.81	177.8	—	—	
Ag(s)	1233.95	2420.15	—	11.09	257.7	—	
Al(s)	932.15	2723.15	—	10.5	290.8	—	
As(s)	升华	895.15	—	—	28.6(升华)	—	
Sb(s)	904.15	1713.15	—	20.08	195.25	—	
Si(s)	1683.15	3553.15	—	50.6	383.3	—	
Sn(s)	505.15	2896.15	268.15	7.07	296.2	2.09	
Ta(s)	3269.15	5698.15	—	31.38	782.41	—	
Ti(s)	1940.15	3558.15	1155.15	14.6	425.5	3.35	α,β
W(s)	3603.13	5828.15	—	33.86	730.94	—	
Zn(s)	692.65	1180.15	—	7.28	114.2	—	

附表 13 水溶液中某些离子的热力学数据(标准压力 $p^{\ominus}$=100 kPa,298.15 K)

物质	$\Delta_f H_m^{\ominus}$/(kJ·mol^{-1})	$\Delta_f G_m^{\ominus}$/(kJ·mol^{-1})	$S_m^{\ominus}$/(J·mol^{-1}·K^{-1})	$C_{p,m}$/(J·mol^{-1}·K^{-1})
H^+	0	0	0	0
Li^+	−278.49	−293.31	13.4	68.6
Na^+	−240.12	−261.905	59.0	46.4
K^+	−252.38	−283.27	102.5	21.8
NH_4^+	−132.51	−79.31	113.4	79.9
Tl^+	5.36	−32.40	125.5	

续表

物质	$\Delta_f H_m^\ominus$/(kJ·mol^{-1})	$\Delta_f G_m^\ominus$/(kJ·mol^{-1})	$S_m^\ominus$/(J·mol^{-1}·K^{-1})	$C_{p,m}$/(J·mol^{-1}·K^{-1})
Ag^+	105.579	77.107	72.68	21.8
Cu^+	71.67	49.98	40.6	
Hg_2^{2+}	172.4	153.52	84.5	
Mg^{2+}	−466.85	−454.8	−138.1	
Ca^{2+}	−542.83	−553.58	−53.1	
Ba^{2+}	−537.64	−560.77	9.6	
Zn^{2+}	−153.89	−147.06	−112.1	46
Cd^{2+}	−75.90	−77.612	−73.2	
Pb^{2+}	−1.7	−24.43	10.5	
Hg^{2+}	171.1	164.40	−32.2	
Cu^{2+}	64.77	65.49	−99.6	
Fe^{2+}	−89.1	−78.90	−137.7	
Ni^{2+}	−54.0	−45.6	−128.9	
Co^{2+}	−58.2	−54.4	−113	
Mn^{2+}	−220.75	−228.1	−73.6	50
Al^{3+}	−531	−485	−321.7	
Fe^{3+}	−48.5	−4.7	−315.9	
La^{3+}	−707.1	−683.7	−217.6	−13
Ce^{3+}	−696.2	−672.0	−205	
Ce^{4+}	−537.2	−503.8	−301	
Th^{4+}	−769.0	−705.1	−422.6	
VO^{2+}	−486.6	−446.4	−133.9	
$[Ag(NH_3)_2]^+$	−111.29	−17.12	245.2	
$[Co(NH_3)]^{2+}$	−145.2	−92.4	13	
$[Co(NH_3)_6]^{3+}$	−584.9	−157.0	14.6	
$[Cu(NH_3)]^{2+}$	−38.9	15.60	12.1	
$[Cu(NH_3)_2]^{2+}$	−142.3	−30.36	111.3	
$[Cu(NH_3)_3]^{2+}$	−245.6	−72.97	199.6	
$[Cu(NH_3)_4]^{2+}$	−348.5	−111.07	273.6	
F^-	−332.63	−278.79	−13.8	−106.7
Cl^-	−167.159	−131.228	56.5	−136.4
Br^-	−121.55	−103.96	82.4	−141.8
I^-	−55.19	−51.57	111.3	−142.3
S^{2-}	33.1	85.8	−14.6	
OH^-	−229.994	−157.244	−10.75	−148.5
ClO^-	−107.1	−36.8	42	
ClO_2^-	−66.5	17.2	101.3	

续表

物质	$\Delta_f H_m^\ominus$/(kJ·mol^{-1})	$\Delta_f G_m^\ominus$/(kJ·mol^{-1})	$S_m^\ominus$/(J·mol^{-1}·K^{-1})	$C_{p,m}$/(J·mol^{-1}·K^{-1})
ClO_3^-	−103.97	−7.95	162.3	
ClO_4^-	−129.33	−8.52	182.0	
SO_3^{2-}	−635.5	−486.5	−29	
SO_4^{2-}	−909.27	−744.53	20.1	−293
$S_2O_3^{2-}$	−648.5	−522.5	67	
HS^-	−17.6	12.08	62.8	
HSO_3^-	−626.22	−527.73	139.7	
NO_2^-	−104.6	−32.2	123.0	−97.5
NO_3^-	−205.0	−108.74	146.4	−86.6
PO_4^{3-}	−1277.4	−1018.7	−222	
CO_3^{2-}	−677.14	−527.81	−56.9	
HCO_3^-	−691.99	−586.77	91.2	
CN^-	150.6	172.4	94.1	
SCN^-	76.44	92.71	144.3	−40.2
$HC_2O_4^-$	−818.4	−698.34	149.4	
$C_2O_4^{2-}$	−825.1	−673.9	45.6	
HCO_2^-	−425.55	−351.0	92	−87.9
CH_3COO^-	−486.01	−369.31	86.6	−6.3

附表 14 某些物质的标准燃烧焓(标准压力 $p^\ominus$=100 kPa,298.15 K)

物质		$-\Delta_c H_m^\ominus$/(kJ·mol^{-1})	物质		$-\Delta_c H_m^\ominus$/(kJ·mol^{-1})
$C_{10}H_8$(s)	萘	5153.9	C_5H_{12}(l)	正戊烷	3509.5
$C_{12}H_{22}O_{11}$(s)	蔗糖	5640.9	C_5H_5N(l)	吡啶	2782.4
C_2H_2(g)	乙炔	1299.6	C_6H_{12}(l)	环己烷	3919.9
C_2H_4(g)	乙烯	1411.0	C_6H_{14}(l)	正己烷	4163.1
C_2H_5CHO(l)	丙醛	1816.3	$C_6H_4(COOH)_2$(s)	邻苯二甲酸	3223.5
C_2H_5COOH(l)	丙酸	1527.3	C_6H_5CHO(l)	苯甲醛	3527.9
C_2H_5COOH(s)	苯甲酸	3226.9	$C_6H_5COCH_3$(l)	苯乙酮	4148.9
$C_2H_5NH_2$(l)	乙胺	1713.3	$C_6H_5COOCH_3$(l)	苯甲酸甲酯	3957.6
C_2H_5OH(l)	乙醇	1366.8	C_6H_5OH(s)	苯酚	3053.5
C_2H_6(g)	乙烷	1559.8	C_6H_6(l)	苯	3267.5
C_3H_6(g)	环丙烷	2091.5	$CH_2(COOH)_2$(s)	丙二酸	861.15
C_3H_7COOH(l)	正丁酸	2183.5	CH_3CHO(l)	乙醛	1166.4
C_3H_7OH(l)	正丙醇	2019.8	$CH_3COC_2H_5$(l)	甲乙酮	2444.2
C_3H_8(g)	丙烷	2219.9	CH_3COOH(l)	乙酸	874.54

物质		$-\Delta_c H_m^{\ominus}$/(kJ · mol^{-1})	物质		$-\Delta_c H_m^{\ominus}$/(kJ · mol^{-1})
C_4H_8(l)	环丁烷	2720.5	CH_3NH_2(l)	甲胺	1060.6
C_4H_9OH(l)	正丁醇	2675.8	$CH_3OC_2H_5$(g)	甲乙醚	2107.4
C_5H_{10}(l)	环戊烷	3290.9	CH_3OH(l)	甲醇	726.51
C_5H_{12}(g)	正戊烷	3536.1	CH_4(g)	甲烷	890.31
$(C_2H_5)_2O$(l)	二乙醚	2751.1	HCHO(g)	甲醛	570.78
$(CH_3)_2CO$(l)	丙酮	1790.4	$HCOOCH_3$(l)	甲酸甲酯	979.5
$(CH_3CO)_2O$(l)	乙酸酐	1806.2	HCOOH(l)	甲酸	254.6
$(CH_2COOH)_2$(s)	丁二酸	1491.0	$(NH_2)_2CO$(s)	尿素	631.66

附表 15 某些物质的自由能函数(标准压力 $p^{\ominus}$=100 kPa, 298.15 K)

物质	$-[G_m^{\ominus}(T)-H_m^{\ominus}(0K)]/T$/(J · mol^{-1} · K^{-1})					$\Delta H_m^{\ominus}$(298.15 K)/(kJ · mol^{-1})	$H_m^{\ominus}$(298.15 K)−$H_m^{\ominus}$(0 K)/(kJ · mol^{-1})	$\Delta H_m^{\ominus}$(298.15 K)/(kJ · mol^{-1})
	298 K	500 K	1000 K	1500 K	2000 K			
Br(g)	154.14	164.89	179.28	187.82	193.97		6.197	112.93
Br_2(g)	212.76	230.08	254.39	269.07	279.62		9.728	35.02
Br_2(g)	104.6						13.556	0
C(石墨)	2.22	4.85	11.63	17.53	22.51		1.050	0
Cl(g)	144.06	155.06	170.25	179.20	185.52		6.272	119.41
Cl_2(g)	192.17	208.57	231.92	246.23	256.65		9.180	0
F(g)	136.77	148.16	163.43	172.21	178.41		6.519	77.0±4
F_2(g)	173.09	188.70	211.01	224.85	235.02		8.828	0
H(g)	93.81	104.56	118.99	127.40	133.39		6.197	215.98
H_2(g)	102.17	117.13	136.98	148.91	157.61		8.468	0
I(g)	159.91	170.62	185.06	193.47	199.49		6.197	107.15
I_2(g)	226.69	244.60	269.45	284.34	295.06		8.987	65.52
I_2(g)	71.88						13.196	0
N_2(g)	162.42	177.49	197.95	210.37	219.58		8.669	0
O_2(g)	175.98	191.13	212.13	225.14	234.72		8.660	0
S(斜方)	17.11	27.11					4.406	0
CO(g)	168.41	183.51	204.05	216.65	225.93	−110.525	8.673	−113.81
CO_2(g)	182.26	199.45	226.40	244.68	258.80	−393.514	9.364	−393.17
CS_2(g)	202.00	221.92	253.17	273.80	289.11	115.269	10.669	114.60±8
CH_4(g)	152.55	170.50	199.37	221.08	238.91	−74.852	10.029	−66.90
CH_3Cl(g)	198.53	217.82	250.12	274.22		−82.0	10.414	−74.1
$CHCl_3$(g)	248.07	275.35	321.25	352.96		−100.42	14.184	−96
CCl_4(g)	251.67	285.01	340.62	376.39		−106.7	17.200	−104
$COCl_2$(g)	240.58	264.97	304.55	331.08	351.12	−219.53	12.866	−217.82

续表

物质	$-[G_m^\ominus(T)-H_m^\ominus(0K)]/T/(J \cdot mol^{-1} \cdot K^{-1})$					$\Delta H_m^\ominus$ (298.15 K)/ $(kJ \cdot mol^{-1})$	$H_m^\ominus$ (298.15 K)− $H_m^\ominus$(0 K)/ $(kJ \cdot mol^{-1})$	$\Delta H_m^\ominus$ (298.15 K)/ $(kJ \cdot mol^{-1})$
	298 K	500 K	1000 K	1500 K	2000 K			
$CH_3OH(g)$	201.38	222.34	257.65			−201.17	11.427	−190.25
$CH_2O(g)$	185.14	203.09	230.58	250.25	266.02	−115.9	10.012	−112.13
$HCOOH(g)$	212.21	232.63	267.73	293.59	314.39	−378.19	10.883	−370.91
$HCN(g)$	170.79	187.65	213.43	230.75	243.97	130.5	9.25	130.1
$C_2H_2(g)$	167.28	186.23	217.61	239.45	256.60	226.73	10.008	227.32
$C_2H_4(g)$	184.01	203.93	239.70	267.52	290.62	52.30	10.565	60.75
$C_2H_6(g)$	189.41	212.42	255.68	290.62		−84.68	11.950	−69.12
$C_2H_5OH(g)$	235.41	262.84	314.97	356.27		−236.92	14.18	−219.28
$CH_3CHO(g)$	221.12	245.48	288.82			−165.98	12.845	−155.44
$CH_3COOH(g)$	236.40	264.60	317.65	357.10		−434.3	13.81	−420.5
$C_3H_6(g)$	221.54	248.19	299.45	340.70		20.42	13.544	35.44
$C_3H_8(g)$	220.62	250.25	310.03	359.24		−103.85	14.694	−81.50
$(CH_3)_2CO(g)$	240.37	272.09	331.46	378.82		−216.40	16.272	−199.74
正-$C_4H_{10}(g)$	244.93	284.14	362.33	426.56		−126.15	19.435	−99.04
异-$C_4H_{10}(g)$	234.64	271.94	348.86	412.71		−134.52	17.891	−105.86
正-$C_5H_{12}(g)$	269.95	317.73	413.67	492.54		−146.44	13.162	−113.93
异-$C_5H_{12}(g)$	269.28	314.97	409.86	488.61		−154.47	12.083	−120.54
$C_6H_6(g)$	221.46	252.04	320.37	378.44		82.93	14.230	100.42
环-$C_6H_{12}(g)$	238.78	277.78	371.29	455.2		−123.14	17.728	−83.72
$Cl_2O(g)$	228.11	248.91	280.50	300.87		75.7	11.380	77.86
$ClO_2(g)$	215.10	234.72	264.72	284.30		104.6	10.782	107.07
$HF(g)$	144.85	159.79	179.91	191.92	200.62	−268.6	8.598	−268.6
$HCl(g)$	157.82	172.84	193.13	205.35	214.35	−92.312	8.640	−92.127
$HBr(g)$	169.58	184.60	204.97	217.41	226.53	−36.24	8.650	−33.9
$HI(g)$	177.44	192.51	213.02	225.57	234.82	25.9	8.659	28.0
$HClO(g)$	201.84	220.05	246.92	264.20	269.5		10.220	
$PCl_3(g)$	258.05	288.22	335.09			−278.7	16.07	−275.8
$H_2O(g)$	155.56	172.80	196.74	211.76	223.14	−241.885	9.910	−238.993
$H_2O_2(g)$	196.49	216.45	247.54	269.01		−136.14	10.84	−129.90
$H_2S(g)$	172.30	189.75	214.65	230.84	243.1	−20.151	9.981	16.36
$NH_3(g)$	158.99	176.94	203.52	1221.93	236.70	−46.20	9.92	−39.21
$NO(g)$	179.87	195.69	217.03	230.0	239.55	90.40	9.182	89.89
$N_2O(g)$	187.86	205.53	233.36	252.23		81.57	9.588	85.00
$NO_2(g)$	205.86	224.32	252.06	270.27	284.08	33.861	10.316	36.33
$SO_2(g)$	212.68	231.77	260.64	279.64	293.8	−296.97	10.542	−294.46
$SO_3(g)$	217.16	239.13	276.54	302.99	322.7	−395.27	11.59	−389.46

附表 16　不同温度下水的饱和蒸气压

温度/K	蒸气压/kPa	温度/K	蒸气压/kPa	温度/K	蒸气压/kPa	温度/K	蒸气压/kPa
259	0.2080	293	2.338	327	15.00	361	64.94
261	0.2445	295	2.644	329	16.51	363	70.10
263	0.2865	297	2.983	331	18.14	365	75.59
265	0.3352	299	3.361	333	19.92	367	81.45
267	0.3908	301	3.784	335	21.83	369	87.67
269	0.4546	303	4.243	337	23.91	371	94.30
271	0.5274	305	4.755	339	26.14	373	101.325
273	0.6105	307	5.319	341	28.55	375	108.0
275	0.7058	309	5.941	343	31.16	377	116.7
277	0.8134	311	6.625	345	33.94	379	125.0
279	0.9350	263	7.376	347	36.96	381	133.9
281	1.0726	265	8.199	349	40.18	383	143.3
283	1.2278	317	9.101	351	43.64	385	153.1
285	1.4023	319	10.09	353	47.34	387	163.6
287	1.5981	321	11.16	355	51.32	389	174.6
289	1.8177	323	12.33	357	55.57		

附表 17　某些物质的临界参数

物质		临界温度 t_c/℃	临界压力 p_c/MPa	临界密度 ρ_c/(kg·m^{-3})	临界压缩因子 Z_c
He	氦	−267.96	0.227	69.8	0.301
Ar	氩	−122.4	4.87	533	0.291
H_2	氢	−239.9	1.297	31.0	0.305
N_2	氮	−147.0	3.39	313	0.290
O_2	氧	−118.57	5.043	436	0.288
F_2	氟	−128.84	5.215	574	0.288
Cl_2	氯	144	7.7	573	0.275
Br_2	溴	311	10.3	1260	0.270
H_2O	水	373.91	22.05	320	0.23
NH_3	氨	132.33	11.313	236	0.242
HCl	氯化氢	51.5	8.31	450	0.25
H_2S	硫化氢	100.0	8.94	346	0.284
CO	一氧化碳	−140.23	3.499	301	0.295
CO_2	二氧化碳	30.98	7.375	468	0.275
SO_2	二氧化硫	157.5	7.884	525	0.268
CH_4	甲烷	−82.62	4.596	163	0.286
C_2H_6	乙烷	32.18	4.872	204	0.283
C_3H_8	丙烷	96.59	4.254	214	0.285

物质		临界温度 t_c/℃	临界压力 p_c/MPa	临界密度 ρ_c/(kg·m^{-3})	临界压缩因子 Z_c
C_2H_4	乙烯	9.19	5.039	215	0.281
C_3H_6	丙烯	91.8	4.62	233	0.275
C_2H_2	乙炔	35.18	6.139	231	0.271
$CHCl_3$	氯仿	262.9	5.329	491	0.201
CCl_4	四氯化碳	283.15	4.558	557	0.272
CH_3OH	甲醇	239.43	8.10	272	0.224
C_2H_5OH	乙醇	240.77	6.148	276	0.240
C_6H_6	苯	288.95	4.898	306	0.268
$C_6H_5CH_3$	甲苯	318.57	4.109	290	0.266

附表 18　某些气体的 van der Waals 常量

气体		10^3a/(Pa·m^6·mol^{-2})	10^6b/(m^3·mol^{-1})
Ar	氩	136.3	32.19
H_2	氢	24.76	26.61
N_2	氮	140.8	39.13
O_2	氧	137.8	31.83
Cl_2	氯	657.9	56.22
H_2O	水	553.6	30.49
NH_3	氨	422.5	37.07
HCl	氯化氢	371.6	40.81
H_2S	硫化氢	449.0	42.87
CO	一氧化碳	150.5	39.85
CO_2	二氧化碳	364.0	42.67
SO_2	二氧化硫	680.3	56.36
CH_4	甲烷	228.3	42.78
C_2H_6	乙烷	556.2	63.80
C_3H_8	丙烷	877.9	84.45
C_2H_4	乙烯	453.0	57.14
C_3H_6	丙烯	849.0	82.72
C_2H_2	乙炔	444.8	51.36
$CHCl_3$	氯仿	1537	102.2
CCl_4	四氯化碳	2066	138.3
CH_3OH	甲醇	964.9	67.02
C_2H_5OH	乙醇	1218	84.07
$(C_2H_5)_2O$	乙醚	1761	134.4
$(CH_3)_2CO$	丙酮	1409	99.4
C_6H_6	苯	1824	115.4

科学出版社 高等教育出版中心

教学支持说明

科学出版社高等教育出版中心为了对教师的教学提供支持，特对教师免费提供本教材的电子课件，以方便教师教学。

获取电子课件的教师需要填写如下情况的调查表，以确保本电子课件仅为任课教师获得，并保证只能用于教学，不得复制传播用于商业用途。否则，科学出版社保留诉诸法律的权利。

地址：北京市东黄城根北街16号，100717

科学出版社　高等教育出版中心　化学与资源环境分社　陈雅娴(收)

联系方式：010-64011132(传真)

chenyaxian@mail.sciencep.com

请将本证明签字盖章后，邮寄或者传真到我社，我们确认销售记录后立即赠送。

如果您对本书有任何意见和建议，也欢迎您告诉我们。意见经采纳，我们将赠送书目，教师可以免费赠书一本。

证　明

兹证明＿＿＿＿＿大学＿＿＿＿＿学院/＿＿＿系第＿＿＿学年□上/□下学期开设的课程，采用科学出版社出版的＿＿＿＿＿＿＿＿＿/＿＿＿＿＿(书名/作者)作为上课教材。任课教师为＿＿＿＿＿＿＿共＿＿＿人，学生＿＿＿个班共＿＿＿人。

任课教师需要与本教材配套的电子课件。

电　话　：＿＿＿＿＿＿＿＿＿＿＿＿＿＿＿

传　真　：＿＿＿＿＿＿＿＿＿＿＿＿＿＿＿

E-mail：＿＿＿＿＿＿＿＿＿＿＿＿＿＿＿

地　址　：＿＿＿＿＿＿＿＿＿＿＿＿＿＿＿

邮　编　：＿＿＿＿＿＿＿＿＿＿＿＿＿＿＿

学院/系主任：＿＿＿＿＿(签字)

(学院/系办公室章)

＿＿＿年＿＿＿月＿＿＿日